JN418812

第 3 版

등기실무를 위한

상업등기신청실무

법무사 신 천 수

도서출판 중앙법률사무교육원

머 리 말

2015. 12. 1.부터 시행되는 상법의 개정내용을 반영하였습니다. 개정상법의 내용은 새로운 유형의 유한책임회사와 합자조합의 신설 및 주식회사의 주식, 자본금, 사채 및 회계에 관한 부분이 개정되어 그동안 상법으로 규율하던 자본에 관한 부분이 상당히 완화되어 회사법 운영에 상당한 변화가 있을 것으로 보입니다.

이 교재는 실제 회사실무를 담당하고 있는 사람, 회사의 법무업무를 처리하는 실무자, 기타 회사의 실무를 이해하고자 하는 분들에게 도움이 될 것으로 생각합니다. 이러한 이유로 본 교재는 그 서술의 순서를 회사가 생성하고 생성된 회사가 변동하며 소멸하는 순서에 따라 서술하고 있으며 회사실무를 접하는 분들이라면 익숙한 내용들이라 생각합니다. 실무를 하면서 내용들을 추가하여 여러분들의 책을 만들어 갈 수 있는 여지가 있었으면 하는 바램입니다.

이 책은 "신청사례로 보는 상업등기실무"에서 발췌한 내용으로 신청서와 그에 따른 첨부서류로 구성하고, 서식말미에 반드시 주석을 달아서 상업등기에 관하여 전혀 모르는 분도 이해가 쉽도록 편찬을 하였습니다.
편제는 주식회사설립등기신청, 본점이전, 임원변경, 신주발행, 상호등기 순으로 하였습니다.

아무쪼록 이 책이 주식회사 설립등기 업무자료집으로써 실무자들에게 조금이나마 도움이 되어 주길 바라며 많은 격려와 지도편달을 바라겠습니다.

2019. 11.

편저 신 천 수

<제목 차례>

제1장 주식회사 설립

제1장

주식회사 설립

제1장 주식회사 설립

1. 서 설

법무부는 창업절차를 간소화하고 기업경영의 IT화를 지원하는 내용의 상법(공포번호 09746, 공포일자 2009. 5. 28. 시행일자 2009. 5. 29)·상업등기법(공포번호 09749, 공포일자 2009. 5. 28. 시행일자 2009. 5. 28)·공증인법(공포번호 09750, 공포일자 2009. 5. 28. 시행일자 2009. 5. 28) 등 3개 법률을 공포하였다.

개정법은 창의적인 아이디어를 갖고 있는 사람이라면 누구라도 손쉽게 저렴한 비용으로 회사를 설립할 수 있도록 최저자본금제도를 폐지(상법 제329조①)하는 외에도 소규모 회사 창업의 원활화를 위하여 자본금 총액이 10억원 미만인 회사를 설립하는 경우 정관 및 의사록의 공증의무를 면제하고(상법 제292조, 공증인법 제66조의2①), 설립시 필요한 주금납입금 보관증명서를 잔고증명서로 대체할 수 있도록 하였고(상법 제318조③), 소규모 주식회사의 주주총회 소집절차를 간소화(상법 제363조)하고, 감사선임의 자율성을 부여(상법 제409조)하는 등 창업절차를 간소화 하며, 전자주주명부, 전자문서에 의한 소수주주의 주주총회소집청구를 인정하여 기업경영의 IT화를 실현하는 등 기업 활동의 편의를 도모하려는 것이다.

개정 상법 중 제292조(정관의 공증면제 규정), 제318조(잔고증명에 관한 규정), 제329조(최저자본금 삭제규정), 제363조(주주총회소집 규정), 제383조(이사회 제도의 규정), 제409조(감사의 선임 면제 규정)의 개정규정은 공포한 날부터 시행하고, 나머지 전자투표제 등에 관한 규정은 공포 후 1년이 경과한 날부터 시행한다.

이 책에서는 위 개정내용을 해설과 각 신청서 및 해당 원인서류에 각 적용하여 편찬하기로 한다.

2. 상법 및 상업등기법 2009년 개정 요약표

구분 항목	구 법	개 정 법
○ 유사상호금지 제도폐지	확연히 구별할 수 있는 상호가 아니면 등기할 수 없다.	"동일한 상호는 등기할 수 없다."고 하여 제한완화(상업등기법 제30조)
○ 회사가 공고를 하는 방법	관보 또는 일간신문에만 공고	선택적으로 전자적 방법(회사의 인터넷 홈페이지에 공고)으로도 공고(상법 제289조)
○ 최저자본금제도폐지	주식회사 설립시 5천만원 이상 주금납입 필요	최저자본금 제한 폐지, 자본금 100원인 회사 설립 가능(상법 제329조)
○소규모회사 정관·의사록 공증 의무면제	설립등기시 공증을 받은 정관 및 의사록을 제출	설립등기시 정관(상법제292조) 및 의사록(공증인법 제66조의2) 공증 의무면제
○소규모회사 설립시 잔고증명서 제출 허용	설립등기시 주금을 납입한 금융기관으로부터 주금납입보관증명서를 발급받아 제출하여야 함	주금납입보관증명서 대신 잔고증명서로 대체 가능(상법제318조, 상업등기법 제80조, 제82조)
○ 전자주주명부 제도의 신설	신 설	전자문서로 주주명부 작성가능(상법 제352조의2)
○소규모회사 주주총회 소집절차 간소화	주주총회 소집통지 및 공고 - 기명주주 : 2주 전 통지 - 무기명주주 : 3주 전 공고	-통지 및 공고기간 단축 : 기명주주 10일 전 통지, 무기명주주 2주 전 공고 -주주전원의 서면동의로 주주총회 결의 대체 가능(상법 제363조)
○소규모회사 이사 선임 기준 완화 및 이사회 구성 의무 면제	- 자본금 5억 이상 : 3인 이상 자본금 5억 미만 : 2인 이하 가능 - 이사가 2인 이상인 경우 이사회 구성 의무 부여	- 자본금 10억 이상 : 3인 이상 자본금 10억 미만 : 2인 이하 가능 - 이사가 2인인 경우 이사회 구성 의무면제(상법 제383조)
○ 전자투표제도 도입	주주총회 의결권 행사는 출석, 서면 또는 대리인을 통한 위임투표만 가능	인터넷으로 접속하여 인증 후 주주총회에 가지 않고 의결권 행사 가능
○전자문서로 주주제안권, 주총소집 청구권 행사 가능	주주제안권 및 임시주주총회소집 청구권 행사는 서면으로만 가능	전자문서(E-mail)을 통한 행사 가능(상법 제368조의4)
○소규모회사 감사선임 의무 면제	설립시 주주총회에서 감사를 선임하고, 설립등기에 감사에 관한 사항을 기재하여야 함	감사를 선임하지 않고 회사 설립 가능(상법 제409조)

제2장 주식회사 설립등기

제1절 총 설

1. 의 의

"주식회사"란 자본을 주식으로 분할하여 그 분할된 자본에 대한 지분을 가진 주주가 주식의 인수가액을 한도로 출자의무를 부담하는 유한책임의 회사이다. 주주는 그 주식의 인수가액을 한도로 하는 출자의무를 부담할 뿐, 회사채무에 대하여 아무런 책임도 지지 않는다. 따라서 주식회사의 근본적 특색은 자본과 주식과 주주의 유한책임에 있다고 할 수 있다.

주식회사의 자본은 전부 주식으로 분할하여야 하며(상법 제329조②), 주식은 자본의 구성분자인 금액을 의미한다. 각 주주는 자기가 가지고 있는 주식금액의 자본액에 대한 비율로 회사사업에 참여하고 회사재산에 대한 몫을 가지고 있으므로 주주의 회사에 대한 권리와 의무는 주식을 단위로 하여 정하여진다.

자본은 사원의 출자로 이루어지는 일정한 기금으로서 발행주식의 액면총액을 말하고, 주식은 자본의 구성요소이며, 사원으로서의 권리 발생의 기초인 독립된 사원의 지위나 자격을 뜻한다. 주주는 소유주식수에 따른 이익배당청구권 · 잔여재산분배청구권 등의 자익권과, 의결권 · 대표소송제기권 등의 공익권을 갖는다.

2. 주식회사설립의 유형

주식회사설립에는 발기설립(發起設立)과 모집설립(募集設立)이 있고, 주식회사의 설립은 본점소재지에서 설립등기를 함으로써 성립한다(상법 제172조).

"발기설립"은 회사 설립에 있어서 발행주식의 전부를 발기인이 인수하여 회사를 설립하는 방법을 말하고, 모집설립은 회사설립 시 발행하는 주식의 총수 중 발기인이 일부를 인수하고 나머지 부분은 주주를 모집하여 인수하도록 하는 설립방법을 말한다. 모집설립은 후술한다.

○ 발기설립과 모집설립등기절차도

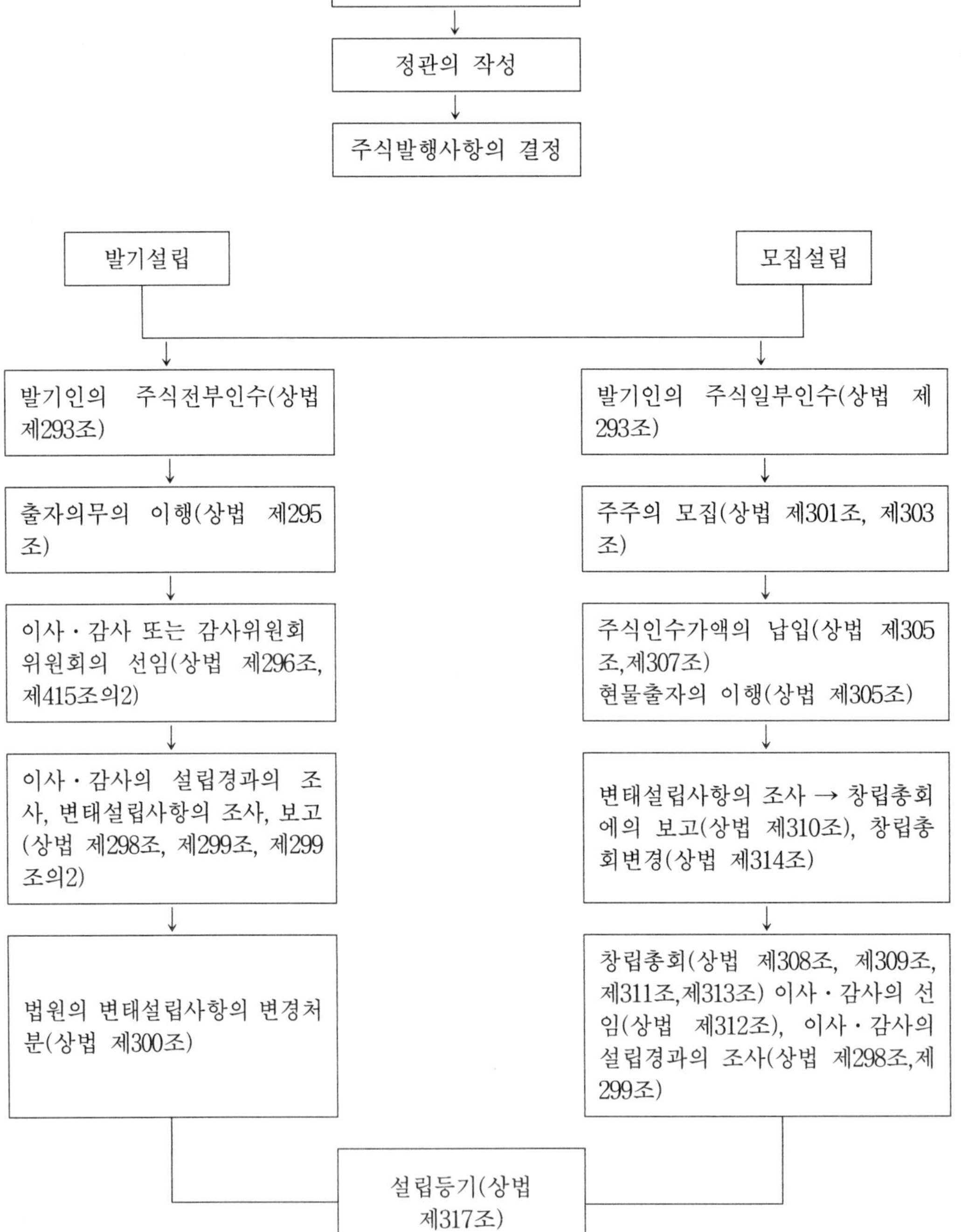

제2절 발기설립

1. 발기인

"발기인"이란 주식회사의 정관의 작성자로 원시정관 말미에 발기인으로서 기명날인 또는 서명한 자를 말하며(상법 제289조①), 실질적으로 발기인으로서 회사의 설립에 진력하였다 하더라도 원시정관에 기명날인 또는 서명하지 아니한 자는 발기인이라고 할 수 없다(학설과 판례). 발기인과 임원은 동일인이 아니어도 상관없다.

설립중의 회사가 성립하기 위해서는 정관이 작성되고 발기인이 적어도 1주 이상의 주식을 인수하였을 것을 요건으로 한다(상법 제293조, 대법원 2000. 1. 28. 선고 99다35737 판결).

2. 정관의 작성

가. 개 설

주식회사설립의 경우 정관은 1인 이상의 발기인이 작성하여야 하고(상법 제288조), 상법 제289조①에서 규정하고 있는 절대적기재사항을 기재하여야 한다.

나. 절대적 기재사항

(1) 개 설

주식회사 설립의 정관에는 절대적 기재사항, 상대적 기재사항 및 임의적 기재사항이 있다. 정관의 절대적 기재사항은 ①목적, ②상호, ③회사가 발행할 주식의 총수, ④1주의 금액, ⑤회사의 설립시에 발행하는 주식의 총수, ⑥본점의 소재지, ⑦회사가 공고를 하는 방법, ⑧발기인의 성명·주민등록번호 및 주소이며 이들 절대적 기재 사항 중 하나라도 기재를 누락하면 정관은 무효가 된다(상법 제289조).

(2) 목 적

"목적"이란 회사가 경영하고자 하는 사업을 말한다. 법인의 목적을 등기사항으로 정하고 있는 것은 법인은 원래 정관으로 정한 목적의 범위내에서만 권리능력이 있으며(민법 제34조), 그 목적사업 이외의 사업은 영위할 수 없기 때문에 목적을 특정함으로써 법인의 권리능력의 범위를 일반인에게 공시하기 위한 것이다.

목적은 회사가 경영하려고 하는 사업을 뜻하므로, 사회통념상 그 사업이 무엇인가를 알 수 있을 정도로 구체적이고 명확하게 기재하여야 하며, 상업, 물품제조업, 물품판매업 등과 같이 불분명하게 기재하여서는 안 된다. 그리고 회사는 상행위 기타 영리를 목적으로 설립한 사단(상법 제169조)이기 때문에 비영리사업을 회사의 목적으로 할 수 없고, 강행법규나 공서양속에 위반하는 것은 회사의 목적으로 정할 수 없다. 회사의 설립목적이 불법한 것인 때에는 법원이 해산을 명할 수 있다(상법 제176조①).

회사의 목적은 위와 같은 제한이 따르지만, 원칙적으로 어떠한 사업을 목적으로 할 것인가는 회사의 자유이다. 다만, 특별법 등에 의하여 관청의 인・허가를 필요로 하는 경우에는 등기시에 그 인・허가서를 등기신청서에 첨부하여야 한다.

(3) 상 호

(가) 개 설

"상호"란 상인이 영업상 자기를 표시하기 위하여 사용하는 명칭을 말한다. 상업등기법은 제30조 중 "확연히 구별할 수 있는 상호가 아니면"을 "동일한 상호는"으로 개정(2009. 5. 28)하였다. 개정취지는 현재 회사를 설립하기 위하여 동일 또는 유사한 상호가 이미 등기되어 있는지 여부를 조사・확인하기 위한 시간의 지연과 추가 상호선정에 많은 시간이 소요되어 신속한 법인 설립에 걸림돌이 되고 있고, 기업활동의 광역화 추세에 부합하지 못하며, 등기관이 상호의 유사성 여부를 자의적으로 판단할 우려가 있으므로 유사상호이더라도 등기할 수 있도록 하려는 취지이다.

기존의 상업등기법하에서는 법인 설립 시 특정한 상호와 동일하지는 않으나 일반 거래상 이와 혼동, 오인될 우려가 있는 상호는 사용할 수가 없었다. 따라서 동일한 영업을 위하여 동일한 특별시・광역시・시 또는 군 내에서 다른 사람이 등기한 상호와 동일하지만 아니하면 상호로 사용할 수 있는 것이다.

대법원은 "유사상호 등의 판단 기준에 관한 예규(제1295호 2009. 5. 28 개정)를 개정하여 위 법률의 개정에 뒷받침 하였다.

(나) 등기할 수 없는 상호

등기관은 다음 각 호의 어느 하나에 해당하는 경우에는 등기신청을 각하한다(등기예규 제1295호).

1. 상법등기법 제30조에 의해 등기할 수 없는 상호

2. 법령으로 상호에 사용하는 것을 금지한 문자를 사용한 경우

【예시】 회사가 아니면서 상호에 회사임을 표시하는 문자를 사용한 경우(상법 제20조), 금융투자업자가 아니면서 상호에 금융투자라는 문자를 사용한 경우(자본시장과 금융투자업에 관한 법률 제38조①), 보험회사가 아니면서 상호에 보험회사임을 표시하는 문자를 사용한 경우(보험업법 제8조②) 등. 다만, '보험대리점'이라는 문자는 보험회사임을 표시하는 문자로 볼 수 없다(보험업법 제2조제1호, 제5호, 제9호 등 참조).

3. 법령으로 상호에 일정한 문자(증권, 신탁 등)를 사용할 것을 규정 하였음에도 불구하고 그러한 문자를 사용하지 아니한 경우

4. 상호에 지점, 지사, 지부, 출장소 등의 문자나 영업부문임을 표시하는 문자(영업부, 판매부 등)를 사용한 경우(상법 제21조②에 따라 지점의 상호에 본점과의 종속관계를 표시하기 위하여 사용하는 경우는 제외한다). 다만, 대리점, 특약점 등의 문자는 상호에 사용할 수 있다.

5. 상호가 국가·공공단체 또는 그 소속기관 및 공법인과 관련성이 있다고 오인될 우려가 있는 경우

【예시】 국가기관으로 오인하게 할 수 있는 문자를 상호에 사용한 경우, 지방공기업법 등 관련 법령에 따라 설립된 것이 아니면서 지방공사, 지방공단, 공사, 공단 등의 문자를 상호에 사용한 경우 등

6. 상호가 선량한 풍속 기타 사회질서에 반하는 경우

【예시】 상호에 외설스러운 문자를 사용한 경우

7. 사회적 유명 인사의 성명권을 침해할 우려가 있는 경우

8. 회사의 종류를 표시하는 부분을 제외하면 신청인의 상호가 업종을 표시하는 문자만으로 구성되어 있는 경우

(다) 동일상호 판단을 요하는 등기사건

㉮ 등기관이 동일상호 여부를 조사·판단하여야 하는 등기 사건은 다음 각 호와 같다.

1. 회사의 설립 등기
2. 상호의 등기
3. 상호의 변경 등기
4. 목적의 변경 등기
5. 본점 또는 영업소를 다른 등기소의 관할 구역에서 당해 등기소의 관할구역으로 이

전하는 등기(본점을 이전하는 회사의 지점 등기가 당해 등기소의 관할 구역에 이미 있는 경우에도 마찬가지이다).

6. 상호의 가등기

7. 주식회사 또는 유한회사를 설립하고자 할 때, 회사의 상호를 변경하고자 할 때, 회사의 본점을 이전하고자 할 때의 상호 가등기의 등기사항 중 목적을 변경하는 등기

㉯ 회사의 지점 및 외국회사의 영업소를 설치하거나 이전하는 등기, 지점의 등기기록에서 상호 또는 목적을 변경하는 등기신청에서는 동일상호 여부를 조사하지 아니한다.

(라) 타인의 동의가 있는 경우 등

상호를 등기한 타인이 신청인의 상호에 관한 등기에 동의하거나 신청인이 발행한 주식을 100% 소유한 모회사라 하더라도, 동일상호인 경우에 등기관은 상호에 관한 등기 신청을 수리할 수 없다.

(마) 동일상호의 판단 요건

상호에 관한 등기 신청이 다음 각 호의 요건을 충족할 경우 등기관은 그 신청을 각하하여야 한다.

1. 신청인이 타인의 상호의 등기가 있는 특별시·광역시·시·군의 관할 등기소에 상호에 관한 등기를 신청하였을 것

2. 신청인의 상호가 타인의 상호와 동일할 것

3. 신청인이 타인과 동일 또는 동종의 영업을 하거나 하려고 할 것

(바) 타인이 등기한 상호의 범위

㉮ 등기관은 신청인의 상호가 회사의 상호(지점 및 외국회사 영업소의 상호를 포함한다), 가등기된 상호, 자연인인 상인의 등기된 상호에 대하여 동일상호인지를 조사하여야 한다.

㉯ 등기관은 등기신청된 상호가 타인이 등기한 상호와 동일한지를 판단하기 위하여 해산 또는 파산선고된 회사의 상호에 대하여도 조사하여야 한다. 다만, 청산종결, 파산종결 또는 파산폐지의 등기가 되어 그 등기기록이 폐쇄된 회사의 상호는 그러하지 아니하다.

(사) 상호 자체의 판단방법

상호 자체의 동일성을 판단할 때 다음 각 호의 문자가 있는 경우에는 이를 제외한 나머지 부분만으로 동일성을 판단한다.

1. 회사의 종류를 표시하는 문자(합명회사, 합자회사, 주식회사, 유한회사)

2. 「상업등기의 상호 및 외국인의 성명 등기에 관한 예규」에 근거하여 상호에 병기된 로마자 등

(아) 목적의 적격성

1. 목적(본 절에서 '업종'을 포함한다)은 적격성이 있어야 하며, 적격성이 없는 목적은 등기할 수 없고, 등기되었어도 동일상호 여부를 판단할 때 고려하지 아니한다.

2. 목적은 영리성이 있어야 하고, 강행법규나 선량한 풍속 기타 사회질서에 반하여서는 아니된다.

3. 목적은 상인이 수행하거나 하려고 하는 영업을 사회 일반인이 쉽게 인식할 수 있도록 명확하고 구체적이어야 한다.

4. 등기관은 통계청장이 작성·고시하는 「한국표준산업분류」 중 소분류 이하를 참고하여 목적의 구체성을 판단할 수 있다.

(자) 영업의 동종성 판단

1. 목적의 전부 또는 주된 부분이 동일하거나 동종인 경우뿐 아니라 일부가 그러한 경우에도 원칙적으로 영업의 동종성은 인정된다.

2. 두 상인의 목적 중 어느 일방의 목적이 상대방의 목적을 포함하는 경우에는 영업의 동종성이 인정된다.

3. 목적 중 '전 각 호에 부대하는(또는 관련되는) 일체의 업무'라는 부분은 영업의 동종성을 판단할 때 고려하지 않는다.

(4) 회사가 발행할 주식의 총수

1. 회사가 발행할 주식의 총수란 회사가 장래 발행하기로 예정하고 있는 주식의 총수, 즉 이사회에 대하여 발행을 수권한 주식수의 최대한을 의미하는 것으로 발행예정 주식의 총수를 말한다(상법 제289조① 제3호).

2. 상법규정으로 '회사의 설립시에 발행하는 주식의 총수는 회사가 발행할 주식총수의 4분의 1이상이어야 한다'는 제한규정은 삭제되었다(제289조② - 삭제). 그러므로 기존 발행주식과 발행할 주식간의 고려하던 비율은 존재하지 않게 되었으므로 '회사가 발행할 주식

의 총수'는'회사가 설립시 발행하는 주식총수'의 4배를 초과할 수 있다.

3. 실무상 ㉠ 유상증자, 주식배당 ㉡ 현물출자 ㉢ 합병, 분할(분할합병) ㉣ (전환, 신주인수권부)사채등의 발행 또는 ㉤ (주식, 사채)전환권행사시 발행할 주식총수의 범위내에서 주식을 발행하여 교부하여야 하므로 발행할 주식총수중 '미발행 주식'이 존재하는지 확인하여야 한다.

(5) 액면주식을 발행하는 경우 1주의 금액

1. 액면주식을 발행하는 경우

액면주식을 발행하는 경우 1주의 금액은 균일하여야 한다. 종류주식이 발행되는 경우에도 마찬가지이다. 액면주식을 발행하는 경우 1주의 금액은 100원 이상으로 하고 있다(제329조③).

2. 무액면주식을 발행하는 경우

회사는 정관으로 정한 경우에는 주식의 전부를 무액면주식으로 발행할 수 있다. 다만, 무액면주식을 발행하는 경우에는 액면주식을 발행할 수 없다(제329조①). 개정상법은 기존 액면주식만 발행할 수 있도록 한 규정을 개정하여 무액면주식도 발행할 수 있도록 하고 있다. 무액면주식을 발행하는 경우 1주의 금액은 기재하지 않고, 제291조에서 주식발행사항을 결정할 때에 정관 또는 발기인전원의 동의로 주식의 발행가액과 주식의 발행가액 중 자본금으로 계상하는 금액을 정하도록 하고 있다. 자본금으로 계상하는 금액은 발행가액의 2분의 1이상이 되어야 한다(제451조②).

3. 전환청구

회사는 정관으로 정하는 바에 따라 발행된 액면주식을 무액면주식으로 전환하거나 무액면주식을 액면주식으로 전환할 수 있다(제329조④).

(6) 회사의 설립시에 발행하는 주식의 총수

1. 회사설립시 실제로 발행되어 인수되는 주식을 말한다. 정관의 기재는 「회사의 설립시에 발행하는 주식의 총수」로 기재되나 설립등기시 등기부에는 「발행 주식총수」로 기재된다. 발행주식총수는 정관의 기재사항이 아니므로 설립후 발행주식수의 증가는 원칙적으로 정관변경을 위한 주주총회가 필요하지 않다.

2. 액면주식을 발행하는 경우 회사의 설립시 발행하는 주식의 총수에 1주의 금액을 곱하면 등기부상 자본금의 총액으로 표현된다. 유한회사의 경우 자본금의 총액은 정관의 기재사항이나 주식회사의 경우 자본금의 총액은 등기부상으로만 표현된다.

3. 상법은 2009년 상법개정시 주식회사의 최저자본금규정을 폐지하였다. 유한회사에 존재하던 최저자본금에 관한 규정도 개정상법을 통하여 폐지하였다. 물적회사에 존재하던 최저자본금제도의 규정은 폐지하였으나, 법인의 사업목적등에 따라 개별법으로 일정 규모의 자본금을 등록기준으로 요구하는 경우가 있다.

(7) 본점의 소재지

본점의 소재지는 확정적으로 기재하여야 한다. 다만 그 기재정도는 최소행정구역만을 표시하는 정도로 족하다. 그러나 등기부의 기재는 구체적인 지번까지 기재하도록 되어있으므로 관할구역내의 이전의 경우 정관변경은 필요가 없으나 등기는 반드시 필요하다. 그 설치·이전은 정관에서 별도 정하지 않는 경우 이사회에서 정하면 된다(제393조①, 제383조⑥ - 이사가 2명이하인 경우 대표이사 또는 각 이사가 이를 정할 수 있다).

(8) 회사가 공고를 하는 방법

(가) 개 설

설립등기사항은 관보 또는 시사에 관한 사항을 게재하는 일간신문에 하여야 한다. 다만, 회사는 그 공고를 정관으로 정하는 바에 따라 전자적 방법으로 할 수 있다(상법 제289조③).

회사가 정관에서 전자적 방법으로 공고할 것을 정한 경우라도 전산장애 또는 그 밖의 부득이한 사유로 전자적 방법으로 공고를 할 수 없는 때에는 미리 정관에서 정하여 둔 관보 또는 시사에 관한 사항을 게재하는 일간신문에 공고하여야 한다(상법 시행령 제6조④).

(나) 공고기간

전자적 방법으로 공고할 경우 대통령령으로 정하는 기간까지 계속 공고하여야 하고 게시기간과 게시 내용에 대하여 증명하여야 한다(상법 제289조④, ⑤).

여기서 "대통령령으로 정하는 기간"(이하 "공고기간"이라 한다)이란 ① 상법에서 특정한 날부터 일정한 기간 전에 공고하도록 한 경우에는 그 특정한 날 ② 상법에서 공고에서 정하는 기간 내에 이의를 제출하거나 일정한 행위를 할 수 있도록 한 경우에는 그 기간이 지난 날 ③ 제1호 및 제2호 외의 경우에는 해당 공고를 한 날부터 3개월이 지난날까지의 기간을 말한다(상법 시행령 제6조⑤).

회사가 전자적 방법으로 공고를 하려는 경우에는 회사의 인터넷 홈페이지에 게재하는 방법으로 하여야 하고, 회사의 인터넷 홈페이지의 주소를 등기하여야 한다(상법 시행령 제

6조 제1, 2항).

공고기간 중에 공고의 중단(불특정 다수가 공고된 정보를 제공받을 수 없게 되거나 그 공고된 정보가 변경 또는 훼손된 경우를 말한다)되더라도, 그 중단된 기간의 합계가 공고기간의 5분의 1을 초과하지 않으면 공고의 중단은 해당 공고의 효력에 영향을 미치지 아니한다. 다만, 회사가 공고의 중단에 대해서 고의 또는 중대한 과실이 있는 경우에는 그러하지 아니하다(상법 시행령 제6조⑥).

(9) 발기인의 성명·주민등록번호 및 주소

이는 발기인이 누구인가를 명백히 하고 그 책임소재를 분명히 하기 위한 것이다. 정관에 기명날인 또는 서명할 때에 그곳에 주소와 주민등록번호를 병기하여 이 기재요건을 충족시킬 수 있다. 발기인이 법인이면 상호, 등록번호, 본점소재지를 기재하면 된다.

다. 상대적 기재사항

상대적 기재사항이란 이를 정관에 기재하지 아니하여도 정관자체의 효력에는 아무런 영향을 미치는 않지만 그 사항을 정관에 기재하지 않으면 그 사항이 회사와 주주에 대한 관계에 있어서 효력이 발생하지 않는 사항을 말한다(상법 제290조). 즉 변태설립사항, 주식에 관한 사항, 주주총회에 관한 사항, 이사・감사・이사회에 관한 사항, 기타사항 등 크게 5가지로 나눌 수 있다.

(1) 변태설립사항

(가) 개 설

"변태설립사항"이란 물적회사의 설립에 있어서 위험한 약속이 있는 경우를 말한다(상법 제290조). 회사를 설립할 때, 그 재산의 전부 또는 일부가 현물출자나 재산인수와 같이 금전 이외의 재산으로 이루어지는 경우, 그 과대평가에 의하여 자본충실의 원칙에 반하여 다른 사원이나 채권자를 해할 염려가 있으므로 회사의 부담으로 돌아갈 설립비용, 발기인이 받아야 할 보수·특별 이익 등과 함께 위험한 약속으로 보고, 이를 정관의 상대적 기재사항으로 하여(상법 제290조, 제544조), 엄격한 검사와 책임을 지우고 있다(상법 제295조, 제299조, 제550조).

변태설립사항은 원시정관에 기재해야만 그 효력이 인정되고, 원칙적으로 법원이 선임한 검사인의 조사를 받아야 하며(상법 제299조, 제310조), 그것이 부당하다고 인정하는 때에는 발기설립의 경우에는 법원이, 모집설립의 경우는 창립총회에서 이를 변경할 수 있도록 하고 있다(상법 제310조, 제314조). 변태설립사항을 정관에 기재한 회사설립을 변태설립이라 한다. 모집설립의 경우에는 주식청약서에도 변태설립사항을 기재하여야 한다(상법 제302조②).

(나) 종 류

1) 발기인이 받을 특별이익과 이를 받을 자의 성명

특별이익은 회사설립을 위한 발기인의 공로에 대하여 회사가 주는 일정한 우선적 특권을 인정하는 것을 말한다(상법 제290조 제1호).

특별이익은 보통 회사성립 후 계속적으로 주어지는 재산상의 이익이며, 이익배당이나 잔여재산분배에 있어서의 우선권, 신주인수에 관한 우선권, 회사의 설비이용에 관한 특권, 계속적 거래의 약속 등을 인정하는 것이 이에 해당된다. 그러나 발기인에게 이사, 감사 등의 지위를 약속하는 것은 다른 주주의 의결권을 제약하는 것이므로 허용되지 아니하고, 소유주식에 대한 확정이자의 지급, 주금납입의 면제, 무상주의 교부 등 자본충실의 원칙에 위배되는 특별이익을 받을 것은 인정되지 않는다. 특별이익은 발기인 전부에게 평등할 필요는 없으며, 주주의 지위와는 상관없는 것이므로 정관에 다른 정함이 없는 한 특별이익만을 분리하여 양도 또는 상속할 수 있다.

2) 현물출자를 하는 자의 성명과 그 목적인 재산의 종류, 수량, 가격과 이에 대하여 부여할 주식의 종류와 수

㉠ 개 설

현물출자는 금전 이외의 재산으로서 하는 출자를 가리킨다. 주식회사에서는 금전 출자가 원칙이며 현물출자는 예외로 정관에 그에 관한 규정이 있는 경우에만 인정된다.

현물출자의 목적이 될 수 있는 재산은 대차대조표에 자산으로 게재할 수 있는 것이면 동산·부동산·특허권·채권·유가증권·컴퓨터소프트웨어 등 무엇이든 가능하다.

정관에는 현물출자자의 성명과 출자 목적물인 재산의 종류, 수량, 가격과 이에 대하여 부여할 주식의 종류와 수를 기재하여야하며, 목적물인 재산은 그 동일성을 파악할 수 있을 정도로 구체적으로 특정하여 기재하여야 한다(상법 제290조 제2호).

㉡ 현물출자 등의 증명

검사인은 현물출자의 이행을 조사하여 법원에 보고하여야 한다(상법 제299조). 현물출자의 이행에 관하여는 공인된 감정인의 감정으로 검사인의 조사에 갈음할 수 있다. 이 경우

공증인 또는 감정인은 조사 또는 감정결과를 법원에 보고하여야 한다(상법 제299조의2).

현물출자를 하는 경우에는 현물에 대한 적절한 평가가 선행 되어야 하고, 회사설립시 현물출자를 하는 경우에는 현물자산에 대한 감정가가 있으면 되지만 개인기업으로 운영하던 중 현물출자에 의한 법인전환을 하는 경우에는 보다 적정한 현물출자가액 산정을 위하여 공인회계사의 감사보고서가 필요하다.

㉢ 회사성립후에 양수할 것을 약정한 재산의 종류, 수량, 가격과 그 양도인의 성명

회사설립에 있어서 그 성립후에 특정인으로부터 일정한 재산을 회사가 매수할 것을 약정하는 것을 재산인수라 한다. 이것은 발기인이 설립중의 회사를 위하여 회사의 성립을 조건으로 특정재산을 양수할 것을 내용으로 하는 계약이다.

"회사성립 후에 양수할 것을 약정"한다. 함은 이른바 재산인수로서 발기인이 설립될 회사를 위하여 회사성립을 조건으로 다른 발기인이나 주식인수인 또는 제3자로부터 금전 이외의 재산을 회사에서 양수할 것을 약정하는 계약을 의미한다(상법 제290조 제3호).

재산인수는 금전이외의 재산을 제공하는 점에서 현물출자와 유사하지만, 개인법상의 거래행위인 점에서 단체법상의 출자행위인 현물출자와 구별된다. 재산인수는 정관에 기재하여야 효력이 있는 것이므로, 정관에 기재되지 않은 재산인수는 무효이며 창립총회의 승인, 회사설립 후의 추인, 정관변경이 있더라도 그 무효가 치유될 수 없다(다수설). 다만 판례는 재산인수가 동시에 상법 제375조가 규정하는 사후설립에 해당하고, 이에 대하여 주주총회의 특별결의에 의한 추인이 있다면 유효하다고 판시하였다.

㉣ 회사가 부담할 설립비용과 발기인이 받을 보수액

"설립비용"이란 회사의 설립사무를 집행하는데 필요한 비용으로 정관의 작성, 인증비, 주식청약서, 기타 필요한 서류의 인쇄비, 설립사무의 임차료, 설립 사무를 위한 통신비, 비품비, 인건비, 주식 모집의 광고비, 주금납입의 취급을 위탁한 은행이나 신탁회사 등에 지급할 수수료, 창립총회의 소집 비용, 현물 출자의 목적물을 감정인에게 감사 내지 감정시킨 경우 그 비용 등을 포함한다(상법 제290조 제4호).

여기에서 주의할 것은 설립비용이란 회사의 설립 사무소에 소요된 경비이므로 회사의 설립시까지만 발생된 비용이며 그 이후의 비용은 설립비용 이 될 수가 없다.

발기인의 보수란 발기인이 회사설립을 위하여 진력한 노무에 대한 대가를 뜻하는 것으로서 전술한 특별이익과는 다르다. 설립비용이나 발기인의 보수를 변태설립사항으로 규정한 것은 발기인의 권한남용에 의한 과다한 비용이나, 보수이 책정을 막기 위하여 원시정관

에 기재하도록 한 것이다.

(다) 변태설립사항의 변경

변태설립사항이 부당하다고 인정한 때에는 이를 변경할 수 있다. 변경 통고가 있은 후 2주간 내에 주식의 인수를 취소한 발기인이 없는 때에는 정관은 변경통고에 따라 변경된 것으로 본다(상법 제300조③).

⑵ 주식에 관한 사항

(가) 개 설

주식에 관한 정관의 상대적 기재사항은 ㉮수종의 주식을 발행하는 경우에 각종 주식의 종류와 수(상법 제291조, 제344조②), ㉯의결권 없는 주식의 발행(상법 제370조), ㉰이익에 의한 주식의 소각(상법 제343조① , 제345조), ㉱무기명주권의 발행(상법 제357조①), ㉲신주의 발행결의를 주주총회 권한으로 할 취지(상법 제416조), ㉳명의개서대리인의 설치(상법 제337조②), ㉴주권불소지제도의 배제(상법 제358조의2①), ㉵제3자에 대한 신주인수권의 부여(상법 제418조①), ㉶주식의 양도에 관하여 이사회의 승인을 얻도록 하는 경우(상법 제335조①), ㉷ 전환주식의 발행(상법 제346조), ㉸상환가액, 상환기간, 상환방법과 수(상법 제345조②), ㉹주식매수선택권의 부여(상법 제340조의3) 등이 있다.

(나) 주식의 종류와 수, 액면이상의 주식을 발행하는 때에는 그 수와 금액

1) 서 설

회사가 발행할 주식의 총수, 1주의 금액, 회사의 설립시에 발행하는 주식의 총수는 반드시 정관으로 정하는 것이나(상법 제289조①), 그 외의 주식발행에 관한 사항은 정관에 다른 규정이 없는 한 발기인이 정할 수 있다. 이러한 결정은 원칙적으로 발기인의 과반수결의에 의한다. 그러나 “주식의 종류와 수, 액면이상의 주식을 발행하는 때에는 그 수와 금액”은 정관에 다른 규정이 없으면 발기인 전원의 동의로 정하여야 한다(상법 제291조).

2) 주식의 종류와 수

① 개 설

회사는 정관의 규정에 따라 권리의 내용을 달리하는 주식을 발행함으로써, 주주에게는 다른 종류의 주식을 가지는 주주와 다른 취급을 할 수 있다. 상법은 이익배당이나 잔여재산분배 등에 관하여 그 내용이 다른 수종의 주식을 인정하고 있다(상법 제344조).

주식에는 표준이 되는 주식을 보통주(普通株)라 하고, 이에 비하여 재산적 내용에 관하여 우선적 지위를 가지는 우선주(優先株), 보통주보다 뒤에 배당을 받는 후배주(後配株), 이익배당에서는 보통주에 우선하고 잔여재산분배에서는 뒤에 배당하는 경우와 같은 혼합주(混合株) 등이 있는바, 정관에서 수종의 주식을 정하고 있는 경우에는 그 범위 내에서 어느 종류의 주식을 각 몇 주씩 발행할 것인가를 정하여야 한다. 그러나 정관에서 보통주식만을 발행할 것으로 정한 때에는 발기인이 따로 정할 사항은 없다.

② 우선주식

"우선주식"이란 회사의 이익배당이나 잔여재산 분배에 있어서 우선적인 권리가 인정되는 수종의 주식중 하나이다. 이러한 우선주는 기존 주주 입장에서는 지분률을 변동시키지 않으면서 회사가 자금을 조달할 수 있고, 회사 경영권에 관심이 없는 투자자에게는 일정한 배당수익을 확보할 수 있다는 장점이 있다.

회사들은 대개 이익배당에 있어서 우선적인 권리를 가진 우선주를 발행하고 있으며, 이러한 우선주에 대해서는 정관이 정하는 바에 따라 의결권이 없는 것으로 할 수도 있다(상법 제370조①). 이러한 우선주를 발행하기 위해서는 정관에 우선주의 수와 내용, 그리고 최저배당률을 정하여야 한다.

우선주식의 발행한도와 관련하여 법률상 제한은 별도로 존재하지 않으며, 회사의 발행예정주식의 총수에 의해 제한받으므로 발행된 보통주 주식총수를 고려하여 정관상 발행예정주식의 총수보다 적은 수로 정하여야 한다.

우선주를 의결권 없는 것으로 하는 경우 의결권 없는 주식의 발행한도 제한을 받게된다(상법 제370조②, 자본시장법 제165조의15). 우선주의 내용으로는 참가적 여부, 누적적 여부, 그리고 기한부 여부 등을 정할 수 있다. 다른 내용은 정관에 기재되지 않으면 그 효력이 인정되지 않으나, 누적적 여부는 정관에 기재가 없으면 누적적으로 본다는 점을 주의해야 할 것이다.

이익배당의 우선적 내용이 있는 주식에 대하여는 반드시 정관에 최저배당률을 정하여야 하고, 우선주식의 최저배당률은 법상 제한이 없음에 따라 회사가 자율적으로 이를 정할 수 있으며, 실무에서는 일정률의 배당률을 보장해 주기위하여 보통 발행 당시의 예금 이자율 등을 감안하여 결정하게 된다.

3) 액면이상의 주식을 발행하는 때에는 그 수와 금액

설립시에는 주식의 액면미달발행은 인정되지 아니하나(상법 제330조, 제417조①), 액면

이상의 발행은 허용된다. 설립시에 액면 초과발행을 하려는 경우, 정관을 작성할 당시에는 아직 그 금액을 확정하기 어려울 것이므로, 상법은 이를 그 이후의 상황에 따라 발기인 전원의 동의로 정할 수 있게 하였다(상법 제291조).

[등기선례6-630] 주식회사의 설립시 1주의 발행가액을 발기인별로 차별하여 정할 수 있는지 여부

주식회사의 설립시 1주의 액면가액이 금5,000원인 주식의 발행가액을 A발기인에 대해서는 금5,000원, B발기인에 대하여는 금100,000원, C발기인에 대하여는 금200,000원으로 각각 달리한 설립등기신청이 있을 경우, 등기관은 형식적 심사권만 가지고 있으므로 주주평등의 원칙에 반하는지 여부와 관계없이 위와 같은 내용의 설립등기신청을 수리할 수 있다(1999. 1. 7. 등기 3402-14 질의회답).

(3) 주주총회에 관한 사항

(가) 개 설

주주총회에 관한 정관의 상대적 기재사항으로는 ㉮법정의 결의사항 이외의 것을 주주총회 결의사항으로 정하려는 경우(상법 제361조), ㉯본점소재지 또는 그 인접지 이외의 地에서 총회소집 취지(상법 제364조), ㉰정족수의 배제 기타 총회의 의결방법에 관한 다른 규정(상법 제368조①, 제434조), ㉱서면에 의한 주주의 의결권 행사(상법 제368조의2) 등이 있다. 다음에서 주주총회에서 결의 할 수 있는 사항에 관하여 보기로 한다.

(나) 주주총회결의사항

주주총회의 결의사항은 반드시 주주총회에서 결의하여야 하며, 정관으로 다른 기관의 결정에 일임하지 못한다. 다만, 기본사항은 총회에서 결정하고 세부사항은 이사회에서 맡길 수 있다. 또한, 주주총회는 ①상법 또는 ②정관에 정해 놓은 사항에 한하여 결의할 수 있다(상법 제361조). 만약 정관에 없는 사항을 결의하는 경우 그 결의는 법률상 효력이 없다. 다음에서 상법상의 결의 사항과 정관에 의한 결의 사항에 관하여 보기로 한다.

1) 상법상의 결의사항

상법상의 결의사항은 결의방법에 따라 다음 3가지로 분류할 수 있다

가) 보통결의사항(기본결의)

보통결의사항(기본결의)은 출석한 주주의 의결권의 과반수와 발행주식총수의 4분의1 이상의 수로 결의할 수 있는 사항을 말한다.

① 검사인의 선임(상법 제366조 제3항, 제367조), ② 이사, 감사의 선임(상법 제382조 제1

항, 제409조①), ③ 이사, 감사에 대한 보수의 결정(상법 제388조, 제415조), ④ 청산인의 선임, 해임과 그 보수의 결정(상법 제531조, 제539조①, 제542조②, 제388조), ⑤ 재무제표의 승인(상법 제449조①, 제533조①, 제534조⑤), ⑥ 주식배당(상법 제462조의2①), ⑦ 청산종결의 승인(상법 제540조①), ⑧ 흡수합병의 합병보고총회(상법 제526조①), ⑨총회의 연기 또는 속행의 결정(상법 제372조①) 등이 있다.

나) 특별결의사항

특별결의사항은 출석한 주주의 의결권의 3분의 2 이상의 수와 발행주식총수의 3분의 1 이상의 수로 결의할 수 있는 사항을 말한다.

① 정관의 변경(상법 제434조), ② 영업의 전부 또는 중요한 일부의 양도 등(상법 제374조), ③ 사후설립(상법 제375조), ④ 이사·감사의 해임(상법 제385조①, 제415조), ⑤ 자본의 감소(상법 제438조①), ⑥ 주식의 액면미달 발행(상법 제417조①), ⑦ 주식의 분할(상법 제329조의2), ⑧ 주주 이외의 자에게 전환사채 · 신주인수권부사채를 발행하는 경우에 중요한 사항(상법 제513조③, 제516조의2④), ⑨ 회사의 해산(상법 제518조), ⑩ 회사의 계속(상법 제519조), ⑪ 신설합병의 경우 설립위원의 선임(상법 제175조②), ⑫ 회사의 합병계약서의 승인(상법 제522조①, ③), ⑬ 회사의 분할 · 분할합병, 물적분할(상법 제530조의3, 상법 제530조의12), ⑭ 주식의 포괄적 이전·교환(상법 제360조의3, 상법 제360조의16), ⑮ 이익에 의한 주식소각(상법 제343조의2), ⑯ 주식매수선택권의 부여(상법 제340조의2, 상법 제542조의3) 등이 있다.

다) 특수결의사항

특수결의사항은 총주주의 동의 내지 총주주의 일치에 의한 총회의 결의를 필요로 하는 사항을 말한다.

① 발기인, 이사, 감사 또는 청산인 등의 회사에 대한 책임의 면제(상법 제324조, 제400조, 제415조, 제462조의3, 제542조②), ② 주식회사의 유한회사로의 조직변경(상법 제604조①)이 있다.

2) 정관에 의한 결의사항

상법상 이사회 결의사항임에도 이를 주주총회 결의사항으로 확대하여 정관에 규정할 수 있다.

① 대표이사의 선임(상법 제389조① 단서), ② 신주발행사항의 결정(상법 제416조 단서),

③ 준비금의 자본전입(상법 제461조 제1항 단서), ④ 전환사채 및 신주인수권부사채의 발행사항의 결정(상법제513조② 단서, 제516조의2 ② 단서 등)이 있다.

3) 특별법상의 결의사항

특별법상의 결의사항으로 청산 중이거나 파산선고를 받은 회사에 대한 회생절차개시(채무자 회생 및 파산에 관한 법률 제35조)가 있다.

(4) 이사와 감사, 이사회에 관한 사항

(가) 개 설

발기인은 인수한 주식의 인수가액 전액의 납입과 현물출자의 이행을 완료한 때에는 지체 없이 주주총회에서 의결권의 과반수로 이사와 감사를 선임하여야 하는데(상법 제296조①), 발기인의 의결권은 그 인수주식 1주에 대하여 1개로 한다(상법 제296조②).

(나) 이사와 이사회에 관한 규정

① 개 설

가) 개정상법은 자본 총액이 10억원 미만인 소규모 회사는 이사가 2인인 경우에도 이사회에 관한 규정의 적용을 배제하고(상법 제383조⑤), 이사회의 권한을 이사(정관에 의하여 대표이사가 있는 경우에는 대표이사)와 주주총회에 부여하였다(상법 제383조④, ⑥).

나) 정관에서 이사 수의 상한을 규정하거나 또는 이사 수를 확정적으로 규정하는 것(예를 들어 이사 수는 7명으로 한다)은 회사의 규모에 따른 이사 수를 일정 규모로 제한함으로써 효율적인 경영을 도모하고 혹시 있을지 모를 적대적 기업인수 시도에 미리 대비하기 위함이나, 이사 수를 확정적으로 규정하는 것은 이사의 사임, 사망 등으로 결원이 발생하는 경우 지체없이 주주총회를 개최하여 이사를 선임하여야 하는 불편이 있다.

다) 이사의 임기는 3년을 초과하지 못한다(상법 제383조②). 그러나 정관으로 그 임기 중의 최종의 결산기에 관한 정기주주총회의 종결에 이르기까지 연장할 수 있다(상법 제383조③). 여기의 "임기 중의 최종의 결산기"라 함은 임기 중에 도래한 최종의 결산기로서 당해 결산기가 임기 중에 도래한 경우를 말한다.

상법에서 이사의 임기는 정관으로 그 임기 중의 최종의 결산기에 관한 정기주주총회의 종료시까지로 연장할 수 있도록 한 것은 이사의 임기가 결산기 말 이후 정기주주총회 전에 만료된 경우에 일시적으로 회사 내에 이사가 부족한 결과를 초래할 수 있기 때문에 이러한 사태를 미연에 방지할 수 있도록 한 것이다. 따라서 이러한 문제를 해결하기 위하여 회사에 따라서는 감사에 관한 임기 규정방식을 원용하여 정관상에 "이사의 임기는 취임후 ○년 내의 최종의 결산기에 관한 정기주주총회 종결시까지로 한다"라고 규정하는 경우도 있다.

라) 사업년도 중에 이사의 결원이 생겨 보선을 하고자 할 때에는 주주총회에서 선임하여야 하는데, 이때 보선이사의 임기를 전임자의 잔여임기로 하고자 하면, 주주총회의 결의에 의하여 보선이사의 임기를 전임자의 잔여임기로 하거나, 정관에 "보선에 의하여 선임된 이사의 임기를 전임자의 잔여 임기로 한다"라는 규정을 두어야 한다.

② 이사회의 권한을 이사와 주주총회에 부여한 경우 주주총회의 권한

자본금 총액이 10억원 미만인 회사가 이사의 인원을 1, 2인으로 한 경우 이사회의 권한을 이사(정관에 의하여 대표이사가 있는 경우에는 대표이사)와 주주총회에 부여한 권한은 기존의 이사회가 가지고 있는 권리이다. 따라서 양도제한주식의 양도시 승인, 주식매수선택권 부여 취소, 경업금지, 이사의 자기거래 승인, 신주의 발행결정, 전환사채, 신주인수권부사채의 발행결정, 준비금의 자본전입, 중간배당의 경우 주주총회에서 결정한다.

회사의 설립 시의 자본금의 총액이 10억원 이상으로 반드시 3명 이상의 이사를 선임하여야 하거나(상법 383조① 본문), 자본금의 총액이 10억원 미만임에도 불구하고 3명 이상의 이사를 선임한 경우(상법 383조① 단서)에는 대표이사를 주주총회에서 선정한다는 정관의 규정에 의하여 발기인이 대표이사를 선정하는 경우를 제외하고는 이사회에서 대표이사를 선정하여야 한다(상법 389조①).

③ 이사의 선임

회사의 설립 시에 자본금의 총액이 10억원 미만인 경우에는 1명 또는 2명의 이사만을 선임할 수 있다(상법 383조① 단서). 특히 1명 또는 2명의 이사만을 두는 경우에는 이들을 모두 사내이사로 선임하여야 한다(등기예규 제1297호 2). 왜냐하면 회사가 1명 또는 2명의 이사를 선임한 경우에는 원칙적으로 각 이사가 회사를 대표하고, 일정한 경우 회사의 업무집행과 관련하여 이사회의 기능을 담당하기 때문에(상법383조⑥) 회사의 상무에 종사하지 않는 사외이사나 기타비상무이사를 선임할 수가 없기 때문이다.

회사가 2명의 이사만을 선임하면서 예외적으로 정관에 따라 대표이사를 정한 경우에도 이들 이사는 모두 사내이사이어야 한다(등기예규 제1297호 2.나.).

수인의 이사를 선임하는 경우에는 반드시 해당 이사가 사내이사인지 사외이사인지 아니면 그 밖에 상무(商務)에 종사하지 아니하는 이사인지를 구분하여 선임하여야 한다(상법 317조② 8호). 그런데, 회사의 설립 시에 발기인이 3명 이상의 이사를 선임하는 경우에, 만

약 정관에 이사와 사외이사는 주주총회에서 구분하여 선임하되 주주총회에서 선임된 이사 중 사내이사와 기타비상무이사를 이사회에서 선임하도록 규정하고 있다면 이사회에서 사내이사 또는 기타비상무이사(상법 제317조② 8호)를 선임할 수 있으므로, 이 경우에는 발기인이 이사와 사외이사를 선임한 후에 이사들로 구성된 이사회에서 사내이사와 기타비상무이사를 구분하여 선임할 수 있다.

④ 이사의 등기방법

1) 개 설

상법 제317조② 제8호가 개정(2009. 2. 4 시행)됨에 따라 주식회사의 이사명칭 등기방법이 변경되었다. 따라서 주식회사 이사의 명칭을 사내이사, 사외이사, 기타비상무이사로 구분하여 등기하여야 한다.

법인의 임원을 등기할 때에는 주민등록번호를 적어야 한다(법인의 등기사항에 관한 특례법 제2조). 임원·사원·청산인이 주민등록번호가 없는 재외국민 또는 외국인인 경우에는 주민등록번호를 대신하여 그 생년월일을 등기하여야 한다(법인등의 등기사항에 관한 특례규칙 제2조). 대표권이 없는 임원을 등기할 때에는 주소를 적지 아니한다(법인의 등기사항에 관한 특례법 제2조).

주식회사의 정관에 이사와 사외이사는 주주총회에서 구분하여 선임하되, 주주총회에서 선임된 이사 중 사내이사와 기타비상무이사를 이사회에서 선임하도록 규정하고 있는 경우, 정관과 이사로 선임한 주주총회의사록 및 사내이사와 기타비상무이사를 구분하여 선임한 이사회의사록을 첨부하여 위 사내이사와 기타비상무이사의 선임에 따른 등기를 신청할 수 있다(상업등기선례200907-1, 2009. 7. 2. 사법등기심의관-1538 질의회답).

2) 사내이사

사내이사란 상근하면서 회사의 상무를 수행하는 이사를 말하고, 사외이사란 주주총회에서 선임된 이사이나 회사에 상근하여 업무집행을 담당하지는 않고, 이사회 구성원의 일원으로 회의에 출석하여 주로 이사회 제출의안에 대한 심의를 통하여 회사의 경영의사결정에 관여하는 이사를 말하고, 기타 비상무이사는 회사의 상무에 종사하지 아니하는 이사 중 후술하는 상법 제382조③의 각호에 해당하는 이사를 말한다.

신청서에 첨부된 주주총회의사록 등에 사내이사, 사외이사, 기타비상무이사로 구분하여 선임한 사실이 기재되어 있어야 한다. 특히 사외이사, 기타 비상무이사는 명확히 의사록에 나타나 있어야 한다.

3) 사외이사

자본시장과 금융투자업에 관한 법률에 의하여 설립되는 투자회사는 집합투자업자인 법인이 이사(법인이사)가 되어 법인을 대표하는 특별규정이 있다(동법 제197조, 제198조).

최근 상법의 일부개정(법률 제9362호 2009. 1. 30. 일부개정, 2009. 2. 4. 시행)을 통해 종래 상법에는 규정이 없었으나, 주권상장법인과 코스닥상장법인에 적용되던 구증권거래법상의 사외이사 제도를 상법상 주식회사에 전면적으로 도입하였다(상법 제382조③). 종래 상장회사 중심으로 이용되고 있었지만 비상장회사에서도 감사위원회 제도를 도입한 것이다.

⑤ 이사회의 결의

이사회의 결의는 이사 과반수의 출석과 출석 이사의 과반수로 하여야 한다. 다만, 정관으로 그 비율을 높게 정할 수 있다(상법 제391조①), 여기서 과반수란 2분의 1 이상이 아닌 2분의 1 초과를 의미하므로 예컨대 이사 총수가 6인인 경우 과반수 출석은 3인 이상이 아닌 4인 이상이 출석한 것을 말한다. 이사회에서의 의결권은 이사 1인에 대해 1개씩 주어지며 정관에 의해서도 이에 대한 예외를 둘 수 없다.

결의요건은 정관으로 그 비율을 높게 정할 수는 있지만 그 요건을 완화하는 것은 허용되지 않는다. 정관으로 결의요건을 강화할 수 있다. 이사회의 결의는 그 내용이 법령이나 정관에 위반된 경우는 물론 그 소집의 절차 또는 결의의 방법에 하자가 있는 경우에도 당연히 무효가 된다.

이사회에서의 결의에 대해서는 이사가 책임을 져야 하므로 각자의 찬반의사가 밝혀져야 한다. 즉, 기명투표만이 가능하다. 의사록에는 의사의 안건, 경과요령, 그 결과에 반대한 자와 그 반대이유를 기재하고 출석한 이사 및 감사가 기명날인 또는 서명하여야 한다(상법 제391조).

상법에서는 정관에서 다른 정함이 없는 한, 이사회는 이사들이 직접 회의에 출석하지 아니하고 모든 이사가 음성을 동시에 송수신하는 원격통신수단에 의하여 결의에 참가하는 것을 허용하고 있다(상법 제391조②).

(다) 감사 선임

① 개 설

기존에는 발기설립의 경우 주식의 인수가액 납입과 현물출자의 이행이 완료된 때에는 발기인은 지체없이 의결권의 과반수로 감사를 선임하여야 하고(상법 제296조①), 창립총회에서도 감사를 선임(상법 제312조)하여야 했으나 개정 상법은 소규모(자본금의 총액이 10억원 미만)인 회사를 설립하는 경우에 감사 선임을 회사가 자율적으로 할 수 있도록 하였다(상법 제409조④).

자본금 총액이 10억원 미만인 회사를 설립하는 경우에는 감사 선임 여부를 회사의 임의적 선택사항으로 하고(상법 제409조④), 감사를 선임하지 아니할 경우에는 주주총회가 이사의 업무 및 재산상태에 관하여 직접 감독·감시하도록 하였다(상법 제409조⑥).

② 임 기

감사의 임기는 취임후 3년 내의 최종의 결산기에 관한 정기주주총회의 종결시까지로 한다(상법 제410조). 감사의 임기는 정관이나 주주총회의 결의로 달리 정할 수 없는 강행규정이므로 감사가 사업년도 중 결원이 되어 보선이 되더라도 감사는 상법 제410조에 의한 임기가 적용되어야 하므로 보선의 개념이 적용되지 아니한다.

(5) 기타의 상대적 기재사항

기타 정관의 상대적 기재사항으로는 ㉮ 회사의 존립기간, 해산사유(상법 제517조, 제227조 제1호), ㉯ 청산에 관한 규정(상법 제531조①), ㉰ 중간배당에 관한 규정(상법 제462조의3①), ㉱ 신주발행에 관한 규정(상법 제416조), 준비금의 자본전입(상법 제461조) 등 이사회가 결정할 사항을 주주총회의 결의사항으로 정하려는 경우 등이 있다.

라. 임의적 기재사항

이것은 정관에 기재할 것인가, 기재하지 않을 것인가를 완전히 회사의 자유의사에 맡기는 사항이다.

정관의 임의적 기재사항으로는 ㉮주권의 종류, ㉯주권의 재발행의 절차, ㉰주식의 명의개서의 절차, ㉱질권의 등록 및 신탁표시에 관한 사항, ㉲주주와 법정대리인의 주소, 성명, 인감의 신고 등에 관한 사항, ㉳정기주주총회의 소집시기, ㉴주주총회의 의장·장소·의결권의 대리행사, ㉵이사·감사의 원수, ㉶이사·보선이사의 임기, ㉷회사의 영업연도, ㉸준비금·배당금의 청구기간, ㉹이익의 처분방법 등이 있다.

3. 설립절차

가. 발기인의 주식인수

주식회사의 자본은 주식에 의한 출자로써 형성되므로 발기인은 설립시에 발행하는 주식에 관하여 반드시 1주 이상을 서면에 의하여 인수하여야 한다(상법 제293조). 이 규정은 모집설립의 경우와 발기설립의 경우에 모두 적용된다.

나. 주식인수가액의 납입과 현물출자의 이행

(1) 개 설

회사의 설립시에 발행하는 주식의 총수를 서면에 의하여 발기인이 전부 인수하여야 하며(상법 제293조), 발기인이 회사의 설립시에 발행하는 주식의 총수를 인수한 때에는 지체없이 각주식에 대하여 그 인수가액의 전액을 납입하여야 한다. 이 경우 발기인은 납입을 맡을 은행 기타 금융기관과 납입장소를 지정하여야 한다(상법 제295조①).

상업등기법 제80조 제11호 및 제82조 제5호에서 주금의 납입금 보관에 관한 증명서의 발급자로 은행 기타 금융기관으로 규정하고 있는 취지는 주금납입과 관련하여 납입가장행위 등을 방지하기 위함이고, 금융기관의 개념은 규정하는 법률마다 그 범위가 상이하여 일률적으로 정의할 수는 없으므로, 상법상 주금납입사무를 담당할 수 있는 금융기관인지는 위 취지에 따라 주금납입에 관한 업무능력, 공적신용력이 확보될 수 있는 규모 및 신용도, 예수금에 대한 보장제도 등을 검토하여 판단하여야 한다. 아래선례참조.

[선례] 200305-15 농업협동조합법에 의하여 설립된 지역농업협동조합과 품목별협동조합이 상법 제295조 제1항 등에서 규정된 납입을 맡을 은행 기타 금융기관에 속하는지 여부(적극)(선례6권이후)

농업협동조합법에 의하여 설립된 지역농업협동조합과 농업협동조합법 부칙 제14조의 경과규정에 따라 종전 법률규정에 의해 신용사업을 실시하고 있는 품목별협동조합(이하 조합이라 함)은 농업협동조합법에 의하여 그 사무의 범위에 신용사업을 취급할 수 있고, 또한 조합은 국고금 수납업무를 취급할 수 있는 금융기관으로서(한국은행 국고금취급규칙 제3조) 조합원과 예금자 등을 보호하기 위한 제도가 마련되어 있을 뿐만 아니라 농림부장관 및 금융감독위원회의 감독을 받으므로 조합은 주금납입사무를 취급할 수 있는 업무능력과 공적신용력을 갖춘 금융기관에 해당된다고 볼 수 있다(2003. 5. 20. 공탁법인 3402-118 질의회답)

[선례] 824. 상호신용금고가 주금납입금을 보관할 수 있는 은행 기타의 금융기관에 해당하는지 여부(선례5권)

상법 제305조 제2항 및 제302조 제2항 제9호는 주금납입업무를 취급할 수 있는 기관을 은행 기타 금융기관으로 한정하여 규정하고 있고 여기서 금융기관은 위 각 조문의 입법취지가 납입가장행위의 방지라는 점에 비추어 볼 때 납입금의 수납 및 보관사무를 처리할 수 있는 업무능력과 공적 신용을 갖춘 금융기관이라고 해석되므로, 상호신용금고도 위 각 조문상의 금융기관으로 볼 수 있다. 다만, 상호신용금고가 주금납입보관업무를 취급하려면 상호신용금고 법 제11조 제1항 제9호에 의하여 재정경제부장관의 승인을 얻어야 되는바, 재정경제부장관이 전국 상호신용금고연합회에 주식납입금수납대행사무취급판정을 제정・시행토록 지시하고, 전국 상호신용금고연합회가 제정한 위 규정에 대하여 재정경제부장관과 협의가 이루어진 점 등에 비추어 볼 때 재정경제부장관의 승인이 있었다고 보여지므로, 결국 상호신용금고도 상법 제305조 제2항 및 제302조 제2항 제9호에 규정된 은행 기타의 금융기관에 포함된다고 할 것이다(1997. 11. 27. 등기 3402-932 질의회답).

[선례] 679. 증권투자신탁업법에 의한 위탁회사는 주금납입을 맡을 수 있는 금융기관에 포괄되는지 여부(선례2권)

증권투자신탁업법에 의한 위탁회사는 상법 제362조 제1항 제9호 및 제318조에서 규정하고 있는 주금납입을 맡을 은행 기타의 금융기관으로는 볼 수 없다(89. 11. 7. 등기 제2091호).

⑵ 납입절차

현물출자를 하는 발기인은 납입기일에 지체없이 출자의 목적인 재산을 인도하고 등기, 등록 기타 권리의 설정 또는 이전을 요할 경우에는 이에 관한 서류를 완비하여 교부하여야 한다(상법 제295조②).

주식인수인이 납입기일에 납입을 하지 아니하면 그 권리를 잃는 다는 뜻을 기일 2주간 전에 그 주식인수인에게 통지하여야 하고, 이 통지를 받은 주식인수인이 그 기일내에 납입을 이행하지 아니한 때에는 그 권리를 잃는다(상법 제307조).

다. 설립경과의 조사

⑴ 이사, 감사의 보고

이사와 감사는 취임 후 지체없이 회사의 설립에 관한 모든 사항이 법령 또는 정관의 규정에 위반되지 아니하는지의 여부를 조사하여 발기인에게 보고하여야 한다(상법 제298의①). 이때 이사와 감사 중에 발기인이었던 자·현물출자자·회사성립 후 양수할 재산의 계약당사자인 자는 이러한 조사·보고에 참가하지 못하고(상법 제298조②), 이사와 감사전원이 이에 해당하는 때에는 이사는 공증인으로 하여금 이러한 조사·보고를 하게 하여야 한다(상법 제298조③).

⑵ 변태설립사항 등의 조사

발기설립에 있어서 변태설립에 관한 사항과 현물출자의 이행은 원칙적으로 이사의 청구에 의하여 법원이 선임한 검사인이 조사하고(상법 제298④본문, 299), 예외적으로 변태설립사항 중 발기인이 받을 특별이익, 회사가 부담할 설립비용과 발기인이 받을 보수액에 관하여는 공증인의 조사·보고로 현물출자와 재산인수 및 현물출자의 이행에 관하여는 공인된 감정인의 감정으로 검사인의 조사에 갈음할 수 있다. 이 경우 공증인 또는 감정인은 조사 또는 감정결과를 법원에 보고하여야 한다(상법 제299의2). 여기서 공인된 감정인이란 현물출자 된 각 재산의 유형에 따라 법률에 의하여 감정을 할 수 있는 자격이 부여된 감정인을 말한다.

검사인은 변태설립사항과 현물출자의 이행에 관한 사항을 조사하여 조사보고서를 법원에 보고하여야 하고, 조사보고서의 등본을 지체없이 각 발기인에게 교부하여야 한다(상법 제229조②, ③).

변태설립사항을 공증인의 조사와 공인된 감정인의 감정으로 갈음하는 때에는 공증인의 조사보고서나 감정인의 감정서를 법원에 제출하여야 하고, 공증인과 감정인은 각 발기인에게 조사보고서와 감정서의 등본을 교부하여야 한다. 검사인이나 공증인의 보고서 또는 감정인의 감정서에 사실과 상위한 사항이 있는 때에는 발기인은 이에 대한 설명서를 법원에 제출할 수 있다(상법 제299조③).

(3) 법원의 심사 등

법원은 검사인 또는 공증인의 조사보고서, 감정인의 감정서와 발기인의 설명서를 심사하여 변태설립에 관한 사항이 부당하다고 인정한 때에는 변태설립사항에 관한 정관의 규정을 변경하는 결정을 하여 각 발기인에게 통고한다(상법 제300조①, 비송 제75조). 그러나 모집설립의 경우에는 법원의 변경결정에 해당하는 사항을 창립총회에서 담당한다.

검사인·공증인이 조사보고서를, 감정인이 감정서를 법원에 제출함에는 부본 1통을 첨부하고 송달료 2회분을 납부하여야 한다. 법원은 이를 심사하여 정당하다고 인정한 때에는 모집설립의 경우와 달리, 원본 및 부본 표지의 적당한 여백에 "20 . . .인가"라고 기재하고 재판장이 기명날인한 후 신청인에게는 부본과 변경결정등본을, 발기인에게는 변경결정등본을 송달한다(재판예규 제719호).

4. 등기신청절차

가. 등기신청인

주식회사의 설립등기의 신청은 회사의 대표자가 한다(상업등기법 제17조②). 즉, 회사가 3명 이상의 이사를 선임한 경우 또는 설립 시의 자본금의 총액이 10억원 미만으로 2명의 이사를 선임하면서 정관에 따라 대표이사를 정한 경우에는 그 대표이사가 설립등기를 신청하여야 한다(상법 389조①, 383조⑥). 하지만 설립 시의 자본금의 총액이 10억원 미만인 회사가 1명 또는 2명의 이사만을 선임한 경우(대표이사를 정하지 않은 경우만 해당한다)에는 각 이사가 회사를 대표하기 때문에(상법 383조⑥) 각 이사가 설립등기를 신청할 수 있다. 즉, 1명의 이사를 선임한 경우에는 그 이사가 설립등기를 신청하여야 하고, 2명의 이사를 선임한 경우에는 각 이사가 신청할 수 있다.

한편 회사가 설립 시에 수인의 대표이사가 공동으로 회사를 대표할 것을 정한 때에는 대표이사 전원이 공동으로 설립등기를 신청하여야 한다(상법 제389조②·③, 209조①, 법 20조①, 예규 1306호 2.나. 후단).

설립등기신청시에 기명날인할 회사의 대표자 즉, 대표이사 또는 각 이사는 미리 그 인감을 등기소에 제출하여야 하고, 대리인에 의하여 설립등기를 신청하는 경우에도 동일하다(상업등기법 제19조①, 제24조① 및 ②).

나. 등기신청서의 기재사항

설립등기에 있어서는 다음의 사항을 등기신청서에 기재하여야 한다(상법 제317조②).

1) 목적, 상호, 회사가 발행할 주식의 총수, 1주의 금액, 본점의 소재지, 회사가 공고를 하는 방법

2) 자본금의 액

개정 상법은 제329조①의 "주식회사의 자본은 5천만원 이상이어야 한다."를 삭제하여 최저자본금제도를 폐지하였다. 구상법상 무액면 주식의 발행이 허용되지 않지만 액면주식의 법정 최소단위가 100원이어서 사실상 자본금을 100원 이상으로만 하면 주식회사 설립이 가능하다.

최저자본금제도를 폐지한 것은 주식회사의 설립을 용이하게 한다는데 있다. 그리고 회사의 신용도는 자본금의 규모보다는 재무상태의 영향을 더 받으므로 채권자보호의 실효성에 의문이 있고, 채권자보호에 필요한 최소한도의 금액은 업종별로 차이가 있음에도 상법이 일률적으로 이를 정하는 것은 부적절하다는 것이다.

3) 발행주식의 총수, 그 종류와 각종주식의 내용과 수

4) 주식의 양도에 관하여 이사회의 승인을 얻도록 정한 때에는 그 규정

5) 주식매수선택권을 부여하도록 정한 때에는 그 규정

6) 지점의 소재지

7) 회사의 존립기간 또는 해산사유를 정한 때에는 그 기간 또는 사유

8) 전환주식을 발행하는 경우에는 상법 제347조에 게기한 사항

전환주식을 발행하는 경우에는 주식을 다른 종류의 주식으로 전환할 수 있다는 뜻, 전환의 조건, 전환으로 인하여 발행할 주식의 내용, 전환을 청구할 수 있는 기간을 기재한다.

10) 사내이사, 사외이사, 그 밖에 상무(常務)에 종사하지 아니하는 이사, 감사의 성명과 주

민등록번호

11) 회사를 대표할 이사의 성명·주민등록번호 및 주소

12) 둘 이상의 대표이사가 공동으로 회사를 대표할 것을 정한 때에는 그 규정

수인의 대표이사를 두면서 정관 또는 선임기관의 결의로 공동대표규정을 둔 경우에는 공동대표규정도 등기하여야 하는데(상법 317조② 10호), 대표이사를 선임함과 동시에 공동대표규정을 둔 경우에는 공동대표이사의 취지만을 추가로 등기하여야 한다. 한편, 자본금의 총액이 10억원 미만인 회사가 2명의 이사를 둔 경우에도 정관 또는 주주총회의 결의로 각 이사가 공동으로 대표권을 행사하도록 정할 수 있다(상법 389조② 유추적용).

13) 명의개서대리인을 둔 때에는 그 상호 및 본점소재지

14) 감사위원회를 설치한 때에는 감사위원회 위원의 성명 및 주민등록번호

다. 등기기간

(1) 변태설립사항이 없는 경우

이사와 감사 또는 공증인의 회사설립사항을 조사하여 발기인에게 보고한 날로부터 2주간 내에 등기를 신청하여야 한다(상법 제299조, 제317조①).

(2) 변태설립사항이 있는 경우

(가) 변태설립사항에 관한 법원의 변경처분이 없는 때에는 법원의 검사종료의 통고를 받은 날로부터 2주간 내에 한다.

(나) 변태설립사항에 관한 법원의 변경처분이 있는 경우

발기인이 주식의 인수를 취소한 때에는 정관을 변경하여 공증인의 인증을 받은 날로부터 2주간 내에 한다.

발기인이 주식의 인수를 취소하지 아니한 때에는 법원의 변경통고를 받고 2주간이 경과한 날로부터 2주간 내에 한다.

(3) 등기기간의 계산

기간의 계산에 관하여는 상법에 특별한 규정이 없으므로 민법의 규정에 의한다(상법 제1조), 즉, 초일을 산입하지 아니하고 기간말일의 종료로 기간이 만료한다. 초일이 오전영시로부터 시작되는 때에는 초일을 산입하므로(민법 제157조, 제159조) 예컨대 이사, 감사 등이 예선되어 미리 그 취임승낙을 한 경우 등에는 초일을 산입하여야 한다. 기간의 말일이 공휴일인 때에는 그 익일에 만료되는 점도 또한 같다.

관청의 허가를 요하는 등기에 관하여는 그 서류가 도달한 날로부터 등기기간을 기산한다(상법 제177조).

라. 등기신청의 방법

(1) 개 설

설립등기는 회사의 대표자 또는 그 대리인이 등기소에 출석하여 서면으로 신청하거나(상업등기법 제18조① 본문 및 ② 1문), 등기소에 출석할 필요 없이 대법원 규칙으로 정하는 바에 따라 전산정보처리조직을 이용한 전자문서로 신청(전자신청)할 수 있다(상업등기법 18조② 1문, 18조③).

(2) 전자신청의 경우

(가) 개 설

전자신청을 하기 위해서는 사용자등록번호와 공인인증서 정보를 입력하거나 이용등록절차를 거친 전자증명서 정보를 입력하여 사용자인증을 받아야 한다(등기예규 제1305호 제5조).

상업등기 및 법인등기를 전산정보처리조직을 이용하여 전자문서로 신청하는 경우 "전산정보처리조직에 의한 상업등기 등의 신청에 관한 업무처리지침"이 규정하고 있다(등기예규 제1305호).

○ 전자신청절차도

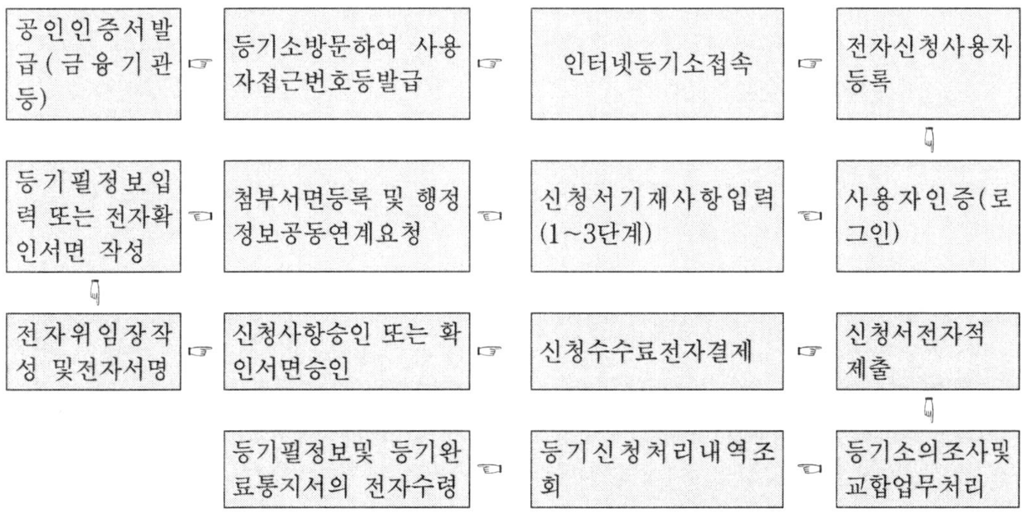

(나) 전자신청을 할 수 있는 사람

① 전자신청은 당사자가 직접 하거나 변호사나 법무사[법무법인·법무법인(유한)·법무조합·법무사합동법인을 포함한다. 이하 "자격자대리인"이라 한다]가 당사자를 대리하여 할 수 있다. 자격자대리인이 아닌 사람은 당사자를 대리하여 전자신청을 할 수 없다(등기예규

제1305호 제3조).

② 전자신청을 하려는 당사자 또는 그 자격자대리인은 미리 상업등기법과 상업등기규칙의 관련 규정에 따라 전자증명서를 발급받거나 상업등기법 제18조②과 규칙의 관련 규정에 따라 사용자등록을 하여야 한다.

(다) 공인인증서 발급

1. 시중금융기관(증권 및 우체국 포함)으로부터 공인인증서를 발급받아야 한다.

2. 개인 : 원칙적으로 공인인증서를 발급받아야한다. (단 일정한 요건 구비시는 제외) 다만 법무사, 변호사는 공인인증서를 예외없이 무조건 발급받아야 한다.

3. 법인 : 등기소로부터 전자증명서를 발급받아 인터넷등기소에서 이용등록을 완료해야 전자신청 이용이 가능하다.

(라) 등기소 방문

① 전자신청을 원하는 당사자 또는 자격자가 아래의 서면을 지참하고 직접 등기소를 방문하여 등기소로부터 접근번호를 취득한다.

② 위 접근번호를 부여받은 날로부터 10일내에 대법원인터넷등기소를 방문하여 자신의 공인인증서와 접근번호를 이용하여 사용자등록번호를 만들어야 비로소 절차가 완성된다.

- 사용자등록시 필수첨부서면 -

① 개인 : 신분증, 인감증명서, 주민등록등본 및 인감도장

② 자격자 : 신분증, 인감증명서, 주민등록등본, 인감도장 및 자격자등록증 사본

(마) 온라인 사용자등록

전산정보처리조직을 이용하여 사용자등록을 하는 절차는 다음과 같다(등기예규 제1305호 제4조의2).

1. 온라인 사용자등록을 하려는 자는 인터넷등기소(http://www.iros. go.kr/)에 로그인하여 전산정보처리조직을 이용하여 성명, 주민등록번호, 주소, 전화번호, 인터넷등기소 회원 ID, 전자우편주소를 기재한 신청서를 전자적으로 제출하여야 한다. 이 경우 인터넷등기소에 회원으로 가입되어 있지 아니한 자는 회원가입과 동시에 위 신청서를 제출하여야 한다.

2. 온라인 사용자등록신청서를 전자적으로 제출하는 경우 신청인은 전자서명법 제15조의 공인인증서로 인증을 하여야 한다.

3. 온라인 사용자등록을 하는 경우 사용하고자 하는 공인인증서와 사용자등록번호를 등

록하여야 한다.

(바) 사용자등록

1. 자격자(법무사 및 변호사) : 본인이 직접 사무소 소재지 관할등기소를 방문하여 접근번호를 부여받은 후 대법원인터넷 등기소에서 공인인증서 및 접근번호를 이용하여 사용자등록절차를 완료하여야 한다.

2. 개인 및 법인 : 본인이 신청하되 전국 등기과(소) 어디서나 사용자등록신청이 가능하다. 등기 권리자와 등기 의무자의 공동신청인 경우 권리자와 의무자 모두 사용자등록신청을 하여야 한다. 다만 전자신청사건을 자격자에게 위임할 경우에는 사용자등록절차는 없다.

(사) 신청정보 및 첨부정보의 송신 등

① 당사자 또는 자격자대리인은 인터넷등기소(http://www.iros.go.kr/)에 접속하여 "인터넷등기전자신청"을 선택한 후, 등기신청서에 기재하여야 할 정보(이하 "신청정보"라 한다) 및 등기신청서에 첨부하여야 하는 서면(이하 "첨부서면"이라 한다)에 해당하는 정보(이하 "첨부정보"라 한다)를 송신함으로써 전자신청을 한다(등기예규 제1305호 제6조).

② 신청정보 또는 등기신청에 관한 대리권한을 증명하는 서면(이하 "위임장"이라 한다)에 해당하는 첨부정보는 반드시 인터넷등기소에서 전자문서로 작성하여야 한다. 다만, 다음 각 호의 하나에 해당하는 등기신청의 경우 위임장에 해당하는 첨부정보는 별지 제3호 양식의 위임장을 전자적 이미지 정보로 변환[스캐닝]하여 송신할 수 있다.

1. 대표자 주소 또는 주민등록번호의 변경이나 경정등기

2. 대표자를 제외한 임원(회사, 민법법인 및 특수법인의 사원, 이사, 감사, 감사위원회 위원, 지배인·대리인 등을 말한다)의 변경이나 경정등기

3. 본·지점 공통등기사항에 관하여 지점 소재지에서 하는 등기

(아) 전자증명서 등의 송신

① 전자신청을 하는 당사자는 신청정보를 송신할 때 전자증명서를 함께 송신하여야 하고, 자격자대리인은 공인인증서와 사용자등록번호를 송신하여야 한다(등기예규 제1305호 제8조).

② 설립등기, 대표자 변경등기 등에 의하여 비로소 등기되는 등기신청권자나 그 밖에 등기기록에 등기되어 있지 않은 등기신청권자가 신청정보를 송신할 때에는 공인인증서와 사

용자등록번호를 함께 송신하여야 한다.

③ 관공서가 등기를 전자촉탁할 때에는 전자정부법 제2조제6호의 행정전자서명(이하 '행정전자서명'이라 한다)을 송신하여야 한다.

④ 자격자대리인이 위임장에 해당하는 첨부정보를 송신할 때에는 위임인의 전자증명서 또는 공인인증서(②의 등기신청권자의 위임에 따라 전자신청을 하는 경우)를 함께 송신하여야 한다. 다만, 등기예규 제1305호 제6조② 단서의 첨부정보를 송신하는 경우에는 그러하지 아니하다.

⑤ 첨부정보를 전자문서로 송신할 때에는 작성명의인의 공인인증서를 함께 송신하여야 한다. 다만, 작성명의인이 법인인 경우에는 그 법인 대표자의 전자증명서를, 관공서인 경우에는 행정전자서명을 송신하여야 한다.

⑥ 첨부정보를 등기예규 제1305호 제6조③의 전자적 이미지 정보로 송신할 때에는 위임인의 전자증명서 또는 공인인증서(②의 등기신청권자의 위임에 따라 전자신청을 하는 경우)를 함께 송신하여야 한다. 다만, 동예규 제6조② 단서 각 호의 등기신청의 경우에는 그러하지 아니하다.

⑦ 등기예규 제1305호 ⑥ 본문의 경우 위임인이 전자증명서 등에 의하여 전자적 이미지 정보를 인증한 후에는 자격자대리인이 첨부정보를 변경할 수 없다. 다만, 신청 후 보정을 하는 때에는 그러하지 아니하다.

(자) 등기신청을 공동으로 하는 경우의 승인

공동대표이사 등이 등기신청을 공동으로 하는 경우에는 그 중 1인이 신청정보와 첨부정보를 입력한 후 등기신청을 공동으로 하는 다른 사람을 지정하고, 지정된 다른 사람은 전자증명서 또는 공인인증서(제8조②의 경우에 한한다)에 의하여 승인을 하여야 한다(등기예규 제1305호 제9조).

(차) 전자신청의 경우 첨부정보의 제출 방법

① 전자신청을 하는 경우 법령에 의하여 등기신청서에 첨부하여야 하는 서면에 해당하는 정보(이하 "첨부정보"라 한다)는 전자문서로 송신하여야 한다. 다만, 대법원예규로 정하는 바에 따라 첨부서면을 스캐닝하여 전자적이미지 정보로 송신하거나 그 밖의 방법으로 제출할 수 있다.

② 첨부정보를 전자문서로 송신할 때에는 작성명의인의 공인인증서를 함께 송신하여야 한다. 다만, 작성명의인이 법인인 경우에는 그 법인대표자의 전자증명서를, 관공서인 경우

에는 대법원예규로 정하는 전자인증서를 송신하여야 한다.

③ 자격자대리인이 그 권한을 증명하는 정보를 전자문서로 송신할 때에는 위임인의 전자증명서를 송신하여야 한다. 다만, 설립등기, 대표자 변경등기 등에 의하여 비로소 등기기록에 등기신청권자로 기록되는 사람의 위임에 의하여 그 설립등기 또는 대표자 변경등기 등을 신청하는 경우에는 그 위임하는 사람의 공인인증서를 송신하여야 한다(상업등기규칙 규칙 제62조).

(카) 인감신고서의 전자적 제출

상업등기법 제18조②의 규정에 따라 설립등기를 전자신청하는 경우에는 그 신청과 동시에 인감을 제출할 때에 등기소에 출석하여 인감신고서를 제출하는 대신 인터넷을 이용하여 제출할 수 있다(상업등기규칙 제36조② 단서, 등기예규 제1306호 2.다.7)가)). 즉, 신청인이 자격자대리인인 경우에는 그 인감신고서를 전자적 이미지 정보로 변환(스캐닝)하여 송신할 수 있는데(등기예규 제1305호 6조③ 단서), 이 경우에는 위임인, 즉 회사의 대표자의 공인인증서를 함께 송신하여야 하고(예규 1305호 8조 ⑥ 본문) 위임인이 인감신고서의 전자적 이미지 정보를 인증한 후에는 자격자대리인이 이를 변경할 수 없다(예규 1305호 8조 ⑦ 본문). 위와 같이 인감신고서를 전자적 이미지 정보로 변환(스캐닝)하여 제출할 때에는 인감대지는 제출하지 아니한다(등기예규 제1306호 2.다.7)가) 단서).

(타) 등록면허세의 납부

전자신청을 하기 위해서는 지방세 인터넷 납부시스템에 의하여 등록면허세를 납부하여야 한다. 다만, 그러한 납부시스템에 의하여 등록면허세를 납부할 수 없는 경우에는 직접 관할 관청에 등록면허세를 납부하여야 한다(등기예규 제1305호 제10조).

정액등록면허세(40,200원 등)의 경우는 대법원사이트(www.iros.go.kr)에서 "정액등록면허세납부서작성"란을 이용하여 법인의 기본사항을 입력하여 출력한 납부서를 가지고 직접 금융기관에 납부할 수 있다.

(파) 전자신청 등에 의한 등기신청수수료의 특례

상업등기를 전자신청하는 경우 3만원에 해당하는 등기신청수수료는 1만원, 6천원에 해당하는 등기신청수수료는 2천원을 각각 납부하여야 하고, 전자표준양식에 의하여 신청하는 경우 3만원에 해당하는 등기신청수수료는 1만7천원, 6천원에 해당하는 등기신청수수료는 4천원을 각각 납부하여야 한다.

① 등기신청수수료는 신용카드, 금융기관 계좌이체 또는 전자화폐 결제 등의 방법으로 납부하여야 한다(등기예규 제1305호 제11조).

전자신청을 하는 경우에는 10,000원, 전자표준양식에 의한 경우에는 17,000원을 납부하여야 한다(수수료규칙 5조의5③). 한편 회사의 설립과 동시에 지점을 설치하여 설립등기와 동시에 지점의 설치등기를 신청하는 때에는 설립등기신청수수료만 납부하면 되는데, 다만 지점을 다른 등기소의 관할구역 내에 설치한 경우에는 지점소재지에서 하는 지점설치의 등기에 대하여 6천원의 신청수수료를 납부하여야 한다(예규 제1324호 3.라.(1)).

② 등기신청수수료를 과·오납한 경우 신청인은 등기신청사건의 처리 완료 전에 기존 납부를 전액 취소한 후 다시 납부하여야 한다.

③ 전자신청에 따른 등기신청수수료의 구체적인 납부절차, 등기신청수수료 수납대행 용역업체의 지정, 등기신청수수료 수납대행 용역업체의 권리와 의무, 등기신청수수료의 정산 및 국고 수납에 관한 사항에 관하여는 인터넷에 의한 등기부의 열람 등에 관한 업무처리지침(등기예규 제1262호) 제16조 내지 제19조의 규정을 준용한다.

(하) 신청정보의 송신 기한

등기신청수수료를 납부한 당사자 또는 자격자대리인은 납부 후 7일 이내에 신청정보를 등기소에 송신하여야 한다(등기예규 제1305호 제12조).

(거) 전자신청의 취하

전자신청의 취하는 전산정보처리조직을 이용해서 하여야 한다. 이 경우 전자신청을 할 때와 같은 방법으로 사용자인증을 받아야 한다(등기예규 제1305호 제17조).

(너) 각하 결정의 방법

전자신청에 대한 각하 결정 및 고지는 서면신청의 경우와 같은 방법으로 한다(등기예규 제1305호 제18조).

(더) 이의신청

등기관의 결정 또는 처분에 대한 이의신청이 있어 이의신청서를 관할 지방법원으로 송부하여야 할 경우 등기관은 보존되어 있는 신청정보와 첨부정보를 출력하여 인증을 한 후 송부하여야 한다(등기예규 제1305호 제19조).

5. 첨부서면

가. 개 설

설립등기의 신청서에는 상업등기법 제80조 및 그 밖의 법령에서 요구하는 첨부서면을 제출하여야 한다. 다만 전자정부법에 규정된 행정정보공동이용의 절차에 따라 다른 행정기관의 행정정보를 공동으로 이용할 수 있는 경우에는 대법원규칙으로 정하는 바에 따라 등기신청에 필요한 서면 중 일부를 제출하지 아니할 수 있다(상업등기법 제19조 ⑤).

관청의 허가를 필요로 하는 사항의 등기를 신청하는 때에는 신청서에 관청의 허가서 또는 그 인증이 있는 등본을 첨부하여야 한다(상업등기법 제22조).

나. 상업등기법 제80조의 첨부서면

(1) 정관(상등법 제80조 제1호)

현물출자시에는 그 출자목적물 명세서를 정관에 첨부하여 제출한다.

(2) 주식의 인수를 증명하는 서면(상등법 제80조 제2호)

발기인은 서면에 의하여 1주 이상의 주식을 인수하여야 하므로(상법 제293조), 주식의 인수를 증명하는 서면을 첨부하게 되는데, 발기인이 기명날인(서명)한 주식인수증이 여기에 해당하는 서면이다(상등법 제80조 제2호). 발기인이 인수한 주식수가 기재된 정관도 이에 해당하는 서면으로 볼 수 있다.

(3) 주식청약서(상등법 제80조 제3호)

주식청약서는 모집설립의 경우에만 첨부한다. 따라서 후술 모집설립에서 설명한다.

(4) 발기인이 상법 제291조에 규정된 사항을 정한 때에는 이를 증명하는 서면(상등법 제80조 제4호)

회사설립시에 발행하는 주식의 종류와 수, 액면이상의 주식을 발행하는 때에 그 수와 금액을 발기인 전원의 동의로 정한 경우에 이를 증명하는 서면으로서 발기인 전원이 기명날인 또는 서명한 주식발행사항동의서가 이에 해당된다(상등법 제80조 제4호).

정관의 규정, 법원의 허가 또는 총주주의 동의가 없으면 효력이 없거나 취소할 수 있는 사항의 등기에 관하여는 신청서에 정관, 법원의 허가서 또는 총주주의 동의서를 첨부하여야 한다(등기예규 제1296호 제10조).

(5) 이사와 감사 또는 감사위원회 및 검사인이나 공증인의 조사보고서와 그 부속서류 또는 감정인의 감정서와 그 부속서류(상등법 제80조 제5호)

(가) 변태설립사항이 있는 경우에는 검사인이 변태설립사항(현물출자 등)에 관하여 조사하여 주주총회에 보고한 조사보고서와 그 부속서류

이사와 감사 또는 감사위원회 위원이 회사의 설립에 관한 모든 사항(회사의 설립 시에 발행하는 주식의 총수에 대한 인수의 정확여부, 인수주식의 납입에 관한 정확여부 등)을 조사하여 주주총회에 보고한 조사보고서와 그 부속서류를 첨부한다.

(나) 변태설립사항에 관한 조사를 공증인이나 공인된 감정인이 하였을 때에는 공증인의 조사보고서와 그 부속서류 또는 감정인의 감정서와 그 부속서류

이사와 감사 또는 감사위원 전원이 발기인, 현물출자자, 회사성립 후 양수할 재산의 계약당사자이었던 관계로 공증인이 위 사항을 조사하였을 때에는 공증인의 조사보고서와 그 부속서류를 첨부한다.

(다) 위 (가)항의 검사인의 조사보고서와 (나)항의 공증인의 조사보고서 또는 감정인의 감정서는 회사가 조사 또는 감정인의 감정서는 법원에 보고한 후, 법원으로부터 송달받은 부본을 첨부한다(등기예규 제979호).

(6) 검사인 또는 공증인의 조사보고나 감정인의 감정결과에 관한 재판이 있은 때에는 그 재판의 등본(상등법 제80조 제6호)

법원은 발기설립 시에 검사인 또는 공증인의 조사보고서 또는 감정인의 감정서와 발기인의 설명서를 심사하여 정관에서 정한 변태설립사항(상법 290조 각호)을 부당하다고 인정한 때에는 이를 변경하는 재판을 이유(理由)를 붙인 결정(決定)으로 한 후(상법 제300조 1항, 비송사건절차법 제75조①) 그 결정의 취지가 기재된 조사보고서 또는 감정서 부본과 변경결정등본을 이사에게 송달하여야 하는데(재판예규 제719호 7조 2항 2호), 이 경우에는 설립등기 시에 앞서 언급한 변태설립사항에 관한 조사보고서 또는 감정서 및 그 부속서류 외에 법원의 변경결정등본을 함께 제출하여야 한다(예규 제979호 2).

(7) 발기인이 이사와 감사 또는 감사위원회 위원을 선임한 때에는 그에 관한 서면(상등법 제80조 제7호)

발기설립의 경우에 주금의 납입과 현물출자의 이행이 완료된 때에는 발기인은 지체 없이 그 인수주식 1주에 대하여 1개로 하는 의결권의 과반수로 이사와 감사를 선임하여야 한다(상법 제296조). 이 경우 발기인은 그 선임에 관한 의사(議事)의 경과와 결과를 기재한

의사록을 작성하여 기명날인 또는 서명하여야 하는데(상법 제297조), 설립등기 시에 이 의사록을 이사와 감사의 선임에 관한 사실을 증명하는 서면으로 제출하여야 한다. 특히 설립 시의 자본금의 총액이 10억원 이상인 경우에는 공증인의 인증을 받아 제출하여야 한다(공증인법 제66조의2① 본문).

(8) 발기인(주주)총회의 의사록(상등법 제80조 제8호)

발기인은 의사록을 작성하여 의사의 경과와 그 결과를 기재하고 기명날인 또는 서명하여야 한다(상법 제297조). 발기인총회는 주식회사의 주식인수인으로써 구성되는 설립 중의 회사의 의사결정기관이다. 발기인(주주)총회는 상법 또는 정관에 정하는 사항에 한하여 결의할 수 있다(상법 제361조). 발기인의 의결권은 그 인수주식 1주에 대하여 1개이다.

발기인이 주식인수가액의 전액과 현물출자의 이행을 완료한 때에는 발기인은 지체없이 의결권의 과반수로서 이사와 감사를 선임하여야 한다(상법 제296조).

발기인총회는 이사와 감사의 선임(상법 제296조), 설립에 관한 사항의 보고청취(상법 제298조), 법원의 변경처분에 따른 통지수령(상법 제300조), 본점과 지점의 소재장소 결정 등이 있다. 정관으로 주주총회에서 대표이사를 선정할 것을 정한 때에는 대표이사도 발기인이 선정한다(상법 제389조).

자본금 총액이 10억원 미만인 회사가 이사의 인원을 1, 2인으로 한 경우 이사회의 권한을 이사(정관에 의하여 대표이사가 있는 경우에는 대표이사)와 주주총회에 부여한 권한은 기존의 이사회가 가지고 있는 권리이다. 따라서 양도제한주식의 양도시 승인, 주식매수선택권 부여 취소, 경업금지, 이사의 자기거래 승인, 신주의 발행결정, 전환사채, 신주인수권부사채의 발행결정, 준비금의 자본전입, 중간배당의 경우 주주총회에서 결정한다.

회사의 주주총회 소집통지와 공고기간을 기명주주의 경우 2주전 통지, 무기명주주에게는 3주전에 공고하여야 하나 자본금 총액이 10억원 미만인 회사가 주주총회를 소집하는 경우에는 주주총회일의 10일 전에 각 주주에게 서면으로 통지를 발송하거나 각 주주의 동의를 받아 전자문서로 통지를 발송할 수 있고, 무기명식의 주권을 발행한 경우에는 주주총회일의 2주 전에 주주총회를 소집하는 뜻과 회의의 목적사항을 공고할 수 있도록 각 1주일씩 줄였다(상법 제363조④).

자본금 총액이 10억원 미만인 회사는 주주 전원의 동의가 있을 경우에는 소집절차를 생략할 수 있도록 하고, 서면에 의한 결의로써 주주총회의 결의를 갈음할 수 있도록 하였다(상법 제363조⑤).

(9) 이사・대표이사와 감사 또는 감사위원회 위원의 취임승낙을 증명하는 서면(상등법 제80조 제9호)

법인의 임원(이사, 감사, 대표이사)은 그 직에 취임함을 승낙하는 내용의 취임승락서를 제출하고 그 사실을 증명하는 인감증명서를 제출하여야 한다.

주식회사의 정관에 이사와 사외이사는 주주총회에서 구분하여 선임하되, 주주총회에서 선임된 이사 중 사내이사와 기타 비상무이사를 이사회에서 선임하도록 규정하고 있는 경우, 정관과 이사로 선임한 주주총회의사록 및 사내이사와 기타비상무이사를 구분하여 선임한 이사회의사록을 첨부하여 위 사내이사와 기타비상무이사의 선임에 따른 등기를 신청할 수 있다(상업등기선례200907-1, 2009. 7. 2. 사법등기심의관-1538 질의회답).

(10) 명의개서대리인을 둔 때에는 명의개서대리인과의 계약을 증명하는 서면(상등법 제80조 제10호)

회사가 명의개서대리인을 둔 때에는 그 상호 및 본점소재지를 등기하여야 한다. 명의개서대리인은 명의개서를 대행하는 자로서 회사의 이행보조자 내지 수임인의 지위를 가진다. 따라서 회사와 명의개서대리인 간에 위임계약을 체결하여야 할 것 이므로 그 계약을 증명하는 서면을 첨부하도록 하고 있다.

(11) 주금의 납입을 맡은 은행, 그 밖의 금융기관의 납입금보관에 관한 증명서(상등법 제80조 제11호)

자본금의 총액이 10억원 미만인 회사를 상법 제295조제1항에 따라 발기설립(發起設立)한 경우에는 은행이나 그 밖의 금융기관이 발급한 잔고증명서(殘高證明書)로써 납입금 보관에 관한 증명서를 대체할 수 있다(상법 318조 3항, 법 80조 11호 단서). 그런데 회사의 발기설립 시에 주금의 납입이 전부 이행된 사실을 증명하기 위하여 납입금 보관에 관한 증명서 대신에 잔고증명서를 제출하는 경우에는 금융실명거래 및 비밀보장에 관한 법률에 의하여 설립중의 회사 자체 명의로는 금융거래가 불가능하기 때문에 발기인의 명의로 작성된 잔고증명서를 발급받아 제출하여야 한다(금융실명거래 및 비밀보장에 관한 법률 3조 1항, 2조 4호 및 동법 시행령 3조 3호).

법인 설립 및 사업자등록 후 법인등기부등본, 법인인감증명서, 법인인감도장, 법인통장, 사업자등록증사본 대표이사 신분증, 입금 영수증을 가지고 은행에 가서 법인통장에 자본금 이체 후 사무실 보증금 및 공제조합 출자금 등 법인에 관련된 지출비를 사용한다.

다. 그 밖의 첨부서면

(1) 이사회의사록

이사회의 의사에 관하여는 의사록을 작성하여야 하고, 의사록에는 의사의 경과요령과 그 결과를 기재하고 출석한 이사 및 감사가 기명날인 또는 서명하여야 한다(상법 제391조③). 감사가 불출석한 경우에도 출석한 이사들만으로 이사회를 개최하고 이사회의사록을 작성할 수 있다.

이사회의 결의는 이사 과반수의 출석과 출석 이사의 과반수로 하여야 한다. 다만, 정관으로 그 비율을 높게 정할 수 있다(상법 제391조①).

상법 및 공증인법은 자본금의 총액이 10억원 미만인 회사를 발기설립하는 경우에는 정관, 발기인총회의사록, 이사회의사록의 인증의무를 면제하였다(상법 제292조, 공증인법 제66조의2①).

등기할 사항에 관하여 이사회의 결의를 필요로 하는 경우에는 신청서에 이사회의사록을 첨부하여야 한다(상등법 제79조②). 이사회에서 대표이사를 선임한 경우(상법 제389조①), 정관상의 본점소재지표시가 최소독립행정구역(특별시, 광역시, 시・군)으로 기재된 때에 이사회에서 구체적인 본점소재장소를 정한 경우, 회사의 설립과 동시에 지점을 설치하기로 이사회에서 결정한 경우(상법 제393조①), 정관에 명의개서대리인을 둘 것을 정하고 이를 특정하지 아니하여 이사회에서 이를 정한 경우 등이다(상법 제337조②).

(2) 이사・감사 등의 주소, 주민등록번호 또는 생년월일을 등기하는 경우 이를 증명하는 서면

설립등기 시에는 이사와 감사(또는 감사위원회)의 성명과 주민등록번호를 등기하여야 하고(상법 제317조② 8호 및 12호), 대표이사의 경우에는 성명과 주민등록번호 외에 주소도 등기하여야 한다(상법 제317조② 9호). 이와 같이 이사와 감사 등의 성명・주민등록번호 또는 주소를 등기하여야 하는 경우에는 설립등기신청 시에 이를 증명하는 서면을 첨부하여야 하는데(상업등기규칙 제59조①), 발행일로부터 3개월 이내의 것을 첨부하여야 한다(동 규칙 제59조②).

주민등록번호 또는 주소를 증명하는 서면은 원칙적으로 주민등록등·초본 또는 주민등록증사본이라고 할 것이나, 자동차운전면허증도 운전면허를 받은 사람의 동일성 및 신분을 증명하기에 충분하고 그 기재내용의 진실성도 담보되어 있으므로 자동차운전면허증사본도 주민등록번호 또는 주소를 증명하는 서면에 해당될 수 있다(1992.12.30. 등기 제2662호 통첩참조). 그러나 인감증명제도는 행정청이 출원자의 현재 사용하고 있는 인감을 증명함으로써 국민의 편의를 도모하기 위한 제도이므로 인감증명서는 주민등록번호 또는 주소를 증명하는 서면으로 보기 어렵다(등기선례 200302-16, 2003. 2. 18. 공탁법인 3402-40 질의 회답).

(3) 정관에 건설이자의 배당에 관한 규정이 있는 때에는 이에 관한 법원의 인가서 등본

개정상법에는 이 규정이 삭제되었다.

(4) 관청의 허가서, 총주주의 동의서

관청의 허가(인가)를 필요로 하는 사항의 등기를 신청할 때에는 관청의 허가서(인가서) 또는 그 인증이 있는 등본을 첨부하여야 한다(상등법 제22조).

등기신청서에 허가서 또는 그 인증이 있는 등본을 첨부하여야 하는 것은 관청의 허가가 등기의 효력요건인 경우에 한하며, 관공서의 허가가 단순히 영업수행을 위한 요건인 경우는 해당되지 아니한다. 법문상 허가라고 되어 있지만 등록을 요하는 사항도 그 등록이 등기의 효력요건인 경우에는 등록증 또는 그 인증이 있는 등본을 첨부하여야 한다.

비송사건절차법 제153조에 의하여 등기신청서에 첨부하여야 할 관청의 허가서 또는 그 인증이 있는 등본은 당해 허가(인가)가 등기할 사항의 효력요건인 경우[예, 상사법인의 설립에 있어 관청의 허가(인가)가 있어야 한다는 법령상의 근거가 있는 경우, 설립중인 회사에 대한 허가(인가) 신청절차가 있는 경우 등]에 한하고 그 밖의 경우에는 관청의 허가서 등의 첨부를 요하지 아니한다(상업등기선례 1-92, 등기예규 제544호).

총주주의 동의가 없으면 등기할 사항에 관하여 무효 또는 취소의 원인이 있는 때에는 그 동의서를 첨부하여야 한다.

(5) 등기신청대리인의 경우

대리인에 의하여 등기를 신청할 때에는 그 권한을 증명하는 서면(변호사 또는 법무사의 위임장)을 첨부하여야 한다(상등법 제21조).

대리인의 등기신청권한을 증명하는 서면인 위임장에는 그 권한의 범위를 명확히 기재하여야 하는바, 주식회사 설립의 경우 "본 회사의 설립등기 신청 및 취하에 관한 일체의 행위"와 같이 구체적으로 기재하여야 한다.

[등기선례 200403-19] 법인등기신청시 대리권한을 증명하는 서면으로서의 위임장에 원칙적으로 법인인감을 날인하여야 하는지 여부(적극)
대리인에 의하여 법인등기를 신청할 때에는 신청서에 그 권한을 증명하는 서면을 첨부하여야 하는바, 그 권한을 증명하는 서면으로서의 위임장에는 지점소재지에서 하는 목적변경등기 등의 일정한 경우를 제외하고는 원칙적으로 관할등기소에 제출한 법인인감을 날인하여야 한다(등기선례 200403-19, 2004. 3. 31. 공탁법인 3402-77 질의회답).

라. 등기의 동시신청시 첨부서면

동일한 등기기록에 대한 여러 개의 등기신청은 일괄하여 하나의 신청서로 할 수 있는바, 동일한 등기소에 동시에 여러 개의 등기신청서를 제출하는 경우에 각 신청서에 첨부하여야 할 서류 중 내용이 동일한 것이 있을 때에는 하나의 신청서에만 첨부하면 된다(상업등기규칙 규칙 제54조②). 이 경우 다른 신청서에는 그 뜻을 기재하여야 한다. 전자신청의 경우에는 ②을 적용하지 아니한다(상업등기규칙 규칙 제54조③).

마. 대표이사의 인감의 제출

(1) 개 설

회사가 설립시에 3명이상의 이사를 선임한 경우에는 대표이사가 인감을 제출하여야 한다. 그리고 회사의 대표이사가 수인인 경우에는 설립등기를 신청하는 대표이사만 인감을 제출하여도 되지만, 정관 또는 선임기관의 결의로 공동으로 대표할 것을 정한 때(상법 389조②)에는 공동대표이사 전원의 인감을 제출하여야 하고, 이 경우 공동대표이사의 인감은 각각 달라야 한다(등기예규 제1306호 2.나.).

한편 회사의 설립 시의 자본금의 총액이 10억원 미만으로 1명 또는 2명의 이사만을 선임한 경우에는 각 이사가 회사를 대표하므로(상법 383조① 단서 및 ⑥) 등기를 신청하는 이사가 인감을 제출하여야 한다. 즉, 이사를 1명만 둔 경우에는 그 이사가 인감을 제출하여야 하고, 2명의 이사를 둔 경우에는 등기를 신청하는 이사가 인감을 제출하여야 한다. 다만 2명의 이사를 둔 경우에 정관에 따라 대표이사를 둔 경우에는 그 대표이사가 회사를 대표하므로(상법 383조⑥) 그의 인감을 제출하여야 한다.

위 인감신고서에는 인감증명법에 따라 신고한 인감을 날인하고 그 인감증명서(발행일로부터 3개월 이내의 것에 한함)을 첨부하여야 한다(규칙 36조③).

(2) 이사가 1명인 경우

'사내이사'로 기재하고, 그 성명, 주민등록번호 및 주소를 같이 기재한다. 이사가 1명인 경우에는 해당 이사가 회사를 대표하여 등기를 신청하여야 하므로(상법 383조⑥, 법 17조②), 즉 등기신청서에 기명날인할 자에 해당하므로 설립등기신청 시에 인감을 제출하여야 하고, 대리인에 의하여 등기를 신청하는 경우에도 동일하다.

(3) 이사가 2명인 경우

2명의 이사가 각자 회사를 대표하는 경우에는 각 이사를 '사내이사'로 기재하고, 그 서명, 주민등록번호 및 주소를 같이 기재하여야 한다. 이 경우 설립등기를 신청하는 이사만 상업등기법 제24조의 규정에 따라 인감을 제출하면 되지만(예규 제1306호 2.나.), 나머지 이사도 인감을 제출할 수 있다(예규 제1306호 2.가.1)). 정관 또는 주주총회의 결의로 각 이사가 공동으로 대표권을 행사하도록 정한 때에는 그 규정을 등기하여야 하고(상법 제317조② 10호), 이 경우에는 이사 전원이 인감을 제출하여야 한다(예규 제1306호 2.나.).

한편, 정관에 따라 대표이사를 정한 경우(상법 383조⑥)에는 각 이사를 '사내이사'로 기재하고 그 성명, 주민등록번호를 기재하고, 대표이사의 성명, 주민등록번호 및 주소를 같이 기재하여야 하는데, 대표이사는 설립등기신청 시에 그 인감을 제출하여야 한다.

(4) 인감의 전자적 제출

가) 인감의 제출 또는 개인(改印)은 상업등기규칙 제36조② 단서에 따라 인터넷등기소를 이용하여 신청할 수 있다(인감의 제출·관리 및 인감증명서 발급에 관한 업무처리지침 등기예규 제1311호 2010.05.19 개정).

나) 인감신고서를 전자적으로 제출하는 경우 전자서명법 제15조의 공인인증서 정보를, 개인신고서를 전자적으로 제출하는 경우 전자증명서 정보를 송신하여야 한다.

다) 회사의 지배인 또는 특수법인의 대리인이 전자적으로 인감을 신고하거나 개인(改印)을 하는 경우 위 나)의 정보 송신 외에 보증서면에 해당하는 첨부정보와 대표자의 전자증명서 정보를 함께 송신하여야 한다.

라) 인감신고서 또는 개인신고서를 전자적으로 제출하는 경우에는 인감대지를 첨부하지 아니한다

(5) 등기관의 처리

위와 같이 설립등기신청 시에 회사의 대표자가 인감신고서를 제출한 때에는 등기관은 설립등기신청을 수리하는 경우에 한하여 일정한 신분증명서 즉, 주민등록증, 운전면허증, 주민등록번호 및 주소가 기재된 장애인등록증, 여권, 외국인등록증 등에 의하여 인감신고

서를 제출하는 회사의 대표자의 신분을 확인한 후 제출된 인감 및 인감제출자에 관한 사항을 인감부에 기록하여야 한다(상업등기규칙 37조).

6. 주식회사설립비용

가. 등록면허세와 지방교육세

(가) 자본금의 4/1000에 해당하는 등록면허세를 납부하여야 한다(지세법 제28조① 6호). 그러나 대통령으로 정하는 대도시내에서의 설립등기 시에는 당해세율의 3배의 등록면허세를 납부하여야 한다(지세법 제28조②). 여기서 대도시라 함은 수도권정비계획법 제6조① 제1호의 규정에 의한 과밀억제권을 말한다.

사회기반시설사업(사회간접자본시설에 대한 민간투자법 제2조②), 전기통신사업(전기통신사업법 제4조), 소프트웨어산업(소프트웨어산업진흥법) 등은 중과세 대상에서 제외 된다.

등록면허세가 조세특례제한법과 지방세법에 의하여 감면되는 경우에는 "농어촌특별세"를 납부하여야 한다. "농어촌특별세"는 등록면허세액의 20/100이다.

신청서에는 등록면허세 감면 통지서 또는 등록면허세 감면확인서 기타 등록면허세가 면제됨을 확인하는 소관 지방자치단체의 장의 서면을 첨부하여야 한다. 등록면허세액이 112,500원 미만일 때에는 112,500원으로 한다.

(나) 등록면허세의 20%를 지방교육세로 납부하여야 한다.

(다) 등록면허세·지방교육세는 관할시, 군, 구청을 방문하여 등록면허세액신고서(등록면허세액신고서는 각 시, 군, 구청에 비치되어 있다)를 작성하고 납세고지서를 발부받아 직접 금융기관에 납부하고 그 영수증(등록면허세영수필확인서)을 등기신청서 "을"지 즉, "신청등기소 및 등록면허세/수수료"란에 붙인다.

정액등록면허세(40,200원, 112,500원 등)의 경우는 대법원사이트(www.iros.go.kr)에서 "정액등록면허세납부서작성"란을 이용하여 법인의 기본사항을 입력하여 출력한 납부서를 가지고 직접 금융기관에 납부할 수 있다.

(라) 법인의 설립등기 신청시 납부할 등록면허세는 설립등기사항의 필요적·임의적 기재사항과 관계없이 지방세법 제28조① 제1호 내지 제2호의 등록면허세만 납부한다. 이 경우 지배인등기를 동시에 신청하는 경우 또한 같다(등기예규 제1038호 제2조).

(마) 수 개의 등기사항을 하나의 신청서에 일괄 신청하는 경우

법인등기 신청시 수 개의 등기신청을 하나의 신청서에 일괄 신청하는 경우의 등록면허세의 산정은 다음에서 정한 기준에 의한다.

1. 법인이 수 개의 등기사항을 하나의 신청서로써 일괄하여 신청하는 경우, 지방세법 제28조① 각 호의 1에 해당하는 금액을 합산한 금액의 등록면허세를 납부하여야 한다.

2. 법인의 설립등기 신청시 납부할 등록면허세는 설립등기사항의 필요적·임의적 기재사항과 관계없이 지방세법 제28조 제1항 제1호 내지 제2호의 등록면허세만 납부한다. 이 경우 지배인등기를 동시에 신청하는 경우 또한 같다(등기예규 제1038호).

나. 채권매입

상업등기신청서의 양식에 관한 예규(제1274호)는 2008.12.01 각종 회사설립등기신청서 양식에서 "채권매입액"란과 "채권발행번호(국민주택채권을 매입한 경우)"란을 삭제하였다. 주택법시행령의 개정(2008. 11. 5)으로 회사설립등기 시 국민주택채권 매입의무가 없어졌고 도시철도채권의 매입의무도 도시철도법시행령의 개정(2009. 1. 1)으로 매입의무가 없다. 이를 신청서 양식에 반영한 것이다.

다. 등기신청 수수료

서면제출의 경우 2009. 6. 1부터 설립등기의 경우 20,000원 하던 등기신청수수료는 30,000원으로, 각종 변경등기신청의 경우 4,000원 하던 수수료는 6,000원으로 변경되었다. 등기신청수수료의 납부는 그 수수료 상당액을 전자적 방법으로 납부하거나, 법원행정처장이 지정하는 금융기관에 현금으로 납부한 후 이를 증명하는 서면을 등기신청서에 첨부하여 제출하는 방법으로 하고, 등기관은 납부액의 상당 여부를 조사한 다음 납부를 증명하는 서면에 소인하여야 한다. 다만, 해당 신청사건을 관할하는 지방법원, 그 지원 또는 등기소에 신청수수료 납부기능이 있는 무인발급기가 설치된 경우에는 이를 이용하는 방법으로 수수료를 납부할 수 있다.

라. 정관 · 의사록의 인증 및 비용

(1) 개 설

"정관의 인증"이란 정관을 공정증서로 작성하는 것이 아니라 발기인이 공증인에게 정관을 제출하고 공증인은 발기인으로부터 기명날인 또는 서명을 확인하여 그 뜻을 기재하는 제도를 말한다.

개정 상법 제292조는 소규모 회사 창업의 원활화를 위하여 자본금 총액이 10억원 미만인 회사를 발기설립하는 경우 정관의 공증(인증)의무를 면제하고 발기인들의 기명날인 또는 서명만으로도 효력이 발생할 수 있도록 하였으며, 발기인총회의사록, 이사회 의사록의 경우(공증인법 제66조의2)도 인증의무를 면제하였다.

개정 상법이 공증(인증)의무를 면제한 것은 소규모회사를 창업하거나 운영하는데 필요한 절차를 간소화하여 활발한 투자여건을 조성하고 경영환경을 개선하여 기업의 경쟁력을 높이고자 하는 취지이다. 그러나 모집설립의 경우 자본금 총액이 10억원 미만이더라도 정관 및 의사록의 인증을 받아야 한다.

(2) 공증(인증)비용

현재 공증인수수료규칙 제21조①은 "상법의 규정에 의한 정관인증의 수수료는 발행주식의 액면총액 5천만원까지는 80,000원으로 하고, 5천만원을 초과할 경우에는 그 초과액의 2천분의 1을 더하되 100만원을 초과하지 못한다."고 규정하고 있다. 예컨대 자본금이1억원인 경우에는 공증료는 130,000원(80,000+50,000원 정관공증료 포함)이 되는 것이고, 이 사례의 경우는 80,000원이 되는 것이다.

의사록의 공증(인증)료는 건당 30,000원이다.

7. 주식회사 발기설립신청사례

[사례] 주식회사 발기설립등기(소규모회사설립, 이사 1인, 감사를 두지 않은 경우, 자본금 10,000,000원)

주식회사 설립등기신청

접수	년 월 일	처리인	접 수	조 사	기 입	교 합	각종통지
	제 호						

등기의목적	주식회사 설립(발기설립)
등기의사유	20○○년 ○월 ○일 정관을 작성하고 발기인이 회사 설립시에 발행하는 주식의 총수를 인수받고, 20○○년 ○월 ○일 발기인총회를 종결하였으므로 다음 사항의 등기를 구함.
본/지점 신청구분	1. 본점신청 □ 2. 지점신청 □ 3. 본 · 지점 일괄신청 □
등 기 할 사 항	
상 호	주식회사 지앤유
본 점	서울시 서초구 서초동 1234-1
공고방법	서울특별시내에서 발행하는 일간 매일경제신문에 게재한다.
1주의 금액	금100원
발행할 주식의 총수	400,000 주
발행주식의 총수, 그 종류와 각종 주식의 내용과 수	100,000주 보통주식
자본의 총액	금 10,000,000원정

등 기 할 사 항	
목 적	1. 철근 도, 소매 2. 철강재 도, 소매 3. 위 각호에 관련된 부대사업일체
이사 · 감사의 성명 및 주민등록번호	사내이사 김 성 종 (540521 - 1******)
대표이사의 성명과 주소	대표이사 김 성 종 (540521 - 1******) 경기도 성남시 상대원동 160-16
지 점	없음
존립기간 또는 해산사유	없음
기 타 (주식의 양도에 관하여 이사회의 승인을 얻도록 정한 때에는 그 규정, 명의개서대리인을 둔 때에는 그 상호와 본점소재지 등)	없음

신청등기소 및 등록면허세/수수료						
순번	신청등기소	구분	등록면허세 지방교육세	농어촌특별세	세액합계	등기신청수수료
			금 337,500원 금 67,500원		금405,000원	금 30,000원
합 계						
과 세 표 준 액	금 10,000,000 원					

첨 부 서 면			
1. 정 관	통	1. 주민등록표등(초)본	통
1. 주식의 인수를 증명하는 서면	통	1. 인감신고서	통
1. 발기인회의사록	통	1. 등록면허세영수필확인서	통
1. 잔고증명서	통	1. 위임장(대리인이 신청할 경우)	통
1. 검사인의 조사보고서	통		
1. 취임승낙서(인감증명서포함)	통	<기 타>	

20○○년 ○월 ○일

신청인 상 호 주식회사 지앤유
본 점 서울시 서초구 서초동 1234-1
대표이사 성 명 김 성 종 (인) (전화 :)
주 소 경기도 성남시 상대원동 160-16
대리인 성 명 (인) (전화 : 456-7890)
주 소

서울중앙지방법원 등기국 귀중

- 신청서 작성요령 및 등기수입증지 첩부란 -

1. 해당란이 부족할 때에는 별지를 이용합니다.
1. 해당 등기신청과 관계없는 사항에 대하여는 "해당없음"으로 기재하거나 삭제하고, 필요한 사항은 추가 기재합니다.

(용지규격 21㎝× 29.7㎝)

※ 소규모회사 발기설립절차

○ 이 사례는 개정 상법의 최소단위로 설립하는 경우인, 1주의 금액을 100원으로 하여 자본금

을 최소단위로 하고, 이사는 1명, 감사는 두지 아니하고 설립하는 경우의 사례이다.

○ 개정 상법 제329조①은 "주식회사의 자본은 5천만원 이상이어야 한다."를 삭제하여 최저자본금제도를 폐지하였고, 상법 제383조①은 자본의 총액이 10억 원 미만인 회사는 1인 또는 2인으로 설립할 수 있도록 하였으며, 상법 제409조는 자본금 총액이 10억원 미만인 회사를 설립하는 경우에는 감사 선임 여부를 회사의 임의적 선택사항으로 하였다.

※ 1주의 금액

○ 액면주식은 액면가의 기재가 있는 주식으로서, 주권에 그 표창하는 주식의 수 이외에 1주의 금액이 기재되고(상법 제356조iii),정관에도 그 금액의 기재가 되어야 한다. 액면주식의 경우 1주의 금액은100원 이상이어야 하고(상법 제329조④), 또 균일하여야 한다(상법 제329조③). 회사가 수종의 주식을 발행하는 경우에도 같다. 1주의 금액에 관한 위 규정은 설립시 발행하는 주식뿐만 아니라, 장래에 발행하는 주식까지 포함한다.

○ 회사가 발행할 주식의 총수, 1주의 금액, 회사의 설립시에 발행하는 주식의 총수는 반드시 정관으로 정하는 것이나(상법 제289조①), 그 외의 주식발행에 관한 사항은 정관에 다른 규정이 없는 한 발기인이 정할 수 있다. 이러한 결정은 원칙적으로 발기인의 과반수결의에 의한다.

○ 정관에서 우선주식·후배주식(後配株式)·상환주식·전환주식·의결권 없는 주식 등 수종의 주식을 정하고 있는 경우에는 그 범위 내에서 어느 종류의 주식을 각 몇 주씩 발행할 것인가를 정하여야 한다. 그러나 정관에서 보통주식만을 발행할 것으로 정한 때에는 발기인이 따로 정할 사항은 없다. 후술의 주식발행동의서 142면 참조

※ 발행예정주식총수, 발행주식의 총수 그 종류와 각종 주식의 내용과 수

○ 발행예정주식총수 중에서 회사의 설립시에 발행하는 주식의 총수를 기재하여야 하는데, 이는 설립시에 회사의 자본적 기초와 신주발행을 위한 이사회의 수권의 범위를 명확히 하는데 그 취지가 있다.

○ 위 발행예정주식총수 중 설립시에 발행하는 주식 수를 공제한 나머지는 소위 수권주식(授權資本)으로서, 설립이후는 제한규정이 없으므로 무제한으로 이사회의 결의에 의하여 수시로 신주를 발행하게 된다. 회사의 설립 후에 발행하는 주식의 수는 등기사항이나 정관의 기재사항은 아니다.

※ 발기인총회

○ 개정 상법은 자본금 총액이 10억원 미만인 회사가 주주총회를 소집하는 경우에는 주주총회일의 10일 전에 각 주주에게 서면으로 통지를 발송하거나 각 주주의 동의를 받아

전자문서로 통지를 발송할 수 있고, 무기명식의 주권을 발행한 경우에는 주주총회일의 2주 전에 주주총회를 소집하는 뜻과 회의의 목적사항을 공고할 수 있도록 하였다(상법 제308조②, 제363조④).

※ 소규모 회사에서의 이사회제도

○ 자본의 총액이 10억 원 미만인 회사는 1인 또는 2인으로 할 수 있다(상법 제383조①). 정관으로 그 이상의 최소인원수를 정할 수 있다. 등기신청서에 첨부된 정관에는 이사를 1인으로 한다는 명문의 규정이 있어야 하는 것은 아니나, 이 신청서의 경우 이사 1인이므로 정관에서 이사의 정원을 2인 이상으로 규정한 경우에는 각하된다.

○ 개정 상법 제383조④부터 ⑥까지를 신설하였는바, 소규모 회사로서 이사가 1인인 회사는 이사회의 권한을 이사와 주주총회에 부여하였으며, 1인 이사가 전적으로 주주총회의 감독을 받아 업무집행을 담당하고 회사를 대표하게 된다. 구체적인 설명은 후술 발기인 총회의사록 말미 137면 이하 참조).

※ 채권매입

○ 상업등기신청서의 양식에 관한 예규(제1274호)는 2008.12.01 각종 회사설립등기신청서 양식에서 "채권매입액"란과 "채권발행번호(국민주택채권을 매입한 경우)"란을 삭제하였다. 주택법시행령의 개정(2008. 11. 5)으로 회사설립등기 시 국민주택채권 매입의무가 없어졌고 도시철도채권의 매입의무도 도시철도법시행령의 개정(2009. 1. 1)으로 매입의무가 없다. 이를 신청서 양식에 반영한 것이다.

※ 등록면허세와 지방교육세

○ 자본금의 4/1000에 해당하는 등록면허세를 납부하여야 한다. 그러나 대통령으로 정하는 대도시내에서의 설립등기 시에는 당해세율의 3배의 등록면허세를 납부하여야 한다(지세법 제28조②). 여기서 대도시라 함은 수도권정비계획법 제6조① 제1호의 규정에 의한 과밀억제권을 말한다(과밀억제권역 638면 참조). 사회기반시설사업(사회간접자본시설에 대한 민간투자법 제2조②), 전기통신사업(전기통신사업법 제4조), 소프트웨어산업(소프트웨어산업진흥법) 등은 중과세 대상에서 제외 된다. 등록면허세가 조세특례제한법과 지방세법에 의하여 감면되는 경우에는 "농어촌특별세"를 납부하여야 한다. "농어촌특별세"는 등록면허세액의 20/100이다. 신청서에는 등록면허세 감면 통지서 또는 등록면허세 감면확인서 기타 등록면허세가 면제됨을 확인하는 소관 지방자치단체의 장의 서면을 첨부하여야 한다. 등록면허세액이 112,500원 미만일 때에는 112,500원으로 한다.

○ 이 사례의 경우 등록면허세액이 112,500원 미만이므로 112,500원으로 하였고 과밀억제권

역에서 설립하는 경우이므로 당해세율의 3배의 등록면허세로 하여 금337,500원

○ 지방교육세 : 등록면허세액의 20/100에 해당하는 지방교육세를 납부하여야 하므로 이 사례의 경우 금67,500원 세액합계가 금 405,000원으로 계산하였다.

○ 등록면허세·지방교육세 납부절차
등록·지방교육세는 관할시, 군, 구청을 방문하여 등록면허세액신고서(등록면허세액신고서는 각 시, 군, 구청에 비치되어 있다)를 작성하고 납세고지서를 발부받아 직접 금융기관에 납부하고 그 영수증(등록면허세영수필확인서)을 등기신청서 "을"지 즉, "신청등기소 및 등록면허세/수수료"란에 붙인다.
등록면허세는 회사 본점 소재지를 관할하는 각 시·군·구의 시중은행에 납부할 수 있으며, 위 관할을 벗어나는 경우는 전국의 우체국과 농협에서 수납할 수 있다.

※ 공증(인증) 및 비용

○ 구 상법 등에서는 주식회사 설립등기를 신청하는 때에는 공증인의 인증을 받은 정관, 발기인회의사록, 이사회의사록을 첨부서류로 제출하여야 했으나 개정법에서는 자본금의 총액이 10억원 미만인 회사를 상법 제295조①에 따라 발기설립하는 경우에는 공증(인증)의무를 면제하였다(상법 제292조, 제297조, 317조, 상업등기법 제79조②, 제80조제7호, 공증인법 제66조의2①). 따라서 이 사례의 경우 인증비용은 없다.

※ 등기신청 수수료

○ 등기신청 수수료 : 2009. 6. 1부터 설립등기 및 본점타관이전의 경우 20,000원 하던 등기신청수수료는 30,000원으로, 각종 변경등기신청의 경우 4,000원 하던 수수료는 6,000원으로 변경되었다. 변경된 수수료 내역 636면 참조.

○등기신청 수수료(30,000원)의 납부는 그 수수료 상당액을 전자적 방법으로 납부하거나, 법원행정처장이 지정하는 금융기관에 현금으로 납부한 후 이를 증명하는 서면을 등기신청서에 첨부하여 제출하는 방법으로 한다. 다만, 해당 신청사건을 관할하는 지방법원, 그 지원 또는 등기소에 신청수수료 납부기능이 있는 무인발급기가 설치된 경우에는 이를 이용하는 방법으로 수수료를 납부할 수 있다.

※ 발기설립 시 총 비용(과밀억제권역의 경우)

○ 등록면허세액 : 금337,500원(금112,500원×당해세율의 3배)

○ 지방교육세 : 금67,500원(등록면허세액의 20/100)

○ 대법원수입증지 : 금30,000원

[사례] 위임장(등기소 제출용)

위 임 장

법무사 이 장 수
서울 강동구 성내동 319-33
전화 595-1235

본인은 위 사람을 대리인으로 정하고 다음의 권한을 위임합니다.

다 음

1. 본 회사의 설립등기 신청 및 취하에 관한 일체의 행위.
1. 원본의 환부신청 및 수령에 관한 일체의 행위
1. 복대리인의 선임
1. 기타 위 각호에 관련한 일체의 행위

20○○년 10 월 1 일

위임인 주식회사 지앤유
서울시 서초구 서초동 1234-1
대표이사 김 성 종 (인)

※ 이 위임장은 법무사에게 주식회사설립등기를 의뢰하는 경우 대리의 권한을 법무사에게 위임하는 서류로써 등기소에 제출하는 서류이다.

[사례] 발기인 총회의사록

발기인총회의사록

20○○년 10월 1일 9시 서울시 서초구 서초동 1234-1에서 발기인총회를 개최하다.

발기인총수	1명,	주식총수	100,000 주
출석발기인수	1명,	출석주식의 총수	100,000 주

발기인 대표 김성종은 위와 같이 상법 소정의 법정수에 달하는 발기인이 출석하였으므로 본 총회는 적법하게 성립됨을 알리고, 의사를 진행하기 전에 의장을 선임할 것을 구한바, 주주전원 만장일치로 발기인 대표를 의장으로 선임한 즉 동인은 그 취임을 승낙하고 의장석에 등단하여 개회를 선언하고 다음 의안의 심의를 구하다.

제 1호 의안 : 정관 승인의 건

의장은 정관을 낭독하고 축조 설명을 가한 후 그 가부를 물은바, 전원일치로 원안대로 승인하다.

제 2호 의안 : 이사, 감사선임의 건

의장은 감사를 두지 않고 이사 1인을 두기로 하는 정관규정에 따라 이사의 선임방법을 물은 즉 사내이사 1명을 무기명 비밀투표로 선출하기로 전원 일치되어 즉시 투표한 결과 다음과 같이 선출되다.

사내이사 : 김 성 종

위 피선자는 즉석에서 그 취임을 승낙하다.

제 3호 의안 : 상법 제298조 소정사항 조사보고의 건

의장은 발기인 전원이 이사이므로 공증인으로 하여금 조사·보고를 하게 하여야 한다고 하자 전원 이의없이 다음의 공증인을 검사인으로 선임할 것을 만장일치로 가결하다.

검사인 공증인 김 형 구

위 사람은 즉석에서 이를 승낙하고 조사에 착수하다.

의장은 위 조사보고를 기다리기 위하여 잠시 휴회한 후 속회하다.

검사인은 별지 조사보고서와 같이 보고한 즉 만장일치로 승인하다.

제 4호 의안 : 본점설치 장소 결정의 건

의장은 본 회사 본점을 다음 장소에 설치함이 적당한 뜻을 설명하고 그 가부를 물은즉 만장일치로 이의 없이 승인하다.

본 점 : 서울시 서초구 서초동 1234-1

이상으로서 금일 총회의 목적인 의안이 전부 심의 종료하였으므로 의장은 폐회를 선언하다.(폐회시각은 9시 30분)

위 의사의 결의를 명확하게 하기 위하여 이 의사록을 작성하고 의장과 출석한 발기인이 다음에 기명날인하다.

20○○년 10월 1일

주식회사 지앤유

서울시 서초구 서초동 1234-1

발기인 김 성 종 (인)

※ 발기인총회

○ 개정 상법은 자본금 총액이 10억원 미만인 회사가 주주총회를 소집하는 경우에는 주주총회일의 10일 전에 각 주주에게 서면으로 통지를 발송하거나 각 주주의 동의를 받아 전자문서로 통지를 발송할 수 있고, 무기명식의 주권을 발행한 경우에는 주주총회일의 2주 전에 주주총회를 소집하는 뜻과 회의의 목적사항을 공고할 수 있도록 하였으며(상법 제308조②, 제363조④), 자본금 총액이 10억원 미만인 회사는 주주 전원의 동의가 있을 경우에는 위 소집절차 없이 주주총회를 개최할 수 있도록 하였으며, 서면에 의한 주주총회 결의도 허용하였다(상법 제363조⑤).

○ 발기인총회의 결의는 과반수로 하고(상법 제296조①), 발기인의 의결권은 그 인수주식의 1주에 대하여 1개로 한다(동조②).

※ 이사회

○ 개정 상법 제383조는④부터 ⑥까지 신설하여 소규모 회사로서 이사가 1명 또는 2명인

회사의 경우 이사가 전적으로 주주총회의 감독을 받아 업무집행을 담당하고 회사를 대표하도록 하였다. 따라서 이사가 1명 또는 2명인 경우 이사회를 구성하지 아니하도록 하였다.

○ 자본금 총액이 10억원 미만인 회사가 이사의 인원을 1, 2인으로 한 경우 이사회의 권한을 이사(정관에 의하여 대표이사가 있는 경우에는 대표이사)와 주주총회에 부여한 권한은 기존의 이사회가 가지고 있는 권리이다. 따라서 양도제한주식의 양도시 승인, 주식매수선택권 부여 취소, 경업금지, 이사의 자기거래 승인, 신주의 발행결정, 전환사채, 신주인수권부사채의 발행결정, 준비금의 자본전입, 중간배당의 경우 주주총회에서 결정한다.

○ 이사의 임기 : 이사의 임기는 3년을 초과하지 못한다(상법 제383조②). 그러나 정관으로 그 임기 중의 최종의 결산기에 관한 정기주주총회의 종결에 이르기까지 연장할 수 있다(상법 제383조③). 여기의 "임기 중의 최종의 결산기"라 함은 임기 중에 도래한 최종의 결산기로서 당해 결산기가 임기 중에 도래한 경우를 말한다.

※ 주식회사 설립등기시 이사명칭 등기방법의 변경

○ 상법 제317조② 제8호가 개정(2009. 2. 4 시행)됨에 따라 주식회사의 설립 시 이사명칭 등기방법이 변경되었다. 따라서 주식회사 설립등기 시 이사의 명칭을 사내이사, 사외이사, 기타비상무이사로 구분하여 등기하여야 한다.

○ 신청서에 첨부된 주주총회의사록 등에 사내이사, 사외이사, 기타비상무이사로 구분하여 선임한 사실이 기재되어 있어야 한다. 특히 사외이사, 기타비상무이사는 명확히 의사록에 나타나 있어야 한다. 등기신청서에 첨부된 이사선임 등의 의사록에 이사의 종류를 구분하지 않고 단순히 '이사'로 기재된 경우에는 "사내이사"로 수리될 수 있다.

○ 이사의 명칭 : 이사가 1인인 회사의 경우 1인 이사가 전적으로 주주총회의 감독을 받아 업무집행을 담당하고 회사를 대표하게 되므로(상법 제383조④) 당연히 사내이사이어야 하고, 등기 시에는 사내이사로 등기하여야 할 것이다.

※ 감사의 선임

○ 발기설립의 경우 주식의 인수가액 납입과 현물출자의 이행이 완료된 때에는 발기인은 지체없이 의결권의 과반수로 이사, 감사를 선임하여야 하고(상법 제296조①), 창립총회에서도 감사를 선임(상법 제312조)하여야 했으나 개정 상법은 소규모(자본금의 총액이 10억원 미만)인 회사를 설립하는 경우에 감사 선임을 회사가 자율적으로 할 수 있도록 하였다(상법 제409조④). 감사를 선임하지 아니할 경우에는 주주총회가 이사의 업무 및 재산상태에 관하여 직접 감독·감시하도록 하였다(동조 ⑥).이 신청의 경우에는 감사를 두지 아니하는 경우의 사례이다.

[사례] 정 관

정 관

제1장 총 칙

제1조 (상호) 당 회사는 주식회사 지앤유라고 한다.

제2조 (목적) 당 회사는 다음 사업을 경영함을 목적으로 한다.
1. 철근 도, 소매
2. 철강재 도, 소매
3. 위 각호에 관련된 부대사업일체

제3조 (본점의 소재지) 당 회사의 본점은 서울시내에 둔다.

제4조 (공고방법) 당 회사의 공고는 서울특별시내에서 발행하는 일간 매일경제신문에 게재한다.

제2장 주 식

제5조 (회사가 발행할 주식의 총수) 당 회사가 발행할 주식의 총수는 400,000주로 한다.

제6조 (1주의 금액) 당 회사가 발행하는 주식 1주의 금액은 금100원으로 한다.

제7조 (회사의 설립시에 발행하는 주식총수) 당 회사는 설립시에 100,000주의 주식을 발행하기로 한다.

제8조 (주식 및 주권의 종류) 당 회사의 주식은 보통주식으로서 전부 기명식으로 하고 주권은 1주권, 10주권, 100주권의 3종으로 한다.

제9조 (주권 불소지) 당 회사는 주권 불소지 제도를 채택하지 아니한다.

제10조 (주금납입의 지체) 주금 납입을 지체한 주주는 납입기일 다음날부터 납입이 끝날 때까지 지체 주금 백원에 대하여 일변 십전의 비율로서 과태금을 회사에 지급하고 또 이로 인하여 손해가 생겼을 때는 그 손해를 배상하여야 한다.

제11조 (명의 개서) ① 당 회사의 주식에 관하여 명의개서를 청구함에 있어서는 당 회사에서 정하는 청구서에 기명날인 또는 서명하고 이에 주권을 첨부하여 제출하여야 한다.
② 양도 이외의 사유로 인하여 주식을 취득한 경우에는 당 회사의 청구하여 제1항의 청구서 이외에 그 사유를 증명하는 서면과 주권을 제출하여야 한다.

제12조 (질권의 등록 및 신탁재산의 표시) 당 회사의 주식에 관하여 질권의 등록 또는 신탁재산의 표시를 청구함에 있어서는 당 회사가 정하는 청구서에 당사자가 기명날인 또는 서명하고 이에 주권을 첨부하여 제출하여야 한다. 그 등록 또는 표시의 말소를 청구함에 있어서도 같다.

제13조 (주권의 재발행) ① 주권의 분할, 병합, 오손 등의 사유로 인하여 주권의 재발행을 청구함에 있어서는 당 회사가 정하는 청구서에 기명날인 또는 서명하고 이에 주권을 첨부하여 제출하여야 한다.
② 주권의 상실로 인하여 그 재발행을 청구함에 있어서는 당 회사가 정하는 청구서에 기명날인하고 이에 제권판결의 정본 또는 등본을 첨부하여 제출하여야 한다.
제14조 (수수료) 제11조 내지 제13조에서 정하는 청구를 하는 자는 당 회사가 정하는 수수료를 납부하여야 한다.

제15조 (주주명부의 폐쇄) ① 당 회사는 매년 1월 1일부터 정기주주총회의 종결일까지 주주명부의 기재의 변경을 정지한다.
② 제1항의 경우 이외의 주주 또는 질권자로서 권리를 행사할 자를 정하기 위하여 필요한 때에는 주주총회의 결의에 의하여 주주명부의 기재의 변경을 정지하고 또는 기준일을 정할 수가 있다. 이 경우에는 그 기간 또는 기준일의 2주간 전에 공고한 것으로 한다.

제16조 (주주의 주소 등의 신고) 당 회사의 주주 및 등록된 질권자 또 그 법정 대리인이나 대표자는 당 회사가 정하는 서식에 의하여 그의 성명, 주소와 인감을 당 회사에

신고하여야 한다. 신고사항에 변경이 있는 때에도 또한 같다.

제3장 주주총회

제17조 (소집) 당 회사의 정기주주총회는 영업 년도 말일의 다음날부터 3월 이내에 소집하고 임시주주총회는 필요한 경우에 수시 소집한다.

제18조 (의장) 대표이사가 주주총회의 의장이 된다. 그러나 대표이사 유고시에는 주주총회에서 선임한 다른 이사가 의장이 된다.

제19조 (결의) 주주총회의 결의는 법령 또는 정관에 다른 규정이 있는 경우를 제외하고 출석한 주주의 의결권의 과반수와 발행주식 총 4분의1 이상의 수로서 한다.

제20조 (의결권의 대리행사) 주주는 대리인으로 하여금 의결권을 행사할 수 있다. 대리인이 의결권을 행사함에는 표결 전에 그 권한을 증명하는 서면을 의장에게 제출하여야 한다.

제21조 (총회의 의사록) 주주총회의 의사록에는 의사의 경과 요령과 그 결과를 기재하고 의장과 출석한 이사가 기명날인 또는 서명하여야 한다.

제4장 임원

제22조 (이사와 감사의 원수) 당 회사의 이사는 1인 이상으로 하고, 자본금이 10억원 미만인 경우 감사는 두지 아니 한다.

제23조 (이사의 선임) 당 회사의 이사는 제19조의 결의 방법에 의하여 선임한다.

제24조 (이사의 임기) 이사의 임기는 취임 후 3년으로 한다. 그러나 이사의 임기가 재임 중 최종의 결산기에 관한 정기주주총회의 종결 전에 끝날 때에는 그 정기주주총회의 종결에 이르기까지 그 임기를 연장한다. 보궐 또는 증원에 의하여 선임된 이사의 임기는 다른 이사의 전 임기와 같이 한다.

제25조 (대표이사) ① 이사는 당 회사를 대표한다.

② 당 회사는 필요한 경우에 부사장, 전무이사 및 상무이사 각 약간 명을 둔다.
③ 사장, 부사장, 전무이사와 상무이사는 주주총회의 결의에 의하여 선임한다.

第26조 (업무집행) ① 사장은 당 회사의 업무를 통할하고 부사장, 전무이사 또는 상무이사는 사장을 보좌하여 그 업무를 분장한다.
② 사장이 유고시에는 미리 주주총회에서 정한 순서에 따라 부사장, 전무이사 또는 상무이사가 대표이사의 직무를 대행한다.

第27조 (보수와 퇴직금) 임원의 보수 또는 퇴직한 임원의 퇴직금은 주주총회의 결의로 정한다.

제5장 계 산

第28조 (영업연도) 당 회사의 영업연도는 매년 1월 1일부터 동년 12월 말일까지로 한다.

第29조 (재무제표. 영업보고서의 작성비치) ① 당 회사의 사장은 정기총회 회일 6주일 전에 다음 서류 및 그 부속명세서와 영업보고서를 작성하여 정기총회에 제출하여야 한다.
1. 대차대조표
2. 손익계산서
3. 이익금 처분계산서 또는 결손금 처분계산서
② 제1항의 서류는 영업보고서, 감사보고서와 함께 정기총회 1주일 전부터 당 회사의 본점과 지점에 비치하여야 하고 총회의 승인을 얻었을 때에는 그 중 대차대조표를 지체 없이 공고하여야 한다.

第30조 (이익금의 처분) 매기 총수입금에서 총 지출금을 공제한 잔액을 이익금으로 하여 이를 다음과 같이 처분한다.
1. 이익준비금 금전에 의한 이익 배당액의 10분의 1이상
2. 별도적립금 약간
3. 주주배당금 약간
4. 임원상여금 약간
5. 후기이월금 약간

제31조 (이익 배당) 이익배당금은 매 결산기에 있어서의 주주명부에 기재된 주주 또는 질권자에게 지급한다.

부 칙

제32조 (최초의 영업연도) 당 회사의 최초 영업연도는 회사설립일로부터 동년 12월 말일로 한다.

제33조 (발기인) 발기인의 성명 · 주소와 그가 설립시에 인수한 주식 수는 이 정관의 말미에 기재함과 같다.

위와 같이 주식회사 지앤유를 설립하기 위하여 이 정관을 작성하고 발기인 전원이 이에 기명날인 또는 서명한다.

20○○년 10월 1일

주식회사 지앤유

서울시 서초구 서초동 1234-1

발 기 인 김 성 종 (540521 - 1******)

경기도 성남시 상대원동160-16

※ 정관

○ 이 사례의 경우는 이사 1인이, 감사를 두지 아니하고, 1주의 금액 100원, 자본금을 최소단위인 10,000,000원으로 하여 설립하는 경우이므로 기존의 정관에서 이사회 및 감사에 관한 규정을 모두 삭제하고 이사회의 권한을 주주총회의 권한으로 변경하고 자본금 및 주식에 관하여 수정을 한 경우이다.

○ 정관은 1인 이상의 발기인이 작성한다(상법 제288조). 발기인은 정관의 작성자로서 각 발기인이 정관의 말미에 기명날인 또는 서명하여야 한다(상법 제289조①). 이런 뜻에서 발기인이란 주식회사의 원시정관에 발기인으로서 기명날인 또는 서명한 자를 말하며, 실질적으로 발기인으로서 회사의 설립에 진력하였다 하더라도 원시정관에 기명날인 또는 서명하지 아니한 자는 발기인이라고 할 수 없다(학설과 판례).

○ 개정 상법은 소규모 회사 창업의 원활화를 위하여 자본금 총액이 10억원 미만인 회사를 발기설립하는 경우 "각 발기인이 정관에 기명날인 또는 서명함으로써 효력이 생긴다."고 하여 정관의 공증의무를 면제하도록 하였다(상법 제292조).

○ 이사는 정관으로 최소인원수를 정할 수 있다. 이사 1인의 경우 등기신청서에 첨부된 정관에는 이사를 1인으로 한다는 명문의 규정이 있어야 하는 것은 아니나, 이 사례의 경우 이사 1인이므로 정관에서 이사의 정원을 2인 이상으로 규정한 경우에는 각하된다.

[사례] 공증인의 조사보고서

조사보고서

20○○년 10월 1일 주식회사 지앤유의 발기인총회에서 본인은 검사인으로 선임되었으므로 상법 제298조 제1항(상법310조 제1항)의 규정에 의하여 조사한 결과는 다음과 같음.

조 사 사 항

1. 회사 설립시 발행하는 주식총수에 대한 인수와 정확여부
   본 회사가 발행할 주식의 총수는 400,000 주이며 설립시 발행하는 주식의 총수 100,000 주(1주의 금액 금100원)인데 그 인수내역은 다음과 같다.
   발기인이 인수한 주수
   보통주식 100,000주 20○○년 10월 1일 인수완료

2. 인수 주식수에 대한 납입의 정확여부
   설립시에 발행하는 주식총수 100,000주에 대하여 금10,000,000원의 납입금이 20○○년 10월 1일 납입이 완료되었음은 국민은행 성내동지점이 발행한 잔고증명서에 의하여 명확함.

3. 현물출자 기타 조사사항
   회사가 부담할 설립비용이나 기타 현물출자를 하는 자와 상법 제290조 규정사항을 정관에 정한 바 없으므로 검사인을 선임할 필요가 없으므로 그에 대한 정확여부는 조사할 필요가 없었음.
4. 기타 설립에 관한 모든 사항이 법령 또는 정관의 규정에 위반하지 아니함이 인정된다.

이상 상법의 규정에 의하여 보고함.

20○○년 10월 1일

주식회사 지앤유
서울시 서초구 서초동 1234-1
검사인 공증인 김 형 구 (인)

※ 이사·감사의 조사·보고와 검사인의 선임청구

○ 이사와 감사는 취임후 지체없이 회사의 설립에 관한 모든 사항이 법령 또는 정관의

규정에 위반되지 아니하는지의 여부를 조사하여 발기인에게 보고하여야 하나(상법 제298조①), 이사와 감사 중 발기인이었던 자, 현물출자자 또는 회사성립 후 양수할 재산의 계약당사자인 자는 위 조사·보고에 참가하지 못한다(상법 제298조②). 이사와 감사 전원이 발기인에 해당하는 때에는 이사는 공증인으로 하여금 이를 조사·보고를 하게 하여야 한다(상법 제298조③). 이 사례의 경우 유일한 발기인 1인이 이사이므로 공증인을 검사인으로 하였다. 그런데 실무에서는 검사인을 공증인으로 선임하기는 쉽지 아니하므로 발기인이 아닌 이사 1인을 더 선임하여 조사보고를 하게 한다. 즉, 이사 2인으로 설립하는 경우의 방법을 이용하는 것이다.

○ 정관으로 상법 제290조(변태설립사항) 각호의 사항을 정한 때에는 이사는 이에 관한 조사를 하게 하기 위하여 검사인의 선임을 법원에 청구하여야 한다. 다만, 상법 제299조의 2의 경우에는 그러하지 아니하다(상법 제298조④).

○ 검사인은 상법 제290조 각호의 사항과 상법 제295조의 규정에 의한 현물출자의 이행을 조사하여 법원에 보고하여야 하고, 조사보고서를 작성한 후 지체없이 그 등본을 각 발기인에게 교부하여야 한다. 검사인의 조사보고서에 사실과 상위한 사항이 있는 때에는 발기인은 이에 대한 설명서를 법원에 제출할 수 있다(상법 제299조).

[사례] 주금납입잔고증명서(잔고증명서)

<table>
<tr><td>

주금납입보관증명서(잔고증명서)

일 금 일천만원정 (₩ 10,000,000원)
발행주식의 총수 100,000주
1주의 금액 금100원

위 금액은 귀 회사 설립시에 발행하는 주식총수에 대한 납입금으로서 20○○년 10월 1일 납입이 완료되어 현재 이를 보관중임을 증명합니다.

20○○년 10월 1일

주식회사 ○○ 은행
서울시 서초구 서초동 123-5
서초지점 지점장 이 성 공 (인)

주식회사 지앤유 발기인대표 귀하

</td></tr>
</table>

※ 잔고증명서

○ 개정상법은 소규모(자본금 총액이 10억원 미만)인 주식회사를 발기설립하는 경우에는 주금납입금 보관증명서를 금융기관의 잔고증명서로 대체할 수 있도록 하였다(상법 제318조③. 상업등기법 제81조제11호 및 제82조제5호). 따라서 기존에는 주식회사의 설립등기 및 신주발행으로 인한 변경등기시 주금납입금 보관증명서를 첨부하였으나 개정법에서는 자본금 총액이 10억원 미만인 주식회사를 발기설립하는 경우에는 잔고증명서를 첨부하도록 하였다. 한편, 모집설립의 경우에는 공정성 확보를 위하여 현재와 같은 주금납입금보관증명서 제도를 유지하고 있다.

○ 잔고증명은 주금이 입금되어 있는 법인대표 될 자(발기인 대표자)의 통장계좌에 대한 증명을 받는 것을 의미한다.

○ 외국인(법인) 투자자의 증권취득을 위한 주금납입절차(외국인 투자신고 또는 증권취득신고를 통해 가상계좌등이 개설되면 해외에서 송금을 한 후 주금납입증명행위가 이루어진다)

[사례] 주식인수증

주 식 인 수 증	
상　　　호	주식회사 지앤유
인수할 주식 수	100,000 주
금　　　액	금10,000,000원
1주의　금액	금100원(발행가액 금 100원)

위 주식을 발기인으로서 인수합니다.

20○○년 10월 1일

발 기 인 김 성 종 (인)

주식회사 지앤유 발기인대표 귀하

※ 발기인의 주식인수

○ 주식회사의 자본은 주식에 의한 출자로써 형성되므로 발기인은 설립시에 발행하는 주식에 관하여 반드시 1주 이상을 위 서면에 의하여 인수하여야 한다(상법 제293조). 발기인 각자마다 주식인수증을 작성하여야 한다.

[사례] 취임승낙서

취 임 승 낙 서

본인은 20○○년 10월 1 일 주식회사 지앤유의 발기인총회에서 사내이사로 선임되었으므로 그 취임을 승낙합니다.

20○○년 10월 1일

사내이사 김 성 종 (인)

주식회사 지앤유 귀중

※ 취임승낙서에는 인감을 날인하고 인감증명서를 첨부하여야 한다. 이사는 취임승낙서에 사내이사, 사외이사, 기타비상무이사로 구분하여 표시하도록 한다.

[사례] 주주명부

주주명부

주 주	주소와 전자우편주소	인 수 주식수	1주금액	납 입 금 액
김 성 종	경기도 성남시 상대원동 160-16 www.ldf21@yahoo.co.kr	100,000주	100원	금 10,000,000원
1 명		100,000주	100원	금 10,000,000원

위 주주명부는 본사에 비치된 주주명부와 대조하여 틀림이 없음을 증명합니다.

20○○년 10월 1일

주식회사 지앤유
서울시 서초구 서초동 1234-1
대표이사 김 성 종 (법인)

※ 전자주주명부제도

○ 회사는 정관에서 정하는 바에 따라 전자문서로 주주명부를 작성할 수 있다(상법 제352조의2①). 전자주주명부에는 상법 제352조①의 기재사항 외에 전자우편주소를 적어야 한다.

○ 개정법은 기업경영의 IT화를 위하여 주주총회에 직접 참석하거나 대리인에게 투표를 위임하지 않더라도 전자서명 등 본인인증절차를 거쳐 인터넷으로 의결권을 행사하는 전자투표제도가 도입됐다(상법 제368조의4, 제382조의2). 이와 함께 주주들이 서면 외에도 이메일 등 전자문서를 통해 주주제안권 및 임시주주총회 소집청구권을 행사할 수 있도록 했다.

○ 전자투표제도를 도입함에 따라 일반 주주명부를 전자문서로 된 주주명부로 대체할 필요가 있어서 제도화한 것이다.

[사례] 인감신고서

인감 · 개인(改印) 신고서

(신고하는 인감날인란) (인감제출자에 관한 사항)

상 호(명칭)		주식회사 지앤유	등기번호	
본점(주사무소)		서울시 서초구 서초대로 100		
인감제출자	자격/성명	이사(대표이사) 김 성 종		
	주민등록번호	540521 - 1******		
	주 소	경기도 성남시 상대원동160-16		

␣ 위와 같이 인감을 신고합니다.
␣ 위와 같이 개인(改印)하였음을 신고합니다.

20○○년 10월 1일

신고인 본 인 성 명 김 성 종 (법인) (개인)
대리인 성 명 (인)

서울중앙지방법원 등기국 귀중

주 1. 개인인감 날인란에는 「인감증명법」에 의하여 신고한 인감을 날인하고 그 인감증명서(발행일로부터 3개월 이내의 것)를 첨부하여야 합니다. 개인(改印)신고의 경우, 개인인감을 날인하는 대신에 등기소에 신고한 유효한 종전 인감을 날인하여도 됩니다.
2. 인감・개인신고서에는 신고하는 인감을 날인한 인감대지를 첨부하여야 합니다.
3. 지배인이 인감을 신고하는 경우에는 인감제출자의 주소란에 지배인을 둔 장소를 기재하고, 「상업등기규칙」 제36조제4항의 보증서면(영업주가 등기소에 신고한 인감 날인)을 첨부하여야 합니다.

보 증 서 면

위 신고하는 인감은 지배인 의 인감임이 틀림없음을 보증합니다.
대표이사 (법인인감)

위 임 장

성 명 : 주민등록번호(-)
주 소 :

위의 사람에게, 위 인감신고 또는 개인신고에 관한 일체의 권한을 위임함.

20○○년 10월 일

인감(개인) 신고인 성 명 김 성 종 (법인) (개인)

[사례] 인감대지

인 감 대 지

	신고하는 인감날인란	상 호(명 칭) : 주식회사 지앤유 자격 및 성명 : 이사 김 성 종 주민등록번호 : 540521 - 1******

※ 인감의 제출방법

○ 대표의 권한이 있는 이사는 인감을 신고하여야 한다. 인감의 제출 또는 인감의 변경신고는, 인감(개인)신고서를 작성하여 관할 등기소에 제출하는 방식으로 한다. 인감(개인)신고서를 제출할 때에는 신고하는 인감을 찍은 인감대지(위 참조)3장을 만들어 함께 제출하여야 한다.

○ 인감은 가로·세로 2.4센티미터의 정사각형 안에 들어갈 수 있어야 한다(상업등기규칙 제36조⑤).

○ 인감(개인)신고서에는 발행일로부터 3개월 이내의 인감증명서를 첨부하여야 한다. 취임승락서에 인감증명법에 의한 인감을 첨부한 경우에는 그 인감을 원용 할 수 있다.

○ 인감대지의 자격란에는 인감신고자에 따라 대표이사(이사), 이사장, 지배인, 대리인, 상호사용자, 무능력자, 법정대리인 등으로 기재하고 성명을 기재한다.

※ 외국인의 경우

○ 인감증명제도가 있는 국가의 국민이 신고하는 경우에는 인감(개인)신고서에 본국 관공서에 신고한 인감을 날인하고 그 인감증명서를 제출한다.

○ 인감증명제도가 없는 국가의 국민이 신고하는 경우에는 인감(개인)신고서에 서명을 하고, 그 서명이 본인의 것이라는 취지의 본국 관공서의 증명이나 본국 공증인의 공증 또는 국내 공증인의 공증을 받아 제출한다.

※ 지배인 또는 대리인이 인감(개인)신고하는 경우

○ 지배인 또는 대리인이 인감(개인)신고하는 경우에는 영업주(개인 상인인 영업주를 말한다) 또는 법인의 대표자가 지배인 또는 대리인의 인감임이 틀림없음을 보증하는 서면을 제출하여야 하고, 그 보증서면에는 등기소에 제출한 영업주 또는 법인 대표자의 인감을 날인하여야 한다.

[사례] 인감카드 등 (재)발급신청서

인감카드 등 (재)발급신청서

(인감제출자에 관한 사항)

상호(명칭)		주식회사 지앤유	등기번호	
본점(주사무소)		서울시 서초구 서초동 1234-1		
인감 제출자	자격 / 성명	이사 김 성 종		
	주민등록번호	540521 - 1******		

발급사유	␣ 최초발급 ␣ 카드분실 ␣ 카드훼손 ␣ 인감증명서발급기능 ␣ 기타 ( )		
매체구분	␣ 인감카드 ␣ HSM USB	인감카드 비밀번호	

위와 같이 인감카드 등의 (재)발급을 신청합니다.

20○○년 10월 1일

신청인 인감제출자 (본 인) 성 명 (인) (전화 :)
(대리인) 성 명 (인) (전화 :)

○○지방법원 ○○등기소 귀중

접수번호		인감카드번호	

- 대법원수입증지를 붙이는 란 -

주 1. 인감카드 비밀번호란에는 (재)발급받아 사용할 인감카드의 비밀번호를 기재하며, 아라비아숫자 6자릿수를 기재하여야 합니다. 비밀번호는 인감카드와 함께 인감증명서의 발급을 신청할 권한이 있는 것으로 보게 되는 중요한 자료이므로 권한이 없는 사람이 알지 못하도록 주의하시기 바랍니다.

2. 인감카드의 재발급을 신청할 때에는 「등기부 등・초본 등 수수료규칙」 제5조의7에 의하여 5,000원 상당의 대법원수입증지를 이 란에 붙여야 합니다. 다만, 인감카드를 반납할 때에는 붙일 필요가 없습니다.

위 임 장

성 명 : 법무사 ○ ○ ○ 주민등록번호(123456 - 7891234)
주 소 : 서울 ○○구 ○○동 123-4

위의 사람에게, 위 (재)발급신청서에 기재된 인감카드 등의 발급신청과 그 수령 등에 관한 일체의 권한을 위임함.

200 년 월 일

인감신고인 성 명 (인)

[사례] 주식회사 발기설립등기(소규모회사설립, 이사2인, 이사회를 구성하지 않고, 감사를 두지 아니하는 경우, 자본금 10,000,000원)

주식회사 설립등기신청

접수	년 월 일	처리인	접 수	조 사	기 입	교 합	각종통지
	제 호						

등기의목적	주식회사 설립(발기설립)
등기의사유	20○○년 ○월 ○일 정관을 작성하고 받아 발기인이 회사 설립시에 발행하는 주식의 총수를 인수받고, 20○○년 ○월 ○일 발기인총회를 종결하였으므로 다음 사항의 등기를 구함.
본/지점 신청구분	1. 본점신청 ☐ 2. 지점신청 ☐ 3. 본·지점 일괄신청 ☐
등 기 할 사 항	
상 호	주식회사 와이키키
본 점	서울 강남구 역삼동 789-4
공고방법	서울시내에서 발행하는 일간 매일경제신문에 게재한다.
1주의 금액	금 100원
발행할 주식의 총수	400,000주
발행주식의 총수, 그 종류와 각종 주식의 내용과 수	10,000주 보통주식
자본의 총액	금 10,000,000원

등 기 할 사 항	
목 적	1. 컴퓨터 및 주변기기 제조 및 도소매업 및 임대업 2. 컴퓨터 및 주변기기 수출입업 및 기술용역업 3. 컴퓨터 및 주변기기 서비스업 4. 전 각호와 관련된 부대사업
이사 · 감사의 성명 및 주민등록번호	사내이사 임 정 상(541212-1******) 사내이사 양 준 모(620321-1******)
대표이사의 성명과 주소	대표이사 임 정 상(541212-1******) 서울 서초구 방배동 1254-1
지 점	없음
존립기간 또는 해산사유	없음
기 타 (주식의 양도에 관하여 이사회의 승인을 얻도록 정한 때에는 그 규정, 명의개서대리인을 둔 때에는 그 상호와 본점소재지 등)	

신청등기소 및 등록면허세/수수료						
순번	신청등기소	구분	등록면허세 지방교육세	농어촌특별세	세액합계	등기신청수수료
			금 337,500원 금 67,500원		금405,000원	금 30,000원
합 계						
과 세 표 준 액	금 10,000,000 원					

첨 부 서 면	
1. 정 관 통 1. 주식의 인수를 증명하는 서면 통 1. 발기인회의사록 통 1. 잔고증명서 통 1. 검사인조사보고서등본 통 1. 취임승낙서(인감증명서포함) 통	1. 주민등록표등본 통 1. 인감신고서 통 1. 등록면허세영수필확인서 통 1. 위임장(대리인이 신청할 경우) 통 <기 타>

20○○년 ○월 ○일

신청인 상 호 주식회사 와이키키
본 점 서울 강남구 역삼동 789-4
대표이사 성 명 임 정 상 (인) (전화 :)
주 소 서울 서초구 방배동 1254-1
대리인 성 명 (인) (전화 :)
주 소

서울중앙지방법원 등기국 귀중

- 신청서 작성요령 및 등기수입증지 첩부란 -

1. 해당란이 부족할 때에는 별지를 이용합니다.
1. 해당 등기신청과 관계없는 사항에 대하여는 “해당없음”으로 기재하거나 삭제하고, 필요한 사항은 추가 기재합니다.

(용지규격 21㎝× 29.7㎝)

※ 소규모회사 발기설립절차

○ 이 사례는 이사 2인이 이사회를 구성하지 아니하고, 감사를 두지 아니하고, 액면주식의 법정 최소단위인 1주의 금액은 100원으로 하고, 자본금100,000,000원으로 하여 설립하는 경우의 사례이다.

※ 1주의 금액

○ 액면주식은 액면가의 기재가 있는 주식으로서, 주권에 그 표창하는 주식의 수 이외에 1주의 금액이 기재되고(상법 제356조iii), 정관에도 그 금액의 기재가 되어야 한다. 액면주식의 경우 1주의 금액은100원 이상이어야 하고(상법 제329조④), 또 균일하여야 한다(상법 제329조③). 회사가 수종의 주식을 발행하는 경우에도 같다. 1주의 금액에 관한 위 규정은 설립시 발행하는 주식뿐만 아니라, 장래에 발행하는 주식까지 포함한다.

○ 회사가 발행할 주식의 총수, 1주의 금액, 회사의 설립시에 발행하는 주식의 총수는 반드시 정관으로 정하는 것이나(상법 제289조①), 그 외의 주식발행에 관한 사항은 정관에 다른 규정이 없는 한 발기인이 정할 수 있다. 이러한 결정은 원칙적으로 발기인의 과반수결의에 의한다.

○ 정관에서 우선주식·후배주식(後配株式)·상환주식·전환주식·의결권 없는 주식 등 수종의 주식을 정하고 있는 경우에는 그 범위 내에서 어느 종류의 주식을 각 몇 주씩 발행할 것인가를 정하여야 한다. 그러나 정관에서 보통주식만을 발행할 것으로 정한 때에는 발기인이 따로 정할 사항은 없다. 후술의 주식발행동의서 140면 참조

※ 발행예정주식총수, 발행주식의 총수 그 종류와 각종 주식의 내용과 수

○ 발행예정주식총수 중에서 회사의 설립시에 발행하는 주식의 총수를 기재하여야 하는데, 이는 설립시에 회사의 자본적 기초와 신주발행을 위한 이사회의 수권의 범위를 명확히 하는데 그 취지가 있다.

○ 위 발행예정주식총수 중 설립시에 발행하는 주식 수를 공제한 나머지는 소위 수권주식(授權資本)으로서, 설립이후는 제한규정이 없으므로 무제한으로 이사회의 결의에 의하여 수시로 신주를 발행하게 된다. 회사의 설립 후에 발행하는 주식의 수는 등기사항이나 정관의 기재사항은 아니다. 신주발행에서 다룬다.

※ 발기인총회

○ 개정 상법은 자본금 총액이 10억원 미만인 회사가 주주총회를 소집하는 경우에는 주주총회일의 10일 전에 각 주주에게 서면으로 통지를 발송하거나 각 주주의 동의를 받아 전자문서로 통지를 발송할 수 있고, 무기명식의 주권을 발행한 경우에는 주주총회일의 2주 전에 주주총회를 소집하는 뜻과 회의의 목적사항을 공고할 수 있도록 하였다(상법 제308조②, 제363조④).

※ 소규모 회사에서의 이사회제도

○ 자본의 총액이 10억 원 미만인 회사는 1인 또는 2인으로 할 수 있다(상법 제383조①).

정관으로 그 이상의 최소인원수를 정할 수 있다.

○ 자본금 총액이 10억원 미만인 회사이고 이사 정원이 1명 또는 2명인 경우에는 개정 상법 제383조④부터 ⑥(신설)에서 이사회의 권한을 이사와 주주총회에 부여하였으며, 이사가 전적으로 주주총회의 감독을 받아 업무집행을 담당하고 회사를 대표하게 된다.

○ 상법 제317조② 제8호가 개정(2009. 2. 4 시행)됨에 따라 주식회사의 설립 시 이사명칭 등기방법이 변경되었다. 따라서 주식회사 설립등기 시 이사의 명칭을 사내이사, 사외이사, 기타비상무이사로 구분하여 등기하여야 한다. 주주총회의사록 등에 사내이사, 사외이사, 기타비상무이사로 구분하여 선임한 사실이 기재되어 있어야 한다. 특히 사외이사, 기타비상무이사는 명확히 의사록에 나타나 있어야 한다.

※ 채권매입

○ 상업등기신청서의 양식에 관한 예규(제1274호)는 2008.12.01 각종 회사설립등기신청서 양식에서 "채권매입액"란과 "채권발행번호(국민주택채권을 매입한 경우)"란을 삭제하였다. 주택법시행령의 개정(2008. 11. 5)으로 회사설립등기 시 국민주택채권 매입의무가 없어졌고 도시철도채권의 매입의무도 도시철도법시행령의 개정(2009. 1. 1)으로 매입의무가 없다. 이를 신청서 양식에 반영하였다.

※ 등록면허세와 지방교육세

○ 자본금의 4/1000에 해당하는 등록면허세를 납부하여야 한다. 그러나 대통령으로 정하는 대도시내에서의 설립등기 시에는 당해세율의 3배의 등록면허세를 납부하여야 한다(지세법 제28조②). 여기서 대도시라 함은 수도권정비계획법 제6조① 제1호의 규정에 의한 과밀억제권을 말한다(과밀억제권역 729면 참조). 사회기반시설사업(사회간접자본시설에 대한 민간투자법 제2조②), 전기통신사업(전기통신사업법 제4조), 소프트웨어산업(소프트웨어산업진흥법) 등은 중과세 대상에서 제외 된다. 등록면허세가 조세특례제한법과 지방세법에 의하여 감면되는 경우에는 "농어촌특별세"를 납부하여야 한다. "농어촌특별세"는 등록면허세액의 20/100이다. 신청서에는 등록면허세 감면 통지서 또는 등록면허세 감면확인서 기타 등록면허세가 면제됨을 확인하는 소관 지방자치단체의 장의 서면을 첨부하여야 한다. 등록면허세액이 112,500원 미만일 때에는 112,500원으로 한다.

○ 이 사례의 경우 등록면허세액이 112,500원 미만이므로 112,500원으로 하였고 과밀억제권역에서 설립하는 경우이므로 당해세율의 3배의 등록면허세로 하여 금337,500원

○ 지방교육세 : 등록면허세액의 20/100에 해당하는 지방교육세를 납부하여야 하므로 이 사례의 경우 금67,500원 세액합계가 금 405,000원으로 계산하였다.

○ 등록면허세·지방교육세 납부절차

등록·지방교육세는 관할시, 군, 구청을 방문하여 등록면허세액신고서(등록면허세액신고서는 각 시, 군, 구청에 비치되어 있다)를 작성하고 납세고지서를 발부받아 직접 금융기관에 납부하고 그 영수증(등록면허세영수필확인서)을 등기신청서 "을"지 즉, "신청등기소 및 등록면허세/수수료"란에 붙인다.
등록면허세는 회사 본점 소재지를 관할하는 각 시·군·구의 시중은행에 납부할 수 있으며, 위 관할을 벗어나는 경우는 전국의 우체국과 농협에서 수납할 수 있다.

※ 공증(인증) 및 비용

○ 구 상법 등에서는 주식회사 설립등기를 신청하는 때에는 공증인의 인증을 받은 정관, 발기인회의사록, 이사회의사록을 첨부서류로 제출하여야 했으나 개정법에서는 자본금의 총액이 10억원 미만인 회사를 상법 제295조①에 따라 발기설립하는 경우에는 공증(인증)의무를 면제하였다(상법 제292조, 제297조, 317조, 상업등기법 제79조②, 제80조제7호, 공증인법 제66조의2①). 따라서 이 사례의 경우 인증비용은 없다.

※ 등기신청 수수료

○ 등기신청 수수료 : 2009. 6. 1부터 설립등기 및 본점타관이전의 경우 20,000원 하던 등기신청수수료는 30,000원으로, 각종 변경등기신청의 경우 4,000원 하던 수수료는 6,000원으로 변경되었다. 변경된 수수료 내역 636면 참조.

○등기신청 수수료(30,000원)의 납부는 그 수수료 상당액을 전자적 방법으로 납부하거나, 법원행정처장이 지정하는 금융기관에 현금으로 납부한 후 이를 증명하는 서면을 등기신청서에 첨부하여 제출하는 방법으로 한다. 다만, 해당 신청사건을 관할하는 지방법원, 그 지원 또는 등기소에 신청수수료 납부기능이 있는 무인발급기가 설치된 경우에는 이를 이용하는 방법으로 수수료를 납부할 수 있다.

※ 등기신청관련자료

○ 과밀억제권역(740면 참조)

○ 중과세대상에서 제외되는 업종(741면 참조)

○ 법인의 등록면허세액(739면 참조)

○ 등기신청수수료(738면 참조)

[사례] 위임장(등기소 제출용)

위 임 장

법무사 이 장 수
서울 강동구 성내동 319-33
전화 595-1235

본인은 위 사람을 대리인으로 정하고 다음의 권한을 위임합니다.

다 음

1. 본 회사의 설립등기 신청 및 취하에 관한 일체의 행위.
2. 원본환부신청 및 수령.
3. 복대리인의 선임에 관한 일체의 행위.

20○○년 10 월 1일

위임인 주식회사 와이키키
서울 강남구 역삼동 789-4
대표이사 임 정 상 (인)

※ 이 위임장은 법무사에게 주식회사설립등기를 의뢰하는 경우 대리의 권한을 법무사에게 위임하는 서류로써 등기소에 제출하는 서류이다.

[사례] 정관

정 관

제1장 총 칙

제1조(상호) 당 회사는 주식회사 와이키키라 칭한다.

제2조(목적) 당 회사는 다음 사업을 경영함을 목적으로 한다.

1. 컴퓨터 및 주변기기 제조 및 도소매업 및 임대업
2. 컴퓨터 및 주변기기 수출입업 및 기술용역업
3. 컴퓨터 및 주변기기 서비스업
4. 전 각호와 관련된 부대사업

제3조(본점의 소재지 및 지점의 설치)①당 회사의 본점은 서울시내에 둔다.

② 당 회사는 필요에 따라 주주총회결의로 전국 각처에 지점을 둘 수 있다.

제4조(공고방법)당 회사의 공고는 서울특별시내에서 발행하는 일간신문 매일경제 신문에 게재한다.

제2장 주 식

제5조(회사가 발행할 주식의 총수) 당 회사가 발행할 주식의 총수는 400,000주로 한다.

제6조(1주의 금액) 당 회사가 발행하는 주식 1주의 금액은 금 일백원(100)으로 한다.

제7조(회사의 설립시에 발행하는 주식총수) 당 회사는 설립시에 100,000주의 주식을 발행하기로 한다.

제8조(주식 및 주권의 종류) 당 회사의 주식은 보통주식으로서 전부 기명식으로 하고 주권은 오백주권, 일백주권, 일십주권, 일주권의 4종으로 한다.

제9조(주권 불소지) 당 회사는 주권 불소지제도를 채택하지 아니한다.

제10조(주금납입의 지체) 주금 납입을 지체한 주주는 납입기일 다음날부터 납입이 끝날 때까지 지체 주금 백원에 대하여 일변 십전의 비율로서 과태금을 회사에 지급하고 또 이로 인하여 손해가 생겼을 때는 그 손해를 배상하여야 한다.

제11조(명의 개서) ① 당 회사의 주식에 관하여 명의개서를 청구함에 있어서는 당회사에서 정하는 청구서에 기명날인 또는 서명하고 이에 주권을 첨부하여 제출하여야 한다.

② 양도 이외의 사유로 인하여 주식을 취득한 경우에는 당 회사의 청구하여 제1항의 청구서 이외에 그 사유를 증명하는 서면과 주권을 제출하여야 한다.

제12조(질권의 등록 및 신탁재산의 표시) 당 회사의 주식에 관하여 질권의 등록 또는 신탁재산의 표시를 청구함에 있어서는 당 회사가 정하는 청구서에 당사자가 기명날인 또는 서명하고 이에 주권을 첨부하여 제출하여야 한다. 그 등록 또는 표시의 말소를 청구함에 있어서도 같다.

제13조(주권의 재발행) ① 주권의 분할, 병합, 오손 등의 사유로 인하여 주권의 재발행을 청구함에 있어서는 당 회사가 정하는 청구서에 기명날인 또는 서명하고 이에 주권을 첨부하여 제출하여야 한다.

② 주권의 상실로 인하여 그 재발행을 청구함에 있어서는 당 회사가 정하는 청구서에 기명날인하고 이에 제권판결의 정본 또는 등본을 첨부하여 제출하여야 한다.

제14조(수수료) 제11조 내지 제13조에서 정하는 청구를 하는 자는 당 회사가 정하는 수수료를 납부하여야 한다.

제15조(주주명부의 폐쇄) ① 당 회사는 매년 1월 1일부터 정기주주총회의 종결일까지 주주명부의 기재의 변경을 정지한다.

② 제1항의 경우 이외의 주주 또는 질권자로서 권리를 행사할 자를 정하기 위하여 필요한 때에는 주주총회의 결의에 의하여 주주명부의 기재의 변경을 정지하고 또는 기준일을 정할 수가 있다. 이 경우에는 그 기간 또는 기준일의 2주간전에 공고하는 것으로 한다.

제16조(주주의 주소 등의 신고) 당 회사의 주주 및 등록된 질권자 또는 그 법정대리인이나 대표자는 당 회사가 정하는 서식에 의하여 그의 성명, 주소와 인감을 당 회사에 신고하여야 한다. 신고사항에 변경이 있는 때에도 또한 같다.

제3장 주주총회

제17조(소집) 당 회사의 정기주주총회는 영업연도 말일의 다음날부터 3월 이내에 소집하고 임시주주총회는 필요한 경우에 수시 소집한다.

제18조(의장) 대표이사가 주주총회의 의장이 된다. 그러나 대표이사 유고시에는 주주총회에서 선임한 다른 이사가 의장이 된다.

제19조(결의) 주주총회의 결의는 법령 또는 정관에 다른 규정이 있는 경우를 제외하고 출석한 주주의 의결권의 과반수와 발행주식 총수의 4분의 1 이상의 수로서 한다.

제20조(의결권의 대리행사) 주주는 대리인으로 하여금 의결권을 행사할 수 있다. 대리인이 의결권을 행사함에는 표결전에 그 권한을 증명하는 서면을 의장에게 제출하여야 한다.

제21조(총회의 의사록) 주주총회의 의사록에는 의사의 경과요령과 그 결과를 기재하고 의장과 출석한 이사가 기명날인 또는 서명하여야 한다.

제4장 임 원

제22조(이사와 감사의 원수)당 회사의 이사는 2인 이상, 감사는 두지 아니한다.

제23조(이사의 선임)당 회사의 이사는 제19조의 결의방법에 의하여 선임한다.

제24조(이사의 임기)이사의 임기는 취임후 3년으로 한다. 그러나 이사의 임기가 재임중 최종의 결산기에 관한 정기주주총회의 종결전에 끝날 때에는 그 정기주주총회의 종결에 이르기까지 그 임기를 연장한다. 보궐 또는 증원에 의하여 선임된 임기는 다른 이사의 전 임기와 같이한다.

제25조 (대표이사) ① 이사는 당 회사를 대표한다.

② 당 회사는 필요한 경우에 부사장, 전무이사 및 상무이사 각 약간 명을 둔다.

③ 사장, 부사장, 전무이사와 상무이사는 주주총회의 결의에 의하여 선임한다.

제26조(업무집행)①사장은 당회사의 업무를 통할하고 부사장, 전무이사 또는 상무이사가 사장을 보좌하여 그 업무를 분장한다.

② 사장이 유고시에는 부사장, 전무이사 또는 상무이사가 대표이사의 직무를 대행한다.

제27조(보수와 퇴직금)임원의 보수 또는 퇴직한 임원의 퇴직금은 주주총회의 결의로 정한다.

제5장 계 산

제28조(영업연도)당 회사의 영업연도는 매년 1월 1일부터 동년 12월 말일까지로 한다.

제29조(재무제표, 영업보고서의 작성비치)①당 회사의 사장은 정기총회 회일 6주간전에 다음 서류 및 그 부속명세서와 영업보고서를 작성하여 주주총회의 감사를 받아 정기총회에 제출하여야 한다.

1. 대차대조표
2. 손익계산서
3. 이익처분계산서 또는 결손금처리계산서

②제1항의 서류는 영업보고서, 감사보고서와 함께 정기총회 1주간 전부터 당 회사의 본점과 지점에 비치하여야 하고 총회의 승인을 얻었을 때에는 그 중 대차대조표를 지체없이 공고하여야 한다.

제30조(이익금의 처분)매기 총수입금에서 총지출금을 공제한 잔액을 이익금으로 하여 이를 다음과 같이 처분한다.

1. 이익준비금 금전에 의한 이익배당액의 십분의 일이상
2. 별도적립금 약간
3. 주주배당금 약간
4. 임원 상여금 약간
5. 후기 이월금 약간

제31조(이익배당)이익배당금은 매결산기에 있어서의 주주명부에 기재된 주주 또는 질권자에게 지급한다.

부 칙

제32조(최초의 영업연도)당 회사의 최초의 영업연도는 회사 설립일로부터 동년 12월 31일까지로 한다.

제33조(발기인)발기인의 성명 및 주소는 이 정관 말미에 기재함과 같다.

위와 같이 주식회사 와이키키를 설립하기 위하여 이 정관을 작성하고 발기인 전원이 이에 기명날인 또는 서명한다.

20○○년 10월 1일

주식회사 와이키키
발기인 임 정 상(541212-1******)
서울 서초구 방배동 1254-1

발기인 정 종 복(520825-1******)
서울 서초구 서초동 123-1

※ 정관

○ 이 사례는 이사 2인이 이사회를 구성하지 아니하고, 감사를 두지 아니하고, 1주의 금액 100원, 자본금을 최소단위인 10,000,000원으로 하여 설립하는 경우이므로 기존의 정관에서 이사회 및 감사에 관한 규정을 모두 삭제하고 이사회의 권한을 주주총회의 권한으로 변경하고 자본금 및 주식수에 관하여 수정을 한 경우이다.

○ 정관은 1인 이상의 발기인이 작성한다(상법 제288조). 발기인은 정관의 작성자로서 각

발기인이 정관의 말미에 기명날인 또는 서명하여야 한다(상법 제289조①). 이런 뜻에서 발기인이란 주식회사의 원시정관에 발기인으로서 기명날인 또는 서명한 자를 말하며, 실질적으로 발기인으로서 회사의 설립에 진력하였다 하더라도 원시정관에 기명날인 또는 서명하지 아니한 자는 발기인이라고 할 수 없다(학설과 판례).

○ 개정 상법은 소규모 회사 창업의 원활화를 위하여 자본금 총액이 10억원 미만인 회사를 발기설립하는 경우 "각 발기인이 정관에 기명날인 또는 서명함으로써 효력이 생긴다."고 하여 정관의 공증의무를 면제하도록 하였다(상법 제292조).

[사례] 발기인총회 소집기간 생략 동의서

발기인총회 소집기간 생략 동의서

본인 등은 주식회사 와이키키의 주주인바, 발기인총회를 상법 제363조 제5항에 따라 소집절차를 생략하여 20○○년 10월 1일 창립사무소에서 개최하는데 대하여 이의 없이 동의합니다.

20○○년 10월 1일

발기인(주주) 임 정 상 (인)

발기인(주주) 정 종 복 (인)

※ 소규모회사의 경우 소집절차 생략

○ 개정 상법은 자본금 총액이 10억원 미만인 회사가 주주총회를 소집하는 경우에는 주주총회일의 10일 전에 각 주주에게 서면으로 통지를 발송하거나 각 주주의 동의를 받아 전자문서로 통지를 발송할 수 있고, 무기명식의 주권을 발행한 경우에는 주주총회일의 2주 전에 주주총회를 소집하는 뜻과 회의의 목적사항을 공고할 수 있도록 하였으며(상법 제308조②, 제363조④), 자본금 총액이 10억원 미만인 회사는 주주 전원의 동의가 있을 경우에는 위 소집절차 없이 주주총회를 개최할 수 있도록 하였다(상법 제363조⑤). 따라서 종전에는 발기인총회단축기간동의서를 첨부하였으나 자본금 총액이 10억원 미만인 회사는 주주 전원의 동의로 소집기간을 생략할 수 있다.

[사례] 주식인수증

주 식 인 수 증	
상 호	주식회사 와이키키
인수할주식수	80,000주
금 액	금 8,000,000원정
일주의 금액	금 100원(발행가액 100원)

위 주식을 발기인으로 인수합니다.

20○○년 10월 1일

발기인 임 정 상

서울 서초구 방배동 1254-1

주식회사 와이키키 발기인대표 귀하

※ 발기인의 주식인수

○ 주식회사의 자본은 주식에 의한 출자로써 형성되므로 발기인은 설립시에 발행하는 주식에 관하여 반드시1주 이상을 위 서면에 의하여 인수하여야 한다(상법 제293조). 발기인 각자마다 주식인수증을 작성하여야 한다.

[사례] 주식인수증

주 식 인 수 증	
상 호	주식회사 와이키키
인수할주식수	20,000주
금 액	금 2,000,000원정
일주의 금액	금 100원(발행가액 100원)

위 주식을 발기인으로 인수합니다.

20○○년 10월 1일

발기인 정 종 복

서울 서초구 서초동 123-1

주식회사 와이키키 발기인대표 귀하

[사례] 발기인총회의사록

발기인 총회 의사록

20○○년 10월 1일 09:00시에 창립 사무소에서 발기인총회를 개최하다

발기인총수	2명,	주식총수	100,000 주
출석발기인수	2명,	출석주식의 총수	100,000 주

발기인 대표 임 정 상은 위와 같이 상법 소정의 정족수에 달하게 발기인이 출석하였으므로 본 총회는 적법하게 성립됨을 고하고, 의사를 진행하기 전에 의장을 선임할 것을 구한바 주주전원 만장일치로 발기인 대표를 의장으로 선임한즉 동인은 그 취임을 승낙하고 의장석에 등단하여 개회를 선언하고 다음 의안의 심의를 구하다.

제 1호 의안 : 정관 승인의 건

의장은 정관을 낭독하고 축조설명을 하고 현재 발기인 임정상, 양준모가 정관 작성을 하여 발기하였음을 부연 설명한 후 이를 승인하여 줄 것을 구한 바, 전원일치 원안대로 승인하다.

제 2호 의안 : 이사, 감사 선임의 건

의장은 감사를 두지 않고 이사 2인을 두기로 하는 정관규정에 따라 이사의 선임방법을 물은 즉 사내이사 2명을 무기명 비밀투표로 선출하기로 전원 일치되어 즉시 투표한 결과 다음과 같이 선출되다.

사내이사 : 임 정 상

사내이사 : 양 준 모

위 피선자들은 즉석에서 그 취임을 승낙하다.

제 3호 의안 : 상법 제298조 소정사항 조사보고의 건

의장은 이사는 상법 제298조 소정사항을 조사 보고하여야 함을 설명하고, 이어 발기인이었던 이사는 그러한 조사에 참가하지 못함을 밝히고 발기인이 아니었던 사내이사 양준모로 하여금 조사·보고를 하게 하여야 한다고 하자 전원 이의없이 사내이사 양준모를 검사인으로 선임할 것을 만장일치로 가결하다.

검사인 : 사내이사 양 준 모

위 사람은 즉석에서 이를 승낙하고 조사에 착수하다.

의장은 위 조사보고를 기다리기 위하여 잠시 휴회한 후 속회하다.

검사인은 별지 조사보고서와 같이 보고한 즉 만장일치로 승인하다.

제 4호 의안 : 본점설치 장소 결정의 건

의장은 본 회사 본점을 다음 장소에 설치함이 적당한 뜻을 설명하고 그 가부를 물은즉 만장일치로 이의 없이 승인하다.

본 점 : 서울 강남구 역삼동 789-4

제 5호 의안 : 대표이사 선임의 건

의장은 대표이사를 선임하여 줄 것을 요청하자 출석발기인들은 만장일치로 다음 사람을 대표이사로 선임하다.

대표이사 : 임 정 상

이상으로서 금일 총회의 목적인 의안 전부 심의 종료하였으므로 의장은 폐회를 선언하다.(종료시각은 10 시 00분)

위 의사의 결의를 명확하게 하기 위하여 이 의사록을 작성하고 의장은 출석한 발기인이 다음에 기명날인하다.

20○○년 10월 1일

주식회사 와이키키

발기인대표 임 정 상 (인)

발기인 양 준 모 (인)

※ 발기인총회

○ 개정 상법은 자본금 총액이 10억원 미만인 회사가 주주총회를 소집하는 경우에는 주주총회일의 10일 전에 각 주주에게 서면으로 통지를 발송하거나 각 주주의 동의를 받아 전자문서로 통지를 발송할 수 있고, 무기명식의 주권을 발행한 경우에는 주주총회일의 2주 전에 주주총회를 소집하는 뜻과 회의의 목적사항을 공고할 수 있도록 하였으며(상법 제308조②, 제363조④), 자본금 총액이 10억원 미만인 회사는 주주 전원의 동의가 있을 경우에는 위 소집절차 없이 주주총회를 개최할 수 있도록 하였으며, 서면에 의한 주주총회

결의도 허용하였다(상법 제363조⑤).

○ 발기인총회의 결의는 과반수로 하고(상법 제296조①). 발기인의 의결권은 그 인수주식의 1주에 대하여 1개로 한다(동조②).

※ 이사회

○ 이 사례의 경우 자본의 총액이 10억 원 미만인 회사이면서 이사 2인으로 이사회를 구성하지 아니하고, 발기설립하는 경우이다.

○ 개정 상법 제383조는 ④부터 ⑥까지 신설하여 소규모 회사로서 이사가 1명 또는 2명인 회사는 이사회의 권한을 이사와 주주총회에 부여하였다. 따라서 양도제한주식의 양도시 승인, 주식매수선택권 부여 취소, 경업금지, 이사의 자기거래 승인, 신주의 발행결정, 전환사채, 신주인수권부사채의 발행결정, 준비금의 자본전입, 중간배당의 경우 주주총회에서 결정한다. 그러나 이사가 2명인 경우도 각자의 의견이 달라서 업무집행에 관한 의사결정을 할 수 없을 경우에는 이사회를 구성 할 수 있다. 이사회를 구성하지 않을 경우에는 주주총회에서 대표를 선정한다.

○ 종전에는 이사가 2명인 경우에 주주총회소집결정권한, 업무집행결정권(지배인 선임·해임, 지점의 설치, 이전, 폐지 등) 등의 경우 이사회에 권한이었으나, 개정법에서는 각 이사(또는 대표이사)에게 권한이 있다.

○ 이사가 2명인 경우 원칙적으로 각 이사가 회사를 대표하며, 정관에 따라 대표이사를 정한 경우에는 대표이사가 회사를 대표한다. 공동대표로 할 수도 있다.

○ 2명의 이사가 회사를 각자 대표하는 경우에는 각 이사를 "사내이사"로 기재하고, 그 성명, 주민등록번호 및 주소를 같이 기재하고, 정관에 따라 대표이사를 정한 경우에는 각 이사를 "사내이사"로 기재하고, 그 성명, 주민등록번호를 기재하고, 대표이사의 성명, 주민등록번호 및 주소를 같이 기재한다(등기예규 제1297호 2009. 5. 28. 결재).

○ 이사의 임기 : 이사의 임기는 3년을 초과하지 못한다(상법 제383조②). 그러나 정관으로 그 임기 중의 최종의 결산기에 관한 정기주주총회의 종결에 이르기까지 연장할 수 있다(상법 제383조③). 여기의 "임기 중의 최종의 결산기"라 함은 임기 중에 도래한 최종의 결산기로서 당해 결산기가 임기 중에 도래한 경우를 말한다.

※ 주식회사 설립등기시 이사명칭 등기방법의 변경

○ 상법 제317조② 제8호가 개정(2009. 2. 4 시행)됨에 따라 주식회사의 설립 시 이사명칭 등기방법이 변경되었다. 따라서 주식회사 설립등기 시 이사의 명칭을 사내이사, 사외이사, 기타비상무이사로 구분하여 등기하여야 한다.

○ 신청서에 첨부된 주주총회의사록 등에 사내이사, 사외이사, 기타비상무이사로 구분하여

선임한 사실이 기재되어 있어야 한다. 특히 사외이사, 기타비상무이사는 명확히 의사록에 나타나 있어야 한다. 등기신청서에 첨부된 이사선임 등의 의사록에 이사의 종류를 구분하지 않고 단순히 '이사'로 기재된 경우에는 "사내이사"로 수리될 수 있다.

※ 감사의 선임

○ 발기설립의 경우 주식의 인수가액 납입과 현물출자의 이행이 완료된 때에는 발기인은 지체없이 의결권의 과반수로 이사, 감사를 선임하여야 하고(상법 제296조①), 창립총회에서도 감사를 선임(상법 제312조)하여야 했으나 개정 상법은 소규모(자본금의 총액이 10억원 미만)인 회사를 설립하는 경우에 감사 선임을 회사가 자율적으로 할 수 있도록 하였다(상법 제409조④). 감사를 선임하지 아니할 경우에는 주주총회가 이사의 업무 및 재산상태에 관하여 직접 감독·감시하도록 하였다(동조⑥).이 사례는 감사를 두지 아니하는 경우의 사례이다.

[사례] 이사의 조사보고서

조사보고서

본인은 20○○년 10월 1일 주식회사 와이키키의 발기인 총회에서 검사인으로 선임되었으므로 상법 제298조 소정사항을 조사하여 다음과 같이 보고함.

조사사항

1. 회사 설립시에 발행하는 주식총수에 대한 인수의 정확여부
   회사 설립시에 발행하는 주식의 총수는 100,000주(1주의 금액 금100원)으로서 다음과 같이 인수가 완료되었음이 인정됨
   발기인이 인수한 주식수 100,000주(20○○년 10월 1일 인수완료)

2. 인수주식에 대한 납입의 정확여부
   회사설립시에 발행하는 주식총수 100,000주에 대한 주식대금 금10,000,0000원이 20○○년 10월 1일에 납입이 완료되었음은 그 납입을 맡은 ○○은행 ○○지점이 발행한 주식납입금잔고증명서에 의하여 명확히 확인됨.

3. 변태설립사항
   정관에 변태설립사항은 없음

4. 기타 설립에 관한 모든 사항
   기타 설립에 관한 모든 사항이 법령 또는 정관의 규정에 위반하지 아니함이 인정된다.

이상 상법의 규정에 의하여 보고함.

20○○년 10월 1일

주식회사 와이키키
검사인 사내이사 양 준 모

※ 이사·감사의 조사·보고와 검사인의 선임청구

○ 이사와 감사는 취임 후 지체없이 회사의 설립에 관한 모든 사항이 법령 또는 정관의 규정에 위반되지 아니하는지의 여부를 조사하여 발기인에게 보고하여야 한다(상법 제298조①).

○ 이사와 감사 중 발기인이었던 자, 현물출자자 또는 회사성립 후 양수할 재산의 계약당사자인 자는 위 조사·보고에 참가하지 못한다(상법 제298조②). 이사와 감사의 전원이 위 규정에 해당하는 때에는 이사는 공증인으로 하여금 이를 조사·보고를 하게 하여야 한다(상법 제298조③).
○ 정관으로 상법 제290조(변태설립사항) 각호의 사항을 정한 때에는 이사는 이에 관한 조사를 하게 하기 위하여 검사인의 선임을 법원에 청구하여야 한다. 다만, 상법 제299조의2(현물출자 등의 증명)의 경우에는 그러하지 아니하다(상법 제298조①).
○ 검사인은 상법 제290조 각호의 사항과 상법 제295조의 규정에 의한 현물출자의 이행을 조사하여 법원에 보고하여야 하고(상법 제299조①), 조사보고서를 작성한 후 지체없이 그 등본을 각 발기인에게 교부하여야 한다(상법 제299조②). 검사인의 조사보고서에 사실과 상위한 사항이 있는 때에는 발기인은 이에 대한 설명서를 법원에 제출할 수 있다.

[사례] 주식발행동의서

주 식 발 행 동 의 서

발기인 전원의 동의로 회사설립시에 발행할 주식에 관한 사항을 아래와 같이 결정함에 대하여 이의없이 동의함.

1. 주식의 종류와 수
   보통 주식 100,000주
2. 주식의 발행가액
   1주에 대하여 금100원

위 동의사항을 확실히 하기 위하여 발기인 전원이 다음에 기명날인함.

20○○년 10월 1일

발기인 임 정 상
발기인 양 준 모

※ 설립당시의 주식발행사항의 결정
○ 주식발행사항의 결정 : 회사가 발행할 주식의 총수, 1주의 금액, 회사의 설립시에 발행하는 주식의 총수는 반드시 정관으로 정하는 것이나(상법 제289조①), 그 외의 주식발행에

관한 사항은 정관에 다른 규정이 없는 한 발기인이 정할 수 있다. 이러한 결정은 원칙적으로 발기인의 과반수결의에 의한다. 그러나 다음의 두 가지 사항만은 정관에 다른 규정이 없으면 발기인 전원의 동의로 정하여야 한다(상법 제291조).

○ 주식의 종류와 수 : 정관에서 우선주식·후배주식(後配株式)·상환주식·전환주식·의결권 없는 주식 등 수종의 주식을 정하고 있는 경우에는 그 범위 내에서 어느 종류의 주식을 각 몇 주씩 발행할 것인가를 정하여야 한다. 그러나 정관에서 보통주식만을 발행할 것으로 정한 때에는 발기인이 따로 정할 사항은 없다. 이 사례의 경우에는 정관에서 보통주식만을 발행할 것으로 규정하였으므로 이 "주식발행동의서"는 첨부서류가 아니다. 참고로 싣는다.

○ 액면이상의 주식을 발행하는 때에는 그 수와 금액 : 설립시에는 주식의 액면미달발행은 인정되지 아니하나(상법 제330조,제417조①), 액면이상의 발행은 허용된다. 이를 액면초과발행이라 한다. 설립시에 액면 초과발행을 하려는 경우, 정관을 작성할 당시에는 아직 그 금액을 확정하기 어려울 것이므로, 상법은 이를 그 이후의 상황에 따라 발기인 전원의 동의로 정할 수 있게 한 것이다.

[사례] 취임승낙서

취 임 승 낙 서

본인 등은 20○○년 10월 1일 발기인 총회에서 이사 및 대표이사에 각 선임되었는바 그 취임을 승낙합니다.

20○○년 10월 1일

사내이사 및 대표이사 임 정 상
사내이사 양 준 모

주식회사 와이키키 귀중

※ 취임승낙서에는 각 취임임원은 인감을 날인하고 인감증명서를 첨부하여야 한다. 이사는 취임승낙서에 사내이사, 사외이사, 기타비상무이사로 구분하여 표시하도록 한다.

[사례] 잔고증명서(주금납입잔고증명서)

잔고증명서(주금납입보관증명서)

일금일천만정(₩10,000,000원정)
발행주식의 총수 100,000 주
1 주의 금액 100원정

위 금액은 설립시에 발행하는 주식총수에 대한 납입금으로서 20○○년 10월 1일 납입이 완료되어 현재 이를 보관중임을 증명합니다.

20○○년 10월 1일

증명인 서울 서초구 서초동 2211-71
국민은행 ○○동 지점
지점장 오 강 경

주식회사 와이키키 발기인대표 귀하

※ 잔고증명서

○ 개정상법은 소규모(자본금 총액이 10억원 미만)인 주식회사를 발기설립하는 경우에는 주금납입금 보관증명서를 금융기관의 잔고증명서로 대체할 수 있도록 하였다(상법 제318조③. 상업등기법 제81조제11호 및 제82조제5호). 따라서 기존에는 주식회사의 설립등기 및 신주발행으로 인한 변경등기시 주금납입금 보관증명서를 첨부하였으나 개정법하에서는 자본금 총액이 10억원 미만인 주식회사를 발기설립하는 경우에는 잔고증명서를 첨부하면 된다. 한편, 모집설립의 경우에는 공정성 확보를 위하여 현재와 같은 주금납입금보관증명서 제도를 유지하고 있다.

○ 잔고증명은 주금이 입금되어 있는 법인대표 될 자(발기인 대표자)의 통장계좌에 대한 증명을 받는 것을 의미한다.

○ 외국인(법인) 투자자의 증권취득을 위한 주금납입절차(외국인 투자신고 또는 증권취득신고를 통해 가상계좌등이 개설되면 해외에서 송금을 한 후 주금납입증명행위가 이루어진다)

[사례] 인감신고서

인감 · 개인(改印) 신고서

(신고하는 인감날인란) (인감제출자에 관한 사항)

상 호(명칭)		주식회사 와이키키	등기번호	
본점(주사무소)		서울 강남구 역삼동 789-4		
인감제출자	자격/성명	대표이사 임 정 상		
	주민등록번호	541212-1******		
	주 소	서울 서초구 방배동 1254-1		

␣ 위와 같이 인감을 신고합니다.
␣ 위와 같이 개인(改印)하였음을 신고합니다.

20○○년 10월 1일

신고인 본 인 성 명 임 정 상 (법인) (개인)
대리인 성 명 (인)

서울중앙지방법원 등기국 귀중

주 1. 개인인감 날인란에는 「인감증명법」에 의하여 신고한 인감을 날인하고 그 인감증명서(발행일로부터 3개월 이내의 것)를 첨부하여야 합니다. 개인(改印)신고의 경우, 개인인감을 날인하는 대신에 등기소에 신고한 유효한 종전 인감을 날인하여도 됩니다.
2. 인감 · 개인신고서에는 신고하는 인감을 날인한 인감대지를 첨부하여야 합니다.
3. 지배인이 인감을 신고하는 경우에는 인감제출자의 주소란에 지배인을 둔 장소를 기재하고, 「상업등기규칙」 제36조제4항의 보증서면(영업주가 등기소에 신고한 인감 날인)을 첨부하여야 합니다.

보 증 서 면

위 신고하는 인감은 지배인 의 인감임이 틀림없음을 보증합니다.
대표이사 (법인인감)

위 임 장

성 명 : 주민등록번호(-)
주 소 :

위의 사람에게, 위 인감신고 또는 개인신고에 관한 일체의 권한을 위임함.

20○○년 월 일

인감(개인) 신고인 성 명 임 정 상 (법인) (개인)

[사례] 인감대지

인 감 대 지

	신고하는 인감날인란	상 호(명 칭) : 주식회사 와이키키 자격 및 성명 : 대표이사 임 정 상 주민등록번호 : 541212-1******

※ 인감의 제출방법

○ 대표이사는 인감을 신고하여야 한다. 인감의 제출 또는 인감의 변경신고는, 인감(개인)신고서를 작성하여 관할 등기소에 제출하는 방식으로 한다. 인감(개인)신고서를 제출할 때에는 신고하는 인감을 찍은 인감대지(위 참조)3장을 만들어 함께 제출하여야 한다.

○ 인감은 가로·세로 2.4센티미터의 정사각형 안에 들어갈 수 있어야 한다(상업등기규칙 제36조⑤).

○ 인감(개인)신고서에는 발행일로부터 3개월 이내의 인감증명서를 첨부하여야 한다. 취임승락서에 인감증명법에 의한 인감을 첨부한 경우에는 그 인감을 원용 할 수 있다.

○ 인감대지의 자격란에는 인감신고자에 따라 대표이사(이사), 이사장, 지배인, 대리인, 상호사용자, 무능력자, 법정대리인 등으로 기재하고 성명을 기재한다.

※ 외국인의 경우

○ 인감증명제도가 있는 국가의 국민이 신고하는 경우에는 인감(개인)신고서에 본국 관공서에 신고한 인감을 날인하고 그 인감증명서를 제출한다.

○ 인감증명제도가 없는 국가의 국민이 신고하는 경우에는 인감(개인)신고서에 서명을 하고, 그 서명이 본인의 것이라는 취지의 본국 관공서의 증명이나 본국 공증인의 공증 또는 국내 공증인의 공증을 받아 제출한다.

※ 지배인 또는 대리인이 인감(개인)신고하는 경우

○ 지배인 또는 대리인이 인감(개인)신고하는 경우에는 영업주(개인 상인인 영업주를 말한다) 또는 법인의 대표자가 지배인 또는 대리인의 인감임이 틀림없음을 보증하는 서면을 제출하여야 하고, 그 보증서면에는 등기소에 제출한 영업주 또는 법인 대표자의 인감을 날인하여야 한다.

[사례] 인감카드 등 (재)발급신청서

인감카드 등 (재)발급신청서

(인감제출자에 관한 사항)

상호(명칭)		주식회사 와이키키	등기번호	
본점(주사무소)		서울 강남구 역삼동 789-4		
인감 제출자	자격 / 성명	대표이사 임 정 상		
	주민등록번호	541212-1******		

발급사유	␣ 최초발급 ␣ 카드분실 ␣ 카드훼손 ␣ 인감증명서발급기능 ␣ 기타 ( )		
매체구분	␣ 인감카드 ␣ HSM USB	인감카드 비밀번호	

위와 같이 인감카드 등의 (재)발급을 신청합니다.

20○○년 ○월 ○일

신청인 인감제출자 (본 인) 성 명 (인) (전화 :)
(대리인) 성 명 (인) (전화 :)

서울중앙지방법원 등기국 귀중

접수번호		인감카드번호	

- 대법원수입증지를 붙이는 란 -

주 1. 인감카드 비밀번호란에는 (재)발급받아 사용할 인감카드의 비밀번호를 기재하며, 아라비아숫자 6자릿수를 기재하여야 합니다. 비밀번호는 인감카드와 함께 인감증명서의 발급을 신청할 권한이 있는 것으로 보게 되는 중요한 자료이므로 권한이 없는 사람이 알지 못하도록 주의하시기 바랍니다.
2. 인감카드의 재발급을 신청할 때에는 「등기부 등·초본 등 수수료규칙」 제5조의7에 의하여 5,000원 상당의 대법원수입증지를 이 란에 붙여야 합니다. 다만, 인감카드를 반납할 때에는 붙일 필요가 없습니다.

위 임 장

성 명 : 주민등록번호( )
주 소 :

위의 사람에게, 위 (재)발급신청서에 기재된 인감카드 등의 발급신청과 그 수령 등에 관한 일체의 권한을 위임함.

20○○년 ○월 ○일

인감신고인 성 명 (인)

[사례] 주주명부

주 주 명 부				
주 주	주 소	인 수 주식수	1주금액	납 입 금 액
임 정 상	서울 서초구 방배동 1254-1 www.ldf21@yahoo.co.kr	80,000주	금100원	금 8,000,000원
양 준 모	서울 서초구 방배동 1264-1 www.djfk12@hanmali.com	20,000주	금100원	금 2,000,000원
2명		100,000주	금100원	금 10,000,000원

위 주주명부는 본사에 비치된 주주명부와 대조하여 틀림이 없음을 증명합니다.

20○○년 10월 1일

주식회사 와이키키
서울 강남구 역삼동 789-4
대표이사 임 정 상

※ 전자주주명부제도

○ 회사는 정관에서 정하는 바에 따라 전자문서로 주주명부를 작성할 수 있다(상법 제352조의2①). 전자주주명부에는 상법 제352조①의 기재사항 외에 전자우편주소를 적어야 한다.

○ 개정 상법은 기업경영의 IT화를 위하여 주주총회에 직접 참석하거나 대리인에게 투표를 위임하지 않더라도 전자서명 등 본인인증절차를 거쳐 인터넷으로 의결권을 행사하는 전자투표제도가 도입됐다(상법 제368조의4, 제382조의2). 이와 함께 주주들이 서면 외에도 이메일 등 전자문서를 통해 주주제안권 및 임시주주총회 소집청구권을 행사할 수 있도록 했다.

○ 전자투표제도를 도입함에 따라 일반 주주명부를 전자문서로 된 주주명부로 대체할 필요가 있어서 제도화한 것이다.

[사례] 기준일제도와 주주명부폐쇄제도의 이해

○ 상법상 기준일제도와 사용방법(상법 제354조)

[사례] 주식회사 발기설립등기(소규모회사설립, 이사2인, 감사를 두지 아니하는 경우, 자본금 10,000,000원)

주식회사 설립등기신청

접수	년 월 일	처리인	접 수	조 사	기 입	교 합	각종통지
	제 호						

등 기 의 목 적	주식회사 설립(발기설립)
등 기 의 사 유	20○○년 ○월 ○일 정관을 작성하고 받아 발기인이 회사 설립시에 발행하는 주식의 총수를 인수받고, 20○○년 월 일 발기인총회를 종결하였으므로 다음 사항의 등기를 구함.
본/지점 신청구분	1. 본점신청 ☐ 2. 지점신청 ☐ 3. 본·지점 일괄신청 ☐
등 기 할 사 항	
상 호	주식회사 에스엔와이
본 점	서울 서초구 서초동 1234-1
공 고 방 법	서울시내에서 발행하는 일간 매일경제신문에 게재한다.
1주의 금 액	금 100원
발 행 할 주식의 총수	400,000주
발행주식의 총수, 그 종류와 각종 주식의 내용과 수	100,000주 보통주식
자본의 총액	금 10,000,000원

등 기 할 사 항	
목 적	1. 교육서비스업 2. 교육 기자재 및 컨텐츠 판매업 3. 인테넷 교육업 4. 위 각호에 관련된 무역업 5. 위 각호에 관련된 부대사업 일체
이사 · 감사의 성명 및 주민등록번호	사내이사 이 경 중(690328-1******) 사내이사 박 창 공(490607-1******)
대표이사의 성명과 주소	대표이사 이 경 중 서울 서초구 방배동 1254-1
지 점	없음
존립기간 또는 해산사유	없음
기 타 (주식의 양도에 관하여 이사회의 승인을 얻도록 정한 때에는 그 규정, 명의개서대리인을 둔 때에는 그 상호와 본점소재지 등)	

신청등기소 및 등록면허세/수수료						
순번	신청등기소	구분	등록면허세 지방교육세	농어촌특별세	세액합계	등기신청수수료
			금 337,500원 금 67,500원		금405,000원	금 30,000원
합 계						
과 세 표 준 액	금 10,000,000 원					

첨 부 서 면	
1. 정 관 통	1. 주민등록표등(초)본 통
1. 주식의 인수를 증명하는 서면 통	1. 인감신고서 통
1. 발기인회의사록 통	1. 등록면허세영수필확인서 통
1. 잔고증명서 통	1. 위임장(대리인이 신청할 경우) 통
1. 검사인조사보고서등본 통	
1. 취임승낙서(인감증명서포함) 통	<기 타>

20○○년 ○월 ○일

신청인 상 호 주식회사 에스엔와이
본 점 서울 서초구 서초동 1234-1
대표이사 성 명 이 경 중 (인) (전화 :)
주 소 서울 서초구 방배동 1254-1
대리인 성 명 (인) (전화 :)
주 소

서울중앙지방법원 등기국 귀중

- 신청서 작성요령 및 등기수입증지 첨부란 -

1. 해당란이 부족할 때에는 별지를 이용합니다.
1. 해당 등기신청과 관계없는 사항에 대하여는 “해당없음”으로 기재하거나 삭제하고, 필요한 사항은 추가 기재합니다.

(용지규격 21㎝× 29.7㎝)

※ 소규모회사 발기설립절차

○ 이 사례는 이사 2인이 이사회를 구성하고, 감사는 두지 아니하고, 액면주식의 법정 최소단위인 1주의 금액은 100원으로 하고, 자본금10,000,000원으로 하여 설립하는 경우의 사례이다.

※ 1주의 금액

○ 액면주식은 액면가의 기재가 있는 주식으로서, 주권에 그 표창하는 주식의 수 이외에 1주의 금액이 기재되고(상법 제356조iii), 정관에도 그 금액의 기재가 되어야 한다. 액면주식의 경우 1주의 금액은100원 이상이어야 하고(상법 제329조④), 또 균일하여야 한다(상법 제329조③). 회사가 수종의 주식을 발행하는 경우에도 같다. 1주의 금액에 관한 위 규정은 설립시 발행하는 주식뿐만 아니라, 장래에 발행하는 주식까지 포함한다.

○ 회사가 발행할 주식의 총수, 1주의 금액, 회사의 설립시에 발행하는 주식의 총수는 반드시 정관으로 정하는 것이나(상법 제289조①), 그 외의 주식발행에 관한 사항은 정관에 다른 규정이 없는 한 발기인이 정할 수 있다. 이러한 결정은 원칙적으로 발기인의 과반수결의에 의한다.

○ 정관에서 우선주식·후배주식(後配株式)·상환주식·전환주식·의결권 없는 주식 등 수종의 주식을 정하고 있는 경우에는 그 범위 내에서 어느 종류의 주식을 각 몇 주씩 발행할 것인가를 정하여야 한다. 그러나 정관에서 보통주식만을 발행할 것으로 정한 때에는 발기인이 따로 정할 사항은 없다. 후술의 주식발행동의서 167면 참조

※ 발행예정주식총수, 발행주식의 총수 그 종류와 각종 주식의 내용과 수

○ 발행예정주식총수 중에서 회사의 설립시에 발행하는 주식의 총수를 기재하여야 하는데, 이는 설립시에 회사의 자본적 기초와 신주발행을 위한 이사회의 수권의 범위를 명확히 하는데 그 취지가 있다.

○ 위 발행예정주식총수 중 설립시에 발행하는 주식 수를 공제한 나머지는 소위 수권주식(授權資本)으로서, 설립이후는 제한규정이 없으므로 무제한으로 이사회의 결의에 의하여 수시로 신주를 발행하게 된다. 회사의 설립 후에 발행하는 주식의 수는 등기사항이나 정관의 기재사항은 아니다. 신주발행에서 다룬다.

※ 발기인총회

○ 개정 상법은 자본금 총액이 10억원 미만인 회사가 주주총회를 소집하는 경우에는 주주총회일의 10일 전에 각 주주에게 서면으로 통지를 발송하거나 각 주주의 동의를 받아 전자문서로 통지를 발송할 수 있고, 무기명식의 주권을 발행한 경우에는 주주총회일의 2주 전에 주주총회를 소집하는 뜻과 회의의 목적사항을 공고할 수 있도록 하였다(상법 제308조②, 제363조④).

※ 소규모 회사에서의 이사회제도

○ 자본의 총액이 10억 원 미만인 회사는 1인 또는 2인으로 할 수 있다(상법 제383조①).

정관으로 그 이상의 최소인원수를 정할 수 있다.

○ 자본금 총액이 10억원 미만인 회사이고 이사 정원이 1명 또는 2명인 경우에는 개정 상법 제383조④부터 ⑥(신설)에서 이사회의 권한을 이사와 주주총회에 부여하였으며, 이사가 전적으로 주주총회의 감독을 받아 업무집행을 담당하고 회사를 대표하게 된다. 구체적인 설명 후술 이사회의사록 말미에서 다룬다. 169면 참조

○ 상법 제317조② 제8호가 개정(2009. 2. 4 시행)됨에 따라 주식회사의 설립 시 이사명칭 등기방법이 변경되었다. 따라서 주식회사 설립등기 시 이사의 명칭을 사내이사, 사외이사, 기타비상무이사로 구분하여 등기하여야 한다. 주주총회의사록 등에 사내이사, 사외이사, 기타비상무이사로 구분하여 선임한 사실이 기재되어 있어야 한다. 특히 사외이사, 기타비상무이사는 명확히 의사록에 나타나 있어야 한다.

※ 채권매입

○ 상업등기신청서의 양식에 관한 예규(제1274호)는 2008.12.01 각종 회사설립등기신청서 양식에서 "채권매입액"란과 "채권발행번호(국민주택채권을 매입한 경우)"란을 삭제하였다. 주택법시행령의 개정(2008. 11. 5)으로 회사설립등기 시 국민주택채권 매입의무가 없어졌고 도시철도채권의 매입의무도 도시철도법시행령의 개정(2009. 1. 1)으로 매입의무가 없다. 이를 신청서 양식에 반영하였다.

※ 등록면허세와 지방교육세

○ 자본금의 4/1000에 해당하는 등록면허세를 납부하여야 한다. 그러나 대통령으로 정하는 대도시내에서의 설립등기 시에는 당해세율의 3배의 등록면허세를 납부하여야 한다(지세법 제28조②). 여기서 대도시라 함은 수도권정비계획법 제6조① 제1호의 규정에 의한 과밀억제권을 말한다(과밀억제권역 638면 참조). 사회기반시설사업(사회간접자본시설에 대한 민간투자법 제2조②), 전기통신사업(전기통신사업법 제4조), 소프트웨어산업(소프트웨어산업진흥법) 등은 중과세 대상에서 제외 된다. 등록면허세가 조세특례제한법과 지방세법에 의하여 감면되는 경우에는 "농어촌특별세"를 납부하여야 한다. "농어촌특별세"는 등록면허세액의 20/100이다. 신청서에는 등록면허세 감면 통지서 또는 등록면허세 감면확인서 기타 등록면허세가 면제됨을 확인하는 소관 지방자치단체의 장의 서면을 첨부하여야 한다. 등록면허세액이 112,500원 미만일 때에는 112,500원으로 한다.

○ 이 사례의 경우 등록면허세액이 112,500원 미만이므로 112,500원으로 하였고 과밀억제권역에서 설립하는 경우이므로 당해세율의 3배의 등록면허세로 하여 금337,500원

○ 지방교육세 : 등록면허세액의 20/100에 해당하는 지방교육세를 납부하여야 하므로 이 사례의 경우 금67,500원 세액합계가 금 405,000원으로 계산하였다.

○ 등록면허세·지방교육세 납부절차
등록·지방교육세는 관할시, 군, 구청을 방문하여 등록면허세액신고서(등록면허세액신고서는 각 시, 군, 구청에 비치되어 있다)를 작성하고 납세고지서를 발부받아 직접 금융기관에 납부하고 그 영수증(등록면허세영수필확인서)을 등기신청서 "을"지 즉, "신청등기소 및 등록면허세/수수료"란에 붙인다.
등록면허세는 회사 본점 소재지를 관할하는 각 시·군·구의 시중은행에 납부할 수 있으며, 위 관할을 벗어나는 경우는 전국의 우체국과 농협에서 수납할 수 있다.

※ 공증(인증) 및 비용
○ 구 상법 등에서는 주식회사 설립등기를 신청하는 때에는 공증인의 인증을 받은 정관, 발기인회의사록, 이사회의사록을 첨부서류로 제출하여야 했으나 개정법에서는 자본금의 총액이 10억원 미만인 회사를 상법 제295조①에 따라 발기설립하는 경우에는 공증(인증)의무를 면제하였다(상법 제292조, 제297조, 317조, 상업등기법 제79조②, 제80조제7호, 공증인법 제66조의2①). 따라서 이 사례의 경우 인증비용은 없다.

※ 등기신청 수수료
○ 등기신청 수수료 : 2009. 6. 1부터 설립등기 및 본점타관이전의 경우 20,000원 하던 등기신청수수료는 30,000원으로, 각종 변경등기신청의 경우 4,000원 하던 수수료는 6,000원으로 변경되었다. 변경된 수수료 내역 636면 참조.
○등기신청 수수료(30,000원)의 납부는 그 수수료 상당액을 전자적 방법으로 납부하거나, 법원행정처장이 지정하는 금융기관에 현금으로 납부한 후 이를 증명하는 서면을 등기신청서에 첨부하여 제출하는 방법으로 한다. 다만, 해당 신청사건을 관할하는 지방법원, 그 지원 또는 등기소에 신청수수료 납부기능이 있는 무인발급기가 설치된 경우에는 이를 이용하는 방법으로 수수료를 납부할 수 있다.

※ 등기신청관련자료
○ 과밀억제권역(740면 참조)
○ 중과세대상에서 제외되는 업종(741면 참조)
○ 법인의 등록면허세액(739면 참조)
○ 등기신청수수료(738면 참조)

[사례] 위임장(등기소 제출용)

위 임 장

법무사 이 장 수
서울 강동구 성내동 319-33
전화 595-1235

본인은 위 사람을 대리인으로 정하고 다음의 권한을 위임합니다.

다 음

1. 본 회사의 설립등기 신청 및 취하에 관한 일체의 행위.
2. 원본환부신청 및 수령.
3. 복대리인의 선임에 관한 일체의 행위.

20○○년 10 월 1 일

위임인 주식회사 에스엔와이
서울 서초구 서초동 1234-1
대표이사 이 경 중 (인)

※ 이 위임장은 법무사에게 주식회사설립등기를 의뢰하는 경우 대리의 권한을 법무사에게 위임하는 서류로써 등기소에 제출하는 서류이다.

[사례] 정관

정 관

제1장 총 칙

제1조(상호) 당 회사는 주식회사 에스엔와이라 칭한다.

제2조(목적) 당 회사는 다음 사업을 경영함을 목적으로 한다.

1. 교육서비스업
2. 교육 기자재 및 컨텐츠 판매업
3. 인테넷 교육법
4. 위 각호에 관련된 무역업
5. 위 각호에 관련된 부대사업 일체

제3조(본점의 소재지 및 지점의 설치)①당 회사의 본점은 서울시내에 둔다.

② 당 회사는 필요에 따라 이사회 결의로 전국 각처에 지점을 둘 수 있다.

제4조(공고방법)당 회사의 공고는 서울특별시내에서 발행하는 일간신문 매일경제 신문에 게재한다.

제2장 주 식

제5조(회사가 발행할 주식의 총수) 당 회사가 발행할 주식의 총수는 400,000주로 한다.

제6조(1주의 금액) 당 회사가 발행하는 주식 1주의 금액은 금 일백원(₩100)으로 한다.

제7조(회사의 설립시에 발행하는 주식총수) 당 회사는 설립시에 100,000주의 주식을 발행하기로 한다.

제8조(주식 및 주권의 종류) 당 회사의 주식은 보통주식으로서 전부 기명식으로 하고 주권은 오백주권, 일백주권, 일십주권, 일주권의 4종으로 한다.

제9조(주권 불소지) 당 회사는 주권 불소지제도를 채택하지 아니한다.

제10조(주금납입의 지체) 주금 납입을 지체한 주주는 납입기일 다음날부터 납입이 끝날 때까지 지체 주금 백원에 대하여 일변 십전의 비율로서 과태금을 회사에 지급하고 또 이로 인하여 손해가 생겼을 때는 그 손해를 배상하여야 한다.

제11조(명의 개서) ① 당 회사의 주식에 관하여 명의개서를 청구함에 있어서는 당회사에서 정하는 청구서에 기명날인 또는 서명하고 이에 주권을 첨부하여 제출하여야 한다.

② 양도 이외의 사유로 인하여 주식을 취득한 경우에는 당 회사의 청구하여 제1항의 청구서 이외에 그 사유를 증명하는 서면과 주권을 제출하여야 한다.

제12조(질권의 등록 및 신탁재산의 표시) 당 회사의 주식에 관하여 질권의 등록 또는 신탁재산의 표시를 청구함에 있어서는 당 회사가 정하는 청구서에 당사자가 기명날인 또는 서명하고 이에 주권을 첨부하여 제출하여야 한다. 그 등록 또는 표시의 말소를 청구함에 있어서도 같다.

제13조(주권의 재발행) ① 주권의 분할, 병합, 오손 등의 사유로 인하여 주권의 재발행을 청구함에 있어서는 당 회사가 정하는 청구서에 기명날인 또는 서명하고 이에 주권을 첨부하여 제출하여야 한다.

② 주권의 상실로 인하여 그 재발행을 청구함에 있어서는 당 회사가 정하는 청구서에 기명날인하고 이에 제권판결의 정본 또는 등본을 첨부하여 제출하여야 한다.

제14조(수수료) 제11조 내지 제13조에서 정하는 청구를 하는 자는 당 회사가 정하는 수수료를 납부하여야 한다.

제15조(주주명부의 폐쇄) ① 당 회사는 매년 1월 1일부터 정기주주총회의 종결일까지 주주명부의 기재의 변경을 정지한다.

② 제1항의 경우 이외의 주주 또는 질권자로서 권리를 행사할 자를 정하기 위하여 필요한 때에는 이사회의 결의에 의하여 주주명부의 기재의 변경을 정지하고 또는 기준일을 정할 수가 있다. 이 경우에는 그 기간 또는 기준일의 2주간전에 공고하는 것으로 한다.

제16조(주주의 주소 등의 신고) 당 회사의 주주 및 등록된 질권자 또는 그 법정대리인이나 대표자는 당 회사가 정하는 서식에 의하여 그의 성명, 주소와 인감을 당 회사에 신고하여야 한다. 신고사항에 변경이 있는 때에도 또한 같다.

제3장 주주총회

제17조(소집) 당 회사의 정기주주총회는 영업연도 말일의 다음날부터 3월 이내에 소집하고 임시주주총회는 필요한 경우에 수시 소집한다.

제18조(의장) 대표이사가 주주총회의 의장이 된다. 그러나 대표이사 유고시에는 이사회에서 선임한 다른 이사가 의장이 된다.

제19조(결의) 주주총회의 결의는 법령 또는 정관에 다른 규정이 있는 경우를 제외하고 출석한 주주의 의결권의 과반수와 발행주식 총수의 4분의 1 이상의 수로서 한다.

제20조(의결권의 대리행사) 주주는 대리인으로 하여금 의결권을 행사할 수 있다. 대리인이 의결권을 행사함에는 표결전에 그 권한을 증명하는 서면을 의장에게 제출하여야 한다.

제21조(총회의 의사록) 주주총회의 의사록에는 의사의 경과요령과 그 결과를 기재하고 의장과 출석한 이사가 기명날인 또는 서명하여야 한다.

제4장 임원과 이사회

제22조(이사와 감사의 원수)당 회사의 이사는 2인 이상, 감사는 두지 아니한다.

제23조(이사의 선임)당 회사의 이사는 제19조의 결의방법에 의하여 선임한다.

제24조(이사의 임기)이사의 임기는 취임후 3년으로 한다. 그러나 이사의 임기가 재임중 최종의 결산기에 관한 정기주주총회의 종결전에 끝날 때에는 그 정기주주총회의 종결에 이르기까지 그 임기를 연장한다. 보궐 또는 증원에 의하여 선임된 임기는 다른 이사의 전 임기와 같이한다.

제25조(이사회의 소집)이사회는 대표이사 또는 이사회에서 따로 정한 이사가 있는 때에는 그 이사가 회일의 1주간 전에 각 이사에게 통지하여 소집한다. 그러나 이사전원의 동의가 있는 때에는 소집절차를 생략할 수 있다.

제26조(이사회의 결의)이사회의 결의는 이사 과반수의 출석과 출석이사의 과반수로 한다.

제27조(이사회의 의사록)이사회의 의사록에는 의사의 경과요령과 그 결과를 기재하고 출석한 이사의 기명날인 또는 서명하여야 한다.

제28조(대표이사)①당 회사는 사장 1인과 필요한 경우에 부사장, 전무이사 및 상무이사 각 약간명을 둔다.

②사장, 부사장, 전무이사와 상무이사는 이사회의 결의에 의하여 이사 중에서 선임한다.

③사장은 당 회사를 대표한다.

제29조(업무집행)①사장은 당회사의 업무를 통할하고 부사장, 전무이사 또는 상무이사가 사장을 보좌하여 그 업무를 분장한다.

② 사장이 유고시에는 미리 이사회에서 정한 순서에 따라 부사장, 전무이사 또는 상무이사가 대표이사의 직무를 대행한다.

제30조(보수와 퇴직금)임원의 보수 또는 퇴직한 임원의 퇴직금은 주주총회의 결의로 정한다.

제5장 계 산

제31조(영업연도)당 회사의 영업연도는 매년 1월 1일부터 동년 12월 말일까지로 한다.

제32조(재무제표, 영업보고서의 작성비치)①당 회사의 사장은 정기총회 회일 6주간전에 다음 서류 및 그 부속명세서와 영업보고서를 작성하여 이사회의 승인과 주주총회의 감사를 받아 정기총회에 제출하여야 한다.

1. 대차대조표
2. 손익계산서

3. 이익처분계산서 또는 결손금처리계산서

②제1항의 서류는 영업보고서, 감사보고서와 함께 정기총회 1주간 전부터 당 회사의 본점과 지점에 비치하여야 하고 총회의 승인을 얻었을 때에는 그 중 대차대조표를 지체없이 공고하여야 한다.

第33조(이익금의 처분)매기 총수입금에서 총지출금을 공제한 잔액을 이익금으로 하여 이를 다음과 같이 처분한다.

1. 이익준비금 금전에 의한 이익배당액의 십분의 일이상
2. 별도적립금 약간
3. 주주배당금 약간
4. 임원 상여금 약간
5. 후기 이월금 약간

第34조(이익배당)이익배당금은 매결산기에 있어서의 주주명부에 기재된 주주 또는 질권자에게 지급한다.

부 칙

第35조(최초의 영업연도)당 회사의 최초의 영업연도는 회사 설립일로부터 동년 12월 31일까지로 한다.

第36조(발기인)발기인의 성명 및 주소는 이 정관 말미에 기재함과 같다.

위와 같이 주식회사 에스엔와이를 설립하기 위하여 이 정관을 작성하고 발기인 전원이 이에 기명날인 또는 서명한다.

20○○년 ○월 ○일

주식회사 에스엔와이

발기인 이 경 중(690328-1******)

서울 서초구 방배동 1254-1

발기인 박 창 공(490607-1******)

서울 서초구 방배동 1-1

※ 정관

○ 이 사례는 이사 2인이 이사회를 구성하고, 감사를 두지 아니하고, 1주의 금액 100원, 자본금을 10,000,000원으로 하여 설립하는 사례이므로 기존의 정관에서는 이사회에 관한 규정을 그대로 두고, 감사에 관한 규정은 모두 삭제하였으며 자본금 및 주식수에 관하여 수정을 한 경우이다.

○ 정관은 1인 이상의 발기인이 작성한다(상법 제288조). 발기인은 정관의 작성자로서 각 발기인이 정관의 말미에 기명날인 또는 서명하여야 한다(상법 제289조①). 이런 뜻에서 발기인이란 주식회사의 원시정관에 발기인으로서 기명날인 또는 서명한 자를 말하며, 실질적으로 발기인으로서 회사의 설립에 진력하였다 하더라도 원시정관에 기명날인 또는 서명하지 아니한 자는 발기인이라고 할 수 없다(학설과 판례).

○ 개정 상법은 소규모 회사 창업의 원활화를 위하여 자본금 총액이 10억원 미만인 회사를 발기설립하는 경우 "각 발기인이 정관에 기명날인 또는 서명함으로써 효력이 생긴다."고 하여 정관의 공증의무를 면제하도록 하였다(상법 제292조).

[사례] 발기인총회 소집기간 생략 동의서

발기인총회 소집기간 생략 동의서

본인 등은 주식회사 에스엔와이의 주주인바, 발기인총회를 상법 제363조 제5항에 따라 소집절차를 생략하여 20○○년 10월 1일 창립사무소에서 개최하는데 대하여 이의 없이 동의합니다.

20○○년 10월 1일

발기인(주주) 이 경 중 (인)

발기인(주주) 박 창 공 (인)

※ 소규모회사의 경우 소집절차 생략

○ 개정 상법은 자본금 총액이 10억원 미만인 회사가 주주총회를 소집하는 경우에는 주주총회일의 10일 전에 각 주주에게 서면으로 통지를 발송하거나 각 주주의 동의를 받아 전자문서로 통지를 발송할 수 있고, 무기명식의 주권을 발행한 경우에는 주주총회일의 2주 전에 주주총회를 소집하는 뜻과 회의의 목적사항을 공고할 수 있도록 하였으며(상법 제308조②, 상법 제363조④), 자본금 총액이 10억원 미만인 회사는 주주 전원의 동의가

있을 경우에는 위 소집절차 없이 주주총회를 개최할 수 있도록 하였다(상법 제363조⑤). 따라서 종전에는 발기인총회단축기간동의서를 첨부하였으나 자본금 총액이 10억원 미만인 회사는 주주 전원의 동의로 소집기간을 생략할 수 있다.

[사례] 주식인수증

주 식 인 수 증	
상 호	주식회사 에스엔와이
인수할주식수	80,000 주
금 액	금 8,000,000원정
일주의 금액	금 100원(발행가액 100원)

위 주식을 발기인으로 인수합니다.

20○○년 10월 1일

발기인 이 경 중
서울 서초구 방배동 1254-1

주식회사 에스엔와이 발기인대표 귀하

※ 발기인의 주식인수

○ 주식회사의 자본은 주식에 의한 출자로써 형성되므로 발기인은 설립시에 발행하는 주식에 관하여 반드시1주 이상을 위 서면에 의하여 인수하여야 한다(상법 제293조). 발기인 각자마다 주식인수증을 작성하여야 한다.

[사례] 주식인수증

주 식 인 수 증	
상 호	주식회사 에스엔와이
인수할주식수	20,000주
금 액	금 2,000,000원정
일주의 금액	금 100원(발행가액 100원)

위 주식을 발기인으로 인수합니다.

20○○년 10월 1일

발기인 박 창 공

서울 서초구 방배동 1254-1

주식회사 에스엔와이 발기인대표 귀하

[사례] 발기인총회의사록

발기인 총회 의사록

20○○년 10월 1일 09:00시에 창립 사무소에서 발기인 총회를 개최하다

발기인총수	2명,	주식총수	100,000 주
출석발기인수	2명,	출석주식의 총수	100,000 주

발기인 대표 이 경 중은 위와 같이 상법 소정의 정족수에 달하게 발기인이 출석하였으므로 본 총회는 적법하게 성립됨을 고하고, 의사를 진행하기 전에 의장을 선임할 것을 구한바 주주전원 만장일치로 발기인 대표를 의장으로 선임한즉 동인은 그 취임을 승낙하고 의장석에 등단하여 개회를 선언하고 다음 의안의 심의를 구하다.

제 1호 의안 : 정관 승인의 건

의장은 정관을 낭독하고 축조설명을 하고 현재 발기인 이경중, 박창공이 정관 작성을 하여 발기하였음을 부연 설명한 후 이를 승인하여 줄 것을 구한바, 전원일치 원안대로

승인하다.

제 2호 의안 : 이사 선임의 건

의장은 감사를 두지 않고 이사 2인을 두기로 하는 정관규정에 따라 이사의 선임방법을 물은 즉 사내이사 2명을 무기명 비밀투표로 선출하기로 전원 일치되어 즉시 투표한 결과 다음과 같이 선출되다.

사내이사 : 이 경 중
사내이사 : 박 창 공
위 피선자들은 즉석에서 그 취임을 승낙하다.

제 3호 의안 : 상법 제298조 소정사항 조사보고의 건

의장은 이사는 상법 제298조 소정사항을 조사 보고하여야 함을 설명하고, 이어 발기인이었던 이사는 그러한 조사에 참가하지 못함을 밝히고 발기인이 아니었던 사내이사 박창공으로 하여금 조사·보고를 하게 하여야 한다고 하자 전원 이의없이 사내이사 박창공을 검사인으로 선임할 것을 만장일치로 가결하다.

검사인 : 사내이사 박 창 공
위 사람은 즉석에서 이를 승낙하고 조사에 착수하다.

의장은 위 조사보고를 기다리기 위하여 잠시 휴회한 후 속회하다.

검사인은 별지 조사보고서와 같이 보고한 즉 만장일치로 승인하다.

제 4호 의안 : 본점설치 장소 결정의 건

의장은 본 회사 본점을 다음 장소에 설치함이 적당한 뜻을 설명하고 그 가부를 물은즉 만장일치로 이의 없이 승인하다.

본 점 : 서울 서초구 서초동 1234-1

이상으로서 금일 총회의 목적인 의안 전부 심의 종료하였으므로 의장은 폐회를 선언하다.(종료시각은 10 시 00분)

위 의사의 결의를 명확하게 하기 위하여 이 의사록을 작성하고 출석한 발기인이

다음에 기명날인하다.

20○○년 10월 1일

주식회사 에스엔와이
의장 발기인대표 이 경 중 (인)
발기인 박 창 공 (인)

※ 발기인총회

○ 개정 상법은 자본금 총액이 10억원 미만인 회사가 주주총회를 소집하는 경우에는 주주총회일의 10일 전에 각 주주에게 서면으로 통지를 발송하거나 각 주주의 동의를 받아 전자문서로 통지를 발송할 수 있고, 무기명식의 주권을 발행한 경우에는 주주총회일의 2주 전에 주주총회를 소집하는 뜻과 회의의 목적사항을 공고할 수 있도록 하였으며(상법 제308조②, 제363조④), 자본금 총액이 10억원 미만인 회사는 주주 전원의 동의가 있을 경우에는 위 소집절차 없이 주주총회를 개최할 수 있도록 하였으며, 서면에 의한 주주총회 결의도 허용하였다(상법 제363조⑤).

○ 발기인총회의 결의는 과반수로 하고(상법 제296조①). 발기인의 의결권은 그 인수주식의 1주에 대하여 1개로 한다(동조②).

※ 이사회

이사회에 관하여는 후술의 이사회의사록 말미 169면 참조

※ 감사의 선임

○ 발기설립의 경우 주식의 인수가액 납입과 현물출자의 이행이 완료된 때에는 발기인은 지체없이 의결권의 과반수로 이사, 감사를 선임하여야 하고(상법 제296조①), 창립총회에서도 감사를 선임(상법 제312조)하여야 했으나 개정 상법은 소규모(자본금의 총액이 10억원 미만)인 회사를 설립하는 경우에 감사 선임을 회사가 자율적으로 할 수 있도록 하였다(상법 제409조④). 감사를 선임하지 아니할 경우에는 주주총회가 이사의 업무 및 재산상태에 관하여 직접 감독·감시하도록 하였다(동조⑥).이 사례는 감사를 두지 아니하는 경우의 사례이다.

[사례] 이사의 조사보고서

조사보고서

본인은 20○○년 10월 1일 주식회사 에스엔와이의 발기인 총회에서 검사인으로 선임되었으므로 상법 제298조 소정사항을 조사하여 다음과 같이 보고함.

조사사항

1. 회사 설립시에 발행하는 주식총수에 대한 인수의 정확여부
   회사 설립시에 발행하는 주식의 총수는 100,000주(1주의 금액 금100원)으로서 다음과 같이 인수가 완료되었음이 인정됨
   발기인이 인수한 주식수 100,000주(20○○년 ○월 ○일 인수완료)

2. 인수주식에 대한 납입의 정확여부
   회사설립시에 발행하는 주식총수 100,000주에 대한 주식대금 금10,000,000원이 20○○년 1월 25일에 납입이 완료되었음은 그 납입을 맡은 ○○은행 ○○지점이 발행한 주식납입금잔고증명서에 의하여 명확히 확인됨.

3. 변태설립사항
   정관에 변태설립사항은 없음

4. 기타 설립에 관한 모든 사항
   기타 설립에 관한 모든 사항이 법령 또는 정관의 규정에 위반하지 아니함이 인정된다.

이상 상법의 규정에 의하여 보고함.

20○○년 10월 1일

주식회사 에스엔와이
검사인 사내이사 박 창 공

※ 이사·감사의 조사·보고와 검사인의 선임청구

○ 이사와 감사는 취임후 지체없이 회사의 설립에 관한 모든 사항이 법령 또는 정관의 규정에 위반되지 아니하는지의 여부를 조사하여 발기인에게 보고하여야 한다(상법 제298조①).

○ 이사와 감사 중 발기인이었던 자, 현물출자자 또는 회사성립 후 양수할 재산의 계약당사자인 자는 위 조사·보고에 참가하지 못한다(상법 제298조②). 이사와 감사의 전원이 위 규정에 해당하는 때에는 이사는 공증인으로 하여금 이를 조사·보고를 하게 하여야 한다(상법 제298조③).

○ 정관으로 상법 제290조 각호의 사항을 정한 때에는 이사는 이에 관한 조사를 하게 하기 위하여 검사인의 선임을 법원에 청구하여야 한다. 다만, 상법 제299조의2(현물출자 등의 증명)의 경우에는 그러하지 아니하다(상법 제298조①).

○ 검사인은 상법 제290조 각호의 사항과 상법 제295조의 규정에 의한 현물출자의 이행을 조사하여 법원에 보고하여야 하고(상법 제299조①), 조사보고서를 작성한 후 지체없이 그 등본을 각 발기인에게 교부하여야 한다(상법 제299조②). 검사인의 조사보고서에 사실과 상위한 사항이 있는 때에는 발기인은 이에 대한 설명서를 법원에 제출할 수 있다.

[사례] 주식발행동의서

주 식 발 행 동 의 서

발기인 전원의 동의로 회사설립시에 발행할 주식에 관한 사항을 아래와 같이 결정함에 대하여 이의없이 동의함.

1. 주식의 종류와 수

   보통 주식 100,000주

2. 주식의 발행가액

   1주에 대하여 금100원

위 동의사항을 확실히 하기 위하여 발기인 전원이 다음에 기명날인함.

20○○년 10월 1일

발기인 이 경 중

발기인 박 창 공

※ 설립당시의 주식발행사항의 결정

○ 주식발행사항의 결정 : 회사가 발행할 주식의 총수, 1주의 금액, 회사의 설립시에 발행하는 주식의 총수는 반드시 정관으로 정하는 것이나(상법 제289조①), 그 외의 주식발행에

관한 사항은 정관에 다른 규정이 없는 한 발기인이 정할 수 있다. 이러한 결정은 원칙적으로 발기인의 과반수결의에 의한다. 그러나 다음의 두 가지 사항만은 정관에 다른 규정이 없으면 발기인 전원의 동의로 정하여야 한다(상법 제291조).

○ 주식의 종류와 수 : 정관에서 우선주식·후배주식(後配株式)·상환주식·전환주식·의결권 없는 주식 등 수종의 주식을 정하고 있는 경우에는 그 범위 내에서 어느 종류의 주식을 각 몇 주씩 발행할 것인가를 정하여야 한다. 그러나 정관에서 보통주식만을 발행할 것으로 정한 때에는 발기인이 따로 정할 사항은 없다. 이 사례의 경우에는 정관에서 보통주식만을 발행할 것으로 규정하였으므로 이 "주식발행동의서"는 첨부서류가 아니다.

○ 액면이상의 주식을 발행하는 때에는 그 수와 금액 : 설립시에는 주식의 액면미달발행은 인정되지 아니하나(상법 제330조,제417조①), 액면이상의 발행은 허용된다. 이를 액면초과발행이라 한다. 설립시에 액면 초과발행을 하려는 경우, 정관을 작성할 당시에는 아직 그 금액을 확정하기 어려울 것이므로, 상법은 이를 그 이후의 상황에 따라 발기인 전원의 동의로 정할 수 있게 한 것이다.

[사례] 이사회의사록

이사회의사록

(이사회는 이사가 3인 있어야 구성되는 기관이므로 본 사안의 경우 이사회가 존재하지 않고, 예시로 작성된 내용입니다)

20○○년 10월 1일 10:00시 창립사무소에서 다음과 같이 이사회를 개최하다.

이사총수 2 명 출석이사수 2 명

의안 : 대표이사 선임의 건

이사 전원의 호선에 따라 사내이사 이경중을 임시의장으로 선출하다.

의장 이경중은 즉석에서 이를 승낙하고 의장석에 등단하여 개회를 선언한 후 창립총회의 종결에 이어 본 회사의 대표이사를 선임하여 줄 것을 물은즉 이사 전원 신중히 협의한 결과 다음 사람이 대표이사에 선임되어 동인은 즉석에서 그 취임을 승낙하다.

대표이사 : 이 경 중

위 피선자는 즉석에서 그 취임을 승낙하다.

이상으로 금일 의안이 전부 심의 종료하였음을 고하고 10시 30분에 폐회를 선언하다.

위 결의를 명확히 하기 위하여 이 의사록을 작성하고 의장 및 출석한 이사가 아래에 기명 날인하다.

20○○년 10월 1일

주식회사 에스엔와이

의장 대표이사 이 경 중

사내이사 박 창 공

※ 이사회

○ 이 사례는 자본의 총액이 10억 원 미만인 회사가 이사 2인이면서 감사를 두지 아니하고, 발기설립하는 경우이다.

○ 2명의 이사가 회사를 각자 대표하는 경우에는 각 이사를 "사내이사"로 기재하고, 그 성명, 주민등록번호 및 주소를 같이 기재하고, 정관에 따라 대표이사를 정한 경우에는

각 이사를 “사내이사”로 기재하고, 그 성명, 주민등록번호를 기재하고, 대표이사의 성명, 주민등록번호 및 주소를 같이 기재한다(등기예규 제1297호 2009. 5. 28. 결재).

○ 이사회의 결의는 이사 과반수의 출석과 출석 이사의 과반수로 하여야 한다. 다만, 정관으로 그 비율을 높게 정할 수 있다(상법 제391조①).

○ 이사의 임기 : 이사의 임기는 3년을 초과하지 못한다(상법 제383조②). 그러나 정관으로 그 임기 중의 최종의 결산기에 관한 정기주주총회의 종결에 이르기까지 연장할 수 있다(상법 제383조③). 여기의 "임기 중의 최종의 결산기"라 함은 임기 중에 도래한 최종의 결산기로서 당해 결산기가 임기 중에 도래한 경우를 말한다.

※ 주식회사 설립등기 시 이사명칭 등기방법의 변경

○ 상법 제317조② 제8호가 개정(2009. 2. 4 시행)됨에 따라 주식회사의 설립 시 이사명칭 등기방법이 변경되었다. 따라서 주식회사 설립등기 시 이사의 명칭을 사내이사, 사외이사, 기타비상무이사로 구분하여 등기하여야 한다.

○ 신청서에 첨부된 주주총회의사록 등에 사내이사, 사외이사, 기타비상무이사로 구분하여 선임한 사실이 기재되어 있어야 한다. 특히 사외이사, 기타비상무이사는 명확히 의사록에 나타나 있어야 한다. 등기신청서에 첨부된 이사선임 등의 의사록에 이사의 종류를 구분하지 않고 단순히 ‘이사’로 기재된 경우에는 "사내이사"로 수리될 수 있다.

[사례] 취임승낙서

<table><tr><td>

취 임 승 낙 서

본인 등은 20○○년 10월 1일 발기인 총회에서 이사에 각 선임되었는바 그 취임을 승낙합니다.

20○○년 10월 1일

사내이사 이 경 중 (인)
사내이사 박 창 공 (인)

주식회사 에스엔와이 귀중

</td></tr></table>

※ 취임승낙서에는 각 취임임원은 인감을 날인하고 인감증명서를 첨부하여야 한다. 이사는 취임승낙서에 사내이사, 사외이사, 기타비상무이사로 구분하여 표시하도록 한다.

[사례] 취임승낙서

<table><tr><td>

취 임 승 낙 서

본인은 20○○년 10월 1일 이사회에서 대표이사에 선임되었는바 그 취임을 승낙합니다.

20○○년 10월 1일

대표이사 이 경 중 (인)

주식회사 에스엔와이 귀중

</td></tr></table>

※ 취임승낙서에는 대표이사의 인감을 날인하고 인감증명서를 첨부하여야 한다.

[사례] 잔고증명서(주금납입잔고증명서)

잔고증명서(주금납입보관증명서)
일금일천만원정(₩10,000,000원정) 발행주식의 총수 100,000 주 1 주의 금액 100원정 위 금액은 설립시에 발행하는 주식총수에 대한 납입금으로서 20○○년 10월 1일 납입이 완료되어 현재 이를 보관중임을 증명합니다. 20○○년 10월 1일 증명인 서울 서초구 서초동 2211-71 국민은행 ○○동 지점 지점장 오 강 경 주식회사 에스엔와이 발기인대표 귀하

※ 잔고증명서

○ 개정상법은 소규모(자본금 총액이 10억원 미만)인 주식회사를 발기설립하는 경우에는 주금납입금 보관증명서를 금융기관의 잔고증명서로 대체할 수 있도록 하였다(상법 제318조③. 상업등기법 제81조제11호 및 제82조제5호). 따라서 기존에는 주식회사의 설립등기 및 신주발행으로 인한 변경등기시 주금납입금 보관증명서를 첨부하였으나 개정법하에서는 자본금 총액이 10억원 미만인 주식회사를 발기설립하는 경우에는 잔고증명서를 첨부하면 된다. 한편, 모집설립의 경우에는 공정성 확보를 위하여 현재와 같은 주금납입금보관증명서 제도를 유지하고 있다.

○ 잔고증명은 주금이 입금되어 있는 법인대표 될 자(발기인 대표자)의 통장계좌에 대한 증명을 받는 것을 의미한다.

○ 외국인(법인) 투자자의 증권취득을 위한 주금납입절차(외국인 투자신고 또는 증권취득신고를 통해 가상계좌등이 개설되면 해외에서 송금을 한 후 주금납입증명행위가 이루어진다)

[사례] 인감신고서

인감 · 개인(改印) 신고서

(신고하는 인감날인란) (인감제출자에 관한 사항)

상 호(명칭)		주식회사 에스엔와이	등기번호	
본점(주사무소)		서울 서초구 서초동 1234-1		
인감제출자	자격/성명	대표이사 이 경 중		
	주민등록번호	690328-1******		
	주 소	서울 서초구 방배동 1254-1		

␣ 위와 같이 인감을 신고합니다.
␣ 위와 같이 개인(改印)하였음을 신고합니다.
20○○년 ○월 ○일

신고인 본 인 성 명 이 경 중 (개인) (법인)
대리인 성 명 (인)

서울중앙지방법원 등기국 귀중

주 1. 개인인감 날인란에는 「인감증명법」에 의하여 신고한 인감을 날인하고 그 인감증명서(발행일로부터 3개월 이내의 것)를 첨부하여야 합니다. 개인(改印)신고의 경우, 개인인감을 날인하는 대신에 등기소에 신고한 유효한 종전 인감을 날인하여도 됩니다.
2. 인감 · 개인신고서에는 신고하는 인감을 날인한 인감대지를 첨부하여야 합니다.
3. 지배인이 인감을 신고하는 경우에는 인감제출자의 주소란에 지배인을 둔 장소를 기재하고, 「상업등기규칙」 제36조제4항의 보증서면(영업주가 등기소에 신고한 인감 날인)을 첨부하여야 합니다.

위 임 장

성 명 : 주민등록번호(-)
주 소 :
위의 사람에게, 위 인감신고 또는 개인신고에 관한 일체의 권한을 위임함.
20○○년 ○월 ○일

인감(개인) 신고인 성 명 이 경 중 (개인) (법인)

[사례] 인감대지

인 감 대 지

	신고하는 인감날인란	상 호(명 칭) : 주식회사 에스엔와이 자격 및 성명 : 대표이사 이 경 중 주민등록번호 : 690328-1******

※ 인감의 제출방법

○ 대표이사는 인감을 신고하여야 한다. 인감의 제출 또는 인감의 변경신고는, 인감(개인)신고서를 작성하여 관할 등기소에 제출하는 방식으로 한다. 인감(개인)신고서를 제출할 때에는 신고하는 인감을 찍은 인감대지(위 참조)3장을 만들어 함께 제출하여야 한다.

○ 인감은 가로·세로 2.4센티미터의 정사각형 안에 들어갈 수 있어야 한다(상업등기규칙 제36조⑤).

○ 인감(개인)신고서에는 발행일로부터 3개월 이내의 인감증명서를 첨부하여야 한다. 취임승락서에 인감증명법에 의한 인감을 첨부한 경우에는 그 인감을 원용 할 수 있다.

○ 인감대지의 자격란에는 인감신고자에 따라 대표이사(이사), 이사장, 지배인, 대리인, 상호사용자, 무능력자, 법정대리인 등으로 기재하고 성명을 기재한다.

※ 외국인의 경우

○ 인감증명제도가 있는 국가의 국민이 신고하는 경우에는 인감(개인)신고서에 본국 관공서에 신고한 인감을 날인하고 그 인감증명서를 제출한다.

○ 인감증명제도가 없는 국가의 국민이 신고하는 경우에는 인감(개인)신고서에 서명을 하고, 그 서명이 본인의 것이라는 취지의 본국 관공서의 증명이나 본국 공증인의 공증 또는 국내 공증인의 공증을 받아 제출한다.

※ 지배인 또는 대리인이 인감(개인)신고하는 경우

○ 지배인 또는 대리인이 인감(개인)신고하는 경우에는 영업주(개인 상인인 영업주를 말한다) 또는 법인의 대표자가 지배인 또는 대리인의 인감임이 틀림없음을 보증하는 서면을 제출하여야 하고, 그 보증서면에는 등기소에 제출한 영업주 또는 법인 대표자의 인감을 날인하여야 한다.

[사례] 인감카드 등 (재)발급신청서

인감카드 등 (재)발급신청서

(인감제출자에 관한 사항)

상호(명칭)		주식회사 에스엔와이	등기번호	
본점(주사무소)		서울 서초구 서초동 1234-1		
인감 제출자	자격 / 성명	대표이사 이 경 중		
	주민등록번호	690328-1******		

발급사유		␣ 최초발급 ␣ 카드분실 ␣ 카드훼손 ␣ 인감증명서발급기능 ␣ 기타 ( )	
매체구분	␣ 인감카드 ␣ HSM USB	인감카드 비밀번호	

위와 같이 인감카드 등의 (재)발급을 신청합니다.

20○○년 ○월 ○일

신청인 인감제출자 (본 인) 성 명 (인) (전화 :)
(대리인) 성 명 (인) (전화 :)

서울중앙지방법원 등기소 귀중

접수번호		인감카드번호	

- 대법원수입증지를 붙이는 란 -

주 1. 인감카드 비밀번호란에는 (재)발급받아 사용할 인감카드의 비밀번호를 기재하며, 아라비아숫자 6자릿수를 기재하여야 합니다. 비밀번호는 인감카드와 함께 인감증명서의 발급을 신청할 권한이 있는 것으로 보게 되는 중요한 자료이므로 권한이 없는 사람이 알지 못하도록 주의하시기 바랍니다.

2. 인감카드의 재발급을 신청할 때에는 「등기부 등·초본 등 수수료규칙」 제5조의7에 의하여 5,000원 상당의 대법원수입증지를 이 란에 붙여야 합니다. 다만, 인감카드를 반납할 때에는 붙일 필요가 없습니다.

위 임 장

성 명 : 주민등록번호(-)

주 소 :

위의 사람에게, 위 (재)발급신청서에 기재된 인감카드 등의 발급신청과 그 수령 등에 관한 일체의 권한을 위임함.

20○○년 ○월 ○일

인감신고인 성 명 (인)

[사례] 주주명부

주 주 명 부				
주 주	주 소	인 수 주식수	1주금액	납 입 금 액
이 경 중	서울 서초구 방배동 1254-1 www.ldf21@yahoo.co.kr	80,000주	금100원	금 8,000,000원
박 창 공	서울 서초구 방배동 1264-1 www.djfk12@hanmali.com	20,000주	금100원	금 2,000,000원
2명		100,000주	금2,500원	금 10,000,000원

위 주주명부는 본사에 비치된 주주명부와 대조하여 틀림이 없음을 증명합니다.

20○○년 10월 1일

주식회사 에스엔와이
서울 서초구 서초동 1234-1
대표이사 이 경 중 (법인)

※ 전자주주명부제도

○ 회사는 정관에서 정하는 바에 따라 전자문서로 주주명부를 작성할 수 있다(상법 제352조의2①). 전자주주명부에는 상법 제352조①의 기재사항 외에 전자우편주소를 적어야 한다.

○ 개정 상법은 기업경영의 IT화를 위하여 주주총회에 직접 참석하거나 대리인에게 투표를 위임하지 않더라도 전자서명 등 본인인증절차를 거쳐 인터넷으로 의결권을 행사하는 전자투표제도가 도입됐다(상법 제368조의4, 제382조의2). 이와 함께 주주들이 서면 외에도 이메일 등 전자문서를 통해 주주제안권 및 임시주주총회 소집청구권을 행사할 수 있도록 했다.

○ 전자투표제도를 도입함에 따라 일반 주주명부를 전자문서로 된 주주명부로 대체할 필요가 있어서 제도화한 것이다.

[사례] 기준일제도와 주주명부폐쇄제도의 이해

○ 상법상 기준일제도와 사용방법(상법 제354조)

[사례] 주식회사 발기설립등기(소규모회사설립, 이사3인, 감사를 두지 않음, 자본금 10,000,000원)

주식회사 설립등기신청

접수	년 월 일	처리인	접 수	조 사	기 입	교 합	각종통지
	제 호						

등기의목적	주식회사 설립(발기설립)
등기의사유	20○○년 ○월 ○일 정관을 작성하고 받아 발기인이 회사 설립시에 발행하는 주식의 총수를 인수받고, 20○○년 월 일 발기인총회를 종결하였으므로 다음 사항의 등기를 구함.
본/지점 신청구분	1. 본점신청 □ 2. 지점신청 □ 3. 본・지점 일괄신청 □
등 기 할 사 항	
상 호	주식회사 케이투
본 점	서울 서초구 서초동 1234-1
공고방법	서울시내에서 발행하는 일간 매일경제신문에 게재한다.
1주의 금액	금 100원
발행할 주식의 총수	400,000주
발행주식의 총수, 그 종류와 각종 주식의 내용과 수	100,000주 보통주식
자본의 총액	금 10,000,000원

등 기 할 사 항	
목 적	1. 소프트웨어 개발 및 판매업 2. 컴퓨터 주변기기 개발, 제조 및 판매업 3. 영상음향 전송기기 개발, 제조 및 판매업 4. 멀티미디어 소프트웨어 제작 공급서비스업 5. 위 각호에 관련된 부대사업일체
이사 · 감사의 성명 및 주민등록번호	사내이사 김 철 수(660525-1******) 사내이사 이 정 근(710804-1******) 사내이사 조 동 기(720330-1******)
대표이사의 성명과 주소	대표이사 김 철 수 서울 서초구 방배동 1254-1
지 점	없음
존립기간 또는 해산사유	없음
기 타 (주식의 양도에 관하여 이사회의 승인을 얻도록 정한 때에는 그 규정, 명의개서대리인을 둔 때에는 그 상호와 본점소재지 등)	

<table>
<tr><td colspan="7">신청등기소 및 등록면허세/수수료</td></tr>
<tr><td rowspan="2">순번</td><td rowspan="2">신청등기소</td><td rowspan="2">구분</td><td>등록면허세</td><td rowspan="2">농어촌특별세</td><td rowspan="2">세액합계</td><td rowspan="2">등기신청수수료</td></tr>
<tr><td>지방교육세</td></tr>
<tr><td rowspan="2"></td><td rowspan="2"></td><td rowspan="2"></td><td>금 337,500원</td><td rowspan="2"></td><td rowspan="2">금405,000원</td><td rowspan="2">금 30,000원</td></tr>
<tr><td>금 67,500원</td></tr>
<tr><td></td><td></td><td></td><td></td><td></td><td></td><td></td></tr>
<tr><td colspan="3" rowspan="2">합 계</td><td></td><td rowspan="2"></td><td rowspan="2"></td><td rowspan="2"></td></tr>
<tr><td></td></tr>
<tr><td colspan="2">과 세 표 준 액</td><td colspan="5">금 10,000,000 원</td></tr>
<tr><td colspan="7">첨 부 서 면</td></tr>
<tr><td colspan="4">1. 정 관 통
1. 주식의 인수를 증명하는 서면 통
1. 발기인회의사록 통
1. 이사회의사록 통
1. 잔고증명서 통
1. 검사인조사보고서등본 통
1. 취임승낙서(인감증명서포함) 통</td><td colspan="3">1. 주민등록표등(초)본 통
1. 인감신고서 통
1. 등록면허세영수필확인서 통
1. 위임장(대리인이 신청할 경우) 통

<기 타></td></tr>
<tr><td colspan="7">20○○년 ○월 ○일
신청인 상 호 주식회사 케이투
본 점 서울 서초구 서초동 1234-1
대표이사 성 명 김 철 수 (인) (전화 :)
주 소 서울 서초구 방배동 1254-1
대리인 성 명 (인) (전화 :)
주 소

서울중앙지방법원 등기국 귀중</td></tr>
</table>

- 신청서 작성요령 및 등기수입증지 첩부란 -

1. 해당란이 부족할 때에는 별지를 이용합니다.
1. 해당 등기신청과 관계없는 사항에 대하여는 "해당없음"으로 기재하거나 삭제하고, 필요한 사항은 추가 기재합니다.

(용지규격 21㎝× 29.7㎝)

※ 소규모회사 발기설립절차

○ 이 사례는 이사 3인이므로, 이사회를 구성하고, 감사를 두지 않고, 액면주식의 법정 최소단위인 1주의 금액 100원으로 하고, 자본금10,000,000원으로 설립하는 사례이다.

※ 1주의 금액

○ 액면주식은 액면가의 기재가 있는 주식으로서, 주권에 그 표창하는 주식의 수 이외에 1주의 금액이 기재되고(상법 제356조iii), 정관에도 그 금액의 기재가 되어야 한다. 액면주식의 경우 1주의 금액은100원 이상이어야 하고(상법 제329조④), 또 균일하여야 한다(상법 제329조③). 회사가 수종의 주식을 발행하는 경우에도 같다. 1주의 금액에 관한 위 규정은 설립시 발행하는 주식뿐만 아니라, 장래에 발행하는 주식까지 포함한다.

○ 회사가 발행할 주식의 총수, 1주의 금액, 회사의 설립시에 발행하는 주식의 총수는 반드시 정관으로 정하는 것이나(상법 제289조①), 그 외의 주식발행에 관한 사항은 정관에 다른 규정이 없는 한 발기인이 정할 수 있다. 이러한 결정은 원칙적으로 발기인의 과반수결의에 의한다.

○ 정관에서 우선주식·후배주식(後配株式)·상환주식·전환주식·의결권 없는 주식 등 수종의 주식을 정하고 있는 경우에는 그 범위 내에서 어느 종류의 주식을 각 몇 주씩 발행할 것인가를 정하여야 한다. 그러나 정관에서 보통주식만을 발행할 것으로 정한 때에는 발기인이 따로 정할 사항은 없다. 후술의 주식발행동의서 196면 참조

※ 발행예정주식총수, 발행주식의 총수 그 종류와 각종 주식의 내용과 수

○ 발행예정주식총수 중에서 회사의 설립시에 발행하는 주식의 총수를 기재하여야 하는데, 이는 설립시에 회사의 자본적 기초와 신주발행을 위한 이사회의 수권의 범위를 명확히 하는데 그 취지가 있다.

○ 위 발행예정주식총수 중 설립시에 발행하는 주식 수를 공제한 나머지는 소위 수권주식(授權資本)으로서, 설립이후는 제한규정이 없으므로 무제한으로 이사회의 결의에 의하여 수시로 신주를 발행하게 된다. 회사의 설립 후에 발행하는 주식의 수는 등기사항이나 정관의 기재사항은 아니다. 신주발행에서 다룬다.

※ 이사

○ 이사의 정원은 정관으로 최소인원수를 정할 수 있다(상법 제383조①).

○ 상법 제317조② 제8호가 개정(2009. 2. 4 시행)됨에 따라 주식회사의 설립 시 이사명칭 등기방법이 변경되었다. 따라서 주식회사 설립등기 시 이사의 명칭을 사내이사, 사외이사, 기타비상무이사로 구분하여 등기하여야 한다. 주주총회의사록 등에 사내이사, 사외이사, 기타비상무이사로 구분하여 선임한 사실이 기재되어 있어야 한다. 특히 사외이사, 기타비상무이사는 명확히 의사록에 나타나 있어야 한다.

※ 채권매입

○ 상업등기신청서의 양식에 관한 예규(제1274호)는 2008.12.01 각종 회사설립등기신청서 양식에서 "채권매입액"란과 "채권발행번호(국민주택채권을 매입한 경우)"란을 삭제하였다. 주택법시행령의 개정(2008. 11. 5)으로 회사설립등기 시 국민주택채권 매입의무가 없어졌고 도시철도채권의 매입의무도 도시철도법시행령의 개정(2009. 1. 1)으로 매입의무가 없다. 이를 신청서 양식에 반영하였다.

※ 등록면허세와 지방교육세

○ 자본금의 4/1000에 해당하는 등록면허세를 납부하여야 한다. 그러나 대통령으로 정하는 대도시내에서의 설립등기 시에는 당해세율의 3배의 등록면허세를 납부하여야 한다(지세법 제28조②). 여기서 대도시라 함은 수도권정비계획법 제6조① 제1호의 규정에 의한 과밀억제권을 말한다(과밀억제권역 638면 참조). 사회기반시설사업(사회간접자본시설에 대한 민간투자법 제2조제2항), 전기통신사업(전기통신사업법 제4조), 소프트웨어산업(소프트웨어산업진흥법) 등은 중과세 대상에서 제외 된다. 등록면허세가 조세특례제한법과 지방세법에 의하여 감면되는 경우에는 "농어촌특별세"를 납부하여야 한다. "농어촌특별세"는 등록면허세액의 20/100이다. 신청서에는 등록면허세 감면 통지서 또는 등록면허세 감면확인서 기타 등록면허세가 면제됨을 확인하는 소관 지방자치단체의 장의 서면을 첨부하여야 한다. 등록면허세액이 112,500원 미만일 때에는 112,500원으로 한다.

○ 이 사례의 경우 등록면허세액이 112,500원 미만이므로 112,500원으로 하였고 과밀억제권역에서 설립하는 경우이므로 당해세율의 3배의 등록면허세로 하여 금337,500원

○ 지방교육세 : 등록면허세액의 20/100에 해당하는 지방교육세를 납부하여야 하므로 이 사례의 경우 금67,500원 세액합계가 금 405,000원으로 계산하였다.

○ 등록면허세·지방교육세 납부절차

등록·지방교육세는 관할시, 군, 구청을 방문하여 등록면허세액신고서(등록면허세액신고서는 각 시, 군, 구청에 비치되어 있다)를 작성하고 납세고지서를 발부받아 직접 금융기관에 납부하고 그 영수증(등록면허세영수필확인서)을 등기신청서 "을"지 즉, "신청등기소 및 등록면허세/수수료"란에 붙인다.

등록면허세는 회사 본점 소재지를 관할하는 각 시·군·구의 시중은행에 납부할 수 있으며, 위 관할을 벗어나는 경우는 전국의 우체국과 농협에서 수납할 수 있다.

※ 공증(인증) 및 비용

○ 구 상법 등에서는 주식회사 설립등기를 신청하는 때에는 공증인의 인증을 받은 정관, 발기인회의사록, 이사회의사록을 첨부서류로 제출하여야 했으나 개정법에서는 자본금의 총액이 10억원 미만인 회사를 상법 제295조①에 따라 발기설립하는 경우에는 공증(인

증)의무를 면제하였다(상법 제292조, 제297조, 317조, 상업등기법 제79조②, 제80조제7호, 공증인법 제66조의2①). 따라서 이 사례의 경우 인증비용은 없다.

※ 등기신청 수수료

○ 등기신청 수수료 : 2009. 6. 1부터 설립등기 및 본점타관이전의 경우 20,000원 하던 등기신청수수료는 30,000원으로, 각종 변경등기신청의 경우 4,000원 하던 수수료는 6,000원으로 변경되었다. 변경된 수수료 내역 636면 참조.

○등기신청 수수료(30,000원)의 납부는 그 수수료 상당액을 전자적 방법으로 납부하거나, 법원행정처장이 지정하는 금융기관에 현금으로 납부한 후 이를 증명하는 서면을 등기신청서에 첨부하여 제출하는 방법으로 한다. 다만, 해당 신청사건을 관할하는 지방법원, 그 지원 또는 등기소에 신청수수료 납부기능이 있는 무인발급기가 설치된 경우에는 이를 이용하는 방법으로 수수료를 납부할 수 있다.

※ 등기신청관련자료

○ 과밀억제권역(740면 참조)

○ 중과세대상에서 제외되는 업종(741면 참조)

○ 법인의 등록면허세액(739면 참조)

○ 등기신청수수료(738면 참조)

[사례] 위임장(등기소 제출용)

위 임 장

법무사 이 장 수
서울 강동구 성내동 319-33
전화 595-1235

본인은 위 사람을 대리인으로 정하고 다음의 권한을 위임합니다.

다 음

1. 본 회사의 설립등기 신청 및 취하에 관한 일체의 행위.
2. 원본환부신청 및 수령.
3. 복대리인의 선임에 관한 일체의 행위.

20○○년 10 월 1 일

위임인 주식회사 케이투
서울 서초구 서초동 1234-1
대표이사 김 철 수 (법인)

※ 이 위임장은 법무사에게 주식회사설립등기를 의뢰하는 경우 대리의 권한을 법무사에게 위임하는 서류로써 등기소에 제출하는 서류이다.

[사례] 정관

정 관

제1장 총 칙

제1조(상호) 당 회사는 주식회사 케이투라 칭한다.

제2조(목적) 당 회사는 다음 사업을 경영함을 목적으로 한다.

1. 소프트웨어 개발 및 판매업
2. 컴퓨터 주변기기 개발, 제조 및 판매업
3. 영상음향 전송기기 개발, 제조 및 판매업
4. 멀티미디어 소프트웨어 제작 공급서비스업
5. 위 각호에 관련된 부대사업일체

제3조(본점의 소재지 및 지점의 설치)①당 회사의 본점은 서울시내에 둔다.

② 당 회사는 필요에 따라 이사회 결의로 전국 각처에 지점을 둘 수 있다.

제4조(공고방법)당 회사의 공고는 서울특별시내에서 발행하는 일간신문 매일경제 신문에 게재한다.

제2장 주 식

제5조(회사가 발행할 주식의 총수) 당 회사가 발행할 주식의 총수는 400,000주로 한다.

제6조(1주의 금액) 당 회사가 발행하는 주식 1주의 금액은 금 일백원(100)으로 한다.

제7조(회사의 설립시에 발행하는 주식총수) 당 회사는 설립시에 100,000주의 주식을 발행하기로 한다.

제8조(주식 및 주권의 종류) 당 회사의 주식은 보통주식으로서 전부 기명식으로 하고 주권은 오백주권, 일백주권, 일십주권, 일주권의 4종으로 한다.

제9조(주권 불소지) 당 회사는 주권 불소지제도를 채택하지 아니한다.

제10조(주금납입의 지체) 주금 납입을 지체한 주주는 납입기일 다음날부터 납입이 끝날 때까지 지체 주금 백원에 대하여 일변 십전의 비율로서 과태금을 회사에 지급하고 또 이로 인하여 손해가 생겼을 때는 그 손해를 배상하여야 한다.

제11조(명의 개서) ① 당 회사의 주식에 관하여 명의개서를 청구함에 있어서는 당회사에서 정하는 청구서에 기명날인 또는 서명하고 이에 주권을 첨부하여 제출하여야 한다.

② 양도 이외의 사유로 인하여 주식을 취득한 경우에는 당 회사의 청구하여 제1항의 청구서 이외에 그 사유를 증명하는 서면과 주권을 제출하여야 한다.

제12조(질권의 등록 및 신탁재산의 표시) 당 회사의 주식에 관하여 질권의 등록 또는 신탁재산의 표시를 청구함에 있어서는 당 회사가 정하는 청구서에 당사자가 기명날인 또는 서명하고 이에 주권을 첨부하여 제출하여야 한다. 그 등록 또는 표시의 말소를 청구함에 있어서도 같다.

제13조(주권의 재발행) ① 주권의 분할, 병합, 오손 등의 사유로 인하여 주권의 재발행을 청구함에 있어서는 당 회사가 정하는 청구서에 기명날인 또는 서명하고 이에 주권을 첨부하여 제출하여야 한다.

② 주권의 상실로 인하여 그 재발행을 청구함에 있어서는 당 회사가 정하는 청구서에 기명날인하고 이에 제권판결의 정본 또는 등본을 첨부하여 제출하여야 한다.

제14조(수수료) 제11조 내지 제13조에서 정하는 청구를 하는 자는 당 회사가 정하는 수수료를 납부하여야 한다.

제15조(주주명부의 폐쇄) ① 당 회사는 매년 1월 1일부터 정기주주총회의 종결일까지 주주명부의 기재의 변경을 정지한다.

② 제1항의 경우 이외의 주주 또는 질권자로서 권리를 행사할 자를 정하기 위하여 필요한 때에는 이사회의 결의에 의하여 주주명부의 기재의 변경을 정지하고 또는 기준일을 정할 수가 있다. 이 경우에는 그 기간 또는 기준일의 2주간전에 공고하는 것으로 한다.

제16조(주주의 주소 등의 신고) 당 회사의 주주 및 등록된 질권자 또는 그 법정대리인이나 대표자는 당 회사가 정하는 서식에 의하여 그의 성명, 주소와 인감을 당 회사에 신고하여야 한다. 신고사항에 변경이 있는 때에도 또한 같다.

제3장 주주총회

제17조(소집) 당 회사의 정기주주총회는 영업연도 말일의 다음날부터 3월 이내에 소집하고 임시주주총회는 필요한 경우에 수시 소집한다.

제18조(의장) 대표이사가 주주총회의 의장이 된다. 그러나 대표이사 유고시에는 이사회에서 선임한 다른 이사가 의장이 된다.

제19조(결의) 주주총회의 결의는 법령 또는 정관에 다른 규정이 있는 경우를 제외하고 출석한 주주의 의결권의 과반수와 발행주식 총수의 4분의1 이상의 수로서 한다.

제20조(의결권의 대리행사) 주주는 대리인으로 하여금 의결권을 행사할 수 있다. 대리인이 의결권을 행사함에는 표결전에 그 권한을 증명하는 서면을 의장에게 제출하여야 한다.

제21조(총회의 의사록) 주주총회의 의사록에는 의사의 경과요령과 그 결과를 기재하고 의장과 출석한 이사가 기명날인 또는 서명하여야 한다.

제4장 임원과 이사회

제22조(이사와 감사의 원수)당 회사의 이사는 2인 이상, 감사는 두지 아니한다.

제23조(이사의 선임)당 회사의 이사는 제19조의 결의방법에 의하여 선임한다.

제24조(이사의 임기)이사의 임기는 취임후 3년으로 한다. 그러나 이사의 임기가 재임중 최종의 결산기에 관한 정기주주총회의 종결전에 끝날 때에는 그 정기주주총회의 종결에 이르기까지 그 임기를 연장한다. 보궐 또는 증원에 의하여 선임된 임기는 다른 이사의 전 임기와 같이한다.

제25조(이사회의 소집)이사회는 대표이사 또는 이사회에서 따로 정한 이사가 있는 때에는 그 이사가 회일의 1주간 전에 각 이사에게 통지하여 소집한다. 그러나 이사전원의 동의가 있는 때에는 소집절차를 생략할 수 있다.

제26조(이사회의 결의)이사회의 결의는 이사 과반수의 출석과 출석이사의 과반수로 한다.

제27조(이사회의 의사록)이사회의 의사록에는 의사의 경과요령과 그 결과를 기재하고 출석한 이사의 기명날인 또는 서명하여야 한다.

제28조(대표이사)①당 회사는 사장 1인과 필요한 경우에 부사장, 전무이사 및 상무이사 각 약간명을 둔다.

②사장, 부사장, 전무이사와 상무이사는 이사회의 결의에 의하여 이사 중에서 선임한다.

③사장은 당 회사를 대표한다.

제29조(업무집행)①사장은 당회사의 업무를 통할하고 부사장, 전무이사 또는 상무이사가 사장을 보좌하여 그 업무를 분장한다.

② 사장이 유고시에는 미리 이사회에서 정한 순서에 따라 부사장, 전무이사 또는 상무이사가 대표이사의 직무를 대행한다.

제30조(보수와 퇴직금)임원의 보수 또는 퇴직한 임원의 퇴직금은 주주총회의 결의로 정한다.

제5장 계 산

제31조(영업연도)당 회사의 영업연도는 매년 1월 1일부터 동년 12월 말일까지로 한다.

제32조(재무제표, 영업보고서의 작성비치)①당 회사의 사장은 정기총회 회일 6주간전에 다음 서류 및 그 부속명세서와 영업보고서를 작성하여 이사회의 승인과 주주총회의 감사를 받아 정기총회에 제출하여야 한다.

1. 대차대조표
2. 손익계산서

3. 이익처분계산서 또는 결손금처리계산서

②제1항의 서류는 영업보고서, 감사보고서와 함께 정기총회 1주간전부터 당 회사의 본점과 지점에 비치하여야 하고 총회의 승인을 얻었을 때에는 그 중 대차대조표를 지체없이 공고하여야 한다.

第33조(이익금의 처분)매기 총수입금에서 총지출금을 공제한 잔액을 이익금으로 하여 이를 다음과 같이 처분한다.

1. 이익준비금 금전에 의한 이익배당액의 십분의 일이상
2. 별도적립금 약간
3. 주주배당금 약간
4. 임원 상여금 약간
5. 후기 이월금 약간

第34조(이익배당)이익배당금은 매결산기에 있어서의 주주명부에 기재된 주주 또는 질권자에게 지급한다.

부 칙

第35조(최초의 영업연도)당 회사의 최초의 영업연도는 회사 설립일로부터 동년 12월 31일까지로 한다.

第36조(발기인)발기인의 성명 및 주소는 이 정관 말미에 기재함과 같다.

위와 같이 주식회사 케이투를 설립하기 위하여 이 정관을 작성하고 발기인 전원이 이에 기명날인 또는 서명한다.

20○○년 10월 1일

주식회사 케이투

발기인 김 철 수(660525-1******) (인)
서울 서초구 방배동 1254-1

발기인 이 정 근(710804-1******) (인)
서울 서초구 방배동 1254-1

발기인 조 동 기(720330-1******) (인)
서울시 강북구 수유동 123-1

※ 정관

○ 이 사례는 이사 3인이므로, 이사회를 구성하고, 감사를 두지 않고, 1주의 금액 100원, 자본금을 최소단위인 10,000,000원으로 하여 설립하는 사례이므로 기존의 정관에서 감사에 관한 규정을 모두 삭제하고, 자본금과 주식수에 관하여 수정을 한 경우이다.

○ 정관은 1인 이상의 발기인이 작성한다(상법 제288조). 발기인은 정관의 작성자로서 각 발기인이 정관의 말미에 기명날인 또는 서명하여야 한다(상법 제289조①). 이런 뜻에서 발기인이란 주식회사의 원시정관에 발기인으로서 기명날인 또는 서명한 자를 말하며, 실질적으로 발기인으로서 회사의 설립에 진력하였다 하더라도 원시정관에 기명날인 또는 서명하지 아니한 자는 발기인이라고 할 수 없다(학설과 판례).

○ 상법은 소규모 회사 창업의 원활화를 위하여 자본금 총액이 10억원 미만인 회사를 발기설립하는 경우 "각 발기인이 정관에 기명날인 또는 서명함으로써 효력이 생긴다."고 하여 정관의 공증의무를 면제하도록 하였다(상법 제292조).

[사례] 발기인총회 소집기간 생략 동의서

발기인총회 소집기간 생략 동의서

본인 등은 주식회사 주식회사 케이투의 주주인바, 발기인총회를 상법 제363조 제5항에 따라 소집절차를 생략하여 20○○년 10월 1일 창립사무소에서 개최하는데 대하여 이의 없이 동의합니다.

20○○년 10월 1일

발기인(주주) 김 철 수 (인)

발기인(주주) 이 정 근 (인)

발기인(주주) 조 동 기 (인)

※ 소규모회사의 경우 소집절차 생략

○ 개정법은 자본금 총액이 10억원 미만인 회사는 주주 전원의 동의가 있을 경우에는 소집절차없이 주주총회를 개최할 수 있도록 하였다(상법 제363조⑤).

[사례] 주식인수증

주 식 인 수 증	
상 호	주식회사 케이투
인수할주식수	40,000주
금 액	금 4,000,000원정
일주의 금액	금 100원(발행가액 100원)

위 주식을 발기인으로 인수합니다.

20○○년 10월 1일

발기인 김 철 수 (인)
서울 서초구 방배동 1254-1

주식회사 케이투 발기인대표 귀하

※ 발기인의 주식인수

○ 주식회사의 자본은 주식에 의한 출자로써 형성되므로 발기인은 설립시에 발행하는 주식에 관하여 반드시1주 이상을 위 서면에 의하여 인수하여야 한다(상법 제293조). 발기인 각자마다 주식인수증을 작성하여야 한다.

[사례] 주식인수증

주 식 인 수 증	
상 호	주식회사 케이투
인수할주식수	20,000주
금 액	금 2,000,000원정
일주의 금액	금 100원(발행가액 100원)

위 주식을 발기인으로 인수합니다.

20○○년 10월 1일

발기인 이 정 근 (인)

서울 서초구 방배동 1254-1

주식회사 케이투 발기인대표 귀하

[사례] 주식인수증

주 식 인 수 증	
상 호	주식회사 케이투
인수할주식수	40,000주
금 액	금 4,000,000원정
일주의 금액	금 100원(발행가액 100원)

위 주식을 발기인으로 인수합니다.

20○○년 10월 1일

발기인 조 동 기 (인)

서울 서초구 방배동 1254-1

주식회사 케이투 발기인대표 귀하

[사례] 발기인총회의사록

발기인 총회 의사록

20○○년 10월 1일 09:00시에 창립 사무소에서 발기인 총회를 개최하다

발기인총수	3명,	주식총수	100,000 주
출석발기인수	3명,	출석주식의 총수	100,000 주

발기인 대표 김철수는 위와 같이 상법 소정의 정족수에 달하게 발기인이 출석하였으므로 본 총회는 적법하게 성립됨을 고하고, 의사를 진행하기 전에 의장을 선임할 것을 구한바 주주전원 만장일치로 발기인 대표를 의장으로 선임한즉 동인은 그 취임을 승낙하고 의장석에 등단하여 개회를 선언하고 다음 의안의 심의를 구하다.

제 1호 의안 : 정관 승인의 건

의장은 정관을 낭독하고 축조설명을 하고 현재 발기인 김철수, 이정근, 조동기가 정관작성을 하여 발기하였음을 부연 설명한 후 이를 승인하여 줄 것을 구한바, 전원일치 원안대로 승인하다.

제 2호 의안 : 이사, 감사 선임의 건

의장은 감사를 두지 아니하는 정관규정에 따라 감사의 선임은 하지 않기로 하고, 이사의 선임방법을 물은바, 발기인 전원은 무기명 비밀투표로 선출하기로 전원일치되어 즉시 투표한 결과 다음과 같이 선출되다.

사내이사 : 김 철 수

사내이사 : 이 정 근

사내이사 : 조 동 기

위 피선자들은 즉석에서 그 취임을 승낙하다.

제 3호 의안 : 상법 第298조 소정사항 조사보고의 건

의장은 발기인 아닌 사내이사 조동기를 검사인으로 지명하자 전원 이의없이 동인을

검사인으로 선임할 것을 만장일치로 가결하다.

검사인 : 조 동 기

위 자는 즉석에서 이를 승낙하고 조사에 착수하다.

의장은 위 조사 보고를 기다리기 위하여 잠시 휴게한 후 속회하다.

검사인은 별지 조사보고서와 같이 보고한즉 만장일치로 승인하다.

이상으로서 금일 총회의 목적인 의안 전부 심의 종료하였으므로 의장은 폐회를 선언하다.(종료시각은 10시 00분)

위 의사의 결의를 명확하게 하기 위하여 이 의사록을 작성하고 의장은 출석한 발기인이 다음에 기명날인하다.

20○○년 10월 1일

주식회사 케이투

의장 발기인 김 철 수 (인)

발기인 이 정 근 (인)

발기인 조 동 기 (인)

※ 발기인총회

○ 개정 상법은 자본금 총액이 10억원 미만인 회사가 주주총회를 소집하는 경우에는 주주총회일의 10일 전에 각 주주에게 서면으로 통지를 발송하거나 각 주주의 동의를 받아 전자문서로 통지를 발송할 수 있고, 무기명식의 주권을 발행한 경우에는 주주총회일의 2주 전에 주주총회를 소집하는 뜻과 회의의 목적사항을 공고할 수 있도록 하였으며(상법 제308조②, 제363조④), 자본금 총액이 10억원 미만인 회사는 주주 전원의 동의가 있을 경우에는 위 소집절차 없이 주주총회를 개최할 수 있도록 하였으며, 서면에 의한 주주총회 결의도 허용하였다(상법 제363조⑤).

○ 발기인총회의 결의는 과반수로 하고(상법 제296조①). 발기인의 의결권은 그 인수주식의 1주에 대하여 1개로 한다(동조 ②).

※ 이사회

○ 이사회에 관하여는 후술의 이사회의사록 말미 198면 참조

※ 감사의 선임

○ 발기설립의 경우 주식의 인수가액 납입과 현물출자의 이행이 완료된 때에는 발기인은 지체없이 의결권의 과반수로 이사, 감사를 선임하여야 하고(상법 제296조①), 창립총회에서도 감사를 선임(상법 제312조)하여야 했으나 개정 상법은 소규모(자본금의 총액이 10억원 미만)인 회사를 설립하는 경우에 감사 선임을 회사가 자율적으로 할 수 있도록 하였다(상법 제409조④). 감사를 선임하지 아니할 경우에는 주주총회가 이사의 업무 및 재산상태에 관하여 직접 감독·감시하도록 하였다(동조 ⑥). 이 사례의 경우에는 감사를 두지 아니하는 경우의 사례이다.

[사례] 이사의 조사보고서

조사보고서

본인은 20○○년 ○월 ○일 주식회사 케이투의 발기인 총회에서 검사인으로 선임되었으므로 상법 제298조 소정사항을 조사하여 다음과 같이 보고함.

조사사항

1. 회사 설립시에 발행하는 주식총수에 대한 인수의 정확여부
   회사 설립시에 발행하는 주식의 총수는 100,00주(1주의 금액 금100원)으로서 다음과 같이 인수가 완료되었음이 인정됨
   발기인이 인수한 주식수 100,000주(20○○년 ○월 ○일 인수완료)

2. 인수주식에 대한 납입의 정확여부
   회사설립시에 발행하는 주식총수 100,000주에 대한 주식대금 금10,000,000원이 20○○년 ○월 ○일에 납입이 완료되었음은 그 납입을 맡은 ○○은행 ○○지점이 발행한 잔고증명서에 의하여 명확히 확인됨.

3. 변태설립사항
   정관에 변태설립사항은 없음

4. 기타 설립에 관한 모든 사항
   기타 설립에 관한 모든 사항이 법령 또는 정관의 규정에 위반하지 아니함이 인정된다.

이상 상법의 규정에 의하여 보고함.

20○○년 ○월 ○일

주식회사 케이투
검사인 사내이사 조 동 기

※ 이사·감사의 조사·보고와 검사인의 선임청구

○ 이사와 감사는 취임후 지체없이 회사의 설립에 관한 모든 사항이 법령 또는 정관의 규정에 위반되지 아니하는지의 여부를 조사하여 발기인에게 보고하여야 한다(상법 제298조①).

○ 이사와 감사 중 발기인이었던 자, 현물출자자 또는 회사성립 후 양수할 재산의 계약당사자인 자는 위 조사·보고에 참가하지 못한다(상법 제298조②). 이사와 감사의 전원이 위 규정에 해당하는 때에는 이사는 공증인으로 하여금 이를 조사·보고를 하게 하여야 한다(상법 제298조③).

○ 정관으로 상법 제290조(변태설립사항) 각호의 사항을 정한 때에는 이사는 이에 관한 조사를 하게 하기 위하여 검사인의 선임을 법원에 청구하여야 한다. 다만, 상법 제299조의 2(현물출자 등의 증명)의 경우에는 그러하지 아니하다(상법 제298조①).

○ 검사인은 상법 제290조 각호의 사항과 상법 제295조의 규정에 의한 현물출자의 이행을 조사하여 법원에 보고하여야 하고(상법 제299조①), 조사보고서를 작성한 후 지체없이 그 등본을 각 발기인에게 교부하여야 한다(상법 제299조②). 검사인의 조사보고서에 사실과 상위한 사항이 있는 때에는 발기인은 이에 대한 설명서를 법원에 제출할 수 있다.

[사례] 주식발행동의서

주 식 발 행 동 의 서

발기인 전원의 동의로 회사설립시에 발행할 주식에 관한 사항을 아래와 같이 결정함에 대하여 이의없이 동의함.

1. 주식의 종류와 수

보통 주식 100,000주

2. 주식의 발행가액

1주에 대하여 금100원(발행가액 100원)

위 동의사항을 확실히 하기 위하여 발기인 전원이 다음에 기명날인함.

20○○년 ○월 ○일

발기인 김 철 수

발기인 이 정 근

발기인 조 동 기

※ 설립당시의 주식발행사항의 결정

○ 주식발행사항의 결정 : 회사가 발행할 주식의 총수, 1주의 금액, 회사의 설립시에 발행하는

주식의 총수는 반드시 정관으로 정하는 것이나(상법 제289조①), 그 외의 주식발행에 관한 사항은 정관에 다른 규정이 없는 한 발기인이 정할 수 있다. 이러한 결정은 원칙적으로 발기인의 과반수결의에 의한다. 그러나 다음의 두 가지 사항만은 정관에 다른 규정이 없으면 발기인 전원의 동의로 정하여야 한다(상법 제291조).

○ 주식의 종류와 수 : 정관에서 우선주식·후배주식(後配株式)·상환주식·전환주식·의결권 없는 주식 등 수종의 주식을 정하고 있는 경우에는 그 범위 내에서 어느 종류의 주식을 각 몇 주씩 발행할 것인가를 정하여야 한다. 그러나 정관에서 보통주식만을 발행할 것으로 정한 때에는 발기인이 따로 정할 사항은 없다. 이 사례의 경우에는 정관에서 보통주식만을 발행할 것으로 규정하였으므로 이 "주식발행동의서"는 첨부서류가 아니다.

○ 액면이상의 주식을 발행하는 때에는 그 수와 금액 : 설립시에는 주식의 액면미달발행은 인정되지 아니하나(상법 제330조,제417조①), 액면이상의 발행은 허용된다. 이를 액면초과발행이라 한다. 설립시에 액면 초과발행을 하려는 경우, 정관을 작성할 당시에는 아직 그 금액을 확정하기 어려울 것이므로, 상법은 이를 그 이후의 상황에 따라 발기인 전원의 동의로 정할 수 있게 한 것이다.

[사례] 이사회의사록

이사회의사록

20○○년 ○월 ○일 10:00시 창립사무소에서 다음과 같이 이사회를 개최하다.

이사총수 3 명 출석이사수 3 명

제 1호 의안, 대표이사 선임의 건

이사 전원의 호선에 따라 사내이사 김철수를 임시의장으로 선출하다.

의장 김철수는 즉석에서 이를 승낙하고 의장석에 등단하여 개회를 선언한 후 창립총회의 종결에 이어 본 회사의 대표이사를 선임하여 줄 것을 물은즉 이사 전원 신중히 협의한 결과 다음 사람이 대표이사에 선임되어 동인은 즉석에서 그 취임을 승낙하다.

대표이사 김 철 수

위 피선자는 즉석에서 그 취임을 승낙하다.

제 2호 의안 : 본점설치 장소 결정의 건

의장은 본 회사 본점을 다음 장소에 설치함이 적당한 뜻을 설명하고 그 가부를 물은즉 만장 이의 없이 승인하다.

본 점 : 서울 서초구 서초동 1234-1

이상으로 금일 의안이 전부 심의 종료하였음을 고하고 11시 00분에 폐회를 선언하다.

위 결의를 명확히 하기 위하여 이 의사록을 작성하고 의장 및 출석한 이사가 아래에 기명 날인하다.

20○○년 ○월 ○일

주식회사 케이투

대표이사 김 철 수 (인)

사내이사 이 정 근 (인)

사내이사 조 동 기 (인)

※ 이사회

○ 이 신청서의 경우 자본의 총액이 10억 원 미만인 회사가 이사 3인으로 감사를 두지 아니하고, 발기설립하는 경우이다. 이사의 정원은 정관으로 최소인원수를 정할 수 있다.

○ 이사의 임기 : 이사의 임기는 3년을 초과하지 못한다(상법 제383조②). 그러나 정관으로 그 임기 중의 최종의 결산기에 관한 정기주주총회의 종결에 이르기까지 연장할 수 있다(상법 제383조③). 여기의 "임기 중의 최종의 결산기"라 함은 임기 중에 도래한 최종의 결산기로서 당해 결산기가 임기 중에 도래한 경우를 말한다.

※ 주식회사 설립등기 시 이사명칭 등기방법의 변경

○ 상법 제317조② 제8호가 개정(2009. 2. 4 시행)됨에 따라 주식회사의 설립 시 이사명칭 등기방법이 변경되었다. 따라서 주식회사 설립등기 시 이사의 명칭을 사내이사, 사외이사, 기타비상무이사로 구분하여 등기하여야 한다.

○ 신청서에 첨부된 주주총회의사록 등에 사내이사, 사외이사, 기타비상무이사로 구분하여 선임한 사실이 기재되어 있어야 한다. 특히 사외이사, 기타 비상무이사는 명확히 의사록에 나타나 있어야 한다. 등기신청서에 첨부된 이사선임 등의 의사록에 이사의 종류를 구분하지 않고 단순히 '이사'로 기재된 경우에는 "사내이사"로 수리될 수 있다.

[사례] 취임승낙서

취 임 승 낙 서

본인 등은 20○○년 ○월 ○일 발기인 총회에서 이사에 각 선임되었는바 그 취임을 승낙합니다.

20○○년 ○월 ○일

사내이사 김 철 수 (인)

사내이사 이 정 근 (인)

사내이사 조 동 기 (인)

주식회사 케이투 귀중

※ 취임승낙서에는 각 취임임원은 인감을 날인하고 인감증명서를 첨부하여야 한다. 이사는 취임승낙서에 사내이사, 사외이사, 기타비상무이사로 구분하여 표시하도록 한다.

[사례] 취임승낙서

취 임 승 낙 서

본인은 20○○년 ○월 ○일 이사회에서 대표이사에 선임되었는바 그 취임을 승낙합니다.

20○○년 ○월 ○일

대표이사 김 철 수 (인)

주식회사 케이투 귀중

※ 취임승낙서에는 대표이사의 인감을 날인하고 인감증명서를 첨부하여야 한다.

[사례] 잔고증명서(주금납입잔고증명서)

잔고증명서(주금납입증명서)

일금일천만원정(₩10,00,000원정)

발행주식의 총수 100,000 주

1 주의 금액 100원정

위 금액은 설립시에 발행하는 주식총수에 대한 납입금으로서 20○○년 10월 1일 납입이 완료되어 현재 이를 보관중임을 증명합니다.

20○○년 ○월 ○일

증명인 국민은행 ○○동 지점

서울 서초구 서초동 2211-71

지점장 오 강 경

주식회사 케이투 발기인대표 귀하

※ 잔고증명서

○ 개정상법은 소규모(자본금 총액이 10억원 미만)인 주식회사를 발기설립하는 경우에는 주금납입금 보관증명서를 금융기관의 잔고증명서로 대체할 수 있도록 하였다(상법 제318조③. 상업등기법 제81조제11호 및 제82조제5호). 따라서 기존에는 주식회사의 설립등기 및 신주발행으로 인한 변경등기시 주금납입금 보관증명서를 첨부하였으나 개정법하에서는 자본금 총액이 10억원 미만인 주식회사를 발기설립하는 경우에는 잔고증명서를 첨부하면 된다. 한편, 모집설립의 경우에는 공정성 확보를 위하여 현재와 같은 주금납입금보관증명서 제도를 유지하고 있다.

○ 잔고증명은 주금이 입금되어 있는 법인대표 될 자(발기인 대표자)의 통장계좌에 대한 증명을 받는 것을 의미한다.

○ 외국인(법인) 투자자의 증권취득을 위한 주금납입절차(외국인 투자신고 또는 증권취득신고를 통해 가상계좌등이 개설되면 해외에서 송금을 한 후 주금납입증명행위가 이루어진다)

[사례] 인감신고서

인감 · 개인(改印) 신고서

(신고하는 인감날인란) (인감제출자에 관한 사항)

상 호(명칭)		주식회사 케이투	등기번호	
본점(주사무소)		서울 서초구 서초동 1234-1		
인감제출자	자격/성명	대표이사 김 철 수		
	주민등록번호	660525-1******		
	주 소	서울 서초구 방배동 1254-1		

␣ 위와 같이 인감을 신고합니다.
␣ 위와 같이 개인(改印)하였음을 신고합니다.

20○○년 ○월 ○일

신고인 본 인 성 명 김 철 수 (법인) (개인)
대리인 성 명 (인)

서울중앙지방법원 등기국 귀중

주 1. 개인인감 날인란에는 「인감증명법」에 의하여 신고한 인감을 날인하고 그 인감증명서(발행일로부터 3개월 이내의 것)를 첨부하여야 합니다. 개인(改印)신고의 경우, 개인인감을 날인하는 대신에 등기소에 신고한 유효한 종전 인감을 날인하여도 됩니다.
2. 인감 · 개인신고서에는 신고하는 인감을 날인한 인감대지를 첨부하여야 합니다.
3. 지배인이 인감을 신고하는 경우에는 인감제출자의 주소란에 지배인을 둔 장소를 기재하고, 「상업등기규칙」 제36조제4항의 보증서면(영업주가 등기소에 신고한 인감 날인)을 첨부하여야 합니다.

보 증 서 면

위 신고하는 인감은 지배인 의 인감임이 틀림없음을 보증합니다.
대표이사 (법인인감)

위 임 장

성 명 : 주민등록번호(-)
주 소 :

위의 사람에게, 위 인감신고 또는 개인신고에 관한 일체의 권한을 위임함.

20○○년 ○월 ○일

인감(개인) 신고인 성 명 김 철 수 (법인) (개인)

[사례] 인감대지

인 감 대 지

	신고하는 인감날인란	상 호(명 칭) : 주식회사 케이투 자격 및 성명 : 대표이사 김 철 수 주민등록번호 : 660525-1******

※ 인감의 제출방법

○ 대표이사는 인감을 신고하여야 한다. 인감의 제출 또는 인감의 변경신고는, 인감(개인)신고서를 작성하여 관할 등기소에 제출하는 방식으로 한다. 인감(개인)신고서를 제출할 때에는 신고하는 인감을 찍은 인감대지(위 참조)3장을 만들어 함께 제출하여야 한다.

○ 인감은 가로·세로 2.4센티미터의 정사각형 안에 들어갈 수 있어야 한다(상업등기규칙 제36조⑤).

○ 인감(개인)신고서에는 발행일로부터 3개월 이내의 인감증명서를 첨부하여야 한다. 취임승락서에 인감증명법에 의한 인감을 첨부한 경우에는 그 인감을 원용 할 수 있다.

○ 인감대지의 자격란에는 인감신고자에 따라 대표이사(이사), 이사장, 지배인, 대리인, 상호사용자, 무능력자, 법정대리인 등으로 기재하고 성명을 기재한다.

※ 외국인의 경우

○ 인감증명제도가 있는 국가의 국민이 신고하는 경우에는 인감(개인)신고서에 본국 관공서에 신고한 인감을 날인하고 그 인감증명서를 제출한다.

○ 인감증명제도가 없는 국가의 국민이 신고하는 경우에는 인감(개인)신고서에 서명을 하고, 그 서명이 본인의 것이라는 취지의 본국 관공서의 증명이나 본국 공증인의 공증 또는 국내 공증인의 공증을 받아 제출한다.

※ 지배인 또는 대리인이 인감(개인)신고하는 경우

○ 지배인 또는 대리인이 인감(개인)신고하는 경우에는 영업주(개인 상인인 영업주를 말한다) 또는 법인의 대표자가 지배인 또는 대리인의 인감임이 틀림없음을 보증하는 서면을 제출하여야 하고, 그 보증서면에는 등기소에 제출한 영업주 또는 법인 대표자의 인감을 날인하여야 한다.

[사례] 인감카드 등 (재)발급신청서

인감카드 등 (재)발급신청서

(인감제출자에 관한 사항)

상호(명칭)		주식회사 케이투	등기번호	
본점(주사무소)		서울 서초구 서초동 1234-1		
인감 제출자	자격 / 성명	대표이사 김 철 수		
	주민등록번호	660525-1******		

발급사유		␣ 최초발급 ␣ 카드분실 ␣ 카드훼손 ␣ 인감증명서발급기능 ␣ 기타 ( )	
매체구분	␣ 인감카드 ␣ HSM USB	인감카드 비밀번호	

위와 같이 인감카드 등의 (재)발급을 신청합니다.

20○○년 ○월 ○일

신청인 인감제출자 (본 인) 성 명 (인) (전화 :)
(대리인) 성 명 (인) (전화 :)

지방법원 등기소 귀중

접수번호		인감카드번호	

- 대법원수입증지를 붙이는 란 -

주 1. 인감카드 비밀번호란에는 (재)발급받아 사용할 인감카드의 비밀번호를 기재하며, 아라비아숫자 6자릿수를 기재하여야 합니다. 비밀번호는 인감카드와 함께 인감증명서의 발급을 신청할 권한이 있는 것으로 보게 되는 중요한 자료이므로 권한이 없는 사람이 알지 못하도록 주의하시기 바랍니다.

2. 인감카드의 재발급을 신청할 때에는 「등기부 등·초본 등 수수료규칙」 제5조의7에 의하여 5,000원 상당의 대법원수입증지를 이 란에 붙여야 합니다. 다만, 인감카드를 반납할 때에는 붙일 필요가 없습니다.

위 임 장

성 명 : 주민등록번호(-)

주 소 :

위의 사람에게, 위 (재)발급신청서에 기재된 인감카드 등의 발급신청과 그 수령 등에 관한 일체의 권한을 위임함.

20○○년 ○월 ○일

인감신고인 성 명 (인)

[사례] 주주명부

주 주 명 부				
주 주	주 소	인 수 주식수	1주금액	납 입 금 액
김 철 수	서울 서초구 방배동 1254-1 www.ldf21@yahoo.co.kr	40,000주	금1,00원	금 4,000,000원
이 정 근	서울 서초구 방배동 1264-1 www.djfk12@hanmali.com	20,000주	금100원	금 2,000,000원
조 동 기	서울시 강북구 수유123-1 www.oplj55@hanmali.com	40,000주	금100원	금 4,000,000원
합 계		100,000주	금300원	금10,000,000원
위 주주명부는 본사에 비치된 주주명부와 대조하여 틀림이 없음을 증명합니다. 20○○년 ○월 ○일 주식회사 케이투 서울특별시 서초구 서초동 1234-1 대표이사 김 철 수 (법인)				

※ 전자주주명부제도

○ 회사는 정관에서 정하는 바에 따라 전자문서로 주주명부를 작성할 수 있다(상법 제352조의2①). 전자주주명부에는 상법 제352조①의 기재사항 외에 전자우편주소를 적어야 한다.

○ 개정법은 기업경영의 IT화를 위하여 주주총회에 직접 참석하거나 대리인에게 투표를 위임하지 않더라도 전자서명 등 본인인증절차를 거쳐 인터넷으로 의결권을 행사하는 전자투표제도가 도입됐다(상법 제368조의4, 제382조의2). 이와 함께 주주들이 서면 외에도 이메일 등 전자문서를 통해 주주제안권 및 임시주주총회 소집청구권을 행사할 수 있도록 했다. 전자투표제도를 도입함에 따라 일반 주주명부를 전자문서로 된 주주명부로 대체할 필요가 있어서 제도화한 것이다.

제3절 주식회사 모집설립

1. 의 의

"모집설립"이라 함은 발기인이 회사의 설립시에 발행한 주식의 총수를 인수하지 아니하고 발기인이 인수한 주식 이외의 나머지 주식에 대하여 주주를 모집하고 회사를 설립하는 절차를 말한다.

2. 발기설립과 모집설립과의 차이

가. 개 설

발기설립과 모집설립과의 가장 큰 차이는 회사 설립시에 발행하는 주식을 발기인이 전부 인수하는지 여부에 있다.

모집설립의 경우 발기인은 회사설립시에 발행한 주식의 총수 가운데 적어도 1주 이상을 서면으로 인수하여야 하고, 설립시에 발행하는 주식의 총수를 인수하지 아니한 부분은 주주를 모집하여야 한다. 모집방법에는 제한이 없으므로 공모(公募)이든 사모(私募, 연고모집)이든 상관이 없다. 다만, 주주모집시에는 반드시 주식청약서에 의하여 청약하여야 하며(상법 제302조①), 청약서에 기재할 사항은 법정되어 있으며, 청약서에 의하지 아니한 주식의 청약은 무효가 된다.

나. 차이점

(1) 개 설

발기설립에서는 발기인총회의사록이라고 하나 모집설립에서는 창립총회의사록이라고 하고, 발기설립에는 없는 창립사항보고서와 전술한 주식청약서가 있으며, 발기설립의 경우에는 자본금 총액이 10억원 미만인 회사를 설립하는 경우에는 정관 및 의사록의 공증(인증)의무가 없으나, 모집설립의 경우에는 자본금 총액이 10억원 미만이더라도 정관 및 의사록의 인증을 받아야 한다.

발기설립과 모집설립과의 가장 큰 차이는 회사 설립시에 발행하는 주식을 발기인이 전부 인수하는지 여부에 있다. 발기설립과 모집설립의 차이점은 대략 다음의 표와 같다.

○ 발기설립과 모집설립의 차이점

구분 항목	발기설립	모집설립
상 호	동일한 상호만 아니면 사용가능	발기설립과 같다.
정관 및 의사록의 효력	자본금이 10억미만의 발기설립의 경우 발기인이 정관 및 의사록에 기명날인 또는 서명함으로써 효력이 생김	공증을 받으므로 써 효력이 생긴다. (기존 그대로 임)
주금납입보관증명서	자본금 10억원 미만 발기설립에 한하여 잔고증명서로 대체(제318조③)	주금납입금 보관증명서 첨부 (기존 그대로 임)
최저자본금제도 폐지	최저자본금 5천만원 폐지(제329조)	발기설립과 같다.
전자주주명부제도	정관에 정하는 바에 따라 전자문서로 주주명부 작성(제352조의2)	발기설립과 같다.
주주총회개최	자본금이 10억원 미만인 회사 소집절차 없이 주주총회를 개최(제363조⑤)	발기설립과 같다.
서면에 의한 주주총회의 결의	자본금이 10억원 미만인 회사 서면에 의한 주주총회 허용(제363조⑤)	발기설립과 같다.
이사의 수	자본금이 10억원 미만인 회사는 1명 또는 2명으로 할 수 있다(제383조①).	발기설립과 같다.
감사의 선임	자본금이 10억원 미만인 회사의 경우, 감사는 회사가 자율적선임(제409조)	발기설립과 같다.
이사회제도	소규모 회사로서 이사가 1명 또는 2명의 회사 이사회구성 면제(제383조④~⑥)	발기설립과 같다.
주식 인수	주식은 전부 발기인들이 인수한다(상법 제295조①).	일부는 발기인이 인수하고 남은 부분을 인수할 주주를 모집한다(상법 제301조).
이사 · 감사의 선임	발기인의 의결권의 과반수로 이사등을 선임한다(상법 제296조①).	창립총회에서 출석한 주식인수인의 의결권의 2/3이상이며, 인수된 주식 총수의 과반수에 해당하는 다수로 이사등을 선임한다(상법 제309조, 상법 제312조).

대표이사 선임	이사회(정관으로 발기인회에서 선임하도록 정할 수 있음)	이사회(정관으로 창립총회에서 선임하도록 정할 수 있음)
변태설립사항의 조사	법원이 선임한 검사인 또는 공증인, 공인된 감정인이 조사하여 법원에 보고하고, 법원은 이를 인가 또는 변경할 수 있다(상법 제299조,제299조의2,300, 재판예규719호).	법원이 선임한 검사인 또는 공증인, 공인된 감정인이 조사하여 법원에 접수 후 창립총회에 보고서를 제출하고(상310), 창립총회에서는 이를 변경할 수 있다.
설립경과의 조사	이사와 감사가 조사하여 발기인에게 보고한다(상법 제298조①).	이사와 감사가 조사하여 창립총회에 보고한다.(상법 제313조①).
설립 전 원시정관의 변경	발기인 전원의 동의와 자본금이 10억원 이상인 경우 공증인의 인증이 필요하다.	창립총회의 결의만으로 가능하다. (공증인 인증 불필요)
설립 중의 회사의 구성원	발기인	발기인과 주식인수인
주금의 납입	발기인이 지정한 납입은행 기타 금융기관의 납입장소에 하여야 한다(상법 제295조① 후단).	주식청약서에 기재한 은행 기타 금융기관의 납입장소에 하여야 한다. (상법 제305조②,제302조②).
납입의 해태	일반원칙(채무불이행)에 의한다.	실권절차가 있다(상법 제307조).
창립총회	불필요하다.	필요하다(상법 제308조～제316조).

(2) 주식의 청약

모집주식의 총수에 대한 청약이 있으면 발기인은 주식배정을 하여야 한다. 주식배정은 주식청약인에 대한 의사표시이다.

주식의 배정은 청약의 순서, 청약주식수에 관계없이 발기인이 자유로이 배정한다. 그러나 실무에 있어서는 일률적으로 발행가액에 의하여 청약을 하게하고 그 전액을 청약증거금으로 납입케 하여 청약이 모집주식수에 달할 때에 마감하는 방법을 사용하는 것이 상례이다.

주식청약자는 주식청약서 2통에 인수할 주식의 종류 및 수와 주소 등을 기재하여 주식인수를 청약하고(사실상 이때에 인수가액 상당의 주식청약증거금을 납입시킨다) 발기인이 이에 대하여 주식배정을 한다. 이 배정을 받은 주식수에 따라 주식청약자는 주식인수인이 되고, 주금납입의무를 지며 회사성립과 동시에 주주가 되는 것이다.

실무상으로는 주식청약증거금이 주금에 충당되므로 실권의 문제는 발생하지 않는다. 또 발기인 중에 현물출자를 하는 자가 있을 때에는 즉시 출자물을 인도하고 이 절차가 완료되면 창립총회를 개최하여 설립절차 및 현물출자 등의 이행의 유무 그리고 변태설립사항의 조사・보고를 하고 부당한 경우에는 변경처분을 하고 정관변경 및 설립폐지의 결의가 없는 한 설립등기를 함으로써 회사가 성립한다.

(3) 정관 및 의사록의 인증

(가) 정관의 인증

① 개 설

"정관의 인증"이란 정관을 공정증서로 작성하는 것이 아니라 발기인이 공증인에게 정관을 제출하고 공증인은 발기인으로부터 기명날인 또는 서명을 확인하여 그 뜻을 기재하는 제도를 말한다.

상법 제292조는 소규모 회사 창업의 원활화를 위하여 자본금 총액이 10억원 미만인 회사를 발기설립하는 경우 정관의 공증(인증)의무를 면제하고 발기인들의 기명날인 또는 서명만으로도 효력이 발생할 수 있도록 하였으며, 발기인총회의사록, 이사회 의사록의 경우(공증인법 제66조의2)도 인증의무를 면제하였다.

개정 상법이 공증(인증)의무를 면제한 것은 소규모회사를 창업하거나 운영하는데 필요한 절차를 간소화하여 활발한 투자여건을 조성하고 경영환경을 개선하여 기업의 경쟁력을 높이고자 하는 취지이다. 그러나 모집설립의 경우 자본금 총액이 10억원 미만이더라도 정관 및 의사록의 인증을 받아야 한다.

② 정관인증의 절차

상법 제292조와 그 준용 규정에 따라 정관의 인증을 촉탁하려면 정관(전자문서로 작성된 정관은 제외한다) 2통을 제출하도록 하였으나(공증인법 제63조①), 실무에서는 정관3통을 제출하고 있다. 공증인은 정관 중 1통은 공증인이 보존하고 2통은 촉탁인 또는 그 대리인에게 돌려준다.

정관의 인증은 정관에 한 서명 또는 기명날인은 공증인이 보는 앞에서 한 것이 아니고 정관에 서명 또는 기명날인한 당사자나 그 대리인이 공증인 앞에 나와서 그 서명 또는 기명날인이 본인이 한 것이라는 것을 진술하는 것을 듣고 이를 확인하는 방법(자인인증)으로 한다(공증인법 제63조②).

③ 촉탁인 또는 그 대리인의 증명

주식회사의 경우는 대표이사가 회사를 대표하게 된다(상법 제389조). 그리고 주식회사나 유한회사는 공동대표를 둘 수 있으므로(상법 제389조, 제562조③), 그러한 경우에는 수인의 대표이사가 공동으로 촉탁을 하여야 한다. 비법인 사단인 종중의 경우는 대표의 선임결의서로 그 대표자격을 증명하여야 한다.

상법상의 지배인은 영업주를 대신하여 그 영업에 관한 일체의 재판상 또는 재판 외의 행위를 할 수 있으므로(상법 제11조), 지배인은 특별히 공증에 관한 개별적 위임이 없더라도 영업에 관한 한 그 영업주를 대리하여 공증을 촉탁할 수 있고 대리인도 선임할 수 있다.

④ 관 할

정관의 인증에 관한 사무를 회사의 본점 소재지를 관할하는 지방검찰청 소속 공증인만이 취급하도록 한 제한을 폐지하였다(종전의 공증인법 제62조 삭제).

공증인의 직무집행구역은 그 소속 지방검찰청의 관할 구역에 따른다. 다만, 서울특별시는 하나의 직무집행구역으로 한다(공증인법 제16조).

⑤ 정관인증의 수수료

현재 공증인수수료규칙 제21조 제1항은 "상법의 규정에 의한 정관인증의 수수료는 발행주식의 액면총액 5천만원까지는 80,000원으로 하고, 5천만원을 초과할 경우에는 그 초과액의 2천분의 1을 더하되 100만원을 초과하지 못한다."고 규정하고 있다. 예컨대 자본금이1억원인 경우에는 공증료는 130,000원(80,000+50,000원 정관공증료 포함)이 되는 것이고, 이 사례의 경우는 80,000원이 되는 것이다.

(나) 의사록 인증

① 개 설

법인등기를 할 때 그 신청서류에 첨부되는 법인 총회 등의 의사록은 공증인의 인증을 받아야 한다. 정관이나 의사록 인증 제도는 결의절차나 내용의 진실성을 담보하여 허위 또는 위조된 정관이나 의사록에 의한 부실등기를 방지하고 법적 분쟁을 미연에 방지하기 위해 도입된 것이다.

② 소규모 회사를 발기설립하는 경우 의사록에 대한 공증의무 면제

자본금의 총액이 10억원 미만인 회사를 상법 제295조 제1항에 따라 발기설립하는 경우 또는 대통령령으로 정하는 공법인이나 비영리법인의 경우에는 인증을 면제한다(공증인법 제66조의2①).

③ 의사록 인증 제외대상 법인

법인 설립 또는 정관 변경 등으로 인한 법인 등기시 의사록 인증이 제외되는 대상 법인을 종래 공증인법 시행령 별표에서 규정하였으나, 개정법에서는 주무관청의 추천을 받아 '법무부장관이 지정 · 고시'하는 방식으로 간소화하였다.

자본금의 총액이 10억원 미만인 회사를 상법 제295조①에 따라 발기설립하는 경우 또는 대통령령으로 정하는 공법인이나 비영리법인의 경우에는 인증을 면제한다(공증인법 제66조의2①). 여기서 "대통령령이 정하는 공법인 또는 비영리법인"이란 민법 제32조[1]에 따라 주무관청의 허가를 받아 설립된 비영리법인 또는 공법인 중 "①설립 목적 및 수행 사무가 공익적일 것 ②주무관청의 감독으로 법인 총회 등의 결의절차와 내용의 진실성에 대한 분쟁의 소지가 없을 것"의 요건을 모두 갖춘 법인으로서 주무관청의 추천을 받아 법무부장관이 지정 · 고시하는 법인을 말한다(공증인법 시행령 제2조의3).

따라서 민법상 법인의 이사변경등기신청시에도 그 변경을 증명하는 서면을 첨부하여야 하는데, 그것이 사원 총회 (또는 이사회)의 의사록인 때에는 그 법인이 의사록 인증 제외대상법인이 아닌 한 공증인의 인증을 받아야 한다(등기선례2-718, 1989. 9.27 등기 제1819호).

④ 의사록의 인증

법인의사록의 인증방법에는 "청문인증"과 "참석인증"이란 것이 있는데 "청문인증"이란 의결에 필요한 정족수 이상의 자 또는 그 대리인의 촉탁을 받아 그 촉탁인으로부터 의사록의 내용이 진실에 부합하는지에 관한 진술을 듣고 촉탁인으로 하여금 의사록의 기명날인을 확인케 하는 것을 말한다(공증인법 제66조의2②,③).

위 확인은 의사록 인증을 하는 공증인이 그 총회 등의 결의의 절차 및 내용이 진실에 부합(符合)하는지를 주주명부, 진술서, 정관 등 관련 증빙자료에 의하여 의결정족 수 이상의 찬성이 있었는지의 여부와 그 정족수 이상의 자 또는 그 대리인의 촉탁을 받아 의사록의 내용이 진실에 부합하는지에 관하여 진술을 듣고, 촉탁인 또는 그 대리인으로 하여금 공증인 앞에서 의사록의 서명 또는 기명날인을 확인하게 한 후 그 사실을 적는 방법으로

1) 민법 제32조【비영리법인의 설립과 허가】학술, 종교, 자선, 기예, 사교 기타 영리아닌 사업을 목적으로 하는 사단 또는 재단은 주무관청의 허가를 얻어 이를 법인으로 할 수 있다.

한다(공증인법 제66조의2③).

이 경우에는 해당결의를 한 자중 그 의결에 필요한 정족수 이상의 자 또는 그 대리인이 촉탁인이 된다.

"참석인증"이란 공증인이 법인의 의결장소에 참석하여 결의절차와 내용을 공증인이 직접 검사하는 것을 말한다. 이 경우에는 회사의 대표자 또는 그 대리인이 촉탁인이 된다.

(다) 정관 및 의사록인증의 수수료

① 정관인증의 수수료

현재 공증인수수료규칙 제21조 제1항은 "상법의 규정에 의한 정관인증의 수수료는 발행주식의 액면총액 5천만원까지는 80,000원으로 하고, 5천만원을 초과할 경우에는 그 초과액의 2천분의 1을 더하되 100만원을 초과하지 못한다."고 규정하고 있다.

② 의사록 인증료

의사록의 인증료는 건당 30,000원이다. 즉, 주주총회의사록, 이사회의사록 인증시는 60,000원이 되는 것이다.

3. 모집설립 신청서식사례

[사례] 주식회사 설립등기(모집설립, 이사1인, 감사를 두지 않은 경우, 자본금 10,000,000원)

주식회사 설립등기신청

접수	년 월 일	처리인	접 수	조 사	기 입	교 합	각종통지
	제 호						

등기의목적	주식회사 설립
등기의사유	정관을 작성하고 공증인의 인증을 받아 발기인이 회사 설립시에 발행하는 주식의 일부를 인수하고 주주를 모집하여 주금납입을 완료하여 20○ 년 10월 1일 창립총회를 종결하였으므로 다음 사항의 등기를 구함.
본/지점 신청구분	1. 본점신청 □ 2. 지점신청 □ 3. 본 · 지점 일괄신청 □
등 기 할 사 항	
상 호	주식회사 에스앤지
본 점	서울시 서초구 서초동 23-1
공고방법	서울특별시내에서 발행하는 일간 한국경제신문에 게재한다.
1주의 금 액	금100원
발행할 주식의 총수	400,000 주
발행주식의 총수, 그 종류와 각종 주식의 내용과 수	100,000 주 보통주식
자본의 총액	금 10,000,000 원정

등 기 할 사 항	
목 적	1. 건어물 도, 소매 2. 위 건어물 도, 소매에 관련된 부대사업일체
이사 · 감사의 성명 및 주민등록번호	사내이사 정 동 진 (540521 - 1******)
대표이사의 성명과 주소	정 동 진 (540521 - 1******) 경기도 성남시 상대원동 160-16
지 점	없음
존립기간 또는 해산사유	없음
기 타 (주식의 양도에 관하여 이사회의 승인을 얻도록 정한 때에는 그 규정, 명의개서대리인을 둔 때에는 그 상호와 본점소재지 등)	없음

<table>
<tr><td colspan="7">신청등기소 및 등록면허세/수수료</td></tr>
<tr><td rowspan="2">순번</td><td rowspan="2">신청등기소</td><td rowspan="2">구분</td><td>등록면허세</td><td rowspan="2">농어촌특별세</td><td rowspan="2">세액합계</td><td rowspan="2">등기신청수수료</td></tr>
<tr><td>지방교육세</td></tr>
<tr><td rowspan="2"></td><td rowspan="2"></td><td rowspan="2"></td><td>금 337,500원</td><td rowspan="2"></td><td rowspan="2">금405,000원</td><td rowspan="2">금 30,000원</td></tr>
<tr><td>금 67,500원</td></tr>
<tr><td colspan="3" rowspan="2">합 계</td><td></td><td rowspan="2"></td><td rowspan="2"></td><td rowspan="2"></td></tr>
<tr><td></td></tr>
<tr><td colspan="2">과 세 표 준 액</td><td colspan="5">금 10,000,000 원</td></tr>
</table>

<table>
<tr><td colspan="2">첨 부 서 면</td></tr>
<tr><td>1. 정 관(공증받은 것) 통
1. 주식의 인수를 증명하는 서면 통
1. 주식청약서 통
1. 주식발행사항동의서 통
1. 창립총회의사록(공증받은 것) 통
1. 주금납입보관증명서 통
1. 이사・감사 또는 감사위원회의조사보고서 통</td><td>1. 검사인조사보고서등본 통
1. 취임승낙서(인감증명서포함) 통
1. 주민등록표등(초)본 통
1. 인감신고서 통
1. 등록면허세영수필확인서 통
1. 위임장(대리인이 신청할 경우) 통

<기 타></td></tr>
</table>

20○○년 ○월 ○일

신청인 상 호 주식회사 에스앤지

본 점 서울시 서초구 서초동 23-1

대표이사 성 명 정 동 진 (인) (전화 :)

주 소 경기도 성남시 상대원동 160-16

대리인 성 명 (인) (전화 : 456-7890)

주 소

서울중앙지방법원 등기국 등기과 귀중

- 신청서 작성요령 및 등기수입증지 첨부란 -

1. 해당란이 부족할 때에는 별지를 이용합니다.
1. 해당 등기신청과 관계없는 사항에 대하여는 "해당없음"으로 기재하거나 삭제하고, 필요한 사항은 추가 기재합니다.

(용지규격 21㎝× 29.7㎝)

※ 소규모회사 모집설립절차

○ 이 사례는 개정 상법의 최소단위로 설립하는 경우인, 1주의 금액을 100원으로 하여 자본금을 최소단위로 하고, 이사는 1명, 감사는 두지 아니하고 모집설립하는 경우의 사례이다.

○ 개정 상법 제329조①은 "주식회사의 자본은 5천만원 이상이어야 한다."를 삭제하여 최저 자본금제도를 폐지하였고, 상법 제383조①은 자본의 총액이 10억 원 미만인 회사는 1인

또는 2인으로 설립할 수 있도록 하였으며, 상법 제409조는 자본금 총액이 10억원 미만인 회사를 설립하는 경우에는 감사 선임 여부를 회사의 임의적 선택사항으로 하였다.

※ 1주의 금액

○ 액면주식은 액면가의 기재가 있는 주식으로서, 주권에 그 표창하는 주식의 수 이외에 1주의 금액이 기재되고(상법 제356조iii), 정관에도 그 금액의 기재가 되어야 한다. 액면주식의 경우 1주의 금액은100원 이상이어야 하고(상법 제329조④), 또 균일하여야 한다(상법 제329조③). 회사가 수종의 주식을 발행하는 경우에도 같다. 1주의 금액에 관한 위 규정은 설립시 발행하는 주식뿐만 아니라, 장래에 발행하는 주식까지 포함한다.

○ 회사가 발행할 주식의 총수, 1주의 금액, 회사의 설립시에 발행하는 주식의 총수는 반드시 정관으로 정하는 것이나(상법 제289조①), 그 외의 주식발행에 관한 사항은 정관에 다른 규정이 없는 한 발기인이 정할 수 있다.

○ 정관에서 우선주식·후배주식(後配株式)·상환주식·전환주식·의결권 없는 주식 등 수종의 주식을 정하고 있는 경우에는 그 범위 내에서 어느 종류의 주식을 각 몇 주씩 발행할 것인가를 정하여야 한다. 후술의 주식발행사항동의서 230면 참조

※ 발행예정주식총수, 발행주식의 총수 그 종류와 각종 주식의 내용과 수

○ 발행예정주식총수 중에서 회사의 설립시에 발행하는 주식의 총수를 기재하여야 하는데, 이는 설립시에 회사의 자본적 기초와 신주발행을 위한 이사회의 수권의 범위를 명확히 하는데 그 취지가 있다.

○ 위 발행예정주식총수 중 설립시에 발행하는 주식 수를 공제한 나머지는 소위 수권주식(授權資本)으로서, 설립이후는 제한규정이 없으므로 무제한으로 이사회의 결의에 의하여 수시로 신주를 발행하게 된다. 회사의 설립 후에 발행하는 주식의 수는 등기사항이나 정관의 기재사항은 아니다. 신주발행에서 다룬다.

※ 소규모 회사에서의 이사회제도

○ 자본의 총액이 10억 원 미만인 회사는 1인 또는 2인으로 할 수 있다(상법 제383조①). 정관으로 그 이상의 최소인원수를 정할 수 있다. 등기신청서에 첨부된 정관에는 이사를 1인으로 한다는 명문의 규정이 있어야 하는 것은 아니나, 이 신청서의 경우 이사 1인이므로 정관에서 이사의 정원을 2인 이상으로 규정한 경우에는 각하된다.

○ 개정 상법 제383조④부터 ⑥까지를 신설하였는바, 소규모 회사로서 이사가 1인인 회사는 이사회의 권한을 이사와 주주총회에 부여하였으며, 1인 이사가 전적으로 주주총회의 감독을 받아 업무집행을 담당하고 회사를 대표하게 된다. 구체적인 설명 후술 창립총회의

사록 말미 222면 참조).

○ 이사명칭 : 이사가 1인인 회사의 경우 1인 이사가 전적으로 주주총회의 감독을 받아 업무집행을 담당하고 회사를 대표하게 되므로(상법 제383조④) 당연히 사내이사이어야 하고, 등기 시에는 사내이사로 등기하여야 할 것이다.

※ 채권매입

○ 상업등기신청서의 양식에 관한 예규(제1274호)는 2008.12.01 각종 회사설립등기신청서 양식에서 "채권매입액"란과 "채권발행번호(국민주택채권을 매입한 경우)"란을 삭제하였다. 주택법시행령의 개정(2008. 11. 5)으로 회사설립등기 시 국민주택채권 매입의무가 없어졌고 도시철도채권의 매입의무도 도시철도법시행령의 개정(2009. 1. 1)으로 매입의무가 없다. 이를 신청서 양식에 반영한 것이다.

※ 등록면허세와 지방교육세

○ 자본금의 4/1000에 해당하는 등록면허세를 납부하여야 한다. 그러나 대통령으로 정하는 대도시내에서의 설립등기 시에는 당해세율의 3배의 등록면허세를 납부하여야 한다(지세법 제28조②). 여기서 대도시라 함은 수도권정비계획법 제6조①제1호의 규정에 의한 과밀억제권을 말한다(과밀억제권역 638면 참조). 사회기반시설사업(사회간접자본시설에 대한 민간투자법 제2조②), 전기통신사업(전기통신사업법 제4조), 소프트웨어산업(소프트웨어산업진흥법) 등은 중과세 대상에서 제외 된다. 등록면허세가 조세특례제한법과 지방세법에 의하여 감면되는 경우에는 "농어촌특별세"를 납부하여야 한다. "농어촌특별세"는 등록면허세액의 20/100이다. 신청서에는 등록면허세 감면 통지서 또는 등록면허세 감면확인서 기타 등록면허세가 면제됨을 확인하는 소관 지방자치단체의 장의 서면을 첨부하여야 한다. 등록면허세액이 112,500원 미만일 때에는 112,500원으로 한다.
이 사례의 경우 등록면허세액이 112,500원 미만이므로 112,500원으로 하였고 과밀억제권역에서 설립하는 경우이므로 당해세율의 3배의 등록면허세 금 337,500원으로 하여 세액합계가 금405,000원이 된 것이다.

○ 지방교육세 : 등록면허세액의 20/100에 해당하는 지방교육세를 납부하여야 하므로 이 사례의 경우 금67,500원을 계산하였다.

○ 등록면허세·지방교육세 납부절차
등록·지방교육세는 관할시, 군, 구청을 방문하여 등록면허세액신고서(등록면허세액신고서는 각 시, 군, 구청에 비치되어 있다)를 작성하고 납세고지서를 발부받아 직접 금융기관에 납부하고 그 영수증(등록면허세영수필확인서)을 등기신청서 "을"지 즉, "신청등기소 및 등록면허세/수수료"란에 붙인다.

등록면허세는 회사 본점 소재지를 관할하는 각 시·군·구의 시중은행에 납부할 수 있으며, 위 관할을 벗어나는 경우는 전국의 우체국과 농협에서 수납할 수 있다.

※ 공증(인증) 및 비용

○ 개정 상법 및 공증인법은 자본금의 총액이 10억원 미만인 회사를 발기설립하는 경우에는 정관, 발기인총회의사록, 이사회의사록의 인증의무를 면제하였으나(상법 제292조, 공증인법 제66조의2①), 모집설립의 경우에는 면제하지 아니하였으므로 기존의 방법 그대로 인증절차를 거쳐야 한다.

○ 자본금에 따른 공증료(정관인증수수료)
현재 공증인수수료규칙 제21조①은 "상법의 규정에 의한 정관인증의 수수료는 발행주식의 액면총액 5천만원까지는 80,000원으로 하고, 5천만원을 초과할 경우에는 그 초과액의 2천분의 1을 더하되 100만원을 초과하지 못한다."고 규정하고 있다. 예컨대 자본금이1억원인 경우에는 공증료는 130,000원(80,000+50,000원 정관공증료 포함)이 되는 것이고, 이 사례의 경우는 80,000원이 되는 것이다.

○ 의사록의 공증(인증)료는 건당 30,000원이다. 이 사례의 경우 이사회의사록이 없으므로 주주총회의사록 30,000원이 들어간다.

○ 공증절차가 완료되면 각각의 인증서를 내 주는데 정관 등 인증받은 서류 뒤에 철한다.

※ 등기신청 수수료

○ 등기신청 수수료 : 2009. 6. 1부터 설립등기 및 본점타관이전의 경우 20,000원 하던 등기신청수수료는 30,000원으로, 각종 변경등기신청의 경우 4,000원 하던 수수료는 6,000원으로 변경되었다. 변경된 수수료 내역 636면 참조.

○등기신청 수수료(30,000원)의 납부는 그 수수료 상당액을 전자적 방법으로 납부하거나, 법원행정처장이 지정하는 금융기관에 현금으로 납부한 후 이를 증명하는 서면을 등기신청서에 첨부하여 제출하는 방법으로 한다. 다만, 해당 신청사건을 관할하는 지방법원, 그 지원 또는 등기소에 신청수수료 납부기능이 있는 무인발급기가 설치된 경우에는 이를 이용하는 방법으로 수수료를 납부할 수 있다.

※ 등기신청관련자료

○ 과밀억제권역(740면 참조)

○ 중과세대상에서 제외되는 업종(741면 참조)

○ 법인의 등록면허세액(739면 참조)

○ 등기신청수수료(738면 참조)

[사례] 위임장(등기소 제출용)

위 임 장

법무사 이 장 수

서울 강동구 성내동 319-33

전화 595-1235

본인은 위 사람을 대리인으로 정하고 다음의 권한을 위임합니다.

다 음

1. 본 회사의 변경등기 신청 및 취하에 관한 일체의 행위.
2. 복대리인의 선임
3. 기타 위 각 행위에 부대하는 행위

20○○년 10 월 1 일

위임인 주식회사 에스앤지

서울시 서초구 서초동 23-1

대표이사 정 동 진 (법인)

※ 이 위임장은 법무사에게 주식회사설립등기를 의뢰하는 경우 대리의 권한을 법무사에게 위임하는 서류로써 등기소에 제출하는 서류이다.

[사례] 창립총회의사록 인증서 표지

등부 년 제 호

인 증 서

공증 인가 **法務法人 ○○**

(공증부 : 593-0000)

210mm×297mm
(보존용지(1종) 70g/㎡)

※ 이 사례는 등기신청대리인이 공증사무소에 의사록인증을 촉탁하여 공증사무소에서 작성한 의사록의 인증서 표지이다.

○ 개정 상법 및 공증인법은 자본금의 총액이 10억원 미만인 회사를 발기설립하는 경우에는 정관, 발기인총회의사록, 이사회의사록의 인증의무를 면제하였으나(상법 제292조, 공증인법 제66조의2①), 모집설립의 경우에는 면제하지 아니하였으므로 기존의 방법 그대로 인증절차를 거쳐야 한다. 인증절차 210면 참조

[사례] 창립총회의사록

창립총회의사록

20○○년 10월 1일 9시 서울시 서초구 서초동 23-1에서 창립총회를 개최하다.

주주 총수 1명, 주식총수 100,000 주
출석 주주 수 1명, 인수 주식 수 100,000 주

발기인 대표 정동진은 위와 같이 상법 제309조 소정의 법정수에 달하는 주주가 출석하였으므로 본 총회는 적법하게 성립됨을 알리고, 의사를 진행하기 전에 의장을 선임할 것을 구한바, 주주전원 만장일치로 발기인 대표를 의장으로 선임한 즉 동인은 그 취임을 승낙하고 의장석에 등단하여 개회를 선언하고 다음 의안의 심의를 구하다.

제 1호 의안 : 창립사항보고에 관한 건

의장은 발기인을 대표하여 별지 창립사항 보고서와 같이 본 창립총회까지의 경과를 소상히 설명, 보고한바, 전원일치로 이를 승낙하다.

제 2호 의안 : 정관 승인의 건

의장은 정관을 낭독하고 축조 설명을 가한 후 그 가부를 물은바, 전원일치로 원안대로 승인하다.

제 3호 의안 : 이사, 감사 선임의 건

의장은 감사를 두지 않고 이사 1인을 두기로 하는 정관규정에 따라 이사의 선임방법을 물은 즉 사내이사 1명을 무기명 비밀투표로 선출하기로 전원 일치되어 즉시 투표한 결과 다음과 같이 선출되다.

사내이사 : 정 동 진

위 피선자들은 즉석에서 그 취임을 승낙하다.

제 4호 의안 : 상법 제313조 소정사항 조사보고의 건

의장은 발기인 전원이 이사이므로 공증인으로 하여금 조사·보고를 하게 하여야 한다고 하자 전원 이의없이 다음의 공증인을 검사인으로 선임할 것을 만장일치로 가결하다.

검사인 : 공증인 장 동 구

위 사람은 즉석에서 이를 승낙하고 조사에 착수하다.
의장은 위 조사보고를 기다리기 위하여 잠시 휴회한 후 속회하다.

검사인은 별지 조사보고서와 같이 보고한 즉 만장일치로 승인하다.

제 5호 의안 : 본점설치 장소 결정의 건

의장은 본 회사 본점을 다음 장소에 설치함이 적당한 뜻을 설명하고 그 가부를 물은즉 만장일치로 이의 없이 승인하다.

본 점 : 서울시 서초구 서초동 23-1

이상으로서 금일 총회의 목적인 의안이 전부 심의 종료하였으므로 의장은 폐회를 선언하다. (폐회시각은 9시 30분)

위 의사의 결의를 명확하게 하기 위하여 이 의사록을 작성하고 의장과 출석한 이사가 다음에 기명날인하다.

20○○년 10월 1일

주식회사 에스앤지
서울시 서초구 서초동 23-1
의장 겸 사내이사 정 동 진 (인)

※ 창립총회

○ 개정 상법은 자본금 총액이 10억원 미만인 회사는 주주 전원의 동의가 있을 경우에는 주주총회소집절차를 생략할 수 있고, 서면에 의한 주주총회 결의도 허용하였다(상법 제363조⑤).

○ 창립총회의 결의는 출석한 주식인수인의 의결권의 3분의 2이상이며 인수된 주식총수의 과반수에 해당하는 다수로 한다(상법 제309조).

○ 창립총회는 창립에 관한 보고청취(상법 제311조), 이사와 감사의 선임(상법 제312조), 설립경과의 조사(상법 제313조), 변태설립사항의 변경(상법 제314조), 정관변경 또는 설립폐지의 결의(상법 제316조), 본점과 지점의 소재장소 결정 등의 권한이 있다.

※ 이사회

○ 개정 상법 제383조는 ④부터 ⑥까지 신설하여 소규모 회사로서 이사가 1명 또는 2명인 회사는 이사회의 권한을 이사와 주주총회에 부여하고 있다. 따라서 이사가 1명 또는 2명인 경우 이사회를 구성하지 아니하여도 된다.

○ 이사의 임기 : 이사의 임기는 3년을 초과하지 못한다(상법 제383조②). 그러나 정관으로 그 임기 중의 최종의 결산기에 관한 정기주주총회의 종결에 이르기까지 연장할 수 있다(상법 제383조③). 여기의 "임기 중의 최종의 결산기"라 함은 임기 중에 도래한 최종의 결산기로서 당해 결산기가 임기 중에 도래한 경우를 말한다.

※ 주식회사 설립등기 시 이사명칭 등기방법의 변경

○ 상법 제317조② 제8호가 개정(2009. 2. 4 시행)됨에 따라 주식회사의 설립 시 이사명칭 등기방법이 변경되었다. 따라서 주식회사 설립등기 시 이사의 명칭을 사내이사, 사외이사, 기타비상무이사로 구분하여 등기하여야 한다.

○ 신청서에 첨부된 주주총회의사록 등에 사내이사, 사외이사, 기타비상무이사로 구분하여 선임한 사실이 기재되어 있어야 한다. 특히 사외이사, 기타비상무이사는 명확히 의사록에 나타나 있어야 한다. 등기신청서에 첨부된 이사선임 등의 의사록에 이사의 종류를 구분하지 않고 단순히 '이사'로 기재된 경우에는 "사내이사"로 수리될 수 있다.

○ 이사의 명칭 : 이사가 1인인 회사의 경우 1인 이사가 전적으로 주주총회의 감독을 받아 업무집행을 담당하고 회사를 대표하게 되므로(상법 제383조④) 당연히 사내이사이어야 하고, 등기 시에는 사내이사로 등기하여야 할 것이다.

※ 감사의 선임

○ 개정 상법은 소규모(자본금의 총액이 10억원 미만)인 회사를 설립하는 경우에 감사 선임을 회사가 자율적으로 할 수 있도록 하였다(상법 제409조④). 감사를 선임하지 아니할 경우에는 주주총회가 이사의 업무 및 재산상태에 관하여 직접 감독·감시하도록 하였다(동조⑥). 이 사례의 경우는 감사를 두지 아니하는 경우의 사례이다.

[사례] 의사록의 인증시 붙임용지

<table>
<tr><td colspan="2">등부 년 제 호</td></tr>
<tr><td colspan="2" align="center">인 증</td></tr>
<tr><td colspan="2">위 ○○주식회사 …………………………………………………………………… 의</td></tr>
<tr><td colspan="2">20○○년 10월 1일자 창립총회의사록에 대하여 …………………………………</td></tr>
<tr><td colspan="2">주주겸 의장이사○○○, 주주겸 사내이사○○○, 주주겸 사내이사○○○………의</td></tr>
<tr><td colspan="2">대리인○○○은 ……………………………………………………………………………</td></tr>
<tr><td colspan="2">본 공증인의 면전에서 위 의사록의 내용이 진실에 부합한다고 진술하고, 그 기명 날인</td></tr>
<tr><td colspan="2">이 본인의 것임을 확인하였다.</td></tr>
<tr><td colspan="2">본 공증인은 위 진술과 아래 기재 자료에 의하여 그 결의의 절차와 내용이 진실에</td></tr>
<tr><td colspan="2">부합함을 확인하였다.</td></tr>
<tr><td colspan="2"></td></tr>
<tr><td colspan="2">20○○년 ○월 ○일 이 사무소에서 위 인증한다.</td></tr>
<tr><td>공증사무소명칭</td><td>공증
인가 法務法人 ○○</td></tr>
<tr><td>소 속</td><td>서울중앙지방검찰청 소속</td></tr>
<tr><td>소재지 표시</td><td>서울 강남구 00동 123-7</td></tr>
<tr><td>공증담당</td><td>변호사 ○○○ ㊞</td></tr>
<tr><td colspan="2"></td></tr>
<tr><td colspan="2" align="center">아 래</td></tr>
<tr><td colspan="2">1. 진술서 2. 주주명부</td></tr>
<tr><td colspan="2">3. 법인등기부 등본 4. 정관</td></tr>
<tr><td colspan="2"></td></tr>
</table>

210mm×297mm
(보존용지(1종) 70g/㎡)

※ 이 사례는 공증사무소에서 작성하여 의사록 뒤에 첨부하는 인증문이다.

[사례] 공증인의 조사보고서

조사보고서

20○○년 10월 1일 주식회사 에스앤지의 창립총회에서 본인은 검사인으로 선임되었으므로 상법 제313조①(제298조①)의 규정에 의하여 조사한 결과는 다음과 같음.

조 사 사 항

1. 회사 설립시 발행하는 주식총수에 대한 인수와 정확여부

본 회사가 발행할 주식의 총수는 400,000 주이며 설립시 발행하는 주식의 총수 100,000주(1주의 금액 금 100원)인데 그 인수내역은 다음과 같다.

1) 발기인이 인수한 주수

보통주식 80,000 주　　　20○○년 ○월 ○일 인수완료

2) 주식청약인이 인수한 주수

보통주식 20,000 주　　　20○○년 ○월 ○일 인수완료

2. 인수 주식수에 대한 납입의 정확여부

설립시에 발행하는 주식총수 100,000 주에 대하여 금10,000,000원의 납입금이 20○○년 10월 1일 납입이 완료되었음은 국민은행성내동지점이 발행한 주금납입보관증명서에 의하여 명확함.

3. 현물출자 기타 조사사항

회사가 부담할 설립비용이나 기타 현물출자를 하는 자와 상법 제290조 규정사항을 정관에 정한 바 없으므로 검사인을 선임할 필요가 없으므로 그에 대한 정확여부는 조사할 필요가 없었음.

4. 기타 설립에 관한 모든 사항이 법령 또는 정관의 규정에 위반하지 아니함이 인정된다.

이상 상법의 규정에 의하여 보고함.

20○○년 10월 1일

주식회사 에스앤지
서울시 서초구 서초동 23-1
검사인 공증인 장 동 구 (인)

※ 이사·감사의 조사·보고

○ 이사와 감사는 취임후 지체없이 회사의 설립에 관한 모든 사항이 법령 또는 정관의 규정에 위반되지 아니하는지의 여부를 조사하여 발기인에게 보고하여야 한다(상법 제313조①, 제298조①).

○ 이사와 감사 중 발기인이었던 자, 현물출자자 또는 회사성립후 양수할 재산의 계약당사자인 자는 위 조사·보고에 참가하지 못한다(상법 제313조②, 제298조②). 이사와 감사의 전원이 위 규정에 해당하는 때에는 이사는 공증인으로 하여금 이를 조사·보고를 하게 하여야 한다(상법 제313조②, 제298조③). 그런데 실무에서는 검사인을 공증인으로 선임하기는 쉽지 아니하므로 발기인이 아닌 이사 1인을 더 선임하여 조사보고를 하게 한다. 그러니까 이사 2인으로 설립하는 경우의 방법을 이용하는 것이다.

[사례] 발기인의 창립사항보고서

창립사항보고서

본인은 본 회사의 발기인인바, 창립에 관한 사항을 다음과 같이 보고합니다.

1. 본인은 사업목적을 정관 제2조와 같이 정하고
회사가 발행할 주식의 총수는 400,000 주
설립시에 발행하는 주식의 총수는 100,000 주
1주의 금액 금 100원
자본금 10,000,000원
으로 하는 주식회사를 설립하고자 기획하였음.

2. 정동진을 발기인 대표로 선임하고 회사가 설립하기까지의 필요한 사항에 있어 발기인을 대표하기로 하였음.

3. 발기인 전원이 모여 20○○년 10월 1일 정관을 작성하고 공증인가 법무법인 ○○에서 동년 10월 1일 인증을 받았음.

4. 20○○년 10월 1일 발기인은 설립시에 발행하는 주식의 총수 100,000주 중 80,000주 만을 인수하고 잔여주식 20,000주에 대하여는 주식청약서를 작성하고 주주모집에 착수하였음.

5. 위 모집에 앞서 발기인 전원의 동의를 얻어 액면 1주의 금액을 금 100원으로 정하고 모집하였던바, 동년 10월 1일까지 소정의 주식인수 청약이 있어 합계 20,000주에 달하였음.

6. 위 주식인수에 대하여 20○○년 10월 1일 납입을 맡을 은행인 주식회사 국민은행 성내동지점에 동년 10월 1일까지 주금을 납입할 것을 통지하였던바, 동년 10월 1일 그 납입이 완료되었으며 납입금은 발기인 대표명의로 별단예금으로 보관되어 있으며 위 은행에서 발행한 주금납입 보관증명서에 의하여 납입을 확증함.

7. 본 회사는 현물출자를 한 사람은 1명도 없고 기타 법원에 검사인 선임 신청을 할 사유를 정관에 정한 바 없으므로 달리 하등의 절차를 밟을 필요가 없음.

8. 이상과 같이 인수와 납입이 완료되었으므로 본인 등은 속히 회사를 성립시키고자 주식인수인 전원의 동의를 얻어 법정기간을 단축하여 금일 창립총회를 개최하게 된 바임.

위와 같이 보고함.

20○○년 10월 1일

주식회사 에스앤지
서울시 서초구 서초동 23-1
발 기 인 정 동 진 (540521 - 1******)
경기도 성남시 상대원동 160-16

※ 발기인의 보고

○ 발기인은 회사의 창립에 관한 사항을 서면에 의하여 창립총회에 보고하여야 한다(상법 제311조①). 보고서에는 주식인수와 납입에 관한 제반상황, 상법 제290조에 게기한 사항에 관한 실태를 기재하여야 한다(상법 제311조②).

[사례] 창립총회 소집기간 생략 동의서

창립총회 소집기간 생략 동의서

본인 등은 주식회사 에스앤지의 주주인바, 창립총회를 상법 제363조 제5항에 따라 소집절차를 생략하여 20○○년 10월 1일 창립사무소에서 개최하는데 대하여 이의 없이 동의합니다.

20○○년 10월 1일

발기인(주주) 정 동 진 (인)

※ 소규모회사의 경우 소집절차 생략

○ 개정 상법은 자본금 총액이 10억원 미만인 회사가 주주총회를 소집하는 경우에는 주주총회일의 10일 전에 각 주주에게 서면으로 통지를 발송하거나 각 주주의 동의를 받아 전자문서로 통지를 발송할 수 있고, 무기명식의 주권을 발행한 경우에는 주주총회일의 2주 전에 주주총회를 소집하는 뜻과 회의의 목적사항을 공고할 수 있도록 하였으며(상법 제308조②, 제363조④), 자본금 총액이 10억원 미만인 회사는 주주 전원의 동의가 있을 경우에는 위 소집절차 없이 주주총회를 개최할 수 있도록 하였다(상법 제363조⑤). 따라서 종전에는 발기인총회단축기간동의서를 첨부하였으나 자본금 총액이 10억원 미만인 회사는 주주 전원의 동의로 소집기간을 생략할 수 있다. 이 사례의 경우 주주가 1인(이사)이 설립하는 경우이므로 첨부하지 아니한다. 참고로 싣는다.

[사례] 발기인이 인수한 주식의 종류와 수, 성명주소

발기인이 인수한 주식의 종류와 수 발기인의 성명주소

인수주식 수	주식의 종류와 수	발기인의 성명 주소
80,000주	보통주식 80,000주	정 동 진 경기도 성남시 상대원동 160-16

[사례] 주식발행사항동의서

<table><tr><td>

주식발행사항동의서

발기인 전원의 동의로서 회사 설립시 발행할 주식에 관한 사항을 다음과 같이 결정함.

다 음

1. 주식의 종류와 수 : 보통주식 100,000주
2. 주식의 발행가액 : 1주의 금액 금100원

위 동의사항을 확실히 하기 위하여 발기인 전원이 다음에 기명날인하다.

20○○년 10월 1일

주식회사 에스앤지

발 기 인 정 동 진 (인)

</td></tr></table>

※ 설립당시의 주식발행사항의 결정

○ 주식발행사항의 결정 : 회사가 발행할 주식의 총수, 1주의 금액, 회사의 설립시에 발행하는 주식의 총수는 반드시 정관으로 정하는 것이나(상법 제289조①), 그 외의 주식발행에 관한 사항은 정관에 다른 규정이 없는 한 발기인이 정할 수 있다. 이러한 결정은 원칙적으로 발기인의 과반수결의에 의한다. 그러나 다음의 두 가지 사항만은 정관에 다른 규정이 없으면 발기인 전원의 동의로 정하여야 한다(상법 제291조).

○ 주식의 종류와 수 : 정관에서 우선주식·후배주식(後配株式)·상환주식·전환주식·의결권 없는 주식 등 수종의 주식을 정하고 있는 경우에는 그 범위 내에서 어느 종류의 주식을 각 몇 주씩 발행할 것인가를 정하여야 한다. 그러나 정관에서 보통주식만을 발행할 것으로 정한 때에는 발기인이 따로 정할 사항은 없다. 이 사례의 경우에는 정관에서 보통주식만을 발행할 것으로 규정하였으므로 이 "주식발행동의서"는 첨부하지 아니한다.

○ 액면이상의 주식을 발행하는 때에는 그 수와 금액 : 설립시에는 주식의 액면미달발행은 인정되지 아니하나(상법 제330조,제417조①), 액면이상의 발행은 허용된다. 이를 액면초과발행이라 한다. 설립시에 액면 초과발행을 하려는 경우, 정관을 작성할 당시에는 아직 그 금액을 확정하기 어려울 것이므로, 상법은 이를 그 이후의 상황에 따라 발기인 전원의 동의로 정할 수 있게 한 것이다.

[사례] 주식청약서

주 식 청 약 서	
상 호	주식회사 에스앤지
인수할주식수	20,000주
금 액	금 2,000,00원
1 주의 금액	금 100원
귀 회사 정관과 이청약서에 기재한 사항을 승낙하고 주식을 청약합니다. 20○○년 10월 1일 주식청약인 이 철 수 경기도 성남시 상대원동 103-5 주식회사 에스앤지 발기인 대표 귀하	
정관의 작성년월일	20○○년 10월 1일
정관의 인증년월일과 공증인의 성명	20○○년 10월 1 일 공증인가 법무법인 성화
상 호	주식회사 에스앤지
본점의 소재지	서울시 서초구 서초동 23-1
목 적	1. 건어물 도·소매 2. 위 건어물 도·소매에 관련된 부대사업일체
회사가 발행할 주식의 총수	400,000 주
1 주의 금액	금 100원정
회사가 설립시에 발행할 주식의 총수	100,000 주
주식의 종류와 수	보통주식 100,000 주
액면이상의 주식을 발행하는 때에는 그 수와 금액	없 음
납입을 받을 은행(기타 금융기관)과 납입장소	국민은행 성내동 지점
회사가 공고하는 방법	서울시내에서 발행하는 일간 매일경제신문에 게재한다.
회사의 존립의 시기 또는 해산사유를 정할 때에는 그 규정	없 음
일정한 시기까지 창립총회를 종결하지 아니할 때에는 주식의 인수를 취소할 수 있다는 뜻	20○○년 10월 1일까지 창립총회가 종결되지 않을 때에는 이 청약을 취소할 수 있다.

※ 주식의 청약

○ 주주의 모집을 위한 주식청약서용지는 발기인이 작성하고(상법 제302조②), 이 청약서에

는 상법 제289조①과 제290조에 게기한 사항 등 10개항의 사항을 기재해야 한다. 주식인수의 청약을 하고자 하는 자는 주식청약서 2통에 인수할 주식의 종류, 수 및 주소를 기재하고 기명날인 또는 서명하여야 하며, 발기인에 대하여 한다(상법 제302조①).

○ 주식인수의 청약에 대하여 발기인은 모집주식총수의 범위 내에서 주식의 배정을 하게 된다. 발기인은 배정방법은 미리 공고하지 않은 이상 어떠한 주식청약자에 대하여 몇 주를 인수시킬 것인가를 자유로이 정할 수 있다. 이를 주식배정자유의 원칙이라 한다.

○ 발기인의 배정에 의하여 주식청약인은 주식인수인으로 확정되어 배정받은 주식의 수에 따라서 인수가액을 납입할 의무를 진다(상법 제303조). 그런데 일반적으로 주식인수의 청약자는 주식청약시에 주금액(株金額)의 상당액을 청약증거금으로 미리 납부하므로, 그가 주식의 배정을 받으면 청약증거금이 주금의 납입으로 대체된다.

[사례] 주식인수증

<table>
<tr><td colspan="2" align="center">주 식 인 수 증</td></tr>
<tr><td>상 호</td><td>주식회사 에스앤지</td></tr>
<tr><td>인수할 주식 수</td><td>80,000 주</td></tr>
<tr><td>금 액</td><td>금 8,000,000원</td></tr>
<tr><td>1주의 금액</td><td>금 100원(발행가액 100원)</td></tr>
<tr><td colspan="2">위 주식을 발기인으로서 인수합니다.

20○○년 10월 1일

발 기 인 정 동 진 (인)

주식회사 에스앤지 발기인대표 귀하</td></tr>
</table>

※ 주식의 인수

○ 주식회사의 자본은 주식에 의한 출자로써 형성되므로 발기인은 설립시에 발행하는 주식에 관하여 반드시 1주 이상을 위 서면에 의하여 인수하여야 한다(상법 제293조). 모집설립에 있어서 주식의 인수는 주식을 인수하고자 하는 자의 청약과 발기인의 주식배정에 의하여 성립한다.

[사례] 주금납입의뢰서

주금납입의뢰서

금번 다음과 같이 주식회사 에스앤지를 설립하고 창립총회에서 주금납입기한을 20○○년 10월 1일까지로 하여 그 납입을 맡을 은행으로 귀 은행을 지정하였사오니 이를 취급하여 주시길 의뢰합니다.

20○○년 10월 1일

의뢰인 주식회사 에스앤지
서울시 서초구 서초동 23-1
사내이사 정 동 진

상 호 : 주식회사 에스앤지
본 점 : 서울시 서초구 서초동 23-1
공 고 방 법 : 서울특별시내에서 발행하는 일간 매일경제신문에 게재한다.
회사가 발행할 주식의 총수 : 400,000주
1주의 금액 : 금 100원
발행주식의 총수, 그 종류와 각종 주식의 내용과 수 : 100,000주(보통주식)
자본의 총액 : 금 10,000,000원정

※ 주금납입시 준비서류 : 정관, 창립총회의사록, 창립사항보고서, 조사보고서, 주식인수증, 주식청약서, 주주명부 각 사본 1부와, 주금납입의뢰서 1부, 주금납입보관증명서 3부를 주금납입 은행에 제출한다.

[사례] 주금납입보관증명서

주금납입보관증명서

일 금 일천만원정 (₩10,000,000)
발행주식의 총수 100,000주
1주의 금액 금100원

위 금액은 귀 회사 설립시에 발행하는 주식총수에 대한 납입금으로서 20○○년 10월 1일 납입이 완료되어 현재 이를 보관중임을 증명합니다.

20○○년 10월 1일

주식회사 ○○ 은행

주식회사 에스앤지 발기인대표 귀하

※ 개정상법은 소규모(자본금 총액이 10억원 미만)인 주식회사를 발기설립하는 경우에는 주금납입금 보관증명서를 금융기관의 잔고증명서로 대체할 수 있도록 하였으나(상법 제318조③. 상업등기법 제81조제11호 및 제82조제5호), 모집설립의 경우에는 공정성 확보를 위하여 현재와 같은 주금납입금보관증명서 제도를 유지하고 있다(상법 제318조①, ②). 주금납입은 주식청약서에 기재한 은행 기타 금융기관의 납입장소에 하여야 한다(상법 제305조②,제302조②).

[사례] 정관의 인증서 표지

등부 년 제 호

인 증 서

정 관

등 본

공증 인가 **法務法人 ○○**

(공증부 : 593-0000)

210mm×297mm
(보존용지(1종) 70g/㎡)

※ 이 사례는 등기신청대리인이 공증사무소에 정관인증을 촉탁하여 공증사무소에서 작성한 정관의 인증서 표지이다. 자본금 총액이 10억원 미만인 주식회사설립의 경우라도 모집설립의 경우에는 기존의 공증(인증)제도를 유지하고 있다. 공증절차를 마치면 정관 및 각 의사록에 따른 인증서를 내어주는데 이를 등기소에 제출한다.

[사례] 정관

정 관

제1장 총 칙

제1조 (상호) 당 회사는 주식회사 에스앤지라고 한다.

제2조 (목적) 당 회사는 다음 사업을 경영함을 목적으로 한다.
1. 건어물 도, 소매
2. 위 건어물 도, 소매에 관련된 부대사업일체

제3조 (본점의 소재지) 당 회사의 본점은 서울시내에 둔다.

제4조 (공고방법) 당 회사의 공고는 서울특별시내에서 발행하는 일간 매일경제신문에 게재한다.

제2장 주 식

제5조 (회사가 발행할 주식의 총수) 당 회사가 발행할 주식의 총수는 400,000주로 한다.

제6조 (1주의 금액) 당 회사가 발행하는 주식 1주의 금액은 금 100원으로 한다.

제7조 (회사의 설립시에 발행하는 주식총수) 당 회사는 설립시에 100,000주의 주식을 발행하기로 한다.

제8조 (주식 및 주권의 종류) 당 회사의 주식은 보통주식으로서 전부 기명식으로 하고 주권은 1주권, 10주권, 100주권의 3종으로 한다.

제9조 (주권 불소지) 당 회사는 주권 불소지 제도를 채택하지 아니한다.

제10조 (주금납입의 지체) 주금 납입을 지체한 주주는 납입기일 다음날부터 납입이 끝날 때까지 지체 주금 백원에 대하여 일변 십전의 비율로서 과태금을 회사에 지급하고 또 이로 인하여 손해가 생겼을 때는 그 손해를 배상하여야 한다.

第11조 (명의 개서) ① 당 회사의 주식에 관하여 명의개서를 청구함에 있어서는 당 회사에서 정하는 청구서에 기명날인 또는 서명하고 이에 주권을 첨부하여 제출하여야 한다.
② 양도 이외의 사유로 인하여 주식을 취득한 경우에는 당 회사의 청구하여 제1항의 청구서 이외에 그 사유를 증명하는 서면과 주권을 제출하여야 한다.

第12조 (질권의 등록 및 신탁재산의 표시) 당 회사의 주식에 관하여 질권의 등록 또는 신탁재산의 표시를 청구함에 있어서는 당 회사가 정하는 청구서에 당사자가 기명날인 또는 서명하고 이에 주권을 첨부하여 제출하여야 한다. 그 등록 또는 표시의 말소를 청구함에 있어서도 같다.

第13조 (주권의 재발행) ① 주권의 분할, 병합, 오손 등의 사유로 인하여 주권의 재발행을 청구함에 있어서는 당 회사가 정하는 청구서에 기명날인 또는 서명하고 이에 주권을 첨부하여 제출하여야 한다.
② 주권의 상실로 인하여 그 재발행을 청구함에 있어서는 당 회사가 정하는 청구서에 기명날인하고 이에 제권판결의 정본 또는 등본을 첨부하여 제출하여야 한다.

第14조 (수수료) 제11조 내지 제13조에서 정하는 청구를 하는 자는 당 회사가 정하는 수수료를 납부하여야 한다.

第15조 (주주명부의 폐쇄) ① 당 회사는 매년 1월 1일부터 정기주주총회의 종결일까지 주주명부의 기재의 변경을 정지한다.
② 제1항의 경우 이외의 주주 또는 질권자로서 권리를 행사할 자를 정하기 위하여 필요한 때에는 주주총회의 결의에 의하여 주주명부의 기재의 변경을 정지하고 또는 기준일을 정할 수가 있다. 이 경우에는 그 기간 또는 기준일의 2주간 전에 공고한 것으로 한다.

第16조 (주주의 주소 등의 신고) 당 회사의 주주 및 등록된 질권자 또 그 법정 대리인이나 대표자는 당 회사가 정하는 서식에 의하여 그의 성명, 주소와 인감을 당 회사에 신고하여야 한다. 신고사항에 변경이 있는 때에도 또한 같다.

제3장 주주총회

제17조 (소집) 당 회사의 정기주주총회는 영업 년도 말일의 다음날부터 3월 이내에 소집하고 임시주주총회는 필요한 경우에 수시 소집한다.

제18조 (의장) 대표이사가 주주총회의 의장이 된다. 그러나 대표이사 유고시에는 주주총회에서 선임한 다른 이사가 의장이 된다.

제19조 (결의) 주주총회의 결의는 법령 또는 정관에 다른 규정이 있는 경우를 제외하고 출석한 주주의 의결권의 과반수와 발행주식 총 4분의1 이상의 수로서 한다.

제20조 (의결권의 대리행사) 주주는 대리인으로 하여금 의결권을 행사할 수 있다. 대리인이 의결권을 행사함에는 표결 전에 그 권한을 증명하는 서면을 의장에게 제출하여야 한다.

제21조 (총회의 의사록) 주주총회의 의사록에는 의사의 경과 요령과 그 결과를 기재하고 의장과 출석한 이사가 기명날인 또는 서명하여야 한다.

제4장 임 원

제22조 (이사와 감사의 원수) 당 회사의 이사는 1인 이상을 두기로 하고, 감사는 두지 아니한다.

제23조 (이사의 선임) 당 회사의 이사는 제19조의 결의 방법에 의하여 선임한다.

제24조 (이사의 임기) 이사의 임기는 취임 후 3년으로 한다. 그러나 이사의 임기가 재임 중 최종의 결산기에 관한 정기주주총회의 종결 전에 끝날 때에는 그 정기주주총회의 종결에 이르기까지 그 임기를 연장한다. 보궐 또는 증원에 의하여 선임된 이사의 임기는 다른 이사의 잔 임기와 같이 한다.

제25조 (대표이사) ① 당 회사는 사장 1인과 필요한 경우에 부사장, 전무이사 및 상무이사 각 약간 명을 둔다.
② 사장, 부사장, 전무이사와 상무이사는 주주총회의 결의에 의하여 이사 중에서 선임한다.
③ 사장은 당 회사를 대표한다.

제29조 (업무집행) ① 사장은 당 회사의 업무를 통할하고 부사장, 전무이사 또는 상무이사는 사장을 보좌하여 그 업무를 분장한다.
② 사장이 유고시에는 미리 주주총회에서 정한 순서에 따라 부사장, 전무이사 또는 상무이사가 대표이사의 직무를 대행한다.

제30조 (보수와 퇴직금) 임원의 보수 또는 퇴직한 임원의 퇴직금은 주주총회의 결의로 정한다.

제5장 계 산

제31조 (영업연도) 당 회사의 영업연도는 매년 1월 1일부터 동년 12월 말일까지로 한다.

제32조 (재무제표. 영업보고서의 작성비치) ① 당 회사의 사장은 정기총회 회일 6주일 전에 다음 서류 및 그 부속명세서와 영업보고서를 작성하여 주주총회의 감사를 받아 정기총회에 제출하여야 한다.
1. 대차대조표
2. 손익계산서
3. 이익금 처분계산서 또는 결손금 처분계산서
② 제1항의 서류는 영업보고서, 감사보고서와 함께 정기총회 1주일 전부터 당 회사의 본점과 지점에 비치하여야 하고 총회의 승인을 얻었을 때에는 그 중 대차대조표를 지체 없이 공고하여야 한다.

제33조 (이익금의 처분) 매기 총수입금에서 총 지출금을 공제한 잔액을 이익금으로 하여 이를 다음과 같이 처분한다.
1. 이익준비금 금전에 의한 이익 배당액의 10분의 1이상
2. 별도적립금 약간
3. 주주배당금 약간
4. 임원상여금 약간
5. 후기이월금 약간

제34조 (이익 배당) 이익배당금은 매 결산기에 있어서의 주주명부에 기재된 주주 또는 질권자에게 지급한다.

부 칙

제35조 (최초의 영업연도) 당 회사의 최초 영업연도는 회사설립일로부터 동년 12월

말일로 한다.
제36조 (발기인) 발기인의 성명. 주소와 그가 설립시에 인수한 주식 수는 이 정관의 말미에 기재함과 같다.

위와 같이 주식회사 에스앤지를 설립하기 위하여 이 정관을 작성하고 발기인 전원이 이에 기명날인 또는 서명한다.

20○○년 10월 1일

주식회사 에스앤지
서울시 서초구 서초동 23-1

발 기 인 정 동 진 (540521 - 1******) (인)
경기도 성남시 상대원동160-16

※ 정관

○ 이 사례는 이사 1인이고, 감사를 두지 아니하고, 1주의 금액 100원, 자본금을 최소단위인 10,000,000원으로 하여 설립하는 경우이므로 기존의 정관에서 이사회 및 감사에 관한 규정을 모두 삭제하고 이사회의 권한을 주주총회의 권한으로 변경하고 자본금 및 주식수에 관하여 수정을 한 경우이다.

○ 정관은 1인 이상의 발기인이 작성한다(상법 제288조). 발기인은 정관의 작성자로서 각 발기인이 정관의 말미에 기명날인 또는 서명하여야 한다(상법 제289조①). 이런 뜻에서 발기인이란 주식회사의 원시정관에 발기인으로서 기명날인 또는 서명한 자를 말하며, 실질적으로 발기인으로서 회사의 설립에 진력하였다 하더라도 원시정관에 기명날인 또는 서명하지 아니한 자는 발기인이라고 할 수 없다(학설과 판례).

※ 정관의 인증

○ 상법은 소규모 회사 창업의 원활화를 위하여 자본금 총액이 10억원 미만인 회사를 발기설립하는 경우에는 "각 발기인이 정관에 기명날인 또는 서명함으로써 효력이 생긴다."고 하여 정관의 공증의무를 면제하도록 하였으나(상법 제292조), 모집설립의 경우에는 기존의 공증(인증)제도를 유지하고 있다.

○ "원시정관"은 공증인법 제62조의 규정에 의하여 본점소재지 관할 지방검찰청내의 공증인

으로부터 공증을 받아야 한다. 한편 위 공증인법은 2009. 2. 6. 개정법에서 위 규정을 삭제하였으며, 공증인법은 공포한 후 1년 이 경과한 날로부터 시행하므로, 원시정관의 관할 제한은 2010. 2. 7.부터 없어진다.

○ 정관인증의 절차 : 상법 제292조와 그 준용 규정에 따라 정관의 인증을 촉탁하려면 정관(전자문서로 작성된 정관은 제외한다) 2통을 제출하여야 한다. 정관의 인증은 촉탁인 또는 그 대리인으로 하여금 공증인 앞에서 제출된 각 정관에 발기인이 서명 또는 기명날인하였음을 확인하게 한 후 그 사실을 적는 방법으로 한다. 공증인은 공증을 한 정관 중 한 통은 자신이 보존하고 다른 한 통은 촉탁인 또는 그 대리인에게 돌려주어야 한다(공증인법 제63조). 인증비용은 213면 참조

[사례] 정관의 인증시 붙임용지

등부 년 제 호
인 증
위 주식회사 에스앤지 ··
정관에 기재된 발기인 ○○○, ○○○의 대리인 ○○○ ···············은
···
본 공증인의 면전에서 위 정관의 작성 및 그 기명 날인을 본인 등이 자인하는 것이라
고 진술하였다.
본 공증인은 위 촉탁인이 제시한 주민등록증···
에 의하여 그 사람이 틀림없음을 인정하고 촉탁에 관한 대리권은 본인의
인감 증명서가 첨부된 위임장에 의하여 이를 인정하였다.
20○○년 ○월 ○일 이 사무소에서 위 인증한다.
공증사무소명칭 공증 인가 法務法人 ○○
소속 서울중앙지방검찰청
소 재 지 표 시 서울시 서초구 서초동 1234-1
공증담당변호사 김 철 수 ㊞

210mm×297mm
(보존용지(1종) 70g/㎡)

※ 이 사례는 공증사무소에서 작성하여 정관 뒤에 첨부하는 인증문이다.

[사례] 정관의 인증시 붙임용지 중 서명날인용지

등부 년 제 호
위는 등본이다.
20○○년 ○월 ○일
공증사무소명칭 공증 인가 法務法人 ○○
소속 서울중앙지방검찰청
소 재 지 표 시 서울시 서초구 서초동 1234-1
공증담당변호사 김 철 수 ㊞

210mm×297mm
(보존용지(1종) 70g/㎡))

※ 서명날인용지 : 이 서식은 공증인이 정관인증서를 작성하는 경우에 서명용지로 사용하는 붙임서식이다.

[사례] 인감신고서

인감 · 개인(改印) 신고서

(신고하는 인감날인란) (인감제출자에 관한 사항)

상 호(명칭)		주식회사 에스앤지	등기번호	
본점(주사무소)		서울시 서초구 서초동 23-1		
인감제출자	자격/성명	대표이사 정 동 진		
	주민등록번호	540521 - 1******		
	주 소	경기도 성남시 상대원동160-16		

␣ 위와 같이 인감을 신고합니다.
␣ 위와 같이 개인(改印)하였음을 신고합니다.

20○○년 ○월 ○일 (개인인감 날인란)

신고인 본 인 성 명 (인)
대리인 성 명 (인)

서울중앙지방법원 등기국 귀중

주 1. 개인인감 날인란에는 「인감증명법」에 의하여 신고한 인감을 날인하고 그 인감증명서(발행일로부터 3개월 이내의 것)를 첨부하여야 합니다. 개인(改印)신고의 경우, 개인인감을 날인하는 대신에 등기소에 신고한 유효한 종전 인감을 날인하여도 됩니다.
2. 인감·개인신고서에는 신고하는 인감을 날인한 인감대지를 첨부하여야 합니다.
3. 지배인이 인감을 신고하는 경우에는 인감제출자의 주소란에 지배인을 둔 장소를 기재하고, 「상업등기규칙」 제36조제4항의 보증서면(영업주가 등기소에 신고한 인감 날인)을 첨부하여야 합니다.

보 증 서 면

위 신고하는 인감은 지배인 의 인감임이 틀림없음을 보증합니다.
대표이사 (법인인감)

위 임 장

성 명 : 주민등록번호(-)
주 소 :

위의 사람에게, 위 인감신고 또는 개인신고에 관한 일체의 권한을 위임함.

20○○년 ○월 ○일

인감(개인) 신고인 성 명 (인)

[사례] 인감대지

인 감 대 지

	신고하는 인감날인란	상 호(명 칭) : 주식회사 에스앤지 자격 및 성명 : 대표이사 정 동 진 주민등록번호 : 540521 - 1******

※ 인감의 제출방법
○ 대표권 있는 이사는 인감을 신고하여야 한다. 인감의 제출 또는 인감의 변경신고는, 인감(개인)신고서를 작성하여 관할 등기소에 제출하는 방식으로 한다. 인감(개인)신고서를 제출할 때에는 신고하는 인감을 찍은 인감대지(위 참조)3장을 만들어 함께 제출하여야 한다.
○ 인감은 가로·세로 2.4센티미터의 정사각형 안에 들어갈 수 있어야 한다(상업등기규칙 제36조⑤).
○ 인감(개인)신고서에는 발행일로부터 3개월 이내의 인감증명서를 첨부하여야 한다. 취임승락서에 인감증명법에 의한 인감을 첨부한 경우에는 그 인감을 원용 할 수 있다.
○ 인감대지의 자격란에는 인감신고자에 따라 대표이사(이사), 이사장, 지배인, 대리인, 상호사용자, 무능력자, 법정대리인 등으로 기재하고 성명을 기재한다.

※ 외국인의 경우
○ 인감증명제도가 있는 국가의 국민이 신고하는 경우에는 인감(개인)신고서에 본국 관공서에 신고한 인감을 날인하고 그 인감증명서를 제출한다.
○ 인감증명제도가 없는 국가의 국민이 신고하는 경우에는 인감(개인)신고서에 서명을 하고, 그 서명이 본인의 것이라는 취지의 본국 관공서의 증명이나 본국 공증인의 공증 또는 국내 공증인의 공증을 받아 제출한다.

※ 지배인 또는 대리인이 인감(개인)신고하는 경우
○ 지배인 또는 대리인이 인감(개인)신고하는 경우에는 영업주(개인 상인인 영업주를 말한다) 또는 법인의 대표자가 지배인 또는 대리인의 인감임이 틀림없음을 보증하는 서면을 제출하여야 하고, 그 보증서면에는 등기소에 제출한 영업주 또는 법인 대표자의 인감을 날인하여야 한다.

[사례] 취임승낙서

취 임 승 낙 서

본인은 20○○년 10월 1 일 주식회사 에스앤지의 창립총회에서 이사로 선임되었으므로 그 취임을 승낙합니다.

20○○년 10월 1일

사내이사 정 동 진

주식회사 에스앤지 귀중

※ 취임승낙서에는 대표권 있는 자의 인감을 날인하고 인감증명서를 첨부하여야 한다. 이사 1인이므로 취임승낙서에 사내이사로 표시하도록 한다.

[사례] 주주명부(공증용)

주 주	주소와 전자우편주소	인 수 주식수	1주금액	납 입 금 액
정 동 진	경기도 성남시 상대원동 160-16 www.ldf21@yahoo.co.kr	80,000주	100원	8,000,000원
이 철 수	경기도 성남시 상대원동 103-5 www.yui77@yahoo.co.kr	20,000주	100원	2,000,000원
합 계		100,000주		금 10,000,000원정

위 주주명부는 본사에 비치된 주주명부와 대조하여 틀림이 없음을 증명합니다.

20○○년 10월 1일

주식회사 에스앤지
서울시 서초구 서초동 23-1
대표이사 정 동 진 (법인)

※ 전자주주명부제도

○ 회사는 정관에서 정하는 바에 따라 전자문서로 주주명부를 작성할 수 있다(상법 제352조

의2①). 전자주주명부에는 상법 제352조①의 기재사항 외에 전자우편주소를 적어야 한다.

○ 개정법은 기업경영의 IT화를 위하여 주주총회에 직접 참석하거나 대리인에게 투표를 위임하지 않더라도 전자서명 등 본인인증절차를 거쳐 인터넷으로 의결권을 행사하는 전자투표제도가 도입됐다(상법 제368조의4, 제382조의2). 이와 함께 주주들이 서면 외에도 이메일 등 전자문서를 통해 주주제안권 및 임시주주총회 소집청구권을 행사할 수 있도록 했다. 전자투표제도를 도입함에 따라 일반 주주명부를 전자문서로 된 주주명부로 대체할 필요가 있어서 제도화한 것이다.

[사례] 진술서(공증용)

<table>
<tr><td colspan="2" align="center">진 술 서</td></tr>
<tr><td>법 인 명</td><td>주식회사 에스앤지</td></tr>
<tr><td>소 재 지</td><td>서울시 서초구 서초동 23-1</td></tr>
<tr><td>회의의종류</td><td>창립총회( ) 이사회( )</td></tr>
<tr><td>소 집 일 시</td><td>20○○년 10월 1일</td></tr>
<tr><td>소 집 장 소</td><td>본점 회의실</td></tr>
<tr><td colspan="2">본인은 백영공증인합동사무소에서 위 법인의 의사록의 인증을 촉탁함에 있어서, 위 법인의 대표이사로서 위 회의가 적법하게 소집되었으며, 결의의 절차와 내용이 진실에 부합함을 진술합니다.

20○○년 10월 1일

위 진술인 주식회사 에스앤지
서울시 서초구 서초동 23-1
대표이사 정 동 진</td></tr>
</table>

※ 공증시 첨부하는 서류이다.

[사례] 위임장(공증용)

위 임 장

법무사 성명 변 강 림
주소 서울 강동구 성내동 319-33
전화 전화 595-1235

위 사람을 본인의 대리인으로 정하여 공증인가 법무법인 서울합동법률사무소에서 다음 사서증서 인증을 촉탁하는 일체의 권한을 위임합니다.

다 음

1. 창립총회의사록 1. 창립사항보고서 1. 조사보고서 1. 이사회의사록 1. 정관

20○○년 10월 1일

위임인 주식회사 에스앤지
서울시 서초구 서초동 23-1
대표이사 정 동 진

※ 공증시 준비서류 : 정관, 창립총회의사록, 창립사항보고서, 조사보고서, 이사회의사록, 주주명부, 진술서 각 3부를 준비한다. 이사회의사록에 날인한 1인 이사는 공증용 위임장에 인감을 날인하고 개인인감증명을 첨부한다.

※ 모집설립의 경우에는 기존의 공증(인증)제도를 유지하고 있다. 공증비용 등은 213면 참조.

※ 이 위임장은 법무사에게 주식회사설립등기를 의뢰하는 경우 공증(인증)대리의 권한을 법무사에게 위임하는 서류로써 공증사무소에 제출하는 서류이다.

[사례] 인감카드 등 (재)발급신청서

인감카드 등 (재)발급신청서

(인감제출자에 관한 사항)

상호(명칭)		주식회사 에스앤지	등기번호	
본점(주사무소)		서울시 서초구 서초동 23-1		
인감 제출자	자격 / 성명	대표이사 정 동 진		
	주민등록번호	540521 - 1******		

발급사유	␣ 최초발급 ␣ 카드분실 ␣ 카드훼손 ␣ 인감증명서발급기능 ␣ 기타 ( )		
매체구분	␣ 인감카드 ␣ HSM USB	인감카드 비밀번호	

위와 같이 인감카드 등의 (재)발급을 신청합니다.

20○○년 ○월 ○일

신청인 인감제출자 (본 인) 성 명 (인) (전화 :)
(대리인) 성 명 (인) (전화 :)

서울중앙지방법원 등기국 귀중

접수번호		인감카드번호	

- 대법원수입증지를 붙이는 란 -

주 1. 인감카드 비밀번호란에는 (재)발급받아 사용할 인감카드의 비밀번호를 기재하며, 아라비아숫자 6자릿수를 기재하여야 합니다. 비밀번호는 인감카드와 함께 인감증명서의 발급을 신청할 권한이 있는 것으로 보게 되는 중요한 자료이므로 권한이 없는 사람이 알지 못하도록 주의하시기 바랍니다.

2. 인감카드의 재발급을 신청할 때에는 「등기부 등·초본 등 수수료규칙」 제5조의7에 의하여 5,000원 상당의 대법원수입증지를 이 란에 붙여야 합니다. 다만, 인감카드를 반납할 때에는 붙일 필요가 없습니다.

위 임 장

성 명 : 법무사 ○ ○ ○ 주민등록번호(123456 - 7891234)
주 소 : 서울 ○○구 ○○동 123-4

위의 사람에게, 위 (재)발급신청서에 기재된 인감카드 등의 발급신청과 그 수령 등에 관한 일체의 권한을 위임함.

20○○년 ○월 ○일

인감신고인 성 명 (인)

[사례] 주식회사 설립등기(모집설립, 이사2인, 이사회구성하지 아니하고, 감사를 두지 않은 경우, 자본금 10,000,000원)

주식회사 설립등기신청

<table>
<tr><td rowspan="2">접
수</td><td>년 월 일</td><td rowspan="2">처
리
인</td><td>접 수</td><td>조 사</td><td>기 입</td><td>교 합</td><td>각종통지</td></tr>
<tr><td>제 호</td><td></td><td></td><td></td><td></td><td></td></tr>
</table>

등 기 의 목 적	주식회사 설립
등 기 의 사 유	정관을 작성하고 공증인의 인증을 받아 발기인이 회사 설립시에 발행하는 주식의 일부를 인수하고 주주를 모집하여 주금납입을 완료하여 20○○년 ○월 ○일 창립총회를 종결하였으므로 다음 사항의 등기를 구함.
본/지점 신청구분	1. 본점신청 □ 2. 지점신청 □ 3. 본 · 지점 일괄신청 □
등 기 할 사 항	
상 호	주식회사 에이앤씨
본 점	김포시 김포읍 조양동 45-20
공 고 방 법	서울특별시내에서 발행하는 일간 한국경제신문에 게재한다.
1주의 금 액	금100원
발 행 할 주식의 총수	400,000주
발행주식의 총수, 그 종류와 각종 주식의 내용과 수	100,000주 보통주식
자본의 총액	금 10,000,000원정

등 기 할 사 항	
목 적	1. 기계부품제조 및 도, 소매업 2. 보일러, 열풍기, 건조기, 난로 제조판매 3. 위 각호에 관련된 부대사업일체
이사 · 감사의 성명 및 주민등록번호	사내이사 황 동 수 (540521 - 1******) 사내이사 홍 길 동 (400401 - 1******)
대표이사의 성명과 주소	황 동 수 인천시 강화군 강화읍 서지동 480-5
지 점	
존립기간 또는 해산사유	
기 타 (주식의 양도에 관하여 이사회의 승인을 얻도록 정한 때에는 그 규정, 명의개서대리인을 둔 때에는 그 상호와 본점소재지 등)	

<table>
<tr><td colspan="7">신청등기소 및 등록면허세/수수료</td></tr>
<tr><td rowspan="2">순번</td><td rowspan="2">신청등기소</td><td rowspan="2">구분</td><td>등록면허세</td><td rowspan="2">농어촌특별세</td><td rowspan="2">세액합계</td><td rowspan="2">등기신청수수료</td></tr>
<tr><td>지방교육세</td></tr>
<tr><td rowspan="2"></td><td rowspan="2"></td><td rowspan="2"></td><td>금 337,500원</td><td rowspan="2"></td><td rowspan="2">금405,000원</td><td rowspan="2">금 30,000원</td></tr>
<tr><td>금 67,500원</td></tr>
<tr><td></td><td></td><td></td><td></td><td></td><td></td><td></td></tr>
<tr><td colspan="3" rowspan="2">합 계</td><td></td><td rowspan="2"></td><td rowspan="2"></td><td rowspan="2"></td></tr>
<tr><td></td></tr>
<tr><td colspan="2">과 세 표 준 액</td><td colspan="5">금 2,500 원</td></tr>
<tr><td colspan="7">첨 부 서 면</td></tr>
<tr><td colspan="4">1. 정 관(공증받은 것) 통
1. 주식의 인수를 증명하는 서면 통
1. 주식청약서 통
1. 주식발행사항동의서 통
1. 창립총회의사록(공증받은 것) 통
1. 주금납입보관증명서 통
1. 이사·감사 또는 감사위원회의조사보고서 통</td><td colspan="3">1. 취임승낙서(인감증명서포함) 통
1. 주민등록표등(초)본 통
1. 인감신고서 통
1. 등록면허세영수필확인서 통
1. 위임장(대리인이 신청할 경우) 통

<기 타></td></tr>
<tr><td colspan="7">20○○년 10월 1일

신청인 상 호 주식회사 에이앤씨
본 점 김포시 김포읍 조양동 45-20
대표이사 성 명 황 동 수 (인) (전화 :)
주 소 강화군 강화읍 서지동 480-5
대리인 성 명 법무사 이 장 수 (인) (전화 :)
주 소 서울시 강동구 명일동 246-5
인천지방법원 부천지원 김포등기소 귀중</td></tr>
</table>

<table>
<tr><td>- 신청서 작성요령 및 등기수입증지 첨부란 -
1. 해당란이 부족할 때에는 별지를 이용합니다.
1. 해당 등기신청과 관계없는 사항에 대하여는 "해당없음"으로 기재하거나 삭제하고, 필요한 사항은 추가 기재합니다.</td></tr>
</table>

(용지규격 21㎝× 29.7㎝)

※ 모집설립의 의의

○ 모집설립의 의의와 발기설립과의 차이점에 관하여는 207면 이하 참조.

※ 소규모회사 모집설립절차

○ 이 사례는 액면주식의 법정 최소단위인 1주의 금액 100원, 자본금10,000,000원으로 하고, 이사는 2명, 이사회를 구성하지 아니하고, 감사도 두지 아니하고 설립하는 경우의 사례이다.

※ 1주의 금액

○ 액면주식은 액면가의 기재가 있는 주식으로서, 주권에 그 표창하는 주식의 수 이외에 1주의 금액이 기재되고(상법 제356조iii), 정관에도 그 금액의 기재가 되어야 한다. 액면주식의 경우 1주의 금액은100원 이상이어야 하고(상법 제329조④), 또 균일하여야 한다(상법 제329조③). 회사가 수종의 주식을 발행하는 경우에도 같다. 1주의 금액에 관한 위 규정은 설립시 발행하는 주식뿐만 아니라, 장래에 발행하는 주식까지 포함한다.

○ 회사가 발행할 주식의 총수, 1주의 금액, 회사의 설립시에 발행하는 주식의 총수는 반드시 정관으로 정하는 것이나(상법 제289조①), 그 외의 주식발행에 관한 사항은 정관에 다른 규정이 없는 한 발기인이 정할 수 있다.

○ 정관에서 우선주식·후배주식(後配株式)·상환주식·전환주식·의결권 없는 주식 등 수종의 주식을 정하고 있는 경우에는 그 범위 내에서 어느 종류의 주식을 각 몇 주씩 발행할 것인가를 정하여야 한다. 후술의 주식발행사항동의서 273면 참조

※ 발행예정주식총수, 발행주식의 총수 그 종류와 각종 주식의 내용과 수

○ 발행예정주식총수 중에서 회사의 설립시에 발행하는 주식의 총수를 기재하여야 하는데, 이는 설립시에 회사의 자본적 기초와 신주발행을 위한 이사회의 수권의 범위를 명확히 하는데 그 취지가 있다.

○ 위 발행예정주식총수 중 설립시에 발행하는 주식 수를 공제한 나머지는 소위 수권주식(授權資本)으로서, 설립이후는 제한규정이 없으므로 무제한으로 이사회의 결의에 의하여 수시로 신주를 발행하게 된다. 회사의 설립 후에 발행하는 주식의 수는 등기사항이나 정관의 기재사항은 아니다. 신주발행에서 다룬다.

※ 소규모 회사에서의 이사회제도

○ 개정 상법은 자본의 총액이 10억 원 미만인 회사는 1인 또는 2인으로 할 수 있다(상법 제383조①). 정관으로 그 이상의 최소인원수를 정할 수 있다.

○ 개정 상법 제383조④부터 ⑥까지를 신설하였는바, 소규모 회사로서 이사가 2인인 회사도 1인 이사와 같이 이사회의 권한을 이사와 주주총회에 부여하였으며, 2인 이사가 전적으로 주주총회의 감독을 받아 업무집행을 담당하고 회사를 대표하게 된다. 구체적인 설명

후술 창립총회의사록 말미 259면 참조).

○ 이사명칭 : 상법 제317조② 제8호가 개정(2009. 2. 4 시행)됨에 따라 주식회사의 이사명칭 등기방법이 변경되었다. 따라서 주식회사 이사의 명칭을 사내이사, 사외이사, 기타비상무이사로 구분하여 등기하여야 한다.

※ 채권매입

○ 상업등기신청서의 양식에 관한 예규(제1274호)는 2008.12.01 각종 회사설립등기신청서 양식에서 "채권매입액"란과 "채권발행번호(국민주택채권을 매입한 경우)"란을 삭제하였다. 주택법시행령의 개정(2008. 11. 5)으로 회사설립등기 시 국민주택채권 매입의무가 없어졌고 도시철도채권의 매입의무도 도시철도법시행령의 개정(2009. 1. 1)으로 매입의무가 없다. 이를 신청서 양식에 반영한 것이다.

※ 등록면허세와 지방교육세

○ 자본금의 4/1000에 해당하는 등록면허세를 납부하여야 한다. 그러나 대통령으로 정하는 대도시내에서의 설립등기 시에는 당해세율의 3배의 등록면허세를 납부하여야 한다(지세법 제28조②). 여기서 대도시라 함은 수도권정비계획법 제6조①제1호의 규정에 의한 과밀억제권을 말한다(과밀억제권역 638면 참조). 사회기반시설사업(사회간접자본시설에 대한 민간투자법 제2조②), 전기통신사업(전기통신사업법 제4조), 소프트웨어산업(소프트웨어산업진흥법) 등은 중과세 대상에서 제외 된다. 등록면허세가 조세특례제한법과 지방세법에 의하여 감면되는 경우에는 "농어촌특별세"를 납부하여야 한다. "농어촌특별세"는 등록면허세액의 20/100이다. 신청서에는 등록면허세 감면 통지서 또는 등록면허세 감면확인서 기타 등록면허세가 면제됨을 확인하는 소관 지방자치단체의 장의 서면을 첨부하여야 한다. 등록면허세액이 112,500원 미만일 때에는 112,500원으로 한다.
이 사례의 경우 등록면허세액이 112,500원 미만이므로 112,500원으로 하였고 과밀억제권역에서 설립하는 경우이므로 당해세율의 3배의 등록면허세로 하여 세액합계가 금405,000원이 된 것이다.

○ 지방교육세 : 등록면허세액의 20/100에 해당하는 지방교육세를 납부하여야 하므로 이 사례의 경우 금45,000원을 계산하였다.

○ 등록면허세·지방교육세 납부절차
등록·지방교육세는 관할시, 군, 구청을 방문하여 등록면허세액신고서(등록면허세액신고서는 각 시, 군, 구청에 비치되어 있다)를 작성하고 납세고지서를 발부받아 직접 금융기관에 납부하고 그 영수증(등록면허세영수필확인서)을 등기신청서 "을"지 즉, "신청등기소 및 등록면허세/수수료"란에 붙인다.

등록면허세는 회사 본점 소재지를 관할하는 각 시·군·구의 시중은행에 납부할 수 있으며, 위 관할을 벗어나는 경우는 전국의 우체국과 농협에서 수납할 수 있다.

※ 공증(인증) 및 비용

○ 개정 상법 및 공증인법은 자본금의 총액이 10억원 미만인 회사를 발기설립하는 경우에는 정관, 발기인총회의사록, 이사회의사록의 인증의무를 면제하였으나(상법 제292조, 공증인법 제66조의2①), 모집설립의 경우에는 면제하지 아니하였으므로 기존의 방법 그대로 인증절차를 거쳐야 한다.

○ 자본금에 따른 공증료(정관인증수수료)
현재 공증인수수료규칙 제21조 ①은 "상법의 규정에 의한 정관인증의 수수료는 발행주식의 액면총액 5천만원까지는 80,000원으로 하고, 5천만원을 초과할 경우에는 그 초과액의 2천분의 1을 더하되 100만원을 초과하지 못한다."고 규정하고 있다. 예컨대 자본금이1억원인 경우에는 공증료는 130,000원(80,000+50,000원 정관공증료 포함)이 되는 것이고, 이 사례의 경우는 80,000원이 되는 것이다.

○ 의사록의 공증(인증)료는 건당 30,000원이다. 이 사례의 경우 이사회의사록이 없으므로 주주총회의사록 공증료 30,000원만 들어간다.

○ 공증절차가 완료되면 각각의 인증서를 내 주는데 정관 등 인증받은 서류 뒤에 철한다.

※ 등기신청 수수료

○ 등기신청 수수료 : 2009. 6. 1부터 설립등기 및 본점타관이전의 경우 20,000원 하던 등기신청수수료는 30,000원으로, 각종 변경등기신청의 경우 4,000원 하던 수수료는 6,000원으로 변경되었다. 변경된 수수료 내역 636면 참조.

○등기신청 수수료(30,000원)의 납부는 그 수수료 상당액을 전자적 방법으로 납부하거나, 법원행정처장이 지정하는 금융기관에 현금으로 납부한 후 이를 증명하는 서면을 등기신청서에 첨부하여 제출하는 방법으로 한다. 다만, 해당 신청사건을 관할하는 지방법원, 그 지원 또는 등기소에 신청수수료 납부기능이 있는 무인발급기가 설치된 경우에는 이를 이용하는 방법으로 수수료를 납부할 수 있다.

※ 등기신청관련자료

○ 과밀억제권역(740면 참조)

○ 중과세대상에서 제외되는 업종(741면 참조)

○ 법인의 등록면허세액(739면 참조)

○ 등기신청수수료(738면 참조)

[사례] 위임장(등기소 제출용)

위 임 장

법무사 성 명 이 장 수
주 소 서울시 강동구 명일동 246-5
전 화 585-3635

본인은 위 사람을 대리인으로 정하고 다음의 권한을 위임합니다.

다 음

1. 본 회사의 설립등기 신청 및 취하에 관한 일체의 행위.
2. 복대리인의 선임
3. 위 각호의 행위에 관계되는 행위

20○○년 ○월 ○일

위임인 상 호 주식회사 에이앤씨
주 소 김포시 김포읍 조양동 45-20
대표이사 황 동 수 (법인인감)

※ 이 위임장은 법무사에게 주식회사설립등기를 의뢰하는 경우 대리의 권한을 법무사에게 위임하는 서류로써 등기소에 제출하는 서류이다.

[사례] 창립총회의사록 인증서 표지

<table>
<tr><td>
등부　　　년 제　　　호

인 증 서

공증
인가　法務法人 ○○
(공증부 : 593-0000)
</td></tr>
</table>

210mm×297mm
(보존용지(1종) 70g/㎡)

※ 이 사례는 등기신청대리인이 공증사무소에 의사록인증을 촉탁하여 공증사무소에서 작성한 의사록의 인증서 표지이다.

○ 개정 상법 및 공증인법은 자본금의 총액이 10억원 미만인 회사를 발기설립하는 경우에는 정관, 발기인총회의사록, 이사회의사록의 인증의무를 면제하였으나(상법 제292조, 공증인법 제66조의2①), 모집설립의 경우에는 면제하지 아니하였으므로 기존의 방법 그대로 인증절차를 거쳐야 한다.

[사례] 창립총회 의사록

창립총회 의사록

20○○년 10월 1일 9시 김포시 김포읍 조양동 45-20에서 창립총회를 개최하다.

주주 총수 2명 주식의 총수 100,000 주
출석 주주 수 2명 인수주식 수 100,000 주

발기인 대표 황동수는 위와 같이 상법 제309조 소정의 법정수에 달하는 주주가 출석하였으므로 본 총회는 적법하게 성립됨을 알리고, 의사를 진행하기 전에 의장을 선임할 것을 구한바, 주주전원 만장일치로 발기인 대표를 의장으로 선임한즉 동인은 그 취임을 승낙하고 의장석에 등단하여 개회를 선언하고 다음 의안의 심의를 구하다.

제 1호 의안 : 창립사항보고에 관한 건

의장은 발기인을 대표하여 별지 창립사항 보고서와 같이 본 창립총회까지의 경과를 소상히 설명, 보고한바, 전원일치로 이를 승낙하다.

제 2호 의안 : 정관 승인의 건

의장은 정관을 낭독하고 축조 설명을 가한 후 그 가부를 물은바, 전원일치로 원안대로 승인하다.

제 3호 의안 : 이사, 감사 선임의 건

의장은 감사를 두지 않고 이사 2인을 두기로 하는 정관규정에 따라 이사의 선임방법을 물은 즉 사내이사 2명을 무기명 비밀투표로 선출하기로 전원 일치되어 즉시 투표한 결과 다음과 같이 선출되다.

사내이사 : 황 동 수
사내이사 : 홍 길 동

위 피선자들은 즉석에서 그 취임을 승낙하다.

제 4호 의안 : 상법 제313조 소정사항 조사보고의 건

의장은 발기인이 아닌 사내이사 홍길동을 검사인으로 지명하자 전원 이의 없이 사내이사 홍길동을 검사인으로 선임할 것을 만장일치로 가결하다.

검사인 : 홍 길 동

위 사람은 즉석에서 이를 승낙하고 조사에 착수하다.
의장은 위 조사보고를 기다리기 위하여 잠시 휴회한 후 속회하다.
검사인은 별지 조사보고서와 같이 보고한 즉 만장일치로 승인하다.

제 5호 의안 : 본점설치 장소 결정의 건

의장은 본 회사 본점을 다음 장소에 설치함이 적당한 뜻을 설명하고 그 가부를 물은즉 만장일치로 이의 없이 승인하다.

본 점 : 김포시 김포읍 조양동 45-20

제 6호 의안 : 대표이사 선임의건

의장은 본 회사의 대표이사를 선임하여 줄 것을 물은즉 주주 전원은 신중하게 협의한 결과 다음 사람이 회사를 대표할 이사에 선임되어 선임된 사람은 즉석에서 그 취임을 승낙하다.

대표이사 : 황 동 수

이상으로서 금일 총회의 목적인 의안이 전부 심의 종료 하였으므로 의장은 폐회를 선언하다. (폐회시각은 9시 30분)

위 의사의 결의를 명확하게 하기 위하여 이 의사록을 작성하고 의장과 출석한 이사,가 다음에 기명날인하다.

20○○년 10월 1일

주식회사 에이앤씨
김포시 김포읍 조양동 45-20
의장겸사내이사 황 동 수 (인)
사내이사 홍 길 동 (인)

※ 창립총회

○ 개정 상법은 자본금 총액이 10억원 미만인 회사는 주주 전원의 동의가 있을 경우에는 주주총회소집절차를 생략할 수 있고, 서면에 의한 주주총회 결의도 허용하였다(상법 제363조⑤).

○ 창립총회의 결의는 출석한 주식인수인의 의결권의 3분의 2이상이며 인수된 주식총수의

과반수에 해당하는 다수로 한다(상법 제309조).

○ 창립총회는 창립에 관한 보고청취(상법 제311조), 이사와 감사의 선임(상법 제312조), 설립경과의 조사(상법 제313조), 변태설립사항의 변경(상법 제314조), 정관변경 또는 설립폐지의 결의(상법 제316조), 본점과 지점의 소재장소 결정 등의 권한이 있다.

※ 이사 2인의 설립

○ 이 신청서의 경우 자본의 총액이 10억 원 미만인 회사가 이사 2인으로 이사회를 구성하지 아니하고, 감사를 두지 아니하고, 모집설립하는 경우이다.

○ 개정 상법 제383조는 ④부터 ⑥까지 신설하여 소규모 회사로서 이사가 1명 또는 2명인 회사는 이사회의 권한을 이사와 주주총회에 부여하고 있다. 따라서 양도제한주식의 양도 시 승인, 주식매수선택권 부여 취소, 경업금지, 이사의 자기거래 승인, 신주의 발행결정, 전환사채, 신주인수권부사채의 발행결정, 준비금의 자본전입, 중간배당의 경우 주주총회에서 결정한다. 그러나 이사가 2명인 경우도 각자의 의견이 달라서 업무집행에 관한 의사결정을 할 수 없을 경우에는 이사회를 구성 할 수 있다.

○ 종전에는 이사가 2명인 경우에 주주총회소집결정권한, 업무집행결정권(지배인 선임·해임, 지점의 설치, 이전, 폐지 등) 등의 경우 이사회에 권한이었으나, 개정법에서는 각 이사(또는 대표이사)에게 권한이 있다.

○ 이사가 2명인 경우 원칙적으로 각 이사가 회사를 대표하며, 정관에 따라 대표이사를 정한 경우에는 대표이사가 회사를 대표한다. 공동대표로 할 수도 있다. 2명의 이사가 회사를 각자 대표하는 경우에는 각 이사를 “사내이사”로 기재하고, 그 성명, 주민등록번호 및 주소를 같이 기재하고, 정관에 따라 대표이사를 정한 경우에는 각 이사를 “사내이사”로 기재하고, 그 성명, 주민등록번호를 기재하고, 대표이사의 성명, 주민등록번호 및 주소를 같이 기재한다(대법원 등기예규 제1297호 2009. 5. 28. 결재).

○ 이사의 임기 : 이사의 임기는 3년을 초과하지 못한다(상법 제383조②). 그러나 정관으로 그 임기 중의 최종의 결산기에 관한 정기주주총회의 종결에 이르기까지 연장할 수 있다(상법 제383조③). 여기의 "임기 중의 최종의 결산기"라 함은 임기 중에 도래한 최종의 결산기로서 당해 결산기가 임기 중에 도래한 경우를 말한다.

※ 주식회사 설립등기 시 이사명칭 등기방법의 변경

○ 상법 제317조② 제8호가 개정(2009. 2. 4 시행)됨에 따라 주식회사의 설립 시 이사명칭 등기방법이 변경되었다. 따라서 주식회사 설립등기 시 이사의 명칭을 사내이사, 사외이사, 기타비상무이사로 구분하여 등기하여야 한다.

○ 신청서에 첨부된 주주총회의사록 등에 사내이사, 사외이사, 기타비상무이사로 구분하여

선임한 사실이 기재되어 있어야 한다. 특히 사외이사, 기타비상무이사는 명확히 의사록에 나타나 있어야 한다. 등기신청서에 첨부된 이사선임 등의 의사록에 이사의 종류를 구분하지 않고 단순히 '이사'로 기재된 경우에는 "사내이사"로 수리될 수 있다.

※ 감사의 선임

○ 개정 상법은 소규모(자본금의 총액이 10억원 미만)인 회사를 설립하는 경우에 감사 선임을 회사가 자율적으로 할 수 있도록 하였다(상법 제409조④). 감사를 선임하지 아니할 경우에는 주주총회가 이사의 업무 및 재산상태에 관하여 직접 감독·감시하도록 하였다(동조⑥). 이 사례는 감사를 두지 아니하는 경우의 사례이다.

[사례] 의사록의 인증시 붙임용지

등부 년 제 호	
인 증	
위 주식회사 에이엔씨 ··· 의	
20○○년 10월 1일자 창립총회의사록에 대하여 ·······································	
주주겸 의장이사○○○, 주주겸 사내이사○○○, 주주겸 사내이사○○○·········의	
대리인○○○은 ··	
본 공증인의 면전에서 위 의사록의 내용이 진실에 부합한다고 진술하고, 그 기명 날인	
이 본인의 것임을 확인하였다.	
본 공증인은 위 진술과 아래 기재 자료에 의하여 그 결의의 절차와 내용이 진실에	
부합함을 확인하였다.	
20○○년 ○월 ○일 이 사무소에서 위 인증한다.	
공증사무소명칭	공증 인가 法務法人 ○○
소 속	서울중앙지방검찰청 소속
소재지 표시	서울 강남구 00동 123-7
공증담당	변호사 ○○○ ㊞
아 래	
1. 진술서 2. 주주명부	
3. 법인등기부 등본 4. 정관	

210mm×297mm
(보존용지(1종) 70g/㎡)

※ 이 사례는 공증사무소에서 작성하여 의사록 뒤에 첨부하는 인증문이다.

[사례] 발기인의 창립사항보고서

창립사항보고서

본인 들은 본 회사의 발기인인바, 창립에 관한 사항을 다음과 같이 보고합니다.

1. 본인 등은 사업목적을 정관 제2조와 같이 정하고,
   회사가 발행할 주식의 총수는 400,000 주
   설립시에 발행하는 주식의 총수는 100,000 주
   1주의 금액 금 100원
   자본금 10,000,000원
   으로 하는 주식회사를 설립하고자 기획하였음.

2. 본인들은 황 동 수를 발기인 대표로 선임하고 회사가 설립하기까지의 필요한 사항에 있어 발기인을 대표하기로 하였음.

3. 발기인 전원이 모여 20○○년 ○월 ○일 정관을 작성하고 공증인가 법무법인에게 동년 ○월 ○일 인증을 받았음.

4. 20○○년 9월 6 일 발기인은 설립시에 발행하는 주식의 총수 100,000 주 중 70,000주만을 인수하고 잔여주식 30,000주에 대하여는 주식청약서를 작성하고 주주모집에 착수하였음.

5. 위 모집에 앞서 발기인 전원의 동의를 얻어 액면 1주의 금액을 금 100원으로 정하고 모집하였던바 동년 9월 6일까지 소정의 주식인수 청약이 있어 합계30,000주에 달하였음.

6. 위 주식인수에 대하여 20○○년 9월 6일 납입을 맡을 은행인 주식회사 국민은행 성내동지점에 동년 9월 6일까지 주금을 납입할 것을 통지 하였던바, 동년 ○월 ○일 그 납입이 완료되었으며 납입금은 발기인 대표명의로 별단예금으로 보관되어 있으며 위 은행에서 발행한 주금납입보관증명서에 의하여 납입을 확증함.

7. 본 회사는 현물출자를 한사람은 1명도 없고 기타 법원에 검사인 선임 신청을 할 사유를 정관에 정한 바 없으므로 달리 하등의 절차를 밟을 필요가 없음.

8. 이상과 같이 인수와 납입이 완료 되었으므로 본인 등은 속히 회사를 성립시키고자 주식인수인 전원의 동의를 얻어 법정기간을 단축하여 금일 창립총회를 개최하게 된 바임.

위와 같이 보고함.

20○○년 10월 1일

주식회사 에이앤씨
김포시 김포읍 조양동 45-20

발 기 인 황 동 수 (540521 - 1******) (인)
인천시 강화군 강화읍 서지동 1120-5

발 기 인 서 운 하 (400401 - 2******) (인)
경기도 광명시 요하동 1120-3

※ 발기인의 보고

○ 발기인은 회사의 창립에 관한 사항을 서면에 의하여 창립총회에 보고하여야 한다(상법 제311조①). 보고서에는 "주식인수와 납입에 관한 제반상황, 제290조에 게기한 사항에 관한 실태"를 명확히 기재하여야 한다.

[사례] 이사의 조사보고서

조사보고서

20○○년 10월 1일 주식회사 에이앤씨의 창립총회에서 본인들은 이사로 선임되었으므로 상법 제310조 제1항(제298조 제1항)의 규정에 의하여 조사한 결과는 다음과 같음.

조사사항

1. 회사 설립시 발행하는 주식총수에 대한 인수와 정확여부
   본 회사가 발행할 주식의 총수는 100주이며, 설립시 발행하는 주식의 총수25주(1주의 금액 금100원)인데 그 인수내역은 다음과 같다.
   1) 발기인이 인수한 주수 : 보통주식 70,000주 20○○년 ○월 ○일 인수완료
   2) 주식청약인이 인수한 주수 : 보통주식 30,000주 20○○년 ○월 ○일 인수완료

2. 인수 주식수에 대한 납입의 정확여부
   설립시에 발행하는 주식총수 100,000주에 대하여 금 10,000,000 원의 납입금이 20○○년 ○월 ○일 납입이 완료되었음은 국민은행 성내 동지점이 발행한 주금납입보관증명서에 의하여 명확함.

3. 현물출자 기타 조사사항
   회사가 부담할 설립비용이나 기타 현물출자를 하는 자와 상법 제290조 규정사항을 정관에 정한 바 없으므로 검사인을 선임할 필요가 없으므로 그에 대한 정확여부는 조사할 필요가 없었음.

4. 기타 설립에 관한 모든 사항이 법령 또는 정관의 규정에 위반하지 아니함이 인정된다.

이상 상법의 규정에 의하여 보고함.

20○○년 ○월 ○일

주식회사 에이앤씨

김포시 김포읍 조양동 45-20

검사인 사내이사 홍 길 동 (인)

※ 이사·감사의 조사·보고

○ 이사와 감사는 취임후 지체없이 회사의 설립에 관한 모든 사항이 법령 또는 정관의 규정에 위반되지 아니하는지의 여부를 조사하여 창립총회에 보고하여야 한다(상법 제

313조①).

○ 이사와 감사 중 발기인이었던 자, 현물출자자 또는 회사성립 후 양수할 재산의 계약당사자인 자는 위 조사·보고에 참가하지 못한다(상법 제313조②, 재298조②). 이사와 감사의 전원이 위 규정에 해당하는 때에는 이사는 공증인으로 하여금 이를 조사·보고를 하게 하여야 한다(상법 제313조②, 제298조③).

[사례] 창립총회 소집기간 생략 동의서

창립총회 소집기간 생략 동의서

본인 등은 주식회사 에이앤씨의 주주인바, 창립총회를 상법 제363조 제5항에 따라 소집절차를 생략하여 20○○년 10월 1일 창립사무소에서 개최하는데 대하여 이의 없이 동의합니다.

20○○년 10월 1일

발 기 인 황 동 수(540521 - 1******) (인)
인천시 강화군 강화읍 서지동 1120-5

발 기 인 서 운 하(400401 - 2******) (인)
경기도 광명시 요하동 1120-3

※ 소규모회사의 경우 소집절차 생략

○ 개정법은 자본금 총액이 10억원 미만인 회사가 주주총회를 소집하는 경우에는 주주총회일의 10일 전에 각 주주에게 서면으로 통지를 발송하거나 각 주주의 동의를 받아 전자문서로 통지를 발송할 수 있고, 무기명식의 주권을 발행한 경우에는 주주총회일의 2주 전에 주주총회를 소집하는 뜻과 회의의 목적사항을 공고할 수 있도록 하였으며(상법 제308조②, 제363조④), 자본금 총액이 10억원 미만인 회사는 주주 전원의 동의가 있을 경우에는 위 소집절차 없이 주주총회를 개최할 수 있도록 하였다(상법 제363조⑤). 따라서 종전에는 창립총회단축기간동의서를 첨부하였으나 자본금 총액이 10억원 미만인 회사는 주주 전원의 동의로 소집기간을 생략할 수 있다.

[사례] 주금납입의뢰서

주금납입의뢰서

금번 다음과 같이 주식회사 에이앤씨를 설립하고 창립총회에서 주금납입기한을 20○○년 10월 1일까지로 하여 그 납입을 맡을 은행으로 귀 은행을 지정하였사오니 이를 취급하여 주시길 의뢰합니다.

20○○년 10월 1일

의뢰인 주식회사 에이앤씨
김포시 김포읍 조양동 45-20
대표이사 황 동 수

상 호 : 주식회사 에이앤씨
본 점 : 김포시 김포읍 조양동 45-20
공 고 방 법 : 서울특별시내에서 발행하는 일간 매일경제신문에 게재한다.
회사가 발행할 주식의 총수 : 400,000주
1주의 금액 : 금 100원
발행주식의 총수, 그 종류와 각종 주식의 내용과 수 : 100,000주(보통주식)
자본의 총액 : 금 10,000,000원정

※ 주금납입시 준비서류 : 정관, 창립총회의사록, 창립사항보고서, 조사보고서, 이사회의사록, 주식인수증, 주식청약서, 주주명부 각 사본 1부와, 주금납입의뢰서 1부, 주금납입보관증명서 3부를 주금납입 은행에 제출한다.

[사례] 주금납입보관증명서

주금납입보관증명서

일 금일천만원정(₩10,000,000)
발행주식의 총수 100,000주
1주의 금액 금100원

위 금액은 귀 회사 설립시에 발행하는 주식총수에 대한 납입금으로서 20○○년 ○월 ○일 납입이 완료되어 현재 이를 보관중임을 증명합니다.

20○○년 10월 1일

증명인 서울 서초구 서초동 2211-71
국민은행 ○○동 지점
지점장 오 강 경

주식회사 에이앤씨 발기인대표 귀하

○ 개정상법은 소규모(자본금 총액이 10억원 미만)인 주식회사를 발기설립하는 경우에는 주금납입금 보관증명서를 금융기관의 잔고증명서로 대체할 수 있도록 하였으나(상법 제318조③. 상업등기법 제81조제11호 및 제82조제5호), 모집설립의 경우에는 공정성 확보를 위하여 현재와 같은 주금납입금보관증명서 제도를 유지하고 있다(상법 제318조①, ②). 주금납입은 주식청약서에 기재한 은행 기타 금융기관의 납입장소에 하여야 한다(상법 제305조②,제302조②).

[사례] 주식인수증

주 식 인 수 증	
상 호	주식회사 에이앤씨
인수할 주식수	35,000 주
금 액	금 3,500,000원
1 주의 금액	금 100원

위 주식을 발기인으로서 인수합니다.
20○○ 년 10월 1일
발기인 황 동 수 (인)
인천시 강화군 강화읍 서지동 1120-5
주식회사 에이앤씨 발기인 대표 귀하

※ 주식의 인수

○ 주식회사의 자본은 주식에 의한 출자로써 형성되므로 발기인은 설립시에 발행하는 주식에 관하여 반드시1주 이상을 위 서면에 의하여 인수하여야 한다(상법 제293조). 모집설립에 있어서 주식의 인수는 주식을 인수하고자 하는 자의 청약과 발기인의 주식배정에 의하여 성립한다.

[사례] 주식인수증

주 식 인 수 증	
상 호	주식회사 에이앤씨
인수할 주식 수	35,000 주
금 액	금 3,500,000원
1 주의 금액	금 100원

위 주식을 발기인으로서 인수합니다.
20○○ 년 10월 1일
발기인 서 운 하 (인)
경기도 광명시 요하동 1120-3
주식회사 에이앤씨 발기인 대표 귀하

[사례] 주식청약서

주 식 청 약 서	
상 호	주식회사 에이앤씨
인수할주식 수	30,000 주
금 액	금 3,000,000원
1 주의 금액	금 100원
귀 회사 정관과 이청약서에 기재한 사항을 승낙하고 주식을 청약합니다. 20○○년 10월 1일 주식청약인 강 호 동 (인) 인천광역시 강화군 강화읍 명오리 1136 주식회사 에이앤씨 발기인 대표 귀하	
정관의 작성년월일	20○○년 10월 1일
정관의 인증년월일과 공증인의 성명	20○○년 10월 ○일 공증인가 법무법인
상 호	주식회사 에이앤씨
본점의 소재지	김포시 김포읍 조양동 45-20
목 적	1. 기계부품제조 및 도,소매업 2. 보일러, 열풍기, 건조기, 난로 제조판매 3. 위 각호에 관련되는 부대사업일체
회사가 발행할 주식의 총수	400,000 주
1 주의 금액	금 100원
회사가 설립시에 발행할 주식의 총수	100,000 주
주식의 종류와 수	보통주식 100,000 주

액면이상의 주식을 발행하는 때에는 그 수와 금액	없 음
납입을 받을 은행(기타 금융기관) 과 납입장소	국민은행 성내동 지점
회사가 공고하는 방법	서울시내에서 발행하는 일간 매일경제신문에 게재한다.
회사의 존립의 시기 또는 해산사유를 정할 때에는 그 규정	없 음
일정한 시기까지 창립총회를 종결하지 아니할 때에는 주식의 인수를 취소할 수 있다는 뜻	20○○년 10월 1일까지 창립총회가 종결되지 않을 때에는 이 청약을 취소할 수 있다.

※ 주식의 청약

○ 주주의 모집을 위한 주식청약서용지는 발기인이 작성하고(상법 제302조②), 이 청약서에는 상법 제289조①과 제290조에 게기한 사항 등 10개항의 사항을 기재해야 한다. 주식인수의 청약을 하고자 하는 자는 주식청약서 2통에 인수할 주식의 종류, 수 및 주소를 기재하고 기명날인 또는 서명하여야 하며, 발기인에 대하여 한다(상법 제302조①).

○ 주식인수의 청약에 대하여 발기인은 모집주식총수의 범위 내에서 주식의 배정을 하게 된다. 발기인은 배정방법은 미리 공고하지 않은 이상 어떠한 주식청약자에 대하여 몇 주를 인수시킬 것인가를 자유로이 정할 수 있다. 이를 주식배정자유의 원칙이라 한다.

○ 발기인의 배정에 의하여 주식청약인은 주식인수인으로 확정되어 배정받은 주식의 수에 따라서 인수가액을 납입할 의무를 진다(상법 제303조). 그런데 일반적으로 주식인수의 청약자는 주식청약시에 주금액(株金額)의 상당액을 청약증거금으로 미리 납부하므로, 그가 주식의 배정을 받으면 청약증거금이 주금의 납입으로 대체된다.

[사례] 각 발기인이 인수한 주식의 종류와 수 각 발기인의 성명주소

각 발기인이 인수한 주식의 종류와 수 각 발기인의 성명주소		
인수주식 수	주식의 종류와 수	발기인의 성명 주소
35,000 주	보통주식 35,000 주	황 동 수 인천광역시 강화군 강화읍 서지동1120-5
35,000 주	보통주식 35,000주	서 운 하 경기도 광명시 요하동 1120-3
주식회사 에이앤씨 김포시 김포읍 조양동 45-20 의 장 겸 대표이사 황 동 수 (인)		

[사례] 주식발행사항동의서

주식발행사항동의서

발기인 전원의 동의로서 회사 설립시 발행할 주식에 관한 사항을 다음과 같이 결정함.

다 음

1. 주식의 종류와 수 : 보통주식 100,000 주
2. 주식의 발행가액 : 1주의 금액 금100원

위 동의사항을 확실히 하기 위하여 발기인 전원이 다음에 기명날인하다.

20○○년 ○월 ○일
주식회사 에이앤씨
발기인 황 동 수 (인)
발기인 서 운 하 (인)

※ 설립당시의 주식발행사항의 결정

○ 주식발행사항의 결정 : 회사가 발행할 주식의 총수, 1주의 금액, 회사의 설립시에 발행하는

주식의 총수는 반드시 정관으로 정하는 것이나(상법 제289조①), 그 외의 주식발행에 관한 사항은 정관에 다른 규정이 없는 한 발기인이 정할 수 있다. 이러한 결정은 원칙적으로 발기인의 과반수결의에 의한다. 그러나 다음의 두 가지 사항만은 정관에 다른 규정이 없으면 발기인 전원의 동의로 정하여야 한다(상법 제291조).

○ 주식의 종류와 수 : 정관에서 우선주식·후배주식(後配株式)·상환주식·전환주식·의결권 없는 주식 등 수종의 주식을 정하고 있는 경우에는 그 범위 내에서 어느 종류의 주식을 각 몇 주씩 발행할 것인가를 정하여야 한다. 그러나 정관에서 보통주식만을 발행할 것으로 정한 때에는 발기인이 따로 정할 사항은 없다. 이 사례의 경우에는 정관에서 보통주식만을 발행할 것으로 규정하였으므로 이 "주식발행동의서"는 첨부서류가 아니다.

○ 액면이상의 주식을 발행하는 때에는 그 수와 금액 : 설립시에는 주식의 액면미달발행은 인정되지 아니하나(상법 제330조,제417조①), 액면이상의 발행은 허용된다. 이를 액면초과발행이라 한다. 설립시에 액면 초과발행을 하려는 경우, 정관을 작성할 당시에는 아직 그 금액을 확정하기 어려울 것이므로, 상법은 이를 그 이후의 상황에 따라 발기인 전원의 동의로 정할 수 있게 한 것이다.

[사례] 취임승낙서

취 임 승 낙 서

본인 등은 20○○년 10월 1일 주식회사 에이앤씨의 창립총회 및 이사회에서 대표이사인 이사로 선임되었으므로 그 취임을 승낙합니다.

20○○년 10월 1일

사내이사 및 대표이사 황 동 수 (인)

사내이사 홍 길 동 (인)

주식회사 에이앤씨 귀중

※ 취임승낙서에는 각 취임임원은 인감을 날인하고 인감증명서를 첨부하여야 한다. 이사는 취임승낙서에 사내이사, 사외이사, 기타비상무이사로 구분하여 표시하도록 한다.

[사례] 정관의 인증서 표지

등부 년 제 호

인 증 서

정 관

등 본

공증 인가 **法務法人 ○○**

(공증부 : 593-0000)

210mm×297mm
(보존용지(1종) 70g/㎡)

※ 이 사례는 등기신청대리인이 공증사무소에 정관인증을 촉탁하여 공증사무소에서 작성한 정관의 인증서 표지이다. 자본금 총액이 10억원 미만인 주식회사설립의 경우라도 모집설립의 경우에는 기존의 공증(인증)제도를 유지하고 있다. 공증절차를 마치면 정관 및 각 의사록에 따른 인증서를 내어주는데 이를 등기소에 제출한다.

[사례] 정관

정 관

제1장 총 칙

제1조(상호) 당 회사는 주식회사 에이앤씨 이라고 한다.

제2조(목적) 당 회사는 다음 사업을 경영함을 목적으로 한다.
1. 기계부품제조 및 도, 소매업
2. 보일러, 열풍기, 건조기, 난로 제조판매
3. 위 각호에 관련되는 부대사업일체

제3조(본점의 소재지) 당 회사의 본점은 김포시내에 둔다.

제4조(공고방법) 당 회사의 공고는 서울특별시내 에서 발행하는 일간매일경제신문에 게재한다.

제2장 주 식

제5조(회사가 발행할 주식의 총수) 당 회사가 발행할 주식의 총수는 400,000주로 한다.

제6조(1주의 금액) 당 회사가 발행하는 주식 1주의 금액은 금 100원으로 한다.

제7조(회사의 설립시에 발행하는 주식총수) 당 회사는 설립시에 100,000주의 주식을 발행하기로 한다.

제8조(주식 및 주권의 종류) 당 회사의 주식은 보통주식으로서 전부 기명식으로 하고 주권은 1주권, 10주권, 100주권의 3종으로 한다.

제9조(주권 불소지) 당 회사는 주권 불소지 제도를 채택하지 아니한다.

제10조(주금납입의 지체) 주금 납입을 지체한 주주는 납입기일 다음날부터 납입이 끝날 때까지 지체 주금 백원에 대하여 일변 십전의 비율로서 과태금을 회사에 지급하고 또 이로 인하여 손해가 생겼을 때는 그 손해를 배상하여야 한다.

제11조(명의 개서) ① 당 회사의 주식에 관하여 명의개서를 청구함에 있어서는 당 회사에서 정하는 청구서에 기명날인 또는 서명하고 이에 주권을 첨부하여 제출하여야한다 ② 양도 이외의 사유로 인하여 주식을 취득한 경우에는 당 회사의 청구하여 제1항의 청구서 이외에 그 사유를 증명하는 서면과 주권을 제출하여야 한다.

제12조(질권의 등록 및 신탁재산의 표시) 당 회사의 주식에 관하여 질권의 등록 또는 신탁재산의 표시를 청구함에 있어서는 당 회사가 정하는 청구서에 당사자가 기명날인 또는 서명하고 이에 주권을 첨부하여 제출하여야 한다. 그 등록 또는 표시의 말소를 청구함에 있어서도 같다.

제13조(주권의 재발행) ① 주권의 분할, 병합, 오손 등의 사유로 인하여 주권의 재발행을 청구함에 있어서는 당 회사가 정하는 청구서에 기명날인 또는 서명하고 이에 주권을 첨부하여 제출하여야 한다.
② 주권의 상실로 인하여 그 재발행을 청구함에 있어서는 당 회사가 정하는 청구서에 기명날인하고 이에 제권판결의 정본 또는 등본을 첨부하여 제출하여야 한다.

제14조(수수료) 제11조 내지 제13조에서 정하는 청구를 하는 자는 당 회사가 정하는 수수료를 납부하여야 한다.

제15조(주주명부의 폐쇄) ① 당 회사는 매년 1월 1일부터 정기주주총회의 종결일까지 주주명부의 기재의 변경을 정지한다.
② 제1항의 경우 이외의 주주 또는 질권자로서 권리를 행사할 자를 정하기 위하여 필요한 때에는 주주총회의 결의에 의하여 주주명부의 기재의 변경을 정지하고 또는 기준일을 정할 수가 있다. 이 경우에는 그 기간 또는 기준일의 2주간 전에 공고한 것으로 한다.

제16조(주주의 주소 등의 신고) 당 회사의 주주 및 등록된 질권자 또 그 법정대리인이나 대표자는 당 회사가 정하는 서식에 의하여 그의 성명, 주소와 인감을 당 회사에 신고하여야 한다. 신고사항에 변경이 있는 때에도 또한 같다.

제3장 주 주 총 회

제17조(소집) 당 회사의 정기주주총회는 영업 년도 말일의 다음날부터 3월이내에 소집하고 임시주주총회는 필요한 경우에 수시 소집한다.

제18조(의장) 대표이사가 주주총회의 의장이 된다. 그러나 대표이사 유고시에는 주주총회에서 선임한 다른 이사가 의장이 된다.

제19조(결의) 주주총회의 결의는 법령 또는 정관에 다른 규정이 있는 경우를 제외하고 출석한 주주의 의결권의 과반수와 발행주식 총 4분의1 이상의 수로서 한다.

제20조(의결권의 대리행사) 주주는 대리인으로 하여금 의결권을 행사할 수 있다. 대리인이 의결권을 행사함에는 표결전에 그 권한을 증명하는 서면을 의장에게 제출하여야 한다.

제21조(총회의 의사록) 주주총회의 의사록에는 의사의 경과 요령과 그 결과를 기재하고 의장과 출석한 이사가 기명날인 또는 서명하여야한다.

제4장 임 원

제22조(이사와 감사의 원수) 당 회사의 이사는 2인 이상, 감사는 두지 아니한다.

제23조(이사의 선임) 당 회사의 이사는 제19조의 결의 방법에 의하여 선임한다.

제24조(이사의 임기) 이사의 임기는 취임 후 3년으로 한다. 그러나 이사의 임기가 재임 중 최종의 결산기에 관한 정기주주총회의 종결 전에 끝날 때에는 그 정기주주총회의 종결에 이르기까지 그 임기를 연장한다. 보궐 또는 증원에 의하여 선임된 이사의 임기는 다른 이사의 전 임기와 같이 한다.

제25조(대표이사) ① 당 회사는 사장 1인과 필요한 경우에 부사장, 전무이사 및 상무이사 각 약간 명을 둔다.
② 사장, 부사장, 전무이사와 상무이사는 주주총회의 결의에 의하여 이사 중에서 선임한다.
③ 사장은 당 회사를 대표한다.

제26조(업무집행) ① 사장은 당 회사의 업무를 통할하고 부사장, 전무이사 또는 상무이사는 사장을 보좌하여 그 업무를 분장한다.

② 사장이 유고시에는 미리 주주총회에서 정한 순서에 따라 부사장, 전무이사 또는 상무이사가 대표이사의 직무를 대행한다.

第27조(보수와 퇴직금) 임원의 보수 또는 퇴직한 임원의 퇴직금은 주주총회의 결의로 정한다.

제5장 계 산

第28조(영업연도) 당 회사의 영업 년도는 매년 1월 1일부터 동년 12월 말일까지로 한다.

第29조(재무제표. 영업보고서의 작성비치) ① 당 회사의 사장은 정기총회 회일 6주일 전에 다음 서류 및 그 부속명세서와 영업보고서를 작성하여 주주총회의 감사를 받아 정기총회에 제출하여야 한다.

1. 대차대조표
2. 손익계산서
3. 이익금 처분계산서 또는 결손금 처분계산서

② 제1항의 서류는 영업보고서, 감사보고서와 함께 정기총회 1주일 전부터 당 회사의 본점과 지점에 비치하여야 하고 총회의 승인을 얻었을 때에는 그 중 대차대조표를 지체없이 공고하여야 한다.

第30조(이익금의 처분) 매기 총수입금에서 총 지출금을 공제한 잔액을 이익금으로 하여 이를 다음과 같이 처분한다.

1. 이익준비금 금전에 의한 이익 배당액의 10분의 1이상
2. 별도적립금 약간
3. 주주배당금 약간
4. 임원상여금 약간
5. 후기이월금 약간

第31조(이익 배당) 이익배당금은 매 결산기에 있어서의 주주명부에 기재된 주주 또는 질권자에게 지급한다.

부 칙

第37조(최초의 영업연도) 당 회사의 최초 영업연도는 회사설립일로부터 동년12월말일로

한다.

第38조(발기인) 발기인의 성명. 주소와 그가 설립시에 인수한 주식수는 이 정관의 말미에 기재함과 같다.

위와 같이 주식회사 에이지앤을 설립하기 위하여 이 정관을 작성하고 발기인 전원이 이에 기명날인 또는 서명한다.

20○○년 10월 1일(창립총회일과 일치)

주식회사 에이앤씨
김포시 김포읍 조양동 45-20

발 기 인 황 동 수 (인)

발 기 인 서 운 하 (인)

김포시 김포읍 조양동 45-20

※ 정관

○ 이 사례는 이사 2인이고, 이사회를 구성하지 아니하고, 감사를 두지 아니하고, 1주의 금액 100원으로 하여 설립하는 경우이므로 기존의 정관에서 이사회 및 감사에 관한 규정을 모두 삭제하고 이사회의 권한을 주주총회의 권한으로 변경하고, 자본금 및 주식수에 관하여 수정을 한 경우이다.

○ 정관은 1인 이상의 발기인이 작성한다(상법 제288조). 발기인은 정관의 작성자로서 각 발기인이 정관의 말미에 기명날인 또는 서명하여야 한다(상법 제289조①). 이런 뜻에서 발기인이란 주식회사의 원시정관에 발기인으로서 기명날인 또는 서명한 자를 말하며, 실질적으로 발기인으로서 회사의 설립에 진력하였다 하더라도 원시정관에 기명날인 또는 서명하지 아니한 자는 발기인이라고 할 수 없다(학설과 판례).

※ 정관의 인증

○ 상법은 소규모 회사 창업의 원활화를 위하여 자본금 총액이 10억원 미만인 회사를 발기설립하는 경우에는 "각 발기인이 정관에 기명날인 또는 서명함으로써 효력이 생긴다."고 하여 정관의 공증의무를 면제하도록 하였으나(상법 제292조), 모집설립의 경우에는 기존의 공증(인증)제도를 유지하고 있다.

○ “원시정관”은 공증인법 제62조의 규정에 의하여 본점소재지 관할 지방검찰청내의 공증인으로부터 공증을 받아야 한다. 한편 위 공증인법은 2009. 2. 6. 개정법에서 위 규정을 삭제하였으며, 공증인법은 공포한 후 1년 이 경과한 날로부터 시행하므로, 원시정관의 관할 제한은 2010. 2. 7.부터 없어진다.

○ 정관인증의 절차 : 상법 제292조와 그 준용 규정에 따라 정관의 인증을 촉탁하려면 정관(전자문서로 작성된 정관은 제외한다) 2통을 제출하여야 한다. 정관의 인증은 촉탁인 또는 그 대리인으로 하여금 공증인 앞에서 제출된 각 정관에 발기인이 서명 또는 기명날인하였음을 확인하게 한 후 그 사실을 적는 방법으로 한다. 공증인은 공증을 한 정관 중 한 통은 자신이 보존하고 다른 한 통은 촉탁인 또는 그 대리인에게 돌려주어야 한다(공증인법 제63조). 인증비용은 213면 참조

[사례] 정관의 인증시 붙임용지

등부 년 제 호
인 증
위 주식회사 에이앤씨 …………………………………………………………………………
정관에 기재된 발기인 ○○○, ○○○의 대리인 ○○○ ……………은
………………………………………………………………………………………………
본 공증인의 면전에서 위 정관의 작성 및 그 기명 날인을 본인 등이 자인하는 것이라
고 진술하였다.
본 공증인은 위 촉탁인이 제시한 주민등록증………………………………………………
에 의하여 그 사람이 틀림없음을 인정하고 촉탁에 관한 대리권은 본인의
인감 증명서가 첨부된 위임장에 의하여 이를 인정하였다.
20○○년 ○월 ○일 이 사무소에서 위 인증한다.
공증사무소명칭 공증 인가 法務法人 ○○
소속 서울중앙지방검찰청
소 재 지 표 시 서울시 서초구 서초동 1234-1
공증담당변호사 김 철 수 ㊞

210mm×297mm
(보존용지(1종) 70g/㎡)

※ 이 사례는 공증사무소에서 작성하여 정관 뒤에 첨부하는 인증문이다.

[사례] 정관의 인증시 붙임용지 중 서명날인용지

등부 년 제 호
위는 등본이다.
20○○년 ○ 월 ○ 일
공증사무소명칭 공증인가 法務法人 ○○
소속 서울중앙지방검찰청
소 재 지 표 시 서울시 서초구 서초동 1234-1
공증담당변호사 김 철 수 ㊞

210mm×297mm
(보존용지(1종) 70g/㎡))

※ 서명날인용지 : 이 서식은 공증인이 정관인증서를 작성하는 경우에 서명용지로 사용하는 붙임서식이다.

[사례] 인감신고서

인감 · 개인(改印) 신고서

(신고하는 인감날인란) (인감제출자에 관한 사항)

상 호(명칭)		주식회사 에이앤씨	등기번호	
본점(주사무소)		김포시 김포읍 조양동 45-20		
인감제출자	자격/성명	대표이사 황 동 수		
	주민등록번호	530924 - 1******		
	주 소	인천시 강화군 강화읍 서지동 1120-5		

␣ 위와 같이 인감을 신고합니다.
␣ 위와 같이 개인(改印)하였음을 신고합니다.

20○○년 10월 1일

신고인 본 인 성 명 황 동 수 (법인) (개인)
대리인 성 명 (인)

인천지방법원 부천지원 김포등기소 귀중

주 1. 개인인감 날인란에는 「인감증명법」에 의하여 신고한 인감을 날인하고 그 인감증명서(발행일로부터 3개월 이내의 것)를 첨부하여야 합니다. 개인(改印)신고의 경우, 개인인감을 날인하는 대신에 등기소에 신고한 유효한 종전 인감을 날인하여도 됩니다.
2. 인감·개인신고서에는 신고하는 인감을 날인한 인감대지를 첨부하여야 합니다.
3. 지배인이 인감을 신고하는 경우에는 인감제출자의 주소란에 지배인을 둔 장소를 기재하고, 「상업등기규칙」 제36조제4항의 보증서면(영업주가 등기소에 신고한 인감날인)을 첨부하여야 합니다.

보 증 서 면

위 신고하는 인감은 지배인 의 인감임이 틀림없음을 보증합니다.

대표이사 (법인인감)

위 임 장

성 명 : 주민등록번호(-)

주 소 :

위의 사람에게, 위 인감신고 또는 개인신고에 관한 일체의 권한을 위임함.

20○○년 ○ 월 ○ 일

인감(개인) 신고인 성 명 황 동 수 (법인) (개인)

[사례] 인감대지

인 감 대 지

	신고하는 인감날인란	상 호(명 칭) : 주식회사 에이앤씨 자격 및 성명 : 대표이사 황 동 수 주민등록번호 : 530924 - 1******

※ 인감의 제출방법

○ 대표이사는 인감을 신고하여야 한다. 인감의 제출 또는 인감의 변경신고는, 인감(개인)신고서를 작성하여 관할 등기소에 제출하는 방식으로 한다. 인감(개인)신고서를 제출할 때에는 신고하는 인감을 찍은 인감대지(위 참조)3장을 만들어 함께 제출하여야 한다.

○ 인감은 가로·세로 2.4센티미터의 정사각형 안에 들어갈 수 있어야 한다(상업등기규칙 제36조⑤).

○ 인감(개인)신고서에는 발행일로부터 3개월 이내의 인감증명서를 첨부하여야 한다. 취임승락서에 인감증명법에 의한 인감을 첨부한 경우에는 그 인감을 원용 할 수 있다.

○ 인감대지의 자격란에는 인감신고자에 따라 대표이사(이사), 이사장, 지배인, 대리인, 상호사용자, 무능력자, 법정대리인 등으로 기재하고 성명을 기재한다.

※ 외국인의 경우

○ 인감증명제도가 있는 국가의 국민이 신고하는 경우에는 인감(개인)신고서에 본국 관공서에 신고한 인감을 날인하고 그 인감증명서를 제출한다.

○ 인감증명제도가 없는 국가의 국민이 신고하는 경우에는 인감(개인)신고서에 서명을 하고, 그 서명이 본인의 것이라는 취지의 본국 관공서의 증명이나 본국 공증인의 공증 또는 국내 공증인의 공증을 받아 제출한다.

※ 지배인 또는 대리인이 인감(개인)신고하는 경우

○ 지배인 또는 대리인이 인감(개인)신고하는 경우에는 영업주(개인 상인인 영업주를 말한다) 또는 법인의 대표자가 지배인 또는 대리인의 인감임이 틀림없음을 보증하는 서면을 제출하여야 하고, 그 보증서면에는 등기소에 제출한 영업주 또는 법인 대표자의 인감을 날인하여야 한다.

[사례] 위임장(공증용)

위 임 장

법무사 성 명 이 장 수
주 소 서울시 강동구 명일동 246-5
전 화 585-3635

위 사람을 본인의 대리인으로 정하여 공증인가 법무법인 서울합동법률사무소에서 다음 사서증서 인증을 촉탁하는 일체의 권한을 위임합니다.

다 음

1. 창립총회의사록
1. 창립사항보고서
1. 조사보고서
1. 정관

20○○년 ○ 월 ○ 일

위임인 ○○○ (인)
서울 ○○구 ○○동 ○-○

위임인 ○○○ (인)
서울 ○○구 ○○동 ○-○

※ 공증시 준비서류 : 정관, 창립총회의사록, 창립사항보고서, 조사보고서, 주주명부, 진술서 각 3부를 준비한다. 정관, 창립총회의사록 또는 이사회의사록에 날인한 발기인과 이사는 공증용 위임장에 인감을 날인하고 개인인감증명을 첨부한다.

※ 모집설립의 경우에는 기존의 공증(인증)제도를 유지하고 있다. 공증비용 등은 213면 참조.

※ 이 위임장은 법무사에게 주식회사설립등기를 의뢰하는 경우 공증(인증)대리의 권한을 법무사에게 위임하는 서류로써 공증사무소에 제출하는 서류이다.

[사례] 진술서(공증용)

<table>
<tr><td colspan="2">진 술 서</td></tr>
<tr><td>법 인 명</td><td>주식회사 에이앤씨</td></tr>
<tr><td>소 재 지</td><td>김포시 김포읍 조양동 45-20</td></tr>
<tr><td>회의의종류</td><td>창립총회( ) 이사회( )</td></tr>
<tr><td>소 집 일 시</td><td>20○○년 10월 1일</td></tr>
<tr><td>소 집 장 소</td><td>본점 회의실</td></tr>
<tr><td colspan="2">본인은 ○○○○에서 위 법인의 의사록의 인증을 촉탁함에 있어서, 위 법인의 대표이사로서 위 회의가 적법하게 소집되었으며, 결의의 절차와 내용이 진실에 부합함을 진술합니다.

20○○년 10월 ○일

위 진술인 주식회사 에이앤씨
김포시 김포읍 조양동 45-20
대표이사 황 동 수 (인)</td></tr>
</table>

※ 공증시 필요한 서류이다.

[사례] 주주명부(공증용)

주 주 명 부				
주 주	주소와 전자우편주소	인수주식수	1주금액	납 입 금 액
황동수	인천시 강화군 강화읍 서지동1120-5 www.ldf21@yahoo.co.kr	35,000주	금100원	금35,000,000원
서운하	경기도 광명시 요하동 1120-3 www.uor88@yahoo.co.kr	35,000주	금100원	금35,000,000원
강호동	인천시 강화군 강화읍 명오리 1136-3 www.wer99@yahoo.co.kr	30,000주	금100원	금3,000,000원
합 계		100,000주		금 10,000,000원

위 주주명부는 본사에 비치된 주주명부와 대조하여 틀림이 없음을 증명합니다.

20○○년 ○월 ○일

주식회사 에이앤씨

김포시 김포읍 조양동 45-20

대표이사 황 동 수 (법인)

※ 전자주주명부제도

○ 회사는 정관에서 정하는 바에 따라 전자문서로 주주명부를 작성할 수 있다(상법 제352조의2①). 전자주주명부에는 상법 제352조①의 기재사항 외에 전자우편주소를 적어야 한다.

○ 개정법은 기업경영의 IT화를 위하여 주주총회에 직접 참석하거나 대리인에게 투표를 위임하지 않더라도 전자서명 등 본인인증절차를 거쳐 인터넷으로 의결권을 행사하는 전자투표제도가 도입됐다(상법 제368조의4, 제382조의2). 이와 함께 주주들이 서면 외에도 이메일 등 전자문서를 통해 주주제안권 및 임시주주총회 소집청구권을 행사할 수 있도록 했다. 전자투표제도를 도입함에 따라 일반 주주명부를 전자문서로 된 주주명부로 대체할 필요가 있어서 제도화한 것이다.

[사례] 인감카드 등 (재)발급신청서

인감카드 등 (재)발급신청서

(인감제출자에 관한 사항)

상호(명칭)		주식회사 에이앤씨	등기번호	
본점(주사무소)		김포시 김포읍 조양동 45-20		
인감 제출자	자격 / 성명	대표이사 황 동 수		
	주민등록번호	530924 - 1******		

발급사유	␣ 최초발급 ␣ 카드분실 ␣ 카드훼손 ␣ 인감증명서발급기능 ␣ 기타 ( )		
매체구분	␣ 인감카드 ␣ HSM USB	인감카드 비밀번호	

위와 같이 인감카드 등의 (재)발급을 신청합니다.

20○○년 ○월 ○일

신청인 인감제출자 (본 인) 성 명 (인) (전화 :)
(대리인) 성 명 (인) (전화 :)

지방법원 등기소 귀중

접수번호		인감카드번호	

- 대법원수입증지를 붙이는 란 -

주 1. 인감카드 비밀번호란에는 (재)발급받아 사용할 인감카드의 비밀번호를 기재하며, 아라비아숫자 6자릿수를 기재하여야 합니다. 비밀번호는 인감카드와 함께 인감증명서의 발급을 신청할 권한이 있는 것으로 보게 되는 중요한 자료이므로 권한이 없는 사람이 알지 못하도록 주의하시기 바랍니다.
2. 인감카드의 재발급을 신청할 때에는 「등기부 등·초본 등 수수료규칙」 제5조의7에 의하여 5,000원 상당의 대법원수입증지를 이 란에 붙여야 합니다. 다만, 인감카드를 반납할 때에는 붙일 필요가 없습니다.

위 임 장

성 명 : 법무사 ○ ○ ○ 주민등록번호(123456 - 1******)
주 소 : 서울 ○○구 ○○동 123-4

위의 사람에게, 위 (재)발급신청서에 기재된 인감카드 등의 발급신청과 그 수령 등에 관한 일체의 권한을 위임함.

20○○년 ○월 ○일

인감신고인 성 명 (인)

[사례] 주식회사 설립등기(모집설립, 현물출자)

주식회사 설립등기신청

접수	년 월 일	처리인	접 수	조 사	기 입	교 합	각종통지
	제 호						

등기의목적	주식회사 설립(모집설립)
등기의사유	정관을 작성하고 공증인의 인증을 받아 발기인이 회사 설립시에 발행하는 주식의 총수를 인수치 않고 주주를 모집하여 주금납입을 완료하고 서기 20○○년 10월 1일 창립총회를 종결하였으므로 다음 사항의 등기를 구함.
본/지점 신청구분	1. 본점신청 ☐ 2. 지점신청 ☐ 3. 본 · 지점 일괄신청 ☐
등 기 할 사 항	
상 호	주식회사 한진정밀
본 점	경기도 남양주시 용정동 11-2
공고방법	서울특별시내에서 발행되는 일간 ○○경제신문에 게재한다.
1주의 금액	금10,000원
발행할 주식의 총수	600,000주
발행주식의 총수, 그 종류와 각종 주식의 내용과 수	보통주식 164,800주
자본의 총액	금1,648,000,000원

등 기 할 사 항	
목 적	1. 주형 및 금형 제조판매업 2. 사출성형기 제조판매업 3. 전자제품 제조판매업 4. 부동산 매매 및 임대업 5. 각호에 관련된 수출입업 6. 각호에 관련된 부대사업
이사 · 감사의 성명 및 주민등록번호	사내이사 정 명 훈 (123456 - 1******) 사내이사 유 인 자 (123456 - 1******) 사내이사 정 명 헌 (123456 - 1******) 감 사 한 인 숙 (123456 - 1******)
대표이사의 성명과 주소	정 명 훈(123456 - 1******) 서울 양천구 목동 63 ○○아파트 1동 102호
지 점	
존립기간 또는 해산사유	
기 타 (주식의 양도에 관하여 이사회의 승인을 얻도록 정한 때에는 그 규정, 명의개서대리인을 둔 때에는 그 상호와 본점소재지 등)	

<table>
<tr><td colspan="7">신청등기소 및 등록면허세/수수료</td></tr>
<tr><td rowspan="2">순번</td><td rowspan="2">신청등기소</td><td rowspan="2">구분</td><td>등록면허세</td><td rowspan="2">농어촌특별세</td><td rowspan="2">세액합계</td><td rowspan="2">등기신청수수료</td></tr>
<tr><td>지방교육세</td></tr>
<tr><td rowspan="2"></td><td rowspan="2"></td><td rowspan="2"></td><td>금6,592,000원</td><td rowspan="2"></td><td rowspan="2">금7,910,400원</td><td rowspan="2">금 30,000원</td></tr>
<tr><td>금1,318,400원</td></tr>
<tr><td></td><td></td><td></td><td></td><td></td><td></td><td></td></tr>
<tr><td></td><td></td><td></td><td></td><td></td><td></td><td></td></tr>
<tr><td colspan="3" rowspan="2">합 계</td><td></td><td rowspan="2"></td><td rowspan="2"></td><td rowspan="2"></td></tr>
<tr><td></td></tr>
<tr><td colspan="2">과 세 표 준 액</td><td colspan="5">금 1,648,000,000원</td></tr>
<tr><td colspan="7">첨 부 서 면</td></tr>
</table>

1. 정 관(공증받은 것) 통	1. 공인된 감정인의 감정서 통
1. 주식의 인수를 증명하는 서면 통	1. 검사인조사보고서등본 통
1. 주식청약서 통	1. 취임승낙서(인감증명서포함) 통
1. 주식발행사항동의서 통	1. 주민등록표등(초)본 통
1. 창립총회의사록(공증받은 것) 통	1. 인감신고서 통
1. 이사회의사록(공증받은 것) 통	1. 등록면허세영수필확인서 통
1. 주금납입보관증명서 통	1. 위임장(대리인이 신청할 경우) 통
1. 재산인도증 통	
1. 이사·감사 또는 감사위원회의조사보고서 통	<기 타>
1. 공증인의 변태설립사항보고서 통	

20○○년 ○월 ○일

신청인 상 호 주식회사 한진정밀
본 점 경기도 남양주시 용정동 11-2
대표이사 성 명 정 명 훈 (인) (전화 :)
주 소 서울 양천구 목동 63 ○○아파트 1동 102호
대리인 성 명 법무사 변 강 림 (인) (전화 : 456-7890)
주 소 서울 강동구 성내동 319-33

의정부지방법원 남양주등기소 귀중

- 신청서 작성요령 및 등기수입증지 첨부란 -

1. 해당란이 부족할 때에는 별지를 이용합니다.
1. 해당 등기신청과 관계없는 사항에 대하여는 "해당없음"으로 기재하거나 삭제하고, 필요한 사항은 추가 기재합니다.

(용지규격 21㎝× 29.7㎝)

※ 모집설립의 의의와 발기설립과의 차이점에 관하여는 207면 참조

○ 이 사례의 경우는 자본의 총액이 10억 원 이상이어서 소규모회사에 해당하지 아니한다. 따라서 창업절차의 간소화에 따른 개정법(2009. 5. 28 공포법률)은 적용되지 아니한다.

※ 1주의 금액

○ 액면주식은 액면가의 기재가 있는 주식으로서, 주권에 그 표창하는 주식의 수 이외에 1주의 금액이 기재되고(상법 제356조iii), 정관에도 그 금액의 기재가 되어야 한다. 액면주식의 경우 1주의 금액은100원 이상이어야 하고(상법 제329조④), 또 균일하여야 한다(상법 제329조③). 회사가 수종의 주식을 발행하는 경우에도 같다. 1주의 금액에 관한 위 규정은 설립시 발행하는 주식뿐만 아니라, 장래에 발행하는 주식까지 포함한다.

○ 회사가 발행할 주식의 총수, 1주의 금액, 회사의 설립시에 발행하는 주식의 총수는 반드시 정관으로 정하는 것이나(상법 제289조①), 그 외의 주식발행에 관한 사항은 정관에 다른 규정이 없는 한 발기인이 정할 수 있다.

○ 정관에서 우선주식·후배주식(後配株式)·상환주식·전환주식·의결권 없는 주식 등 수종의 주식을 정하고 있는 경우에는 그 범위 내에서 어느 종류의 주식을 각 몇 주씩 발행할 것인가를 정하여야 한다. 후술의 주식발행사항동의서 342면 참조

※ 발행예정주식총수, 발행주식의 총수 그 종류와 각종 주식의 내용과 수

○ 발행예정주식총수 중에서 회사의 설립시에 발행하는 주식의 총수를 기재하여야 하는데, 이는 설립시에 회사의 자본적 기초와 신주발행을 위한 이사회의 수권의 범위를 명확히 하는데 그 취지가 있다.

○ 위 발행예정주식총수 중 설립시에 발행하는 주식 수를 공제한 나머지는 소위 수권주식(授權資本)으로서, 설립이후는 제한규정이 없으므로 무제한으로 이사회의 결의에 의하여 수시로 신주를 발행하게 된다. 회사의 설립 후에 발행하는 주식의 수는 등기사항이나 정관의 기재사항은 아니다. 후술의 신주발행에서 다룬다.

※ 이사명칭

○ 상법 제317조② 제8호가 개정(2009. 2. 4 시행)됨에 따라 주식회사의 이사명칭 등기방법이 변경되었다. 따라서 주식회사 이사의 명칭을 사내이사, 사외이사, 기타비상무이사로 구분하여 등기하여야 한다.

※ 채권매입

○ 상업등기신청서의 양식에 관한 예규(제1274호)는 2008.12.01 각종 회사설립등기신청서

양식에서 “채권매입액”란과 “채권발행번호(국민주택채권을 매입한 경우)”란을 삭제하였다. 주택법시행령의 개정(2008. 11. 5)으로 회사설립등기 시 국민주택채권 매입의무가 없어졌고 도시철도채권의 매입의무도 도시철도법시행령의 개정(2009. 1. 1)으로 매입의무가 없다. 이를 신청서 양식에 반영한 것이다.

※ 등록면허세와 지방교육세

○ 자본금의 4/1000에 해당하는 등록면허세를 납부하여야 한다. 그러나 대통령으로 정하는 대도시내에서의 설립등기 시에는 당해세율의 3배의 등록면허세를 납부하여야 한다(지세법 제28조①). 여기서 대도시라 함은 수도권정비계획법 제6조①제1호의 규정에 의한 과밀억제권을 말한다(과밀억제권역 729면 참조). 사회기반시설사업(사회간접자본시설에 대한 민간투자법 제2조②), 전기통신사업(전기통신사업법 제4조), 소프트웨어산업(소프트웨어산업진흥법) 등은 중과세 대상에서 제외 된다. 등록면허세가 조세특례제한법과 지방세법에 의하여 감면되는 경우에는 “농어촌특별세”를 납부하여야 한다. “농어촌특별세”는 등록면허세액의 20/100이다. 신청서에는 등록면허세 감면 통지서 또는 등록면허세 감면확인서 기타 등록면허세가 면제됨을 확인하는 소관 지방자치단체의 장의 서면을 첨부하여야 한다. 등록면허세액이 112,500원 미만일 때에는 112,500원으로 한다.

○ 지방교육세 : 등록면허세액의 20/100에 해당하는 지방교육세를 납부하여야 한다.

○ 등록면허세·지방교육세 납부절차 : 등록·지방교육세는 관할시, 군, 구청을 방문하여 등록면허세액신고서(등록면허세액신고서는 각 시, 군, 구청에 비치되어 있다)를 작성하고 납세고지서를 발부받아 직접 금융기관에 납부하고 그 영수증(등록면허세영수필확인서)을 등기신청서 “을”지 즉, “신청등기소 및 등록면허세/수수료”란에 붙인다. 등록면허세는 회사 본점 소재지를 관할하는 각 시·군·구의 시중은행에 납부할 수 있으며, 위 관할을 벗어나는 경우는 전국의 우체국과 농협에서 수납할 수 있다.

※ 공증

○ 자본금의 총액이 10억원 미만인 회사를 설립하는 경우에는 개정법에 따라 정관, 발기인총회 의사록, 이사회 의사록의 인증의무가 면제되어 비용은 없으나(상법 제292조, 공증인법 제66조의2①), 자본금의 총액이 10억원 미만이더라도 모집설립의 경우에는 면제되지 아니하므로 기존의 방법 그대로 인증절차를 거쳐야 한다.

○ 자본금에 따른 공증료(정관인증수수료)

현재 공증인수수료규칙 제21조①은 “상법의 규정에 의한 정관인증의 수수료는 발행주식의 액면총액 5천만원까지는 80,000원으로 하고, 5천만원을 초과할 경우에는 그 초과액의 2천분의 1을 더하되 100만원을 초과하지 못한다.”고 규정하고 있다. 예컨대 자본금이1억원인 경우에는 공증료는 130,000원(80,000+50,000원 정관공증료 포함)이 되는 것이다.

○ 의사록의 공증(인증)료는 건당 30,000원이다. 그러므로 주주총회의사록 30,000원+이사회의사록30,000원=60,000원이 된다.

○ 공증절차가 완료되면 각각의 인증서를 내 주는데 정관 등 인증받은 서류 뒤에 철한다.

※ 등기신청 수수료

○ 등기신청 수수료 : 2009. 6. 1부터 설립등기 및 본점타관이전의 경우 20,000원 하던 등기신청수수료는 30,000원으로, 각종 변경등기신청의 경우 4,000원 하던 수수료는 6,000원으로 변경되었다. 변경된 수수료 내역 636면 참조.

○등기신청 수수료(30,000원)의 납부는 그 수수료 상당액을 전자적 방법으로 납부하거나, 법원행정처장이 지정하는 금융기관에 현금으로 납부한 후 이를 증명하는 서면을 등기신청서에 첨부하여 제출하는 방법으로 한다. 다만, 해당 신청사건을 관할하는 지방법원, 그 지원 또는 등기소에 신청수수료 납부기능이 있는 무인발급기가 설치된 경우에는 이를 이용하는 방법으로 수수료를 납부할 수 있다.

※ 등기신청관련자료

○ 과밀억제권역(740면 참조)

○ 중과세대상에서 제외되는 업종(741면 참조)

○ 법인의 등록면허세액(739면 참조)

○ 등기신청수수료(738면 참조)

[사례] 위임장(등기소 제출용)

위 임 장

법무사 성 명 이 장 수
주 소 서울시 강동구 명일동 246-5
전 화 585-3635

본인은 위 사람을 대리인으로 정하고 다음의 권한을 위임합니다.

다 음

1. 본 회사의 설립등기 신청 및 취하에 관한 일체의 행위.
2.
3.

20○○년 ○월 ○일

위임인 상 호 주식회사 한진정밀 법인인감
주 소 경기도 남양주시 용정동 11-2

※ 이 위임장은 법무사에게 주식회사설립등기를 의뢰하는 경우 대리의 권한을 법무사에게 위임하는 서류로써 등기소에 제출하는 서류이다.

[사례] 정관의 인증서 표지

등부 년 제 호

인 증 서

정 관

등 본

공증 인가 **法務法人 ○○**

(공증부 : 593-0000)

210mm×297mm
(보존용지(1종) 70g/㎡)

※ 이 사례는 등기신청대리인이 공증사무소에 정관인증을 촉탁하여 공증사무소에서 작성한 정관의 인증서 표지이다. 자본금 총액이 10억원 미만인 주식회사설립의 경우라도 모집설립의 경우에는 기존의 공증(인증)제도를 유지하고 있다. 공증절차를 마치면 정관 및 각 의사록에 따른 인증서를 내어주는데 이를 등기소에 제출한다.

[사례] 정관

정 관

제1장 총 칙

제1조(상호) 당회사는 주식회사 한진정밀이라 칭하고 영문으로는 HANJIN J&M CO LTD로 표기한다.

제2조(목적) 당 회사는 다음 사업을 경영함을 목적으로 한다.

1. 주형 및 금형 제조판매업
2. 사출성형기 제조판매업
3. 전자제품 제조판매업
4. 부동산 매매 및 임대업
5. 각호에 관련된 수출입업
6. 각호에 관련된 부대사업

제3조(본점의 소재지) 당 회사의 본점은 서울특별시내에 둔다.

제4조(공고방법) 당 회사의 공고는 서울특별시내에 발행하는 일간 ○○경제에 게재한다.

제2장 주 식

제5조(회사가 발행할 주식의 총수) 당 회사가 발행할 주식의 총수는 600,000주로 한다.

제6조(1주의금액) 당 회사가 발행하는 주식 1주의 금액은 금10,000원으로 한다.

제7조(회사가 설립시에 발행하는 주식의 총수) 당 회사는 설립시에 164,800주의 주식을 발행하기로 한다.

제8조(주식 및 주권의 종류) 당 회사의 주식은 보통주식으로 전부 기명식으로 하고 주권은 1주권, 10주권, 100주권, 1,000주권, 10,000주권의 5종으로 한다.

제9조(주권 불소지) 당 회사는 주권 불소지 제도를 채택하지 아니한다.

제10조(주금납입의 지체) 주금 납입을 지체한 주주는 납입기일 다음날부터 납입이 끝날 때까지 지체 주금 100원에 대하여 일변 10전의 비율로서 과태금을 회사에 지급하고 또 이로 인하여 손해가 생겼을 때는 그 손해를 배상하여야 한다.

제11조(명의개서) ① 당 회사의 주식에 관하여 명의개서를 청구함에 있어서는 당 회사에서 정하는 청구서에 기명날인 또는 서명하고 이에 주권을 첨부하여 제출하여야 한다.
② 양도 이외의 사유로 인하여 주식을 취득한 경우에는 당 회사의 청구에 의하여 제1항의 청구서 이외에 그 사유를 증명한 서면과 주권을 제출하여야 한다.

제12조(질권의 등록 및 신탁재산의 표시) 당 회사의 주식에 관하여 질권의 등록 또는 신탁재산의 표시를 청구함에 있어서는 당 회사가 정하는 청구서에 당사자가 기명날인

또는 서명하고 이에 주권을 첨부 제출하여야 한다. 그 등록 또는 표시의 말소를 청구함에 있어서도 같다.

제13조(주권의 재발행)①주권의 분할, 병합, 오손등의 사유로 인하여 주권의 재발행을 청구함에 있어서는 당 회사가 정하는 청구서에 기명날인 또는 서명하고 이에 주권을 첨부하여 제출하여야 한다.

② 주권의 상실로 인하여 그 재발행을 청구함에 있어서는 당 회사가 정하는 청구서에 기명날인 또는 서명하고 이에 제권판결의 정본 또는 등본을 첨부하여 제출하여야 한다.

제14조 (수수료) 제11조 내지 제13조에서 정하는 청구를 하는자는 당 회사가 정하는 수수료를 납부하여야 한다.

제15조(주주명부의 폐쇄)① 당 회사는 매년 1월 1일부터 정기주주총회의 종결일까지 주주명부의 기재의 변경을 정지한다.

② 제1항의 경우 이외에 주주 또는 질권자로서 권리를 행사할 자를 확정하기 위하여 필요한 때에는 이사회의 결의에 의하여 주주명부의 기재의 변경을 정지하고 또는 기준일을 정할 수가 있다. 이 경우에는 그 기간 또는 기준일의 2주간 전에 공고하는 것으로 한다.

제16조(주주의 주소등의 신고) 당 회사의 주주 및 등로된 질권자 또는 그 법정대리인이나 대표자는 당 회사가 정하는 서식에 의하여 그의 성명, 주소와 인감을 당 회사에 신고하여야 한다. 신고사항에 변경이 있는 때에도 또한 같다.

제3장 주주총회

제17조(소집) 당 회사의 정기주주총회는 영업연도 말일의 다음날부터 3월이내에 소집하고 임시주주총회는 필요한 경우에 수시 소집한다.

제18조(의장) 대표이사가 주주총회의 의장이 된다. 그러나 대표이사 유고시에는 이사회에서 선임한 다른 이사가 의장이 된다.

제19조(결의) 주주총회의 결의는 법령 또는 정관에 다른 규정이 있는 경우를 제외하고는 출석한 주주의 의결권의 과반수와 발행주식 총수의 4분의1이상의 수로서 한다.

제20조(의결권의 대리행사)주주는 대리인으로 하여금 의결권을 행사할 수 있다. 대리인이 의결권을 행사함에는 표결전에 그 권한을 증명하는 서면을 의장에게 제출하여야 한다.

제21조(총회의 의사록) 주주총회의사록에는 의사의 경과요령과 그 결과를 기재하고 의장과 출석한 이사가 기명날인 또는 서명하여야 한다.

제4장 임원과 이사회

제22조(이사와 감사의 수) 당 회사의 이사는 3인 이상, 감사는 1인 이상으로 한다.

제24조(이사, 감사의 선임) 당 회사의 이사, 감사는 제19조의 결의방법에 의하여 선임한다. 그러나 감사의 경우에 의결권 없는 주식을 제외한 발행주식총수의 100분의 3을 초과하는 주식을 가지는 주주는 그 초과하는 주식에 관하여는 의결권을 행사하지 못한다.

제25조(이사의 임기)이사의 임기는 취임후 3년으로 한다. 그러나 이사의 임기가 재임중 최종의 결산기에 관한 정기주주총회의 종결전에 끝날 때는 그 정기주주총회 종결에 이르기까지 그 임기를 연장한다. 보궐 또는 증원에 의하여 선임된 이사의 임기는 다른 이사의 전임기와 같이 한다.

제26조(감사의 임기) 감사의 임기는 취임후 3년내의 최종의 결산기에 관한 정기주주총회의 종결시까지로 한다.

제27조(이사회의 소집) 이사회는 대표이사 또는 이사회에서 따로 정한 이사가 있는 때에는 그 이사가 회의일의 3일전에 각 이사 및 감사에게 통지하여 소집한다. 그러나 이사 및 감사 전원의 동의가 있는 때에는 소집 절차를 생략할 수 있다.

제28조(이사회의 결의) 이사회의 결의는 이사 과반수의 출석과 출석이사의 과반수로 한다.

제29조(이사회의 의사록) 이사회의 의사록에는 의사의 경과요령과 그 결과를 기재하고 출석한 이사 및 감사가 기명날인 또는 서명하여야 한다.

제30조(대표이사)① 당 회사는 사장 1인과 필요한 경우에 전무이사 및 상무이사 각 약간명을 둔다.

② 사장, 전무이사와 상무이사는 이사회의 결의에 의하여 이사중에서 선임한다.

③ 사장은 당 회사를 대표한다.

제31조(업무집행) ① 사장은 당회사의 업무를 통할하고 전무이사 또는 상무이사는 대표이사를 보좌하여 그 업무를 분장한다.

② 사장이 유고시에는 미리 이사회에서 정한 순서에 따라 전문이사 또는 상무이사가 사장의 직무를 대행한다.

제32조(감사의직무) 감사는 당회사의 업무 및 회계를 감사한다.

제33조(보수와 퇴직금) 임원의 보수 또는 퇴직한 임원의 퇴직금은 주주총회의 결의로 정한다.

제5장 계 산

제34조(영업연도) 당 회사의 영업연도는 매년 1월 1일부터 동년 12월 31일까지로 한다.

제35조(재무제표, 영업보고서의 작성비치) ① 당 회사의 사장은 정기주주총회 회일 6주간 전에 다음의 서류 및 그 부속명세서와 영업보고서를 작성하여 이사회의 승인과 감사의 감사를 받아 정기주주총회에 제출하여야 한다.

1. 대차대조표
2. 손익계산서
3. 이익금처분계산서, 또는 결손금처리계산서

② 제1항의 서류는 영업보고서, 감사보고서와 함께 정기총회 1주간 전부터 당 회사의 본점과 지점에 비치하여야 하고 총회의 승인을 얻었을 때에는 그중 대차대조표를 지체없이 공고하여야 한다.

제36조(이익금의 처분) 매기 총수입금에서 총지출금을 공제한 잔액을 이익금으로 하여 이를 다음과 같이 처분한다.

1. 이익준비금 금전에 의한 이익배당액의 10분의 1이상
2. 별도적립금 약간
3. 주주배당금 약간
4. 임원상여금 약간
5. 후기 이월금 약간

제37조(이익배당) 이익배당금은 매결산기에 있어서의 주주명부에 기재된 주주 또는 질권자에게 지급한다.

부 칙

제1조(최초의 영업연도) 당 회사의 최초의 영업연도는 회사설립일로부터 동년 12월 31일까지로 한다.

제2조(세칙 내규) 당 회사의 업무추진과 경영을 위하여 필요한 세칙내규는 이사회에서 결정 시행한다.

제3조(규정외 사항) 이 정관에 규정되지 않은 사항은 주주총회 결의와 상법, 기타 법령에 따른다.

제4조(현물출자) 현물출자를 하는 자의 성명, 주소와 그 목적인 재산의 종류, 수량, 가격과 이에 대하여 부여할 주식의 종류와 수는 별지와 같다.

제5조(설립제비용) 법인설립에 따라 회사가 부담할 설립 제비용은 금20,000,000원을 한도로 하며 다음 각 항의 경우에 한한다.

1. 회계 및 감정에 관한 비용
2. 설립절차 및 등기에 관한 비용
3. 기타 회사설립에 직접 소요되는 비용

제6조(발기인) 발기인의 성명, 주소, 주민등록번호와 그가 설립시에 인수한 주식수는 이 정관 말미에 기재함과 같다.

위와 같이 주식회사 한진정밀을 설립하기 위하여 이 정관을 작성하고 발기인 전원이 이에 기명날인하다.

20○○년 ○월 ○일

발기인 정 명 훈(123456-1******)
서울 양천구 목동 63
인수주식수 : 164,343주(현물), 57주(현금)
발기인 유 인 자(123456-2******)
서울 양천구 목동 63
인수주식수 : 200주(현금)
발기인 정 명 헌(123456-1******)
서울 관악구 신림동 41-4
인수주식수 : 100주(현금)

※ 정관

○ 정관은 1인 이상의 발기인이 작성한다(상법 제288조). 발기인은 정관의 작성자로서 각 발기인이 정관의 말미에 기명날인 또는 서명하여야 한다(상법 제289조①). 이런 뜻에서 발기인이란 주식회사의 원시정관에 발기인으로서 기명날인 또는 서명한 자를 말하며, 실질적으로 발기인으로서 회사의 설립에 진력하였다 하더라도 원시정관에 기명날인 또는 서명하지 아니한 자는 발기인이라고 할 수 없다(학설과 판례).

※ 정관의 인증

○ 상법은 소규모 회사 창업의 원활화를 위하여 자본금 총액이 10억원 미만인 회사를 발기설립하는 경우에는 "각 발기인이 정관에 기명날인 또는 서명함으로써 효력이 생긴다."고 하여 정관의 공증의무를 면제하도록 하였으나(상법 제292조), 모집설립의 경우에는 기존의 공증(인증)제도를 유지하고 있다.

○ "원시정관"은 공증인법 제62조의 규정에 의하여 본점소재지 관할 지방검찰청내의 공증인으로부터 공증을 받아야 한다. 한편 위 공증인법은 2009. 2. 6. 개정법에서 위 규정을 삭제하였으며, 공증인법은 공포한 후 1년 이 경과한 날로부터 시행하므로, 원시정관의 관할 제한은 2010. 2. 7.부터 없어진다.

○ 정관인증의 절차 : 상법 제292조와 그 준용 규정에 따라 정관의 인증을 촉탁하려면 정관(전자문서로 작성된 정관은 제외한다) 2통을 제출하여야 한다. 정관의 인증은 촉탁인 또는 그 대리인으로 하여금 공증인 앞에서 제출된 각 정관에 발기인이 서명 또는 기명날인하였음을 확인하게 한 후 그 사실을 적는 방법으로 한다. 공증인은 공증을 한 정관 중 한 통은 자신이 보존하고 다른 한 통은 촉탁인 또는 그 대리인에게 돌려주어야 한다(공증인법 제63조). 인증비용은 213면 참조

[사례] 정관의 인증시 붙임용지

등부 년 제 호
인 증
위 주식회사 한진정밀 …………………………………………………………………
정관에 기재된 발기인 ○○○, ○○○의 대리인 ○○○ ……………은
…………………………………………………………………………………………
본 공증인의 면전에서 위 정관의 작성 및 그 기명 날인을 본인 등이 자인하는 것이라
고 진술하였다.
본 공증인은 위 촉탁인이 제시한 주민등록증………………………………………………
에 의하여 그 사람이 틀림없음을 인정하고 촉탁에 관한 대리권은 본인의
인감 증명서가 첨부된 위임장에 의하여 이를 인정하였다.
20○○년 ○월 ○일 이 사무소에서 위 인증한다.
공증사무소명칭 공증인가 法務法人 ○○
소속 서울중앙지방검찰청
소 재 지 표 시 서울시 서초구 서초동 1234-1
공증담당변호사 김 철 수 ㊞

210mm×297mm
(보존용지(1종) 70g/㎡)

※ 이 사례는 공증사무소에서 작성하여 정관 뒤에 첨부하는 인증문이다.

[사례] 정관의 인증시 붙임용지 중 서명날인용지

등부　　　　년　제　　　　호
위는 등본이다.
20○○년　○월　○일
공증사무소명칭　공증 인가　法務法人 ○○
소속 서울중앙지방검찰청
소 재 지 표 시　서울시 서초구 서초동 1234-1
공증담당변호사 김 철 수　㊞

210mm×297mm
(보존용지(1종) 70g/㎡))

※ 서명날인용지 : 이 서식은 공증인이 정관인증서를 작성하는 경우에 서명용지로 사용하는 붙임서식이다.

[사례] 창립총회의사록 인증서 표지

등부 년 제 호

인 증 서

공증 인가 **法務法人 ○○**

(공증부 : 593-0000)

210mm×297mm
(보존용지(1종) 70g/㎡)

※ 이 사례는 등기신청대리인이 공증사무소에 의사록인증을 촉탁하여 공증사무소에서 작성한 의사록의 인증서 표지이다.

[사례] 창립총회 의사록

창립총회 의사록

20○○년 8월 11일 13시 경기도 남양주시 용정동 11-2에서 창립총회를 개최하다.

주식의 총수	164,800주	주주총수	4명
출석 주주수	4명	인수주식수	164,800주

발기인 대표 정명훈은 위와 같이 상법 제309조 소정수에 해당하게 출석하였으므로 본 총회는 적법하게 성립됨을 말하고 의사를 진행하기 전에 의장을 선임할 것을 구한바 주주전원 만장일치 합의로 발기인대표를 의장으로 선임한 즉 동인은 그 취임을 승낙하고 장석에 등단하여 개회를 선언한 후 다음 의안의 심의를 구하다.

제 1호 의안 : 창립사항보고에 관한 건

의장은 발기인을 대표하여 별지 창립사항보고서와 같이 본 창립총회까지의 경과를 소상히 설명, 보고한바 전원일치로 이를 승인하다.

제 2호 의안 : 정관 승인의 건

의장은 정관을 낭독하고 축조설명을 가한 후 승인가부를 물은 즉 전원일치로 원안대로 승인하다.

제 3호 의안 : 이사, 감사 선임의 건

의장은 당 회사의 이사와 감사를 선임하여야 하는데 선임방법과 임원수에 대하여 주주일동에게 물은 즉 사내이사 3명, 감사 1명을 무기명 비밀투표로 선출하자고 전원일치되어 즉시 투표한 결과 다음과 같이 선출되어 피선자 등은 즉석에서 그 취임을 승낙함.(단, 감사의 선임은 상법 제409조 2항 규정에 의하여 선임하다.)

사내이사 : 정 명 훈, 유 인 자, 정 명 헌
감　　사 : 한 인 숙

제 4호 의안 : 상법 제314조 소정사항 조사 보고의 건

의장은 상법 제313조 소정 사항을 발기인 아닌 이사, 감사가 조사 보고하여야 함을

말하고 발기인 아닌 감사 한인숙으로 하여금 이를 조사 보고토록 하게 하자 동인은 즉시 조사에 착수하다.

의장은 위 조사보고서를 기다리기 위하여 잠시간 휴게한 후 속회하다.

감사 한인숙은 별지 조사 보고서와 같이 보고한즉 만장일치로 이를 승인하다.

제 5호 의안 : 본점설치장소 결정의 건

의장은 본 회사 본점을 다음의 장소에 설치함이 적당한 뜻을 설명하고 그 가부를 자문한 즉 만장이의 없이 승인하다.

본점 : 경기도 남양주시 용정동 11-2

이상으로서 금일 총회의 목적인 의안 전부를 심의 종료하였으므로 의장은 폐회를 선언하다. (폐회시각은 14시).

위 결의를 명확히 하기 위하여 이 의사록을 작성하고 의장과 출석한 이사들이 다음에 기명날인 또는 서명하다.

20○○년 10월 1일

주식회사 한진정밀

대표이사 정 명 훈

사내이사 유 인 자

사내이사 정 명 헌

감 사 한 인 숙

※ 창립총회의사록

○ 창립총회의 결의는 출석한 주식인수인의 의결권의 3분의 2이상이며 인수된 주식총수의 과반수에 해당하는 다수로 한다(상법 제309조).

○ 창립총회는 창립에 관한 보고청취(상법 제311조), 이사와 감사의 선임(상법 제312조), 설립경과의 조사(상법 제313조), 변태설립사항의 변경(상법 제314조), 정관변경 또는 설립폐지의 결의(상법 제316조), 본점과 지점의 소재장소 결정 등의 권한이 있다.

※ 주식회사 설립등기 시 이사명칭 등기방법의 변경

○ 상법 제317조② 제8호가 개정(2009. 2. 4 시행)됨에 따라 주식회사의 설립 시 이사명칭 등기방법이 변경되었다. 따라서 주식회사 설립등기 시 이사의 명칭을 사내이사, 사외이사, 기타비상무이사로 구분하여 등기하여야 한다.

○ 신청서에 첨부된 주주총회의사록 등에 사내이사, 사외이사, 기타비상무이사로 구분하여 선임한 사실이 기재되어 있어야 한다. 특히 사외이사, 기타비상무이사는 명확히 의사록에 나타나 있어야 한다. 등기신청서에 첨부된 이사선임 등의 의사록에 이사의 종류를 구분하지 않고 단순히 '이사'로 기재된 경우에는 "사내이사"로 수리될 수 있다.

[사례] 의사록의 인증시 붙임용지

등부 년 제 호	
인 증	
위 주식회사 한진정밀 ································· 의	
20○○년 ○월 ○일자 창립총회의사록에 대하여 ························	
주주겸 의장이사○○○, 주주겸 사내이사○○○, 주주겸 사내이사○○○·········의	
대리인○○○은 ··	
본 공증인의 면전에서 위 의사록의 내용이 진실에 부합한다고 진술하고, 그 기명 날인	
이 본인의 것임을 확인하였다.	
본 공증인은 위 진술과 아래 기재 자료에 의하여 그 결의의 절차와 내용이 진실에	
부합함을 확인하였다.	
20○○년 ○월 ○일 이 사무소에서 위 인증한다.	
공증사무소명칭	공증 인가 法務法人 ○○
소 속	서울중앙지방검찰청 소속
소재지 표시	서울 강남구 00동 123-7
공증담당	변호사 ○○○ ㊞
아 래	
1. 진술서 2. 주주명부	
3. 법인등기부 등본 4. 정관	

210mm×297mm
(보존용지(1종) 70g/㎡)

※ 이 사례는 공증사무소에서 작성하여 의사록 뒤에 첨부하는 인증문이다.

[사례] 감사의 조사보고서

조 사 보 고 서

20○○년 10월 1일 창립총회에서 본인이 감사로 선임되었으므로 상법 제313조 규정사항을 다음과 같이 조사 보고합니다.

-다 음-

1. 설립시에 발행하는 주식총수에 대한 인수의 정확여부
   본 회사가 발행하는 주식총수의 총수는 600,000주이며, 설립시에 발행하는 주식의 총수는 164,800주(1주의 금액 금10,000원)인데 그 인수 내역은 다음과 같다.

   발기인 인수한 주식수 : 보통주식 164,700주
   현물출자분 : 164,343주(20○○년 6월 10일 인수완료)
   현금출자분 : 457주(20○○년 8월 11일 인수완료)

   주식청약인이 인수한 주식수 : 보통주식 100주
   (20○○년 8월 11일 인수완료)

2. 인수 주식수에 대한 납입의 정확여부
   설립시에 발행하는 주식총수 164,800주 중 현물출자분 164,343주에 대하여는 현물출자자 정명훈이 납입기일인 20○○년 6월 10일 현물출자재산인도증, 부동산 소유권이전등기신청 위임장 및 등기필증, 자동차양도증명서 및 자동차검사필증 가입전화사용권양도양수신고서와 인감증명서등 등기, 등록 기타 권리의 설정 또는 이전에 필요한 제반서류를 교부하여 그 납입이 명확하고, 현금출자분 457주에 대하여는 금 4,570,000원의 납입금이 20○○년 8월 11일 납입되었음은 주식회사○○은행신정동지점이 발행한 주금납입보관증명서에 의하여 명확함.

3. 현물출자 등 변태설립에 대한 조사사항
   본 회사는 정관에 상법 제290조 제2호(현물출자를 하는 자의 성명과 그 목적인 재산의 종류, 수량, 가격과 이에 대하여 부여할 주식의 종류와 수), 동법 제4호(회사가 부담할 설립비용과 발기인에 받을 보수액)의 변태설립에 관한 규정을 정하여 법원에 검사인선임신청을 하여야 할 것이나 상법 제299조의2 규정에 의하여,

① 현물출자에 대하여는 서울 ○○구 ○○동 18 ○○빌딩 201호에 사무소를 둔 ○○회계법인 대표이사 병○○이 작성한 감사 및 평가보고서와 그 부속서류 및 현물출자자 정명훈의 현물출자약정서, 재산인도증 등에 의하여,

② 회사가 부담할 설립비용에 대하여는 공증인가 ○○종합법무법인 공증담당변호사 이○○의 조사보고서에 의하여 검사인의 조사에 갈음할 수 있으므로 법원에 별도로 검사인선임신청을 할 필요성이 없고 기타 회사의 설립에 관한 모든 사항이 법령 또는 정관의 규정에 위반되지 않음.

위와 같이 조사 보고합니다.

20○○년 ○월 ○일

주식회사 한진정밀
감 사 한 인 숙

※ 이사·감사의 조사·보고

○ 이사와 감사는 취임후 지체없이 회사의 설립에 관한 모든 사항이 법령 또는 정관의 규정에 위반되지 아니하는지의 여부를 조사하여 발기인에게 보고하여야 한다(상법 제313조①, 제298조①).

○ 이사와 감사중 발기인이었던 자, 현물출자자 또는 회사성립후 양수할 재산의 계약당사자인 자는 위 조사·보고에 참가하지 못한다(상법 제313조②, 제298조②). 이사와 감사의 전원이 위 규정에 해당하는 때에는 이사는 공증인으로 하여금 이를 조사·보고하게 하여야 한다(상법 제313조②, 제298조③).

[사례] 설립에 관한 조사결과보고

주식회사 설립에 관한 조사결과보고

1. 촉 탁 인(발기인)

성 명 : 정 명 훈 직 업 : 사 장
주민등록번호 : 전 화 :
주 소 : 서울 양천구 목동 63 ○○아파트 1동 102호

성 명 : 유 인 자 직 업 :
주민등록번호 :
주 소 : 서울 양천구 목동 63 ○○아파트 1동 102호

성 명 : 정 명 헌 직 업 : 회사원
주민등록번호 :
주 소 : 서울 관악구 신림동 41-4 ○○아파트 1동 101호

1. 설립중의 회사 : 주식회사 한진정밀
경기도 남양주시 용정동 11-2

보고인은 모집설립형태로 설립중인 주식회사 한진정밀의 변태설립사항인 회사가 부담할 설립비용과 발기인이 받을 보수액에 대한 조사보고를 위촉받아 이를 별첨 주식회사 설립에 관한 조사보고공정증서와 같이 조사하여 설립중인 회사의 창립총회에 제출하였기에 그 조사결과를 보고합니다.

1. 첨부서류 : 주식회사설립에 관한 조사보고 공정증서

20○○년 ○월 ○일

공증인가 ○○종합법무법인
서울 ○○구 ○○동 123 ○○빌딩 1호
공증담당 변호사 이 ○ ○

의정부지방법원 남양주등기소 귀중

[사례] 설립에 관한 조사보고 공정증서

증서 20○○년 제103호

주식회사 설립에 관한 조사보고
공 정 증 서

작성자는 20○○년 8월 11일 이 공증사무소에서 촉탁인들의 대리인의 촉탁에 의하여 주식회사 한진정밀의 설립에 관하여 다음과 같이 조사보고를 하다.

1. 설립중의 회사명 : 주식회사 한진정밀
1. 촉 탁 인(발기인)

성 명 : 정 명 훈 직 업 : 사 장
주민등록번호 : 전 화 :
주 소 : 서울 양천구 목동 63 ○○아파트 1동 102호

성 명 : 유 인 자 직 업 :
주민등록번호 :
주 소 : 서울 양천구 목동 63 ○○아파트 1동 102호

성 명 : 정 명 헌 직 업 : 회사원
주민등록번호 :
주 소 : 서울 관악구 신림동 41-4 ○○아파트 1동 101호

1. 위 촉탁인등의 대리인

성 명 : ○ ○ ○ 직 업 : 법무사
주민등록번호 :
주 소 : 서울 서초구 서초동 36-12 ○○빌딩 201호

1. 위 촉탁인등의 대리인은 작성자에 대하여 이 증서에 첨부된 모든 서류가 진정하게 성립되었다는 취지를 진술하고 서명날인하다.

위 촉탁인등의 대리인 ○ ○ ○

1. 조사내용

위 촉탁인 등의 작성자에 대한 진술과 별첨 서류기재 내용에 의하여 주식회사 한진정밀의 별첨 설립시에 회사가 부담할 설립비용이 법령 또는 정관의 규정에 위반되지 아니하는지의 여부를 조사한바, 위반한 사실이 없음을 인정한다.

1. 관계자와 대리권의 확인

위 촉탁인등의 자격은 그 대리인이 제시한 진술서에 의하여 그 사람들이 회사의 발기인임을 인정하고 대리인은 그가 제시한 주민등록증에 의하여 그 사람이 틀림없음을 인정하다. 그 대리권은 본인의 인감증명서가 첨부된 위임장에 의하여 이를 인정하다.

1. 첨부서류

위임장

인감증명서

진술서

명세서

20○○년 ○월 ○일

공증인가 ○○종합 법무법인

의정부지방법원 남양주등기소 귀중

[사례] 설립비용 계산서

설립비용 계산서

설립시에 회사가 부담할 설립비용은 다음과 같습니다.

1. 회계 및 감정에 관한 비용

가) 회계감사비용	3,300,000원
나) 감정평가비용	2,381,500원
소 계	5,681,500원

2. 설립절차 및 등기에 관한 비용

가) 등 록 세	6,592,000원
나) 교 육 세	1,318,400원
다) 정관등 공증료	729,500원
라) 공증인의 조사보고서 보수	3,000,000원
마) 법무사 보수, 일당, 교통비	1,559,000원
소 계	13,198,900원

3. 기타 회사설립에 직접 소요되는 비용

가) 정관등 인쇄비	400,000원
나) 복 사 비	100,000원
다) 도 장	100,000원
라) 등기부등본, 인감증명등 제증명발급비용	320,000원
소 계	820,000원
총 계	19,800,400원

의 설립비용이 소요되었는바, 정관 부칙 제5조에 정한 금20,000,000원의 범위내의 금액으로 지출되었음.

[사례] 설립에 관한 감정결과보고

주식회사 설립에 관한 감정결과보고

1. 촉 탁 인(발기인)

성 명 : 정 명 훈 직 업 : 사 장
주민등록번호 : 전 화 :
주 소 : 서울 양천구 목동 63 ○○아파트 1동 102호

성 명 : 유 인 자 직 업 :
주민등록번호 :
주 소 : 서울 양천구 목동 63 ○○아파트 1동 102호

성 명 : 정 명 헌 직 업 : 회사원
주민등록번호 :
주 소 : 서울 관악구 신림동 41-4 ○○아파트 1동 101호

1. 설립중의 회사 : 주식회사 한진정밀
경기도 남양주시 용정동 11-2

보고인은 모집설립형태로 설립중인 주식회사 한진정밀의 발기인으로부터 현물출자자인 정명훈이 운영하는 대한정밀금형사 개인업체의 권리의무 일체를 포괄적으로 설립중인 회사에 현물출자함에 있어 20○○년 ○월 ○일 현재 대한정밀금형사의 순자산가액에 대한 감사 및 평가를 의뢰받아 이를 감정하여 설립중인 회사의 창립총회에 제출하였기에 그 감정 결과를 보고합니다.

1. 감사 및 평가의 목적

현물출자를 하는 자의 성명과 그 목적인 재산의 종류, 수량 가격과 이에 대하여 부여할 주식의 종류와 수에 대한 적정여부

1. 감사 및 평가내용

작성자는 촉탁인으로부터 20○○년 ○월 ○일 현재 대한정밀금형사의 순자산가액에

1. 감사 및 평가내용

작성자는 촉탁인으로부터 20○○년 ○월 ○일 현재 대한정밀금형사의 순자산가액에 대한 감사 및 평가를 의뢰받아 이를 감정함에 있어 회사의 자산 중 토지와 건물 등 유형고정자산 등은 한국감정원의 감정가액을 기준으로, 그 이외의 자산과 부채에 대하여는 취득원가를 토대로 순자산가액을 평가한 결과 대한정밀금형사의 20○○년 ○월 ○일 현재의 순자산가액은 자산 금3,786,661,906원에서 부채 금2,143,228,283원을 공제한 금,643,433,623원으로서 별지 현물출자를 하는 자의 성명과 그 목적인 재산의 종류, 수량, 가격과 이에 대하여 투여할 주식의 종류와 수는 적정하며 법령 또는 정관의 규정에 위반되지 않습니다.

1. 첨 부 서 류

1) 감사 및 평가보고서
2) 감정평가서
3) 부동산등기부등본
4) 자동차등록원부
5) 전화가입증명서

20○○년 ○월 ○일

○○회계법인
서울 ○○구 ○○동 18 ○○빌딩 201호
대표이사 병 ○ ○

의정부지방법원 남양주등기소 귀중

[사례] 순자산 가액에 대한 감사 및 평가보고서(표지)

※ 표지

순자산 가액에 대한 감사 및 평가보고서

20○○년 ○월 ○일 현재

○○회계법인

목 차

1. 감사 및 평가보고서
2. 현물출자 순자산가액계산서
3. 자산의 과목과 금액
4. 부채의 과목과 금액
5. 회사제시 대차대조표
6. 수정사항
7. 현물출자 자산과 부채의 과목별 명세서

감사 및 평가보고서

주식회사 한진정밀 발기인 대표 정명훈 귀하 20○○년 ○월 ○일

본 감사인은 설립중인 주식회사 한진정밀에 대한 현물출자 자산가액의 산정을 위하여 출자대상인 대한정밀금형사의 20○○년 ○월 ○일 현재의 자산과 부채의 각 계정잔액에 대한 감사를 실시하고 그 결과를 토대로 동사의 순자산가액을 평가하였습니다. 이를 위하여 본 감사인은 회계감사기준을 준수하였으며 회사의 자산 중 토지와 건물 등 유형자산은 감정기관의 감정가액을 기준으로 순자산가액을 평가하고 그 외의 자산과 부채에 대하여는취득원가에 의하여 순자산가액을 평가하였습니다.

본 감사인의 평가결과 대한정밀금형사의 20○○년 ○월 ○일자의 순자산가액은 1,643,433,623원으로 산정되었습니다.

이 감사 및 평가보고서는 설립중인 주식회사 한진정밀에 대한 현물출자 자산가액의 산정을 위하여, 출자대상인 대한정밀금형사의 20○○년 ○월 ○일 현재 순자산가액 평가를 목적으로 발행된 것이므로 다른 목적으로 사용될 수 없습니다.

○○회계법인 대표이사 병 ○ ○

[사례] 감정평가서

(공장) 평 가 표

기호	

본 감정평가서는 50년 전통의 유일한 ○○출자 감정평가 전문기관인 ○○감정원에서 지가공시및토지등의평가에관한법률 등 관련법규에 따라 성실·공정하게 작성하였음.
감 정 평 가 사 ○ ○ ○
조 사 자 ○ ○ ○

평 가 가 액	금2,144,808,800-			
평가의뢰인	대한정밀금형사 대표 정명훈	평 가 목 적	일반거래(법인현물출자)	
채 무 자		제 출 처 (채권기관)	법원(등기소)	
소 유 자 (대상업체명)	정명훈 (대한정밀금형사)	평 가 조 건	의견란 참조	
목록표시근거	등기부등본, 의뢰목록	가격시점	조사시간	작성일자
		20○○. ○. ○.	20○○. ○. ○. 13:15	20○○. ○. ○.

평가내용	공 부(의뢰)		사 정		평 가 가 격	
	종 별	면적 또는 수량	종 별	면적 또는 수량	단 가	금 액
	대	628㎡	대	628㎡	900,000	565,200,000
	건물	1,348.34㎡	건물	1,348.3㎡	-	520,469,800
	기계기구	60	기계기구	60	-	1,059,139,000
	합 계					2,144,808,800

평 가 의 견 서

1. 본건은 ○○구 ○○동 준공업지역 내에 소재하는 중소규모의 금형제작 및 프라스틱 사출성형업체로서 일반적인 필요시설 구비하고 현재 가동중임.

2. 본건 토지는 당해 토지와 유사한 이용가치를 지닌 표준지의 공시지가를 기준으로 하되, 공시기준일부터 가격시점까지의 지가변동추이 및 당해 토지의 위치・형상・환경・이용상황 기타 가격형성상의 제요인을 종합적으로 참작하여 평가하였음.

3. 본건 건물은 구조・용도・용재・시공상태・부대설비 및 관리상태 등을 종합 참작한 복성식평가법으로 평가하였음.

4. 본건은 대부분 국산 기계기구로서 구조, 규격, 형식, 용량 등을 종합 참작하여 복성식평가법으로 평가하되, 일부는 현상 등을 고려하여 관찰감가법을 병용하였음.

5. 본건의 가격시점은 귀 요청에 의거 20○○. ○. ○.자임.

[별지 1] 재무제표

1. 현물출자를 하는 자의성명, 주소와 그 목적인 재산의 종류, 수량 가격과 이에 대하여 부여할 주식의 종류와 수

성명과 주소
발기인 정 명 훈
서울 양천구 목동 63 ○○아파트 1동 102호

2. 재산의 종류, 수량, 가격

자 산		
구 분	명 세	금 액
1. 예 금	별지와 같음	533,088,026원
2. 외 상 매 출 금	〃	855,668,495원
3. 받 을 어 음	〃	43,498,383원
4. 선 급 금	〃	35,095,192원
5. 선 급 비 용	〃	25,141,882원
6. 원 재 료	〃	16,034,000원
7. 재 공 품	〃	6,518,568원
8. 전신전화가입권	〃	1,694,000원
9. 임 차 보 증 금	〃	30,000,000원
10. 국민연금전환금	〃	33,749,560원
11. 토 지	〃	565,200,000원
12. 건 물	〃	520,469,800원
13. 기 계 장 치	〃	1,059,139,000원
자 산 총 계		3,786,661,906원

부 채		
구 분	명 세	금 액
1. 외 상 매 입 금	별지와 같음	379,510,509원
2. 미 지 급 금	〃	143,550원
3. 부가세 예수금	〃	56,219,263원
4. 미 지 급 비 용	〃	1,866,783원
5. 장 기 차 입 금	〃	1,508,373,800원
6. 퇴직급여충당금	〃	197,114,378원
부 채 총 계		2,143,228,283원

3. 이에 대하여 부여할 주식의 종류와 수
(현물출자재산가액 : 자산총계 3,786,661,906원 - 부채총계 2,143,228,283원 =1,643,433,623원)
부여할 주식의 종류와 수 : 보통주식 164,343주
이 주의 금액 : 금1,643,430,000원

[별지 2]

<자 산>

1. 예금명세서

단위 : 원

종 류	계좌번호(은행명)	금 액
상호부금	00-0-000-00(○○은행 ○○동지점)	276,291,148
상호부금	00-0-000-00(○○은행 ○○동지점)	61,446,000
정기적립신탁	00-0-000-00(○○은행 ○○동지점)	121,140,369
정기적립신탁	00-0-000-00(○○은행 ○○동지점)	16,311,266
정기적금	00-0-000-00(○○은행 ○○동지점)	52,750,000
신종적립금전신탁	00-0-000-00(○○은행 ○○동지점)	5,149,243
합 계		533,088,026

2. 외상매출금 명세서

단위 : 원

거래처 명	적 요	금 액
(주) ○ ○	외 상 대	2,118,710
(주) ○○엔지니어링	외 상 대	5,388,702
(주) ○○ 시스템	외 상 대	184,905,539
○○전기(주)	외 상 대	12,207,872
(주) ○ ○	외 상 대	380,229,421
○○전자(주)	외 상 대	89,541,149
○○정보통신(주)	외 상 대	90,341,102
○○반도체통신(주)	외 상 대	59,268,000
POCYBERLINE INC	외 상 대	31,668,000
합 계		855,668,495

3. 받을 어음 명세서

단위 : 원

거래처 명	적 요	금 액
○○정보통신	자가123456789(6/29)	19,043,777
○○화학	자23456789(7/30)	24,454,606
합 계		43,498,383

4. 선급금 명세서

단위 : 원

거래처 명	적 요	금 액
○○기술공업	방전가공기선급금(US$43,200)	35,095,192

5. 선급비용 명세서

단위 : 원

구 분	적 요	금 액
보 험 료	281,870×(211/215)	276,625
어음할인이자	454,941×(10/114)	454,941
어음할인이자	6,820,446×(40/113)	2,414,317
어음할인이자	3,535,244×(70/116)	2,133,336
(- 이 하 생 략 -)		
합 계		25,141,882

6. 전신전화가입권 명세서

단위 : 원

구 분	적 요	금 액
전화, 팩스 가입권	500-1000	242,000
	500-1001	242,000
	(- 이하 생략 -)	
합 계		1,694,000

7. 원재료 명세서

단위 : 원

품 명	규 격	수 량	단 가	금 액
1P.C	141R 701	200.00	3,850.00	770,000
2P.C	141R 50075	1,875.00	4,240.00	7,950,000
3P.C	141R 80093	450.00	4,240.00	1,908,000
4P.C	141R 50018	1,000.00	4,240.00	4,240,000
합 계				16,034,000

8. 재공품 명세서

단위 : 원

품 명	수 량	단 가	금 액
FLIP COVER	216.00	806.60	173,578
SHIELD TOP	605.00	259.00	156,695
B/T PACK TOP	9,847.00	90.50	891,154
B/T PACK TOP	921.00	690.50	635,951
(- 이하 생략 -)			
합 계			6,518,568

9. 임차보증금 명세서

단위 : 원

구 분	적 요	금 액
임차 보증금	기숙사 아파트	30,000,000

10. 국민연금전환금 명세서

단위 : 원

구 분	적 요	금 액
퇴직전환금	전직원 퇴직전환금	33,749,560

11. 토 지 명 세 서

단위 : 원

지 번	지목, 용도	면 적	평 가 액
서울 ○○구 ○○동 123-3	대	628㎡	565,200,000

12. 건 물 명 세 서

단위 : 원

지 번	구 조	면 적	평 가 액
서울 ○○구 ○○동 112-3	철근콘크리트조 슬래브지붕	1,348.3㎡	520,469,800

13. 기계장치 명세서

단위 : 원

명 칭(종류)	제작자	제작일	평 가 액
1. 건조기 DHB-T	○○전기	20○○년 5월	1,500,000
2. 고속분쇄기 DHSC-10	○○전기공업	20○○년 2월	5,900,000
3.사출성형기 PRO-100WD	○○유압	20○○년 3월	42,000,000
(- 이하 생략 -)			
합 계			1,059,139,000

14. 차량운반 명세서

단위 : 원

자 산 명	취 득 일	취득가액	평 가 액
그랜져(서울1가1234)	20○○년 7월 30일	36,225,766	1,500,000
티뷰론오토메틱(서울4나3492)	20○○년10월 25일	19,663,070	5,000,000
스타렉스장축6밴(서울1모5478)	20○○년 1월 6일	11,603,242	8,000,000
포터초장축슈퍼캡(서울3더9875)	20○○년 5월 8일	9,584,496	7,500,000
합 계		94,065,524	24,500,000

15. 공구와 기구 명세서

단위 : 원

자 산 명	취 득 일	취득가액	평 가 액
유압바이스	20○○년 ○월 ○일	1,000,000	158,000
PRECISION VICE	20○○년 ○월 ○일	1,275,000	205,000
금형적치대	20○○년 ○월 ○일	2,700,000	1,703,000
합 계		4,975,000	2,066,000

16. 집기비품 명세서

단위 : 원

자 산 명	취 득 일	취득가액	평 가 액
컴퓨터	20○○년 ○월 ○일	1,454,546	-
PROLINEA	20○○년 ○월 ○일	3,063,637	-
냉온수기	20○○년 ○월 ○일	7,620,000	300,000
진공청소기	20○○년 ○월 ○일	2,600,000	-
(- 이하 생략 -)			
합 계		91,894,184	34,799,000

<부 채>

17. 외상매입금 명세서

단위 : 원

거 래 처 명	적 요	금 액
○○공업	외 상 매 입 대	273,350
○○페인트	외 상 매 입 대	118,860
○○상사	외 상 매 입 대	15,778,244
○○정밀	외 상 매 입 대	2,388,139
○○공업	외 상 매 입 대	5,778,244
(-이하 생략-)		
합 계		379,510,509

18. 미지급금 명세서

단위 : 원

거 래 처 명	적　　요	금　　액
○○산업	수수료미지급	143,550

19. 부가세예수금 명세서

단위 : 원

거 래 처 명	적　　요	금　　액
○○세무서	1기부가세납부액	56,219,263

20. 미지급비용 명세서

단위 : 원

구　　분	적　　요	금　　액
미지급이자	2,404,109×(18/31)	1,395,934
미지급이자	560,958×(18/32)	145,132
합　　계		1,866,783

21. 장기차입금 명세서

단위 : 원

구　　분	적　　요	금　　액
기업운전일반대출	000-00-000-0(○○은행 ○○동지점)	100,000,000
부동산저당대출	000-00-000-0(○○은행 ○○동지점)	300,000,000
(-이하생략-)		
합　　계		1,508,373,800

22. 퇴직급여충당금 명세서

단위 : 원

구　　분	적　　요	금　　액
김 ○ ○	20○○. ○. ○. - 20○○. ○. ○.	3,733,137
한 ○ ○	20○○. ○. ○. - 20○○. ○. ○.	1,883,397
(-이하생략-)		
합　　계		197,114,378

[사례] 주식인수증

<table>
<tr><td colspan="2">주 식 인 수 증</td></tr>
<tr><td>상 호</td><td>주식회사 한진정밀</td></tr>
<tr><td>인수할주식수</td><td>57 주</td></tr>
<tr><td>금 액</td><td>금570,000원</td></tr>
<tr><td>일 주의 금액</td><td>금10,000원</td></tr>
<tr><td colspan="2">위 주식을 발기인으로서 인수합니다.
20○○년 10월 1일

발기인 정 명 훈
서울 양천구 목동 63 ○○아파트 1동 102호

주식회사 한진정밀 발기인대표 귀하</td></tr>
</table>

※ 주식의 인수

○ 주식회사의 자본은 주식에 의한 출자로써 형성되므로 발기인은 설립시에 발행하는 주식에 관하여 반드시1주 이상을 위 서면에 의하여 인수하여야 한다(상293). 모집설립에 있어서 주식의 인수는 주식을 인수하고자 하는 자의 청약과 발기인의 주식배정에 의하여 성립한다.

<table>
<tr><td colspan="2">주 식 인 수 증</td></tr>
<tr><td>상 호</td><td>주식회사 한진정밀</td></tr>
<tr><td>인수할주식수</td><td>200 주</td></tr>
<tr><td>금 액</td><td>금2,000,000원</td></tr>
<tr><td>일 주의 금액</td><td>금10,000원</td></tr>
<tr><td colspan="2">위 주식을 발기인으로서 인수합니다.
20○○년 10월 1일
발기인 유 인 자
서울 양천구 목동 63 ○○아파트 1동 102호

주식회사 한진정밀 발기인대표 귀하</td></tr>
</table>

[사례] 주식인수증

주 식 인 수 증	
상 호	주식회사 한진정밀
인수할주식수	100 주
금 액	금1,000,000원
일 주의 금액	금10,000원

위 주식을 발기인으로서 인수합니다.

20○○년 10월 1일

발기인 정 명 헌

서울 관악구 신림동 41-4 ○○아파트 1동 101

주식회사 한진정밀 발기인대표 귀하

[사례] 주식인수증

주 식 인 수 증	
상 호	주식회사 한진정밀
인수할주식수	164,400주
금 액	금1,644,000,000원
일 주의 금액	금10,000원

본인 소유의 별지목록표시 재산을 현물출자하고 위 주식을 발기인으로서 인수합니다.

20○○년 10월 1일

발기인 정 명 훈

서울 양천구 목동 63 ○○아파트 1동 102호

주식회사 한진정밀 발기인대표 귀하

[사례] 주식청약서

<table>
<tr><td colspan="2">주 식 청 약 서</td></tr>
<tr><td>상 호</td><td>주식회사 한진정밀</td></tr>
<tr><td>인수할주식수</td><td>100 주</td></tr>
<tr><td>금 액</td><td>금1,000,000원</td></tr>
<tr><td>일 주의 금액</td><td>금10,000원</td></tr>
<tr><td colspan="2">귀 회사의 정관과 이 청약서에 기재한 사항을 승낙하고 주식을 청약합니다.
20○○년 10월 1일
주식청약인 한 인 숙
서울 관악구 신림동 41-4 ○○아파트 1동 101호
주식회사 한진정밀 발기인대표 귀하</td></tr>
<tr><td>정관과 인증연월일
공증인의 성명</td><td>20○○년 10월 1일
공증인가 ○○법무법인 변호사 이 ○ ○</td></tr>
<tr><td>상 호</td><td>주식회사 한진정밀</td></tr>
<tr><td>본점의 소재지</td><td>경기도 남양주시 용정동 11-2</td></tr>
<tr><td>목 적</td><td>1. 주형 및 금형 제조판매업
2. 사출성형기 제조판매업
3. - 중 략 -</td></tr>
<tr><td>회사가 발행할 주식의 총수</td><td>600,000주</td></tr>
<tr><td>일 주의 금액</td><td>금10,000원</td></tr>
<tr><td>회사가 설립시에 발행하는 주식의총수</td><td>164,800주</td></tr>
<tr><td>주식의 종류와 수</td><td>보통주식 164,800주</td></tr>
</table>

액면이상의 주식을 발행하는 때에는 그 수와 금액	없 음	
명의개서대리인을 둔 때에는 그 성명주소 및 영업소	없 음	
납입을 받을 은행(기타. 금융기관)과 납입장소	주식회사 ○○은행 ○○동지점 서울 ○○구 ○○동 18-1	
회사가 공고하는 방법	서울특별시내에서 발행하는 일간 ○○경제에 게재한다.	
회사의 존립의 시기 또는 해산사유를 정할 때에는 그 규정	없 음	
일정할 시기까지 창립총회를 종결하지 아니한 때에는 주식의 인수를 취소할 수 있다는 뜻	20○○년 8월 11일까지 창립총회가 종결하지 않을 때에는 이 청약을 취소할 수 있다.	
각 발기인이 인수한 주식의 종류와 수 각 발기인의 성명, 주소		
인수주식수	주식의 종류와 수	발기인의 성명 주소
현물 164,343주 현금 57주	보통주식	정 명 훈 서울 양천구 목동 63
현금 200주	보통주식	유 인 자(-) 서울 양천구 목동 63
현금 100주	보통주식	정 명 헌(-) 서울 관악구 신림동 41-4

※ 주식의 청약

○ 주주의 모집을 위한 주식청약서용지는 발기인이 작성하고(상302②), 이 청약서에는 상법 제289조제1항과 제290조에 게기한 사항 등 10개항의 사항을 기재해야 한다. 주식인수의

청약을 하고자 하는 자는 주식청약서 2통에 인수할 주식의 종류, 수 및 주소를 기재하고 기명날인 또는 서명하여야 하며, 발기인에 대하여 한다(상법 제302조①).

○ 주식인수의 청약에 대하여 발기인은 모집주식총수의 범위 내에서 주식의 배정을 하게 된다. 발기인은 배정방법은 미리 공고하지 않은 이상 어떠한 주식청약자에 대하여 몇 주를 인수시킬 것인가를 자유로이 정할 수 있다. 이를 주식배정자유의 원칙이라 한다.

○ 발기인의 배정에 의하여 주식청약인은 주식인수인으로 확정되어 배정받은 주식의 수에 따라서 인수가액을 납입할 의무를 진다(상법 제303조). 그런데 일반적으로 주식인수의 청약자는 주식청약시에 주금액(株金額)의 상당액을 청약증거금으로 미리 납부하므로, 그가 주식의 배정을 받으면 청약증거금이 주금의 납입으로 대체된다.

[사례] 주금납입의뢰서

주금납입의뢰서

금번 다음과 같이 주식회사 한진정밀을 설립하고 창립총회에서 주금납입기한을 20○○년 9월 6일까지로 하여 그 납입을 맡을 은행으로 귀 은행을 지정하였사오니 이를 취급하여 주시길 의뢰합니다.

20○○년 10월 1일

의뢰인 주식회사 한진정밀
경기도 남양주시 용정동 11-2
대표이사 정 명 훈

상 호 : 주식회사 한진정밀
본 점 : 경기도 남양주시 용정동 11-2
공 고 방 법 : 서울특별시내에서 발행하는 일간 매일경제신문에 게재한다.
회사가 발행할 주식의 총수 : 600,000주
1주의 금액 : 금 10,000원
발행주식의 총수, 그 종류와 각종 주식의 내용과 수 : 보통주식 164,800주
자본의 총액 : 금1,648,000,000원

※ 주금납입시 준비서류 : 정관, 창립총회의사록, 창립사항보고서, 조사보고서, 이사회의사록, 주식인수증, 주식청약서, 주주명부 각 사본 1부와, 주금납입의뢰서 1부, 주금납입보관증명서 3부를 주금납입은행에 제출한다.

[사례] 주금납입금 보관증명서

주금납입금 보관증명서

일금 四百五拾七萬원정 ₩4,570,000-
발행주식총수 164,800주
(현물 164,343주, 현금 457주)
1 주의 금액 금10,000원

위 금액은 귀 회사 설립시에 발행하는 주식총수 164,800주 중 현금으로 납입하는 457주에 대한 납입금으로서 20○○년 10월 1일 납입이 완료되어 현재 이를 보관중임을 증명합니다.

20○○년 10월 1일

○○은행 ○○동지점
서울 ○○구 ○○3동 18-1
지점장 ○ ○ ○

주식회사 한진정밀 발기인대표 정 명 훈 귀하

○ 개정상법은 소규모(자본금 총액이 10억원 미만)인 주식회사를 발기설립하는 경우에는 주금납입금 보관증명서를 금융기관의 잔고증명서로 대체할 수 있도록 하였으나(상법 제318조③. 상업등기법 제81조제11호 및 제82조제5호), 모집설립의 경우에는 공정성 확보를 위하여 현재와 같은 주금납입금보관증명서 제도를 유지하고 있다(상법 제318조①, ②). 주금납입은 주식청약서에 기재한 은행 기타 금융기관의 납입장소에 하여야 한다(상법 제305조②,제302조②).

○ 납입금을 보관한 은행 기타의 금융기관은 발기인 또는 이사의 청구가 있는 때에는 그 보관금액에 관하여 증명서를 교부하여야 하고, 증명한 보관금액에 대하여는 납입의 부실 또는 그 금액의 반환에 관한 제한이 있음을 이유로 하여 회사에 대항하지 못한다(상법 제318조①, ②).

[사례] 현물출자 약정서

현물출자 약정서

대한정밀금형사 대표 정명훈을 甲으로, 설립중인 주식회사 한진정밀 발기인 대표 정명훈을 乙로 정하여 다음과 같이 약정한다.

1. 갑은 乙회사의 정관과 주식인수증의 기재내용을 충분한 승인하에 별지 재산의 모든 자산[금3,786,661,906원]에서 모든 부채[금2,143,228,283원]를 공제한 금액 [금1,643,433,623원]을 乙회사에게 현물출자하고 乙회사로부터 위 회사 1주의 금액 10,000원의 보통주식 164,343주[차액 금3,623원은 포기]를 부여받기로 한다.
2. 甲은 부동산등 등기, 등록을 요하는 재산은 乙회사 명의로 소유권 이전할 수 있도록 제반서류를 갖추어 회사에 차입한다.
3. 위 사항과 같이 쌍방 당사자 합의되었으므로 후일을 위하여 본 약정서를 작성하고 각자 이에 기명날인하다.

20○○년 10월 1일

(甲) 정 명 훈
서울 양천구 목동 63 ○○아파트 1동 102호

(乙) 설립중인 주식회사 한진정밀
경기도 남양주시 용정동 11-2
발기인대표 정 명 훈

※ 현물출자

○ 현물출자란 금전 이외의 재산으로서 하는 출자를 말하며, 출자의 목적물만 다를 뿐 법적 성질에 있어서는 금전출자와 마찬가지로 출자의 한 형태이다. 설립시의 현물출자를 정관의 변태설립사항으로 한 이유는 출자의 목적물을 과대평가하여 회사의 자본충실을 해할 수 있기 때문이다.

○ 현물출자는 출자와 주식의 취득이 대가관계에 있으므로, 단체법상의 유상쌍무계약이다. 현물출자의 목적이 될 수 있는 재산은 대차대조표에 자산으로 게재할 수 있는 것이면 동산·부동산·특허권·채권·유가증권·컴퓨터소프트웨어 등 무엇이든 가능하다. 그러나 주식회사에 있어서는 사원의 개성이 인정되지 않으므로, 노무 및 신용은 출자의 목적이 될 수 없다. 현물출자는 발기인뿐만 아니라 발기인 이외의 자 도 할 수 있다(상법 제294조 폐지).

○ 현물출자를 하는 자의 성명과 그 목적인 재산의 종류, 수량, 가격과 이에 대하여 부여할 주식의 종류와 수를 정관에 기재함으로써 그 효력이 있다(상법 제294조 제2호).

[사례] 재산인도증

재 산 인 도 증

주식회사 한진정밀 보통주식 164,343주
총 액 금1,643,430,000원
(단, 1주의 금액 : 금10,000원)

본인은 위 주식을 20○○년 10월 1일 발기인으로서 인수하고 별지목록기재 재산을 현물출자하였으므로 금번 귀사에 대하여 이를 인도함과 동시에 상법 제295조 2항 소정의 서류를 완비하여 교부합니다.

20○○년 10월 1일
현물출자자 정 명 훈 (인)
서울 양천구 목동 63 ○○아파트 1동 102호

주식회사 한진정밀 발기인대표 귀하

[사례] 창립총회기간단축동의서

창립총회기간단축동의서

본인 등은 주식회사 한진정밀 창립총회를 상법 제363조 소정의 기간을 단축하여 200○년 10월 1일 경기도 남양주시 용정동 11-2에서 개최하는데 대하여 이의 없이 동의합니다.

20○○년 10월 1일
주식회사 한진정밀
주주 정 명 훈(인) 주주 유 인 자(인) 주주 정 명 헌(인)

※ 창립총회를 소집함에는 회일(會日)을 정하여 2주 전에 각 주식인수인에게 서면으로 통지를 발송하거나 주주의 동의를 받아 전자문서로 통지를 발송하여야 하는데(상법 제308조②,제363조①), 창립총회의 소집기간을 단축한 경우에는 주식인수인 전원이 이에 동의하였음을 증명하는 위 서면을 첨부하여야 한다(상등법79①). 다만 주식인수인 전원이 창립총회에 출석하였을 때에는 이 서면의 첨부는 필요 없다.

[사례] 발기인의 창립사항 보고서

창립사항 보고서

본인 등은 본 회사의 발기인인바 창립에 관한 사항을 다음과 같이 보고함.

1. 본인 등은 사업목적을 정관 제2조와 같이 정하고
   회사가 발행할 주식의 총수는 600,000주
   설립시에 발행하는 주식의 총수는 164,800주(현물 164,343주, 현금 457주)
   1주의 금액 금10,000원
   자본금 1,648,000,000원으로 주식회사를 설립하고자 기획하였음.

2. 본인 등은 정명훈을 발기인 대표로 선임하고 회사가 설립하기까지의 필요한 사항에 있어 발기인을 대표로 하기로 하였음.

3. 발기인 전원이 모여 20○○년 10월 1일 정관을 작성하고 공증인가 ○○종합법무법인 변호사 이○○에게 동년 10월 ○일 정관의 인증을 받았음.

4. 발기인은 설립시에 발행하는 주식의 총수 164,800주 중 현물출자본 164,343주에 대하여는 20○○년 6월 10일, 현금출자분 357주에 대하여는 20○○년 8월 11일 각 인수하고 잔여주식 100주에 대하여는 주식청약서를 작성하고 주주 모집에 착수하였음.

5. 위 모집에 앞서 발기인 전원의 동의를 얻어 액면 1주 금액 금10,000원으로 정하고 모집을 하였던바, 동년 8월 11일 까지 소정의 주식 인수청약이 있어 만주에 달하였음.

6. 위 인수에 대하여 현물출자분 164,343주에 대하여는 현물출자자 정명훈이 납입기일인 20○○년 6월 10일 재산인도증과 부동산소유권이전등기신청 위임장 및 등기필증, 자동차양도증명서 및 자동차검사필증, 가입전화사용권양도양수신고서와 인감증명서등 등기, 등록 기타 권리의 설정 또는 이전에 필요한 서류를 교부하여 그 납입이 완료되었으며, 현금출자분 457주에 대하여는 20○○년 8월 11일 납입을 맡을 주식회사 ○○은행 ○○동지점에 동년 8월 11일까지 납입할 것을 통지하였던바, 동년 8월 11일 그 납입이 완료되었으며 납입금은 발기인대표 명의로 별단예금으로 보관되어 있을뿐더러 위 은행에서 발행한 주금납입금 보관증명서에 의하여 납입을 확증함.

7. 본 회사는 정관에 상법 제290조 제2항(현물출자를 하는 자의 성명과 그 목적인 재산의 종류, 수량 가격과 이에 대하여 부여할 주식의 종류와 수), 동법 제4항(회사가 부담할 설립비용과 발기인이 받을 보수액)의 변태설립에 관한 규정을 정하여 법원에 검사인 선임신청을 하여야 할 것이나 상법 제299조의2 규정에 의하여,
   ① 현물출자에 대하여는 서울 ○○구 ○○동 18 ○○빌딩 201호에 사무소를 둔 ○○회계법인 대표이사 병○○이 작성한 감사 및 평가보고서와 그 부속서류 및 현물출자자 정명훈의 현물출자약정서, 재산인도증 등에 의하여,
   ② 회사가 부담할 설립비용에 대하여는 공증인가 ○○종합법무법인 공증담당 변호사 이○○의 조사보고에 의하여 검사인의 조사에 갈음할 수 있으므로 법원에 별도로 검사인선임신청을 할 필요성이 없음.

8. 이상과 같이 인수와 납입을 완료하였으므로 본인 등은 속히 회사를 성립시키고자 주식 인수인 전원의 동의를 얻어 법정기간(2주간)을 단축하여 금일 창립총회를 개최하게 된 바임.

위와 같이 보고함.

20○○년 10월 1일

주식회사 한진정밀

발기인 정 명 훈(123456 - 1******)
서울 양천구 목동 63

발기인 유 인 자(123456 - 2*****)
서울 양천구 목동 63

발기인 정 명 헌(123456 - 1******)
서울 관악구 신림동 41-4

※ 발기인의 보고

○ 발기인은 회사의 창립에 관한 사항을 서면에 의하여 창립총회에 보고하여야 한다(상법 제311조①). 보고서에는 주식인수와 납입에 관한 제반상황, 상법 제290조에 게기한 사항에 관한 실태를 기재하여야 한다(상법 제311조②).

[사례] 이사회 의사록

이사회 의사록

20○○년 8월 11일 14시 10분 경기도 남양주시 용정동 11-2에서 이사, 감사 전원의 동의로 상법 제390조 2항 소정의 소집절차를 생략하고 이사회를 개최하다.

이사총수	3명	출석이사수	3명
감사총수	1명	출석감사수	1명

이사 전원의 호선으로 사내이사 정명훈을 임시의장으로 선출하다.

피선자는 즉석에서 이를 승낙하고 의장석에 등단하여 개회를 선언하고 다음 의안의 심의를 구하다.

의안 : 대표이사 선임의 건

의장은 창립총회 종결에 이어 본 회사를 대표할 대표이사 1명을 선임하여 줄 것을 구한 즉 출석이사 전원의 찬성으로 다음사람 대표이사로 선임되어 피선자는 즉석에서 그 취임을 승낙하다.

대표이사 : 정 명 훈

이상으로 금일의 의안 전부를 심의 종료하였으므로 의장은 폐회를 선언하다. (폐회시각은 15시)

위 결의를 명확히 하기 위하여 이 의사록을 작성하고 의장과 출석한 이사, 감사들이 다음에 기명날인 또는 서명하다.

20○○년 10월 1일

주식회사 한진정밀

의장 대표이사 정 명 훈
사내이사 유 인 자
사내이사 정 명 헌
감 사 한 인 숙

※ 이사회의사록

○ 이사회의 결의는 이사 과반수의 출석과 출석 이사의 과반수로 하여야 한다. 다만, 정관으로 그 비율을 높게 정할 수 있다(상법 제391조①), 감사가 불출석한 경우에도 출석한 이사들만으로 이사회를 개최하고 이사회의사록을 작성할 수 있다. 이사회의사록 공증의 경우 정관과는 달리 본점소재지 관할의 지방검찰청 소속 공증인일 필요는 없다.

[사례] 주식발행사항동의서

주식발행사항동의서

발기인 전원의 동의로서 회사 설립시 발행할 주식에 관한 사항을 다음과 같이 결정함.

다 음

1. 주식의 종류와 수 : 보통주식 164,800주
2. 주식의 발행가액 : 1주의 금액 금 10,000원

위 동의사항을 확실히 하기 위하여 발기인 전원이 다음에 기명날인하다.

20○○년 10월 1일

주식회사 한진정밀
발기인 정 명 훈
발기인 유 인 자
발기인 정 명 헌

※ 설립당시의 주식발행사항의 결정

○ 주식발행사항의 결정 : 회사가 발행할 주식의 총수, 1주의 금액, 회사의 설립시에 발행하는 주식의 총수는 반드시 정관으로 정하는 것이나(상법 제289조①), 그 외의 주식발행에

관한 사항은 정관에 다른 규정이 없는 한 발기인이 정할 수 있다. 이러한 결정은 원칙적으로 발기인의 과반수결의에 의한다. 그러나 다음의 두 가지 사항만은 정관에 다른 규정이 없으면 발기인 전원의 동의로 정하여야 한다(상법 제291조).

○ 주식의 종류와 수 : 정관에서 우선주식·후배주식(後配株式)·상환주식·전환주식·의결권 없는 주식 등 수종의 주식을 정하고 있는 경우에는 그 범위 내에서 어느 종류의 주식을 각 몇 주씩 발행할 것인가를 정하여야 한다. 그러나 정관에서 보통주식만을 발행할 것으로 정한 때에는 발기인이 따로 정할 사항은 없다. 이 사례의 경우에는 정관에서 보통주식만을 발행할 것으로 규정하였으므로 이 "주식발행동의서"는 첨부하지 아니한다.

○ 액면이상의 주식을 발행하는 때에는 그 수와 금액 : 설립시에는 주식의 액면미달발행은 인정되지 아니하나(상법 제330조,제417조①), 액면이상의 발행은 허용된다. 이를 액면초과발행이라 한다. 설립시에 액면 초과발행을 하려는 경우, 정관을 작성할 당시에는 아직 그 금액을 확정하기 어려울 것이므로, 상법은 이를 그 이후의 상황에 따라 발기인 전원의 동의로 정할 수 있게 한 것이다.

[사례] 취임승낙서

<table><tr><td>

취 임 승 낙 서

본인 등은 20○○. 3. 23. 발기인총회, 이사회에서 이사, 감사로, 이사회에서 대표이사로 각 선임되었으므로 그 취임을 승낙함.

20○○년 10월 1일

대표이사 정 명 훈
사내이사 유 인 자
사내이사 정 명 헌
감 사 한 인 숙

주식회사 한진정밀 귀중

</td></tr></table>

※ 취임승낙서에는 각 취임임원은 인감을 날인하고 인감증명서를 첨부하여야 한다. 이사는 취임승낙서에 사내이사, 사외이사, 기타비상무이사로 구분하여 표시하도록 한다.

[사례] 인감신고서

인감 · 개인(改印) 신고서

(신고하는 인감날인란) (인감제출자에 관한 사항)

상 호(명칭)		주식회사 한진정밀	등기번호	
본점(주사무소)		경기도 남양주시 용정동 11-2		
인감제출자	자격/성명	대표이사 정 명 훈		
	주민등록번호	123456 - 1******		
	주 소	서울 양천구 목동 63 ○○아파트 1동 102호		

␣ 위와 같이 인감을 신고합니다.
␣ 위와 같이 개인(改印)하였음을 신고합니다.

20○○년 10월 1일 (개인인감 날인란)

신고인 본 인 성 명 (인)
대리인 성 명 (인)

의정부지방법원 남양주등기소 귀중

주 1. 개인인감 날인란에는 「인감증명법」에 의하여 신고한 인감을 날인하고 그 인감증명서(발행일로부터 3개월 이내의 것)를 첨부하여야 합니다. 개인(改印)신고의 경우, 개인인감을 날인하는 대신에 등기소에 신고한 유효한 종전 인감을 날인하여도 됩니다.
2. 인감·개인신고서에는 신고하는 인감을 날인한 인감대지를 첨부하여야 합니다.
3. 지배인이 인감을 신고하는 경우에는 인감제출자의 주소란에 지배인을 둔 장소를 기재하고, 「상업등기규칙」 제36조제4항의 보증서면(영업주가 등기소에 신고한 인감 날인)을 첨부하여야 합니다.

보 증 서 면

위 신고하는 인감은 지배인 의 인감임이 틀림없음을 보증합니다.

대표이사 (법인인감)

위 임 장

성 명 : 주민등록번호(-)

주 소 :

위의 사람에게, 위 인감신고 또는 개인신고에 관한 일체의 권한을 위임함.

20○○년 ○월 ○일

인감(개인) 신고인 성 명 (인)

[사례] 인감대지

인 감 대 지

	신고하는 인감날인란	상 호(명 칭) : 주식회사 한진정밀 자격 및 성명 : 대표이사 정 명 훈 주민등록번호 : 123456 - 1******

※ 인감의 제출방법

○ 대표이사는 인감을 신고하여야 한다. 인감의 제출 또는 인감의 변경신고는, 인감(개인)신고서를 작성하여 관할 등기소에 제출하는 방식으로 한다. 인감(개인)신고서를 제출할 때에는 신고하는 인감을 찍은 인감대지(위 참조)3장을 만들어 함께 제출하여야 한다.

○ 인감은 가로·세로 2.4센티미터의 정사각형 안에 들어갈 수 있어야 한다(상업등기규칙 제36조⑤).

○ 인감(개인)신고서에는 발행일로부터 3개월 이내의 인감증명서를 첨부하여야 한다. 취임승락서에 인감증명법에 의한 인감을 첨부한 경우에는 그 인감을 원용 할 수 있다.

○ 인감대지의 자격란에는 인감신고자에 따라 대표이사(이사), 이사장, 지배인, 대리인, 상호사용자, 무능력자, 법정대리인 등으로 기재하고 성명을 기재한다.

※ 외국인의 경우

○ 인감증명제도가 있는 국가의 국민이 신고하는 경우에는 인감(개인)신고서에 본국 관공서에 신고한 인감을 날인하고 그 인감증명서를 제출한다.

○ 인감증명제도가 없는 국가의 국민이 신고하는 경우에는 인감(개인)신고서에 서명을 하고, 그 서명이 본인의 것이라는 취지의 본국 관공서의 증명이나 본국 공증인의 공증 또는 국내 공증인의 공증을 받아 제출한다.

※ 지배인 또는 대리인이 인감(개인)신고하는 경우

○ 지배인 또는 대리인이 인감(개인)신고하는 경우에는 영업주(개인 상인인 영업주를 말한다) 또는 법인의 대표자가 지배인 또는 대리인의 인감임이 틀림없음을 보증하는 서면을 제출하여야 하고, 그 보증서면에는 등기소에 제출한 영업주 또는 법인 대표자의 인감을 날인하여야 한다.

[사례] 인감카드 등 (재)발급신청서

인감카드 등 (재)발급신청서

(인감제출자에 관한 사항)

상호(명칭)		주식회사 한진정밀	등기번호	
본점(주사무소)		경기도 남양주시 용정동 11-2		
인감 제출자	자격 / 성명	대표이사 정 명 훈		
	주민등록번호	123456 - 1******		

발급사유	␣ 최초발급 ␣ 카드분실 ␣ 카드훼손 ␣ 인감증명서발급기능 ␣ 기타 ( )		
매체구분	␣ 인감카드 ␣ HSM USB	인감카드 비밀번호	

위와 같이 인감카드 등의 (재)발급을 신청합니다.

20○○년 10월 1일

신청인 인감제출자 (본 인) 성 명 (인) (전화 :)
(대리인) 성 명 (인) (전화 :)

의정부지방법원 남양주등기소 귀중

접수번호		인감카드번호	

- 대법원수입증지를 붙이는 란 -

주 1. 인감카드 비밀번호란에는 (재)발급받아 사용할 인감카드의 비밀번호를 기재하며, 아라비아숫자 6자릿수를 기재하여야 합니다. 비밀번호는 인감카드와 함께 인감증명서의 발급을 신청할 권한이 있는 것으로 보게 되는 중요한 자료이므로 권한이 없는 사람이 알지 못하도록 주의하시기 바랍니다.

2. 인감카드의 재발급을 신청할 때에는 「등기부 등·초본 등 수수료규칙」 제5조의7에 의하여 5,000원 상당의 대법원수입증지를 이 란에 붙여야 합니다. 다만, 인감카드를 반납할 때에는 붙일 필요가 없습니다.

위 임 장

성 명 : 법무사 ○ ○ ○ 주민등록번호(123456 - 7891234)
주 소 : 서울 ○○구 ○○동 123-4

위의 사람에게, 위 (재)발급신청서에 기재된 인감카드 등의 발급신청과 그 수령 등에 관한 일체의 권한을 위임함.

20○○년 ○월 ○일

인감신고인 성 명 (인)

[사례] 주주명부(공증용)

주 주 명 부				
주 주	주 소	인수 주식수	1주 금액	납 입 금 액
정 명 훈	서울 양천구 목동 63 www.ldf21@yahoo.co.kr	현물 164,343주 현금 57주	금10,000원	금1,643,430,000원 금570,000원
유 인 자	서울 양천구 목동 63 www.sdf66@yahoo.co.kr	200주	금10,000원	금2,000,000원
정 명 헌	서울 관악구 신림동 41-4 www.yui55@yahoo.co.kr	100주	금10,000원	금1,000,000원
한 인 숙	서울 관악구 신림동 41-4 www.cvb33@yahoo.co.kr	100주	금10,000원	금1,000,000원
합 계		164,800주	금10,000원	금1,648,000,000원

위 주주명부는 본사에 비치된 주주명부와 대조하여 틀림이 없음을 증명합니다.

20○○년 10월 1일

주식회사 한진정밀
경기도 남양주시 용정동 11-2
대표이사 정 명 훈 (법인)

※ 전자주주명부제도

○ 회사는 정관에서 정하는 바에 따라 전자문서로 주주명부를 작성할 수 있다(상법 제352조의2①). 전자주주명부에는 상법 제352조①의 기재사항 외에 전자우편주소를 적어야 한다.

○ 개정법은 기업경영의 IT화를 위하여 주주총회에 직접 참석하거나 대리인에게 투표를 위임하지 않더라도 전자서명 등 본인인증절차를 거쳐 인터넷으로 의결권을 행사하는 전자투표제도가 도입됐다(상법 제368조의4, 제382조의2). 이와 함께 주주들이 서면 외에도 이메일 등 전자문서를 통해 주주제안권 및 임시주주총회 소집청구권을 행사할 수 있도록 했다. 전자투표제도를 도입함에 따라 일반 주주명부를 전자문서로 된 주주명부로 대체할 필요가 있어서 제도화한 것이다.

[사례] 진술서(공증용)

진 술 서

법 인 명	주식회사 한진정밀
소 재 지	경기도 남양주시 용정동 11-2
회의의 종류	창립총회( ) 이사회( )
소 집 일 시	20○○년 10월 1일
소 집 장 소	본점 회의실

본인은 공증인가 법무법인 ○○ 에서 위 법인의 의사록의 인증을 촉탁함에 있어서, 위 법인의 대표이사로서 위 회의가 적법하게 소집되었으며, 결의의 절차와 내용이 진실에 부합함을 진술합니다.

20○○년 10월 ○일

위 진술인 상 호 주식회사 한진정밀
주 소 경기도 남양주시 용정동 11-2
대표이사 정 명 훈

※ 공증시 준비서류이다.

[사례] 위임장(공증용)

위 임 장

법무사 성 명 이 장 수
주 소 서울시 강동구 명일동 246-5
전 화 585-3635

위 사람을 본인의 대리인으로 정하여 공증인가 법무법인 서울합동법률사무소에서 다음 사서증서 인증을 촉탁하는 일체의 권한을 위임합니다.

다 음

1. 창립총회의사록 1. 창립사항보고서 1. 조사보고서 1. 이사회의사록 1. 정관

20○○년 ○월 ○일

위임인 ○○○ (인)
서울 ○○구 ○○동 ○-○

위임인 ○○○ (인)
서울 ○○구 ○○동 ○-○

위임인 ○○○ (인)
서울 ○○구 ○○동 ○-○

※ 공증시 준비서류 : 정관, 창립총회의사록, 창립사항보고서, 조사보고서, 이사회의사록, 주주명부, 진술서 각 3부를 준비한다. 정관, 창립총회의사록 또는 이사회의사록에 날인한 발기인과 이사는 공증용 위임장에 인감을 날인하고 개인인감증명을 첨부한다.

※ 모집설립의 경우에는 기존의 공증(인증)제도를 유지하고 있다. 공증비용 등은 213면 참조.

※ 이 위임장은 법무사에게 주식회사설립등기를 의뢰하는 경우 공증(인증)대리의 권한을 법무사에게 위임하는 서류로써 공증사무소에 제출하는 서류이다.

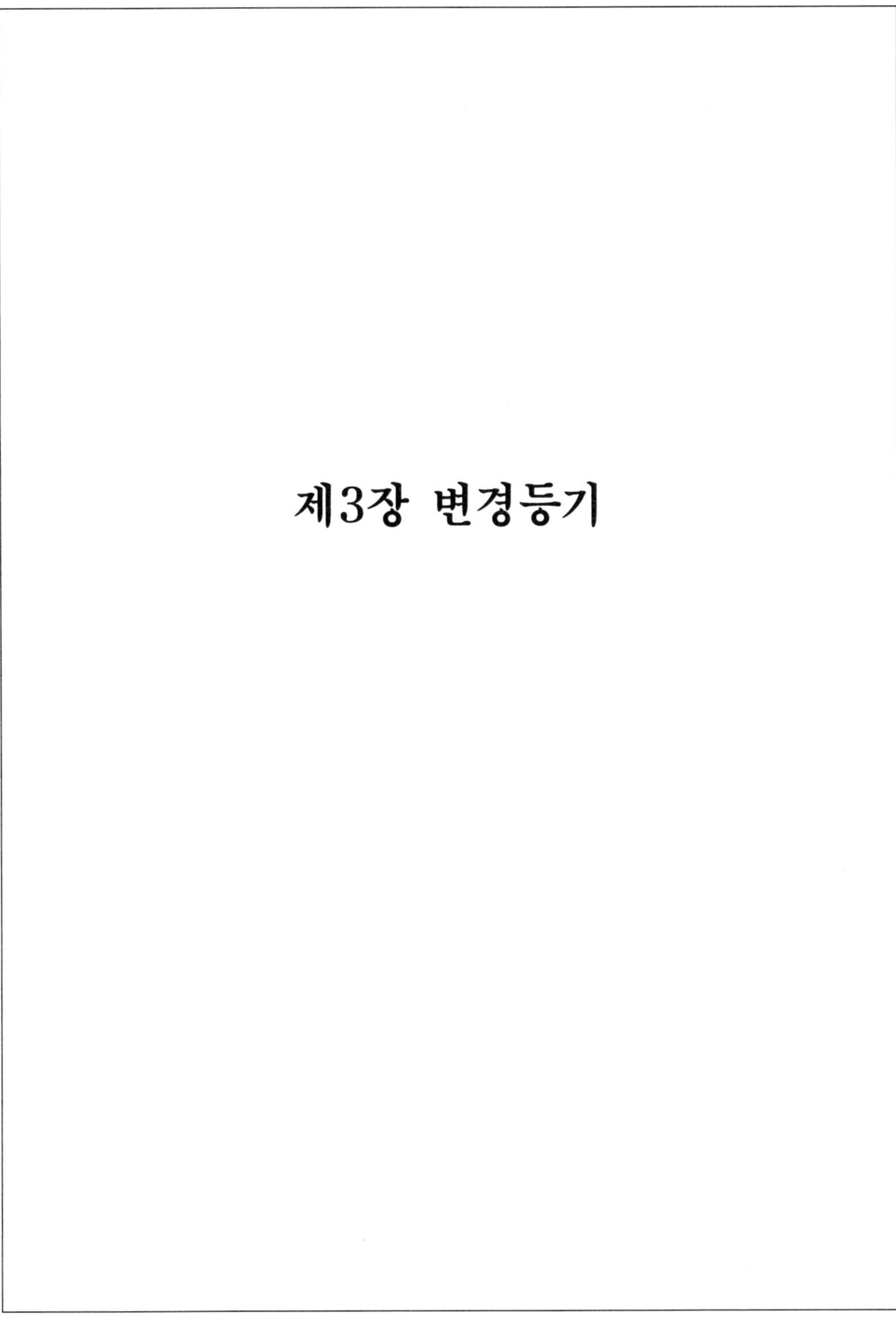

제3장 변경등기

제1절 주식회사 본점이전등기

[사례] 주식회사 본점이전등기(타 관할 이전 및 지배인이전)

주식회사본점이전(타관할)등기신청

접수	년 월 일	처리인	접 수	조 사	기 입	교 합	각종통지
	제 호						

상 호	광진토건 주식회사	등기번호	○○○○○○
본 점	서울 강북구 수유동 123-4		
등 기 의 목 적	본점이전 및 지배인을 둔 장소 이전등기		
등 기 의 사 유	20○○년 ○월 ○일 임시주주총회의 결의로 정관을 변경하고 같은 날 이사회의 결의에 의하여 20○○년 ○월 ○일 본점을 이전하였으므로 본점이전 및 본점에 둔 지배인 ○○○의 지배인을 둔 장소의 이전등기를 구함		
구본점 관할등기소에 등기할 사항			
본점을 이전한 뜻과 그 연월일	20○○년 ○월 ○일 이전		
지배인을 둔 장소를 이전한 뜻과 그 연월일(본점에 지배인을 두고 있는 경우)	20○○년 ○월 ○일 본점이전과 동시이전 지배인 ○○○(000000-0000000) 경기도 광주시 수택동 456-7		
신본점 관할등기소에 등기할 사항			
본점을 이전한 뜻과 그 연월일	경기도 광주시 수택동 456-7 20○○년 ○월 ○일 이전		
상호를 변경한 경우 변경후의 상호와 경연월일	없음		
이사, 감사의 성명 및 주민등록번호, 취임연월일	사내이사 정순태 (000000-0000000) 20○○년 ○월 ○일 취임 사내이사 이경순 (000000-0000000) 20○○년 ○월 ○일 취임 사내이사 현진섭 (000000-0000000) 20○○년 ○월 ○일 취임 감 사 박문호 (000000-0000000) 20○○년 ○월 ○일 취임		
대표이사의 성명과 주소, 취임연월일	대표이사 정순태 (000000-0000000) 서울시 강북구 미아2동 123-123 20○○년 ○월 ○일 취임		

신청등기소 및 등록면허세/수수료

순번	신청등기소	구분	등록면허세	농어촌특별세	세액합계	등기신청수수료
			지방교육세			
		구본점	금 40,200원		금 48,240원	금 6,000원
			금 8,040원			
		신본점	면 제	면 제	금 원	금 30,000원
			면 제			
		지배인 이전	금 40,200원		금 48,240원	금 6,000원
			금 8,040원			
합 계			금 원	금 원	금 원	금 원

첨 부 서 면

1. 공증받은 주주총회의사록 통 1. 공증받은 이사회의사록 통 1. 정관 통 1. 등록면허세영수필확인서 통 1. 위임장(대리인이 신청할 경우) 통	<기 타>

20○○년 ○월 ○일

신청인 상 호 광진토건 주식회사

본 점 경기도 광주시 수택동 456-7

대표이사 성 명 정 순 태 (인) (전화 :)

주 소 서울시 강북구 미아2동 123-123

대리인 성 명 법무사 (인) (전화 :)

주 소 서울 서초구 서초동 852-74

서울북부지방법원 도봉등기소 귀중

- 신청서 작성요령 및 등기수입증지 첨부란 -

1. 해당란이 부족할 때에는 별지를 이용합니다.
1. 해당 등기신청과 관계없는 사항에 대하여는 "해당없음"으로 기재하거나 삭제하고, 필요한 사항은 추가 기재합니다.

(용지규격 21㎝× 29.7㎝)

※ 다른 등기소 관할구역 내로 이전한 경우

정관상 본점의 소재지가 최소행정구역만으로 기재되어 있든지 아니면 소재지번·동·호수까지 기재되어 있든지 간에 회사의 본점을 다른 최소행정구역 즉, 다른 등기소의 관할구역 내로 이전하는 경우에는 정관의 변경이 필요하다. 따라서 이 경우에는 주주총회의 특별결의로 정관을 변경한 후 이사회 결의로 이전일자 등 본점이전과 관련된 업무집행에 관한 구체적인 의사결정을 하여야 한다.

본점이전의 등기는 동일한 최소행정구역 내에서 그 소재장소만을 이전한 경우와 다른 최소행정구역으로 이전한 경우로 구분할 수 있고, 또한 등기소의 관할을 기준으로 동일한 등기소의 관할구역 내에서의 본점을 이전하는 경우와 다른 등기소의 관할구역 내로 이전하는 경우로 구분할 수도 있다.

본점의 구체적인 이전장소나 이전일자에 관한 사항은 회사의 업무집행에 관한 사항으로 법률이나 정관에서 주주총회의 결의사항으로 규정되어 있지 않는 한, 이는 이사회의 권한으로 주주총회의 결의로 대신할 수 없다(상업등기선례 1-130, 2001. 11. 1. 등기 3402-740 질의회답).

○ 동시신청 : 본점을 다른 등기소의 관할구역 내로 이전한 경우에 신소재지에서 하는 등기의 신청은 구소재지를 관할하는 등기소를 거쳐야 하고, 신소재지에서 하는 등기의 신청과 구소재지에서 하는 등기의 신청은 구소재지를 관할하는 등기소에 동시에 하여야 한다(상업등기법 제101조, 58조① 및 ②).

○ 일괄신청 : 신소재지에서 하는 본점이전등기의 신청은 구소재지 관할 등기소에서 하는 본점이전등기의 신청서에 신소재지를 관할하는 등기소에 하는 등기의 신청에 관한 정보를 함께 기록하여 제출하는 방식으로 일괄신청하여야 한다(규칙 104조① 및 85조). 한편, 동일한 등기기록에 대한 여러 개의 등기신청은 일괄하여 하나의 신청서로 할 수 있지만(규칙 54조① 본문), 다른 등기소 관할구역으로 본점을 이전하는 등기를 신청하는 경우에는 원칙적으로 다른 변경등기신청과의 일괄신청이 허용되지 않는다(규칙 54조 ① 단서). 즉, 타관할 본점이전등기와 동시에 다른 변경등기를 신청하는 경우에는 본점이전등기신청서 외에 별도의 변경등기신청서를 제출하여야 한다. 다만 앞서 동일한 등기소의 관할구역 내에서 본점을 이전한 경우에 언급한 바와 같이 본점에 둔 지배인의 지배인을 둔 장소의 이전등기를 동시에 신청하여야 하는 경우와 본점이전등기신청을 한 회사의 상호가 신소재지 관할등기소에서 상업등기법 제30조에 해당하여 본점이전등기를 할

수 없고, 구소재지 관할등기소에서도 상업등기법 제30조에 해당하여 상호변경등기를 할 수 없는 경우에는 본점이전등기신청과 지배인을 둔 장소의 이전등기 또는 상호변경등기신청을 일괄신청 하여야 한다(상업등기법 제55조③, 규칙 104조① 및 86조①, 1327호 4조②).

※ 신청서의 방식

○ 다른 등기소의 관할구역 내로 본점을 이전하는 경우에는 구소재지 관할등기소에서 하는 등기의 신청서에 신소재지 관할등기소에서 하는 등기의 신청에 관한 정보를 함께 기록하여 제출하여야 한다(상업등기규칙 제104조①, 85조).

○ 신청서에 기재하여야 할 등기할 사항(상업등기법 제19조① 4호)과 관련해서는 구소재지에서는 등기의 신청에는 '신본점으로 이전한 뜻과 그 연월일'을 기재하여야 하고, 신소재지에서 하는 등기의 신청에는 '신본점으로 이전한 뜻과 그 연월일'과 '이사, 대표이사, 감사 또는 감사위원회 위원의 취임연월일'을 기재하여야 한다(상업등기규칙 제97조, 예규 제1327호 12조 별지 양식 41-2호).

○ 한편, 본점이전과 동시에 본점에 둔 지배인의 지배인을 둔 장소의 이전등기를 동시에 신청하는 경우(상업등기법 제55조③)에는 구소재지에 하는 등기의 신청에 '지배인을 둔 장소를 이전한 뜻과 그 연월일'을 함께 기재하여야 하고, 상호변경등기를 동시에 신청하는 경우(규칙 104조① 및 86조①)에는 신소재지에서 하는 등기의 신청에 '변경후의 상호와 변경연월일'을 함께 기재하여야 한다(등기예규 제1327호 12조 별지 양식 41-2호). 하지만 신소재지를 관할하는 등기소가 신소재지에서 하는 본점이전등기 신청에 따라 등기할 사항 중 본점이전으로 인하여 변경되지 않는 사항, 예컨대 목적, 1주의 금액, 회사가 공고를 하는 방법, 자본의 총액 등은 신소재지에서 하는 등기신청의 등기할 사항으로 신청서에 기재할 필요가 없다.

※ 첨부서면

○ 본점의 소재지는 정관의 절대적 기재사항에 해당하는데(상법 289조① 6호), 본점을 다른 등기소의 관할구역 내로 이전하는 경우에는 정관상 본점의 소재지가 변경되어야 하므로 이러한 정관상 본점의 소재지가 변경된 사실을 증명하기 위하여 정관변경을 결의한 주주총회의사록을 첨부하여야 한다(상업등기법 제79조②). 다만 이 경우에 새로운 본점

의 소재지가 기재된 정관을 첨부할 필요는 없다. 한편, 주주총회에서 정관상 본점의 소재지를 변경하였다고 하더라도 이전일자, 이전장소 등 본점이전과 관련된 업무집행에 관한 구체적인 의사결정은 이사회가 하여야 하므로 이사회의사록도 첨부하여야 한다(상업등기법 제79조②). 신소재지에서 하는 본점이전의 등기신청에 대해서는 첨부서면에 관한 규정과 인감의 제출에 관한 상업등기법 제25조① 또는 ②을 적용하지 아니한다(상업등기법 제101조, 58조③).

○ 등기신청서에 첨부하여야 할 정관(주식회사·유한회사의 원시정관에 한한다) 및 의사록은 공증인법 제62조, 제63조, 제66조의2의 규정에 따라 공증인의 인증을 받은 것을 첨부하여야 한다. 다만, 자본금 총액이 10억원 미만의 주식회사를 발기설립하는 경우에 정관 및 의사록, 자본의 총액이 10억원 미만의 유한회사를 설립하는 경우에 정관은 그러하지 아니한다(등기예규 제1695호 제6조)

○ 본점이전의 등기 시에는 인감의 제출자에 관한 사항에 변경이 생기지만 대표이사 등 회사의 대표자의 인감을 다시 제출할 필요가 없고(등기예규 제1306호 2바.1)), 본점이전과 동시에 인감 자체를 변경한 경우에만 개인신고서(改印申告書)를 제출하면 된다(등기예규 제1306호 2.다.1)).

※ 등록면허세

○ 다른 등기소의 관할구역 내로 본점을 이전한 경우에는 우선 구소재지에서 하는 본점이전의 등기신청과 관련해서는 등록면허세 40,200원 및 지방교육세 8,040원을 납부하여야 한다(지방세법 제28조① 6호 바목).

○ 신소재지에서 하는 본점이전의 등기신청과 관련해서는 다음과 같이 등록면허세를 납부하여야 한다.

○ 본점의 구소재지와 신소재지가 모두 대도시 내가 아닌 경우에는 신소재지에서 하는 본점이전의 등기신청과 관련하여 등록면허세 112,500원 및 지방교육세 15,000원을 납부하여야 한다(지방세법 제28조① 6호 라목).

○ 본점의 구소재지가 대도시 내에 있던 회사가 대도시 외로 이전한 경우에는 신소재지에서 하는 본점이전의 등기신청에 대하여 등록면허세를 면제한다(지방세특례제한법 제79조②). 이때, 농어촌특별세도 비과세한다.(농어촌특별세법 제4조 2호, 같은 법 시행령 제4조⑥ 5호)

○ 본점의 구소재지와 신소재지가 모두 대도시 내인 경우에는 신소재지에서 하는 본점이전

의 등기신청과 관련하여 등록면허세 112,500원과 지방교육세 15,000원을 납부하여야 한다.

○ 본점의 구소재지가 대도시 외에 있던 회사가 대도시 내로 본점을 이전한 경우에는 대도시 내에서 법인을 설립하는 것으로 보아 신소재지에서 하는 본점이전의 등기신청에 대하여 주식회사의 설립등기의 세율 즉, 자본금의 1,000분의 4의 3배에 해당하는 등록면허세와 등록면허세의 100분의 20에 해당하는 지방교육세를 납부하여야 한다(지방세법 제28조② 2호).

※ 등기신청수수료

○ 구소재지에서 하는 본점이전의 등기신청과 관련해서는 6,000원의 등기신청수수료를 납부하여야 하고(수수료규칙 5조의3② 본문), 신소재지에서 하는 본점이전의 등기신청과 관련해서는 30,000원을 납부하여야 한다(수수료규칙 5조의3① 2호). 나머지는 전술한 동일한 등기소 관할구역 내에서 이전한 경우와 같다.

○ 변경등기신청과 함께 지배인선임등기 등 변경등기 이외의 등기신청을 하나의 신청서로써 하는 경우에는 각각의 신청수수료를 합산한 금액을 등기신청수수료로 납부하여야 한다. 다만, 하나의 신청서로써 수인의 지배인선임등기를 신청하거나 수개의 지점설치등기를 신청하는 경우에는 이를 하나의 지배인선임등기 또는 지점설치등기신청으로 본다.

※ 인감의 제출 또는 변경

○ 동일한 등기소의 관할구역 내에서 본점을 이전하든 다른 등기소의 관할구역 내로 본점을 이전하든, 본점이전의 등기시에는 대표이사와 본점에 둔 지배인의 경우 인감제출자에 관한 사항에 변경이 생기지만 인감을 다시 제출할 필요는 없다(예규 1490호)

[사례] 위임장(등기소제출용)

위 임 장

법무사 정 동 진
서울 서초구 서초동 345-6
전화 : 123-4567

위 사람을 대리인으로 정하고 다음의 권한을 위임함.

다 음

1. 본회사의 본점 이전 등기신청서를 제출 및 취하하는 일체의 행위
2.
3.

20○○년 ○월 ○일

위임인 광진토건 주식회사
경기 광주시 수택동 456-7
대표이사 정 순 태 (법인)

[사례] 임시주주총회의사록

임시주주총회의사록

20○○년 10월 1일 오전 10시 본회사의 본점 사무실에서 출석 주주 전원의 동의로 상법 소정의 소집절차를 필하고 임시주주총회를 개최하다.

주식총수 35,000주 출석주주수 3 명
주주총수 4 명 그 소유주식수 28,000주

대표이사 정순태는 정관규정에 따라 의장석에 등단하여 위와 같이 법정수에 달하는 주주가 출석하였으므로 본 총회가 적법히 성립됨을 알리고 개회를 선언한 후 다음 의안을 부의하고 심의를 구하다.

의안 : 본점이전 및 정관변경의 건

의장은 당회사의 본점을 다음 장소로 이전하여야 할 필요성을 설명하고 이에 수반하여 현행 정관 제3조를 다음과 같이 변경하여야 함을 물은즉 전원 만장일치로 승인가결하다.

1. 신본점이전장소 : 경기도 광주시 수택동 456-7
2. 정관변경 : 제3조 (본점) 본회사의 본점은 경기도 광주시 시내에 둔다.

이상으로서 금일 의안 전부 심의 종료하였으므로 의장은 폐회를 선언하다.(회의종료시각 10시 20분)

위 결의를 명확히 하기 위하여 출석한 의장과 이사 다음에 기명 날인하다.

200○년 10월 1일

광진토건 주식회사
의장 대표이사 정 순 태 (법인)
사내이사 -이하 생략-

※ 정관변경

○ 정관의 변경은 특별결의에 의한다. 특별결의는 주주총회 결의 방법의 하나로서 발행주식총수의 3분의1 이상에 해당하는 주식을 가진 주주의 출석으로 그 의결권의 3분의 2이상의

다수로 결정하는 방법을 말한다(상법 제434조).

※ 주주총회 서면결의

○ 자본금 총액이 10억원 미만인 회사는 주주 전원의 동의가 있을 경우에는 서면에 의한 결의로써 주주총회의 결의를 갈음할 수 있도록 하였다(상법 제363조⑤).

[사례] 이사회의사록

이사회의사록

20○○년 10월 1일 오전 11시 본 회사 본점 회의실에서 이사 및 감사 전원의 동의로 상법 소정의 소집 절차를 생략하고 다음 의안을 심의키 위하여 이사회를 개최하다.

이사총수 4 명 출석이사수 3 명

감사총수 1 명 출석감사수 1 명

대표이사 정순태는 의장석에 등단하여 위와 같이 법정수에 달하게 출석하였으므로 본 이사회는 적법하게 성립됨을 고하고 개회를 선언하다.

의 안 : 본점 및 지배인을 둔 장소 이전의 건

의장은 당회사의 본점 및 지배인을 둔 장소를 다음 장소로 이전하여야 할 필요성을 설명하고 그 가부를 물은바 전원 만장일치로 승인가결하다.

1. 신 본 점 : 경기도 광주시 수택동 456-7

이전년월일 : 20○○년 12월 15일

1. 지배인 성명, 주민등록번호 : 김 현 수(000000-0000000)

주 소 서울 강북구 수유동 1147 -1 주공아파트 12동 1205호

지배인을 둔 장소 경기도 광주시 수택동 456-7(본사 소비자금융팀)

이전년월일 : 20○○년 12월 15일

이상으로서 금일의 의안전부 심의종료 하였으므로 의장은 폐회를 선언하다.(종료시각 11시 20분)

위 결의를 명확히 하기 위하여 의장과 출석한 이사 및 감사 기명날인하다.

20○○년 10월 1일

광진토건 주식회사

의장 대표이사 정순태 (법인) (개인)

사내이사 이경순 (개인)

사내이사 현진섭 (개인)

감 사 박문호 (개인)

※ 이사회의사록

○ 이사회의 결의는 이사 과반수의 출석과 출석 이사의 과반수로 하여야 한다. 다만, 정관으로 그 비율을 높게 정할 수 있다(상법 제391조①), 감사가 불출석한 경우에도 출석한 이사들만으로 이사회를 개최하고 이사회의사록을 작성할 수 있다.

[사례] 주주명부

<table>
<tr><td colspan="6">주 주 명 부
년 월 일 현재</td></tr>
<tr><td>주주명</td><td>주 소</td><td>인수주식수</td><td>1주의 금액</td><td>금 액</td><td>비 고</td></tr>
<tr><td>정 순 태</td><td>서울시 강북구 미아2동 123-123
www.wer88@hanmail.com</td><td>00주</td><td>000</td><td>000</td><td></td></tr>
<tr><td>신 동 석</td><td></td><td>00주</td><td>000</td><td>000</td><td></td></tr>
<tr><td>김 명 수</td><td></td><td>00주</td><td>000</td><td>000</td><td></td></tr>
<tr><td></td><td></td><td></td><td></td><td></td><td></td></tr>
<tr><td colspan="2">합 계</td><td>000주</td><td></td><td>000</td><td></td></tr>
<tr><td colspan="6">위 주주명부는 본사에 비치된 주주명부와 대조하여 틀림이 없음을 증명합니다.

20○○년 ○월 ○일

광진토건 주식회사 (법인인감날인)
경기 광주시 수택동 456-7
대표이사 정 순 태 (법인)</td></tr>
</table>

※ 전자주주명부제도

○ 회사는 정관에서 정하는 바에 따라 전자문서로 주주명부를 작성할 수 있다(상법 제352조의2①). 전자주주명부에는 상법 제352조①의 기재사항 외에 전자우편주소를 적어야 한다.

○ 개정법은 기업경영의 IT화를 위하여 주주총회에 직접 참석하거나 대리인에게 투표를 위임하지 않더라도 전자서명 등 본인인증절차를 거쳐 인터넷으로 의결권을 행사하는 전자투표제도가 도입됐다(상법 제368조의4, 제382조의2). 이와 함께 주주들이 서면 외에도 이메일 등 전자문서를 통해 주주제안권 및 임시주주총회 소집청구권을 행사할 수 있도록 했다. 전자투표제도를 도입함에 따라 일반 주주명부를 전자문서로 된 주주명부로 대체할 필요가 있어서 제도화한 것이다.

[사례] 인감카드 등 (재)발급신청서

인감카드 등 (재)발급신청서

(인감제출자에 관한 사항)

상호(명칭)		광진토건 주식회사	등기번호	
본점(주사무소)		경기 광주시 수택동 456-7		
인감 제출자	자격 / 성명	대표이사 정 순 태		
	주민등록번호	000000 - 0000000		

발급사유		␣ 최초발급 ␣ 카드분실 ␣ 카드훼손 ␣ 인감증명서발급기능 ␣ 기타 ( )	
매체구분	␣ 인감카드 ␣ HSM USB	인감카드 비밀번호	

위와 같이 인감카드 등의 (재)발급을 신청합니다.

20○○년 ○월 ○일

신청인 인감제출자 (본 인) 성 명 (인) (전화 :)
(대리인) 성 명 (인) (전화 :)

지방법원 등기소 귀중

접수번호		인감카드번호	

- 대법원수입증지를 붙이는 란 -

주 1. 인감카드 비밀번호란에는 (재)발급받아 사용할 인감카드의 비밀번호를 기재하며, 아라비아숫자 6자릿수를 기재하여야 합니다. 비밀번호는 인감카드와 함께 인감증명서의 발급을 신청할 권한이 있는 것으로 보게 되는 중요한 자료이므로 권한이 없는 사람이 알지 못하도록 주의하시기 바랍니다.
2. 인감카드의 재발급을 신청할 때에는 「등기부 등・초본 등 수수료규칙」 제5조의7에 의하여 5,000원 상당의 대법원수입증지를 이 란에 붙여야 합니다. 다만, 인감카드를 반납할 때에는 붙일 필요가 없습니다.

위 임 장

성 명 : 법무사 ○ ○ ○ 주민등록번호(123456 - 7891234)
주 소 : 서울 ○○구 ○○동 123-4

위의 사람에게, 위 (재)발급신청서에 기재된 인감카드 등의 발급신청과 그 수령 등에 관한 일체의 권한을 위임함.

20○○년 ○월 ○일

인감신고인 성 명 (인)

[사례] 주식회사 본점이전등기(동일관할내 이전, 주주총회결의)

주식회사본점이전등기신청

접수	년 월 일	처리인	접 수	조 사	기 입	교 합	각종통지
	제 호						

상 호	한국산업 주식회사	등기번호	○○○○○○
구 본 점	서울시 강남구 율현동 123-4		
등 기 의 목 적	본점이전등기		
등 기 의 사 유	200○년 ○월 ○일 임시주주총회의 결의로 정관을 변경하고 같은 날 이사회결의에 의하여 200○년 ○월 ○일 본점을 이전하였으므로 다음사항의 등기를 구함.		
본/지점 신청구분	1. 본점신청 ☐ 2. 지점신청 ☐ 3. 본·지점 일괄신청 ☐		
등 기 할 사 항			
신 본 점	서울시 송파구 방이동 456-7		
본점을 이전한 뜻과 그 연월일	본점이전 200○년 ○월 ○일		
지배인을 둔 장소를 이전한 뜻(본점에 지배인을 두고 있는 경우)			
기 타			

신청등기소 및 등록면허세/수수료						
순번	신청등기소	구분	등록면허세 지방교육세	농어촌특별세	세액합계	등기신청수수료
			금 112,500원 금 22,500원		금135,000원	금 6,000원
합 계						

첨 부 서 면	
1. 공증받은 이사회의사록 또는 대표이사의 결정서 통 1. 등록면허세영수필확인서 통 1. 위임장(대리인이 신청할 경우) 통	<기 타>

200○년 ○월 ○일

신청인 상 호 한국산업 주식회사

본 점 서울시 송파구 방이동 456-7

대표이사 성 명 (인) (전화 :)

주 소

대리인 성 명 (인) (전화 :)

주 소

서울동부지방법원 송파등기소 귀중

- 신청서 작성요령 및 등기수입증지 첩부란 -

1. 해당란이 부족할 때에는 별지를 이용합니다.
1. 해당 등기신청과 관계없는 사항에 대하여는 "해당없음"으로 기재하거나 삭제하고, 필요한 사항은 추가 기재합니다.

(용지규격 21㎝× 29.7㎝)

※ 동일한 등기소 관할구역 내에서 이전한 경우

정관상 본점의 소재지로 최소행정구역만을 기재하고 있는 경우에 동일한 최소행정구역 내에서 본점의 소재장소만을 이전하는 때에는 이사회의 본점이전에 관한 결의로 본점을 이전할 수 있다(상법 393조①). 하지만 정관상 본점의 소재지로 최소행정구역 외에 그 소재지번 · 동 · 호수까지 기재하고 있는 경우에는 동일한 등기소의 관할구역 내에서 본점을 이전하는 경우에도 정관의 변경이 필요하므로 주주총회의 특별결의로 정관을 변경한 후(상법 433조 및 434조) 이사회 결의로 이전일자 등 본점이전과 관련된 업무집행에 관한 의사결정을 하여야 한다.

본점소재지는 독립된 행정구역(구획포함)으로서의 지번·동·호수 등이어야 하므로 당사자가 임의적으로 정한 건물명칭·호수 등은 등기사항이 아니고, 또한 동시에 복수의 행정구역을 본점소재지로 등기할 수는 없다. 그러나 추가된 지번·동·호수 등에 본점을 둔다는 취지라면 본점이전등기신청을 하여야 한다(등기선례 200402-12, 2004. 2. 6. 공탁법인 3402-37 질의회답).

○ 신청의 방법 : 상업등기법 제19조①에 따라 작성한 등기신청서를 제출하여야 한다. 특히 본점에 지배인을 두고 있는 때에는 그 지배인을 둔 장소의 이전등기도 동시에 신청하여야 하는데(상업등기법 제55조)③, 이 경우에는 본점이전의 등기와 지배인을 둔 장소의 이전등기를 일괄하여 하나의 신청서로 신청하여야 한다.

○ 첨부서면 : 첨부서면으로 원칙적으로 이사회의사록(청산중인 회사의 경우에는 청산인회의사록)을 첨부하여야 한다(상업등기법 제79조②). 다만 정관상 본점의 소재지가 그 소재지번 · 동 · 호수까지 기재되어 있을 경우에는 정관변경에 관한 주주총회의사록을 추가로 제출하여야 한다(상업등기법 제79조②). 한편 회사가 1명 또는 2명의 이사만을 둔 경우에는 이사회의사록 대신 각 이사(정관에 따라 대표이사를 정한 경우에는 그 대표이사를 말한다)의 본점이전결정서를 첨부하여야 한다.

○ 본점이전의 등기 시에는 인감의 제출자에 관한 사항에 변경이 생기지만 대표이사 등 회사의 대표자의 인감을 다시 제출할 필요가 없고(등기예규 제1306호 2바.1)), 본점이전과 동시에 인감 자체를 변경한 경우에만 개인신고서(改印申告書)를 제출하면 된다(등기예규 제1306호 2.다.1)).

※ 등록면허세 등

○ 등기신청 시에 등록면허세 112,500원(지방세법 제28조① 4호)와 등록면허세의 20/100의 지방교육세를 납부한다.

○ 한편 본점이전의 등기의 신청과 동시에 본점에 둔 지배인의 지배인을 둔 장소의 이전의 등기를 일괄하여 하나의 신청서로 동시에 신청하는 경우에는 등록면허세(40,200원) 및 지방교육세(8,040원)를 합한 48,240원을 추가로 납부하여야 한다(등기예규 제1038호 1.). 다만 본점에 수인의 지배인을 둔 경우에도 지배인을 둔 장소의 이전등기를 일괄하여 신청하는 경우에는 1건의 등록면허세와 지방교육세를 납부하면 된다(예규 제1038호 7.

2문). 지배인이 수인인 경우라도 같다(등기예규 제1324호 3.다. 2 및 3)).

※ 등기신청수수료

○ 서면제출의 경우 2009. 6. 1부터 4,000원인 수수료는 6,000원으로 변경되었다. 전자신청의 경우 2,000원이다. 수입증지는 법원구내 및 등기소 가까운 금융기관(농협, 신한은행)에서 구입할 수 있으며 등기신청서의 "을"지 즉, "신청등기소 및 등록면허세/수수료"란에 붙인다.

○ 수개의 등기사항을 일괄하여 하나의 신청서로써 하는 등기신청의 경우 등기신청수수료 산정의 기준(등기예규 제1324호)

○ 수개의 등기사항을 일괄하여 하나의 신청서로써 등기신청을 하는 경우에는 각 등기의 목적에 따른 소정의 신청수수료를 합산한 금액을 등기신청수수료로 납부하여야 한다. 그 구체적인 기준은 다음과 같다.

○ 합산의 경우 : 회사의 상호, 본점, 목적, 공고방법, 존립기간, 1주의 금액, 발행할 주식의 총수, 발행주식의 총수와 그 종류 및 각각의 수 등의 변경등기를 일괄하여 하나의 등기신청서로써 신청하는 경우에는 각각의 등기신청수수료를 합산한 금액을 납부하여야 한다. 다만, 수인의 이사, 대표이사, 감사 등 임원의 퇴임 또는 취임으로 인한 변경등기는 이를 일괄하여 하나의 임원변경등기신청으로 본다.

○ 변경등기신청과 함께 지배인선임등기 등 변경등기 이외의 등기신청을 하나의 신청서로써 하는 경우에는 각각의 신청수수료를 합산한 금액을 등기신청수수료로 납부하여야 한다.

○ 하나의 등기신청으로 보는 경우 : 하나의 신청서로써 수인의 지배인선임등기를 신청하거나 수개의 지점설치등기를 신청하는 경우에는 이를 하나의 지배인선임등기 또는 지점설치등기신청으로 본다.

[사례] 임시주주총회의사록

임시주주총회의사록

200○년 10월 1일 오전 11시 본점 회의실에서 임시주주총회를 개최하다.

주주 총 수	4명	발행주식 총수	10,000주
출석주주수	3명	이의주식 수	10,000주

대표이사 홍성태는 정관규정에 따라 의장석에 등단하여 위와 같이 법정수에 달하는 주주가 출석하였으므로 본 총회가 적법히 성립됨을 알리고 개회를 선언한 후 다음 의안을 부의하고 심의를 구하다.

제 1호 의안 : 본점이전의 건

의장은 당회사의 본점을 다음 장소로 이전하여야 할 필요성을 설명하고 그 가부를 물은바, 전원 만장일치로 찬성 승인가결하다.

본점이전장소 : 서울시 송파구 방이동 456-7

제 2호 의안 : 본점 이전에 따른 정관변경의 건

의장은 당회사의 본점을 이전함에 따라 이에 수반하여 현행 정관 제3조를 다음과 같이 변경하여야 함을 물은 즉, 전원 만장일치로 승인가결하다.

제3조 (본점) 본회사의 본점은 서울시 송파구 방이동 456-7에 둔다.

의장은 이상으로서 의안 심의를 종료하고 폐회를 선언하다.(회의종료시각 11시 30분)

위 결의를 명확히 하기 위하여 출석한 의장과 이사가 다음에 기명날인하다.

200○년 10월 1일

한국산업 주식회사

의장 대표이사 홍 성 태 (법인) (개인)

사내이사 이 일 남 (개인)

감 사 이 사 남 (개인)

※ 정관변경

○ 관내이전이라도 정관에 소재지번까지 정해져 있는 경우에는 주주총회의사록(정관변경을

하여야 함)을 첨부하여야 한다.

○ 정관의 변경은 특별결의에 의한다. 특별결의는 주주총회 결의 방법의 하나로서 발행주식 총수의 3분의1 이상에 해당하는 주식을 가진 주주의 출석으로 그 의결권의 3분의 2이상의 다수로 결정하는 방법을 말한다(상법 제434조).

※ 주주총회 서면결의

○ 자본금 총액이 10억원 미만인 회사는 주주 전원의 동의가 있을 경우에는 서면에 의한 결의로써 주주총회의 결의를 갈음할 수 있도록 하였다(상법 제363조⑤).

[사례] 이사회의사록

이사회의사록

200○년 ○월 ○일 오전 10시 당사 회의실에서 다음 의안을 심의키 위하여 이사회를 개최하다.

이사 총수 3명 출석 이사 수 2명
감사 총수 1명 출석 감사 수 1명

대표이사 홍성태는 의장석에 등단하여 위와 같이 법정수에 달하게 출석하였으므로 본 이사회는 적법하게 성립됨을 고하고 개회를 선언하다

의 안 : 본점 이전의 건

의장은 당회사의 본점을 다음 장소로 이전하여야 할 필요성을 설명하고 그 가부를 물은바 전원 만장일치로 승인가결하다.

1. 신 본 점 : 서울시 송파구 방이동 456-7
   이전년월일 : 20○년 ○월 ○일

의장은 이상으로서 의안 심의를 종료하고 폐회를 선언하다.(회의종료시각 10시 30분)

위 결의를 명확히 하기 위하여 이의사록을 작성하고 의장 및 출석한 이사, 감사가 다음에 기명날인하다.

200○년 ○월 ○일

한국산업 주식회사

의장 대표이사 홍 성 태 (법인) (개인)
사내이사 이 일 남 (개인)
감 사 이 사 남 (개인)

※ 이사회의사록

○ 이사회의 결의는 이사 과반수의 출석과 출석 이사의 과반수로 하여야 한다. 다만, 정관으로 그 비율을 높게 정할 수 있다(상법 제391조①), 감사가 불출석한 경우에도 출석한 이사들만으로 이사회를 개최하고 이사회의사록을 작성할 수 있다.

[사례] 위임장(등기소제출용)

<table>
<tr><td>

위 임 장

법무사 정 동 진
서울 서초구 서초동 345-6
전화 : 123-4567
위 사람을 대리인으로 정하고 다음의 권한을 위임함.

다 음

1. 본회사의 본점 이전 등기신청서를 제출 및 취하하는 일체의 행위
2.
3.

20○○년 ○월 ○일

위임인 한국산업 주식회사
서울시 송파구 방이동 456-7
대표이사 홍 성 태 (법인)

</td></tr>
</table>

[사례] 주주명부

주 주 명 부

년 월 일 현재

주주명	주 소	인수주식수	1주의 금액	금 액	비 고
정 순 태	서울 강북구 번동 789-44 www.wer88@hanmail.com	00주	000	000	
신 동 석		00주	000	000	
합 계		000주		000	

위 주주명부는 본사에 비치된 주주명부와 대조하여 틀림이 없음을 증명합니다.

20○○년 ○월 ○일

한국산업 주식회사 (법인인감날인)
서울시 송파구 방이동 456-7
대 표 이 사 홍 성 태 (법인)

※ 전자주주명부제도

○ 회사는 정관에서 정하는 바에 따라 전자문서로 주주명부를 작성할 수 있다(상법 제352조의2①). 전자주주명부에는 상법 제352조①의 기재사항 외에 전자우편주소를 적어야 한다.

[사례] 주식회사 본점이전등기(동일관할 내에서, 이사회결의)

주식회사 본점이전등기신청

<table>
<tr><td rowspan="2">접
수</td><td>년 월 일</td><td rowspan="2">처
리
인</td><td>접 수</td><td>조 사</td><td>기 입</td><td>교 합</td><td>각종통지</td></tr>
<tr><td>제 호</td><td></td><td></td><td></td><td></td><td></td></tr>
</table>

<table>
<tr><td>상 호</td><td>주식회사 한국</td><td>등기번호</td><td>○○○○○○</td></tr>
<tr><td>구 본 점</td><td colspan="3">서울시 서초구 서초동 4123-4</td></tr>
<tr><td>등 기 의 목 적</td><td colspan="3">본점이전등기</td></tr>
<tr><td>등 기 의 사 유</td><td colspan="3">20○○년 ○월 ○일 이사회의 결의에 의하여 20○○년 ○월 ○일 본점을 이전하였으므로 다음사항의 등기를 구함.</td></tr>
<tr><td>본/지점 신청구분</td><td colspan="3">1. 본점신청 ☐ 2. 지점신청 ☐ 3. 본·지점 일괄신청 ☐</td></tr>
<tr><td colspan="4">등 기 할 사 항</td></tr>
<tr><td>신 본 점</td><td colspan="3">서울시 송파구 가락동 7456-7</td></tr>
<tr><td>본점을 이전한 뜻과 그 연월일</td><td colspan="3">본점이전 20○○년 ○월 ○일</td></tr>
<tr><td>지배인을 둔 장소를 이전한 뜻(본점에 지배인을 두고 있는 경우)</td><td colspan="3"></td></tr>
<tr><td>기 타</td><td colspan="3"></td></tr>
</table>

신청등기소 및 등록면허세/수수료						
순번	신청등기소	구분	등록면허세 지방교육세	농어촌특별세	세액합계	등기신청수수료
			금 112,500원 금 22,500원		금135,000원	금6,000원
합 계						

첨 부 서 면	
1. 공증받은 이사회의사록 또는 대표이사의 결정서 통 1. 등록면허세영수필확인서 통 1. 위임장(대리인이 신청할 경우) 통	<기 타>

20○○년 ○월 ○일

신청인 상 호 주식회사 한국
본 점 서울시 송파구 가락동 7456-7
대표이사 성 명 김 종 국 (인) (전화 :)
주 소
대리인 성 명 (인) (전화 :)
주 소

서울중앙지방법원 등기국 귀중

- 신청서 작성요령 및 등기수입증지 첨부란 -

1. 해당란이 부족할 때에는 별지를 이용합니다.
1. 해당 등기신청과 관계없는 사항에 대하여는 "해당없음"으로 기재하거나 삭제하고, 필요한 사항은 추가 기재합니다.

(용지규격 21㎝× 29.7㎝)

※ 본점이전의 해설 등은 347면 참조

[사례] 이사회의사록

이사회의사록

20○○년 ○월 ○일 오전 10시 당사 회의실에서 다음 의안을 심의키 위하여 이사회를 개최하다.

이사 총수 3 명 출석 이사 수 3 명
감사 총수 1 명 출석 감사 수 1 명

대표이사 김종국은 의장석에 등단하여 위와 같이 법정수에 달하게 출석하였으므로 본 이사회는 적법하게 성립됨을 고하고 개회를 선언하다

의 안 : 본점 이전의 건

의장은 당회사의 본점을 다음 장소로 이전하여야 할 필요성을 설명하고 그 가부를 물은바 전원 만장일치로 승인가결하다.

1. 신 본 점 : 서울시 송파구 가락동 7456-7
이전년월일 : 20○○년 ○월 ○일

의장은 이상으로서 의안 심의를 종료하고 폐회를 선언하다.(회의종료시각 10시 30분)

위 결의를 명확히 하기 위하여 이의사록을 작성하고 의장 및 출석한 이사, 감사가 다음에 기명날인하다.

20○○년 ○월 ○일

주식회사 한국
의장 대표이사 김 종 국 (법인) (개인)
사내이사 이 ○ ○ (개인)
사내이사 박 ○ ○ (개인)
감 사 최 ○ ○ (개인)

※ 이사회의사록

○ 이사회의 결의는 이사 과반수의 출석과 출석 이사의 과반수로 하여야 한다. 다만, 정관으로 그 비율을 높게 정할 수 있다(상법 제391조①), 감사가 불출석한 경우에도 출석한 이사들만으로 이사회를 개최하고 이사회의사록을 작성할 수 있다.

[사례] 대표이사의 결정서

(대표, 사내)이사의 결정서

일시 및 장소 : 20○○. ○. ○. 본점회의실

이사의 총수 : 1명 출석 이사의 수 : 1명

주식회사 한국 대표이사 김종국은 본점이전의 필요에 따라 다음과 같이 본점이전을 결정하고 본 결정서를 작성합니다.

- 다 음 -

구본점소재지 : 서울시 서초구 서초동 4123-4

신본점소재지 : 서울시 송파구 가락동 7456-7

이전연원일 : 20○○. ○. ○.

20○○. ○. ○.

주식회사 한국

대표이사 김 종 국 (법인)

※ 대표이사의 결정서

이사회가 존재하지 않는 경우 (대표)이사의 결정서에 의하여 관내이전의 등기를 신청한다.

[사례] 위임장(등기소제출용)

위 임 장

법무사 정 동 진

서울 서초구 서초동 345-6

전화 : 123-4567

위 사람을 대리인으로 정하고 다음의 권한을 위임함.

다 음

1. 본회사의 본점 이전 등기신청서 제출 및 취하하는 일체의 행위
2.
3.

20○○년 ○월 ○일

위임인 주식회사 한국

서울시 송파구 가락동 7456-7

대표이사 김 종 국 (법인)

※ 이 위임장은 법무사에게 본점이전등기를 의뢰하는 경우 대리의 권한을 법무사에게 위임하는 서류로써 등기소에 제출하는 서류이다.

제2절 임원변경

[사례] 주식회사 변경등기신청서(정기주주총회-이사 2인 중임)

주식회사 변경등기신청

접수	년 월 일	처리인	접 수	조 사	기 입	교 합	각종통지
	제 호						

상 호	주식회사 테크노넷	등기번호	○○○○○○
본 점	서울 영등포구 여의도동 123-4		
등기의목적	이사 중임 등기		
등기의사유	본 회사의 사내이사 우희성, 사내이사 이영선은 정관 제○조 준용 규정에 따라 20○○년 ○월 ○일 임기만료이나 동일 정기주주총회 결의에 의하여 이사에 재 선임되어 같은 날 이사에 중임하였으므로 그 등기를 구함.		
본/지점 신청구분	1. 본점신청 □ 2. 지점신청 □ 3. 본・지점 일괄신청 □		
등 기 할 사 항			
대표이사 · 이사 · 감사 등의 퇴임 · 취임 등과 그 연월일	사내이사 우희성 (20○○년 ○월 ○일 중임) 000000-0000000 사내이사 이영선 (20○○년 ○월 ○일 중임) 000000-0000000		
기 타			

<table>
<tr><td colspan="7">신청등기소 및 등록면허세/수수료</td></tr>
<tr><td rowspan="2">순번</td><td rowspan="2">신청등기소</td><td rowspan="2">구분</td><td>등록면허세</td><td rowspan="2">농어촌특별세</td><td rowspan="2">세액합계</td><td rowspan="2">등기신청수수료</td></tr>
<tr><td>지방교육세</td></tr>
<tr><td rowspan="2"></td><td rowspan="2"></td><td rowspan="2"></td><td>금 40,200원</td><td rowspan="2"></td><td rowspan="2">금 48,240원</td><td rowspan="2">금 6,000원</td></tr>
<tr><td>금 8,040원</td></tr>
<tr><td></td><td></td><td></td><td></td><td></td><td></td><td></td></tr>
<tr><td colspan="3" rowspan="2">합 계</td><td></td><td rowspan="2"></td><td rowspan="2"></td><td rowspan="2"></td></tr>
<tr><td></td></tr>
<tr><td colspan="7">첨 부 서 면</td></tr>
<tr><td colspan="4">1. 공증받은 주주총회의사록 1통
1. 중임승낙서(인감증명서 포함) 2통
1. 정관(필요한 경우) 1통</td><td colspan="3">1. 등록면허세영수필확인서 1통
1. 위임장(대리인이 신청할 경우) 1통
<기 타></td></tr>
<tr><td colspan="7">20○○년 ○월 ○일

신청인 상 호 주식회사 테크노넷
본 점 서울 영등포구 여의도동 123-4
대표이사 성 명 김 치 국 (법인) (전화 : 555-1234)
주 소 서울 마포구 아현동 234-5
대리인 성 명 법무사 정 동 진 (인) (전화 : 123-4567)
주 소 서울 서초구 서초동 345-6

서울남부지방법원 영등포등기소 귀중</td></tr>
</table>

<table>
<tr><td>- 신청서 작성요령 및 등기수입증지 첩부란 -
1. 해당란이 부족할 때에는 별지를 이용합니다.
1. 해당 등기신청과 관계없는 사항에 대하여는 "해당없음"으로 기재하거나 삭제하고, 필요한 사항은 추가 기재합니다.</td></tr>
</table>

(용지규격 21㎝× 29.7㎝)

※ 이사·감사 등의 중임(重任)으로 인한 변경등기

※ 중임은 임기제의 기관이 임기를 채운 것과는 무관하게 거듭하여 임용되어 취임하는 것을 말한다. 즉, 동일인이 동일직위에 재선(再選)되어 임기만료 퇴임일과 재선으로 인한 취임일 사이에 시간적 간격이 없는 경우를 중임이라고 한다.
임기만료로 퇴임하게 될 이사 등을 그 임기만료 전에 동일직위에 다시 예선한 경우에 한하여 중임이 인정된다. 따라서 이사 등의 권리의무 행사자(상법 제제386조①, 389조③, 415조, 393조의2⑤)가 다시 동일한 지위에 선임된 경우에는 임기만료로 인한 퇴임과 새로운 취임 사이에 시간적 간격이 있기 때문에 시간적 간격이 없는 경우에 하는 중임등기를 할 수 없고 임기만료로 인한 퇴임등기 및 새로운 취임등기를 하여야 하고, 또한 사임(辭任)과 동시에 취임하는 경우에는 중임에 해당하지 아니한다.

※ 변경등기절차
○ 등기원인 : 중임의 경우에는 퇴임의 취지와 새로 취임한 취지를 따로 기재하지 아니하고 단순히 '중임'으로 등기원인을 기재한다.
○ 중임의 연월일(등기원인일) : 중임일과 관련해서는 이사, 대표이사 또는 감사위원회 위원의 경우에는 임기만료일의 다음날이 이에 해당하고, 감사의 경우에는 취임 후 3년 내의 최종의 결산기에 관한 정기주주총회의 종결일이 이에 해당한다. 다만, 이사의 경우에 정관으로 그 임기 중의 최종의 결산기에 관한 정기주주총회의 종결에 이르기까지 임기가 연장된 경우(상법 제제383조③)에는 그 정기주주총회 종결일이 중임일에 해당한다.
예컨대 정관에 이사의 임기를 3년으로 정한 경우 2006년 7월 30일에 설립등기를 한 회사의 이사의 임기만료일은 2009년 7월 30일이며, 이사가 임기만료 직전의 주주총회에서 다시 이사로 선임되고 그 임기만료 전에 취임을 승낙한 경우에는 임기만료일의 다음날인 2009년 7월 31일이 중임일이 된다(상업등기선례200909-2, 2009. 9. 9. 사법등기심의관-2031 질의회답).
원래 1980. 2. 9에 임기가 만료되는 이사가 상법 제383조③과 정관의 규정에 의하여 최종의 결산기(1979. 12. 31에 종료) 에 관한 정기주주총회의 종결일(1980. 2. 11)까지 그 임기가 연장되고 그 총회 종결일에 중임되어 그 퇴임 및 중임의 등기를 신청함에 있어서는 그 퇴임 및 중임일자를 총회 종결일인 1980. 2. 11로 기재하여야 한다(등기선례 1-865, 80. 4. 9 등기 제148호 한국감정원장 대 법원행정처장 회답).
※ 중임등기절차 :
○ 주식회사의 감사가 그 취임 후 3년 내의 최종 결산기에 관한 정기총회에서 다시 감사로 선임되고 그 정기총회가 종결되기 전에 취임을 승낙한 경우에는, 공증인의 인증을 받은 그 정기총회 의사록과 취임 승낙을 증명하는 서면을 첨부하고 정기총회의 종결일을 중임일로 하여(상법 제410조) 감사의 중임으로 인한 변경등기를 신청할 수 있고, 이는

등기를 해태하다가 신청한 것인지 여부와는 관계가 없다(상업등기선례200705-1, 2007. 5. 3. 공탁상업등기과-467 질의회답).

○ 이사가 임기만료 직전의 주주총회에서 다시 이사로 선임되고 그 임기만료 전에 취임을 승낙한 경우에는, 임기만료일의 다음날이 중임일이 되며 그 날부터 2주 이내에 이사의 중임으로 인한 변경등기를 신청하여야 한다(상업등기선례200705-1, 2007. 5. 3. 공탁상업등기과-467 질의회답).

○ 주식회사 대표이사 홍길동의 임기가 1994. 6. 25.자로 이미 만료되었고 임시주주총회에서 1996. 3. 25.자로 다시 홍길동을 대표이사로 선임한 경우에는, 홍길동이 임기만료로 인한 퇴임과 새로운 취임 사이에 사실상 대표이사직을 수행하였는지 여부에 관계없이 임기만료로 인한 퇴임등기 및 새로운 취임등기를 하여야 하고, 임기만료로 인한 퇴임과 재선에 의한 취임 사이에 시간적 간격이 없는 경우에 하는 중임등기를 할 수는 없다(등기선례 5-843, 1998. 11. 11. 등기 3402-1127 질의회답).

○ 정관에 '임기가 만료된 임원은 그 후임자가 선임될 때까지 그 직무를 행한다.'는 규정이 있다하더라도 임기만료일은 권리의무행사기간 종료일이 아니라 본래의 임기만료일이므로 동일인이 다시 선임된 경우에도 임기만료로 인한 퇴임과 새로운 취임사이에 시간적 간격이 있다면 시간적 간격이 없는 경우에 하는 중임등기를 할 수는 없고 임기만료로 인한 퇴임등기 및 새로운 취임등기를 하여야 한다(등기선례 200311-12 2003.11.14 제정).

○ "이사의 임기는 3년으로 하되 그 임기가 임기 내에 도래하는 최종의 결산기에 관한 정기주주총회 종결 전에 만료되는 때에는 이사의 임기는 그 총회 종결시까지 연장한다."는 취지의 정관 규정에 의하여 1996. 1. 12.자로 임기가 만료되는 이사의 임기가 정기주주총회 종결일인 1996. 3. 25.까지 연장되었고, 그 총회에서 동일인이 다시 이사로 선임되어 '1996. 3. 25.'을 중임일로 하는 중임등기가 경료된 후, 임기중인 1999. 3. 10.자 정기주주총회에서 동일인이 다시 이사로 선임되었다면 특별한 사정이 없는 한 중임등기를 신청할 수 있을 것이고, 이 경우 중임일은 먼저 중임된 이사의 임기만료일의 다음날인 '1999. 3. 26.'로 하여야 할 것이다(등기선례6-645, 1999. 5. 11. 등기 3402-506 질의회답).

※ 첨부서면

○ 주주총회의사록 및 이사회의사록 : 정관 중 이사에 관한 임기규정에 "이사의 임기가 재임 중 최종의 결산기에 관한 정기주주총회의 종결 전에 끝날 때에는 그 정기주주총회의 종결에 이르기까지 그 임기를 연장한다."고 되어 있는 경우에는 임시주주총회가 아닌 정기주주총회의 이사록을 작성하여야 한다.

정기주주총회 의사록에는 제1호 의안으로 결산보고승인의 건을, 제2호 의안으로는 이사 등의 중임의 건을 작성하여야 한다. 이사, 감사 등의 중임의 경우에는 이사회의사록이 필요없다.

주식회사의 정관에 이사와 사외이사는 주주총회에서 구분하여 선임하되, 주주총회에서 선임된 이사 중 사내이사와 기타비상무이사를 이사회에서 선임하도록 규정하고 있는 경우, 정관과 이사로 선임한 주주총회의사록 및 사내이사와 기타비상무이사를 구분하여 선임한 이사회의사록을 첨부하여 위 사내이사와 기타비상무이사의 선임에 따른 등기를 신청할 수 있다(상업등기선례200907-1, 2009. 7. 2. 사법등기심의관-1538 질의회답).

○ 중임승낙서 : 중임승낙서를 제출하여야 한다.

○ 인감증명 : 대표이사 또는 자본금의 총액이 10억원 미만인 회사가 1명 또는 2명의 이사를 둔 경우의 각 이사(정관에 따라 대표이사를 정한 경우는 그 대표이사를 말한다)와 같이 등기소에 인감을 제출한 자가 중임(重任)하는 경우에는 그 취임승낙을 증명하는 서면에 등기소에 제출한 인감을 날인함으로써 「인감증명법」에 따라 신고한 인감의 날인과 그 인감증명서의 첨부를 갈음할 수 있다(상업등기규칙 제104조②, 제84조 ②단서).

○ 주소를 증명하는 서면 : 중임의 경우 주민등록등본은 첨부하지 아니한다.

※ 등록면허세 등

○ 등록면허세 : 이사 등의 중임등기를 신청하는 경우에는 40,200원의 등록면허세와 등록면허세의 100분의 20에 해당하는 지방교육세를 납부하여야 한다(지방세법 제28조① 6호 바목). 수인의 이사 등이 중임등기를 일괄하여 신청하는 경우에는 이를 1건으로 보기 때문에 1건의 등록면허세 및 지방교육세를 납부하면 된다.

상호·목적·임원 등기 등 각종 변경등기신청을 동시에 신청하는 경우 변경사항 별로 각각의 등록면허세를 합산하여 납부한다. 다만 동일한 변경사항이 수개인 경우에는 1건의 등록면허세만 납부한다.

예 : 임원, 목적, 상호 변경등기를 일괄신청하는 경우에는 등록면허세 3건을 납부한다. 이 경우 수인의 임원 또는 수개의 목적을 변경하더라도 이는 1건으로 납부한다(등기예규 제1038호).

○ 등기신청수수료 : 서면제출의 경우에는 6,000원의 신청수수료를 납부하여야 하고(수수료규칙 제5조의3② 본문), 전자신청의 경우에는 2,000원이다. 전자표준양식에 의한 신청의 경우에는 4,000원의 수수료를 납부하여야 한다(수수료규칙 제5조의5④).

수개의 등기사항을 일괄하여 하나의 신청서로써 등기신청을 하는 경우에는 각 등기의 목적에 따른 소정의 신청수수료를 합산한 금액을 등기신청수수료로 납부하여야 한다. 회사 또는 합자조합의 상호·본점·목적·임원 등의 변경등기를 일괄하여 하나의 등기신청서로써 신청할 때에는 각각의 등기신청수수료를 합산한 금액을 납부하여야 한다. 다만, 호, 동일한 등기목적에 따른 2개 이상의 변경사항이 있는 경우(예 : 2인 이상 임원의 취임·퇴임·주소변경 등)에는 1건의 수수료만 납부한다(등기예규 제1487호, 시행 2013.05.01.)

Q. 이사의 종류와 수

1. 이사의 수

회사의 이사는 주주총회에서 선임하고 회사의 이사는 3명 이상이어야 한다. 다만, 자본금이 10억 미만인 회사의 경우 1인 또는 2인으로 선임할 수 있는데 어떤 경우이던 반드시 사내이사는 1인 이상 선임하여야 한다(상법 제383조).

2. 이사선임시 통지방법

1) 정관상 집중투표제가 존재하는 경우

① 이사 선임에 있어 집중투표를 정관으로 배제하지 않은 주식회사는 이사 선임에 관한 주주총회의 통지와 공고에 선임할 이사의 원수를 반드시 기재하여야 한다.(4명의 이사를 선임하기 위한 주주총회의 소집통지서에 '이사 4인 선임의 건' 이 아닌 '임원선임의 건' 으로만 표기하였으므로 위 주주총회에는 집중투표를 위한 이사 인원수 기재에 관한 소집통지상의 하자가 존재하지만, 다시 주주총회 및 이사회를 개최하더라도 위 주주총회에서 이사로 선임된 피신청인들이 다시 이사로 선임될 개연성이 매우 높아 보이므로 가처분으로써 이사로서의 직무집행을 정지시켜야 할 만한 보전의 필요성이 없다)(서울고법 2010.11.15., 2010라1065 결정).

2) 이사의 종류에 대한 통지

이사를 선임할 때에는 이사의 종류를 구분하여 선임하여야 한다. 이 경우 이사의 종류를 구분하여 통지할 필요성이 있는가에 대하여 상장회사에 관해서는 특별규정에 의해 임원선임을 위한 주주총회에 앞서 해당후보자를 구별하여 통지하도록 규정하고 있지만(상법 제542조의4 제2항, 제542조의5), 비상장회사는 별도의 규정이 없다는 점에 비추어 선임할 이사후보자를 구분하여 통지할 의무는 없다(서울고법 2010.11.15., 2010라1065 결정).

3. 사내이사, 사외이사, 기타 비상무이사

① 사내이사와 사외이사의 구분은 회사의 상무(常務)에 종사하는지 여부에 따라 구분되어 진다. 다만, 사외이사는 상무에 종사하지 않는 자로서 상법 제382조 제3항 각 호의 경우에 해당하지 않아야 한다. 회사의 상무에 종사하지 않으면서 사외이사의 자격을 구비하지 못하는 이사는 기타 비상무이사로 선임될 수 있다.

② 사내이사는 상법 제382조 제3항 제1호 "회사의 상무에 종사하는 이사·집행임원 및 피용자 또는 최근 2년 이내에 회사의 상무에 종사한 이사·감사·집행임원 및 피용자"에 해당하므로 사외이사의 자격을 구비하지 못하므로 사외이사로 선임될 수 없다. 다만, 기타 비상무이사로 선임될 수는 있다.

	사내이사	사외이사	기타 비상무이사
상무에 종사하는 여부	○	×	×
자격제한	×	○	×
지위이전	사외이사나 기타 비상무이사는 이동이 자유롭다. 그러나, 사내이사는 사외이사로 이동하는데 제한이 있다.		
이사회에서의 권한	동 일		

4. 사실상의 이사

이사 또는 이와 유사한 명칭을 사용(회장, 상무, 전무 등)하면서 회사에 대한 자신의 영향력을 이용하여 이사에게 업무집행을 지시한 자 또는 이사의 이름으로 직접 업무를 집행한 자등은 회사의 업무집행의 의사결정에 참여하는 권한은 없으며 회사 또는 제3자에 대하여 손해를 배상할 책임이 있는 이사와 연대하여 그 책임만을 부담하는 이사를 사실상의 이사라고 한다(제401조의2). 사실상의 이사는 이사회 등에서 의결권을 행사할 수 없다.

5. 근로자의 지위를 가지고 있는 이사

① 이사가 사용인을 겸하고 있는 경우 급여가 이사의 보수에 해당하는 가에 대하여 견해의 대립은 있으나 사용자의 지휘감독아래 근로를 제공하고 임금을 받는 고용관계에 있지 않다고 보고 있다(대법원 2003.9.26., 2002다64681).

② 다만, 회사의 이사라고 하더라도 회사로부터 위임받은 사무를 처리하는 이외에 일정한 노무를 담당하고 그 대가로 일정한 보수를 지급받아 왔다면 근로기준법상 근로자라고 할 수 있다(대법원 1997.10.24., 96다33037, 33044).

③ 회사의 규정에 의하여 이사 등 임원에게 퇴직금을 지급하는 경우에도 그 퇴직금은 근로기준법 소정의 퇴직금이 아니라 재직 중의 직무집행에 대한 대가로 지급되는 보수(편저자 – 상법 제388조에서 말하는 보수)의 일종이라 할 것이므로 이사 등 임원의 퇴직금청구권에는 근로기준법 제41조(현행 제49조) 소정의 임금채권의 시효에 관한 규정이 적용되지 아니하고 일반채권의 시효규정이 적용되어야 한다(대법원 1988.6.14., 87다카2268).

이사(2010.11.10)취임	2013(10.30)		(11.10.)			(11.20.)	
	[사임+취임]	⇒	[중임]	⇒		[퇴임+취임]	
이사(2010.01.10)취임	2013(01.05)		(01.10.)		(03.20.정기주총)		(03.25.)
	[사임+취임]	⇒	[중임]	⇒	[중임]	⇒	[퇴임+취임]

감사(2010.01.10)취임	2013(01.05)		(03.20.정기주총)		(03.25.)
	[사임+취임]	⇒	[중임]	⇒	[퇴임+취임]
감사(2010.05.10)취임	2013(01.05)		(03.20.정기주총)		(03.25.)
	[사임+취임]	⇒	[중임]	⇒	[퇴임+취임]

[사례] 정기주주총회의사록

정기주주총회의사록

1. 일 시 : 20○○년 ○월 ○일 오전 11시
1. 장 소 : 서울 영등포구 여의도동 123-4 본점 회의실
1. 출석한 상황 :

총 주주수	4명	총주식수	20,000주
출석주주수	4명	이의주식수	20,000주

대표이사 김치국은 정관규정에 따라 의장석에 착석하여 위와 같이 법정원수에 달하게 출석하였으므로 본 총회가 적법히 성립됨을 알리고 개회를 선언한 후 다음 의안을 부의하고 심의를 구하다.

제 1호 의안 : 결산보고 승인의 건

의장은 별도 배부한 20○○년 ○월 ○일 ~ 20○○년 ○월 ○일까지 영업 대차대조표, 손익계산서, 이익잉여금 처분 안을 상정하고 그 의결을 구함으로써 주주전원 만장일치로 원안대로 승인가결하다.

제 2호 의안 : 이사 재선임의 건

의장은 본 회사의 사내이사 우희성, 사내이사 이영선은 정관 제○조 준용규정에 따라 금일 임기만료이나 회사의 사업운영 형편상 그 유임이 불가피함을 설명하고, 재선임 여부를 자문한 즉 출석주주 전원 만장일치로 다음 사람 등의 이사 재선 승인가결하다.

사내이사 : 우 희 성

사내이사 : 이 영 선

위 피선자 등은 즉석에서 그 중임을 승낙하다.

제 3호 의안 : 임원의 보수지급결정의 건

의장은 2000년 지급한 보수는 1.3억원임을 설명하고, 2001년 보수한도를 3억원으로 승인하여 줄 것을 물은바 출석한 주주전원의 찬성으로 승인가결하다.

이상으로서 금일의 의안 전부를 심의 종료하였으므로 의장은 폐회(오전 11시 30분)를 선언하다.

위 결의를 명확히 하기 위하여 이 의사록을 작성하고 의장과 출석한 이사 아래에 각 기명날인하다.

20○○년 ○월 ○일

주식회사 테크노넷

의 장 대표이사 김 치 국 (법인) (개인)
사내이사 우 희 성 (인)
사내이사 이 영 선 (인)

○ 이사감사는 주주총회의 보통결의 즉, 출석한 주주의 의결권의 과반수와 발행주식총수의 1/4이상의 수로써 선임한다(상법 제382조①, 제368조①).

○ 정관 중 이사에 관한 임기규정에 "이사의 임기가 재임 중 최종의 결산기에 관한 정기주주총회의 종결 전에 끝날 때에는 그 정기주주총회의 종결에 이르기까지 그 임기를 연장한다."고 되어 있는 경우에는 임시주주총회가 아닌 정기주주총회의 의사록을 작성하여야 한다.

○ 정기주주총회 의사록에는 제1호 의안으로 결산보고승인의 건을, 제2호 의안으로는 이사 등의 중임의 건을 작성하여야 한다. 이사, 감사 등의 중임의 경우에는 이사회의사록이 필요없다.

[사례] 위임장(등기소 제출용)

위 임 장

법무사 정 동 진
서울 서초구 서초동 345-6
전화 : 123-4567

위 사람을 대리인으로 정하고 다음 사항의 권한을 위임함.

다 음

1. 본 회사의 이사중임 등기 신청 및 취하에 관한 일체의 행위
2.
3.

20○○년 ○월 ○일
신청인 주식회사 테크노넷
서울 영등포구 여의도동 123-4
대표이사 김 치 국 (법인)

[사례] 중임승낙서

중 임 승 낙 서

본인 등은 20○○년 ○월 ○일 귀 회사 정기주주총회 결의에 의하여 이사로 각 재선임되었으므로 그 중임을 승낙합니다.

20○○년 ○월 ○일

사내이사 우 희 성 (개인)
사내이사 이 영 선 (개인)

주식회사 테크노넷 귀중

[사례] 주식회사 변경등기신청(이사 1인 중임, 서면결의로 주주총회 갈음)

주식회사 변경등기신청

접수	년 월 일	처리인	접 수	조 사	기 입	교 합	각종통지
	제 호						

상 호	주식회사 미래통신	등기번호	○○○○○○
본 점	서울 구로구 구로동 123-4		
등 기 의 목 적	이사 중임 등기		
등 기 의 사 유	본 회사의 사내이사 이영길은 20○○년 ○월 ○일 임기만료이나 동일 임시주주총회결의에 갈음하는 서면결의에 의하여 이사에 재선임되어 같은 날 이사에 중임하였으므로 그 등기를 구함.		
본/지점 신청구분	1. 본점신청 □ 2. 지점신청 □ 3. 본·지점 일괄신청 □		
등 기 할 사 항			
대표이사 · 이사 · 감사 등의 퇴임 · 취임 등과 그 연월일	사내이사 이영길 (501020-1******) 20○○년 ○월 ○일 중임		
기 타			

<table>
<tr><td colspan="7">신청등기소 및 등록면허세/수수료</td></tr>
<tr><td rowspan="2">순번</td><td rowspan="2">신청등기소</td><td rowspan="2">구분</td><td>등록면허세</td><td rowspan="2">농어촌특별세</td><td rowspan="2">세액합계</td><td rowspan="2">등기신청수수료</td></tr>
<tr><td>지방교육세</td></tr>
<tr><td rowspan="2"></td><td rowspan="2"></td><td rowspan="2"></td><td>금 40,200원</td><td rowspan="2"></td><td rowspan="2">금 48,240원</td><td rowspan="2">금 6,000원</td></tr>
<tr><td>금 8,040원</td></tr>
<tr><td></td><td></td><td></td><td></td><td></td><td></td><td></td></tr>
<tr><td colspan="3">합 계</td><td></td><td></td><td></td><td></td></tr>
<tr><td colspan="7">첨 부 서 면</td></tr>
<tr><td colspan="4">1. 공증받은 주주총회의사록 1통
1. 공증받은 이사회회의록 1통
1. 중임승낙서(인감증명서포함) 1통
1. 정관(필요한 경우) 1통
1. 등록면허세영수필확인서 1통
1. 위임장(대리인이 신청할 경우) 1통</td><td colspan="3"><기 타></td></tr>
</table>

20○○년 ○월 ○일

신청인 상 호 주식회사 미래통신
본 점 서울 구로구 구로동 123-4
대표이사 성 명 김 관 배 (법인) (전화 : 555-1234)
주 소 서울 강서구 염창동 234-5
대리인 성 명 법무사 정 동 진 (인) (전화 : 123-4567)
주 소 서울 서초구 서초동 345-6

서울남부지방법원 구로등기소 귀중

- 신청서 작성요령 및 등기수입증지 첨부란 -

1. 해당란이 부족할 때에는 별지를 이용합니다.
1. 해당 등기신청과 관계없는 사항에 대하여는 "해당없음"으로 기재하거나 삭제하고, 필요한 사항은 추가 기재합니다.

(용지규격 21㎝× 29.7㎝)

※ 이 사례는 서면결의로 주주총회를 갈음하는 사례이다. 개정 상법 제363조⑤은 "자본금 총액이 10억원 미만인 회사는 주주 전원의 동의가 있을 경우에는 서면에 의한 결의로써

주주총회의 결의를 갈음할 수 있다."고 하였다.

※ 이사의 중임에 대한 해설은 379면 참조

※ 이사의 선임 등

○ 이사의 선임 : 이사는 주주총회의 보통결의로 선임한다. 즉 출석한 주주의 의결권의 과반수와 발행주식총수의 1/4이상의 수로써 선임하는데(상법 제382조①,제368조①), 상장회사가 주주총회에서 이사(감사 포함)를 선임하려는 경우에는 주주총회 소집통지나 공고를 통하여 통지하거나 공고한 후보자 중에서 선임하여야 한다(상법 제542조의5,제542의조4②). 이사의 선임은 회사성립 후에는 주주총회의 전속사항이므로, 정관의 규정으로서도 그 선임을 이사회 기타 기관 또는 제3자에게 위임할 수 없다.

○ 보통결의 요건은 예외적으로 정관의 규정에 따라서 출석정족수를 두거나 의결정족수를 가중할 수 있다(상법 제368조①). 결의시에 가부동수인 때에는 그 의안은 부결된 것으로 본다. 보통결의사항은 상법이나 정관이 특별결의사항이나 특수결의사항으로 정한 이외의 모든 사항들을 의미한다(상법 제368조①).

○ 이사의 임기 : 이사의 임기는 3년을 초과하지 못한다(상법 제383조②). 그러나 정관으로 그 임기 중의 최종의 결산기에 관한 정기주주총회의 종결에 이르기까지 연장할 수 있다(상법 제383조③). 여기의 "임기 중의 최종의 결산기"라 함은 임기 중에 도래한 최종의 결산기로서 당해 결산기가 임기 중에 도래한 경우를 말한다.

○ 이사의 권리의무 : 이사가 임기만료 또는 사임으로 인하여 퇴임한 경우에 법률 또는 정관에 정한 이사의 원수를 결(缺)하게 되는 경우에는 임기만료 또는 사임으로 인하여 퇴임한 이사는 새로 신임된 이사가 취임할 때까지 이사의 권리의무가 있다(상법 제386조①). 그러므로 퇴임이사는 신임이사의 취임등기와 함께 하지 아니하면 그 퇴임등기를 할 수 없다. 이때 퇴임등기기간은 후임자의 취임일로부터 기산한다(다만, 법률 또는 정관에서 정한 원수를 초과한 경우에는 원칙적으로 퇴임일로부터 기산한다), 후임자의 선임이 늦은 것에 대하여는 상법 제635조① 제8호의 선임해태통지의 대상이 된다. 다만 이사의 권리의무 행사자의 임기만료일은 권리의무행사기간 종료일이 아니라, 본래의 임기만료일이므로 동일인이 다시 선임된 경우에도 임기만료로 인한 퇴임과 새로운 취임 사이에 시간적 간격이 있다면 시간적 간격이 없는 경우에 하는 중임등기를 할 수는 없고, 임기만료로 인한 퇴임등기 및 새로운 취임등기를 하여야 한다. 그러나 사망한 경우에는 후임자 전이라도 퇴임등기를 먼저 하여야 한다.

○ 이사의 자격에 대한 상법상 제한과 관련해서는 "감사는 이사를 겸할 수 없다(상법 제411조)"는 규정 외에 일반적인 제한규정은 없으나, 사외이사의 자격과 관련해서는 상법 제382조③ 각호 및 제542의8② 각호의 제한규정을 두고 있다.

○ 이사전원의 임기가 만료되었으나 퇴임등기가 되어있지 않은 경우에는 그 이사들 사이에

순위 등의 구별을 하는 것이 불가능하여, 임기가 만료된 이사 전원이 관리의무를 가지는 자이므로 후임이사의 취임등기를 동시에 하지 않는 한 이사들 중 일부에 대한 퇴임등기를 먼저 신청할 수는 없다.

※ 이사의 구분

○ 상법 제317조② 제8호가 개정(2009. 2. 4 시행)됨에 따라 주식회사의 이사명칭 등기방법이 변경되었다. 따라서 주식회사 이사의 명칭을 사내이사, 사외이사, 기타비상무이사로 구분하여 등기하여야 한다.

○ 사내이사란 상근하면서 회사의 상무를 수행하는 이사를 말하고, 사외이사란 주주총회에서 선임된 이사이나 회사에 상근하여 업무집행을 담당하지는 않고, 이사회 구성원의 일원으로 회의에 출석하여 주로 이사회 제출의안에 대한 심의를 통하여 회사의 경영의사결정에 관여하는 이사를 말하고, 기타 비상무이사는 회사의 상무에 종사하지 아니하는 이사 중 후술하는 상법 제382조③의 각호에 해당하는 이사를 말한다.

○ 명시 : 신청서에 첨부된 주주총회의사록 등에 사내이사, 사외이사, 기타비상무이사로 구분하여 선임한 사실이 기재되어 있어야 한다. 특히 사외이사, 기타 비상무이사는 명확히 의사록에 나타나 있어야 한다. 단지 "이사"로 등기 신청한 경우에는 "사내이사"로 등기될 수 있다.

※ 사외이사

○ 최근 상법의 일부개정(법률 제9362호 2009. 1. 30. 일부개정, 2009. 2. 4. 시행)을 통해 종래 상법에는 규정이 없었으나, 주권상장법인과 코스닥상장법인에 적용되던 구증권거래법상의 사외이사 제도를 상법상 주식회사에 전면적으로 도입하였다(상법 제382조③). 종래 상장회사 중심으로 이용되고 있었지만 비상장회사에서도 감사위원회 제도를 도입한 것이다.

○ 상장회사 중 대통령령으로 정하는 경우를 제외하고는 사외이사가 이사 총수의 1/4 이상이 되도록 하고, 대통령령으로 정하는 대규모 상장회사의 사외이사는 3명 이상으로 하되, 이사 총수의 과반수가 되도록 사외이사 설치를 의무화하였다(제542조의8 신설).

○ 감사위원회를 두는 회사는 이사회결의로 이사 중에서 3명 이상의 감사위원회 위원을 선임하여야 하고, 사외이사가 위원의 3분의 2 이상이어야 한다(상법 제393조의2, 제415조의2).

※ 등록면허세 등

○ 등록면허세 : 이사 등의 중임등기를 신청하는 경우에는 40,200원의 등록면허세와 등록면허세의 100분의 20에 해당하는 지방교육세를 납부하여야 한다(지방세법 제28조① 6호 바목). 수인의 이사 등이 중임등기를 일괄하여 신청하는 경우에는 이를 1건으로 보기 때문에 1건의 등록면허세 및 지방교육세를 납부하면 된다.

○ 등기신청수수료 : 서면제출의 경우에는 6,000원의 신청수수료를 납부하여야 하고(수수료규칙 제5조의3② 본문), 전자신청의 경우에는 2,000원이다. 전자표준양식에 의한 신청의 경우에는 4,000원의 수수료를 납부하여야 한다(수수료규칙 제5조의5④).
수개의 등기사항을 일괄하여 하나의 신청서로써 등기신청을 하는 경우에는 각 등기의 목적에 따른 소정의 신청수수료를 합산한 금액을 등기신청수수료로 납부하여야 한다. 회사 또는 합자조합의 상호·본점·목적·임원 등의 변경등기를 일괄하여 하나의 등기신청서로써 신청할 때에는 각각의 등기신청수수료를 합산한 금액을 납부하여야 한다. 다만, 호, 동일한 등기목적에 따른 2개 이상의 변경사항이 있는 경우(예 : 2인 이상 임원의 취임·퇴임·주소변경 등)에는 1건의 수수료만 납부한다(등기예규 제1487호, 시행 2013.05.01.)

[사례] 위임장(등기소 제출용)

위 임 장

법무사 정 동 진
서울 서초구 서초동 345-6
전화 : 123-4567

위 사람을 대리인으로 정하고 다음 사항의 권한을 위임함.

다 음

1. 본 회사의 이사중임 등기 신청 및 취하에 관한 일체의 행위
2.
3.

20○○년 ○월 ○일
위임인 주식회사 미래통신
서울 구로구 구로동 123-4
대표이사 김 관 배 (법인)

※ 이 위임장은 법무사에게 주식회사임원변경등기를 의뢰하는 경우 대리의 권한을 법무사에게 위임하는 서류로써 등기소에 제출하는 서류이다.

[사례] 서면결의에 의한 주주총회의사록

서면결의에 의한 주주총회의사록

20○○년 ○월 ○일 본 회사의 사내이사 이영길의 이사 임기만료로 인한 이사 재선임 건에 대하여 상법 제363조 제5항의 서면에 의한 결의로 주주총회를 갈음하기로 하여 주주 전원에게 회의의 목적사항을 서면으로 통지(또는 각 주주의 동의를 받아 전자문서로 통지)하였는바, 주주전원이 다음과 같이 서면으로 동의하였으므로 위 주주총회의 결의에 갈음하다.

주주 총수 : 5명
주식 총수 : 2,500주
주주총회결의일 : 20○○년 ○월 ○일
서면에 의한 주주총회 결의서 통지일 : 20○○년 ○월 ○일

1. 서면에 의한 주주총회의 목적사항

의안 : 이사 재선임의 건

본 회사의 사내이사 이영길은 금일 임기만료이나 회사의 사업운영 형편상 그 유임이 불가피함을 각 주주에게 통지한 바, 주주전원의 만장일치로 동 이영길이 재 선임되었으며 피선자의 재선임승락에 의하여 그 선임을 승인하다.

사내이사 : 이 영 길

이상으로 주주총회 목적인 이사 재선임의 심의를 상법 제363조 제5항의 서면에 의한 결의로 갈음하기로 한다.

첨부
주주 김관배의 서면결의 동의서
주주 이영길의 서면결의 동의서
주주 한두철의 서면결의 동의서
주주 최원국의 서면결의 동의서
주주 김진숙의 서면결의 동의서

20○○년 10월 1일

주식회사 미래통신
서울 구로구 구로동 123-4
의장 대표이사 김 관 배 (법인) (개인)

※ 주주총회
○ 개정 상법은 자본금 총액이 10억원 미만인 회사는 주주 전원의 동의가 있을 경우에는 서면에 의한 결의로써 주주총회의 결의를 갈음할 수 있도록 하였다(상법 제363조⑤ 후단). 위 결의는 의결권 없는 주주에게는 적용하지 아니한다(상법 제363조⑧). 주주전원의 서면결의 동의서를 첨부하여야 한다.
○ 이사의 임기는 3년을 초과하지 못한다(상법 제383조②). 그러나 정관으로 그 임기 중의 최종의 결산기에 관한 정기주주총회의 종결에 이르기까지 연장할 수 있다(상법 제383조③). 여기의 "임기 중의 최종의 결산기"라 함은 임기 중에 도래한 최종의 결산기로서 당해 결산기가 임기 중에 도래한 경우를 말한다.

[사례] 주주총회에 갈음할 서면결의 동의서

서면결의 동의서

본인은 귀회사의 주주로써, 20○○년 ○월 ○일 임시주주총회에서 결의할 목적사항에 대하여 20○○년 ○월 ○일 통지를 받았는 바, 이에 대하여 서면으로 다음과 같이 동의합니다.

다 음

의안 : 이사 재선임의 건

20○○년 ○월 ○일 귀 회사의 주주총회에서 결의할 사내이사 이영길의 이사 임기만료로 인한 이사 재선임 건에 대하여 귀 회사의 사업운영 형편상 그 유임이 불가피함을 통지받았는 바, 본인은 귀 회사의 주주로써 이에 동의합니다.

20○○년 10월 1일

주주 김 진 숙 (인)

※ 서면에 의한 주주총회결의는 주주전원의 동의가 있어야 한다.

[사례] 중임승낙서

중 임 승 낙 서

본인은 20○○년 ○월 ○일 귀 회사 임시주주총회에서 결의에 의하여 사내이사로 재 선임되었으므로 그 중임을 승낙합니다.

20○○년 10월 1일

사내이사 이 영 길 (인)

주식회사 미래통신 귀중

※ 주식회사 이사의 중임등기

○ "이사의 임기는 3년으로 하되 그 임기가 임기 내에 도래하는 최종의 결산기에 관한 정기주주총회 종결 전에 만료되는 때에는 이사의 임기는 그 총회 종결시까지 연장한다."는 취지의 정관 규정에 의하여 1996. 1. 12.자로 임기가 만료되는 이사의 임기가 정기주주총회종결일인 1996. 3. 25.까지 연장되었고, 그 총회에서 동일인이 다시 이사로 선임되어 '1996. 3. 25.'을 중임일로 하는 중임등기가 경료된 후, 임기 중인 1999. 3. 10.자 정기주주총회에서 동일인이 다시 이사로 선임되었다면 특별한 사정이 없는 한 중임등기를 신청할 수 있을 것이고, 이 경우 중임일은 먼저 중임된 이사의 임기만료일의 다음날인 '1999. 3. 26.'로 하여야 할 것이다(상업등기선례 1-157 1999. 5. 11. 등기 3402-506 질의회답).

[사례] 주주명부

주 주 명 부				
주 주	주 소	인수주식수	1주금액	납 입 금 액
김관배	서울시 강서구 염창동 234-5 www.asd45@hanmail.com	○○○주	금○○원	금○○○○원
○○○	서울시 ○○구 ○○동 876-5 www.wert88@hanmail.com	○○○주	금○○원	금○○○○원
…	이하 생략			
합 계		○○○주		금○○○○○원

위 주주명부는 본사에 비치된 주주명부와 대조하여 틀림이 없음을 증명합니다.

20○○년 ○월 ○일

주식회사 미래통신
서울 구로구 구로동 123-4
대표이사 김 관 배 (법인)

※ 전자주주명부제도

○ 회사는 정관에서 정하는 바에 따라 전자문서로 주주명부를 작성할 수 있다(상법 제352조의2①). 전자주주명부에는 상법 제352조①의 기재사항 외에 전자우편주소를 적어야 한다.

○ 개정법은 기업경영의 IT화를 위하여 주주총회에 직접 참석하거나 대리인에게 투표를 위임하지 않더라도 전자서명 등 본인인증절차를 거쳐 인터넷으로 의결권을 행사하는 전자투표제도가 도입됐다(상법 제368조의4, 제382조의2).

[사례] 주식회사 변경등기신청서(이사 1인 임기만료로 퇴임 및 선임)

주식회사 변경등기신청

접수	년 월 일	처리인	접 수	조 사	기 입	교 합	각종통지
	제 호						

상 호	주식회사 디젠아이엔	등기번호	○○○○○○
본 점	서울 ○○구 ○○동 123-4		
등 기 의 목 적	이사 변경 등기		
등 기 의 사 유	20○○년 ○월 ○일 사내이사 권두칠이 임기만료로 퇴임하고 20○○년 ○월 ○일 임시주주총회에서 다음 사람이 사내이사로 선임되어 같은 날 취임을 승낙하여 취임하였으므로 다음사항의 등기를 구함		
본/지점 신청구분	1. 본점신청 □ 2. 지점신청 □ 3. 본·지점 일괄신청 □		
등 기 할 사 항			
대표이사 · 이사 · 감사 등의 퇴임 · 취임 등과 그 연월일	사내이사 권두칠 (×××××× - ×××××××) 20○○년 ○월 ○일 퇴임 사내이사 김종필 (×××××× - ×××××××) 20○○년 ○월 ○일 취임		
기 타			

<table>
<tr><th colspan="7">신청등기소 및 등록면허세/수수료</th></tr>
<tr><th rowspan="2">순번</th><th rowspan="2">신청등기소</th><th rowspan="2">구분</th><th>등록면허세</th><th rowspan="2">농어촌특별세</th><th rowspan="2">세액합계</th><th rowspan="2">등기신청수수료</th></tr>
<tr><th>지방교육세</th></tr>
<tr><td rowspan="2"></td><td rowspan="2"></td><td rowspan="2"></td><td>금 40,200원</td><td rowspan="2"></td><td rowspan="2">금 48,240원</td><td rowspan="2">금 6,000원</td></tr>
<tr><td>금 8,040원</td></tr>
<tr><td></td><td></td><td></td><td></td><td></td><td></td><td></td></tr>
<tr><td colspan="3">합 계</td><td></td><td></td><td></td><td></td></tr>
</table>

첨 부 서 면

1. 공증받은 주주총회의사록 1통
1. 취임승낙서(인감증명서 포함) 1통
1. 주민등록표등(초)본(선임한 경우) 1통
1. 정관(필요한 경우) 통
1. 등록면허세영수필확인서 1통
1. 위임장(대리인이 신청할 경우) 1통

<기 타>

20○○년 ○월 ○일

신청인 상 호 주식회사 디젠아이엔
본 점 서울 ○○구 ○○동 123-4
대표이사 성 명 이 택 수 (법인) (전화 : 555-1234)
주 소 서울 ○○구 ○○동 234-5
대리인 성 명 법무사 정 동 진 (인) (전화 : 123-4567)
주 소 서울 서초구 서초동 345-6

○○지방법원 ○○등기소 귀중

- 신청서 작성요령 및 등기수입증지 첨부란 -

1. 해당란이 부족할 때에는 별지를 이용합니다.
1. 해당 등기신청과 관계없는 사항에 대하여는 "해당없음"으로 기재하거나 삭제하고, 필요한 사항은 추가 기재합니다.

(용지규격 21㎝× 29.7㎝)

※ 이사 1인 임기만료로 퇴임하고 선임

○ 이사의 퇴임은 임기만료, 사임, 해임으로 퇴임하고, 그 밖에 금치산 또는 파산선고 등에

의하여 자격상실 퇴임한다.

○ 이사는 주주총회에서 선임한다(상법 제382조). 이사는 사내이사, 사외이사, 기타 상무에 종사하지 않는 이사를 모두 포함한다. 감사위원회 위원도 이사이므로 이사회의 구성원이 된다. 그러나 감사는 이사가 아니므로 이사회의 구성원이 아니다.

○ 이사의 선임은 주주총회의 고유권한이므로 정관의 규정 또는 주주총회의 특별결의로도 이사의 선임을 제3자나 타기관에 위임하지 못한다(상법 제361조). 그리고 이사의 선임결의는 정관에 다른 정함이 있는 경우를 제외하고, 보통결의 즉, 출석한 주주의 의결권의 과반수와 발행주식의 총수의 4분의 1 이상의 수로써 하여야 한다(상법 제368조①).

○ 이사는 대표이사든 아니든 이를 묻지 않고 이사회를 소집할 수 있는 것이 원칙이며 다른 이사도 언제든지 소집권자인 이사에게 이사회소집을 요구 할 수 있다(상법 제390조).

○ 이사의 권리의무 : 이사가 임기만료 또는 사임으로 인하여 퇴임한 경우에 법률 또는 정관에 정한 이사의 원수를 결(缺)하게 되는 경우에는 임기만료 또는 사임으로 인하여 퇴임한 이사는 새로 신임된 이사가 취임할 때까지 이사의 권리의무가 있다(상법 제386조①). 그러므로 퇴임이사는 신임이사의 취임등기와 함께 하지 아니하면 그 퇴임등기를 할 수 없다. 이때 퇴임등기기간은 후임자의 취임일로부터 기산한다(다만, 법률 또는 정관에서 정한 원수를 초과한 경우에는 원칙적으로 퇴임일로부터 기산한다), 후임자의 선임이 늦은 것에 대하여는 상법 제635조① 제8호의 선임해태통지의 대상이 된다. 다만 이사의 권리의무 행사자의 임기만료일은 권리의무행사기간 종료일이 아니라, 본래의 임기만료일이므로 동일인이 다시 선임된 경우에도 임기만료로 인한 퇴임과 새로운 취임 사이에 시간적 간격이 있다면 시간적 간격이 없는 경우에 하는 중임등기를 할 수는 없고, 임기만료로 인한 퇴임등기 및 새로운 취임등기를 하여야 한다. 그러나 사망한 경우에는 후임자 전이라도 퇴임등기를 먼저 하여야 한다.

※ 이사의 자격

○ 이사는 자연인인 이상 행위능력의 유무를 묻지 아니하지만(민법 제117조 유추적용) 의사능력은 있어야 한다. 한정치산자는 법정대리인의 동의를 얻어 이사가 될 수 있으나 금치산자는 이사가 될 수 없다. 이사가 파산선고를 받은 경우에도 당연히 그 직을 상실한다(상법 제542조의8 제1호).

○ 이사의 자격에 대한 상법상 제한과 관련해서는 “감사는 이사를 겸할 수 없다(상법 제411조)”는 규정 외에 일반적인 제한규정은 없으나, 사외이사의 자격과 관련해서는 상법 제382조③ 각호 및 제542의8② 각호의 제한규정을 두고 있다.

※ 임기

○ 이사의 임기는 3년을 초과하지 못하나, 정관으로 임기 중의 최종의 결산기에 관한 정기주주총회의 종결 전에 끝날 때에는 그 정기주주총회의 종결에 이르기까지 그 임기를 연장할 수 있다(상법 제383조②, ③).

○ 여기서 "임기 중의 최종의 결산기"라 함은 임기 중에 도래한 최종의 결산기로서 당해 결산기가 임기 중에 도래한 경우를 말한다.

○ 이사의 임기에 관하여 상법은 최장기한에 관하여만 규정을 두고 있으므로 회사의 정관으로 이사의 임기를 3년을 초과하지 아니하는 범위에서 1년 또는 2년 등으로 정할 수 있다(상업등기선례 1-165, 2003. 6. 10. 공탁법인 3402-138 질의회답).

※ 인원수 : 주식회사의 이사는 원칙적으로 3인 이상 이어야 한다. 다만, 자본금 총액이 10억원 미만인 회사는 1명 또는 2명으로 할 수 있다(상법 제383조 제1항).

※ 이사의 구분

○ 상법 제317조② 제8호가 개정(2009. 2. 4 시행)됨에 따라 주식회사의 이사명칭 등기방법이 변경되었다. 따라서 주식회사 이사의 명칭을 사내이사, 사외이사, 기타비상무이사로 구분하여 등기하여야 한다.

○ 사내이사란 상근하면서 회사의 상무를 수행하는 이사를 말하고, 사외이사란 주주총회에서 선임된 이사이나 회사에 상근하여 업무집행을 담당하지는 않고, 이사회 구성원의 일원으로 회의에 출석하여 주로 이사회 제출의안에 대한 심의를 통하여 회사의 경영의사 결정에 관여하는 이사를 말하고, 기타 비상무이사는 회사의 상무에 종사하지 아니하는 이사 중 후술하는 상법 제382조③의 각호에 해당하는 이사를 말한다.

○ 명시 : 신청서에 첨부된 주주총회의사록 등에 사내이사, 사외이사, 기타비상무이사로 구분하여 선임한 사실이 기재되어 있어야 한다. 특히 사외이사, 기타 비상무이사는 명확히 의사록에 나타나 있어야 한다. 단지 "이사"로 등기 신청한 경우에는 "사내이사"로 등기될 수 있다.

※ 사외이사

○ 최근 상법의 일부개정(법률 제9362호 2009. 1. 30. 일부개정, 2009. 2. 4. 시행)을 통해 종래 상법에는 규정이 없었으나, 주권상장법인과 코스닥상장법인에 적용되던 구증권거래법상의 사외이사 제도를 상법상 주식회사에 전면적으로 도입하였다(상법 제382조③). 종래 상장회사 중심으로 이용되고 있었지만 비상장회사에서도 감사위원회 제도를 도입한 것이다.

○ 상장회사 중 대통령령으로 정하는 경우를 제외하고는 사외이사가 이사 총수의 1/4 이상이 되도록 하고, 대통령령으로 정하는 대규모 상장회사의 사외이사는 3명 이상으로 하되,

이사 총수의 과반수가 되도록 사외이사 설치를 의무화하였다(제542조의8 신설).

○ 감사위원회를 두는 회사는 이사회결의로 이사 중에서 3명 이상의 감사위원회 위원을 선임하여야 하고, 사외이사가 위원의 3분의 2 이상이어야 한다(상법 제393조의2, 제415조의2).

※ 등록면허세 등의 납부절차

○ 등록면허세·지방교육세는 관할시, 군, 구청을 방문하여 등록면허세액신고서(등록면허세액신고서는 각 시, 군, 구청에 비치되어 있다)를 작성하고 납세고지서를 발부받아 납부하여야 하나, 정액등록면허세(임원변경 40,200원, 본점 또는 주사무소이전 112,500원, 지점 또는 분사무소의 설치 및 기타의 정액법인등기 40,200원)의 경우는 대법원사이트(www.iros.go.kr)에서 "정액등록면허세납부서작성"란을 이용하여 법인의 기본사항을 입력하여 출력한 납부서를 가지고 직접 금융기관에 납부할 수 있다.

○ 등록면허세는 회사 본점 소재지를 관할하는 각 시·군·구의 시중은행에 납부할 수 있으며, 위 관할을 벗어나는 경우는 전국의 우체국과 농협에서 수납할 수 있다.

※ 등기신청수수료

○ 서면제출의 경우에는 6,000원의 신청수수료를 납부하여야 하고(수수료규칙 제5조의3② 본문), 전자신청의 경우에는 2,000원이다. 전자표준양식에 의한 신청의 경우에는 4,000원의 수수료를 납부하여야 한다(수수료규칙 제5조의5④).

수개의 등기사항을 일괄하여 하나의 신청서로써 등기신청을 하는 경우에는 각 등기의 목적에 따른 소정의 신청수수료를 합산한 금액을 등기신청수수료로 납부하여야 한다. 회사 또는 합자조합의 상호·본점·목적·임원 등의 변경등기를 일괄하여 하나의 등기신청서로써 신청할 때에는 각각의 등기신청수수료를 합산한 금액을 납부하여야 한다. 다만, 호, 동일한 등기목적에 따른 2개 이상의 변경사항이 있는 경우(예 : 2인 이상 임원의 취임·퇴임·주소변경 등)에는 1건의 수수료만 납부한다(등기예규 제1487호, 시행 2013.05.01.)

※ 등기신청관련자료

○ 과밀억제권역(740면 참조)

○ 중과세대상에서 제외되는 업종(741면 참조)

○ 법인의 등록면허세액(739면 참조)

○ 등기신청수수료(738면 참조)

[사례] 위임장(등기소 제출용)

위 임 장

법무사 정 동 진

서울 서초구 서초동 345-6

전화 : 123-4567

위 사람을 대리인으로 정하고 다음 사항의 권한을 위임함.

다 음

1. 본 회사의 이사변경 등기 신청 및 취하에 관한 일체의 행위
2.
3.

20○○년 ○월 ○일

신청인 주식회사 디젠아이엔

서울 ○○구 ○○동 123-4

대표이사 이 택 수 (법인)

서울 ○○구 ○○동 234-5

※ 이 위임장은 법무사에게 주식회사 임원변경등기를 의뢰하는 경우 대리의 권한을 법무사에게 위임하는 서류로써 등기소에 제출하는 서류이다.

[사례] 임시주주총회의사록

임시주주총회의사록

20○○년 ○월 ○일 오전 11시 본점 회의실에서 임시주주총회를 개최하다.

주식총수	10,000주	주주총수	4명
출석주주수	3명	이의주식수	9,000주

의장 대표이사 이택수는 정관규정에 따라 의장석에 등단하여 위와 같이 법정원수에 달하는 주주가 출석하였으므로 본 총회가 적법히 성립됨을 알리고 개회를 선언한 후 다음 의안을 부의하고 심의를 구하다.

의안 : 이사 선임의 건

의장은 사내이사 권두칠은 20○○년 ○월 ○일 임기만료로 퇴임하고 금일 총회에서 이사를 보선하여야 한다고 상세히 설명한바, 출석한 주주전원 일치되어 아래 사람을 이사로 선임하다.

사내이사 : 김 종 필

위 피선자는 즉시 그 취임을 승낙하다.

이상으로서 금일의 의안이 전부 심의 종료되었으므로 의장은 폐회를 선언하다.

(폐회시간 오전 11시 30분)

위 결의를 명확히 하기 위하여 이 의사록을 작성하고 의장과 출석한 이사가 아래에 기명날인하다.

20○○년 ○월 ○일

주식회사 디젠아이엔

의 장 대표이사 이 택 수 (법인) (개인)

사내이사 ○ ○ ○ (인)

사내이사 ○ ○ ○ (인)

※ 주주총회

○ 개정 상법은 자본금 총액이 10억원 미만인 회사는 주주 전원의 동의가 있을 경우에는 서면에 의한 결의로써 주주총회의 결의를 갈음할 수 있도록 하였다(상법 제363조⑤ 후단). 위 결의는 의결권 없는 주주에게는 적용하지 아니한다(상법 제363조⑧).

※ 이사의 선임

○ 이사는 주주총회의 보통결의 즉, 출석한 주주의 의결권의 과반수와 발행주식총수의 1/4이상의 수로써 선임하는데(상법 제382조①,제368조①), 상장회사가 주주총회에서 이사(감사 포함)를 선임하려는 경우에는 주주총회 소집통지나 공고를 통하여 통지하거나 공고한 후보자 중에서 선임하여야 한다(상법 제542의5제,542조의4②). 보통결의 요건은 예외적으로 정관의 규정에 따라서 출석정족수를 두거나 의결정족수를 가중할 수 있다(상법 제368조①).

[사례] 취임승낙서

취 임 승 낙 서

본인은 20○○년 ○월 ○일 귀 회사의 임시주주총회의 결의에 의하여 이사로 선임되었으므로 그 취임을 승낙합니다.

20○○년 ○월 ○일

사내이사 김 종 필 (개인)

주식회사 디젠아이엔 귀중

※ 취임승낙서에는 취임임원은 인감을 날인하고 인감증명서를 첨부하여야 한다. 이사는 취임승낙서에 사내이사, 사외이사, 기타비상무이사로 구분하여 표시하도록 한다. 취임승낙하는 임원이 여러 명인 경우 1장의 서면에 모두 작성할 수도 있다.

[사례] 주주명부

주 주 명 부				
주 주	주 소	인수주식수	1주금액	납 입 금 액
이택수	서울시 ○○구 ○○동 987-6 www.asd45@hanmail.com	○○주	금 ○○원	금 ○○○○원
○○○	서울시 ○○구 ○○동 876-5 www.wer88@hanmail.com	○○주	금 ○○원	금 ○○○○원
이하생략				
합 계		○○주		금 ○○○○원

위 주주명부는 본사에 비치된 주주명부와 대조하여 틀림이 없음을 증명합니다.

20○○년 ○월 ○일

주식회사 디젠아이엔
서울 ○○구 ○○동 123-4
대표이사 이 택 수 (법인)

※ 전자주주명부제도

○ 회사는 정관에서 정하는 바에 따라 전자문서로 주주명부를 작성할 수 있다(상법 제352조의2①). 전자주주명부에는 상법 제352조①의 기재사항 외에 전자우편주소를 적어야 한다.

○ 개정법은 기업경영의 IT화를 위하여 주주총회에 직접 참석하거나 대리인에게 투표를 위임하지 않더라도 전자서명 등 본인인증절차를 거쳐 인터넷으로 의결권을 행사하는 전자투표제도가 도입됐다(상법 제368조의4, 제382조의2).

[사례] 주식회사 변경등기신청(수인의 이사 회사를 1인의 이사 회사로, 감사제도폐지)

주식회사 변경등기신청

접수	년 월 일	처리인	접 수	조 사	기 입	교 합	각종통지
	제 호						

상 호	주식회사 광운실업	등기번호	○○○○○○
본 점	서울 서초구 서초동 123-4		
등기의목적	정관 및 임원변경등기		
등기의사유	20○○년 ○월 ○일 대표이사 김광운은 대표이사직만을 사임하고, 사내이사 변근철, 동 정창호, 감사 이철수는 각 그 직을 전부 사임하며, 같은 날 임시주주총회에서 상법 제383조 제1항 단서의 규정에 의하여 이사를 1인으로 하였으므로 그 등기를 구함.		
본/지점 신청구분	1. 본점신청 □ 2. 지점신청 □ 3. 본·지점 일괄신청 □		
등 기 할 사 항			
대표이사 · 이사 · 감사 등의 퇴임 · 취임 등과 그 연월일	대표이사 김 광 운 (×××××× - ×××××××) 20○○년 ○월 ○일 대표이사직 사임 사내이사 변 근 철 (×××××× - ×××××××) 20○○년 ○월 ○일 사임 사내이사 정 창 호 (×××××× - ×××××××) 20○○년 ○월 ○일 사임 감 사 이 철 수 (×××××× - ×××××××) 20○○년 ○월 ○일 사임		
1인 이사의 성명 및 주민등록번호와 주소	사내이사 김 광 운 (×××××× - ×××××××) 서울시 강남구 신사동 234-5		
기 타			

신청등기소 및 등록면허세/수수료						
순번	신청등기소	구분	등록면허세 지방교육세	농어촌특별세	세액합계	등기신청수수료
			금 40,200원 금 8,040원		금 48,240원	금 6,000원
합 계						

첨 부 서 면	
1. 공증받은 주주총회의사록 1통 1. 사임서(인감증명서포함) 각1통 1. 주민등록표등(초)본 1통 1. 정관(필요한 경우) 1통 1. 인감신고서(사내이사로 변경) 1. 등록면허세영수필확인서 1통 1. 위임장(대리인이 신청할 경우) 1통	<기 타>

20○○년 ○월 ○일

신청인 상 호 주식회사 광운실업
본 점 서울 서초구 서초동 123-4
대표이사 성 명 김 광 운 (인) (전화 : 555-1234)
주 소 서울 강남구 신사동 234-5
대리인 성 명 법무사 정 동 진 (인) (전화 : 123-4567)
주 소 서울 서초구 서초동 345-6

서울중앙지방법원 등기국 귀중

- 신청서 작성요령 및 등기수입증지 첨부란 -

1. 해당란이 부족할 때에는 별지를 이용합니다.
1. 해당 등기신청과 관계없는 사항에 대하여는 "해당없음"으로 기재하거나 삭제하고, 필요한 사항은 추가 기재합니다.

(용지규격 21㎝× 29.7㎝)

※ 수인의 이사 회사를 1인의 이사 회사로 변경

○ 이 사례는 수인의 이사와 감사가 있는 회사에서 수인의 이사, 감사, 대표이사가 퇴임하고,

1인의 이사로 등기하는 사례이다.

○ 위 등기신청서에는 상법 제383조①의 규정에 의하여 이사를 1인으로 하였으므로 그에 따라 위의 등기를 신청한다는 취지를 기재하여야 하며, 아울러 정관을 첨부하여야 한다. 정관에서는 이사의 정원을 1인 이상으로 규정되어 있어야 한다.

○ 1인 이사는 이사의 인감을 제출하여야 하며, 그 1인 이사가 종전 대표이사인 경우에도 이와 같다.

○ 대법원은 상법 제383조①의 개정으로 그 사무처리지침인 "주식회사의 이사가 2명 이하인 경우의 이사에 관한 등기사무처리지침(대법원 등기예규 제1297호 2009. 5. 28. 결재)"을 개정하였다. 후술한다. 위 사례의 예에 따라 후술하는 예규의 여러 형태의 변경등기시 첨삭을 하여 신청하면 된다.

※ 감사제도폐지

○ 개정상법은 자본금 총액이 10억원 미만인 회사를 설립하는 경우에는 감사 선임 여부를 회사의 임의적 선택사항으로 하고(상법 제409조④), 감사를 선임하지 아니할 경우에는 주주총회가 이사의 업무 및 재산상태에 관하여 직접 감독·감시하도록 하였다(동조제6항). 감사를 두지 아니하는 경우 정관에 그 사항을 명시하여야 하므로 정관을 변경하여야 한다.

※ 주식회사의 이사가 2명 이하인 경우의 이사에 관한 등기사무처리지침

1. 목적

이 예규는 상법 제383조① 단서의 규정에 의하여 자본금 총액이 10억원 미만인 주식회사에서 이사를 1명 또는 2명으로 하는 경우, 이에 관한 등기절차에 관하여 규정함을 목적으로 한다.

2. 설립등기

가. 이사가 1명인 경우

위 등기신청이 있는 경우 이사가 1명인 경우에는 그 이사는 "사내이사"로 기재하고, 그 성명, 주민등록번호 및 주소를 같이 기재한다.

나. 이사가 2명인 경우

위 등기신청이 있는 경우 2명의 이사가 회사를 각자 대표하는 경우에는 각 이사를 "사내이사"로 기재하고, 그 성명, 주민등록번호 및 주소를 같이 기재하고, 정관에 따라 대표이사를 정한 경우에는 각 이사를 "사내이사"로 기재하고, 그 성명, 주민등록번호를 기재하고, 대표이사의 성명, 주민등록번호 및 주소를 같이 기재한다.

3. 변경등기

가. 이사를 3명 이상으로 하는 경우

(1) 이사가 1명인 회사에서 이사를 3명 이상으로 하기 위하여 다른 이사의 취임등기와 대표이사의 취임등기를 신청하는 경우 종전 이사에 대하여는 주소를 삭제하는 취지의 등기를 동시에 신청하여야 한다. 다만, 그 신청이 없는 경우에는 등기관은 「상업등기법」 제117조부터 제119조까지에 의하여 이를 직권으로 삭제한다.

(2) 이사가 2명이고, 각자 대표하는 회사에서 이사를 3명 이상으로 하기 위하여 다른 이사의 취임등기와 대표이사의 취임등기를 신청하는 경우에도 위 (1)과 같다.

나. 이사를 2명으로 하는 경우

이사를 3명 이상에서 2명으로 하거나, 1명에서 2명으로 하는 경우에는 다음과 같이 처리한다.

(1) 이사를 3명 이상에서 2명으로 하는 경우

(가) 이사가 3명 이상인 회사에서 이사를 2명으로 하는 경우(각자 대표하는 경우)로서 종전 대표이사인 이사가 퇴임하는 경우에는 대표이사의 퇴임등기와 남아있는 2명의 이사(사내이사이어야 함)에 대해 주소를 추가하는 내용의 변경등기를 하여야 한다.

(나) 이사가 3명 이상인 회사에서 이사를 2명으로 하는 경우 대표이사인 이사가 남아있는 경우에는 남아있는 2명의 이사(사내이사이어야 함)를 제외한 다른 이사들의 퇴임등기만 한다.

(2) 이사를 1명에서 2명으로 하는 경우

(가) 정관에 따라 대표이사를 정한 경우

이사가 1명인 회사에서 이사를 2명으로 하기 위하여 다른 이사(사내이사이어야 함)를 선임하고, 정관에 따라 대표이사를 정한 경우 다른 이사의 취임등기와 대표이사의 취임등기를 신청하는 경우에는 종전의 1명의 이사에 대하여 주소를 삭제하는 취지의 등기를 동시에 신청하여야 한다. 다만, 그 신청이 없는 경우에는 등기관은 「상업등기법」 제117조부터 제119조까지에 의하여 이를 직권으로 삭제한다.

(나) 대표이사를 정하지 않은 경우(이사가 각자 대표하는 경우)

이사가 1명인 회사에서 이사를 2명으로 하기 위하여 다른 이사(사내이사이어야 함)를 선임하고 그 2명의 이사가 각자 대표하는 경우에는 새로 선임된 이사를 “사내이사”로 기재하고, 그 성명, 주민등록번호 및 주소를 같이 기재한다.

다. 이사를 1명으로 하는 경우

이사를 3명 이상에서 1명으로 하거나, 2명에서 1명으로 하는 경우에는 다음과 같이 처리한다.

(1) 이사를 3명 이상에서 1명으로 하는 경우

3명 이상의 이사가 있는 회사에서 이사를 1명으로 하기 위하여 그 이사를 제외한 다른 이사들이 퇴임하는 경우 대표이사의 퇴임등기와 남아있는 1명의 이사(사내이사이어야 함)에 대하여는 주소를 추가하는 내용의 변경등기를 동시에 신청하여야 한다.

(2) 이사를 2명에서 1명으로 하는 경우

(가) 이사가 2명이고, 정관에 따라 대표이사를 정한 회사에서 이사를 1명으로 하기 위하여 다른 이사가 퇴임하는 경우 대표이사의 퇴임등기와 남아있는 1명의 이사(사내이사이어야 함)에 대하여는 주소를 추가하는 내용의 변경등기를 동시에 신청하여야 한다.

(나) 이사가 2명이고, 각자 대표하는 회사에서 이사를 1명으로 하기 위하여는 다른 이사의 퇴임등기를 신청하여야 한다.

부 칙 이 예규는 2009년 5월 28일부터 시행한다.

[사례] 주주총회의사록

임시주주총회의사록

20○○년 ○월 ○일 오전 11시 본점 회의실에서 임시주주총회를 개최하다.

총 주주수	4명	총주식수	20,000주
출석주주수	4명	이의주식수	20,000주

의장 김광운은 의장석에 등단하여 위와 같이 법정수에 달하는 주주가 출석하였으므로 본 총회가 적법히 성립됨을 고하고 개회를 선언한 후 다음 의안의 심의를 구하다.

제 1호 의안 : 1인 이사의 건

의장은 1인 이사에 관한 결의의 건을 상정하여 설명한 후, 본 회사의 대표이사 김광운은 대표이사직에서, 사내이사 변근철, 동 정창호는 이사직에서 각 사임하여 상법 제383조 제1항의 단서 규정에 의한 이사 1인으로 되었으므로 주주들에게 승인해 줄 것을 요청한바, 출석주주 전원은 이를 신중히 검토한 후 만장일치로 원안대로 승인 가결하다.

제 2호 의안 : 감사폐지의 건

의장은 감사폐지에 관한 결의의 건을 상정하여 설명한 후, 본 회사의 감사 이철수가 사임하였으므로 주주들에게 승인해 줄 것을 요청한바, 출석주주 전원은 이를 신중히 검토한 후 만장일치로 원안대로 승인 가결하다.

제 3호 의안 : 정관변경의 건

의장은 현행 정관을 다음과 같이 변경하고자 한다는 취지를 설명한바, 전원 이의 없이 변경할 것을 만장일치로 가결확정하다.

정관

별지와 같음

이상으로서 금일의 의안이 전부 심의 종료되었으므로 의장은 폐회를 선언하다.

(폐회종료시각 오전 11시 30분)

위 결의를 명확히 하기 위하여 이 의사록을 작성하고 의장과 출석한 이사가 아래에 기명날인하다.

20○○년 ○월 ○일

주식회사 광운실업

의장 사내이사 김 광 운 (법인) (개인)

※ 주주총회

○ 개정 상법은 자본금 총액이 10억원 미만인 회사는 주주 전원의 동의가 있을 경우에는 서면에 의한 결의로써 주주총회의 결의를 갈음할 수 있도록 하였다(상법 제363조⑤ 후단). 위 결의는 의결권 없는 주주에게는 적용하지 아니한다(상법 제363조⑧).

[별첨] 정관변경의 안

변 경 전	변 경 후	비고
제32조(이사의 수) 회사의 이사는 3명 이상으로 한다.	제32조 (이사와 감사의 수) 당 회사의 이사는 1인 이상으로 하고, 감사는 두지 아니한다.	(변경)
제2절 이사회 제39조(이사회의 구성과 소집) ① 이사회는 이사로 구성한다. ② 이사회는 대표이사(사장) 또는 이사회에서 따로 정한 이사가 있을 때에는 그 이사 가 회일 3일 전에 각 이사 및 감사에게 통지하여 소집한다. 그러나 이사 및 감사 전원의 동의가 있을 때에는 소집절차를 생략할 수 있다. ③ 이사회의 의장은 제2항의 규정에 의한 이사회의 소집권자로 한다. ④ 이사는 3개월에 1회 이상 업무의 집행상황을 이사회에 보고하여야 한다. 제40조(이사회의 결의방법) ① 이사회의 결의는 이사 과반수의 출석과 출석이사의 과반수로 한다. ② 이사회는 이사가 직접 이사회에 참석하여야 한다. ③ 이사회의 결의에 관하여 특별한 이해관계가 있는 자는 의결권을 행사하지 못한다. 제41조(이사회의 의사록) ① 이사회의 의사에 관하여는 의사록을 작성하여야 한다. ② 의사록에는 의사의 안건, 경과요령, 그 결과, 반대하는 자와 그 반대이유를 기재하고 출석한 이사 및 감사가 기명날인 또는 서명하여야 한다. 제42조(상담역 및 고문) 회사는 이사회의 결의로 상담역 또는 고문 약간명을 둘 수 있다.		(삭제)
제6장 감 사 제45조(감사) ① 회사의 감사는 1명 이상으로 한		(삭제)

다. 제46조(감사의 선임) ① 감사는 주주총회에서 선임한다. ② 감사의 선임을 위한 의안은 이사의 선임을 위한 의안과는 구분하여 의결하여야 한다. ③ 감사의 선임은 출석한 주주의 의결권의 과반수로 하되 발행주식총수의 4분의 1이상의 수로 하여야 한다. 그러나 의결권 있는 발행주식총수의 100분의 3을 초과하는 수의 주식을 가진 주주는 그 초과하는 주식에 관하여 감사의 선임에 있어서는 의결권을 행사하지 못한다. 다만, 소유주식수의 산정에 있어 최대주주와 그 특수관계인, 최대주주 또는 그 특수관계인의 계산으로 주식을 보유하는 자, 최대주주 또는 그 특수관계인에게 의결권을 위임한 자가 소유하는 의결권 있는 주식의 수는 합산한다. 제47조(감사의 임기와 보선) ① 감사의 임기는 취임 후 3년내의 최종의 결산기에 관한 정기 주주총회 종결시까지로 한다. ② 감사 중 결원이 생긴 때에는 주주총회에서 이를 선임한다. 그러나 정관 제45조에서정하는 원수를 결하지 아니하고 업무수행상 지장이 없는 경우에는 그러하지 아니하다. 제48조(감사의 직무와 의무) ① 감사는 회사의 회계와 업무를 감사한다. ② 감사는 회의의 목적사항과 소집의 이유를 기재한 서면을 이사회에 제출하여 임시총회의 소집을 청구할 수 있다. ③ 감사는 그 직무를 수행하기 위하여 필요한 때에는 자회사에 대하여 영업의 보고를 요구할 수 있다. 이 경우 자회사가 지체없이 보고를 하지 아니할 때 또는 그 보고의 내용을 확인할 필요가 있는 때에는 자회사의 업무와 재산상태를 조사할 수 있다. 제49조(감사록) 감사는 감사에 관하여 감사록을		(삭제)

작성하여야 하며, 감사록에는 감사의 실시 요령과 그 결과를 기재하고 감사를 실시한 감사가 기명날인 또는 서명하여야 한다. 제50조(감사의 보수와 퇴직금) ①감사의 보수는 주주총회의 결의로 이를 정한다. 감사의 보수결정을 위한 의안은 이사의 보수결정을 위한 의안과는 구분하여 의결하여야 한다. ② 감사의 퇴직금의 지급은 주주총회 결의를 거친 임원퇴직금지급규정에 의한다.		(삭제)

[사례] 주주명부

주 주 명 부				
주 주	주 소	인수주식수	1주금액	납 입 금 액
김광운	서울 강남구 신사동 234-5 www.rty99@hanmail.com	○주	금 ○원	금○○○원
○○○	서울 ○○구 ○○동 876-5	○주	금 ○원	금○○○원
…	이하 생략			
합 계		○주		금○○○원

위 주주명부는 본사에 비치된 주주명부와 대조하여 틀림이 없음을 증명합니다.

20○○년 ○월 ○일

주식회사 광운실업
서울 서초구 서초동 123-4
대표이사 김 광 운 (법인)

※ 전자주주명부제도

○ 회사는 정관에서 정하는 바에 따라 전자문서로 주주명부를 작성할 수 있다(상법 제352조의2①). 전자주주명부에는 상법 제352조①의 기재사항 외에 전자우편주소를 적어야 한다.

○ 개정법은 기업경영의 IT화를 위하여 주주총회에 직접 참석하거나 대리인에게 투표를 위임하지 않더라도 전자서명 등 본인인증절차를 거쳐 인터넷으로 의결권을 행사하는 전자투표제도가 도입됐다(상법 제368조의4, 제382조의2).

[사례] 사임서

사 임 서

본인 등은 귀 회사의 이사 및 대표이사, 감사인 바, 금번 일신상의 사정에 의하여 그 직을 사임합니다.

20○○년 ○월 ○일

대표이사 김 광 운 (인)

사내이사 변 근 철 (인)

사내이사 정 창 호 (인)

감 사 이 철 수 (인)

주식회사 광운실업 귀중

[사례] 위임장(등기소 제출용)

위 임 장

법무사 정 동 진

서울 서초구 서초동 345-6

전화 : 123-4567

위 사람을 대리인으로 정하고 다음 사항의 권한을 위임함.

다 음

1. 본 회사의 1인 이사 회사 및 감사직폐지의 변경등기 신청 및 취하에 관한 일체의 행위
2.
3.

20○○년 ○월 ○일

위임인 주식회사 광운실업

서울 서초구 서초동 123-4

이사 김 광 운

서울 강남구 신사동 234-5

※ 이 위임장은 법무사에게 주식회사변경등기를 의뢰하는 경우 대리의 권한을 법무사에게 위임하는 서류로써 등기소에 제출하는 서류이다.

[사례] 주식회사 변경등기신청서(감사 1인 중임)

주식회사 변경등기신청

접수	년 월 일	처리인	접 수	조 사	기 입	교 합	각종통지
	제 호						

상 호	주식회사 서울패션	등기번호	○○○○○○
본 점	서울 ○○구 ○○동 123-4		
등 기 의 목 적	감사 중임 등기		
등 기 의 사 유	본 회사의 감사 한동석은 정관 제 ○조 준용규정에 따라 20○○년 ○월 ○일 임기만료이나 동일 정기주주총회결의에 의하여 감사에 재 선임되어 같은 날 감사에 중임하였으므로 그 등기를 구함.		
본/지점 신청구분	1. 본점신청 ☐ 2. 지점신청 ☐ 3. 본·지점 일괄신청 ☐		
등 기 할 사 항			
대표이사 · 감사 등의 퇴임 · 취임 등과 그 연월일	감 사 한 동 석 (501020-1******) 20○○년 ○월 ○일 중임		
기 타			

<table>
<tr><td colspan="7">신청등기소 및 등록면허세/수수료</td></tr>
<tr><td rowspan="2">순번</td><td rowspan="2">신청등기소</td><td rowspan="2">구분</td><td>등록면허세</td><td rowspan="2">농어촌특별세</td><td rowspan="2">세액합계</td><td rowspan="2">등기신청수수료</td></tr>
<tr><td>지방교육세</td></tr>
<tr><td rowspan="2"></td><td rowspan="2"></td><td rowspan="2"></td><td>금 40,200원</td><td rowspan="2"></td><td rowspan="2">금 48,240원</td><td rowspan="2">금 6,000원</td></tr>
<tr><td>금 8,040원</td></tr>
<tr><td colspan="3" rowspan="2">합 계</td><td></td><td rowspan="2"></td><td rowspan="2"></td><td rowspan="2"></td></tr>
<tr><td></td></tr>
<tr><td colspan="7">첨 부 서 면</td></tr>
<tr><td colspan="4">1. 공증받은 주주총회의사록 1통
1. 중임승낙서(인감증명서 포함) 1통
1. 주민등록표등본 1통
1. 정관(필요한 경우) 통
1. 등록면허세영수필확인서 1통
1. 위임장(대리인이 신청할 경우) 1통</td><td colspan="3"><기 타></td></tr>
<tr><td colspan="7">20○○년 ○월 ○일

신청인 상 호 주식회사 서울패션
본 점 서울 ○○구 ○○동 123-4
대표이사 성 명 김 서 울 (인) (전화 :)
주 소 서울 ○○구 ○○동 234-5
대리인 성 명 법무사 정 동 진 (인) (전화 : 123-4567)
주 소 서울 서초구 서초동 345-6

○○지방법원 ○○등기소 귀중</td></tr>
</table>

- 신청서 작성요령 및 등기수입증지 첨부란 -

1. 해당란이 부족할 때에는 별지를 이용합니다.
1. 해당 등기신청과 관계없는 사항에 대하여는 "해당없음"으로 기재하거나 삭제하고, 필요한 사항은 추가 기재합니다.

※ 감사의 선임

○ 감사는 주주총회의 보통결의 즉, 출석한 주주의 의결권의 과반수와 발행주식총수의 1/4이

상의 수로써 선임하는데(상법 제368①), 상장회사가 주주총회에서 이사(감사 포함)를 선임하려는 경우에는 주주총회 소집통지나 공고를 통하여 통지하거나 공고한 후보자 중에서 선임하여야 한다(상법 제542의5, 제542의4②).

○ 보통결의 요건은 예외적으로 정관의 규정에 따라서 출석정족수를 두거나 의결정족수를 가중할 수 있다(상법 제368조①).

○ 감사의 선임은 이사와 마찬가지로 주주총회의 고유권한(상법 제361조)이므로 정관의 규정 또는 주주총회의 특별결의로도 이사의 선임을 제3자나 타기관에 위임하지 못한다.

○ 의결권없는 주식(상법 제370조①)을 제외한 발행주식의 총수의 100분의 3을 초과하는 수의 주식을 가진 주주는 그 초과하는 주식에 관하여 감사의 선임에 있어서는 의결권을 행사하지 못한다(상법 제409조②).

○ 개정 상법은 소규모(자본금의 총액이 10억원 미만)인 회사를 설립하는 경우에 감사 선임을 회사가 자율적으로 할 수 있도록 하였으며(상법 제409조④), 감사를 선임하지 아니할 경우에는 주주총회가 이사의 업무 및 재산상태에 관하여 직접 감독·감시하도록 하였다(동조⑥).

○ 대통령령으로 정하는 상장회사에 대하여는 1명 이상의 상근감사를 두어야 하고, 대통령령으로 정하는 대규모 상장회사에 대하여는 감사위원회를 의무적으로 설치하여야 한다(제542조의10 및 11, 2009. 1. 30 신설규정).

○ 상장회사가 주주총회에서 감사를 선임하려는 경우에는 주주총회 소집통지나 공고를 통하여 통지하거나 공고한 후보자 중에서 선임하여야 한다(상법 제542의5, 제542의4 제2항). 보통결의 요건은 예외적으로 정관의 규정에 따라서 출석정족수를 두거나 의결정족수를 가중할 수 있다(상법 제368조①).

○ 감사는 출석한 주주 의결권의 3분의 2 이상의 수와 발행주식 총수 3분의 1 이상의 수 결의로 해임할 수 있다(상법 제425조에 따른 제385①, 제434조의 준용).

○ 개정 상법은 소규모(자본금의 총액이 10억원 미만)인 회사를 설립하는 경우에 감사 선임을 회사가 자율적으로 할 수 있도록 하였으며(상법 제409조④), 감사를 선임하지 아니할 경우에는 주주총회가 이사의 업무 및 재산상태에 관하여 직접 감독·감시하도록 하였다(동조⑥).

※ 임기

○ 감사의 임기는 취임 후 3년 내의 최종의 결산시에 관한 정기주주총회의 종결 시까지로 한다(상법 제제410조). 위와 같이 감사의 임기는 법정되어 있기 때문에 정관 또는 주주총회의 결의에 의하더라도 이를 단축하거나 연장할 수 없다.

○ 감사의 임기는 그 취임 시를 임기의 시기(始期)로 하고, 취임 후 3년 내의 최종의 결산시에

관한 정기주주총회의 종결 시를 그 종기(終期)로 한다. 다만, 회사 설립 시의 최초감사의 임기는 회사의 성립일(설립등기일)을 임기의 기산점(시기)으로 보는 것이 등기의 실무다. 한편, 감사의 임기의 종기와 관련해서는 정관에 관한 시기 또는 기간 내에 최종의 결산기에 관한 정기주주총회가 개최되지 아니한 때에는 그 시기 또는 기간이 경과함과 동시에 그 임기가 만료하고, 정관에 정기주주총회의 개최시기에 관한 정함이 없는 때에는 정기주주총회는 상법의 관련 규정(상법 제354조)의 해석상 결산기로부터 3월 내에 개최되어야 하므로 만약 회사의 결산기가 12. 31.이라면 익년 3월 31일에 임기가 만료한다.

※ 자격

○ 감사는 그 직무의 성질상 이사와 마찬가지로 자연인에 한한다. 따라서 한정치산자는 법정대리인의 동의를 얻어 감사가 될 수 있으나 금치산자는 감사가 될 수 없다. 감사가 파산선고를 받은 경우에도 당연히 그 직을 상실한다(상법 제542조의8 제1호).

※ 감사의 해임

○ 감사의 해임은 특별결의에 의한다. 특별결의는 주주총회 결의방법의 하나로서 발행주식 총수의 3분의1 이상에 해당하는 주식을 가진 주주의 출석으로 그 의결권의 3분의 2이상의 다수로 결정하는 방법을 말한다(상법 제434).

※ 등록면허세 등

○ 등록면허세 40,200원(지방세법 제28조)과 등록면허세의 100분의 20에 해당하는 지방교육세를 납부하여야 한다.

○ 서면제출의 경우 수수료는 6,000원이고, 전자신청의 경우 2,000원이다. 수입증지는 법원구내 및 등기소 가까운 금융기관(농협, 신한은행)에서 구입할 수 있으며 등기신청서의 "을"지 즉, "신청등기소 및 등록면허세/수수료"란에 붙인다.

[사례] 위임장(등기소 제출용)

위 임 장

법무사 정 동 진

서울 서초구 서초동 345-6

전화 : 123-4567

위 사람을 대리인으로 정하고 다음 사항의 권한을 위임함.

다 음

1. 본 회사의 감사중임 등기 신청 및 취하에 관한 일체의 행위
2.
3.

20○○년 ○월 ○일

위임인 주식회사 서울패션

서울 ○○구 ○○동 123-4

대표이사 김 서 울 (법인)

[사례] 정기주주총회의사록

정기주주총회의사록

1. 일　　　시 : 20○○년 ○월 ○일 오전 11시
1. 장　　　소 : 서울 ○○구 ○○동 123-4 본사회의실
1. 출석한 상황 :

주식 총수	5,000주	주주 총수	3명
출석 주주수	3명	이의 주식수	5,000주

대표이사 김서울은 정관규정에 따라 의장석에 착석하여 위와 같이 법정원수에 달하게 출석하였으므로 본 총회의 적법성립을 고하고 이어 개회를 선언하다.

제 1호 의안 : 결산보고 승인의 건

의장은 별도 배부한 20○○년 ○월 ○일 ~ 20○○년 ○월 ○일까지 영업 대차대조표, 손익계산서, 이익잉여금 처분 안을 상정하고 그 의결을 구함으로써 주주전원 만장일치로 원안대로 승인가결하다.

제 2호 : 의안 감사중임의 건

의장은 본 회사의 감사 한동석은 정관 제26조 준용규정에 의하여 금일 임기만료이나 회사의 사업운영 형편상 그 유임이 불가피함을 설명하고 재선임 여부를 자문한 즉 출석 주주 전원 만장일치로 다음 사람의 감사 재선임을 승인가결하다.

단, 감사의 선임은 상법 제409조 준용규정에 의하여 선출하다.

감사 : 한 동 석

위 피선임자는 즉석에서 그 중임을 승낙하다.

이상으로서 금일 의안 전부를 심의 종료 하였으므로 의장은 폐회를 선언하다. (폐회시간 오전 11시 30분)

위 결의를 명확히 하기 위하여 이 의사록을 작성하고 의장과 출석한 이사가 아래에 각 기명날인하다.

20○○년 ○월 ○일

주식회사 서울패션

의 장 대표이사 김 서 울 (인)- 이하 생략 -

[사례] 중임승낙서

중 임 승 낙 서

본인은 20○○년 ○월 ○일 귀 회사 정기주주총회에서 결의에 의하여 감사로 재선임되었으므로 그 중임을 승낙합니다.

20○○년 ○월 ○일

감 사 한 동 석 (인)

주식회사 서울패션 귀중

[사례] 주주명부

주 주 명 부

주 주	주 소	인수주식수	1주금액	납 입 금 액
김서울	서울시 ○○구 ○○동 987-6 www.oiu47@hanmail.com	○주	금 ○원	금 ○○○원
○○○	서울시 ○○구 ○○동 876-5	○주	금 ○원	금 ○○○원
…	이하 생략			
합 계		○주		금 ○○○원

위 주주명부는 본사에 비치된 주주명부와 대조하여 틀림이 없음을 증명합니다.

20○○년 ○월 ○일

주식회사 서울패션

서울 ○○구 ○○동 123-4

대표이사 김 서 울 (법인)

※ 주주명부는 종전의 경우 공증시 구비서류이다. 개정법에서는 자본금 총액이 10억원 미만인 소규모 회사의 경우에는 공증의무가 면제되었으므로 당연히 구비서류가 아니나 전자투표제의 도입에 따라 첨부서면으로 제출하여야 할 것이다.

[사례] 주식회사 변경등기신청서(감사 1인 사임하고 보선)

주식회사 변경등기신청

접수	년 월 일	처리인	접 수	조 사	기 입	교 합	각종통지
	제 호						

상 호	주식회사 한강랜드	등기번호	○○○○○○
본 점	서울 ○○구 ○○동 123-4		
등기의목적	감사 변경 등기		
등기의사유	본 회사의 감사 김장길은 20○○년 ○월 ○일 사임하고, 같은 날 임시주주총회에서 다음 사람이 감사로 선임되어, 같은 날 취임하였으므로 다음 사항의 등기를 구함.		
본/지점 신청구분	1. 본점신청 □ 2. 지점신청 □ 3. 본·지점 일괄신청 □		
등 기 할 사 항			
대표이사 · 이사 · 감사 등의 퇴임 · 취임 등과 그 연월일	감 사 김 장 길 (×××××× - ×××××××) 20○○년 ○월 ○일 사임 감 사 김 정 길 (×××××× - ×××××××) 20○○년 ○월 ○일 취임		
기 타			

<table>
<tr><td colspan="7">신청등기소 및 등록면허세/수수료</td></tr>
<tr><td rowspan="2">순번</td><td rowspan="2">신청등기소</td><td rowspan="2">구분</td><td>등록면허세</td><td rowspan="2">농어촌특별세</td><td rowspan="2">세액합계</td><td rowspan="2">등기신청수수료</td></tr>
<tr><td>지방교육세</td></tr>
<tr><td rowspan="2"></td><td rowspan="2"></td><td rowspan="2"></td><td>금 40,200원</td><td rowspan="2"></td><td rowspan="2">금 48,240원</td><td rowspan="2">금 6,000원</td></tr>
<tr><td>금 8,040원</td></tr>
<tr><td colspan="3" rowspan="2">합 계</td><td></td><td rowspan="2"></td><td rowspan="2"></td><td rowspan="2"></td></tr>
<tr><td></td></tr>
<tr><td colspan="7">첨 부 서 면</td></tr>
<tr><td colspan="4">1. 공증받은 주주총회의사록 1통
1. 사임서(인감증명서포함) 1통
1. 취임승낙서(인감증명서 포함) 1통
1. 주민등록표등본(선임한 경우) 1통
1. 정관(필요한 경우) 1통
1. 등록면허세영수필확인서 1통
1. 위임장(대리인이 신청할 경우) 1통</td><td colspan="3"><기 타></td></tr>
<tr><td colspan="7">20○○년 ○월 ○일

신청인 상 호 주식회사 한강랜드
본 점 서울 ○○구 ○○동 123-4
대표이사 성 명 김 한 강 (인) (전화 : 555-1234)
주 소 서울 ○○구 ○○동 234-5
대리인 성 명 법무사 정 동 진 (인) (전화 : 123-4567)
주 소 서울 서초구 서초동 345-6

○○지방법원 ○○등기소 귀중</td></tr>
</table>

- 신청서 작성요령 및 등기수입증지 첨부란 -

1. 해당란이 부족할 때에는 별지를 이용합니다.
1. 해당 등기신청과 관계없는 사항에 대하여는 "해당없음"으로 기재하거나 삭제하고, 필요한 사항은 추가 기재합니다.

(용지규격 21㎝× 29.7㎝)

※ 감사의 선임

○ 감사는 주주총회의 보통결의 즉, 출석한 주주의 의결권의 과반수와 발행주식총수의 1/4이

상의 수로써 선임하는데(상법 제382조①,제368조①), 상장회사가 주주총회에서 이사(감사 포함)를 선임하려는 경우에는 주주총회 소집통지나 공고를 통하여 통지하거나 공고한 후보자 중에서 선임하여야 한다(상법 제542조의5,제542조의4②). 보통결의 요건은 예외적으로 정관의 규정에 따라서 출석정족수를 두거나 의결정족수를 가중할 수 있다(상법 제368조①).

○ 개정 상법은 소규모(자본금의 총액이 10억원 미만)인 회사를 설립하는 경우에 감사 선임을 회사가 자율적으로 할 수 있도록 하였다(상법 제409조④).

○ 대통령령으로 정하는 상장회사에 대하여는 1명 이상의 상근감사를 두어야 하고, 대통령령으로 정하는 대규모 상장회사에 대하여는 감사위원회를 의무적으로 설치하여야 한다(제542조의10 및 11, 2009. 1. 30 신설규정).

※ 감사의 해임

○ 감사의 해임은 특별결의에 의한다. 특별결의는 주주총회 결의방법의 하나로서 발행주식총수의 3분의1 이상에 해당하는 주식을 가진 주주의 출석으로 그 의결권의 3분의 2이상의 다수로 결정하는 방법을 말한다(상법 제434조).

※ 이 밖의 내용은 416면 이하 참조

[사례] 위임장(등기소 제출용)

위 임 장

법무사 정 동 진

서울 서초구 서초동 345-6

전화 : 123-4567

위 사람을 대리인으로 정하고 다음의 사항을 위임함.

다 음

1. 본 회사의 임원변경 등기신청 및 취하에 관한 일체의 행위
2.
3.

20○○년 ○월 ○일

신청인 주식회사 한강랜드

서울 ○○구 ○○동 123-4

대표이사 김 한 강 (법인)

[사례] 임시주주총회의사록

임시주주총회의사록

20○○년 ○월 ○일 오전 11시 본점 회의실에서 임시주주총회를 개최하다.

주식총수	10,000주	주주총수	4명
출석주주수	3명	이의주식수	9,000주

의장 대표이사 김한강은 정관규정에 따라 의장석에 등단하여 위와 같이 법정원수에 달하는 주주가 출석하였으므로 본 총회가 적법히 성립됨을 알리고 개회를 선언한 후 다음 의안을 부의하고 심의를 구하다.

의 안 : 감사 선임의 건

의장은 감사 유장영은 20○○년 ○월 ○일 사임하고, 금일 총회에서 감사를 보선하여야 한다고 상세히 설명한바, 출석한 주주전원 일치되어 아래 사람을 감사로 선임하다.

단, 감사의 선임은 상법 제409조 준용규정에 의하여 선출하다.

감 사 : 김 정 길

위 피선자는 즉시 그 취임을 승낙하다.

이상으로서 금일의 의안이 전부 심의 종료되었으므로 의장은 폐회를 선언하다.

(폐회시간 오전 11시 30분)

위 결의를 명확히 하기 위하여 이 의사록을 작성하고 의장과 출석한 이사가 아래에 기명날인하다.

20○○년 ○월 ○일

주식회사 한강랜드

의 장 대표이사 김 한 강 (법인) (개인)

사내이사 ○ ○ ○ (개인)

※ 주주총회

○ 개정 상법은 자본금 총액이 10억원 미만인 회사는 주주 전원의 동의가 있을 경우에는 서면에 의한 결의로써 주주총회의 결의를 갈음할 수 있도록 하였다(상법 제363조⑤후단).

위 결의는 의결권 없는 주주에게는 적용하지 아니한다(상법 제363조⑧).

※ 감사의 선임

○ 감사는 주주총회의 보통결의 즉, 출석한 주주의 의결권의 과반수와 발행주식총수의 1/4이상의 수로써 선임하는데(상법 제382조①,제368조①), 상장회사가 주주총회에서 이사(감사 포함)를 선임하려는 경우에는 주주총회 소집통지나 공고를 통하여 통지하거나 공고한 후보자 중에서 선임하여야 한다(상법 제542조의5,제542조의4②). 보통결의 요건은 예외적으로 정관의 규정에 따라서 출석정족수를 두거나 의결정족수를 가중할 수 있다(상법 제368조①).

[사례] 사임서

사 임 서
본인은 귀사의 감사인바, 개인 사정으로 그 직을 사임합니다.
20○○년 ○월 ○일
감 사 유 장 영 (인)
주식회사 한강랜드 귀중

[사례] 취임승낙서

취 임 승 낙 서
본인은 20○○년 ○월 ○일 귀 회사 임시주주총회에서 감사로 선임되었으므로 그 취임을 승낙합니다.
20○○년 ○월 ○일
감 사 김 정 길 (인)
주식회사 한강랜드 귀중

※ 취임승낙서에는 취임임원은 인감을 날인하고 인감증명서를 첨부하여야 한다. 이사는 취임승낙서에 사내이사, 사외이사, 기타비상무이사로 구분하여 표시하도록 한다.

[사례] 주주명부

주 주 명 부				
주 주	주 소	인수주식수	1주금액	납 입 금 액
김한강	서울시 ○○구 ○○동 987-6 www.oiu47@hanmail.com	○주	금 ○원	금 ○○○원
○○○	서울시 ○○구 ○○동 876-5	○주	금 ○원	금 ○○○원
…	이하 생략			
합 계		○주		금 ○○○원

위 주주명부는 본사에 비치된 주주명부와 대조하여 틀림이 없음을 증명합니다.

20○○년 ○월 ○일

주식회사 한강랜드
서울 ○○구 ○○동 123-4
대표이사 김 한 강 (법인)

※ 전자주주명부제도

○ 회사는 정관에서 정하는 바에 따라 전자문서로 주주명부를 작성할 수 있다(상법 제352조의2①). 전자주주명부에는 상법 제352조①의 기재사항 외에 전자우편주소를 적어야 한다.

○ 개정법은 기업경영의 IT화를 위하여 주주총회에 직접 참석하거나 대리인에게 투표를 위임하지 않더라도 전자서명 등 본인인증절차를 거쳐 인터넷으로 의결권을 행사하는 전자투표제도가 도입됐다(상법 제368조의4, 제382조의2).

[사례] 주식회사 변경등기신청서(감사 1인 임기만료로 퇴임하고 선임)

주식회사 변경등기신청

<table>
<tr><td rowspan="2">접
수</td><td>년 월 일</td><td rowspan="2">처
리
인</td><td>접 수</td><td>조 사</td><td>기 입</td><td>교 합</td><td>각종통지</td></tr>
<tr><td>제 호</td><td></td><td></td><td></td><td></td><td></td></tr>
</table>

<table>
<tr><td>상 호</td><td>주식회사 디지털칠성</td><td>등기번호</td><td>○○○○○○</td></tr>
<tr><td>본 점</td><td colspan="3">서울 ○○구 ○○동 123-4</td></tr>
<tr><td>등 기 의 목 적</td><td colspan="3">감사 변경 등기</td></tr>
<tr><td>등 기 의 사 유</td><td colspan="3">본 회사의 감사 홍동훈은 20○○년 ○월 ○일 임기만료로 퇴임하고 같은 날 정기주주총회에서 다음 사람이 감사로 선임되어, 같은 날 취임하였으므로 그 등기를 구함.</td></tr>
<tr><td>본/지점 신청구분</td><td colspan="3">1. 본점신청 □ 2. 지점신청 □ 3. 본·지점 일괄신청 □</td></tr>
<tr><td colspan="4">등 기 할 사 항</td></tr>
<tr><td>대표이사 · 이사 · 감사 등의 퇴임 · 취임 등과 그 연월일</td><td colspan="3">감 사 홍 동 훈 (×××××× − ×××××××)
20○○년 ○월 ○일 퇴임

감 사 이 영 삼 (×××××× − ×××××××)
20○○년 ○월 ○일 취임</td></tr>
<tr><td>기 타</td><td colspan="3"></td></tr>
</table>

<table>
<tr><td colspan="7">신청등기소 및 등록면허세/수수료</td></tr>
<tr><td rowspan="2">순번</td><td rowspan="2">신청등기소</td><td rowspan="2">구분</td><td>등록면허세</td><td rowspan="2">농어촌특별세</td><td rowspan="2">세액합계</td><td rowspan="2">등기신청수수료</td></tr>
<tr><td>지방교육세</td></tr>
<tr><td rowspan="2"></td><td rowspan="2"></td><td rowspan="2"></td><td>금 40,200원</td><td rowspan="2"></td><td rowspan="2">금 48,240원</td><td rowspan="2">금 6,000원</td></tr>
<tr><td>금 8,040원</td></tr>
<tr><td></td><td></td><td></td><td></td><td></td><td></td><td></td></tr>
<tr><td colspan="3" rowspan="2">합 계</td><td></td><td rowspan="2"></td><td rowspan="2"></td><td rowspan="2"></td></tr>
<tr><td></td></tr>
<tr><td colspan="7">첨 부 서 면</td></tr>
<tr><td colspan="4">1. 주주총회의사록 통
1. 취임승낙서(인감증명서 포함) 1통
1. 주민등록표등본(선임한 경우) 1통
1. 정관 통
1. 등록면허세영수필확인서 1통
1. 위임장(대리인이 신청할 경우) 1통</td><td colspan="3"><기 타></td></tr>
</table>

20○○년 ○월 ○일

신청인 상 호 주식회사 디지털칠성
본 점 서울 ○○구 ○○동 123-4
대표이사 성 명 한 칠 성 (법인) (전화 : 555-1234)
주 소 서울 ○○구 ○○동 234-5
대리인 성 명 법무사 정 동 진 (인) (전화 : 123-4567)
주 소 서울 서초구 서초동 345-6

○○지방법원 ○○등기소 귀중

- 신청서 작성요령 및 등기수입증지 첨부란 -

1. 해당란이 부족할 때에는 별지를 이용합니다.
1. 해당 등기신청과 관계없는 사항에 대하여는 "해당없음"으로 기재하거나 삭제하고, 필요한 사항은 추가 기재합니다.

(용지규격 21㎝× 29.7㎝)

※ 감사의 선임

○ 감사는 주주총회의 보통결의 즉, 출석한 주주의 의결권의 과반수와 발행주식총수의 1/4이상의 수로써 선임하는데(상법 제382조①,제368조①), 상장회사가 주주총회에서 이사(감사 포함)를 선임하려는 경우에는 주주총회 소집통지나 공고를 통하여 통지하거나 공고한 후보자 중에서 선임하여야 한다(상법 제542조의5,제542조의4②). 보통결의 요건은 예외적으로 정관의 규정에 따라서 출석정족수를 두거나 의결정족수를 가중할 수 있다(상법 제368①).

○ 개정 상법은 소규모(자본금의 총액이 10억원 미만)인 회사를 설립하는 경우에 감사 선임을 회사가 자율적으로 할 수 있도록 하였다(상법 제409④).

※ 이 밖의 내용은 416면 이하 참조

[사례] 위임장(등기소 제출용)

위 임 장

법무사 정 동 진

서울 서초구 서초동 345-6

전화 : 123-4567

위 사람을 대리인으로 정하고 다음 사항의 권한을 위임함.

다 음

1. 본 회사의 감사변경 등기 신청 및 취하에 관한 일체의 행위
2.
3.

20○○년 ○월 ○일

신청인 주식회사 디지털칠성

서울 ○○구 ○○동 123-4

대표이사 한 칠 성 (법인)

[사례] 정기주주총회의사록

정기주주총회의사록

20○○년 ○월 ○일 오전 11시 본점 회의실에서 정기주주총회를 개최하다.

주식총수 10,000주 주주총수 4명

출석주주수 3명 이의주식수 9,000주

의장 대표이사 한칠성는 정관규정에 따라 의장석에 등단하여 위와 같이 법정원수에 달하는 주주가 출석하였으므로 본 총회가 적법히 성립됨을 알리고 개회를 선언한 후 다음 의안을 부의하고 심의를 구하다.

의 안 : 감사 선임의 건

의장은 감사 홍동훈은 20○○년 ○월 ○일 임기만료로 퇴임하고 금일 총회에서 감사를 보선하여야 한다고 상세히 설명한바, 출석한 주주전원 일치되어 아래 사람을 감사로 선임하다.

단, 감사의 선임은 상법 제409조 준용규정에 의하여 선출하다.

감 사 : 이 영 삼

위 피선자는 즉시 그 취임을 승낙하다.

이상으로서 금일의 의안이 전부 심의 종료되었으므로 의장은 폐회를 선언하다.

(폐회시간 오전 11시 30분)

위 결의를 명확히 하기 위하여 이 의사록을 작성하고 의장과 출석한 이사가 아래에 기명날인하다.

20○○년 ○월 ○일

주식회사 디지털칠성

의 장 대표이사 한 칠 성 (법인) (개인)

사내이사 ○ ○ ○ (인)

사내이사 ○ ○ ○ (인)

※ 주주총회

○ 개정 상법은 자본금 총액이 10억원 미만인 회사는 주주 전원의 동의가 있을 경우에는

서면에 의한 결의로써 주주총회의 결의를 갈음할 수 있도록 하였다(상법 제363조⑤ 후단). 위 결의는 의결권 없는 주주에게는 적용하지 아니한다(상법 제363조⑧).

※ 감사의 선임

○ 감사는 주주총회의 보통결의 즉, 출석한 주주의 의결권의 과반수와 발행주식총수의 1/4이상의 수로써 선임하는데(상법 제382조①,제368조①), 상장회사가 주주총회에서 감사를 선임하려는 경우에는 주주총회 소집통지나 공고를 통하여 통지하거나 공고한 후보자 중에서 선임하여야 한다(상법 제542조의5,제542조의4②). 보통결의 요건은 예외적으로 정관의 규정에 따라서 출석정족수를 두거나 의결정족수를 가중할 수 있다(상법 제368조①).

○ 개정 상법은 소규모(자본금의 총액이 10억원 미만)인 회사를 설립하는 경우에 감사 선임을 회사가 자율적으로 할 수 있도록 하였다(상법 제409조④).

[사례] 취임승낙서

취 임 승 낙 서

본인은 20○○년 ○월 ○일 귀 회사 정기주주총회에서 감사로 선임되었으므로 그 취임을 승낙합니다.

20○○년 ○월 ○일

감 사 이 영 삼 (인)

주식회사 디지털칠성 귀중

※ 취임승낙서에는 인감을 날인하고 인감증명서를 첨부하여야 한다. 취임승낙하는 임원이 여러 명인 경우 1장의 서면에 모두 작성할 수도 있다.

[사례] 주주명부

주 주 명 부				
주 주	주 소	인수주식수	1주금액	납 입 금 액
김한강	서울시 ○○구 ○○동 987-6 www.oiu47@hanmail.com	○주	금 ○원	금 ○○○원
○○○	서울시 ○○구 ○○동 876-5	○주	금 ○원	금 ○○○원
…	이하 생략			
합 계		○주		금 ○○○원

위 주주명부는 본사에 비치된 주주명부와 대조하여 틀림이 없음을 증명합니다.

20○○년 ○월 ○일

주식회사 한강랜드
서울 ○○구 ○○동 123-4
대표이사 김 한 강 (법인)

※ 전자주주명부제도

○ 회사는 정관에서 정하는 바에 따라 전자문서로 주주명부를 작성할 수 있다(상법 제352조의2①). 전자주주명부에는 상법 제352조①의 기재사항 외에 전자우편주소를 적어야 한다.

○ 개정법은 기업경영의 IT화를 위하여 주주총회에 직접 참석하거나 대리인에게 투표를 위임하지 않더라도 전자서명 등 본인인증절차를 거쳐 인터넷으로 의결권을 행사하는 전자투표제도가 도입됐다(상법 제368조의4, 제382조의2).

[사례] 주식회사 변경등기신청서(이사 2인인 회사, 대표이사 사임 및 보선)

주식회사 변경등기신청

접수	년 월 일	처리인	접 수	조 사	기 입	교 합	각종통지
	제 호						

상 호	주식회사 에스앤브이	등기번호	○○○○○○
본 점	서울시 서초구 서초동 1-1		
등기의목적	대표이사 변경등기		
등기의사유	20○○년 ○월 ○일 대표이사 김일남이 사임하고 20○○년 ○월 ○일 임시주주총회에서 다음 사람이 대표이사로 선임되어 같은 날 취임하였으므로 다음사항의 등기를 구함		
본/지점 신청구분	1. 본점신청 □ 2. 지점신청 □ 3. 본·지점 일괄신청 □		
등 기 할 사 항			
대표이사 · 이사 · 감사 등의 퇴임 · 취임 등과 그 연월일	대표이사 김 일 남 (×××××× - ×××××××) 서울특별시 ○○구 ○○로 ○○ 20○○년 ○월 ○일 사임 대표이사 한두찬 (×××××× - ×××××××) 서울특별시 ○○구 ○○로 ○○ 20○○년 ○월 ○일 취임		
기 타			

<table>
<tr><td colspan="7">신청등기소 및 등록면허세/수수료</td></tr>
<tr><td rowspan="2">순번</td><td rowspan="2">신청등기소</td><td rowspan="2">구분</td><td>등록면허세</td><td rowspan="2">농어촌특별세</td><td rowspan="2">세액합계</td><td rowspan="2">등기신청수수료</td></tr>
<tr><td>지방교육세</td></tr>
<tr><td rowspan="2"></td><td rowspan="2"></td><td rowspan="2"></td><td>금 40,200원</td><td rowspan="2"></td><td rowspan="2">금 48,240원</td><td rowspan="2">금 6,000원</td></tr>
<tr><td>금 8,040원</td></tr>
<tr><td></td><td></td><td></td><td></td><td></td><td></td><td></td></tr>
<tr><td colspan="3">합 계</td><td></td><td></td><td></td><td></td></tr>
<tr><td colspan="7">첨 부 서 면</td></tr>
<tr><td colspan="4">1. 공증받은 주주총회의사록 1통
1. 사임서(인감증명서포함) 1통
1. 취임승낙서(인감증명서 포함) 1통
1. 주민등록표등(초)본 1통
1. 정관 1통
1. 인감신고서 1통</td><td colspan="3">1. 등록면허세영수필확인서 1통
1. 위임장(대리인이 신청할 경우) 1통

<기 타></td></tr>
<tr><td colspan="7">20○○년 ○월 ○일

신청인 상 호 주식회사 에스앤브이
본 점 서울시 서초구 서초동 1-1
대표이사 성 명 한 두 찬 (인) (전화 : 555-1234)
주 소 서울 강남구 신사동 234-5
대리인 성 명 법무사 정 동 진 (인) (전화 : 123-4567)
주 소 서울 서초구 서초동 345-6

서울중앙지방법원 등기국 귀중</td></tr>
</table>

- 신청서 작성요령 및 등기수입증지 첩부란 -

1. 해당란이 부족할 때에는 별지를 이용합니다.
1. 해당 등기신청과 관계없는 사항에 대하여는 "해당없음"으로 기재하거나 삭제하고, 필요한 사항은 추가 기재합니다.

(용지규격 21㎝× 29.7㎝)

※ 이 사례는 이사 2인인 회사가 대표이사를 선임하는 경우이다. 대표이사는 원칙적으로 이사회에서 선임하나(상법 제389조), 자본금총액이 10억 미만인 이사 1~2인의 회사인 경우 주주총회에서 한다(상법 제383조).

○ 대표이사는 이사 중에서 원칙적으로 이사회에서 선임하지만(상법 제389조), 정관의 규정에 의하여 주주총회에서 직접 선임할 수도 있다(상법 제389조①).

○ 이사회 결의로 대표이사를 선임하는 경우 이사 과반수의 출석과 출석이사의 과반수로 선임하여야 하며 정관으로 그 비율을 높게 정할 수 있다(상법 제391조①).

○ 대표이사를 주주총회에서 선출할 경우 정관에 다른 정함이 없는 경우에는 주주총회의 보통결의 즉 출석한 주주의 의결권의 과반수와 발행주식 총수의 4분의1 이상의 수로 선임하여야 한다(상법 제368조①).

※ 인원수

○ 대표이사의 자격이나 인원수에는 제한이 없다(등기예규 제691호). 한편 회사의 설립시의 자본금의 총액이 10억원 미만으로 1명 또는 2명의 이사만을 선임한 경우에는 각 이사가 회사를 대표하나(상법 383조① 단서 및 ⑥), 이 경우에도 정관에서 정하는 방법에 따라 대표이사를 선임할 수 있다.

※ 임기

○ 대표이사의 임기와 관련해서는 상법에 그 규정이 없고, 상법 제383조③의 이사의 임기연장 규정도 준용되지 않지만, 정관으로 대표이사의 임기를 정할 수 있고(임의적 기재사항), 정관의 규정이 없으면 선임기관(이사회 또는 주주총회)의 결의로 이를 정할 수 있다. 만약 선임기관도 대표이사의 임기를 정하지 않았다면 대표이사는 이사의 자격을 전제로 하므로 이사의 임기에 따른다.

○ 대표이사는 이사의 자격 상실, 사임, 위임의 종료(민법 제690조), 이사회나 주주총회의 해임결의(상법 제382조, 제385조) 등에 의하여 종임된다.

※ 등록면허세 등

○ 등록면허세 : 이사 등의 중임등기를 신청하는 경우에는 40,200원의 등록면허세와 등록면허세의 100분의 20에 해당하는 지방교육세를 납부하여야 한다(지방세법 제28조① 6호 바목). 수인의 이사 등이 중임등기를 일괄하여 신청하는 경우에는 이를 1건으로 보기 때문에 1건의 등록면허세 및 지방교육세를 납부하면 된다.

○ 등기신청수수료 : 서면제출의 경우에는 6,000원의 신청수수료를 납부하여야 하고(수수료규칙 제5조의3② 본문), 전자신청의 경우에는 2,000원이다. 전자표준양식에 의한 신청의 경우에는 4,000원의 수수료를 납부하여야 한다(수수료규칙 제5조의5④).

회사 또는 합자조합의 상호·본점·목적·임원 등의 변경등기를 일괄하여 하나의 등기신청서로써 신청할 때에는 각각의 등기신청수수료를 합산한 금액을 납부하여야 한다. 다만, 호, 동일한 등기목적에 따른 2개 이상의 변경사항이 있는 경우(예 : 2인 이상 임원의 취임·퇴임·주소변경 등)에는 1건의 수수료만 납부한다(등기예규 제1487호, 시행 2013.05.01.)

[사례] 주주총회의사록

임시주주총회의사록

20○○년 ○월 ○일 오전 11시 당 회사 본점 회의실에서 임시주주총회를 개최하다.

총 주주수	4명	총 주식 수	20,000주
출석주주수	4명	이의주식수	20,000주

대표이사 김영준은 정관규정에 따라 의장석에 등단하여 본인은 위와 같이 법정수에 달하는 주주가 출석하였으므로 본 총회는 적법히 성립되었음을 알리고 개회를 선언한 후 다음 의안을 부의하고 심의를 구하다.

의 안 : 대표이사 선임의 건

의장인 김일남은 20○○년 ○월 ○일부로 대표이사직 사임으로 잠시 휴회를 선언한 후 의장석을 하단하고 사내이사 한두찬이 의장석에 등단하여 속회하다.

의장은 당회사의 대표이사직 사임으로 현재 결원인바, 대표이사 1명을 선임해야 한다 말하고 그 선임을 구한즉 출석 주주전원 일치되어 다음 사람을 대표이사로 선임하다.

대표이사 : 한 두 찬

위 선출된 대표이사는 즉석에서 취임을 승낙하다.

이상으로서 금일의 의안이 전부 심의 종료되었으므로 의장은 폐회를 선언하다(폐회종료시각 오전 11시 30분).

위 결의를 명확히 하기 위하여 이 의사록을 작성하고 의장과 출석한 이사가 아래에 기명날인하다.

20○○년 ○월 ○일

주식회사 에스앤브이

의장 사내이사 한 두 찬 (법인) (개인)

사내이사 김 일 남 (인)

※ 주주총회

○ 개정 상법 제383조는 ④부터 ⑥까지 신설하여 소규모 회사(자본금 총액이 10억원 미만인

회사)로서 이사가 1명 또는 2명인 회사는 이사회의 권한을 이사와 주주총회에 부여하고 있다. 따라서 대표이사의 선임은 주주총회에서 한다.

○ 이사가 2명인 경우도 이사회를 구성하지 아니하여도 되나 이사가 2인인 경우 각자의 의견이 달라서 업무집행에 관한 의사결정을 할 수 없을 경우에는 이사회를 구성 할 수 있다. 이 사례는 이사회를 구성하지 아니한 사례이다.

※ 대표이사의 선임

○ 대표이사는 원칙적으로 이사회에서 선임하지만(상법 제389조), 정관에 의하여 주주총회에서 직접 선임할 수도 있다. 대표이사는 이사의 자격을 전제로 하므로 이사의 임기를 초과하지 못한다. 그리고 대표이사에게도 상법 제386조의 결원의 경우 후임자 취임 시까지 업무집행권을 가지는 규정이 준용된다. 대표이사의 자격이나 인원수에는 제한이 없다. 공동대표이사는 공동으로 업무를 집행하고 회사를 대표한다(상법 제389조). 대표이사는 이사의 자격 상실, 사임, 위임의 종료(민법 제690조), 이사회나 주주총회의 해임결의(상법 제382·385조) 등에 의하여 종임된다.

※ 주주총회 서면결의

○ 개정 상법 제363조⑤ 후단은 자본금 총액이 10억원 미만인 회사는 서면에 의한 결의로써 주주총회의 결의를 갈음할 수 있도록 하였다(상법 제363조⑤).

○ 주주전원의 서면결의동의서를 첨부하여야 한다.

[사례] 사임서

사 임 서

본인은 금번 일신상의 사정에 의하여 대표이사직만을 사임합니다.

20○○년 ○월 ○일

대표이사 김 일 남 (인)

주식회사 에스앤브이 귀중

[사례] 취임승낙서

<table>
<tr><td>

취 임 승 낙 서

본인은 귀 회사의 20○○년 ○월 ○일 임시주주총회결의에 의하여 대표이사에 선임되었으므로 그 취임을 승낙합니다.

20○○년 ○월 ○일

대표이사 한 두 찬 (인)

주식회사 에스앤브이 귀중

</td></tr>
</table>

※ 취임승낙서에는 인감을 날인하고 인감증명서를 첨부하여야 한다. 취임승낙하는 임원이 여러 명인 경우 1장의 서면에 모두 작성할 수도 있다.

[사례] 주주명부

주 주 명 부				
주 주	주 소	인수주식수	1주금액	납 입 금 액
한두찬	서울시 강남구 신사동 234-5 www.rty99@hanmail.com	○주	금 ○원	금 ○○○원
○○○	서울시 ○○구 ○○동 876-5	○주	금 ○원	금 ○○○원
…	이하 생략			
합 계		○주		금 ○○○원
위 주주명부는 본사에 비치된 주주명부와 대조하여 틀림없음을 증명합니다. 20○○년 ○월 ○일 주식회사 에스앤브이 서울시 서초구 서초동 1-1 대표이사 한 두 찬 (법인)				

※ 전자주주명부제도

○ 회사는 정관에서 정하는 바에 따라 전자문서로 주주명부를 작성할 수 있다(상법 제352조의2①). 전자주주명부에는 상법 제352조①의 기재사항 외에 전자우편주소를 적어야 한다.

○ 개정법은 기업경영의 IT화를 위하여 주주총회에 직접 참석하거나 대리인에게 투표를 위임하지 않더라도 전자서명 등 본인인증절차를 거쳐 인터넷으로 의결권을 행사하는 전자투표제도가 도입됐다(상법 제368조의4, 제382조의2).

[사례] 인감신고서

인감·개인(改印) 신고서

(신고하는 인감날인란) (인감제출자에 관한 사항)

상호(명칭)		주식회사 에스앤브이	등기번호	
본점(주사무소)		서울시 서초구 서초동 1-1		
인감제출자	자격/성명	대표이사 한 두 찬		
	주민등록번호	×××××× - ×××××××		
	주 소	서울특별시 ○○구 ○○로 ○○		

␣ 위와 같이 인감을 신고합니다.
␣ 위와 같이 개인(改印)하였음을 신고합니다.
20○○년 ○월 ○일

신고인 본 인 성 명 한 두 찬 (법인) (개인)
대리인 성 명 (인)

서울중앙지방법원 등기국 귀중

주 1. 개인인감 날인란에는 「인감증명법」에 의하여 신고한 인감을 날인하고 그 인감증명서(발행일로부터 3개월 이내의 것)를 첨부하여야 합니다. 개인(改印)신고의 경우, 개인인감을 날인하는 대신에 등기소에 신고한 유효한 종전 인감을 날인하여도 됩니다.
2. 인감·개인신고서에는 신고하는 인감을 날인한 인감대지를 첨부하여야 합니다.
3. 지배인이 인감을 신고하는 경우에는 인감제출자의 주소란에 지배인을 둔 장소를 기재하고, 「상업등기규칙」 제36조제4항의 보증서면(영업주가 등기소에 신고한 인감 날인)을 첨부하여야 합니다.

위 임 장

성 명 : 주민등록번호(-)
주 소 :
위의 사람에게, 위 인감신고 또는 개인신고에 관한 일체의 권한을 위임함.
20○○년 ○월 ○일

인감(개인) 신고인 성 명 한 두 찬 (법인) (개인)

[사례] 인감대지

인 감 대 지

	신고하는 인감날인란	상 호(명 칭) : 주식회사 에스앤브이 자격 및 성명 : 대표이사 한 두 찬 주민등록번호 : ×××××× - ×××××××

※ 인감의 제출방법

○ 대표이사는 인감을 신고하여야 한다. 인감의 제출 또는 인감의 변경신고는, 인감(개인)신고서를 작성하여 관할 등기소에 제출하는 방식으로 한다. 인감(개인)신고서를 제출할 때에는 신고하는 인감을 찍은 인감대지(위 참조)3장을 만들어 함께 제출하여야 한다.

○ 인감은 가로·세로 2.4센티미터의 정사각형 안에 들어갈 수 있어야 한다(상업등기규칙 제36조⑤).

○ 인감(개인)신고서에는 발행일로부터 3개월 이내의 인감증명서를 첨부하여야 한다. 취임승락서에 인감증명법에 의한 인감을 첨부한 경우에는 그 인감을 원용 할 수 있다.

○ 인감대지의 자격란에는 인감신고자에 따라 대표이사(이사), 이사장, 지배인, 대리인, 상호사용자, 무능력자, 법정대리인 등으로 기재하고 성명을 기재한다.

※ 외국인의 경우

○ 인감증명제도가 있는 국가의 국민이 신고하는 경우에는 인감(개인)신고서에 본국 관공서에 신고한 인감을 날인하고 그 인감증명서를 제출한다.

○ 인감증명제도가 없는 국가의 국민이 신고하는 경우에는 인감(개인)신고서에 서명을 하고, 그 서명이 본인의 것이라는 취지의 본국 관공서의 증명이나 본국 공증인의 공증 또는 국내 공증인의 공증을 받아 제출한다.

※ 지배인 또는 대리인이 인감(개인)신고하는 경우

○ 지배인 또는 대리인이 인감(개인)신고하는 경우에는 영업주(개인 상인인 영업주를 말한다) 또는 법인의 대표자가 지배인 또는 대리인의 인감임이 틀림없음을 보증하는 서면을 제출하여야 하고, 그 보증서면에는 등기소에 제출한 영업주 또는 법인 대표자의 인감을 날인하여야 한다.

[사례] 인감카드 (재)발급신청서

인감카드 (재)발급신청서 / 계속사용신청서

(인감제출자에 관한 사항)

상호(명칭)		주식회사 에스앤브이	등기번호	
본점(주사무소)		서울시 서초구 서초동 1-1		
인감 제출자	자격 / 성명	대표이사 한 두 찬		
	주민등록번호	×××××× - ×××××××		

인감카드 비밀번호		발급사유	␣ 최초발급 ␣ 카드분실 ␣ 카드훼손 ␣ 기타( )

위와 같이 인감카드의 (재)발급을 신청합니다.

20○○년 ○월 ○일

신청인 인감제출자 (본 인) 성 명 (인) (전화 :)

(대리인) 성 명 (인) (전화 :)

지방법원 등기소 귀중

접수번호		인감카드번호	

\- 대법원수입증지를 붙이는 란 -

주 1. 인감카드 비밀번호란에는 (재)발급받아 사용할 인감카드의 비밀번호를 기재하며, 아라비아숫자 6자릿수를 기재하여야 합니다. 비밀번호는 인감카드와 함께 인감증명서의 발급을 신청할 권한이 있는 것으로 보게 되는 중요한 자료이므로 권한이 없는 사람이 알지 못하도록 주의하시기 바랍니다.

2\. 인감카드의 재발급을 신청할 때에는 「등기부 등·초본 등 수수료규칙」 제5조의7에 의하여 5,000원 상당의 대법원수입증지를 이 란에 붙여야 합니다. 다만, 인감카드를 반납할 때에는 붙일 필요가 없습니다.

위 임 장

성 명 : 주민등록번호(-)

주 소 :

위의 사람에게, 위 (재)발급신청서에 기재된 인감카드 발급신청과 그 수령 등에 관한 일체의 권한을 위임함.

20○○년 ○월 ○일

인감신고인 성 명 (인)

[사례] 위임장(등기소 제출용)

위 임 장

법무사 정 동 진
서울 서초구 서초동 345-6
전화 : 123-4567

위 사람을 대리인으로 정하고 다음 사항의 권한을 위임함.

다 음

1. 본 회사의 대표이사 변경 등기 신청 및 취하에 관한 일체의 행위
2.
3.

20○○년 ○월 ○일

위임인 주식회사 에스앤브이
서울시 서초구 서초동 1-1
대표이사 한 두 찬 (법인)

※ 이 위임장은 법무사에게 주식회사변경등기를 의뢰하는 경우 대리의 권한을 법무사에게 위임하는 서류로써 등기소에 제출하는 서류이다.

[사례] 주식회사 변경등기신청서(대표이사 임기만료, 이사회결의로 재선임)

주식회사 변경등기신청

접수	년 월 일	처리인	접 수	조 사	기 입	교 합	각종통지
	제 호						

상 호	주식회사 대성통상	등기번호	○○○○○○
본 점	서울 ○○구 ○○동 123-4		
등 기 의 목 적	대표이사 중임 등기		
등 기 의 사 유	본 회사의 대표이사 김대성은 20○○년 ○월 ○일 임기만료이나 동일 이사회결의에 의하여 대표이사에 재 선임되어 같은 날 중임하였으므로 그 등기를 구함.		
본/지점 신청구분	1. 본점신청 ☐ 2. 지점신청 ☐ 3. 본·지점 일괄신청 ☐		
등 기 할 사 항			
대표이사 · 이사 · 감사 등의 퇴임 · 취임 등과 그 연월일	대표이사 김 대 성 (×××××× - ×××××××) 서울 ○○구 ○○동 234-5 20○○년 ○월 ○일 중임		
기 타			

신청등기소 및 등록면허세/수수료						
순번	신청등기소	구분	등록면허세 지방교육세	농어촌특별세	세액합계	등기신청수수료
			금 40,200원 금 8,040원		금 48,240원	금 6,000원
합 계						

첨 부 서 면

1. 공증받은 이사회 의사록 1통
1. 중임승낙서(인감증명서 포함) 1통
1. 주민등록표등(초)본 1통
1. 정관 1통
1. 등록면허세영수필확인서 1통
1. 위임장(대리인이 신청할 경우) 1통

<기 타>

20○○년 ○월 ○일

신청인 상 호 주식회사 대성통상
본 점 서울 ○○구 ○○동 123-4
대표이사 성 명 김 대 성 (법인) (전화 : 555-1234)
주 소 서울 ○○구 ○○동 234-5
대리인 성 명 법무사 정 동 진 (인) (전화 : 123-4567)
주 소 서울 서초구 서초동 345-6

○○지방법원 ○○등기소 귀중

- 신청서 작성요령 및 등기수입증지 첩부란 -

1. 해당란이 부족할 때에는 별지를 이용합니다.
1. 해당 등기신청과 관계없는 사항에 대하여는 "해당없음"으로 기재하거나 삭제하고, 필요한 사항은 추가 기재합니다.

(용지규격 21㎝× 29.7㎝)

※ 대표이사

○ 대표이사는 이사회의 결의로 선임되는 것이 원칙이다(상법 제389조①본문). 이사 1~2인

의 회사인 경우에는 주주총회결의로 선임한다(상법 제383조④~⑥). 정관의 규정에 의하여 주주총회에서 대표이사를 선임한 때에는 주주총회 의사록 이외에 정관을 첨부하여야 한다.

○ 대표이사는 이사의 자격을 전제로 하므로 이사의 임기를 초과하지 못한다. 그리고 대표이사에게도 상법 제386조의 결원의 경우 후임자 취임시 까지 업무집행권을 가지는 규정이 준용된다. 대표이사의 자격이나 인원수에는 제한이 없다. 공동대표이사는 공동으로 업무를 집행하고 회사를 대표한다(상법 제389조). 대표이사는 이사의 자격 상실, 사임, 위임의 종료(민법 제690조), 이사회나 주주총회의 해임결의(상법 제382조·385조) 등에 의하여 종임된다.

○ 이사회 결의로 대표이사를 선임하는 경우 이사 과반수의 출석과 출석이사의 과반수로 선임하여야 하며 정관으로 그 비율을 높게 정할 수 있다(상법 제391조①).

○ 대표이사를 주주총회에서 선출할 경우 정관에 다른 정함이 없는 경우에는 주주총회의 보통결의 즉 출석한 주주의 의결권의 과반수와 발행주식 총수의 4분의1 이상의 수로 선임하여야 한다(상법 제368조①).

※ 인원수

○ 대표이사의 자격이나 인원수에는 제한이 없다(등기예규 제691호). 한편 회사의 설립시의 자본금의 총액이 10억원 미만으로 1명 또는 2명의 이사만을 선임한 경우에는 각 이사가 회사를 대표하나(상법 383조① 단서 및 ⑥), 이 경우에도 정관에서 정하는 방법에 따라 대표이사를 선임할 수 있다.

※ 임기

○ 대표이사의 임기와 관련해서는 상법에 그 규정이 없고, 상법 제383조③의 이사의 임기연장 규정도 준용되지 않지만, 정관으로 대표이사의 임기를 정할 수 있고(임의적 기재사항), 정관의 규정이 없으면 선임기관(이사회 또는 주주총회)의 결의로 이를 정할 수 있다. 만약 선임기관도 대표이사의 임기를 정하지 않았다면 대표이사는 이사의 자격을 전제로 하므로 이사의 임기에 따른다.

○ 대표이사는 이사의 자격 상실, 사임, 위임의 종료(민법 제690조), 이사회나 주주총회의 해임결의(상법 제382조, 제385조) 등에 의하여 종임된다.

※ 등록면허세 등의 납부절차

○ 등록면허세·지방교육세는 관할시, 군, 구청을 방문하여 등록면허세액신고서(등록면허세액신고서는 각 시, 군, 구청에 비치되어 있다)를 작성하고 납세고지서를 발부받아 납부하

여야 하나, 정액등록면허세의 경우는 대법원사이트(www.iros.go.kr)에서 "정액등록면허세납부서작성"란을 이용하여 법인의 기본사항을 입력하여 출력한 납부서를 가지고 직접 금융기관에 납부할 수 있다.

※ 등기신청수수료

○ 서면제출의 등기신청수수료는 6,000원 이다. 변경된 수수료 내역 636면 참조.

○ 등기신청수수료(6,000원)는 법원구내 및 등기소 가까운 금융기관(농협, 신한은행)에서 현금으로 납부할 수 있으며 등기신청서에 등록세면허세영수필확인서를 첨부한다.

[사례] 위임장(등기소 제출용)

위 임 장

법무사 정 동 진

서울 서초구 서초동 345-6

전화 : 123-4567

위 사람을 대리인으로 정하고 다음 사항의 권한을 위임함.

다 음

1. 본 회사의 대표이사 중임 등기 신청 및 취하에 관한 일체의 행위
2.
3.

20○○년 ○월 ○일

위임인 주식회사 대성통상

서울 ○○구 ○○동 123-4

대표이사 김 대 성 (법인)

※ 이 위임장은 법무사에게 주식회사변경등기를 의뢰하는 경우 대리의 권한을 법무사에게 위임하는 서류로써 등기소에 제출하는 서류이다.

[사례] 이사회의사록

이사회의사록

20○○년 ○월 ○일 오전 11시 본사 회의실에서 이사 및 감사 전원 동의로 상법 제390조 제2항 소정의 소집절차를 생략하고 이사회를 개최하다.

이사 총수	3명	감사 총수	1명
출석 이사 수	3명	출석 감사 수	1명

대표이사 김대성은 의장석에 착석하다.

의 안 : 대표이사 재선임의 건

의장은 본 회사의 대표이사 김대성은 20○○년 ○월 ○일 임기만료이나 회사의 사업운영 형편상 그 유임이 불가피함을 설명하고 그 승인을 구한 즉 출석이사 전원 만장일치로 재선임을 승인가결하다.

대표이사 : 김 대 성

위 피선자는 즉석에서 그 중임을 승낙하다.

이상으로서 금일 의안 전부를 심의 종료하였으므로 의장은 폐회를 선언하다. (폐회시간 오전 11시 30분)

위 결의를 명확히 하기 위하여 이 의사록을 작성하고 의장과 출석한 이사, 감사 아래에 각 기명날인하다.

20○○년 ○월 ○일

주식회사 대성통상

의장 대표이사 김 대 성 (법인) (개인)

사내이사 ○ ○ ○ (인)

사내이사 ○ ○ ○ (인)

감 사 ○ ○ ○ (인)

[사례] 중임승낙서

중 임 승 낙 서

본인은 20○○년 ○월 ○일 귀 회사 이사회에서 결의에 의하여 대표이사로 재 선임되었으므로 그 중임을 승낙합니다.

20○○년 ○월 ○일

대표이사 이 영 길 (인)

주식회사 대성통상 귀중

[사례] 주주명부

주 주 명 부

주 주	주 소	인수주식수	1주금액	납 입 금 액
김 대 성	서울시 ○○구 ○○동 987-6 www.rty99@hanmail.com	○주	금 ○원	금 ○○○원
○○○	서울시 ○○구 ○○동 876-5	○주	금 ○원	금 ○○○원
…	이하 생략			
합 계		○주		금 ○○○원

위 주주명부는 본사에 비치된 주주명부와 대조하여 틀림이 없음을 증명합니다.

20○○년 ○월 ○일

주식회사 대성통상
서울 ○○구 ○○동 123-4
대표이사 김 대 성 (법인)

※ 전자주주명부

○ 회사는 정관에서 정하는 바에 따라 전자문서로 주주명부를 작성할 수 있다(상법 제352조의2①). 전자주주명부에는 상법 제352조①의 기재사항 외에 전자우편주소를 적어야 한다.

[사례] 주식회사 변경등기신청서(이사직 임기만료로 인한 대표이사 재선임, 이사 1인 재선임)

주식회사 변경등기신청

접수	년 월 일	처리인	접 수	조 사	기 입	교 합	각종통지
	제 호						

상 호	미래약품공업주식회사	등기번호	제353456호
본 점	서울 ○○구 ○○동 123-4		
등기의목적	대표이사, 이사 중임 등기		
등기의사유	1) 본 회사의 대표이사인 사내이사 유미래, 사내이사 최문국은 20○○년 ○월 ○일 임기만료이나 같은 날 임시주주총회결의에 의하여 사내이사에 각 재선임되어 같은 날 사내이사에 중임하였으므로 그 등기를 구함. 2) 본 회사의 대표이사인 사내이사 유미래는 20○○년 ○월 ○일 임기만료이나 같은 날 일 이사회 결의에 의하여 대표이사에 재선임되어 같은 날 중임하였으므로 그 등기를 구함.		
본/지점 신청구분	1. 본점신청 ☐ 2. 지점신청 ☐ 3. 본·지점 일괄신청 ☐		
등 기 할 사 항			
대표이사 · 이사 · 감사 등의 퇴임 · 취임 등과 그 연월일	사내이사 유 미 래 (×××××× - ×××××××) 20○○년 ○월 ○일 중임) 사내이사 최 문 국 (×××××× - ×××××××) 20○○년 ○월 ○일 중임 대표이사 유 미 래 (×××××× - ×××××××) 서울 ○○구 ○○동 ○○ 20○○년 ○월 ○일 중임		
기 타			

<table>
<tr><td colspan="8">신청등기소 및 등록면허세/수수료</td></tr>
<tr><td rowspan="2">순번</td><td rowspan="2">신청등기소</td><td rowspan="2">구분</td><td>등록면허세</td><td rowspan="2">농어촌특별세</td><td rowspan="2">세액합계</td><td rowspan="2" colspan="2">등기신청수수료</td></tr>
<tr><td>지방교육세</td></tr>
<tr><td rowspan="2"></td><td rowspan="2"></td><td rowspan="2"></td><td>금 40,200원</td><td rowspan="2"></td><td rowspan="2">금 48,240원</td><td rowspan="2" colspan="2">금 6,000원</td></tr>
<tr><td>금 8,040원</td></tr>
<tr><td></td><td></td><td></td><td></td><td></td><td></td><td colspan="2"></td></tr>
<tr><td colspan="3">합 계</td><td></td><td></td><td></td><td colspan="2"></td></tr>
<tr><td colspan="8">첨 부 서 면</td></tr>
<tr><td colspan="4">1. 공증받은 임시주주총회의사록 1통
1. 공증받은 이사회 의사록 1통
1. 중임승낙서(인감증명서 포함) 2통
1. 주민등록표등(초)본 1통
1. 정관 1통
1. 등록면허세영수필확인서 1통
1. 위임장(대리인이 신청할 경우) 1통</td><td colspan="4"><기 타></td></tr>
<tr><td colspan="8">20○○년 ○월 ○일

신청인 상 호 미래약품공업주식회사
본 점 서울 ○○구 ○○동 123-4
대표이사 성 명 유 미 래 (법인) (전화 : 555-1234)
주 소 서울 ○○구 ○○동 234-5
대리인 성 명 법무사 정 동 진 (인) (전화 : 123-4567)
주 소 서울 서초구 서초동 345-6

○○지방법원 ○○등기소 귀중</td></tr>
</table>

- 신청서 작성요령 및 등기수입증지 첨부란 -

1. 해당란이 부족할 때에는 별지를 이용합니다.
1. 해당 등기신청과 관계없는 사항에 대하여는 "해당없음"으로 기재하거나 삭제하고, 필요한 사항은 추가 기재합니다.

(용지규격 21㎝× 29.7㎝)

※ 대표이사에 관하여는 436면 이사에 관하여는 495면 참조

[사례] 위임장(등기소 제출용)

위 임 장

법무사 정 동 진
서울 서초구 서초동 345-6
전화 : 123-4567

위 사람을 대리인으로 정하고 다음 사항의 권한을 위임함.

다 음

1. 본 회사의 대표이사, 이사 중임 등기 신청 및 취하에 관한 일체의 행위
2.
3.

20○○년 ○월 ○일

위임인 미래약품공업주식회사
서울 ○○구 ○○동 123-4
대표이사 유 미 래 (법인)

※ 이 위임장은 법무사에게 주식회사변경등기를 의뢰하는 경우 대리의 권한을 법무사에게 위임하는 서류로써 등기소에 제출하는 서류이다.

[사례] 주주총회의사록

임시주주총회의사록

1. 일　　시 : 20○○년 ○월 ○일 오전 11시
1. 장　　소 : 서울 ○○구 ○○동 123-4 본점 회의실
1. 출석한 상황 :

총 주주수	4명	총주식수	20,000주
출석주주수	4명	이의주식수	20,000주

의장 대표이사 유미래는 정관규정에 따라 의장석에 등단하여 위와 같이 법정원수에 달하는 주주가 출석하였으므로 본 총회가 적법히 성립됨을 알리고 개회를 선언한 후 다음 의안을 부의하고 심의를 구하다.

의안 : 이사 재선임의 건

의장은 본 회사의 대표이사인 사내이사 유미래, 사내이사 최문국은 20○○년 ○월 ○일 임기만료이나 회사의 사업운영 형편상 그 유임이 불가피함을 설명하고, 그 승인을 구한 즉 출석한 주주전원 만장일치로 다음 사람 등의 이사 재선임을 승인가결하다.

사내이사 : 유 미 래

사내이사 : 최 문 국

위 피선자 등은 즉시 그 취임을 승낙하다.

이상으로서 금일의 의안이 전부 심의 종료되었으므로 의장은 폐회를 선언하다.

(폐회시간 오전 11시 30분)

위 결의를 명확히 하기 위하여 이 의사록을 작성하고 의장과 출석한 이사가 아래에 기명날인하다.

20○○년 ○월 ○일

미래약품공업주식회사

의장 대표이사 유 미 래 (법인) (개인)

사내이사 최 문 국 (인)

사내이사 ○ ○ ○ (인)

[사례] 이사회의사록

(인)이사회의사록

20○○년 ○월 ○일 오전 11시 본사 회의실에서 이사 및 감사 전원 동의로 상법 제390조 제2항 소정의 소집절차를 생략하고 이사회를 개최하다.

이사총수	3 명	감사총수	1 명
출석이사수	3 명	출석감사수	1 명

대표이사 유미래는 의장석에 착석하다.

의 안 : 대표이사 재선임의 건

의장은 본 회사의 대표이사 유미래는 20○○년 ○월 ○일 임기만료이나 회사의 사업운영 형편상 그 유임이 불가피함을 설명하고 그 승인을 구한 즉 출석이사 전원 만장일치로 다음 사람 재선임을 승인가결하다.

대표이사 : 유 미 래

위 피선자는 즉석에서 그 중임을 승낙하다.

이상으로서 금일 의안 전부를 심의 종료하였으므로 의장은 폐회를 선언하다. (폐회시간 오전 11시 30분)

위 결의를 명확히 하기 위하여 이 의사록을 작성하고 의장과 출석한 이사, 감사 아래에 각 기명날인하다.

20○○년 ○월 ○일

미래약품공업주식회사

의장 대표이사 유 미 래 (법인) (개인)

사내이사 ○ ○ ○ (인)

사내이사 ○ ○ ○ (인)

감 사 ○ ○ ○ (인)

○ 이사회의 결의는 이사 과반수의 출석과 출석 이사의 과반수로 하여야 한다. 다만, 정관으로 그 비율을 높게 정할 수 있다(상법 제391조①), 감사가 불출석한 경우에도 출석한 이사들만으로 이사회를 개최하고 이사회의사록을 작성할 수 있다.

○ 여기서 과반수란 2분의 1 이상이 아닌 2분의 1 초과를 의미하므로 예컨대 이사 총수가

6인인 경우 과반수 출석은 3인 이상이 아닌 4인 이상이 출석한 것을 말한다.

○ 이사회에서의 의결권은 이사 1인에 대해 1개씩 주어지며 정관에 의해서도 이에 대한 예외를 둘 수 없다.

○ 결의요건은 정관으로 그 비율을 높게 정할 수는 있지만 그 요건을 완화하는 것은 허용되지 않는다. 정관으로 결의요건을 강화할 수 있다고 하더라도 예컨대 이사 전원의 6분의 5의 동의를 요구하거나 전원출석에 3분의 2이상을 요구하는 것, 혹은 과반수출석에 전원동의를 요구하는 것은 무효이다.

○ 이사회에서의 결의에 대해서는 이사가 책임을 져야 하므로 각자의 찬반의사가 밝혀져야 한다. 즉, 기명투표만이 가능하다.

○ 의사록에는 의사의 안건, 경과요령, 그 결과에 반대한 자와 그 반대이유를 기재하고 출석한 이사 및 감사가 기명날인 또는 서명하여야 한다(상법 제391조).

○ 이사회의 결의는 그 내용이 법령이나 정관에 위반된 경우는 물론 그 소집의 절차 또는 결의의 방법에 하자가 있는 경우에도 당연히 무효가 된다.

○ 상법에서는 정관에서 다른 정함이 없는 한, 이사회는 이사들이 직접 회의에 출석하지 아니하고 모든 이사가 동영상 및 음성을 동시에 송수신하는 통신수단에 의하여 결의에 참가하는 것을 허용하고 있다(상법 제391조②).

[사례] 중임승낙서

중 임 승 낙 서

본인은 귀 회사의 20○○년 ○월 ○일 임시주주총회 및 이사회의 결의에 의하여 사내이사 및 대표이사에 재 선임되었으므로 그 중임을 승낙합니다.

20○○년 ○월 ○일

대표이사 유 미 래 (인)

미래약품공업주식회사 귀중

[사례] 주식회사 변경등기신청서(공동대표규정설정 및 공동대표선임)

주식회사 변경등기신청

접수	년 월 일	처리인	접 수	조 사	기 입	교 합	각종통지
	제 호						

상 호	주식회사 에이엔에스	등기번호	○○○○○○
본 점	서울 ○○구 ○○동 123-4		
등 기 의 목 적	공동대표규정설정 및 공동대표선임등기		
등 기 의 사 유	20○○년 ○월 ○일 이사회의 결의로 공동대표규정을 설정하고 같은 날 다음의 사람이 공동대표로 선임하였으므로 그 등기를 구함.		
본/지점 신청구분	1. 본점신청 □ 2. 지점신청 □ 3. 본·지점 일괄신청 □		
등 기 할 사 항			
공동대표규정설정과 그 연월일	20○○년 ○월 ○일 공동대표규정 설정		
대표이사 · 이사 · 감사 등의 퇴임 · 취임 등과 그 연월일	공동대표이사 김 영 준(×××××× - ×××××××) 서울 ○○구 ○○동 ○○ 공동대표이사 한 두 찬(×××××× - ×××××××) 서울 ○○구 ○○동 ○○ 20○○년 ○월 ○일 공동대표선임		
기 타			

<table>
<tr><td colspan="7">신청등기소 및 등록면허세/수수료</td></tr>
<tr><td rowspan="2">순번</td><td rowspan="2">신청등기소</td><td rowspan="2">구분</td><td>등록면허세</td><td rowspan="2">농어촌특별세</td><td rowspan="2">세액합계</td><td rowspan="2">등기신청수수료</td></tr>
<tr><td>지방교육세</td></tr>
<tr><td rowspan="2"></td><td rowspan="2"></td><td rowspan="2"></td><td>금 40,200원</td><td rowspan="2"></td><td rowspan="2">금48,240원</td><td rowspan="2">금 6,000원</td></tr>
<tr><td>금 8,040원</td></tr>
<tr><td colspan="3" rowspan="2">합 계</td><td></td><td rowspan="2"></td><td rowspan="2"></td><td rowspan="2"></td></tr>
<tr><td></td></tr>
</table>

첨 부 서 면	
1. 공증받은 주주총회의사록 1통 1. 공증받은 이사회 의사록 1통 1. 취임승낙서(인감증명서 포함) 1통 1. 주민등록표등(초)본 1통 1. 정관 1통 1. 인감신고서(대표이사 선임의 경우) 1통 1. 등록면허세영수필확인서 1통	1. 위임장(대리인이 신청할 경우) 1통 <기 타>

20○○년 ○월 ○일

신청인 상 호 주식회사 에이엔에스
본 점 서울 ○○구 ○○동 123-4
대표이사 성 명 공동대표이사 김영준
주 소 서울 ○○구 ○○동 234-5
공동대표이사 한두찬 (법인) (전화 : 555-1234)
서울 ○○구 ○○동 234-5
대리인 성 명 법무사 정 동 진 (인) (전화 : 123-4567)
주 소 서울 서초구 서초동 345-6

○○지방법원 ○○등기소 귀중

- 신청서 작성요령 및 등기수입증지 첩부란 -

1. 해당란이 부족할 때에는 별지를 이용합니다.
1. 해당 등기신청과 관계없는 사항에 대하여는 "해당없음"으로 기재하거나 삭제하고, 필요한 사항은 추가 기재합니다.

(용지규격 21㎝× 29.7㎝)

※ 대표이사에 관한 설명 436면 이하 참조

[사례] 임시주주총회의사록

임시주주총회의사록

20○○년 ○월 ○일 오전 11시 본점 회의실에서 임시주주총회를 개최하다.

총 주주수	4명	총주식수	20,000주
출석주주수	4명	이의주식수	20,000주

의장 대표이사 한두찬은 정관규정에 따라 의장석에 등단하여 위와 같이 법정수에 달하는 주주가 출석하였으므로 본 총회가 적법히 성립되었음을 알리고 개회를 선언한 후 다음 의안을 부의하고 심의를 구하다.

의 안 : 정관일부 변경의 건

의장은 본 회사의 형편에 따라 정관규정을 다음과 같이 변경할 필요가 있다고 설명하고 그 가부를 물은바, 전원 이의 없이 찬성하여 만장일치로 승인 가결하다.

정 관

제3조(대표이사) 대표이사는 본 회사를 대표하고 대표이사가 수명일 때는 각자 회사를 대표하되 이사회의 결의로 공동대표 규정을 정할 수 있다.

이상으로서 금일의 의안이 전부 심의 종료되었으므로 의장은 폐회를 선언하다.

(폐회종료시각 오전 11시 30분)

위 결의를 명확히 하기 위하여 이 의사록을 작성하고 의장과 출석한 이사가 아래에 기명날인하다.

20○○년 ○월 ○일

주식회사 에이엔에스

의장 공동대표이사 한 두 찬 (법인) (개인)

공동대표이사 김 영 준 (법인) (개인)

※ 정관의 변경은 특별결의에 의한다. 특별결의는 주주총회 결의 방법의 하나로서 발행주식 총수의 3분의1 이상에 해당하는 주식을 가진 주주의 출석으로 그 의결권의 3분의 2이상의 다수로 결정하는 방법을 말한다(상법 제434).

※ 주주총회를 개최하여 “수인 또는 공동대표이사를 둘 수 있다.” 라고 정관을 개정한 다음, 이사회에서 대표이사를 선출한다. 등기가 나오면 세무서에 대표자변경신고를 한다.

[사례] 이사회의사록

이사회의사록

20○○년 ○월 ○일 오전 11시 본사 회의실에서 다음과 같이 이사회를 개최하다.

이사 총수	3명	출석 이사 수	3명
감사 총수	1명	출석 감사 수	0명

제 1호 의안 : 공동대표규정설치의 건

의장은 본 회사의 정관으로 공동대표를 두기로 하였고 그 가부를 물은바, 전원 이의 없이 찬성하여 만장일치 승인 가결하다.

제 2호 의안 : 공동대표 선임의 건

의장은 정관의 공동대표규정에 따라 공동대표의 선출방법을 물은바, 무기명 비밀투표로 선출하기로 전원 일치되어 즉시 투표한즉 다음 사람 등이 공동대표이사에 선임되다.

공동대표이사 : 한 두 찬

공동대표이사 : 김 영 준

위 피선자 등은 즉석에서 그 취임을 승낙하다.

이상으로서 금일 의안 전부를 심의 종료하였으므로 의장은 폐회를 선언하다.(회의종료시각 오전 11시 30분) 위 결의를 명확히 하기 위하여 이 의사록을 작성하고 의장과 출석한 이사 각 기명날인하다.

20○○년 ○월 ○일

주식회사 에이엔에스

의장 공동대표이사 한 두 찬 (법인) (개인)

공동대표이사 김 영 준 (인)

사내이사 ○ ○ ○ (인)

※ 공동대표의 선임

○ 대표이사의 자격이나 인원수에는 제한이 없다. 공동대표이사는 공동으로 업무를 집행하고 회사를 대표한다(상법 第389조).

○ 정관 규정에 반하지 않는 범위내에서 회사의 대표이사가 3인이 있는 경우에 이사회(또는 주주총회)의 결의로 3인 중 1인은 단독 대표이사로, 2인은 공동대표이사로 등기할 수 있다(등기예규 제532호 1984.06.23 제정).

[사례] 취임승낙서

취 임 승 낙 서

본인은 귀 회사의 20○○년 ○월 ○일 이사회에서 결의에 의하여 공동대표이사에 선임되었으므로 그 취임을 승낙합니다.

20○○년 ○월 ○일

대표이사 김 영 준 (개인)

주식회사 에이엔에스 귀중

※ 취임승낙서에는 각 취임임원은 인감을 날인하고 인감증명서를 첨부하여야 한다. 취임승낙하는 임원이 여러 명인 경우 1장의 서면에 모두 작성할 수도 있다.

[사례] 주주명부

주 주 명 부

주 주	주 소	인수주식수	1주금액	납 입 금 액
한두찬	서울시 ○○구 ○○동 234-5 www.rty99@hanmail.com	○주	금 ○원	금 ○○○원
○○○	서울시 ○○구 ○○동 345-6	○주	금 ○원	금 ○○○원
…	이하 생략			
합 계		○주		금 ○○○0원

위 주주명부는 본사에 비치된 주주명부와 대조하여 틀림이 없음을 증명합니다.

20○○년 ○월 ○일

주식회사 에이엔에스

서울 ○○구 ○○동 123-4

공동대표이사 한두찬 (법인), 김영준 (법인)

※ 전자주주명부제도

○ 회사는 정관에서 정하는 바에 따라 전자문서로 주주명부를 작성할 수 있다(상법 제352조의2①). 전자주주명부에는 상법 제352조①의 기재사항 외에 전자우편주소를 적어야 한다.

[사례] 인감신고서

인감 · 개인(改印) 신고서(개별로 작성되어야 함)

(신고하는 인감날인란) (인감제출자에 관한 사항)

상호(명칭)		주식회사 에이엔에스	등기번호	
본점(주사무소)		서울 ○○구 ○○동 123-4		
인감제출자	자격/성명	공동대표이사 김 영 준 / 한 두 찬		
	주민등록번호			
	주 소			

␣ 위와 같이 인감을 신고합니다.
␣ 위와 같이 개인(改印)하였음을 신고합니다.

20○○년 ○월 ○일

신고인 본 인 성 명 (법인) (개인)
대리인 성 명 (인)

지방법원 등기소 귀중

주 1. 개인인감 날인란에는 「인감증명법」에 의하여 신고한 인감을 날인하고 그 인감증명서(발행일로부터 3개월 이내의 것)를 첨부하여야 합니다. 개인(改印)신고의 경우, 개인인감을 날인하는 대신에 등기소에 신고한 유효한 종전 인감을 날인하여도 됩니다.
2. 인감 · 개인신고서에는 신고하는 인감을 날인한 인감대지를 첨부하여야 합니다.
3. 지배인이 인감을 신고하는 경우에는 인감제출자의 주소란에 지배인을 둔 장소를 기재하고, 「상업등기규칙」 제36조제4항의 보증서면(영업주가 등기소에 신고한 인감 날인)을 첨부하여야 합니다.

위 임 장

성 명 : 주민등록번호(-)
주 소 :
위의 사람에게, 위 인감신고 또는 개인신고에 관한 일체의 권한을 위임함.

20○○년 ○월 ○일

인감(개인) 신고인 성 명 (법인) (개인)

[사례] 인감대지

인 감 대 지

	신고하는 인감날인란	상 호(명 칭) : 주식회사 에이엔에스 자격 및 성명 : 공동대표이사 김 영 준 주민등록번호 : -

※ 인감의 제출방법

○ 대표이사는 인감을 신고하여야 한다. 인감의 제출 또는 인감의 변경신고는, 인감(개인)신고서를 작성하여 관할 등기소에 제출하는 방식으로 한다. 인감(개인)신고서를 제출할 때에는 신고하는 인감을 찍은 인감대지(위 참조) 3장을 만들어 함께 제출하여야 한다.

○ 인감은 가로·세로 2.4센티미터의 정사각형 안에 들어갈 수 있어야 한다(상업등기규칙 제36조⑤).

○ 인감(개인)신고서에는 발행일로부터 3개월 이내의 인감증명서를 첨부하여야 한다. 취임승락서에 인감증명법에 의한 인감을 첨부한 경우에는 그 인감을 원용 할 수 있다.

○ 인감대지의 자격란에는 인감신고자에 따라 대표이사(이사), 이사장, 지배인, 대리인, 상호사용자, 무능력자, 법정대리인 등으로 기재하고 성명을 기재한다.

※ 외국인의 경우

○ 인감증명제도가 있는 국가의 국민이 신고하는 경우에는 인감(개인)신고서에 본국 관공서에 신고한 인감을 날인하고 그 인감증명서를 제출한다.

○ 인감증명제도가 없는 국가의 국민이 신고하는 경우에는 인감(개인)신고서에 서명을 하고, 그 서명이 본인의 것이라는 취지의 본국 관공서의 증명이나 본국 공증인의 공증 또는 국내 공증인의 공증을 받아 제출한다.

※ 지배인 또는 대리인이 인감(개인)신고하는 경우

○ 지배인 또는 대리인이 인감(개인)신고하는 경우에는 영업주(개인 상인인 영업주를 말한다) 또는 법인의 대표자가 지배인 또는 대리인의 인감임이 틀림없음을 보증하는 서면을 제출하여야 하고, 그 보증서면에는 등기소에 제출한 영업주 또는 법인 대표자의 인감을 날인하여야 한다.

[사례] 인감카드 (재)발급신청서

인감카드 (재)발급신청서

(인감제출자에 관한 사항)

상호(명칭)		주식회사 에이엔에스	등기번호	
본점(주사무소)		서울 ○○구 ○○동 123-4		
인감 제출자	자격 / 성명	공동대표이사 김 영 준 한 두 찬		
	주민등록번호			

인감카드 비밀번호		발급사유	␣ 최초발급 ␣ 카드분실 ␣ 카드훼손 ␣ 기타( )

위와 같이 인감카드의 (재)발급을 신청합니다.

20○○년 ○월 ○일

신청인 인감제출자 (본 인) 성 명 (인) (전화 :)
(대리인) 성 명 (인) (전화 :)

지방법원 등기소 귀중

접수번호		인감카드번호	

- 대법원수입증지를 붙이는 란 -

주 1. 인감카드 비밀번호란에는 (재)발급받아 사용할 인감카드의 비밀번호를 기재하며, 아라비아숫자 6자릿수를 기재하여야 합니다. 비밀번호는 인감카드와 함께 인감증명서의 발급을 신청할 권한이 있는 것으로 보게 되는 중요한 자료이므로 권한이 없는 사람이 알지 못하도록 주의하시기 바랍니다.
2. 인감카드의 재발급을 신청할 때에는 「등기부 등·초본 등 수수료규칙」 제5조의7에 의하여 5,000원 상당의 대법원수입증지를 이 란에 붙여야 합니다. 다만, 인감카드를 반납할 때에는 붙일 필요가 없습니다.

위 임 장

성 명 : 주민등록번호(-)
주 소 :

위의 사람에게, 위 (재)발급신청서에 기재된 인감카드 발급신청과 그 수령 등에 관한 일체의 권한을 위임함.

20○○년 ○월 ○일

인감신고인 성 명 (인)

[사례] 주식회사 변경등기신청서(공동대표규정폐지)

주식회사 변경등기신청

접수	년 월 일	처리인	접 수	조 사	기 입	교 합	각종통지
	제 호						

상 호	주식회사 에이엔에스	등기번호	○○○○○○
본 점	서울 ○○구 ○○동 ○○		
등기의목적	공동대표규정폐지		
등기의사유	정관을 변경하는 경우 20○○년 ○월 ○일 주주총회 결의로 정관을 변경하고 같은날 이사회에서 공동대표규정을 폐지하고 같은 날 다음의 사람이 공동대표직을 사임하였으므로 그 등기를 구함. 정관을 변경하지 않는 경우 20○○년 ○월 ○일 이사회의 결의로 공동대표규정을 폐지하고 같은 날 다음의 사람이 공동대표직을 사임하였으므로 그 등기를 구함.		
본/지점 신청구분	1. 본점신청 □ 2. 지점신청 □ 3. 본·지점 일괄신청 □		
등 기 할 사 항			
공동대표규정폐지와 그 연월일	공동대표규정 폐지(20○○년 ○월 ○일)		
대표이사 · 이사 · 감사 등의 퇴임 · 취임 등과 그 연월일	공동대표이사 김 영 준 (×××××× - ×××××××) 서울특별시 ○○구 ○○동 ○○ 20○○년 ○월 ○일 공동대표이사직 사임		
기 타			

신청등기소 및 등록면허세/수수료						
순번	신청등기소	구분	등록면허세 지방교육세	농어촌특별세	세액합계	등기신청수수료
			금 40,200원 금 8,040원		금48,240원	금 6,000원
합 계						

첨 부 서 면	
1. 정관(필요한 경우) 1통 1. 공증받은 주주총회의사록 1통 1. 공증받은 이사회 의사록 1통 1. 사임서(인감증명서포함) 1통 1. 인감신고서 1통 1. 등록면허세영수필확인서 1통	1. 위임장(대리인이 신청할 경우) 1통 <기 타>

20○○년 ○월 ○일

신청인 상 호 주식회사 에이엔에스
본 점 서울 ○○구 ○○동 123-4
대표이사 성 명 대표이사 한두찬 (법인) (전화 : 555-1234)
주 소 서울 ○○구 ○○동 234-5
대리인 성 명 법무사 정 동 진 (인) (전화 : 123-4567)
주 소 서울 서초구 서초동 345-6

○○지방법원 ○○등기소 귀중

- 신청서 작성요령 및 등기수입증지 첨부란 -

1. 해당란이 부족할 때에는 별지를 이용합니다.
1. 해당 등기신청과 관계없는 사항에 대하여는 "해당없음"으로 기재하거나 삭제하고, 필요한 사항은 추가 기재합니다.

(용지규격 21㎝× 29.7㎝)

※ 공동대표규정폐지는 사임과 동시에 하여야 한다.

[사례] 주주총회의사록(정관을 변경하는 경우)

임시주주총회의사록

20○○년 ○월 ○일 오전 11시 본점 회의실에서 임시주주총회를 개최하다.

총 주주수	4명	총주식수	20,000주
출석주주수	4명	이의주식수	20,000주

의장 대표이사 한두찬은 정관규정에 따라 의장석에 등단하여 위와 같이 법정수에 달하는 주주가 출석하였으므로 본 총회가 적법히 성립되었음을 알리고 개회를 선언한 후 다음 의안을 부의하고 심의를 구하다.

의 안 : 정관일부 변경의 건

의장은 본 회사의 형편에 따라 정관의 공동대표규정을 폐지할 필요가 있다고 설명하고 그 가부를 물은바, 전원 이의 없이 찬성하여 만장일치로 승인 가결하다.

정 관

별지와 같음

이상으로서 금일의 의안이 전부 심의 종료되었으므로 의장은 폐회를 선언하다.
(폐회종료시각 오전 11시 30분)

위 결의를 명확히 하기 위하여 이 의사록을 작성하고 의장과 출석한 이사가 아래에 기명날인하다.

20○○년 ○월 ○일

주식회사 에이엔에스
의장 공동대표이사 한 두 찬 (법인) (개인)
공동대표이사 김 영 준 (법인) (개인)

※ 정관의 변경은 특별결의에 의한다. 특별결의는 주주총회 결의 방법의 하나로서 발행주식총수의 3분의1 이상에 해당하는 주식을 가진 주주의 출석으로 그 의결권의 3분의 2이상의 다수로 결정하는 방법을 말한다(상법 제434조).

※ 정관을 변경하지 않아도 되나 정관을 변경하는 경우에는 주주총회를 개최하여 관련규정을 삭제한다. 그리고 정관의 신구대조표를 만들어 첨부하여야 한다.

[별 지]

변경전 정관	변경후 정관	비고
제○조(대표이사 등의 선임) ① 당회사는 이사회의 결의로 대표이사, 전무이사 및 상무이사 약간명을 선임할 수 있다. ② 이사회는 공동대표이사 또는 각자 대표이사를 선임할 수 있다	제○조(대표이사 등의 선임) ① 당회사는 이사회의 결의로 대표이사, 전무이사 및 상무이사 약간명을 선임할 수 있다. ② 삭제	(변경)

[사례] 사임서

사 임 서

본인은 귀 회사의 공동대표이사인 바, 금번 일신상의 사정에 의하여 그 직을 사임합니다.

20○○년 ○월 ○일

대표이사 김 영 준 (개인)

주식회사 에이엔에스 귀중

※ 사임서에는 인감을 날인하고 인감증명서를 첨부하여야 한다.

[사례] 이사회의사록

이사회의사록

20○○년 ○월 ○일 오전 11시 본사 회의실에서 다음과 같이 이사회를 개최하다.

이사 총수	3명	출석 이사 수	3명
감사 총수	1명	출석 감사 수	1명

의안 : 공동대표규정폐지의 건

의장인 공동대표이사 한두찬은 본 회사의 형편에 따라 공동대표규정을 폐지할 필요가 있다고 설명하고 그 가부를 물은바, 전원 이의 없이 찬성하여 만장일치로 승인 가결하다.

이상으로서 금일 의안 전부를 심의 종료하였으므로 의장은 폐회를 선언하다.(회의 종료시각 오전 11시 30분)

위 결의를 명확히 하기 위하여 이 의사록을 작성하고 의장과 출석한 이사 각 기명날인 하다.

20○○년 ○월 ○일

주식회사 에이엔에스

의장 대표이사 한 두 찬 (법인) (개인)

사내이사 김 영 준 (개인)

사내이사 ○ ○ ○ (개인)

[사례] 인감신고서

인감 · 개인(改印) 신고서

(신고하는 인감날인란) (인감제출자에 관한 사항)

상호(명칭)		주식회사 에이엔에스	등기번호	
본점(주사무소)		서울시 성북구 석관동 123-4		
인감제출자	자격/성명			
	주민등록번호			
	주 소			

ㅁ 위와 같이 인감을 신고합니다.
ㅁ 위와 같이 개인(改印)하였음을 신고합니다.
20○○년 ○월 ○일

신고인 본 인 성 명 (법인) (개인)
대리인 성 명 (인)

지방법원 등기소 귀중

주 1. 개인인감 날인란에는 「인감증명법」에 의하여 신고한 인감을 날인하고 그 인감증명서(발행일로부터 3개월 이내의 것)를 첨부하여야 합니다. 개인(改印)신고의 경우, 개인인감을 날인하는 대신에 등기소에 신고한 유효한 종전 인감을 날인하여도 됩니다.
2. 인감 · 개인신고서에는 신고하는 인감을 날인한 인감대지를 첨부하여야 합니다.
3. 지배인이 인감을 신고하는 경우에는 인감제출자의 주소란에 지배인을 둔 장소를 기재하고, 「상업등기규칙」 제36조제4항의 보증서면(영업주가 등기소에 신고한 인감 날인)을 첨부하여야 합니다.

위 임 장

성 명 : 주민등록번호(-)
주 소 :
위의 사람에게, 위 인감신고 또는 개인신고에 관한 일체의 권한을 위임함.
20○○년 ○월 ○일

인감(개인) 신고인 성 명 (법인) (개인)

[사례] 인감대지

인 감 대 지

	신고하는 인감날인란	상 호(명 칭) : 주식회사 에이엔에스 자격 및 성명 : 대표이사 한 두 찬 주민등록번호 : -

※ 인감의 제출방법

○ 대표이사는 인감을 신고하여야 한다. 인감의 제출 또는 인감의 변경신고는, 인감(개인)신고서를 작성하여 관할 등기소에 제출하는 방식으로 한다. 인감(개인)신고서를 제출할 때에는 신고하는 인감을 찍은 인감대지(위 참조) 3장을 만들어 함께 제출하여야 한다.

○ 인감은 가로·세로 2.4센티미터의 정사각형 안에 들어갈 수 있어야 한다(상업등기규칙 제36조⑤).

○ 인감(개인)신고서에는 발행일로부터 3개월 이내의 인감증명서를 첨부하여야 한다. 취임승락서에 인감증명법에 의한 인감을 첨부한 경우에는 그 인감을 원용 할 수 있다.

○ 인감대지의 자격란에는 인감신고자에 따라 대표이사(이사), 이사장, 지배인, 대리인, 상호사용자, 무능력자, 법정대리인 등으로 기재하고 성명을 기재한다.

※ 외국인의 경우

○ 인감증명제도가 있는 국가의 국민이 신고하는 경우에는 인감(개인)신고서에 본국 관공서에 신고한 인감을 날인하고 그 인감증명서를 제출한다.

○ 인감증명제도가 없는 국가의 국민이 신고하는 경우에는 인감(개인)신고서에 서명을 하고, 그 서명이 본인의 것이라는 취지의 본국 관공서의 증명이나 본국 공증인의 공증 또는 국내 공증인의 공증을 받아 제출한다.

※ 지배인 또는 대리인이 인감(개인)신고하는 경우

○ 지배인 또는 대리인이 인감(개인)신고하는 경우에는 영업주(개인 상인인 영업주를 말한다) 또는 법인의 대표자가 지배인 또는 대리인의 인감임이 틀림없음을 보증하는 서면을 제출하여야 하고, 그 보증서면에는 등기소에 제출한 영업주 또는 법인 대표자의 인감을 날인하여야 한다.

[사례] 인감카드 (재)발급신청서

인감카드 (재)발급신청서 / 계속사용신청서

(인감제출자에 관한 사항)

상호(명칭)		주식회사 에이엔에스	등기번호	
본점(주사무소)		서울 ○○구 ○○동 123-4		
인감 제출자	자격 / 성명	대표이사 한 두 찬		
	주민등록번호			

인감카드 비밀번호		발급사유	␣ 최초발급 ␣ 카드분실 ␣ 카드훼손 ␣ 기타( )

위와 같이 인감카드의 (재)발급을 신청합니다.

20○○년 ○월 ○일

신청인 인감제출자 (본 인) 성 명 (법인) (전화 :)
(대리인) 성 명 (인) (전화 :)

지방법원 등기소 귀중

접수번호		인감카드번호	

- 대법원수입증지를 붙이는 란 -

주 1. 인감카드 비밀번호란에는 (재)발급받아 사용할 인감카드의 비밀번호를 기재하며, 아라비아숫자 6자릿수를 기재하여야 합니다. 비밀번호는 인감카드와 함께 인감증명서의 발급을 신청할 권한이 있는 것으로 보게 되는 중요한 자료이므로 권한이 없는 사람이 알지 못하도록 주의하시기 바랍니다.
2. 인감카드의 재발급을 신청할 때에는 「등기부 등·초본 등 수수료규칙」 제5조의7에 의하여 5,000원 상당의 대법원수입증지를 이 란에 붙여야 합니다. 다만, 인감카드를 반납할 때에는 붙일 필요가 없습니다.

위 임 장

성 명 : 주민등록번호(-)
주 소 :

위의 사람에게, 위 (재)발급신청서에 기재된 인감카드 발급신청과 그 수령 등에 관한 일체의 권한을 위임함.

20○○년 ○월 ○일
인감신고인 성 명 (인)

[사례] 주식회사 변경등기신청서(행정구역변경으로 인한 대표이사 주소변경)

주식회사 변경등기신청

접수	년 월 일	처리인	접 수	조 사	기 입	교 합	각종통지
	제 호						

상 호	주식회사 춘광실업	등기번호	○○○○○○
본 점	서울 ○○구 ○○동 123-4		
등 기 의 목 적	대표이사 주소변경등기		
등 기 의 사 유	20○○년 ○월 ○일 행정구역변경으로 인하여 대표이사의 주소가 변경되었으므로 그 등기를 구함.		
본/지점 신청구분	1. 본점신청 □ 2. 지점신청 □ 3. 본·지점 일괄신청 □		
등 기 할 사 항			
대표이사 · 이사 · 감사 등의 퇴임 · 취임 등과 그 연월일	대표이사 한 춘 광 (×××××× - ×××××××) 서울 서초구 서초동 345-6 20○○년 ○월 ○일 변경		
기 타			

<table>
<tr><td colspan="8">신청등기소 및 등록면허세/수수료</td></tr>
<tr><td rowspan="2">순번</td><td rowspan="2">신청등기소</td><td rowspan="2">구분</td><td>등록면허세</td><td rowspan="2">농어촌특별세</td><td rowspan="2">세액합계</td><td rowspan="2">등기신청수수료</td></tr>
<tr><td>지방교육세</td></tr>
<tr><td rowspan="2"></td><td rowspan="2"></td><td rowspan="2"></td><td>없음</td><td rowspan="2"></td><td rowspan="2"></td><td rowspan="2">없음</td></tr>
<tr><td></td></tr>
<tr><td></td><td></td><td></td><td></td><td></td><td></td><td></td></tr>
<tr><td></td><td></td><td></td><td></td><td></td><td></td><td></td></tr>
<tr><td></td><td></td><td></td><td></td><td></td><td></td><td></td></tr>
<tr><td></td><td></td><td></td><td></td><td></td><td></td><td></td></tr>
<tr><td colspan="3">합 계</td><td></td><td></td><td></td><td></td></tr>
<tr><td colspan="7">첨 부 서 면</td></tr>
<tr><td colspan="4">1. 주민등록표등(초)본 1통
1. 위임장(대리인이 신청할 경우) 1통</td><td colspan="3"><기 타></td></tr>
</table>

20○○년 ○월 ○일

신청인 상 호 주식회사 춘광실업
본 점 서울 ○○구 ○○동 123-4
대표이사 성 명 한 춘 광 (법인) (전화 : 555-1234)
주 소 서울 ○○구 ○○동 234-5
대리인 성 명 법무사 정 동 진 (인) (전화 : 123-4567)
주 소 서울 서초구 서초동 345-6

○○지방법원 ○○등기소 귀중

- 신청서 작성요령 및 등기수입증지 첩부란 -

1. 해당란이 부족할 때에는 별지를 이용합니다.
1. 해당 등기신청과 관계없는 사항에 대하여는 "해당없음"으로 기재하거나 삭제하고, 필요한 사항은 추가 기재합니다.

(용지규격 21㎝× 29.7㎝)

[사례] 위임장(등기소 제출용)

위 임 장

법무사 정 동 진

서울 서초구 서초동 345-6

전화 : 123-4567

위 사람을 대리인으로 정하고 다음 사항의 권한을 위임함.

다 음

1. 본 회사의 대표이사 주소변경 등기 신청 및 취하에 관한 일체의 행위
2.
3.

20○○년 ○월 ○일

위임인 주식회사 춘광실업

서울 ○○구 ○○동 123-4

대표이사 한 춘 광 (법인)

※ 이 위임장은 법무사에게 주식회사변경등기를 의뢰하는 경우 대리의 권한을 법무사에게 위임하는 서류로써 등기소에 제출하는 서류이다.

[사례] 주식회사 변경등기신청서(주소이전으로 인한 대표이사 주소변경)

주식회사 변경등기신청

접수	년 월 일	처리인	접 수	조 사	기 입	교 합	각종통지
	제 호						

상 호	서울한강산업주식회사	등기번호	○○○○○○
본 점	서울 ○○구 ○○동 123-4		
등기의목적	대표이사 주소변경등기		
등기의사유	대표이사의 주소가 아래의 주소로 이전되었으므로 그 등기를 구함.		
본/지점 신청구분	1. 본점신청 □ 2. 지점신청 □ 3. 본·지점 일괄신청 □		
등 기 할 사 항			
대표이사 · 이사 · 감사 등의 퇴임 · 취임 등과 그 연월일	대표이사 한 강 산 서울 서초구 서초동 345-64 20○○년 ○월 ○일 변경		
기 타			

신청등기소 및 등록면허세/수수료						
순번	신청등기소	구분	등록면허세 지방교육세	농어촌특별세	세액합계	등기신청수수료
			금 40,200원 금 8,040원		금 48,240원	금 6,000원
합 계						

첨 부 서 면	
1. 주민등록표등(초)본 1통 1. 등록면허세영수필확인서 1통 1. 위임장(대리인이 신청할 경우) 1통	<기 타>

20○○년 ○월 ○일

신청인 상 호 서울한강산업주식회사
본 점 서울 ○○구 ○○동 123-4
대표이사 성 명 한 강 산 (법인) (전화 : 555-1234)
주 소 서울 ○○구 ○○동 234-5
대리인 성 명 법무사 정 동 진 (인) (전화 : 123-4567)
주 소 서울 서초구 서초동 345-6

○○지방법원 ○○등기소 귀중

- 신청서 작성요령 및 등기수입증지 첩부란 -

1. 해당란이 부족할 때에는 별지를 이용합니다.
1. 해당 등기신청과 관계없는 사항에 대하여는 "해당없음"으로 기재하거나 삭제하고, 필요한 사항은 추가 기재합니다.

(용지규격 21㎝× 29.7㎝)

[사례] 위임장(등기소 제출용)

위 임 장

법무사 정 동 진

서울 서초구 서초동 345-6

전화 : 123-4567

위 사람을 대리인으로 정하고 다음 사항의 권한을 위임함.

다 음

1. 본 회사의 대표이사 주소변경 등기 신청 및 취하에 관한 일체의 행위
2.
3.

20○○년 ○월 ○일

위임인 서울한강산업주식회사

서울 ○○구 ○○동 123-4

대표이사 한 강 산 (법인)

※ 이 위임장은 법무사에게 주식회사변경등기를 의뢰하는 경우 대리의 권한을 법무사에게 위임하는 서류로써 등기소에 제출하는 서류이다.

제3절 신주식 발행

1. 의 의

“신주식발행”이란 회사성립 후에 수권자본 즉, 발행예정주식총수의 범위 내에서 발행하고 남은 미발행주식 중에서 주식을 발행하여 회사의 자본을 증가시키는 것을 말한다. 상법은 수권자본제를 채택한 결과 정관에는 발행예정주식총수만 기재하고 설립 시에 1주이상만 발행하면 회사는 성립하며, 그 나머지 미발행주식은 회사설립 후에 필요에 따라 이사회의 결의로 자금의 수요에 따라 발행하는 것을 인정하고 있다(상법 제416조).

신주발행은 원칙적으로 이사회에서 결정하나, 정관으로 주주총회의 권한으로 할 수 있으며, 이사회는 기존주주의 이익을 위하여 정관이 정하는 바에 의하여야만 주주이외의 자에게 배정할 수 있다(상법 제418조②).

2. 신주발행의 종류

가. 보통의 신주발행

(1) 개 설

회사성립 후 회사의 자금조달을 직접의 목적으로 하는 경우의 신주발행을 말한다. 상법 제416조 이하의 신주의 발행에 관한 규정이 바로 보통의 신주발행에 해당한다. 보통의 신주발행의 경우에는 신주인수인으로부터 주금의 납입 또는 현물출자의 이행을 받으므로 이를 유상증자라 통칭한다.

증자유형은 신주 배정 대상 및 실권주 처리방법에 따라 주주배정방식, 주주우선공모방식, 일반공모방식, 제3자 배정방식으로 분류할 수 있다.

(2) 주주배정방식

기존 주주에게 그가 가진 주식수에 따라 신주를 발행하여 배정하는 증자 방식이다(상법 제418조①). 주주배정증자방식의 경우 주주가 그 인수를 포기한 실권주는 주로 이사회 결의를 통해 기존 주주, 제3자 또는 일반인에게 공모하는 방법으로 처리 가능하나 신주발행을 위한 이사회 결의에서 실권주 처리방법을 정하여야 하고, 실권주 발생시 별도의 이사회 결의를 거쳐야 실권주를 일반공모 또는 제3자 배정방법에 의해 처리할 수 있다.

(3) 주주우선공모방식

주주에게 우선 청약의 기회를 부여하고 미청약된 주식이 있는 경우 이를 불특정다수인(해당 법인의 주주 포함)에게 청약 기회를 부여하는 증자방식을 말한다.

(4) 일반공모방식

일반공모방식은 주주의 신주인수권을 배제하고 불특정 다수인(해당 법인의 주주 포함)을 상대방으로 하여 신주를 모집하는 방식을 말한다(자본시장법 제165조의6 및 동 시행령 제176조의8).

(5) 제3자 배정방식

제3자 배정방식은 주주의 신주인수권을 배제하고 주주외의 자에게 신주를 배정하는 것으로 정관상 주주의 신주인수권 배제에 관한 규정이 있거나 주주총회 특별결의로써 특정의 제3자에게 신주인수권을 부여하는 경우에만 가능하다(상법 제418조).

나. 특수한 신주발행

이는 직접으로 자금조달을 목적으로 하지 아니하고, 그 이외의 사유에 의하여 신주가 발행되는 경우를 말한다. 상법에 규정되어있는 특수한 신주발행으로는 전환주식의 전환 또는 전환사채의 전환(상법 제346조 이하, 제513조 이하), 신주인수권부사채권자의 신주인수권의 행사(상법 제516조의8), 준비금의 자본전입(상법 제461조②), 주식배당(상법 제462조의2), 주식병합(상법 제440조 이하), 주식의 분할, 흡수합병(상법 제523조) 등의 경우가 있고, 특별법에 규정되어 있는 것으로는 통합도산법에 의한 신주발행, 자산재평가법에 의한 재평가적립금의 자본전입으로 인한 신주발행 등이 있다. 특수한 신주발행 중 준비금의 자본전입 또는 자산재평가적립금의 자본전입에 의한 신주발행 등은 주금의 납입 없이 신주를 발행하므로 이를 무상증자라 통칭한다.

위에서 열거한 무상증자에 관하여는 각각 절을 나누어 설명하기로 한다.

3. 신주발행의 절차

상법이 예정하지 아니한 방법과 절차에 의한 신주발행은 효력이 없다. 그리고 신주발행절차는 신주발행사항결정, 신주인수권자를 확정하기 위한 신주배정일의 공고 및 신주인수권자에 대한 청약최고(신주신수권자가 있는 경우), 모집절차(신주인수권자가 없는 경우), 납입 및 현물출자의 이행, 등기의 순서로 이루어진다.

가. 신주발행사항의 결정

신주발행은 상법에 다른 규정이 있거나 정관으로 주주총회에서 정하기로 규정한 경우를 제외하고는 신주의 종류와 수, 신주의 발행가액과 납입기일 등 다음의 사항은 발행예정주식총수의 범위 내에서 이사회가 결정한다(상법 제416조). 이사회는 신주발행의 결정을 대표이사나 기타의 자에게 위임할 수 없다(통설). 한편 회사가 자본금의 총액이 10억원 미만으로 1명 또는 2명의 이사만을 둔 경우(상법 제383조① 단서)에는 이사회를 설치하지 아니하므로 정관의 정함이 없더라도 주주총회에서 주식발행여부 등을 결정한다(상법 제383조④, ⑤).

(1) 신주의 종류와 수(상법 제416조 제1호)

정관으로 수종의 주식의 발행을 예정하고 있는 경우에는 그 중 발행할 주식의 종류와 그 수를 정하여야 한다. 따라서 회사의 자금조달계획상 미발행주식을 초과하는 신주의 발행이 필요한 경우에는 정관변경을 통하여 발행예정주식총수를 증가시켜야 한다(상법 제389조① 3호, 433조). 특히 회사가 수종의 주식을 발행한 경우에는 반드시 정관에 각종 주식의 내용과 수가 정해져야 하는데(상법 제344조② 전단) 새로이 발행할 주식의 총수가 전체 미발행주식의 범위 내에 있다고 하더라도 발행할 신주 중 특정 종류의 주식에 대한 미발행주식이 부족하다면 이 경우에도 정관을 변경하여 해당 종류의 주식의 발행예정주식총수를 증가시켜야 한다.

(2) 신주의 발행가액과 납입기일

신주의 발행가액은 원칙적으로 액면(정관상 1주의 금액을 말한다) 또는 그 이상이어야 한다. 회사가 정관의 규정에 의하여 주종의 주식을 발행하는 경우에는 다른 종류의 주식간에 주주평등의 원칙이 적용되지 않기 때문에 발행가액을 달리 정할 수 있지만(상법 제344조③, 종류적 평등), 같은 종류의 주식간에는 원칙적으로 발행가액을 달리 정할 수 없다고 본다.

신주를 액면이하의 가액으로 발행하기 위하여는 회사성립 후 2년이 경과하여야 하고, 주주총회의 특별결의와 법원의 인가를 얻어야 한다(상법 제417조①). 그리고 법원의 인가를 받은 날로부터 1월 이내에 신주를 발행해야 한다(상법 제417조④).

(3) 신주의 인수방법(상법 제416조 제3호)

주식의 공모여부와 청약기일, 청약증거금, 배정비율, 단주 및 신권주의 처리방법, 주금납입을 취급할 금융기관 등의 사항을 정하는 것을 말한다.

원칙적으로 주주는 그가 가진 주식의 수에 따라 신주를 배정받을 권리가 있다. 그러나 회사는 정관에 정하는 바에 따라 주주 외의 자에게 신주를 배정할 수 있다. 다만, 이 경우에는 신기술의 도입, 재무구조의 개선 등 회사의 경영상 목적을 달성하기 위하여 필요한 경우에 한한다(상법 제418조①②). 따라서 정관에 별다른 규정이 없으면 상법 제418조제2항에 의하여 기존주주는 신주인수권이 있고, 제3자에게 신주인수권을 부여하거나 모집에 의할 것을 정관으로 정한 경우에는 그 정관의 규정에 의한다.

(4) 현물출자에 관한 사항(상법 제416조 제4호)

주식회사에서 현물출자의 목적물은 특별한 제한이 없고, 대차대조표상 자산으로 계상할 수 있는 재산이면 모두 그 목적물이 될 수 있다. 현물출자를 하는 자가 있는 경우에 그 성명과 그 목적인 재산의 종류, 수량, 가격과 이에 대하여 부여할 주식의 종류와 수를 결정한다. 현물출자의 공정한 평가를 위하여 법원이 선임한 검사인의 조사를 받아야 한다. 이 경우 공인된 감정인의 감정으로 검사인의 조사에 갈음할 수 있다(상법 제422조①). 현물출자자에 대하여 발행하는 신주에 대하여는 일반주주의 신주인수권은 미치지 아니 한다.

(5) 주주가 가지는 신주인수권을 양도할 수 있는 것에 관한 사항(상법 제416조 제5호)

신주인수권의 양도는 주주에 한하여 인정되며 주주의 신주인수권의 양도는 정관의 규정이나 정관에 의한 주주총회의 결의가 없는 한 이사회의 결의에 의하여 인정할 수 있다. 신주인수권의 양도를 인정한 때에는 회사는 신주인수권증서를 발행하여야 하고, 신주인수권의 양도는 신주인수권증서의 교부에 의해서만 가능하다.

(6) 주주의 청구가 있는 때에만 신주인수권증서를 발행한다는 것과 그 청구기간(상법 제416조 제6호)

신주인수권증서는 주주의 신주인수권을 표창하는 유가증권이다. 이사회의 결정으로 주주가 갖는 신주인수권의 양도를 인정하는 경우에는 주주의 청구가 있는 때에만 신주인수권증서를 발행한다는 것과 그 청구기간을 정하여야 한다. 그러나 이사회가 이러한 사항을 정하지 않고 주주의 신주인수권의 양도에 관해서만 결의하면, 모든 주주에게 청약기일의 2주간 전에 신주인수권증서를 발행하여야 한다(상법 제420조의2①).

나. 신주배정일의 지정 · 공고

(가) 주주가 신주인수권을 갖는 때에는 회사는 구체적으로 신주인수권을 가진 주주를 확정하기 위하여 일정한 날(配定日)을 정하여 그 날에 주주명부에 기재된 주주가 가진 주식의 수에 따라서 신주의 배정을 받을 권리를 가진다는 뜻과 신주인수권을 양도 할 수 있을 경우에는 그 뜻을 그 날의 2주간 전에 공고하여야 하며, 그 날이 주주명부의 폐쇄기간 중인 때에는 그 폐쇄기간 초일의 2주간 전에 공고하여야 한다(상법 제418조).

(나) 이러한 신주배정일의 공고는 주식을 양수한 자가 명의개서를 해태함으로써 신주인수권행사의 기회를 놓치는 일이 없도록 하기 위하여 규정된 것이다. 주식을 양수한 자는 신주배정일 공고에 따라 배정일 전까지 주주명부에 명의개서를 하게 되며, 지정・공고된 배정기준일 현재 주주명부상의 명의주주(名義株主)가 신주인수권자로 확정된다(대법원 1995. 7. 28. 선고 94다25735 판결).

다. 신주인수권자에 대한 실권예고부청약최고

회사는 신주인수권을 가진 자에 대하여 그 인수권을 가지는 주식의 종류 및 수와 일정한 기일까지(청약기일)까지 주식인수의 청약을 하지 않으면 그 권리를 잃는다는 뜻을 그 기일의 2주간 전에 신주인수권자에게 통지하여야 한다.

이때 신주인수권을 양도할 수 있는 것으로 정한 때에는 그 뜻과, 주주의 청구에 의하여 신주인수권증서를 발행할 것으로 정한 때에는 그 내용도 통지하여야 한다. 무기명주권을 발행한 때에는 통지가 불가능하므로 위 기일의 2주간 전에 동일한 사항을 공고하여야 한다(상법 제419조①,②,③). 위의 통지 또는 공고에도 불구하고 청약기일까지 주식인수의 청약을 하지 아니한 때에는 신주인수권자는 그 권리를 잃는다(상법 제419조④).

라. 모집절차

(1) 개 설

실권주와 신주인수권의 대상이 되지 않는 주식에 대하여는 회사가 일반 공중으로부터 주주를 모집할 수 있다. 이 경우에는 모집설립에 관한 규정이 준용된다(상법 제425조①).

모집은 그 모집의 범위를 회사의 임원, 종업원 등 연고자로 특정하여 주주를 구하는 연고모집과 널리 일반인으로부터 주주를 모집하는 공모(일반모집)로 나누어진다.

(2) 주식인수의 청약

현물출자를 하는 경우를 제외하고 신주인수의 청약을 하고자 하는 자(신주인수권자, 모집발행의 경우의 일반인)는 주식청약서 2통에 인수할 주식의 수, 주소, 기타의 법정사항을 기재하고(상법 제420조), 기명날인 또는 서명하여야 한다(상법 제425조, 제302조①). 신주인수권증서가 발행된 경우에는 원칙적으로 신주인수권증서에 의하여 청약을 한다(상법 제420조의4①). 다만, 신주인수권증서를 상실한 경우에는 주식청약서에 의하여 청약할 수 있다(상법 제420조의4②). 현물출자를 하는 경우에는 이사회 또는 정관의 규정에 따라 주주총회에서 현물출자를 하는 자와 그에 대하여 부여할 주식의 수를 정하기 때문에, 주식청약서에 의한 주식청약을 할 필요가 없다.

(3) 신주의 배정과 인수

주식인수의 청약에 대하여 회사는 신주를 배정하며(상법 제421조), 이로써 주식인수의 청약자는 주식인수인이 된다. 회사는 신주인수권자의 청약에 대하여는 배정의무를 지지만 기타의 자(상법 제418조②의 정관의 규정에 따른 주주모집 또는 실권주·단주 처리방법으로서의 주주모집의 경우의 주식청약인을 말한다)에 대하여는 자유로이 배정할 수 있다. 총액인수주의에 의하는 설립의 경우와 달리 신주발행예정주식의 전부에 대한 청약이 없더라도 배정할 수 있다.

(4) 출자의 이행

신주인수인은 납입기일에 그 인수가액의 전액을 납입하여야 하고, 현물출자자는 납입기일에 출자의 목적인 재산을 인도하고 등기 · 등록 기타 권리의 설정 또는 이전을 필요로 할 경우에는 그에 필요한 서류를 완비하여 교부하여야 한다(상법 제421조, 제425조, 제305조③, 제295조②). 현금출자 시 납입은 주식청약서에 기재된 납입장소에 하여야 하는데, 납입장소는 은행 기타 금융기관에 한한다(상법 제425조①, 제318조).

인수인이 납입기일에 납입하지 아니한 때에는 인수인으로서는 권리를 잃는다(상법 제423조②). 회사설립의 경우와는 달리 실권절차를 밟을 필요 없이 납입기일의 경과로 당연히 실권하며, 이 부분에 대하여는 다시 인수인을 모집할 수도 있고, 발행을 포기하고 미발행부분으로 남기고 후일 발행할 수도 있다.

개정 전에는 주금의 납입을 상계의 방법으로 할 수 없었으나(구 상법 제334조). 2011. 4.14. 상법 개정으로 신주의 인수인은 회사의 동의가 있는 경우 주금납입채무와 회사에 대한 채권을 상계할 수 있고(상법 제421조②), 회사는 일방적 의사표시로 상계할 수 있게 되었다. 상계는 주금납입채무의 전부에 대해서도 할 수 있고, 주금납입채무의 일부나 신주인수인 중 일부 신주인수인의 주금납입채무에 대해서도 할 수 있다(예규 1450호).

마. 신주발행의 효력발생

(1) 납입기일의 익일

신주인수인이 이사회가 정한 납입기일까지 납입 또는 현물출자의 이행을 하면 납입기일의 다음 날로부터 신주발행의 효력이 생기고, 그 신주인수인은 주주의 권리의무가 있다(상법 제423조①). 신주발행의 경우는 회사의 설립시와는 달리 신주발행예정주식의 전부에 대한 납입 또는 이행이 없어도 회사의 자금조달의 편의를 위하여 납입 또는 이행이 있는 한도 내에서 그 효력을 인정하고 있다.

(2) 납입의무의 불이행

납입기일에 납입 또는 현물출자가 이행된 한도내의 발행주식에 대하여 신주발행의 효력이 생기고, 납입기일까지 납입 또는 현물출자의 이행을 하지 않은 신주인수인은 그 권리를 잃으며(상법 제423조②), 이 경우 회사는 실권한 신주인수인에 대하여 손해의 배상을 청구할 수 있다(상법 제423조③). 그리고 실권한 주식에 대하여 회사는 주주를 다시 모집할 수 있다.

(3) 신주의 발행시기

신주의 납입기일 후 회사는 지체없이 주권을 발행하여야 한다(상법 제355조①). 납입기일후가 아니면 주권을 발행하지 못하고 납입기일 전에 발행한 주권은 무효이다(상법 제355조②③).

(4) 신주발행무효의 소

신주발행무효의 소는 형성의 소이고, 신주발행무효판결의 효력은 소급효가 없어 판결확정 후에 비로소 발행된 신주가 효력을 잃는다(상법 제431조). 신주발행무효의 판결의 확정되면 회사는 신주의 주주에게 납입금을 환급하여야 하므로(상법 제432조①), 회사의 발행주식수는 그 만큼 감소하고 또한 신주발행으로 인하여 증가한 자본액이 신주발행 전의 금액으로 복귀하며, 회사의 미발행주식수는 신주발행전의 수로 증가한다.

설립무효의 판결 또는 설립취소의 판결이 확정된 때에는 본점과 지점의 소재지에서 등기하여야 한다(상법 제430조, 제192조).

4. 등기절차

가. 등기기간 등

(1) 신주발행의 효력이 발생하면 회사의 발행주식의 총수와 그 종류 및 각각의 수(상법 제317조②제3호)와 자본의 총액(상법 제317조②제2호)에 변경이 있게 된다. 따라서 납입기일의 다음날로부터 본점소재지에서 2주간 내에 대표이사가 신주발행으로 인한 변경등기를 신청하여야 한다(상법 제317조④, 제183조, 상업등기법 제17조②).

(2) 기간의 초일은 등기기간에 산입하지 않는 것이 원칙이지만, 신주발행의 효력은 납입기일의 다음 날의 오전 0시에 발생하므로, 기간의 초일인 납입기일의 다음날을 등기기간에 산입한다(상법 제1조, 민법 제157조). 즉, 등기기간의 기산일은 납입기일의 다음 날이다.

(3) 납입기일 전에 신주 전부에 대한 납입을 완료하였더라도 신주발행의 효력이 발생하기 전에는 신주발행으로 인한 변경들기를 신청할 수 있다. 다만 이사회의 결의로 납입기일을 변경하여 신주발행의 효력을 앞당길 수는 있다.

(4) 주주에게 신주인수권이 있는 경우 신주발행에 관한 이사회의 결의일과 신주배정일까지의 기간이 2주간이 안 되는 경우에도 신주발행으로 인한 변경등기신청이 가능하다. 신주배정일의 공고는 이사회의 결의에 앞서 미리 하여도 무방하기 때문이다.

나. 등기사항 등

(1) 발행주식의 총수와 그 종류 및 각각의 수

발행주식의 총수와 그 종류 및 각각의 수를 등기하여야 한다. 발행할 주식의 총수는 회사가 발행할 수 있는 주식수의 한도로서 발행예정주식총수 또는 수권주식총수라고도 한다. 주식회사의 발행할 주식의 총수는 정관의 필요적 기재사항(상법 제289조① 제3호)이며 또한 등기사항이다. 발행할 주식의 총수는 주주총회의 특별결의로써 이를 변경할 수 있으며(상법 제433조 제434조) 주주총회에서 발행할 주식의 총수를 변경한 때에는 그에 따른 변경등기를 신청하여야 한다.

회사가 신주의 발행을 조건으로 하여 발행예정주식총수 증가의 변경 결의를 하고 그 조건이 된 신주를 발행한 후 발행예정주식총수의 변경 등기와 신주발행의 등기신청을 할 경우, 그 조건이 된 신주가 증가변경 결의 당시의 발행예정주식총수의 범위내에 속하는 것인 때에는 그 등기 신청을 수리할 수 있으나, 그 조건이 된 신주가 증가변경결의 당시의 발행예정주식총수 중 미발행 주식의 범위를 초과하는 것인 때에는 그 등기신청을 수리할 수 없다. 그리고 이 점은 현물출자에 인한 신주를 발행하는 경우나 자산재평가법 제30조③의 규정에 의한 재평가적립금 또는 상법 제461조①의 규정에 의한 준비금의 자본전입에 따라 신주를 발행하는 경우에도 마찬가지이다(등기선례1-867, 82. 6. 18 등기 제250호 대한사법서사협회장 대 법원행정처장 회답).

발행예정주식총수의 변경등기는 발행주식총수의 변경등기와 동시에 신청하는 것이 바람직하나, 동시에 신청할 것을 강제하는 규정이 없으므로 발행주식총수의 변경등기가 경료된 후에 신청하더라도 등기관은 수리하여야 한다(상업등기선례 200611-3, 2006. 11. 23. 공탁상업등기과-1315 질의회답).

⑵ 자본의 총액

주식의 액면가액에 발행한 신주수를 곱한 금액만큼 자본의 총액이 증가한다. 액면가액 이상 및 액면가액 미만으로 발행한 경우에도 마찬가지이다. 다만, 액면가액 이상으로 발행한 경우에는 액면가액을 초과한 금액은 자본준비금으로 적립된다(상법 제459조①제1호).

⑶ 변경된 취지와 변경연월일

변경연월일(변경등기의 원인일자)은 '주금납입기일의 다음 날'이다.

> [상업등기선례 1-198] 기업구조조정을 위한 금융기관대출금의 출자전환에 따른 변경등기 절차
> 기업구조조정을 위하여 금융기관이 당해 기업에 대한 대출금을 출자전환하여 신주를 발행하고 그에 따른 변경등기를 신청하는 경우, '발행주식의 총수'(상법 제317조② 제3호)와 '자본의 총액'(같은 항 제2호)에 대한 변경연월일은 신주발행절차에서 정한 '납입기일의 다음날'(상법 제423조)이다(2000. 11. 8. 등기 3402-799 질의회답).

⑷ 액면미달의 주식(신주) 발행

회사가 신주를 액면미달로 발행하는 경우에는 회사 채권자의 이익을 해할 우려가 있으므로, 상법은 원칙적으로 주식의 액면미달발행을 금지하고 있다(상법 제330조). 그러나 회사가 성립한 날로부터 2년이 경과하고 주주총회의 특별결의가 있고 법원의 인가를 얻으면 액면미달의 신주를 발행할 수 있다(상법 제417조).

액면미달발행을 한 경우에 주식의 발행에 따른 변경등기에는 액면미달금액의 총액(미상각액)을 등기하여야 한다(상법 제426조). 미상각액은 기타사항란에 등기한다.

⑸ 신주발행으로 인한 변경등기의 효력

신주발행의 변경등기는 자본증가의 효력요건이 아니라, 이미 효력이 발생한 신주발행과 자본의 증가를 공시하는 의미가 있을 뿐이다(상법 제37조).

신주인수인은 변경등기를 한 날부터 1년을 경과한 후에는 주식청약서 또는 신주인수권

증서의 요건흠결 이유로 하여 인수의 무효를 주장하거나, 착오·사기·강박을 이유로 하여 인수를 취소하지 못한다. 아직 1년이 지나지 않았지만 그 주식에 대하여 주주권을 행사한 때에도 같은 제한을 받는다(상법 제427조).

다. 첨부서면

회사가 신주를 발행하는 경우에는 신주인수권의 내용 및 예정일을 지정하여 공고하도록 규정하고 있으나(상법 제418조②), 상업등기법이 그 공고문을 등기신청에 필요한 서면으로 규정하고 있지 아니하므로, 신주발행으로 인한 변경등기신청서에 그 공고문을 첨부할 필요는 없다. 신주발행의 경우 첨부서면은 다음과 같다(상업등기법 제82조).

(1) 주식의 인수를 증명하는 서면(상업등기법 제82조 제1호)

신주발행으로 인한 변경등기의 신청서(비송사건절차법 제205조)에는 주식의 청약을 증명하는 서면뿐만 아니라 주식의 인수를 증명하는 서면도 첨부하여야 한다. 다만, 그 주식의 인수를 증명하는 서면이 신주의 인수인이 작성한 주식인수증에 한정되는 것은 아니다. 현물출자를 하는 자와 회사 간의 신주인수계약서, 주주명부 기타 주식의 배정 상황(각 인수인에게 배정한 주식의 수)에 관하여 대표이사가 작성한 서면도 주식의 인수를 증명하는 서면에 해당한다(상업등기선례200701-2, 2007. 1. 10. 공탁상업등기과-45 질의회답)

현물출자의 경우에는 현물출자자가 주식을 인수한 것을 증명하는 서면으로서 인수인의 기명날인이 있는 인수증서 등이 이에 해당한다.

금전출자의 경우, 신주발행으로 인한 변경등기의 신청서에는 주식의 청약을 증명하는 서면 및 주식의 인수를 증명하는 서면을 첨부하여야 하며, 발행된 신주를 기존주주가 그 소유주식의 비율에 따라 전부 인수하고 그 변경등기를 신청하는 경우에도 주식의 청약을 증명하는 서면 및 주식의 인수를 증명하는 서면을 첨부하여야 한다(상업등기법 제82조). 이는 신주발행의 경우 신주의 청약과 인수가 반드시 일치하는 것이 아니기 때문이다.

(2) 주식의 청약을 증명하는 서면(상업등기법 제82조 제2호)

주식청약서 또는 신주인수권증서가 이에 해당하는 서면이다(상법 제420조, 제420조의2 ②). 그러나 주식의 청약이 있었음을 증명하기에 족한 확실한 서면, 예를 들면 주식모집의 수탁회사가 있는 경우 또는 납입을 맡은 은행 기타 금융기관이 위탁을 맡아서 주식청약을 접수한 경우에는 수탁회사나 은행 등의 증명서(주식청약인의 수, 청약주식의 종류와 수를 기재한 후 증명자인 회사의 대표이사 등이 기명날인하고 주식청약서로 사용한 견본용지를 첨부)도 주식의 청약을 증명하는 서면에 해당된다 할 것이다.

기업이 해외에서 주식을 발행하여 자금을 조달하기 위한 목적으로 주권(주권)에 대체하여 주식예탁증서(Depository Receipt)를 발행하는 경우, 그 신주발행으로 인한 변경등기의 신청서에는 주식을 발행하는 회사(이하 '발행회사'라 한다)와 예탁기관(발행회사와 예탁계약을 체결하고 이에 의거하여 외국인 투자자에 대한 주식예탁증서 발행 및 그에 따른 권리행사 업무를 주로 수행하는 자를 말한다) 간의 예탁계약서를 첨부할 수 있으며, 반드시 주식청약서(상법 제420조)를 첨부할 필요는 없다. 이 경우, 주간사(주식예탁증서 발행의 사실상의 주역으로서 발행회사와의 협의하에 발행 전체의 기획을 담당하는 자인데, 주식예탁증서의 조건, 금액, 모집 방법 등에 대하여 해외 시장의 동향을 참작해 발행회사에 제안하고 최종적으로 발행회사와 발행 및 인수 조건을 합의한다)와 발행회사 간의 주식예탁증서 발행에 관한 계약서를 첨부할 수도 있다. 다만, 위의 계약서들에는 반드시 발행 주식의 종류와 수가 나타나 있어야 하고, 주간사의 자격 내지 지위에 대하여는 예탁기관의 증명이 있어야 한다(상업등기선례200706-4, 2007. 6. 21. 공탁상업등기과-696 질의회답).

(3) 현물출자에 대한 검사인의 조사보고서와 그 부속서류 또는 감정인의 감정서와 그 부속서류(상업등기법 제82조 제3호)

검사인의 조사보고서 또는 감정인의 감정서는 법원에 제출하여 그 부본 표지여백에 법원의 심사결과가 기재되고, 재판장의 기명날인이 된 것으로서 법원으로부터 송달받은 부본이어야 한다(등기예규 제719호).

외국투자가가 자본재를 현물출자하는 경우에는 외국인투자촉진법 제30조③의 규정에 의하여 관세청장이 현물출자의 이행과 그 목적물의 종류·수량·가격 등을 확인한 현물출자완료확인서가 비송사건절차법 제203조 제5호의 규정에 의한 검사인의 조사보고서로 간주되는 것이므로, 등기 신청서에 관세청장 발행의 현물출자완료확인서 외에 별도로 검사인의 조사보고서를 첨부할 필요는 없으며, 관세청장이 발행한 현물출자완료확인서의 내용을 법원에 보고할 필요도 없다(등기선례6-631, 1999. 3. 10. 등기 3402-242 질의회답).

(4) 검사인의 조사보고에 관한 재판이 있은 때에는 그 재판의 등본(상업등기법 제82조 제4호)

현물출자와 관련하여 변경등기신청서에 첨부되는 검사인·공증인의 조사보고서 또는 감정인의 감정서를 법원이 송달하는데 신주발행으로 인한 변경등기신청서에 그 재판의 등본을 첨부하여야 한다(등기예규 제979호 1999. 06. 26 제정).

(5) 주금의 납입을 맡은 은행 기타 금융기관의 납입금보관에 관한 증명서(상업등기법 제82조 제5호)

주금의 납입이 완료된 경우 납입금을 보관한 은행이나 그 밖의 금융기관은 이사의 청구를 받으면 그 보관금액에 관하여 증명서를 발급하여야 하는데(상법 제425조①,제318조①), 신주발행으로 인한 변경등기신청서에 금전출자의 이행이 완료된 사실을 증명하기 위하여 주금의 납입을 맡은 은행, 그 밖의 금융기관의 납입금 보관에 관한 증명서를 제출하여야 한다(상업등기법 제82조 5호 본문). 다만, 신주발행의 결과 자본금의 총액이 10억원 미만인 회사의 경우에는 은행이나 그 밖의 금융기관의 잔고증명서로 은행, 그 밖의 금융기관의 납입금 보관에 관한 증명서를 대체할 수 있는데(상법 제425조①, 제318조③, 법 82조 5호 단서), 이 경우 잔고증명서는 회사의 실지명의(實地名義, 실명) 즉, 법인세법에 의하여 부여받은 사업자등록증에 기재된 회사의 상호(商號, 법인명) 및 등록번호를 표시하여 작성된 잔고증명서이어야 한다(금융실명거래 및 비밀보호에 관한 법률 3조① , 2조 4호 및 동법 시행령 3조 2호). 납입기일까지 주금의 납입이 가능하기 때문에(상법 제421조, 423조① 및 ②) 잔고증명서는 납입기일을 증명일자로 하여 납입기일 이후로 발급받은 것이어야 하고, 신주의 인수인은 그 인수한 각주에 대한 인수가액의 전액을 납입하여야 하기 때문에(상법 제421조) 잔고증명서상에 기재된 금액은 실제로 인수 및 납입이 이루어져 신주발행의 효력이 발행한 주식의 발행가액의 총액과 일치하거나 초과하는 금액이어야 한다.

기업구조조정을 위하여 금융기관이 당해 기업에 대한 대출금을 출자전환하여 신주를 발행하고 그에 따른 변경등기를 신청하는 경우, 비송사건절차법 제205조 제5호에 규정된 '주금을 납입한 은행 기타 금융기관의 납입금보관에 관한 증명서'에 갈음하여 (1) 회사가 주식인수인(금융기관)에 대하여 채무를 부담하고 있다는 사실을 증명하는 서면, (2) 그 채무에 대하여 회사로부터 상계의 의사표시가 있음을 증명하는 서면 또는 주식인수인의 상계의사표시에 대하여 회사가 이를 승인하였음을 증명하는 서면, (3) 위와 같은 출자전환이 있었음을 증명하는 금융감독원장의 확인서를 제출할 수 있는바, 중소기업창업지원법에 의하여 중소기업청에 등록된 중소기업창업투자회사(금융기관부실자산등의효율적처리및성업공사의설립에관한법률 제2조 및 같은법시행령 제2조는 이를 동법상의 금융기관으로 보고 있음)가 중소기업에 대한 대출금을 출자전환하는 경우에는 위 금융감독원장의 확인서에 갈음하여 위와 같은 출자전환이 있었음을 증명하는 중소기업청장의 확인서를 첨부할 수 있다(상업등기선례 1-193, 1999. 10. 28. 등기 3402-1003 질의회답).

기업구조조정촉진법 제24조⑤에 의하여 채권금융기관협의회에 이 법의 규정에 따른다는 확약서를 제출한 채권금융기관 이외의 채권자는 이 법에 의한 채권금융기관으로 간주

되므로 이러한 확약서를 제출한 채권금융기관 이외의 채권자가 동법 제17조의 규정에 의한 출자전환을 한 경우에는 등기예규 제960호에서 규정한 금융기관에 해당되어 비송사건절차법 제205조 제5호의 '주금의 납입을 맡은 은행 기타 금융기관의 납입금보관에 관한 증명서'에 갈음하여 위 예규에서 정한 첨부서면을 제출하여 변경등기할 수 있다고 보며, 금융기관이 아닌 채권자의 대출금에 대한 출자전환을 위하여는 채권금융기관협의회에 확약서가 제출되었음을 소명하여 출자전환에 관한 금융감독원장의 확인서를 발급받아야 하며, 변경등기신청서의 첨부서면으로는 위 예규에서 정한 서면만 제출하면 되고 확약서는 첨부할 필요가 없다(상업등기선례 1-204, 2002. 1. 2. 등기 3402-3 질의회답).

신주발행으로 인한 변경등기의 신청서에는 납입금 보관증명서나 검사보고서 또는 감정서(현물출자의 경우)를 첨부하여야 하나 기업구조조정촉진법은 채권금융기관이 기업의 구조조정을 위하여 부채를 출자전환할 수 있는 것을 전제로 하고 있으므로 이 경우에는 위 첨부서면 대신 제960호(1999. 1. 25.자)에서 정한 서면으로 갈음할 수 있다. 그러나 위 경우 이외에 일반적으로 주식회사의 주주에 대한 채무를 자본으로 전환하는 주식회사와 주주 사이의 "공증받은 출자전환 합의서"는 위 납입금 보관증명서나 검사보고서 또는 감정서에 갈음할 수 없다(상업등기선례 1-211, 2003. 7. 16. 공탁법인 3402-169 질의회답).

(6) 신주발행에 관한 이사회의사록 또는 주주총회의사록과 정관

신주발행의 결정은 원칙적으로 이사회의 결의에 의하는 것이므로(상법 제416조), 그 의사록만 첨부하면 되나, 정관의 규정에 의하여 이를 주주총회의 결의로 결정한 때에는 그 주주총회 의사록과 정관을 첨부하여야 한다(상업등기법 제79조②).

(7) 대리인에 의하여 신청할 때에는 그 권한을 증명하는 서면

대리인에 의하여 등기를 신청하는 때에는 신청서에 그 권한을 증명하는 서면을 첨부하여야 한다(상업등기법 제21조).

(8) 허가서 또는 인증있는 등본

신주발행에 관하여 관청의 허가를 필요로 하는 사항의 등기를 신청하는 때에는 신청서에 관청의 허가서 또는 그 인증이 있는 등본을 첨부하여야 한다(상업등기법 제22조).

(9) 정관, 법원의 허가서, 총주주의 동의서(상업등기법 제79조①)

(가) 정관

주주총회에서 신주발행의 결의를 한 경우(1인 이사인 회사 제외)와 주주에게 신주인수권을 부여하지 않은 경우에는 정관을 첨부한다.

(나) 법원의 허가서(인가서)

액면미달의 신주를 발행한 경우(상법 제417조)와 주식납입금의 보관증명을 한 은행 기타 금융기관이 주식청약서 등에 기재된 납입을 맡을 은행 기타 금융기관과 상이한 경우에 법원의 허가서(인가서)를 첨부한다(상법 제306조, 제425조).

(다) 총주주의 동의서

실권예고부청약최고기간을 단축한 경우에는 총주주동의서, 주식인수인이 생긴 후에 납입기일을 변경한 경우에는 주식인수인 전원의 동의서가 필요하다(상업등기법 제79조). 그러나 납입기일 전에 신주에 대한 납입이 완료되어 그 기일을 앞당겨 변경한 경우에는 첨부할 필요가 없다.

(라) 상계를 증명하는 서면

신주인수인이 회사의 동의를 얻어 주금납입채무와 주식회사에 대한 채권을 상계한 경우에는 이를 증명하는 서면을 첨부하여야 한다(예규 제1445호). 즉, ① 회사가 신주인수인에 대하여 채무를 부담하고 있다는 사실을 증명하는 서면(소비대차계약서 등), ② 회사가 상계를 한 경우에는 회사가 신주인수인에 대하여 상계의 의사표시를 하였음을 증명하는 서면, ③ 신주인수인이 상계를 한 경우에는 신주인수인이 회사에 대하여 상계의 의사표시를 하였음을 증명하는 서면과 회사가 그 의사표시에 대하여 동의를 하였음을 증명하는 서면을 첨부하여야 한다(예규 1450호). 납입채무 일부에 대하여 상계를 한 경우에는 위 서면과 상계로 소멸하는 납입채무 외의 부분에 관한 납입을 증명하는 서면을 함께 첨부 한다(예규 1450호)

라. 등록면허세 등

(1) 등록면허세

불입한 금액 또는 출자가액의 4/1000의 금액의 등록면허세(지세법 제28조① 제6호)와 등록면허세의 20/100의 지방교육세를 납부하고, 이를 증명하는 서면을 첨부하여야 한다. 다만, 대도시에서 설립한 회사 또는 대도시로 전입한 회사가 설립 또는 전입후 5년 내에 신주의 발행을 한 경우에는 위 등록면허세율의 3배 중과한다(지세법

제28조②).

자본증가에 따른 증자등기 시에 1주의 금액, 발행한 주식의 총수, 발행주식의 총수와 그 종류 및 각각의 수가 변경되거나 회사가 발행할 주식의 총수가 부족하여 그 변경등기도 같은 신청서에 의해 함께 신청하는 경우 증자등기에 필요한 등록면허세 및 지방교육세만을 납부하면 된다(등기예규 제1038호).

(2) 등기신청 수수료

서면제출의 경우 2009. 6. 1부터 4,000원인 수수료는 6,000원으로 변경되었다. 전자신청의 경우 2,000원, 전자표준양식에 의한 신청은 4,000원의 등기신청수수료를 납부하여야 한다(수수료규칙 제5조의3②, 제5조의5④)

등록면허세와 달리, 신주발행으로 인한 자본금증가의 등기와 회사가 발행할 주식의 총수의 변경등기를 일괄하여 하나의 신청서로 동시에 신청하는 경우에도 등기신청수수료는 각각의 것을 합산하여 납부하여야 한다(예규 1487호)

마. 공증수수료

공증인수수료규칙 제21조①에서 "발행주식의 액면총액 5천만원까지는 8만원으로 하고, 5천만원을 초과할 경우에는 그 초과액의 2천분의 1을 더하되 100만원을 초과하지 못한다."고 규정하고 있다.

예컨대 1억원을 증자한 경우에는 공증료는 130,000원(80,000+50,000원 정관공증료 포함)이 되는 것이다.

의사록의 공증(인증)료는 건당 30,000원이다. (주주총회의사록 30,000원+이사회의사록30,000원=60,000원).

[상법개정 전/후의 특수한 주식의 분류]

1) 개정 전 상법의 경우

"이익"이나 "이자배당"에 관하여 내용이 다른 수종의 주식을 발행할 수 있도록 규정하였고 이익배당우선주의 형태로서 무의결권주식과 상환주식의 발행을 인정하였다. 즉, 일반적인 주식발행은 보통주와 이익배당우선주(무의결권주식, 상환주식) 및 전환주식이 발행되었다.

2) 개정 상법의 경우

개정 상법은 "이익"이나 "이자배당"이라는 특성이 부가된 주식발행에 대한 제한을 없애고 모든 주식에 대하여 이익의 배당, 잔여재산의 분배, 주주총회에서의 의결권의 행사, 상환 및 전환 등에 관하여 내용이 다른 주식을 발행할 수 있다. 즉, 개정상법은 이익배당우선주에 일정한 특성을 부가한 주식이 아니라 이익배당우선주와 분리된 독자적인 주식이 발행을 허용하였다.

3. 우선주식은 무의결권주식과 동일한 개념이 아니다.

무의결권주식이란 상법의 개정전에는 이익배당우선주에서 의결권이 배제된 주식을 말하고, 개정상법의 경우 이익배당우선주인지 여부와 무관하게 의결권이 없는 주식을 말하는 것이므로 상법개정 전/후를 불문하고 우선주식은 무의결권주식과 동일한 개념이 아니다.

명칭	내용
이익배당에 우선권이 있는 종류주식(제344조의2)	(이익배당우선주)
잔여재산분배에 우선권이 있는 종류주식(제344조의2)	(잔여재산분배우선주)
의결권이 없거나 제한되는 종류주식(제344조의3)	(무의결권주식) – 발행한도
전환권이 있는 종류주식(제346조)	(전환주식) – 전환권? : (회사 / 주주)
상환권이 있는 종류주식(제345조)	(상환주식) – 상환권(청구권)? : (회사 / 주주)

[상법상 자본변동상황]

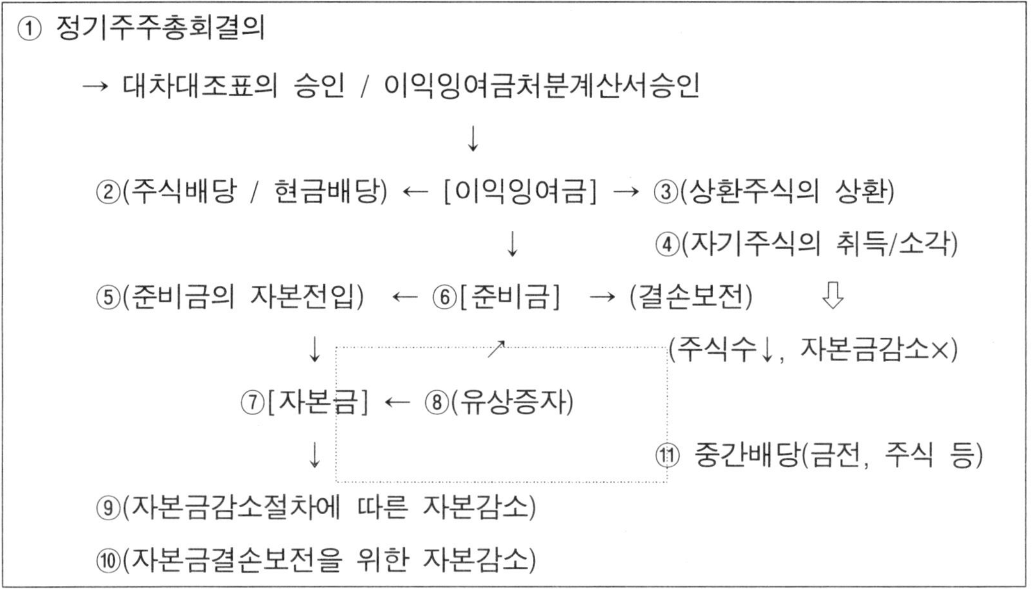

[주주중 일부의 자에게 주식을 발행(배정)하는 경우 주주배정인가?]

1. 배정의 형태에 따른 주주배정과 제3자 배정의 구분

다음과 같은 내용에 따른 배정과 납입이 있는 경우 아래 기재 판례내용에 따르면 ①,②,③은 주주배정이고 ④,⑤는 제3자배정이다. 불균등증자의 세무상의 이슈가 있으므로 반드시 세무사님과 상의하여 주시기 바랍니다.

기존 주주(주식비율)	배정	청약(납입)
① 갑 30%, 을 35%, 병 35%	갑 30%, 을 35%, 병 35%	갑 30%, 을 35%, 병 35%
② 갑 30%, 을 35%, 병 35%	갑 30%, 을 35%, 병 35%	갑 30%, 을 X, 병 X
③ 갑 30%, 을 35%, 병 35%	갑 30%, 을 35%, 병 35%	갑 100%, 을 X, 병 X
④ 갑 30%, 을 35%, 병 35%	갑 100%, 을 X, 병 X	갑 100%
⑤ 갑 30%, 을 35%, 병 35%	정 100%	정 100%

2. 판례가 주주배정과 제3자배정을 구분하는 기준

【다수의견】 신주 등의 발행에서 주주배정방식과 제3자 배정방식을 구별하는 기준은 회사가 신주 등을 발행하는 때에 주주들에게 그들의 지분비율에 따라 신주 등을 우선적으로 인수할 기회를 부여하였는지 여부에 따라 객관적으로 결정되어야 할 성질의 것이지, 신주 등의 인수권을 부여받은 주주들이 실제로 인수권을 행사함으로써 신주 등을 배정받았는지 여부에 좌우되는 것은 아니다. 회사가 기존주주들에게 지분비율대로 신주 등을 인수할 기회를 부여하였는데도 주주들이 그 인수를 포기함에 따라 발생한 실권주 등을 제3자에게 배정한 결과 회사지분비율에 변화가생기고, 이 경우 신주 등의 발행가액이 시가보다 현저하게 낮아 그 인수권을 행사하지 아니한 주주들이 보유한 주식의 가치가 희석되어 기존 주주들의 부(富)가 새로이 주주가 된 사람들에게 이전되는 효과가 발생하더라도, 그로인한 불이익은 기존 주주들 자신의 선택에 의한 것일 뿐이다. 또한, 회사의 입장에서 보더라도 기존 주주들이 신주 등을 인수하여 이를 제3자에게 양도한 경우와 이사회가 기존 주주들이 인수하지 아니한 신주 등을 제3자에게 배정한 경우를 비교하여 보면 회사에 유입되는 자금의 규모에 아무런 차이가 없을 것이므로, 이사가 회사에 대한 관계에서 어떠한 임무에 위배하여 손해를 끼쳤다고 볼 수는 없다.

【반대의견】 신주 등의 발행이 주주배정방식인지 여부는, 발행되는 모든 신주 등을 모든 주주가 그 가진 주식수에 따라서 배정받아 이를 인수할 기회가 부여되었는지 여부에 따라 결정되어야 하고, 주주에게 배정된 신주 등을 주주가 인수하지 아니함으로써 생기는 실권주의 처리에 관하여는 상법에 특별한 규정이 없으므로 이사는 그 부분에 해당하는 신주 등의 발행을 중단하거나 동일한 발행가액으로 제3자에게 배정할 수 있다고 할 것이다. (중략) . 그러므로 신주 등을 주주 배정방식으로 발행하였다고 하더라도, 상당 부분이 실권되었음에도, 이사가 그 실권된 부분에 관한 신주 등의 발행을 중단하지도 아니하고 그 발행가액 등의 발행조건을 제3자 배정방식으로 발행하는 경우와 마찬가지로 취급하여 시가로 변경하지도 아니한 채 발행을 계속하여 그 실권주 해당부분을 제3자에게 배정하고 인수되도록 하였다면, 이는 이사가 회사에 대한 관계에서 선관의무를 다하지 아니한 것에 해당하고, 그로 인하여 회사에 자금이 덜 유입되는 손해가 발생하였다면 업무상배임죄가 성립한다(대법원 2009.5.29., 2007도4949).

3. 실무상 주주일부에 대한 배정이 제3자배정인 경우

실무상 ① 채권의 출자전환, ② 특허권, 기타 재산의 현물출자는 대부분 대표이사 또는 주주중 일부의 재산을 출자전환하는 것이므로 대부분 제3자 배정에 해당한다. 이와 같은 제3자배정의 경우 과점주주발생여부를 반드시 확인하여야 한다.

[상법상 새로운 주식을 발행하는 형태]

유형	권리자	결의기관	주금납입	기타
유상증자(주주배정)	주주	이사회(주총)	○	
유상증자(제3자배정)	제3자	이사회(주총)	○	정관
무상증자	주주	이사회	대차대조표	
주식배당	주주	정기주주총회	대차대조표	
중간배당	주주	이사회	대차대조표	정관
전환사채	사채권자	X	청구서	사채계약서
신주인수권부사채	신주인수권소지자	X	청구서 + 주금납입	사채계약서
스톡옵션	권리자	X	청구서 + 주금납입	부여계약서

[사례] 주식회사 변경등기(유상증자, 주주총회결의, 구주주가 포기한 신주식 일반으로부터 공모한 경우,)

주식회사 변경등기신청

접수	년 월 일	처리인	접 수	조 사	기 입	교 합	각종통지
	제 호						

상 호	에이앤비 주식회사	등기번호	○○○○○○
본 점	서울시 서초구 양재동 1100-5		
등 기 의 목 적	1) 발행할 주식의 총수 변경등기 2) 신주발행으로 인한 변경등기		
등 기 의 사 유	1) 20○○년 ○월 23일 임시주주총회결의로 회사가 발행할 주식의 총수를 변경하였으므로 그 등기를 구함 2) 20○○년 ○월 23일 이사회에서 신주식 40,000주 발행결의에 의해 주주를 모집하고 동년 ○월 24일 그 납입이 완료되어 동년 ○월 25일 발행주식의 총수, 그 종류와 각종주식의 내용과 수, 자본의 총액을 변경하였으므로 그 등기를 구함.		

등 기 할 사 항	
변경 후의 발행예정 주식 총수	100,000주
변경된 취지 및 변경 연월일	20○○년 ○월 23일 주식총수변경
발행주식의 총수, 그 종류와 각종 주식의 내용과 수	50,000 주 보통주식
자본의 총액	금 250,000,000원
기 타	

신청등기소 및 등록면허세/수수료						
순번	신청등기소	구분	등록면허세 지방교육세	농어촌특별세	세액합계	등기신청수수료
			금 800,000원 금 160,000원		금 960,000원	금 12,000원
과 세 표 준 액	금 200,000,000 원					

첨 부 서 면	
1. 정관 통	1. 주금납입보관증명서 통
1. 공증받은 이사회의사록 통	1. 등록면허세영수필확인서 통
1. 공증받은 주주총회 의사록 통	1. 위임장(대리인이 신청할 경우) 통
1. 주주명부 통	<기 타>
1. 주식의 인수를 증명하는 서면 통	
1. 주식청약서 통	

20○○년 ○월 ○일

신청인 상 호 에이앤비 주식회사

본 점 서울시 서초구 양재동 1100-5

대표이사 성 명 양 철 승 (법인) (전화 : 123-4567)

주 소

대리인 성 명 법무사 이 석 장 (인) (전화 : 234-5678)

주 소 서울시 서초구 서초동 1296-2

○○지방법원 ○○등기소 귀중

- 신청서 작성요령 및 등기수입증지 첨부란 -

1. 해당란이 부족할 때에는 별지를 이용합니다.
1. 해당 등기신청과 관계없는 사항에 대하여는 "해당없음"으로 기재하거나 삭제하고, 필요한 사항은 추가 기재합니다.

(용지규격 21㎝× 29.7㎝)

※ 이 사례는 개정 상법 제363조⑤ 후단에서 규정한 서면결의로 회사가 발행할 주식총수를 변경하는 주주총회를 갈음하고, 구주주가 포기한 신주식을 일반으로부터 공모한 경우의 사례이다.

[사례] 임시주주총회의사록

임시주주총회 의사록

20○○년 ○월 ○일 11시 본사 회의실에서 임시주주총회를 개최하다.

주주 총수 3명 주식 총수 10,000주
출석주주수 3명 이의주식수 10,000주

의장은 정관규정에 따라 의장석에 등단하여 위와 같이 법정원수에 달하는 주주가 출석하였으므로 본 총회가 적법히 성립됨을 알리고 개회를 선언한 후 다음 의안을 부의하고 심의를 구하다.

의 안 : 회사가 발행할 주식의 총수변경에 따른 정관 일부 변경의 건

본 회사가 신주를 발행하여 자본을 증가하고자 하나 현행정관에 규정된 회사가 발행할 주식의 총수로는 증가시킬 수 없으므로 이를 증가시키기 위하여 정관규정을 다음과 같이 변경할 필요가 있다고 각 주주에게 통지(또는 각 주주의 동의를 받아 전자문서로 통지)한 바, 주주전원은 서면으로 이의 없이 동의하므로 만장일치로 승인 가결하다.

정 관

제5조(회사가 발행할 주식의 총수) 본 회사가 발행할 주식의 총수는 100,000주로 한다.

이상으로서 금일의 의안이 전부 심의 종료되었으므로 의장은 폐회를 선언하다.
(종료시간 오전 11시 30분)

위 결의를 명확히 하기 위하여 이 의사록을 작성하고 의장과 출석한 이사가 아래에 기명날인하다.

20○○년 ○월 ○일

에이앤비 주식회사
서울시 중구 인현동 1가 100의 5
의장 대표이사 양 철 승 (법인)

※ 정관변경

○ 신주를 발행하여 자본을 증가하고자 하나 현행 정관에 규정된 회사가 발행할 주식의 총수가 법정수에 부족한 경우 정관의 "회사가 발행할 주식 총수"규정을 변경하여야 한다.

○ 정관의 변경은 특별결의에 의한다. 특별결의는 주주총회 결의 방법의 하나로서 발행주식 총수의 3분의1 이상에 해당하는 주식을 가진 주주의 출석으로 그 의결권의 3분의 2이상의 다수로 결정하는 방법을 말한다(상법 제43조).

[사례] 이사회 의사록

(법인) (개인)이사회 의사록

20○○년 ○월 23일 본 회사 본점사무실에서 다음과 같이 이사회를 개최하다.

이사총수 3명 출석이사수 3명

감사총수 1명 출석감사수 1명

의안 : 신주식발행에 관한 건

의장은 당회사의 사업운영상 신주식을 발행하여 자본을 증가시켜야 한다고 설명하고 그 가부를 물은 즉 이사전원은 이를 신중히 토의한 결과 다음같이 결의하다.

결의 사항

1. 신주식의 종류와 수 : 40,000주 보통주식
1. 신주식의 발행가액 : 금 5,000원
1. 청약&납입기일 : 20○○년 ○월 24일
1. 신주식의 인수방법 : 20○○년 ○월 23일 현재 주주명부에 기재된 주식수의 비율에 따라 신주식을 배정하고 주주가 인수권을 포기한 신주식은 이를 일반으로부터 공모한다.
1. 기타 신주발행에 관한 필요한 절차사항은 대표이사에게 일임한다.

의장은 이상으로서 회의 목적인 의안전부의 심의를 종료하였으므로 폐회한다고 선언하다.

위 의사의 경과요령과 결과를 명확히 하기 위하여 이 의사록을 작성하고 의장과 출석한 이사 및 감사가 기명날인하다.

20○○년 ○월 ○일

에이앤비 주식회사

서울시 중구 인현동 1가 100의 5

의장 대표이사 양 철 승 (법인) (개인)

사내이사 이 준 철 (개인)

사내이사 이 국 민 (개인)

※ 이사회의사록

○ 신주발행은 상법에 다른 규정이 있거나 정관으로 주주총회에서 정하기로 규정한 경우를 제외하고는 발행예정주식총수의 범위 내에서 이사회가 결정한다(상법 제416조). 다만, 이사 1~2인의 회사인 경우에는 주주총회에서 결정한다(상법 제383조④~⑥).

○ 이사회의 결의는 이사 과반수의 출석과 출석 이사의 과반수로 하여야 한다. 다만, 정관으로 그 비율을 높게 정할 수 있다(상법 제391조①), 감사가 불출석한 경우에도 출석한 이사들만으로 이사회를 개최하고 이사회의사록을 작성할 수 있다.

[사례] 잔고증명서

잔고증명서

일금 이억원정(금200,000,000원)
발행주식의 총수 40,000 주
1 주의 금액 금 5,000원

위 금액은 귀 회사 신주식발행총수 40,000주에 대한 납입금으로서 20○○년 ○월 ○일 납입이 완료되어 현재 이를 보관중임을 증명함.

20○○년 ○월 ○일

주식회사 ○○은행 ○○지점
서울시 중구 서소문동 1133-2
지점장 박 용 수

에이앤비 주식회사 대표이사 양 철 승 귀하

※ 잔고증명서

○ 개정 상업등기법 제82조 제5호는 신주발행의 결과 자본금 총액이 10억원 미만인 회사에 대하여는 은행이나 그 밖의 금융기관의 잔고증명서로 대체할 수 있도록 하였다.

○ 잔고증명은 주금이 입금되어 있는 법인대표 될 자의 통장원본과 위 잔고증명서 2부를 작성하여 금융기관에 제시한다.

[사례] 주식인수증

<table>
<tr><td colspan="2">주 식 인 수 증</td></tr>
<tr><td>상 호</td><td>에이앤비 주식회사</td></tr>
<tr><td>인 수 할 주 식 수</td><td>20,000 주</td></tr>
<tr><td>금 액</td><td>금100,000,000원</td></tr>
<tr><td>일 주 의 금 액</td><td>1주 금5,000원(발행가액 5000원)</td></tr>
<tr><td colspan="2">위 주식을 인수함.

20○○년 ○월 ○일

인수인 주주 양 철 승 (인)
서울시 ○○구 ○○동 ○○-○

에이앤비 주식회사 대표이사 귀하</td></tr>
</table>

※ 신주의 인수

○ 기존주주(구주주)가 그 소유주식의 비율내에서 주식을 인수하는 경우에는 주식인수증을 작성하여야 하고, 소유주식수의 비율을 초과하여 인수하고자하는 경우에는 그 초과부분에 한하여는 원칙적으로 주식청약서를 작성하여야 한다. 그러나 실무에서는 구주주는 주식인수증으로, 구주주가 아닌 일반인의 경우는 주식청약서를 작성하고 있다.

○ 납입기일에 납입 또는 현물출자가 이행된 한도내의 발행주식에 대하여 신주발행의 효력이 생기고, 납입기일까지 납입 또는 현물출자의 이행을 하지 않은 신주인수인은 그 권리를 잃으며(상법 제423조②), 이 경우 회사는 실권한 신주인수인에 대하여 손해의 배상을 청구할 수 있으며(상법 제423조③), 실권한 주식에 대하여 회사는 주주를 다시 모집할 수 있다.

[사례] 주식인수증

주 식 인 수 증	
상 호	에이앤비 주식회사
인 수 할 주 식 수	10,000 주
금 액	금50,000,000원
일 주 의 금 액	1주 금5,000원(발행가액 5000원)

위 주식을 인수함.

20○○년 ○월 ○일

인수인 주주 이 준 철 (인)
서울시 ○○구 ○○동 ○-○

에이앤비 주식회사 대표이사 귀하

[사례] 신주식청약서

신주식 청약서	
상 호	에이앤비 주식회사
인수할주식수	10,000주
금 액	금50,000,000원
일주의 금액	금5,000원(발행가액 5000원)

귀 회사정관과 이 청약서에 기재한 사항을 승낙하고 주식을 청약합니다.

20○○년 ○월 ○일

주식청약인 정 동 섭 (인)
서울시 도봉구 도봉동 1-1212호

에이앤비 주식회사 대표이사 양 철 승 귀중

(별지)

상 호	에이앤비 주식회사
회사가 발행할 주식의 총수	100,000 주
일 주 의 금 액	금 5,000원(발행가액 5000원)
신주의 종류와 수	신주식수 40,000주 보통주식
신주식의 발행가격	일주 금5,000원
납 입 기 일	20○○년 ○월 ○일
납입받을 금융기관과 납입장소	(주) ○○은행 ○○지점
신주식의 인수방법	20○○년 ○월 23일 현재 주주명부에 기재된 주식수의 비율에 따라 신주식을 배정하고 주주가 인수권을 포기한 신주식은 이를 일반으로부터 공모한다.
신주식의 발행의결의 년월일	20○○년 ○월 ○일

[사례] 기간단축동의서

기간단축동의서

본인 등은 20○○년 ○월 ○일 이사회의 결의에 의한 신주식 발행에 관하여 20○○년 ○월 ○일 주금 납입을 하는데 있어 상법 제418조, 제419조 소정의 기간을 단축하는데 이의가 없으므로 이에 동의함.

20○○년 ○월 ○일

주주 이 준 철 (인)
주주 양 철 승 (인)
주주 이 국 민 (인)

※ 기간단축 동의서

○ 실권예고부 청약 최고기간을 단축한 경우에는 총주주동의서, 주식인수인이 생긴 후에

납입기일을 변경한 경우에는 주식인수인 전원의 동의서가 필요하다. 그러나 납입기일 전에 신주에 대한 납입이 완료되어 그 기일을 앞당겨 변경한 경우에는 첨부할 필요가 없다.

○ 신주발행절차에서 상법 제418조 및 제419조의 규정에 의한 신주인수권의 내용 및 배정일 지정공고와 신주인수권자에 대한 실권예고부 최고기간을 단축한 경우에, 이를 증명하는 서면으로서 실무상 신주인수권포기서를 첨부하게 하는 경우도 있으나 이는 현행법상 첨부서면은 아니며, 위 사항이 총주주의 동의가 없으면 효력이 없거나 취소할 수 있는 사항에 해당될 경우에는 총주주가 동의하였음을 증명하는 서면(총주주의 동의서 또는 신주인수권을 행사하지 않은 주주의 기간단축동의서 등)을 첨부하여 변경등기를 신청하여야 한다(등기선례 200206-14, 2002. 6. 24. 등기 3402-344 질의회답).

[사례] 신주식인수포기서 - 주주간 분쟁이 예상되거나 불균등증자의 경우, 주식의 시가가 액면가액보다 높은 경우등에는 이 서류를 사용하지 말아야 한다.

신주식 인수포기서

20○○년 ○월 ○일 이사회의 결의로 신주식 40,000주를 발행하기로 결의하였으나 본인의 배정주식은 인수를 포기합니다.

20○○년 ○월 ○일

주주 이 국 민 (인)

※ 신주식인수포기서

○ 주식회사의 신주발행에 있어서 신주인수권을 가진 주주의 일부가 신주인수권을 포기하여 발생한 실권주를 이사회의 결의로 다른 주주나 제3자에게 배정하여 납입이 이루어진 경우, 이에 따른 변경등기의 신청서의 첨부서면으로 실권주의 배정을 결정한 이사회의 의사록 외에 주주의 신주인수권포기서는 현행법상 첨부서면으로 하고 있지 않다(등기선례 200206-14, 2002. 6. 24. 등기 3402-344 질의회답).

[사례] 정 관

정 관

제1장 총 칙

제1조(상호) 당 회사는 에이앤비 주식회사라 부른다.

제2조(목적) 당 회사는 다음 사업을 경영함을 목적으로 한다.

1. 특수지 및 팬시지 판매업
2. 위 사항과 관련된 부대사업

제3조(본점의 소재지) 당 회사의 본점은 서울시에 둔다.

제4조(공고방법) 당 회사의 공고는 서울시내에서 발행하는 일간 매일경제신문에 게재한다.

제2장 주 식

제5조(회사가 발행할 주식의 총수) 당 회사가 발행할 주식의 총수는 100,000주로 한다.

제6조(1주의 금액) 당 회사가 발행하는 주식일주의 금액은 금5,000원으로 한다.

제7조(회사의 설립시에 발행하는 주식총수) 당 회사는 설립시에 10,000주의 주식을 발행하기로 한다.

제8조(주식 및 주권의 종류) 당 회사의 주식은 보통주식으로서 전부 기명식으로 하고 주권은 일주권, 십주권, 백주권의 삼종으로 한다.

제9조(주권 불소지) 당 회사는 주권불소지제도를 채택하지 아니한다.

제10조(주금납입의 지체)① 주금납입을 지체한 주주는 납입기일 다음날부터 납입이 끝날 때까지 지체 주금백원에 대하여 일번 십전의 비율로서 과태금을 회사에 지급하고 또 이로 인하여 손해가 생겼을 때는 그 손해를 배상하여야 한다.

(주식양도의 제한) ② 당 회사의 주식을 양도함에는 이사회의 승인을 얻어야 한다.

(주식양도의 제한) ③ 당 회사의 주식을 주주 이외의 자에게 양도함에는 이사회의 승인을 얻어야 한다.

제11조(명의개시)① 당 회사의 주식의 관하여 명의개시를 청구함에 있어서는 당회사에서 정하는 청구서에 기명날인 또는 서명하고 이에 주권을 첨부하여 제출하여야 한다.

② 양도 이외의 사유로 인하여 주식을 취득한 경우에는 당 회사의 청구에 의하여 제1항의 청구서 이외에 그 사유를 증명하는 서면과 주권을 제출하여야 한다.

제12조(질권의 등록 및 신탁재산의 표시) 당 회사의 주식에 관하여 질권의 등록 또는 신탁재산의 표시를 청구함에 있어서는 당회사가 정하는 청구서에 당사자가 기명날인 또는 서명하고 이에 주권을 첨부하여 제출하여야 한다. 그 등록 또는 표시의 말소를

청구함에 있어서도 같다.

第13조(주권의 재발행)①주권의 분할, 병합, 오손 등의 사유로 인하여 주권의 재발행을 청구함에 있어서는 당 회사가 정하는 청구서에 기명날인 또는 서명하고 주권을 첨부하여 제출하여야 한다.

② 주권의 상실로 인하여 그 재발행을 청구함에 있어서는 당 회사가 정하는 청구서에 기명날인 또는 서명하고 이에 제권판결의 정본 또는 등본을 첨부하여 제출하여야한다.

第14조(수수료)① 제11조 내지 제13조에서 정하는 청구를 하는 자는 당 회사가 정하는 수수료를 납부하여야 한다.

第15조(주주명부의 폐쇄)① 당 회사는 매년 1월 1일부터 정기주주총회의 종결일까지 주주명부의 기재의 변경을 정지한다.

② 제1항의 경우 이외의 주주 또는 질권자로서 권리를 행사할 자를 정하기 위하여 필요한 때에는 이사회의 결의에 의하여 주주명부의 기재의 변경을 정지하고 또는 기준일을 정할 수가 있다. 이 경우에는 그 기간 또는 기준일의 2주간전에 공고하는 것으로 한다.

第16조(주주의 주소 등의 신고) 당 회사의 주주 및 등록된 질권자 또는 그 법정대리인이나 대표자는 당 회사가 정하는 서식에 의하여 그의 성명, 주소와 인감을 당 회사에 신고하여야 한다. 신고사항에 변경이 있는 때에도 또한 같다.

제3장 주주총회

第17조(소집) 당 회사의 정기주주총회는 영업연도 말일의 다음날부터 3월 이내에 소집하고 임시주주총회는 필요한 경우에 수시 소집한다.

第18조(의장) 대표이사가 주주총회의 의장이 된다. 그러나 대표이사 유고시에는 이사회에서 선임한 다른 이사가 의장이 된다.

第19조(결의) 주주총회의 결의는 법령 또는 정관에 다른 규정이 있는 경우를 제외하고 출석한 주주의 의결권의 과반수와 발행주식 총수의 4분의 1 이상의 수로서 한다.

第20조(의결권의 대리행사) 주주는 대리인으로 하여금 의결권을 행사할 수 있다. 대리인이 의결권을 행사함에는 표결전에 그 권한을 증명하는 서면을 의장에게 제출하여야 한다.

第21조(총회의 의사록) 주주총회의 의사록에는 의사의 경과요령과 그 결과를 기재하고 의장과 출석한 이사가 기명날인 또는 서명하여야 한다.

제4장 임원과 이사회

제22조(이사와 감사의 원수)당 회사의 이사는 2인이상, 감사는 1인 이상으로 한다.

제23조(이사의 선임)당 회사의 이사는 제19조의 결의방법에 의하여 선임한다.

제24조(감사의 선임)당 회사는 감사의 제19조의 결의방법에 의하여 선임한다. 그러나 이 경우에 의결권 없는 주식을 제외한 발행주식총수의 백분의 삼을 초과하는 주식을 가지는 주주는 그 초과하는 주식에 관하여는 의결권을 행사하지 못한다.

제25조(이사의 임기)이사의 임기는 취임후 3년으로 한다. 그러나 이사의 임기가 재임중 최종의 결산기에 관한 정기주주총회의 종결전에 끝날 때에는 그 정기주주총회의 종결에 이르기까지 그 임기를 연장한다. 보궐 또는 증원에 의하여 선임된 임기는 다른 이사의 전 임기와 같이한다.

제26조(감사의 임기)감사의 임기는 취임 후 3년내의 최종의 결산기에 관한 정기주주총회의 종결시까지로 한다.

제27조(이사회의 소집)이사회는 대표이사 또는 이사회에서 따로 정한 이사가 있는 때에는 그 이사가 회일의 7일전에 각 이사 및 감사에게 통지하여 소집한다. 그러나 이사 및 감사전원의 동의가 있는 때에는 소집절차를 생략할 수 있다.

제28조(이사회의 결의)이사회의 결의는 이사 과반수의 출석과 출석이사의 과반수로 한다.

제29조(이사회의 의사록)이사회의 의사록에는 의사의 경과요령과 그 결과를 기재하고 출석한 이사 및 감사의 기명날인 또는 서명하여야 한다.

제30조(대표이사)①당 회사는 사장 1인과 필요한 경우에 전무이사 및 상무이사 각 약간명을 둔다.

②사장, 전무이사와 상무이사는 이사회의 결의에 의하여 이사 중에서 선임한다.

③사장은 당 회사를 대표한다.

제31조(업무집행)①사장은 당회사의 업무를 통할하고 전무이사 또는 상무이사가 사장을 보좌하여 그 업무를 분장한다.

② 사장이 유고시에는 미리 이사회에서 정한 순서에 따라 전무이사 또는 상무이사가 대표이사의 직무를 대행한다.

제32조(감사의 직무)감사는 당 회사의 업무 및 회계를 감사한다.

제33조(보수와 퇴직금)임원의 보수 또는 퇴직한 임원의 퇴직금은 주주총회의 결의로 정한다.

제5장 계 산

제34조(영업연도)당 회사의 영업연도는 매년 1월 1일부터 동년 12월 31일까지로 한다.

제35조(재무제표, 영업보고서의 작성비치)①당회사의 사장은 정기총회 회일 6주간전에

다음 서류 및 그 부속명세서와 영업보고서를 작성하여 이사회의 승인과 감사의 감사를 받아 정기총회에 제출하여야 한다.

1. 대차대조표
2. 손익계산서
3. 이익처분계산서 또는 결손금처리계산서

②제1항의 서류는 영업보고서, 감사보고서와 함께 정기총회 1주간 전부터 당 회사의 본점과 지점에 비치하여야 하고 총회의 승인을 얻었을 때에는 그 중 대차대조표를 지체 없이 공고하여야 한다.

第36조(이익금의 처분)매기 총수입금에서 총 지출금을 공제한 잔액을 이익금으로 하여 이를 다음과 같이 처분한다.

1. 이익준비금 금전에 의한 이익배당액의 십분의 일이상
2. 별도적립금 약간
3. 주주배당금 약간
4. 임원 상여금 약간
5. 후기 이월금 약간

第37조(이익배당)이익배당금은 매 결산기에 있어서의 주주명부에 기재된 주주 또는 질권자에게 지급한다.

부 칙

第38조(최초의 영업연도)당 회사의 최초의 영업연도는 회사 설립일로부터 동년 12월 31일까지로 한다.

第39조(발기인)발기인의 성명 및 주소는 이 정관 말미에 기재함과 같다.

위와 같이 에이앤비 주식회사를 설립하기 위하여 이 정관을 작성하고 발기인 전원이 이에 기명날인 또는 서명한다.

20○○년 ○월 ○일

에이앤비 주식회사

서울시 서초구 양재동 1100-5

대표이사 양 철 승 (법인)

※ 정관의 첨부

신주발행의 결정은 원칙적으로 이사회의 결의에 의하는 것이므로(상법 제416조), 그 의사록만 첨부하면 되나, 정관의 규정에 의하여 이를 주주총회의 결의로 결정한 때와, 주주에게 신주인수권을 부여하지 않은 경우에는 정관을 첨부하여야 한다.

[사례] 위임장(등기소제출용)

위 임 장

법무사 정 동 진

서울 서초구 서초동 345-6

전화 : 123-4567

본인은 위 사람을 대리인으로 정하고 다음 사항의 권한을 위임함

다 음

1.본 회사의 신주발행으로 인한 발행주식총수 그 종류와 각종 주식의 내용과 수 자본의 총액의 변경, 등기신청에 관한 일체의 행위

2.

3.

20○○년 ○월 ○일

에이앤비 주식회사

서울시 서초구 양재동 1100-5

대표이사 양 철 승 (법인)

※ 이 위임장은 법무사에게 주식회사변경등기를 의뢰하는 경우 대리의 권한을 법무사에게 위임하는 서류로써 등기소에 제출하는 서류이다.

[사례] (구)주주명부

(구) 주 주 명 부						
20○○년 ○월 ○일 현재						
주주명	주소와 전자우편주소	소유주식수	회의출석	의결찬성	인증촉탁	비 고
양철승	서울 강남구 서현동 1-1212호 www.asd45@hanmail.net	5,000				
이준철	서울 강북구 수유동 11-7 www.wert88@hanmail.net	2,500				
이국민	서울 강북구 번동 789-44 www.wer88@hanmail.net	2,500				
총주식수			출석주식수	찬성주식수	촉탁주식수	1주당 금액
10,000						5,000

위 주주명부는 본사에 비치된 주주명부와 대조하여 틀림이 없음을 증명합니다.

20○○년 ○월 ○일

에이앤비 주식회사
서울시 서초구 양재동 1100-5
대표이사 양 철 승 (법인)

※ 전자주주명부제도

○ 회사는 정관에서 정하는 바에 따라 전자문서로 주주명부를 작성할 수 있다(상352조의2①). 전자주주명부에는 상법 제352조①의 기재사항 외에 전자우편주소를 적어야 한다.

○ 개정법은 기업경영의 IT화를 위하여 주주총회에 직접 참석하거나 대리인에게 투표를 위임하지 않더라도 전자서명 등 본인인증절차를 거쳐 인터넷으로 의결권을 행사하는 전자투표제도가 도입됐다(상법 제368조의4, 제382조의2). 이와 함께 주주들이 서면 외에도 이메일 등 전자문서를 통해 주주제안권 및 임시주주총회 소집청구권을 행사할 수 있도록 했다. 전자투표제도를 도입함에 따라 일반 주주명부를 전자문서로 된 주주명부로 대체할 필요가 있어서 제도화한 것이다.

○ 주주명부는 종전의 경우 공증시 구비서류이다. 개정법에서는 자본금총액이 10억원 미만인 소규모 회사의 경우에는 공증의무가 면제되었으므로 당연히 구비서류가 아니나 전자투표제의 도입에 따라 첨부서면으로 제출하여야 할 것이다.

[사례] (신)주주명부

(신) 주 주 명 부

20○○년 ○월 ○일 현재

주주명	주소와 전자우편주소	소유주식수	회의출석	의결찬성	인증촉탁	비고
양철승	서울시 강남구 서현동 1-1호 www.asd45@hanmail.net	17,600				
이준철	서울 강북구 수유동 11-7 www.wert88@hanmail.net	17,600				
이국민	서울 강북구 번동 789-44 www.wer88@hanmail.net	2,500				
정동섭	서울시 도봉구 도봉동 1-2호 www.wer88@hanmail.net	12,300				
총주식수			출석주식수	찬성주식수	촉탁주식수	1주당 금액
50,000						5,000

위 주주명부는 본사에 비치된 주주명부와 대조하여 틀림이 없음을 증명합니다.

20○○년 ○월 ○일

에이앤비 주식회사

서울시 서초구 양재동 1100-5

대표이사 양 철 승 (법인)

[사례] 주식회사 변경등기(이사 1인의 회사, 목적변경, 유상증자, 주식 수에 안분비례 배정)

주식회사 변경등기신청

접수	년 월 일	처리인	접 수	조 사	기 입	교 합	각종통지
	제 호						

상 호	명진건설 주식회사	등기번호	○○○○○○
본 점	서울시 양천구 신월동 1222-4		
등 기 의 목 적	1. 목적변경으로 인한 변경등기 2. 신주발행으로 인한 발행주식의 총수 그 종류와 각종주식의 내용과 수, 자본의 총액금 변경등기		
등 기 의 사 유	1) 20○○년 ○월 26일 임시주주총회 결의로 목적을 다음과 같이 변경하였으므로 그 등기를 구함. 2) 20○○년 ○월 26일 주주총회에서 신주식 5,000주를 발행결의로 주주를 모집하고, 신주식발행공고와 최고의 절차를 밟아 동년 월 26일 그 납입이 완료되어 같은달 27일 발행주식의 총수 그 종류와 각종주식의 내용과 수, 자본의 총액금을 변경하였으므로 그 등기를 구함.		
본/지점 신청구분	1. 본점신청 ☐ 2. 지점신청 ☐ 3. 본・지점 일괄신청 ☐		
등 기 할 사 항			
상호, 목적, 공고방법 변경과 그 연월일	목적변경 1. 토공사업 4. 주택건설업 2. 철근콘크리트 공사업 5. 상하수도 공사업 3. 미장방수 공사업 6. 각호에 관련된 부대사업 20○○년 월 일 변경		
발행주식의 총수, 그 종류와 각종 주식의 내용과 수	20,000 주 보통주식		
자본의 총액	금 200,000,000원(20○○년 ○월 ○일 변경)		
기 타			

신청등기소 및 등록면허세/수수료						
순번	신청등기소	구분	등록면허세 / 지방교육세	농어촌특별세	세액합계	등기신청수수료
		목적변경	금 40,200원 / 금 8,040원		금 48,240원	금 6,000원
		신주발행	금200,000원 / 금40,000원		금240,000원	금 6,000원
합 계						
과 세 표 준 액	금 50,000,000원					

첨 부 서 면			
1. 정관 및 공증받은 주주총회의사록	통	1. (신・구)주주명부	각 1통
1. 주식의 인수를 증명하는 서면	통	1. 등록면허세영수필확인서	통
1. 주식청약서	통	1. 위임장(대리인이 신청할 경우)	통
1. 주금납입보관증명서	통	<기 타>	

20○○년 ○월 ○일

신청인 상 호 명진건설 주식회사
본 점 서울시 양천구 신월동 1222-4
대표이사 성 명 임 진 명 (인) (전화 : 123-4567)
주 소 서울시 송파구 문정동 229-903
대리인 성 명 (인) (전화 : 234-5678)
주 소

서울남부지방법원 등기과 귀중

- 신청서 작성요령 및 등기수입증지 첩부란 -

1. 해당란이 부족할 때에는 별지를 이용합니다.
1. 해당 등기신청과 관계없는 사항에 대하여는 "해당없음"으로 기재하거나 삭제하고, 필요한 사항은 추가 기재합니다.

(용지규격 21㎝× 29.7㎝)

※ 이 사례는 자본금총액이 10억원 미만인 소규모 1인의 이사회사가 유상증자를 하는 경우이다. 신주발행의 결정은 원칙적으로 이사회의 결의에 의한다(상법 제416조). 개정 상법은 1인 또는 2인의 이사 회사의 경우 신주발행의 결정은 주주총회가 하도록 하였다(상법 제383조④, ⑥). 신주발행에 관한 설명 및 등록면허세 등은 481면 이하 참조

[사례] 임시주주총회 의사록

임시주주총회 의사록

20○○년 ○월 26일 9시 본사 회의실에서 임시주주총회를 개최하다.

주식 총수	15,000 주	주주 총수	2명
이의인수주식 수	15,000 주	출석한 주주 수	2명

이사 임진명은 의장석에 등단하여 위와 같이 법정원수에 달하게 출석하였으므로 본 총회는 이를 적법하게 성립됨을 고하고 개회를 선언하다.

이어 다음의안을 부의하고 그 심의를 구한바 전원일치 원안대로 승인가결하다.

제 1호 의안 : 정관일부 변경의 건

정관 제2조를 다음과 같이 변경하다.

제2조(목적) 당회사는 다음사업 경영함을 목적으로 한다.

1. 토공사업
2. 철근콘크리트 공사업
3. 미장방수 공사업
4. 주택건설업
5. 상하수도 공사업
6. 각호에 관련된 부대사업

제 2호 의안 : 신주발행에 관한 건

이사 임진명은 본 회사 현재의 자본금으로는 도저히 사업을 영위할 수 없으므로 부득이 신주식을 발행해서 자본을 증가시키고저 한다고 말하고 그 가부를 구한즉 전원 심중토의 한 결과 다음과 같이 가결하다.

의 결 사 항

1. 신주식 종류의 수 신주식수 5,000주 보통주식

1. 신주의 발행가격 1주의 금액 금10,000원정
1. 납 입 기 일 20○○년 ○월 26일
1. 신주의 인수방법 20○○년 ○월 26일 현재 주주명부에 등재된 구주주가 소유하고 있는 주식수를 안분비례 배정하여 인수케 한다.
1. 주주는 신주인수권을 양도할 수 있다.
1. 신주인수권증서의 발행은 주주청구에 의하여 20○○년 ○월 26일 까지 할 수 있다.

위 이외로 신주 발행에 필요한 절차의 사항은 대표이사에게 일임한다.

이상으로서 금일의 의안 전부 심의 종료하였으므로 의장은 폐회를 선언하다.
(폐회종료시각 오전 9시 30분)

위 결의를 명확히 하기 위하여 이 의사록을 작성하고 의장과 출석한 이사가 다음에 기명날인하다.

20○○년 ○월 ○일

명진건설 주식회사
의장 사내이사 임 진 명 (법인) (개인)

※ 1인의 이사회사

○ 개정 상법 제383조④부터 ⑥까지는 자본금총액이 10억원 미만인 소규모 회사는 이사가 1~2인인 경우 이사회에 관한 규정의 적용을 배제하고(⑤) 이사회의 권한을 이사(정관에 의하여 대표이사가 있는 경우에는 대표이사)와 주주총회에 부여하였다(④, ⑥).

○ 주주총회의 권한 : 자본금 총액이 10억원 미만인 회사가 이사의 인원을 1, 2인으로 한 경우 이사회의 권한을 이사(정관에 의하여 대표이사가 있는 경우에는 대표이사)와 주주총회에 부여한 권한은 기존의 이사회가 가지고 있는 권리이다. 따라서 양도제한주식의 양도시 승인, 주식매수선택권 부여 취소, 경업금지, 이사의 자기거래 승인, 신주의 발행결정, 전환사채, 신주인수권부사채의 발행결정, 준비금의 자본전입, 중간배당의 경우 주주총회에서 결정한다.

○ 정관의 변경은 특별결의에 의한다. 특별결의는 주주총회 결의 방법의 하나로서 발행주식

총수의 3분의1 이상에 해당하는 주식을 가진 주주의 출석으로 그 의결권의 3분의 2이상의 다수로 결정하는 방법을 말한다(상법 제434조). 법률에서 정하는 규정 이외의 사항에 대하여는 정관에서 정할 수 있다.

[사례] 정관

정 관

제1조 총 칙

제1조(상호) 당 회사는 명진건설 주식회사라고 부른다.

제2조(목적) 당 회사는 다음 사업을 경영함을 목적으로 한다.

1. 토공사업
2. 철근콘크리트 공사업
3. 의장공사업
4. 주택건설업
5. 상하수도 공사업
6. 각호에 관련된 부대사업일체

제3조(본점의 소재지) 당 회사의 본점을 서울시내에 둔다.

제4조(공고방법) 당 회사의 공고는 서울시내에서 발행하는 일간 매일경제신문에 게재한다.

제2장 주 식

제5조(회사가 발행할 주식의 총수) 당 회사가 발행할 주식의 총수는 60,000주로 한다.

제6조(1주의 금액) 당 회사가 발행하는 주식 일주의 금액 금10,000원으로 한다.

제7조(회사의 설립시에 발행하는 주식총수) 당 회사는 설립시에 15,000주의 주식을 발행

하기로 한다.

제8조(신주발행) ①회사는 수권주식의 범위내에서 주주총회의 결의에 따라 신주를 발행할 수 있다.
②회사의 주주는 그가 소유하는 주식의 비율에 따라 회사가 발행하는 모든 신주에 대하여 신주인수권을 가진다.
③반대되는 어떤 규정에도 불구하고, 외국인 주주가 위와 같이 신주발행에 관하여 신주인수권을 가지는 경우, 그러한 신주인수권을 행사할 수 있는 기한은 그 주주가 대한민국 정부로부터 필요한 인가, 또는 승인을 얻기에 충분한 시간이 부여되도록 정하여져야 한다.

제9조(주식 및 주권의 종류) 당 회사의 주식은 보통주식으로서 전부 기명식으로 하고 주권은 일주권, 십주권, 백주권, 삼종으로 한다.

제10조(주권 불소지) 당 회사는 주권 불소지제도를 채택하지 아니한다.

제11조(주금납입의 지체) 주금 납입을 지체한 주주는 납입기일 다음날부터 납입이 끝날 때까지 지체 주금 백원에 대하여 일변 십전의 비율로서 과태금을 회사에 지급하고 또 이로 인하여 손해가 생겼을 때는 그 손해를 배상하여야 한다.

제12조(명의개서) ① 당 회사의 주식에 관하여 명의개서를 청구함에 있어서는 당 회사에서 정하는 청구서에 기명날인 또는 서명하고 이에 주권을 첨부하여 제출하여야 한다.
② 양도 이외의 사유로 인하여 주식을 취득한 경우에는 당 회사의 청구에 의하여 제1항의 청구서 이외에 그 사유를 증명하는 서면과 주권을 제출하여야 한다.

제13조(질권의 등록 및 신탁재산의 표시) 당 회사의 주식에 관하여 질권의 등록 또는 신탁재산의 표시를 청구함에 있어서는 당 회사가 정하는 청구에 당사자가 기명날인 또는 서명하고 이에 주권을 첨부하여 제출하여야 한다. 그 등록 또는 표시의 말소를 청구함에 있어서도 같다.

제14조(주권의 재발행) ① 주권의 분할, 병합, 오손 등의 사유로 인하여 주권의 재발행을 청구함에 있어서는 당 회사가 정하는 청구서에 기명날인 또는 서명하고 주권을 첨부하여 제출하여야 한다.
② 주권의 상실로 인하여 그 재발행을 청구함에 있어서는 당 회사가 정하는 청구서 기명날인 또는 서명하고 이에 제권판결의 정본 또는 등본을 첨부하여야 한다.

제15조(수수료) 제11조 내지 제13조에서 정하는 청구를 하는 자는 당 회사가 정하는 수수료를 납부하여야 한다.

제16조(주주명부의 폐쇄) ① 당 회사는 매년 1월 1일부터 정기주주총회 종결일까지 주주명부의 기재의 변경을 정지한다.
② 제1항의 경우 이외에는 주주 또는 질권자로서 권리를 행사할 자를 확정하기 위하여 필요한 때에는 주주총회의 결의에 의하여 주주명부의 기재의 변경을 정지하고 또는 기준일을 정할 수가 있다. 이 경우에는 그 기간 또는 기준일의 2주간전에 공고하는 것으로 한다.

제17조(주주의 주소 등의 신고) 당 회사의 주주 및 등록된 질권자 또는 그 법정대리인이나 대표자는 당회사가 정하는 서식에 의하여 그의 성명, 주소와 인감을 당 회사에 신고하여야 한다. 신고사항에 변경이 있는 때에도 또한 같다.

제3장 주주총회

제18조(소집) 당 회사가 정기 주주총회는 영업연도말일의 다음날부터 3월이내에 소집하고 임시주주총회는 필요한 경우에 수시 소집한다.

제19조(의장) 대표이사가 주주총회의 의장이 된다. 그러나 대표이사 유고시에는 주주총회에서 선임한 다른 이사가 의장이 된다.

제20조(결의) 주주총회의 결의는 법령 또는 정관에 다른 규정이 있는 경우를 제외하고는

출석한 주주의 의결권의 과반수와 발행주식 총수의 4분의1 이상의 수로서 한다.

第21조(의결권의 대리행사) 주주는 대리인으로 하여금 의결권을 행사할 수 있다. 대리인의 의결권을 행사함에 표결전에 그 권한을 증명하는 서면을 의장에게 제출하여야 한다.

第22조(총회의 의사록) 주주총회 의사록에는 의사의 경과요령과 그 결과를 기재하고 의장과 출석한 이사가 기명날인 또는 서명하여야 한다.

제4장 임 원

第23조(이사와 감사의 원수) 당 회사의 이사 1인 이상으로 하고, 감사는 두지 아니한다.

第24조(이사의 선임) 당 회사의 이사는 제20조의 결의 방법에 의하여 선임한다.

第25조(대표이사) ① 당 회사는 사장 일인과 필요한 경우에 전무이사 및 상무이사 각 약간명을 둔다.
② 사장 전무이사와 상무이사는 주주총회의 결의에 의하여 이사 중에서 선임한다.
③ 사장은 당 회사를 대표한다.

第26조(업무집행) ① 사장은 당 회사의 업무를 통할하고 전무이사 또는 상무이사는 사장을 보좌하여 그 업무를 분장한다.
② 사장이 유고시에는 미리 주주총회에서 정한 순서에 따라 전무이사 또는 상무이사가 사장의 직무를 대행한다.

第27조(보수와 퇴직금) 임원의 보수 또는 퇴직한 임원의 퇴직금은 주주총회의 결의로 정한다.

제5장 계 산

제28조(영업연도) 당 회사의 영업 연도는 매년 1월 1일부터 년12월 말일까지로 한다.

제29조(재무재표, 영업보고서의 작성비치) 1) 당 회사의 정기총회 회일 6주간전에 다음 서류 및 그 부속명세서와 영업보고서를 작성하여 주주총회의 감사를 받아 정기총회에 제출하여야 한다.

1. 대차대조표
2. 손익계산서
3. 이익금처분계산서 또는 결손금처리계산서
4. 임원상여금 약간
5. 후기이월금 약간

제30조(이익배당금) 이익배당금은 매결산기에 있어서의 주주명부에 기재된 주주 또는 질권자에게 지급한다.

부 칙

제31조(최초의 영업연도) 당 회사의 영업연도는 회사설립일로부터 동 년 12월 말 일까지로 한다.

제32조(발기인) 발기인의 성명, 주민등록번호 및 주소가 그가 설립시에 인수한 주식수는 이 정관 말미에 기재함과 같다.

위와 같이 명진건설 주식회사를 설립하기 위하여 이 정관을 작성하고 발기인 전원이 이에 기명날인 또는 서명하다.

위 사본함.

20○○년 ○월 ○일

발기인 임 진 명 (×××××× - ×××××××)
서울시 강북구 수유동123-4
발기인 이 연 국 (×××××× - ×××××××)
서울시 성북구 성북동 456-4

※ 정관의 첨부

신주발행의 결정은 원칙적으로 이사회의 결의에 의하는 것이므로(상법 제416조), 그

의사록만 첨부하면 되나, 정관의 규정에 의하여 이를 주주총회의 결의로 결정한 때와, 주주에게 신주인수권을 부여하지 않은 경우에는 정관을 첨부하여야 한다.

[사례] 기간단축 동의서

기간단축 동의서

본인들은 귀 회사 주주들인바, 금번 귀회사 주주총회에서 신주식 5,000주를 발행키로 결의함에 있어 상법 제418조 및 419조에 의하여 소정의 기간을 단축함에 있어서 동의합니다.

20○○년 ○월 ○일

주 주 임 진 명
주 주 이 연 국

※ 기간단축 동의서

○ 실권예고부 청약 최고기간을 단축한 경우에는 총주주동의서, 주식인수인이 생긴 후에 납입기일을 변경한 경우에는 주식인수인 전원의 동의서가 필요하다. 그러나 납입기일 전에 신주에 대한 납입이 완료되어 그 기일을 앞당겨 변경한 경우에는 첨부할 필요가 없다.

○ 신주발행절차에서 상법 제418조 및 제419조의 규정에 의한 신주인수권의 내용 및 배정일 지정공고와 신주인수권자에 대한 실권예고부 최고기간을 단축한 경우에, 이를 증명하는 서면으로서 실무상 신주인수권포기서를 첨부하게 하는 경우도 있으나 이는 현행법상 첨부서면은 아니며, 위 사항이 총주주의 동의가 없으면 효력이 없거나 취소할 수 있는 사항에 해당될 경우에는 총주주가 동의하였음을 증명하는 서면(총주주의 동의서 또는 신주인수권을 행사하지 않은 주주의 기간단축동의서 등)을 첨부하여 변경등기를 신청하여야 한다(등기선례 200206-14, 2002. 6. 24. 등기 3402-344 질의회답).

[사례] 위임장(등기소제출용)

위 임 장

법무사 조 철 호
서울 서초구 서초동 456-7
전화번호 02) 123-7894

위 사람을 대리인으로 정하고 다음 권한을 위임함.

다 음

1. 본 회사의 신주발행으로 자본금을 증자함에 있어서의 변경등기 신청서의 작성 및 제출, 취하에 관한 일체의 행위
2.
3.

20○○. ○. ○.
신 청 인 명진건설 주식회사
서울시 양천구 신월동 1222-4
대표이사 임 진 명 (법인)

[사례] 주식인수증

주 식 인 수 증	
상 호	명진건설 주식회사
인 수 할 주 식 수	2,500 주
금 액	금25,000,000원
일 주 의 금 액	1주 금10,000원

위 주식을 인수함.

20○○년 ○월 ○일
인수인 주주 임 진 명
서울시 강북구 수유동 123-4

명진건설 주식회사 대표이사 귀하

※ 신주의 인수

○ 기존주주(구주주)가 그 소유주식의 비율내에서 주식을 인수하는 경우에는 주식인수증을 작성하여야 하고, 소유주식수의 비율을 초과하여 인수하고자하는 경우에는 그 초과부분에 한하여는 원칙적으로 주식청약서를 작성하여야 한다. 그러나 실무에서는 구주주는 주식인수증으로, 구주주가 아닌 일반인의 경우는 주식청약서를 작성하고 있다.

○ 납입기일에 납입 또는 현물출자가 이행된 한도내의 발행주식에 대하여 신주발행의 효력이 생기고, 납입기일까지 납입 또는 현물출자의 이행을 하지 않은 신주인수인은 그 권리를 잃으며(상법 제423조②), 이 경우 회사는 실권한 신주인수인에 대하여 손해의 배상을 청구할 수 있으며(상법 제423조③), 실권한 주식에 대하여 회사는 주주를 다시 모집할 수 있다.

[사례] 주식인수증

주 식 인 수 증	
상 호	명진건설 주식회사
인 수 할 주 식 수	2,500 주
금 액	금25,000,000원
일 주 의 금 액	1주 금10,000원

위 주식을 인수함.

20○○년 ○월 ○일

인수인 주주 이 연 국 (인)
서울시 성북구 성북동 456-4

명진건설 주식회사 대표이사 귀하

[사례] 잔고증명서

잔고증명서

금 : 오천만원정(₩ 50,000,000)

신주식발행총수 5,000주

1주의 금액 금 10,000원

위 금액은 귀 회사의 신주식 발행총수5,000주에 대한 납입금으로서 20○○년 ○월 ○일 납입이 완료되어 현재 이를 보관중임을 증명합니다.

20○○년 ○월 ○일

증 명 인 ○ ○ 은행

서울 ○○ 구 ○○ 동 ○○ -○

명진건설 주식회사 귀중

※ 잔고증명서

○ 개정 상업등기법 제82조 제5호는 신주발행의 결과 자본금 총액이 10억원 미만인 회사에 대하여는 은행이나 그 밖의 금융기관의 잔고증명서로 대체할 수 있도록 하였다.

○ 잔고증명은 주금이 입금되어 있는 법인대표 될 자의 통장원본과 위 잔고증명서 2부를 작성하여 금융기관에 제시한다.

[사례] (구)주주명부

<table>
<tr><td colspan="7">(구) 주 주 명 부

20○○년 ○월 ○일 현재</td></tr>
<tr><th>주주명</th><th>주소와 전자우편주소</th><th>소유주식수</th><th>회의출석</th><th>의결찬성</th><th>인증촉탁</th><th>비 고</th></tr>
<tr><td>임진명</td><td>서울시 ○○구 ○○동 12-3
www.asd45@hanmail.net</td><td>7,500</td><td></td><td></td><td></td><td></td></tr>
<tr><td>이연국</td><td>서울시 ○○구 ○○동 12-3
www.gsd45@hanmail.net</td><td>7,500</td><td></td><td></td><td></td><td></td></tr>
<tr><td></td><td></td><td></td><td></td><td></td><td></td><td></td></tr>
<tr><td colspan="3">총주식수</td><td>출석주식수</td><td>찬성주식수</td><td>촉탁주식수</td><td>1주금액</td></tr>
<tr><td colspan="3">15,000</td><td></td><td></td><td></td><td>10,000</td></tr>
<tr><td colspan="7">위 주주명부는 본사에 비치된 주주명부와 대조하여 틀림이 없음을 증명합니다.

20○○년 ○월 ○일

명진건설 주식회사
서울시 양천구 신월동 1222-4
대표이사 임 진 명 (법인)</td></tr>
</table>

※ 전자주주명부제도

○ 회사는 정관에서 정하는 바에 따라 전자문서로 주주명부를 작성할 수 있다(상352조의2①). 전자주주명부에는 상법 제352조①의 기재사항 외에 전자우편주소를 적어야 한다.

○ 개정법은 기업경영의 IT화를 위하여 주주총회에 직접 참석하거나 대리인에게 투표를 위임하지 않더라도 전자서명 등 본인인증절차를 거쳐 인터넷으로 의결권을 행사하는 전자투표제도가 도입됐다(상법 제368조의4, 제382조의2). 이와 함께 주주들이 서면 외에도 이메일 등 전자문서를 통해 주주제안권 및 임시주주총회 소집청구권을 행사할 수 있도록 했다. 전자투표제도를 도입함에 따라 일반 주주명부를 전자문서로 된 주주명부로

대체할 필요가 있어서 제도화한 것이다.

○ 주주명부는 종전의 경우 공증시 구비서류이다. 개정법에서는 자본금총액이 10억원 미만인 소규모 회사의 경우에는 공증의무가 면제되었으므로 당연히 구비서류가 아니나 전자투표제의 도입에 따라 첨부서면으로 제출하여야 할 것이다.

[사례] (신)주주명부

(신) 주 주 명 부

20○○년 ○월 ○일 현재

주주명	주소와 전자우편주소	소유주식수	회의출석	의결찬성	인증촉탁	비 고
임진명	서울시 ○○구 ○○동 12-3 www.asd45@hanmail.net	10,000주				
이연국	서울시 ○○구 ○○동 12-3 www.gsd45@hanmail.net	10,000주				
총주식수			출석주식수	찬성주식수	촉탁주식수	1주금액
20,000						10,000

위 주주명부는 본사에 비치된 주주명부와 대조하여 틀림이 없음을 증명합니다.

20○○년 ○월 ○일

명진건설 주식회사

서울시 양천구 신월동 1222-4

대표이사 임 진 명 (법인)

[사례] 주식회사 변경등기(이사 2인이 이사회 구성하지 아니한 회사, 유상증자, 구주주가 포기한 신주식 일반으로부터 공모한 경우, 소집기간 생략동의서)

주식회사 변경등기신청

접수	년 월 일	처리인	접 수	조 사	기 입	교 합	각종통지
	제 호						

상 호	브이엔케이 주식회사	등기번호	○○○○○○
본 점	서울시 서초구 방배동 1-1		
등 기 의 목 적	1. 회사가 발행할 주식의 총수 변경등기 2. 회사의 신주발행으로 인한 발행주식의 총수, 그 종류와 각종주식의 내용과 수, 자본의 총액의 변경등기		
등 기 의 사 유	1) 20○○년 ○월 23일 임시주주총회결의로 회사가 발행할 주식의 총수를 변경하였으므로 그 등기를 구함 2) 20○○년 ○월 23일 주주총회에서 신주식 500,000주 발행결의에 의해 주주를 모집하고 동년 ○월 24일 그 납입이 완료되어 동년 ○월 25일 발행주식의 총수, 그 종류와 각종주식의 내용과 수, 자본의 총액을 변경하였으므로 그 등기를 구함.		

등 기 할 사 항	
변경 후의 발행예정 주식 총수	1,000,000주
변경된 취지 및 변경 연월일	20○○년 ○월 23일 주식총수변경
발행주식의 총수, 그 종류와 각종 주식의 내용과 수	600,000 주 보통주식
자본의 총액	금 60,000,000원
기 타	

<table>
<tr><td colspan="7">신청등기소 및 등록면허세/수수료</td></tr>
<tr><td rowspan="2">순번</td><td rowspan="2">신청등기소</td><td rowspan="2">구분</td><td>등록면허세</td><td rowspan="2">농어촌특별세</td><td rowspan="2">세액합계</td><td rowspan="2">등기신청수수료</td></tr>
<tr><td>지방교육세</td></tr>
<tr><td rowspan="2"></td><td rowspan="2"></td><td rowspan="2"></td><td>금 200,000원</td><td rowspan="2"></td><td rowspan="2">금 240,600원</td><td rowspan="2">금 12,000원</td></tr>
<tr><td>금 40,000원</td></tr>
<tr><td colspan="3" rowspan="2">합 계</td><td></td><td rowspan="2"></td><td rowspan="2"></td><td rowspan="2"></td></tr>
<tr><td></td></tr>
<tr><td colspan="2">과 세 표 준 액</td><td colspan="5">금 50,000,000 원</td></tr>
<tr><td colspan="7">첨 부 서 면</td></tr>
<tr><td colspan="4">1. 정관 및 주주총회의사록 통
1. 주식의 인수를 증명하는 서면 통
1. 주식청약서 통
1. 주금납입보관증명서 통</td><td colspan="3">1. 등록면허세영수필확인서 통
1. 위임장(대리인이 신청할 경우) 통
<기 타></td></tr>
<tr><td colspan="7">20○○년 ○월 ○일
신청인 상 호 브이엔케이 주식회사
본 점 서울시 서초구 방배동 1-1
대표이사 성 명 홍 길 동 (법인) (전화 : 123-4567)
주 소
대리인 성 명 법무사 이 석 장 (인) (전화 : 234-5678)
주 소 서울시 서초구 서초동 1296-2
서울지방법원 등기국 귀중</td></tr>
</table>

- 신청서 작성요령 및 등기수입증지 첨부란 -

1. 해당란이 부족할 때에는 별지를 이용합니다.
1. 해당 등기신청과 관계없는 사항에 대하여는 "해당없음"으로 기재하거나 삭제하고, 필요한 사항은 추가 기재합니다.

(용지규격 21㎝× 29.7㎝)

※ 이 사례는 이사 2인의 회사가 개정 상법에 의하여 유상증자를 하는 경우이다. 주주총회소집절차를 생략하여 주주총회를 개최하는 경우이고, 구주주가 포기한 신주식을 일반으로부터 공모한 경우의 사례이다. 신주발행에 관한 설명 및 등록면허세 등은 481면 이하 참조

[사례] 임시주주총회의사록

임시주주총회 의사록

20○○년 ○월 ○일 본 회사 본점사무실에서 다음과 같이 임시주주총회를 개최하다.

주주총수	3명	출석주주수	3명
발행주식총수	100,000주	이의주식수	100,000주

의장 홍길동은 정관규정에 따라 의장석에 등단하여 위와 같이 법정수에 달하는 주주가 출석하였으므로 본 총회가 적법하게 성립됨을 알리고 개회를 선언한 후 다음의 의안을 부의하고 심의를 구하다.

제 1호 의안 : 회사가 발행할 주식의 총수변경에 따른 정관 일부 변경의 건

의장은 본 회사가 신주를 발행하여 자본을 증가하고자 하나 현행정관에 규정된 회사가 발행할 주식의 총수로는 증가시킬 수 없으므로 이를 증가시키기 위하여 정관규정을 다음과 같이 변경할 필요가 있다고 설명하고 그 가부를 물은바, 전원 이의 없이 만장일치로 승인 가결하다.

정관

제5조(회사가 발행할 주식의 총수) 본 회사가 발행할 주식의 총수는 1,000,000주로 한다.

제 2호 의안 : 신주식발행에 관한 건

의장은 당회사의 사업운영상 신주식을 발행하여 자본을 증가시켜야 한다고 설명하고 그 가부를 물은 즉 주주전원은 이를 신중히 토의한 결과 다음같이 결의하다.

결의 사항

1. 신주식의 종류와 수 : 500,000주 보통주식
1. 신주식의 발행가액 : 금 100원
1. 납입기일 : 20○○년 ○월 24일
1. 신주식의 인수방법 : 20○○년 ○월 23일 현재 주주명부에 기재된 주식수의 비율에 따라 신주식을 배정하고 주주가 인수권을 포기한 신주식은 이를 일반으로부터 공모한다.
1. 기타 신주발행에 관한 필요한 절차사항은 대표이사에게 일임한다.

의장은 이상으로서 총회의 목적인 의안 전부의 심의를 종료하였으므로 폐회한다고 선언하다.

위 결의사항을 명확히 하기 위하여 본 의사록을 작성하고 의장 및 출석한 이사는 다음에 기명날인하다.

20○○년 ○월 ○일

브이엔케이 주식회사
서울시 중구 인현동 1가 100의 5
의장 대표이사 홍 길 동 (법인) (개인)
사내이사 이 국 민 (개인)

※ 주주총회

○ 개정 상법 제383조는 ④부터 ⑥까지 신설하여 소규모 회사(자본금 총액이 10억원 미만인 회사)로서 이사가 1명 또는 2명인 회사는 이사회의 권한을 이사와 주주총회에 부여하고 있다. 따라서 이사가 2명인 경우도 이사회를 구성하지 아니하여도 되나 이사가 2인인 경우 각자의 의견이 달라서 업무집행에 관한 의사결정을 할 수 없을 경우에는 이사회를 구성 할 수 있다. 이 사례는 이사회를 구성하지 아니한 사례이다.

○ 이사 2인의 경우 주주총회의 권한 : 전술한 바와 같이 자본금 총액이 10억원 미만인 회사가 이사의 인원을 1, 2인으로 한 경우 이사회의 권한을 이사(정관에 의하여 대표이사가 있는 경우에는 대표이사)와 주주총회에 부여하였는바, 그 권한은 기존의 이사회가 가지고 있는 권리이다. 따라서 양도제한주식의 양도시 승인, 주식매수선택권 부여 취소, 경업금지, 이사의 자기거래 승인, 신주의 발행결정, 전환사채, 신주인수권부사채의 발행결정, 준비금의 자본전입, 중간배당의 경우 주주총회에서 결정한다.

○ 신주발행은 상법에 다른 규정이 있거나 정관으로 주주총회에서 정하기로 규정한 경우를 제외하고는 발행예정주식총수의 범위 내에서 이사회가 결정한다(상법 제416조).

○ 신주를 발행하여 자본을 증가하고자 하나 현행 정관에 규정된 회사가 발행할 주식의 총수가 법정수에 부족한 경우 정관의 "회사가 발행할 주식 총수"규정을 변경하여야 한다.

○ 정관의 변경은 특별결의에 의한다. 특별결의는 주주총회 결의 방법의 하나로서 발행주식 총수의 3분의1 이상에 해당하는 주식을 가진 주주의 출석으로 그 의결권의 3분의 2이상의 다수로 결정하는 방법을 말한다(상법 제434조).

[사례] 주주총회 소집기간 생략 동의서

주주총회 소집기간 생략 동의서

본인 등은 브이엔케이 주식회사의 주주인바, 주주총회를 상법 제363조 제5항에 따라 소집절차를 생략하여 20○○년 10월 1일 본점사무소에서 개최하는데 대하여 이의 없이 동의합니다.

20○○년 10월 1일

브이엔케이 주식회사

주주 홍 길 동 (인)

주주 강 동 구 (인)

주주 양 갑 주 (인)

※ 소규모회사의 경우 소집절차 생략

○ 개정법은 자본금 총액이 10억원 미만인 회사가 주주총회를 소집하는 경우에는 주주총회일의 10일 전에 각 주주에게 서면으로 통지를 발송하거나 각 주주의 동의를 받아 전자문서로 통지를 발송할 수 있고, 무기명식의 주권을 발행한 경우에는 주주총회일의 2주 전에 주주총회를 소집하는 뜻과 회의의 목적사항을 공고할 수 있도록 하였으며(상법 제363조④), 자본금 총액이 10억원 미만인 회사는 주주 전원의 동의가 있을 경우에는 위 소집절차 없이 주주총회를 개최할 수 있도록 하였다(상법 제363조⑤). 따라서 종전에는 주주총회단축기간동의서를 첨부하였으나 자본금 총액이 10억원 미만인 회사는 주주 전원의 동의로 소집기간을 생략할 수 있다.

[사례] 잔고증명서

잔고증명서

일금 오천만원정(금50,000,000원)

신주발행주식의 총수 500,000 주

1 주의 금액 금100원

위 금액은 귀 회사 신주식발행총수 500,000주에 대한 납입금으로서 20○○년 ○월 ○일 납입이 완료되어 현재 이를 보관중임을 증명함.

20○○년 ○월 ○일

주식회사 ○○은행 ○○지점

서울시 중구 서소문동 *1133-2*

지점장 박 용 수

브이엔케이 주식회사 대표이사 홍 길 동 귀하

※ 잔고증명서

○ 개정 상업등기법 제82조 제5호는 신주발행의 결과 자본금 총액이 10억원 미만인 회사에 대하여는 은행이나 그 밖의 금융기관의 잔고증명서로 대체할 수 있도록 하였다.

○ 잔고증명은 주금이 입금되어 있는 법인대표 될 자의 통장원본과 위 잔고증명서 2부를 작성하여 금융기관에 제시한다.

[사례] 주식인수증

주 식 인 수 증	
상 호	브이엔케이 주식회사
인 수 할 주 식 수	460,000 주
금 액	금46,000,000원
1 주 의 금 액	금100원

위 주식을 인수함.

20○○년 ○월 ○일

인수인 주주 홍 길 동

서울시 ○○구 ○○동 ○○-○

브이엔케이 주식회사 대표이사 귀하

※ 신주의 인수

○ 기존주주(구주주)가 그 소유주식의 비율내에서 주식을 인수하는 경우에는 주식인수증을 작성하여야 하고, 소유주식수의 비율을 초과하여 인수하고자하는 경우에는 그 초과부분에 한하여는 원칙적으로 주식청약서를 작성하여야 한다. 그러나 실무에서는 구주주는 주식인수증으로, 구주주가 아닌 일반인의 경우는 주식청약서를 작성하고 있다.

○ 납입기일에 납입 또는 현물출자가 이행된 한도내의 발행주식에 대하여 신주발행의 효력이 생기고, 납입기일까지 납입 또는 현물출자의 이행을 하지 않은 신주인수인은 그 권리를 잃으며(상법 제423조②), 이 경우 회사는 실권한 신주인수인에 대하여 손해의 배상을 청구할 수 있으며(상법 제423조③), 실권한 주식에 대하여 회사는 주주를 다시 모집할 수 있다.

[사례] 주식인수증

주 식 인 수 증	
상 호	브이엔케이 주식회사
인 수 할 주 식 수	20,000 주
금 액	금2,000,000원
1 주 의 금 액	금100원

위 주식을 인수함.

20○○년 ○월 ○일

인수인 주주 강 동 구
서울시 ○○구 ○○동 ○○-○

브이엔케이 주식회사 대표이사 귀하

[사례] 신주식청약서

<table>
<tr><td colspan="2">신주식 청약서</td></tr>
<tr><td>상 호</td><td>브이엔케이 주식회사</td></tr>
<tr><td>인수할주식수</td><td>20,000주</td></tr>
<tr><td>금 액</td><td>금2,000,000원</td></tr>
<tr><td>일주의 금액</td><td>금100원</td></tr>
<tr><td colspan="2">귀 회사정관과 이 청약서에 기재한 사항을 승낙하고 주식을 청약합니다.

20○○년 ○월 ○일

주식청약인 한 석 봉
서울시 도봉구 도봉동 1-1212호

브이엔케이 주식회사 대표이사 홍 길 동 귀중</td></tr>
</table>

(별지)

상 호	브이엔케이 주식회사
회사가 발행할 주식의 총수	1,000,000 주
일 주 의 금 액	금100원
신주의 종류와 수	신주식수 500,000주 보통주식
신주식의 발행가격	일주 금100원
납 입 기 일	20○○년 ○월 ○일
납입받을 금융기관과 납입장소	(주) 00은행 00지점
신주식의 인수방법	20○○년 ○월 ○일 현재 주주명부에 기재된 주식수의 비율에 따라 신주식을 배정하고 주주가 인수권을 포기한 신주식은 이를 일반으로부터 공모한다.
신주식의 발행의결의 년월일	20○○년 ○월 ○일

※ 구 주주 양갑주가 포기한 주식을 한석봉이 청약한 경우이다.

[사례] 정 관

정 관

제1장 총 칙

제1조(상호) 당 회사는 브이엔케이 주식회사라 부른다.

제2조(목적) 당 회사는 다음 사업을 경영함을 목적으로 한다.

1. 특수지 및 팬시지 판매업
2. 위 사항과 관련된 부대사업

제3조(본점의 소재지) 당 회사의 본점은 서울시에 둔다.

제4조(공고방법) 당 회사의 공고는 서울시내에서 발행하는 일간 매일경제신문에 게재한다.

제2장 주 식

제5조(회사가 발행할 주식의 총수) 당 회사가 발행할 주식의 총수는 1,000,000주로 한다.

제6조(1주의 금액) 당 회사가 발행하는 주식 1주의 금액은 금100원으로 한다.

제7조(회사의 설립시에 발행하는 주식총수) 당 회사는 설립시에 100,000주의 주식을 발행하기로 한다.

제8조(주식 및 주권의 종류) 당 회사의 주식은 보통주식으로서 전부 기명식으로 하고 주권은 일주권, 십주권, 백주권의 삼종으로 한다.

제9조(주권 불소지) 당 회사는 주권불소지제도를 채택하지 아니한다.

제10조(주금납입의 지체)① 주금납입을 지체한 주주는 납입기일 다음날부터 납입이 끝날 때까지 지체 주금백원에 대하여 일번 십전의 비율로서 과태금을 회사에 지급하고 또 이로 인하여 손해가 생겼을 때는 그 손해를 배상하여야 한다.

(주식양도의 제한) ② 당 회사의 주식을 양도함에는 주주총회의 승인을 얻어야 한다.

(주식양도의 제한) ③ 당 회사의 주식을 주주 이외의 자에게 양도함에는 주주총회의 승인을 얻어야 한다.

제11조(명의개시)① 당 회사의 주식의 관하여 명의개시를 청구함에 있어서는 당회사에서 정하는 청구서에 기명날인 또는 서명하고 이에 주권을 첨부하여 제출하여야 한다.

② 양도 이외의 사유로 인하여 주식을 취득한 경우에는 당 회사의 청구에 의하여 제1항의 청구서 이외에 그 사유를 증명하는 서면과 주권을 제출하여야 한다.

제12조(질권의 등록 및 신탁재산의 표시) 당 회사의 주식에 관하여 질권의 등록 또는 신탁재산의 표시를 청구함에 있어서는 당회사가 정하는 청구서에 당사자가 기명날인 또는 서명하고 이에 주권을 첨부하여 제출하여야 한다. 그 등록 또는 표시의 말소를

청구함에 있어서도 같다.

제13조(주권의 재발행)①주권의 분할, 병합, 오손 등의 사유로 인하여 주권의 재발행을 청구함에 있어서는 당 회사가 정하는 청구서에 기명날인 또는 서명하고 주권을 첨부하여 제출하여야 한다.

② 주권의 상실로 인하여 그 재발행을 청구함에 있어서는 당 회사가 정하는 청구서에 기명날인 또는 서명하고 이에 제권판결의 정본 또는 등본을 첨부하여 제출하여야한다.

제14조(수수료)① 제11조 내지 제13조에서 정하는 청구를 하는 자는 당 회사가 정하는 수수료를 납부하여야 한다.

제15조(주주명부의 폐쇄)① 당 회사는 매년 1월 1일부터 정기주주총회의 종결일까지 주주명부의 기재의 변경을 정지한다.

② 제1항의 경우 이외의 주주 또는 질권자로서 권리를 행사할 자를 정하기 위하여 필요한 때에는 주주총회의 결의에 의하여 주주명부의 기재의 변경을 정지하고 또는 기준일을 정할 수가 있다. 이 경우에는 그 기간 또는 기준일의 2주간전에 공고하는 것으로 한다.

제16조(주주의 주소 등의 신고) 당 회사의 주주 및 등록된 질권자 또는 그 법정대리인이나 대표자는 당 회사가 정하는 서식에 의하여 그의 성명, 주소와 인감을 당 회사에 신고하여야 한다. 신고사항에 변경이 있는 때에도 또한 같다.

제3장 주주총회

제17조(소집) 당 회사의 정기주주총회는 영업연도 말일의 다음날부터 3월 이내에 소집하고 임시주주총회는 필요한 경우에 수시 소집한다.

제18조(의장) 대표이사가 주주총회의 의장이 된다. 그러나 대표이사 유고시에는 주주총회에서 선임한 다른 이사가 의장이 된다.

제19조(결의) 주주총회의 결의는 법령 또는 정관에 다른 규정이 있는 경우를 제외하고 출석한 주주의 의결권의 과반수와 발행주식 총수의 4분의 1 이상의 수로서 한다.

제20조(의결권의 대리행사) 주주는 대리인으로 하여금 의결권을 행사할 수 있다. 대리인이 의결권을 행사함에는 표결전에 그 권한을 증명하는 서면을 의장에게 제출하여야 한다.

제21조(총회의 의사록) 주주총회의 의사록에는 의사의 경과요령과 그 결과를 기재하고 의장과 출석한 이사가 기명날인 또는 서명하여야 한다.

제4장 임 원

第22조(이사와 감사의 원수)당 회사의 이사는 2인 이상, 감사는 두지 아니한다.
第23조(이사의 선임)당 회사의 이사는 제19조의 결의방법에 의하여 선임한다.
第24조(이사의 임기)이사의 임기는 취임후 3년으로 한다. 그러나 이사의 임기가 재임중 최종의 결산기에 관한 정기주주총회의 종결전에 끝날 때에는 그 정기주주총회의 종결에 이르기까지 그 임기를 연장한다. 보궐 또는 증원에 의하여 선임된 임기는 다른 이사의 전 임기와 같이한다.
第25조(대표이사)①당 회사는 사장 1인과 필요한 경우에 전무이사 및 상무이사 각 약간 명을 둔다.
②사장, 전무이사와 상무이사는 주주총회의 결의에 의하여 이사 중에서 선임한다.
③사장은 당 회사를 대표한다.
第26조(업무집행)①사장은 당회사의 업무를 통할하고 전무이사 또는 상무이사가 사장을 보좌하여 그 업무를 분장한다.
② 사장이 유고시에는 미리 주주총회에서 정한 순서에 따라 전무이사 또는 상무이사가 대표이사의 직무를 대행한다.
第27조(감사의 직무)감사는 당 회사의 업무 및 회계를 감사한다.
第28조(보수와 퇴직금)임원의 보수 또는 퇴직한 임원의 퇴직금은 주주총회의 결의로 정한다.

제5장 계 산

第29조(영업연도)당 회사의 영업연도는 매년 1월 1일부터 동년 12월 31일까지로 한다.
第30조(재무제표, 영업보고서의 작성비치)①당회사의 사장은 정기총회 회일 6주간전에 다음 서류 및 그 부속명세서와 영업보고서를 작성하여 정기총회에 제출하여야 한다.
1. 대차대조표
2. 손익계산서
3. 이익처분계산서 또는 결손금처리계산서

②제1항의 서류는 영업보고서, 감사보고서와 함께 정기총회 1주간 전부터 당 회사의 본점과 지점에 비치하여야 하고 총회의 승인을 얻었을 때에는 그 중 대차대조표를 지체 없이 공고하여야 한다.
第31조(이익금의 처분)매기 총수입금에서 총 지출금을 공제한 잔액을 이익금으로 하여 이를 다음과 같이 처분한다.
1. 이익준비금 금전에 의한 이익배당액의 십분의 일이상
2. 별도적립금 약간
3. 주주배당금 약간

4. 임원 상여금 약간
5. 후기 이월금 약간

제32조(이익배당)이익배당금은 매 결산기에 있어서의 주주명부에 기재된 주주 또는 질권자에게 지급한다.

부 칙

제33조(최초의 영업연도)당 회사의 최초의 영업연도는 회사 설립일로부터 동년 12월 31일까지로 한다.
제34조(발기인)발기인의 성명 및 주소는 이 정관 말미에 기재함과 같다.

위와 같이 브이엔케이 주식회사를 설립하기 위하여 이 정관을 작성하고 발기인 전원이 이에 기명날인 또는 서명한다.

20○○년 ○월 ○일

브이엔케이 주식회사
서울시 서초구 방배동 1-1
대표이사 홍 길 동 (법인)

※ 정관의 첨부
신주발행의 결정은 원칙적으로 이사회의 결의에 의하는 것이므로(상법 제416조), 그 의사록만 첨부하면 되나, 정관의 규정에 의하여 이를 주주총회의 결의로 결정한 때와, 주주에게 신주인수권을 부여하지 않은 경우에는 정관을 첨부하여야 한다.

[사례] 위임장(등기소제출용)

위 임 장

법무사 정 동 진

서울 서초구 서초동 345-6

전화 : 123-4567

본인은 위 사람을 대리인으로 정하고 다음 사항의 권한을 위임함.

다 음

1. 본 회사의 신주발행으로 인한 발행주식총수 그 종류와 각종 주식의 내용과 수 자본의 총액의 변경, 등기신청에 관한 일체의 행위
2.
3.

20○○년 ○월 ○일

브이엔케이 주식회사

서울시 서초구 방배동 1-1

대표이사 홍 길 동 (법인)

※ 이 위임장은 법무사에게 주식회사변경등기를 의뢰하는 경우 대리의 권한을 법무사에게 위임하는 서류로써 등기소에 제출하는 서류이다.

[사례] (구)주주명부

<table>
<tr><td colspan="7">(구) 주 주 명 부
년 월 일 현재</td></tr>
<tr><td>주주명</td><td>주소와 전자우편주소</td><td>소유주식수</td><td>회의출석</td><td>의결찬성</td><td>인증촉탁</td><td>비고</td></tr>
<tr><td>홍길동</td><td>서울 강남구 서현동 1-1212호
www.asd45@hanmail.net</td><td>92,000</td><td></td><td></td><td></td><td></td></tr>
<tr><td>강동구</td><td>서울 강북구 수유동 11-7
www.wert88@hanmail.net</td><td>4,000</td><td></td><td></td><td></td><td></td></tr>
<tr><td>양갑주</td><td>서울 강북구 번동 789-44
www.wer88@hanmail.net</td><td>4,000</td><td></td><td></td><td></td><td></td></tr>
<tr><td></td><td></td><td></td><td></td><td></td><td></td><td></td></tr>
<tr><td colspan="3">총주식수</td><td>출석주식수</td><td>찬성주식수</td><td>촉탁주식수</td><td>1주당 금액</td></tr>
<tr><td colspan="3">100,000주</td><td></td><td></td><td></td><td>100</td></tr>
<tr><td colspan="7">위 주주명부는 본사에 비치된 주주명부와 대조하여 틀림이 없음을 증명합니다.

20○○년 ○월 ○일

브이엔케이 주식회사
서울시 서초구 방배동 1-1
대표이사 홍 길 동 (법인)</td></tr>
</table>

※ 전자주주명부제도

○ 회사는 정관에서 정하는 바에 따라 전자문서로 주주명부를 작성할 수 있다(상법 제352조의2①). 전자주주명부에는 상법 제352조①의 기재사항 외에 전자우편주소를 적어야 한다.

○ 개정법은 기업경영의 IT화를 위하여 주주총회에 직접 참석하거나 대리인에게 투표를 위임하지 않더라도 전자서명 등 본인인증절차를 거쳐 인터넷으로 의결권을 행사하는 전자투표제도가 도입됐다(상법 제368조의4, 제382조의2). 이와 함께 주주들이 서면 외에도 이메일 등 전자문서를 통해 주주제안권 및 임시주주총회 소집청구권을 행사할 수

있도록 했다. 전자투표제도를 도입함에 따라 일반 주주명부를 전자문서로 된 주주명부로 대체할 필요가 있어서 제도화한 것이다.

○ 주주명부는 종전의 경우 공증시 구비서류이다. 개정법에서는 자본금총액이 10억원 미만인 소규모 회사의 경우에는 공증의무가 면제되었으므로 당연히 구비서류가 아니나 전자투표제의 도입에 따라 첨부서면으로 제출하여야 할 것이다.

[사례] (신)주주명부

(신) 주 주 명 부

년 월 일 현재

주주명	주소와 전자우편주소	소유주식수	회의출석	의결찬성	인증촉탁	비 고
홍길동	서울시 강남구 서현동 1-1호 www.asd45@hanmail.net	552,000				
강동구	서울 강북구 수유동 11-7 www.wert88@hanmail.net	24,000				
양갑주	서울 강북구 번동 789-44 www.wer88@hanmail.net	4,000				
한석봉	서울시 도봉구 도봉동 1-2호 www.wer88@hanmail.net	20,000				
총주식수			출석주식수	찬성주식수	촉탁주식수	1주당 금액
600,000						100

위 주주명부는 본사에 비치된 주주명부와 대조하여 틀림이 없음을 증명합니다.

20○○년 ○월 ○일

브이엔케이 주식회사

서울시 서초구 방배동 1-1

대표이사 홍 길 동 (인)

[사례] 주식회사 변경등기(이사회 구성한 회사, 유상증자, 구주주가 포기한 신주식 일반으로부터 공모한 경우, 소집기간 생략동의서)

주식회사 변경등기신청

접수	년 월 일	처리인	접 수	조 사	기 입	교 합	각종통지
	제 호						

상 호	에스엔제이티 주식회사	등기번호	○○○○○○
본 점	서울시 서초구 양재동 1100-5		
등 기 의 목 적	회사가 발행할 주식의 총수 변경등기 및 회사의 신주발행으로 인한 발행주식의 총수, 그 종류와 각종 주식의 내용과 수, 자본의 총액의 변경등기		
등 기 의 사 유	1) 20○○년 ○월 23일 임시주주총회결의로 회사가 발행할 주식의 총수를 변경하였으므로 그 등기를 구함 2) 20○○년 ○월 23일 이사회에서 신주식 40,000주 발행결의에 의해 주주를 모집하고 동년 ○월 24일 그 납입이 완료되어 동년 ○월 25일 발행주식의 총수, 그 종류와 각종주식의 내용과 수, 자본의 총액을 변경하였으므로 그 등기를 구함.		

등 기 할 사 항	
변경 후의 발행예정 주식 총수	100,000주
변경된 취지 및 변경 연월일	20○○년 ○월 23일 주식총수변경
발행주식의 총수, 그 종류와 각종 주식의 내용과 수	50,000 주 보통주식
자본의 총액	금 250,000,000원
기 타	

신청등기소 및 등록면허세/수수료						
순번	신청등기소	구분	등록면허세 지방교육세	농어촌특별세	세액합계	등기신청수수료
			금 800,000원 금 160,000원		금960,000원	금 12,000원
합 계						
과 세 표 준 액	금 200,000,000 원					

첨 부 서 면	
1. 정관 및 공증받은 이사회의사록 또는 주주총회의사록 통	1. 등록면허세영수필확인서 통
1. 주식의 인수를 증명하는 서면 통	1. 위임장(대리인이 신청할 경우) 통
1. 주식청약서 통	<기 타>
1. 주금납입보관증명서 통	

20○○년 ○월 ○일

신청인 상 호 에스엔제이티 주식회사
본 점 서울시 서초구 양재동 1100-5
대표이사 성 명 손 혁 장 (법인) (전화 : 123-4567)
주 소
대리인 성 명 법무사 이 석 장 (인) (전화 : 234-5678)
주 소 서울시 서초구 서초동 1296-2

서울중앙지방법원 등기국 귀중

- 신청서 작성요령 및 등기수입증지 첨부란 -

1. 해당란이 부족할 때에는 별지를 이용합니다.
1. 해당 등기신청과 관계없는 사항에 대하여는 “해당없음”으로 기재하거나 삭제하고, 필요한 사항은 추가 기재합니다.

(용지규격 21㎝× 29.7㎝)

※ 이 사례는 이사 2인의 회사가 이사회를 구성하고, 유상증자를 하는 경우이다. 그리고 개정 상법 제363조⑤ 전단에서 규정한 주주총회소집절차를 생략하여 주주총회를 개최하는 경우이고, 구주주가 포기한 신주식을 일반으로부터 공모한 경우의 사례이다. 신주발행에 관한 설명 및 등록면허세 등은 485면 이하 참조

[사례] 임시주주총회의사록

(개인)임시주주총회 의사록

20○○년 ○월 23일 본 회사 본점사무실에서 다음과 같이 임시주주총회를 개최하다.

주주총수	3명	출석주주수	3명
발행주식총수	10,000주	이의주식수	10,000주

의장 손혁장은 정관규정에 따라 의장석에 등단하여 위와 같이 법정수에 달하는 주주가 출석하였으므로 본 총회가 적법하게 성립됨을 알리고 개회를 선언한 후 다음의 의안을 부의하고 심의를 구하다.

의안 : 회사가 발행할 주식의 총수변경에 따른 정관 일부 변경의 건

의장은 본 회사가 신주를 발행하여 자본을 증가하고자 하나 현행정관에 규정된 회사가 발행할 주식의 총수로는 증가시킬 수 없으므로 이를 증가시키기 위하여 정관규정을 다음과 같이 변경할 필요가 있다고 설명하고 그 가부를 물은바, 전원 이의 없이 만장일치로 승인 가결하다.

정관

제5조(회사가 발행할 주식의 총수) 본 회사가 발행할 주식의 총수는 100,000주로 한다.

의장은 이상으로서 총회의 목적인 의안 전부의 심의를 종료하였으므로 폐회한다고 선언하다.

위 결의사항을 명확히 하기 위하여 본 의사록을 작성하고 의장 및 출석한 이사는 다음에 기명날인하다.

20○○년 ○월 ○일

에스엔제이티 주식회사

서울시 중구 인현동 1가 100의 5

의장 대표이사 손 혁 장 (법인) (개인)

사내이사 이 준 철 (개인)

※ 정관변경

○ 신주를 발행하여 자본을 증가하고자 하나 현행 정관에 규정된 회사가 발행할 주식의 총수가 법정수에 부족한 경우 정관의 "회사가 발행할 주식 총수"규정을 변경하여야 한다.

○ 정관의 변경은 특별결의에 의한다. 특별결의는 주주총회 결의 방법의 하나로서 발행주식 총수의 3분의1 이상에 해당하는 주식을 가진 주주의 출석으로 그 의결권의 3분의 2이상의 다수로 결정하는 방법을 말한다(상법 제434조).

[사례] 주주총회 소집기간 생략 동의서

주주총회 소집기간 생략 동의서

본인 등은 에스엔제이티 주식회사의 주주인바, 주주총회를 상법 제363조 제5항에 따라 소집절차를 생략하여 20○○년 10월 1일 본점사무소에서 개최하는데 대하여 이의 없이 동의합니다.

20○○년 10월 1일

에스엔제이티 주식회사
주주 손 혁 장 (인)
주주 이 준 철 (인)
주주 이 국 민 (인)

※ 소규모회사의 경우 소집절차 생략

○ 개정법은 자본금 총액이 10억원 미만인 회사가 주주총회를 소집하는 경우에는 주주총회일의 10일 전에 각 주주에게 서면으로 통지를 발송하거나 각 주주의 동의를 받아 전자문서로 통지를 발송할 수 있고, 무기명식의 주권을 발행한 경우에는 주주총회일의 2주 전에 주주총회를 소집하는 뜻과 회의의 목적사항을 공고할 수 있도록 하였으며(상법 제363조④), 자본금 총액이 10억원 미만인 회사는 주주 전원의 동의가 있을 경우에는 위 소집절차 없이 주주총회를 개최할 수 있도록 하였다(상법 제363조⑤). 따라서 종전에는 주주총회단축기간동의서를 첨부하였으나 자본금 총액이 10억원 미만인 회사는 주주 전원의 동의로 소집기간을 생략할 수 있다.

[사례] 이사회 의사록

이사회 의사록

20○○년 ○월 ○일 본 회사 본점사무실에서 다음과 같이 이사회를 개최하다.

이사총수 3명 출석이사수 3명

의안 : 신주식발행에 관한 건

의장은 당회사의 사업운영상 신주식을 발행하여 자본을 증가시켜야 한다고 설명하고 그 가부를 물은 즉 이사전원은 이를 신중히 토의한 결과 다음같이 결의하다.

결의 사항

1. 신주식의 종류와 수 : 40,000주 보통주식
1. 신주식의 발행가액 : 금 5,000원
1. 납입기일 : 20○○년 ○월 ○일
1. 신주식의 인수방법 : 20○○년 ○월 ○일 현재 주주명부에 기재된 주식수의 비율에 따라 신주식을 배정하고 주주가 인수권을 포기한 신주식은 이를 일반으로부터 공모한다.
1. 기타 신주발행에 관한 필요한 절차사항은 대표이사에게 일임한다.

의장은 이상으로서 회의 목적인 의안전부의 심의를 종료하였으므로 폐회한다고 선언하다.

위 의사의 경과요령과 결과를 명확히 하기 위하여 이 의사록을 작성하고 의장과 출석한 이사가 기명날인하다.

20○○년 ○월 ○일

에스엔제이티 주식회사
서울시 중구 인현동 1가 100의 5
의장 대표이사 손 혁 장 (법인) (개인)
사내이사 이 준 철 (개인)
사외이사 홍 길 동 (개인)

※ 이사회

○ 개정 상법 제383조는 ④부터 ⑥까지 신설하여 소규모 회사로서 이사가 1명 또는 2명인 회사는 이사회의 권한을 이사와 주주총회에 부여하고 있다. 따라서 이사가 2명인 경우도 이사회를 구성하지 아니하여도 되나 이사가 2인인 경우 각자의 의견이 달라서 업무집행에 관한 의사결정을 할 수 없을 경우에는 이사회를 구성 할 수 있다. 이 사례는 이사회를 구성한 사례이다.

○ 이사 2인의 경우 주주총회의 권한 : 전술한 바와 같이 자본금 총액이 10억원 미만인 회사가 이사의 인원을 1, 2인으로 한 경우 이사회의 권한을 이사(정관에 의하여 대표이사가 있는 경우에는 대표이사)와 주주총회에 부여하였는바, 그 권한은 기존의 이사회가 가지고 있는 권리이다. 따라서 양도제한주식의 양도시 승인, 주식매수선택권 부여 취소, 경업금지, 이사의 자기거래 승인, 신주의 발행결정, 전환사채, 신주인수권부사채의 발행결정, 준비금의 자본전입, 중간배당의 경우 주주총회에서 결정한다.

○ 신주발행은 상법에 다른 규정이 있거나 정관으로 주주총회에서 정하기로 규정한 경우를 제외하고는 발행예정주식총수의 범위 내에서 이사회가 결정한다(상법제416조).

○ 이사회의 결의는 이사 과반수의 출석과 출석 이사의 과반수로 하여야 한다. 다만, 정관으로 그 비율을 높게 정할 수 있다(상법 제391조①). 감사가 불출석한 경우에도 출석한 이사들만으로 이사회를 개최하고 이사회의사록을 작성할 수 있다.

[사례] 잔고증명서

잔고증명서

일금 이억원정(금200,000,000원)

발행주식의 총수 40,000 주

1 주의 금액 금 5,000원

위 금액은 귀 회사 신주식발행총수 40,000주에 대한 납입금으로서 20○○년 ○월 ○일 납입이 완료되어 현재 이를 보관중임을 증명함.

20○○년 ○월 ○일

주식회사 ○○은행 ○○지점

서울시 중구 서소문동 1133-2

지점장 박 용 수

에스엔제이티 주식회사 대표이사 손 혁 장 귀하

※ 잔고증명서

○ 개정 상업등기법 제82조 제5호는 신주발행의 결과 자본금 총액이 10억원 미만인 회사에 대하여는 은행이나 그 밖의 금융기관의 잔고증명서로 대체할 수 있도록 하였다.

○ 잔고증명은 주금이 입금되어 있는 법인대표 될 자의 통장원본과 위 잔고증명서 2부를 작성하여 금융기관에 제시한다.

[사례] 주식인수증

주 식 인 수 증	
상 호	에스엔제이티 주식회사
인 수 할 주 식 수	20,000 주
금 액	금100,000,000원
1 주 의 금 액	금5,000원

위 주식을 인수함.

20○○년 ○월 ○일

인수인 주주 손 혁 장
서울시 ○○구 ○○동 ○○-○

에스엔제이티 주식회사 대표이사 귀하

※ 신주의 인수

○ 기존주주(구주주)가 그 소유주식의 비율내에서 주식을 인수하는 경우에는 주식인수증을 작성하여야 하고, 소유주식수의 비율을 초과하여 인수하고자하는 경우에는 그 초과부분에 한하여는 원칙적으로 주식청약서를 작성하여야 한다. 그러나 실무에서는 구주주는 주식인수증으로, 구주주가 아닌 일반인의 경우는 주식청약서를 작성하고 있다.

○ 납입기일에 납입 또는 현물출자가 이행된 한도내의 발행주식에 대하여 신주발행의 효력이 생기고, 납입기일까지 납입 또는 현물출자의 이행을 하지 않은 신주인수인은 그 권리를 잃으며(상법 제423조②), 이 경우 회사는 실권한 신주인수인에 대하여 손해의 배상을 청구할 수 있으며(상법 제423조③), 실권한 주식에 대하여 회사는 주주를 다시 모집할 수 있다.

[사례] 주식인수증

주 식 인 수 증	
상 호	에스엔제이티 주식회사
인 수 할 주 식 수	10,000 주
금 액	금50,000,000원
1 주 의 금 액	금5,000원

위 주식을 인수함.

20○○년 ○월 ○일

인수인 주주 이 준 철
서울시 ○○구 ○○동 ○○-○

에스엔제이티 주식회사 대표이사 귀하

[사례] 신주식청약서

신주식 청약서	
상　　　호	에스엔제이티 주식회사
인수할주식수	10,000주
금　　　액	금50,000,000원
1주의 금액	금5,000원

귀 회사정관과 이 청약서에 기재한 사항을 승낙하고 주식을 청약합니다.

20○○년 ○월 ○일

주식청약인 정 동 섭
서울시 도봉구 도봉동 1-1212호

에스엔제이티 주식회사 대표이사 손 혁 장 귀중

(별지)

상　　　호	에스엔제이티 주식회사
회사가 발행할 주식의 총수	100,000 주
1 주 의 금 액	금 5,000원
신주의 종류와 수	신주식수 40,000주 보통주식
신주식의 발행가격	일주 금5,000원
납 입 기 일	20○○년 ○월 ○일
납입받을 금융기관과 납입장소	(주) 00은행 00지점
신주식의 인수방법	20○○년 ○월 ○일 현재 주주명부에 기재된 주식수의 비율에 따라 신주식을 배정하고 주주가 인수권을 포기한 신주식은 이를 일반으로부터 공모한다.
신주식의 발행의결의 년월일	20○○년 ○월 ○일

※ 구 주주 이국민이 포기한 주식을 정동섭이 청약한 경우이다.

[사례] 정 관

정 관

제1장 총 칙

제1조(상호) 당 회사는 에스엔제이티 주식회사라 부른다.

제2조(목적) 당 회사는 다음 사업을 경영함을 목적으로 한다.

1. 특수지 및 팬시지 판매업
2. 위 사항과 관련된 부대사업

제3조(본점의 소재지) 당 회사의 본점은 서울시에 둔다.

제4조(공고방법) 당 회사의 공고는 서울시내에서 발행하는 일간 매일경제신문에 게재한다.

제2장 주 식

제5조(회사가 발행할 주식의 총수) 당 회사가 발행할 주식의 총수는 100,000주로 한다.

제6조(1주의 금액) 당 회사가 발행하는 주식일주의 금액은 금5,000원으로 한다.

제7조(회사의 설립시에 발행하는 주식총수) 당 회사는 설립시에 10,000주의 주식을 발행하기로 한다.

제8조(주식 및 주권의 종류) 당 회사의 주식은 보통주식으로서 전부 기명식으로 하고 주권은 일주권, 십주권, 백주권의 삼종으로 한다.

제9조(주권 불소지) 당 회사는 주권불소지제도를 채택하지 아니한다.

제10조(주금납입의 지체)① 주금납입을 지체한 주주는 납입기일 다음날부터 납입이 끝날 때까지 지체 주금백원에 대하여 일번 십전의 비율로서 과태금을 회사에 지급하고 또 이로 인하여 손해가 생겼을 때는 그 손해를 배상하여야 한다.

(주식양도의 제한) ② 당 회사의 주식을 양도함에는 이사회의 승인을 얻어야 한다.

(주식양도의 제한) ③ 당 회사의 주식을 주주 이외의 자에게 양도함에는 이사회의 승인을 얻어야 한다.

제11조(명의개시)① 당 회사의 주식의 관하여 명의개시를 청구함에 있어서는 당회사에서 정하는 청구서에 기명날인 또는 서명하고 이에 주권을 첨부하여 제출하여야 한다.

② 양도 이외의 사유로 인하여 주식을 취득한 경우에는 당 회사의 청구에 의하여 제1항의 청구서 이외에 그 사유를 증명하는 서면과 주권을 제출하여야 한다.

제12조(질권의 등록 및 신탁재산의 표시) 당 회사의 주식에 관하여 질권의 등록 또는 신탁재산의 표시를 청구함에 있어서는 당회사가 정하는 청구서에 당사자가 기명날인 또는 서명하고 이에 주권을 첨부하여 제출하여야 한다. 그 등록 또는 표시의 말소를

청구함에 있어서도 같다.

제13조(주권의 재발행)①주권의 분할, 병합, 오손 등의 사유로 인하여 주권의 재발행을 청구함에 있어서는 당 회사가 정하는 청구서에 기명날인 또는 서명하고 주권을 첨부하여 제출하여야 한다.

② 주권의 상실로 인하여 그 재발행을 청구함에 있어서는 당 회사가 정하는 청구서에 기명날인 또는 서명하고 이에 제권판결의 정본 또는 등본을 첨부하여 제출하여야한다.

제14조(수수료)① 제11조 내지 제13조에서 정하는 청구를 하는 자는 당 회사가 정하는 수수료를 납부하여야 한다.

제15조(주주명부의 폐쇄)① 당 회사는 매년 1월 1일부터 정기주주총회의 종결일까지 주주명부의 기재의 변경을 정지한다.

② 제1항의 경우 이외의 주주 또는 질권자로서 권리를 행사할 자를 정하기 위하여 필요한 때에는 이사회의 결의에 의하여 주주명부의 기재의 변경을 정지하고 또는 기준일을 정할 수가 있다. 이 경우에는 그 기간 또는 기준일의 2주간전에 공고하는 것으로 한다.

제16조(주주의 주소 등의 신고) 당 회사의 주주 및 등록된 질권자 또는 그 법정대리인이나 대표자는 당 회사가 정하는 서식에 의하여 그의 성명, 주소와 인감을 당 회사에 신고하여야 한다. 신고사항에 변경이 있는 때에도 또한 같다.

제3장 주주총회

제17조(소집) 당 회사의 정기주주총회는 영업연도 말일의 다음날부터 3월 이내에 소집하고 임시주주총회는 필요한 경우에 수시 소집한다.

제18조(의장) 대표이사가 주주총회의 의장이 된다. 그러나 대표이사 유고시에는 이사회에서 선임한 다른 이사가 의장이 된다.

제19조(결의) 주주총회의 결의는 법령 또는 정관에 다른 규정이 있는 경우를 제외하고 출석한 주주의 의결권의 과반수와 발행주식 총수의 4분의 1 이상의 수로서 한다.

제20조(의결권의 대리행사) 주주는 대리인으로 하여금 의결권을 행사할 수 있다. 대리인이 의결권을 행사함에는 표결전에 그 권한을 증명하는 서면을 의장에게 제출하여야 한다.

제21조(총회의 의사록) 주주총회의 의사록에는 의사의 경과요령과 그 결과를 기재하고 의장과 출석한 이사가 기명날인 또는 서명하여야 한다.

제4장 임원과 이사회

제22조(이사와 감사의 원수)당 회사의 이사는 2인 이상, 감사는 1인 이상으로 한다.
제23조(이사의 선임)당 회사의 이사는 제19조의 결의방법에 의하여 선임한다.
제24조(감사의 선임)당 회사는 감사의 제19조의 결의방법에 의하여 선임한다. 그러나 이 경우에 의결권 없는 주식을 제외한 발행주식총수의 백분의 삼을 초과하는 주식을 가지는 주주는 그 초과하는 주식에 관하여는 의결권을 행사하지 못한다.
제25조(이사의 임기)이사의 임기는 취임후 3년으로 한다. 그러나 이사의 임기가 재임중 최종의 결산기에 관한 정기주주총회의 종결전에 끝날 때에는 그 정기주주총회의 종결에 이르기까지 그 임기를 연장한다. 보궐 또는 증원에 의하여 선임된 임기는 다른 이사의 전 임기와 같이한다.
제26조(감사의 임기)감사의 임기는 취임 후 3년내의 최종의 결산기에 관한 정기주주총회의 종결시까지로 한다.
제27조(이사회의 소집)이사회는 대표이사 또는 이사회에서 따로 정한 이사가 있는 때에는 그 이사가 회일의 7일전에 각 이사 및 감사에게 통지하여 소집한다. 그러나 이사 및 감사전원의 동의가 있는 때에는 소집절차를 생략할 수 있다.
제28조(이사회의 결의)이사회의 결의는 이사 과반수의 출석과 출석이사의 과반수로 한다.
제29조(이사회의 의사록)이사회의 의사록에는 의사의 경과요령과 그 결과를 기재하고 출석한 이사 및 감사의 기명날인 또는 서명하여야 한다.
제30조(대표이사)①당 회사는 사장 1인과 필요한 경우에 전무이사 및 상무이사 각 약간명을 둔다.
②사장, 전무이사와 상무이사는 이사회의 결의에 의하여 이사 중에서 선임한다.
③사장은 당 회사를 대표한다.
제31조(업무집행)①사장은 당회사의 업무를 통할하고 전무이사 또는 상무이사가 사장을 보좌하여 그 업무를 분장한다.
② 사장이 유고시에는 미리 이사회에서 정한 순서에 따라 전무이사 또는 상무이사가 대표이사의 직무를 대행한다.
제32조(감사의 직무)감사는 당 회사의 업무 및 회계를 감사한다.
제33조(보수와 퇴직금)임원의 보수 또는 퇴직한 임원의 퇴직금은 주주총회의 결의로 정한다.

제5장 계 산

제34조(영업연도)당 회사의 영업연도는 매년 1월 1일부터 동년 12월 31일까지로 한다.
제35조(재무제표, 영업보고서의 작성비치)①당회사의 사장은 정기총회 회일 6주간전에

다음 서류 및 그 부속명세서와 영업보고서를 작성하여 이사회의 승인과 감사의 감사를 받아 정기총회에 제출하여야 한다.

1. 대차대조표
2. 손익계산서
3. 이익처분계산서 또는 결손금처리계산서

②제1항의 서류는 영업보고서, 감사보고서와 함께 정기총회 1주간 전부터 당 회사의 본점과 지점에 비치하여야 하고 총회의 승인을 얻었을 때에는 그 중 대차대조표를 지체 없이 공고하여야 한다.

第36조(이익금의 처분)매기 총수입금에서 총 지출금을 공제한 잔액을 이익금으로 하여 이를 다음과 같이 처분한다.

1. 이익준비금 금전에 의한 이익배당액의 십분의 일이상
2. 별도적립금 약간
3. 주주배당금 약간
4. 임원 상여금 약간
5. 후기 이월금 약간

第37조(이익배당)이익배당금은 매 결산기에 있어서의 주주명부에 기재된 주주 또는 질권자에게 지급한다.

부 칙

第38조(최초의 영업연도)당 회사의 최초의 영업연도는 회사 설립일로부터 동년 12월 31일까지로 한다.

第39조(발기인)발기인의 성명 및 주소는 이 정관 말미에 기재함과 같다.

위와 같이 에스엔제이티 주식회사를 설립하기 위하여 이 정관을 작성하고 발기인 전원이 이에 기명날인 또는 서명한다.

20○○년 ○월 ○일

에스엔제이티 주식회사

서울시 서초구 양재동 1100-5

대표이사 손 혁 장 (법인)

※ 정관의 첨부

신주발행의 결정은 원칙적으로 이사회의 결의에 의하는 것이므로(상법 제416), 그 의사록만 첨부하면 되나, 정관의 규정에 의하여 이를 주주총회의 결의로 결정한 때와, 주주에게 신주인수권을 부여하지 않은 경우에는 정관을 첨부하여야 한다.

[사례] 위임장(등기소제출용)

위 임 장

법무사 정 동 진

서울 서초구 서초동 345-6

전화 : 123-4567

본인은 위 사람을 대리인으로 정하고 다음 사항의 권한을 위임함.

다 음

1. 본 회사의 신주발행으로 인한 발행주식총수 그 종류와 각종 주식의 내용과 수 자본의 총액의 변경, 등기신청에 관한 일체의 행위
2.
3.

20○○년 ○월 ○일

에스엔제이티 주식회사

서울시 서초구 양재동 1100-5

대표이사 손 혁 장 (법인)

※ 이 위임장은 법무사에게 주식회사변경등기를 의뢰하는 경우 대리의 권한을 법무사에게 위임하는 서류로써 등기소에 제출하는 서류이다.

[사례] (구)주주명부

(구) 주 주 명 부 20○○년 ○월 ○일 현재						
주주명	주소와 전자우편주소	소유주식수	회의출석	의결찬성	인증촉탁	비고
손혁장	서울 강남구 서현동 1-1212호 www.asd45@hanmail.net	5,000				
이준철	서울 강북구 수유동 11-7 www.wert88@hanmail.net	2,500				
이국민	서울 강북구 번동 789-44 www.wer88@hanmail.net	2,500				
총주식수			출석주식수	찬성주식수	촉탁주식수	1주당 금액
10,000						5,000
위 주주명부는 본사에 비치된 주주명부와 대조하여 틀림이 없음을 증명합니다. 20○○년 ○월 ○일 에스엔제이티 주식회사 서울시 서초구 양재동 1100-5 대표이사 손 혁 장 (법인)						

※ 전자주주명부제도

○ 회사는 정관에서 정하는 바에 따라 전자문서로 주주명부를 작성할 수 있다(상법 제352조의2①). 전자주주명부에는 상법 제352조①의 기재사항 외에 전자우편주소를 적어야 한다.

○ 개정법은 기업경영의 IT화를 위하여 주주총회에 직접 참석하거나 대리인에게 투표를 위임하지 않더라도 전자서명 등 본인인증절차를 거쳐 인터넷으로 의결권을 행사하는 전자투표제도가 도입됐다(상법 제368조의4, 제382조의2). 이와 함께 주주들이 서면 외에도 이메일 등 전자문서를 통해 주주제안권 및 임시주주총회 소집청구권을 행사할 수 있도록 했다. 전자투표제도를 도입함에 따라 일반 주주명부를 전자문서로 된 주주명부로

대체할 필요가 있어서 제도화한 것이다.

○ 주주명부는 종전의 경우 공증시 구비서류이다. 개정법에서는 자본금총액이 10억원 미만인 소규모 회사의 경우에는 공증의무가 면제되었으므로 당연히 구비서류가 아니나 전자투표제의 도입에 따라 첨부서면으로 제출하여야 할 것이다.

[사례] (신)주주명부

(신) 주 주 명 부

20○○년 ○월 ○일 현재

주주명	주소와 전자우편주소	소유주식수	회의출석	의결찬성	인증촉탁	비 고
손혁장	서울시 강남구 서현동 1-1호 www.asd45@hanmail.net	25,000				
이준철	서울 강북구 수유동 11-7 www.wert88@hanmail.net	12,500				
이국민	서울 강북구 번동 789-44 www.wer88@hanmail.net	2,500				
정동섭	서울시 도봉구 도봉동 1-2호 www.wer88@hanmail.net	10,000				
총주식수			출석주식수	찬성주식수	촉탁주식수	1주당 금액
50,000						5,000

위 주주명부는 본사에 비치된 주주명부와 대조하여 틀림이 없음을 증명합니다.

20○○년 ○월 ○일

에스엔제이티 주식회사

서울시 서초구 양재동 1100-5

대표이사 손 혁 장 (법인)

[사례] 주식회사 변경등기(유상증자, 임원변경, 구주주가 전부 배정받은 경우)

주식회사 변경등기신청

접수	년 월 일	처리인	접 수	조 사	기 입	교 합	각종통지
	제 호						

상 호	주식회사 젠아이	등기번호	○○○○○○
본 점	서울 강동구 명일동 319-33		
등 기 의 목 적	임원변경, 신주발행		
등 기 의 사 유	1) 20○○년 ○월 ○일 임시주주총회에서 다음사람을 해임, 사임, 취임하였기에 그 등기를 구함. 2) 20○○년 ○월 ○일 이사회에서 증자로 인하여 보통주식 19,400주를 새로이 발행하고 그 납입이 20○○. ○. ○. 완료되었기에 그 등기를 구함.		
본/지점 신청구분	1. 본점신청 □ 2. 지점신청 □ 3. 본・지점 일괄신청 □		
등 기 할 사 항			
대표이사・이사・감사 등의 퇴임・취임 등과 그 연월일	별지와 같음		
발행주식의 총수, 그 종류와 각종 주식의 내용과 수	보통주식 40,400주		
자본의 총액	금 202,000,000원 20○○년 ○월 ○일 변경		
기 타			

신청등기소 및 등록면허세/수수료						
순번	신청등기소	구분	등록면허세	농어촌특별세	세액합계	등기신청수수료
			지방교육세			
		이사 변경	금40,200원		금 48,240원	금 6,000원
			금 8,040원			
		신주 발행	금388,000원		금 465,600원	금 6,000원
			금77,600원			
합 계						
과 세 표 준 액	금 97,000,000원					

첨 부 서 면	
1. 주주총회의사록 또는 이사회의사록(해임, 선임 등의 경우) 통	1. 동의서 통
1. 정관(필요한 경우) 통	1. 취임승낙서(인감증명서 포함) 통
1. 사임서(인감증명서포함) 통	1. 주민등록표등본(선임한 경우) 통
1. 주식의 인수를 증명하는 서면 통	1. 인감신고서(대표이사선임의 경우) 통
1. 주식청약서 통	1. 등록면허세영수필확인서 통
1. 법인잔고증명서 통	1. 위임장(대리인이 신청할 경우) 통
	<기 타>

20○○년 ○월 ○일

신청인 상 호 주식회사 젠아이

본 점 서울 강동구 명일동 319-33

대표이사 성 명 소 기 훈 (법인) (전화 : 123-4567)

주 소 경기도 용인시 용인읍 유방리 753 주공은하수빌 409-1602

대리인 성 명 법무사 변 강 림 (인) (전화 : 234-5678)

주 소 서울 강동구 명일동 319-33

서울동부지방법원 강동등기소 귀중

- 신청서 작성요령 및 등기수입증지 첨부란 -

1. 해당란이 부족할 때에는 별지를 이용합니다.
1. 해당 등기신청과 관계없는 사항에 대하여는 "해당없음"으로 기재하거나 삭제하고, 필요한 사항은 추가 기재합니다.

(용지규격 21㎝× 29.7㎝)

※ 신주발행에 관한 설명 및 등록면허세 등은 485면 이하 참조

[별지]

대표이사·이사·감사 등의 퇴임·취임 등과 그 연월일	20○○년 ○월 ○일 임시주주총회에서 다음 사람을 해임, 사임, 취임하였기에 그 등기를 구함. 사내이사 송 승 영 (×××××× - ×××××××) (20○○년 ○월 ○일 해임) 사내이사 소 기 훈 (×××××× - ×××××××) 사내이사 박 종 수 (×××××× - ×××××××) 사내이사 소 영 민 (×××××× - ×××××××) 감 사 박 문 수 (×××××× - ×××××××) (위 각 20○○년 ○월 ○일 사임) 사내이사 소 기 훈 (×××××× - ×××××××) 사내이사 소 영 민 (×××××× - ×××××××) 사내이사 박 문 수 (×××××× - ×××××××) 감 사 박 조 수 (×××××× - ×××××××) (위 각20○○년 ○월 ○일 취임) 대표이사 소 기 훈 (×××××× - ×××××××) 경기도 용인시 용인읍 유방리 753 주공은하수빌 409-1602 (20○○년 ○월 ○일 사임) 대표이사 소 기 훈 (×××××× - ×××××××) 경기도 용인시 용인읍 유방리 753 주공은하수빌 409-1602 (20○○년 ○월 ○일 취임) 이 상

[사례] 임시주주총회의사록

임 시 주 주 총 회 의 사 록

당 회사는 20○○. ○. ○ . 09 시 본점회의실에서 임시주주총회를 개최하다.

주주총수	4 명	출석주주수	4 명
주식의 총수	21,000주	출석주식수	21,000주

대표이사 소기훈은 정관규정에 따라 이 회의 진행을 위하여 의장석에 등단하여 위와 같이 법정수에 달하는 주주가 출석하였고, 본 총회의 안건을 출석 주주에게 설명한 다음 개회를 선언한 후 다음 의안을 부의하고 심의를 구하다.

의안 : 임원변경의 건

의장은 이사 송승영을 20○○년 ○월 ○일부로 해임결의 할 것을 구한바 주주전원이 찬성하여 해임결의하다.

의장은 자신의 이사직과 사내이사 박종수, 소영민 감사 박문수가 별도의 사임서와 같이 그 직을 사임하고 그 후임으로 새로운 이사, 감사를 선임하여 줄 것을 물은바, 출석한 주주 신중히 토의한 후 다음과 같이 승인 가결하다.

(피선자는 즉석에서 그 직에 취임을 승낙하다.)

해임한 사내이사	송 승 영
사임한 사내이사	소 기 훈
동	박 종 수
동	소 영 민
사임한 감 사	박 문 수
취임한 사내이사	소 기 훈
동	소 영 민
동	박 문 수
취임한 감 사	박 종 수

의장은 이상으로서 총회의 목적인 의안 심의를 종료하였으므로 폐회한다고 선언하다.
(회의 종료시각 9시 50분)

위 의사의 경과요령과 결과를 명확히 하기 위하여 이 의사록을 작성하고 의장과 출석한 이사가 기명날인 또는 서명하다.

20○○년 ○월 ○일

주식회사 젠아이

서울 강동구 명일동 319-33

의장대표이사 소 기 훈 (법인) (개인)

사내이사 소 영 민 (개인)

사내이사 박 문 수 (개인)

※ 이사 · 감사의 해임

○ 이사 · 감사의 해임은 특별결의에 의한다. 특별결의는 주주총회 결의방법의 하나로서 발행주식 총수의 3분의1 이상에 해당하는 주식을 가진 주주의 출석으로 그 의결권의 3분의 2이상의 다수로 결정하는 방법을 말한다(상법 제434조).

※ 주주총회소집절차 및 주주총회 서면결의

○ 개정 상법은 자본금 총액이 10억원 미만인 회사는 주주 전원의 동의가 있을 경우에는 소집절차를 생략할 수 있도록 하고, 서면에 의한 결의로써 주주총회의 결의를 갈음할 수 있도록 하였다(상법 제363조⑤).

[사례] 취임승낙서

취 임 승 낙 서

본인은 20○○년 ○월 14일 주식회사 젠아이의 임시주주총회, 이사회에서 대표이사인 이사, 이사, 감사로 선임되었으므로 그 직의 취임을 승낙합니다.

20○○ 년 ○ 월 ○ 일

대표이사인 사내이사 소 기 훈

사내이사 소 영 민

사내이사 박 문 수

감 사 박 종 수

주식회사 젠아이 귀중

[사례] 이사회의사록

이사회의사록

당 회사는 20○○년 ○월 ○일 10시 본 회사 본점 회의실에서 다음과 같이 이사회를 개최하다.

이사총수	3 명	출석이사수	3 명
감사총수	1 명	출석감사수	1 명

제 1호 의안 : 대표이사 선임의 건

의장은 자신의 대표이사직을 별도 사임서와 같이 그 직을 사임함을 고하고 그 후임으로 새로운 대표이사를 선임하여 줄 것을 물은바, 출석한 임원 전원 신중히 토의한 후 다음과 같이 만장일치로 승인가결하다.

사임한 대표이사 : 소 기 훈

취임한 대표이사 : 소 기 훈

경기도 용인시 용인읍 유방리 753 주공은하수빌 409-1602

이어 피선자는 즉석에서 그 취임을 승낙하다.

제 2호 의안 : 신주발행의 건

대표이사 소기훈은 본 회사의 사업규모가 팽창하여 현재의 자본금으로서는 그 사업을 수행하기 어려운 형편이므로 신주식을 발행하여 자본을 증가할 필요가 있음을 설명하고, 그 가부를 물은바, 전원 이의 없이 다음과 신주식을 발행하기로 찬성하여 가결하다.

1. 신주식의 종류와 수 : 보통주식 19,400주
2. 신주식의 발행가 : 금5,000원
3. 주식발행권면총액 : 금97,000,000원
4. 납입기일 : 20○○년 ○월 ○일
5. 주금납입처 : 국민은행 성내동지점

6. 신주식인수방법 : 각 주주가 가진 주식수의 비율에 따라 신주식을 배정하고 주주가 인수권을 포기한 신주식은 이를 일반으로부터 공모하기로 한다.
7. 신주인수권증서 : 발행하지 않음
8. 기타 신주발행에 관한 필요한 절차사항은 대표이사에게 일임한다.

의장은 이상으로서 의안 전부의 심의를 종료하였으므로 폐회한다고 선언하다.(회의 종료시간 10시 50분)

위 의사의 경과요령과 결과를 명확히 하기 위하여 이 의사록을 작성하고 의장과 출석한 이사와 감사가 기명날인 또는 서명하다.

20○○년 ○월 ○일

주식회사 젠아이
서울 강동구 명일동 319-33
의장 대표이사 소 기 훈 (법인) (개인)
사내이사 소 영 민 (개인)
사내이사 박 문 수 (개인)
감 사 박 종 수 (개인)

※ 이사회의사록

○ 신주발행은 상법에 다른 규정이 있거나 정관으로 주주총회에서 정하기로 규정한 경우를 제외하고는 발행예정주식총수의 범위 내에서 이사회가 결정한다(상법 제416조). 다만, 이사1~2인의 이사 회사의 경우 주주총회에서 결정한다.

○ 이사회의 결의는 이사 과반수의 출석과 출석 이사의 과반수로 하여야 한다. 다만, 정관으로 그 비율을 높게 정할 수 있다(상법 제391조①), 감사가 불출석한 경우에도 출석한 이사들만으로 이사회를 개최하고 이사회의사록을 작성할 수 있다.

[사례] 위임장(등기소제출용)

위 임 장

법무사 정 동 진
서울 서초구 서초동 345-6
전화 : 123-4567

위 사람을 대리인으로 정하고 다음 권한을 위임함

다 음

1. 본 회사의 신주발행으로 자본금을 증자함에 있어서의 변경등기 신청서의 작성 및 제출, 취하에 관한 일체의 행위
2.
3.

20○○. ○. ○.
위 임 인 주식회사 젠아이
서울 ○○ 구 ○○ 동 ○-○
대표이사 ○ ○ ○ (법인)

[사례] 주식인수증

주 식 인 수 증	
상 호	주식회사 젠아이
인수할 주식 수	5,820주
금 액	29,100,000원
1주의 금액	5,000원

위 주식을 주주로서 인수합니다.

20○○년 ○월 ○일
주식 인수인 소 기 훈 (인)

주식회사 젠아이 귀중

※ 발기인 각자마다 주식인수증을 작성하여야 한다.

[사례] 주식인수증

<table>
<tr><td colspan="2">주 식 인 수 증</td></tr>
<tr><td>상 호</td><td>주식회사 젠아이</td></tr>
<tr><td>인수할 주식 수</td><td>5,820주</td></tr>
<tr><td>금 액</td><td>29,100,000원</td></tr>
<tr><td>1주의 금액</td><td>5,000원</td></tr>
<tr><td colspan="2">위 주식을 주주로서 인수합니다.
20○○년 ○월 ○일

주식 인수인 박 종 수 (인)

주식회사 젠아이 귀중</td></tr>
</table>

※ 발기인 각자마다 주식인수증을 작성하여야 한다.

<table>
<tr><td colspan="2">주 식 인 수 증</td></tr>
<tr><td>상 호</td><td>주식회사 젠아이</td></tr>
<tr><td>인수할 주식 수</td><td>4,850주</td></tr>
<tr><td>금 액</td><td>24,250,000원</td></tr>
<tr><td>1주의 금액</td><td>5,000원</td></tr>
<tr><td colspan="2">위 주식을 주주로서 인수합니다.
20○○년 ○월 ○일

주식 인수인 소 영 민 (인)

주식회사 젠아이 귀중</td></tr>
</table>

※ 발기인 각자마다 주식인수증을 작성하여야 한다.

[사례] 주식인수증

<table>
<tr><td colspan="2">주 식 인 수 증</td></tr>
<tr><td>상 호</td><td>주식회사 젠아이</td></tr>
<tr><td>인수할 주식 수</td><td>2,910주</td></tr>
<tr><td>금 액</td><td>금14,550,000원</td></tr>
<tr><td>1주의 금액</td><td>5,000원</td></tr>
<tr><td colspan="2">위 주식을 주주로서 인수합니다.
20○○년 ○월 ○일

주식 인수인 박 문 수 (인)

주식회사 젠아이 귀중</td></tr>
</table>

※ 발기인 각자마다 주식인수증을 작성하여야 한다.

[사례] 기간단축동의서

동 의 서

본인은 주식회사 젠아이의 주주인바, 금번 신주식을 발행함에 있어 상법 제418조 및 419조의 공고 및 최고절차를 생략하고 소정의 기간을 단축하는데 대하여 아무런 이의가 없으므로 이에 동의합니다.

20○○년 ○월 ○일

주 주 소 기 훈
주 주 박 종 수
주 주 소 영 민
주 주 박 문 수

※ 기간단축 동의서

○ 실권예고부 청약 최고기간을 단축한 경우에는 총주주동의서, 주식인수인이 생긴 후에 납입기일을 변경한 경우에는 주식인수인 전원의 동의서가 필요하다. 그러나 납입기일 전에 신주에 대한 납입이 완료되어 그 기일을 앞당겨 변경한 경우에는 첨부할 필요가 없다.

○ 신주발행절차에서 상법 제418조 및 제419조의 규정에 의한 신주인수권의 내용 및 배정일 지정공고와 신주인수권자에 대한 실권예고부 최고기간을 단축한 경우에, 이를 증명하는 서면으로서 실무상 신주인수권포기서를 첨부하게 하는 경우도 있으나 이는 현행법상 첨부서면은 아니며, 위 사항이 총주주의 동의가 없으면 효력이 없거나 취소할 수 있는 사항에 해당될 경우에는 총주주가 동의하였음을 증명하는 서면(총주주의 동의서 또는 신주인수권을 행사하지 않은 주주의 기간단축동의서 등)을 첨부하여 변경등기를 신청하여야 한다(등기선례 200206-14, 2002. 6. 24. 등기 3402-344 질의회답).

※ 신주인수권포기서

○ 주식회사의 신주발행에 있어서 신주인수권을 가진 주주의 일부가 신주인수권을 포기하여 발생한 실권주를 이사회의 결의로 다른 주주나 제3자에게 배정하여 납입이 이루어진 경우, 이에 따른 변경등기의 신청서의 첨부서면으로 실권주의 배정을 결정한 이사회의 의사록 외에 주주의 신주인수권포기서는 현행법상 첨부서면으로 하고 있지 않다(등기선례 200206-14, 2002. 6. 24. 등기 3402-344 질의회답).

[사례] 잔고증명서

<table>
<tr><td>

잔고증명서

금 : 구천칠백만원정(₩ 97,000,000)
신주식발행총수 19,400주
1주의 금액 금 5,000원

위 금액은 귀 회사의 신주식 발행총수 19,400주에 대한 납입금으로서 20○○년 ○월 ○일 납입이 완료되어 현재 이를 보관중임을 증명합니다.

20○○년 ○월 ○일

증 명 인 국제은행
서울 서초구 서초동 456-89

주식회사 젠아이 귀중

</td></tr>
</table>

※ 잔고증명서

○ 개정 상업등기법 제82조 제5호는 신주발행의 결과 자본금 총액이 10억원 미만인 회사에 대하여는 은행이나 그 밖의 금융기관의 잔고증명서로 대체할 수 있도록 하였다.

○ 잔고증명은 주금이 입금되어 있는 법인대표 될 자의 통장원본과 위 잔고증명서 2부를 작성하여 금융기관에 제시한다.

[사례] 주주명부(증자 전)

주 주 명 부(증자 전)

20○○년 ○월 ○일 현재

주주명	주소와 전자우편주소	소유주식수	회의출석	의결찬성	인증촉탁	비고
소기훈	서울 ○○구 ○○동 1-1 www.asd45@hanmail.net	6,300주	출 석	찬 성	촉 탁	
박종수		6,300주	출 석	찬 성	촉 탁	
소영민		5,250주	출 석	찬 성	촉 탁	
박문수		3,150주	출 석	찬 성	촉 탁	

총 주 식 수	출석주식수	찬성주식수	촉탁주식수	1주당 금 액
21,000	21,000	21,000	21,000	5,000

위 주주명부는 본사에 비치된 주주명부와 대조하여 틀림이 없음을 증명합니다.

20○○년 ○월 ○일

주식회사 젠아이
서울 강동구 명일동 319-33
대표이사 소 기 훈 (법인)

[사례] 주주명부(증자 후)

주 주 명 부(증자 후)						
20○○년 ○월 ○일 현재						
주주명	주소와 전자우편주소	소유주식수	회의출석	의결찬성	인증촉탁	비고
소기훈	서울 ○○구 ○○동 1-1 www.asd45@hanmail.net	12,120주	출 석	찬 성	촉 탁	
박종수		12,120주	출 석	찬 성	촉 탁	
소영민		10,100주	출 석	찬 성	촉 탁	
박문수		6,060주	출 석	찬 성	촉 탁	
총 주 식 수			출석주식수	찬성주식수	촉탁주식수	1주당 금 액
40,400			40,400			5,000

위 주주명부는 본사에 비치된 주주명부와 대조하여 틀림이 없음을 증명합니다.

20○○년 ○월 ○일

주식회사 젠아이
서울 강동구 명일동 319-33
대표이사 소 기 훈 (법인)

제4절 합병/분할(분할합병)의 등기

1. 합 병

가. 합병의 의의

합병이란 2개 이상의 회사가 계약에 의하여 신회사를 설립하거나 또는 그 중의 한 회사가 다른 회사를 흡수하고, 흡수되는 소멸회사의 재산과 사원(주주)이 신설회사 또는 존속회사에 상법의 특별규정에 의하여 청산절차를 거치지 않고 합쳐짐으로써, 1개 이상의 회사의 소멸과 권리의무의 포괄적 이전을 생기게 하는 회사법상의 법률요건이다.

나. 합병의 자유와 제한

(1) 합병의 자유

상법상 회사는 자유롭게 합병할 수 있는 것이 원칙이며(상법 제174조①), 상법상 회사 간에 종류나 목적이 다른 경우에도 합병할 수 있다. 다만, 아래와 같은 제한이 있다.

(2) 물적회사의 합병

1. 합병을 하는 회사의 일방 또는 쌍방이 주식회사, 유한회사 또는 유한책임회사인 경우에는 합병 후 존속하는 회사나 합병으로 설립되는 회사는 주식회사, 유한회사 또는 유한책임회사이어야 한다(제174조②). 이는 합명·합자회사가 존속회사 또는 신설회사가 된다면 물적회사의 사원이 무한책임을 부담하기 때문이다.
2. 유한회사가 주식회사와 합병을 하는 경우에 존속회사 또는 신설회사가 주식회사인 경우에는 법원의 인가를 받아야 한다(제600조①). 이는 유한회사의 사원이 납입충실책임을 면하고, 주식회사설립이나 신주발행시에 요구되는 검사절차를 잠탈하기 위하여 회사합병절차를 이용하는 것을 방지하기 위한 것이다.

(3) 해산중인 회사의 합병

해산후의 회사는 존립중의 회사를 존속회사로 하는 경우에 한하여 합병을 할 수 있다(제174조③).

(4) 주식회사와 유한회사의 합병

사채를 상환하지 않은 주식회사가 합병당사자인 경우에는 사채제도가 없는 유한회사를 존속회사 또는 신설회사로 하지 못한다(제600조②).

다. 합병의 종류

(1) 일반적 형태의 합병

1. 흡수합병

흡수합병은 수 개의 합병당사회사 중 하나의 회사만 존속하고 나머지 회사는 모두 소멸하며, 존속회사가 소멸회사의 권리·의무를 포괄적으로 승계하고 사원을 수용하는 방법이다.

2. 신설합병

합병당사회사가 모두 소멸하고, 새로운 하나의 회사가 신설되어 소멸회사의 권리·의무를 포괄적으로 승계하고 사원을 수용하는 방법이다.

(2) 간이합병과 소규모합병

1. 간이합병

간이합병이란 소멸하는 회사의 총 주주의 동의가 있거나 그 회사의 발행주식총수의 100분의 90이상을 존속회사가 소유하는 경우에 소멸회사의 주주총회의 승인을 이사회의 승인으로 갈음할 수 있는 합병을 말한다(제527조의2①).

2. 소규모합병

존속회사가 합병을 함에 있어서 발행하는 신주의 총수가 그 회사의 발행주식총수의 100분의 10(개정전 100분의 5)를 초과하지 않고, 소멸회사의 주주에게 지급할 합병교부금이 존속회사의 최종의 대차대조표상으로 현존하는 순자산액의 100분의 5(개정전 100분의 2)를 초과하지 않는 경우 주주총회의 승인을 이사회의 승인으로 갈음할 수 있는 합병을 말한다(제527조의3①). 간이합병의 경우에는 반대주주의 주식매수청구권을 인정하고 있으나, 소규모합병의 경우에는 존속회사의 주주의 주식매수청구권을 인정하지 않는다(제527조의3⑤).

2 합병의 절차

가. 합병계약서의 작성

(1) 합병계약의 일반

합병을 함에 있어서는 먼저 당사회사 사이에 합병계약을 체결하여 합병조건, 존속회사 또는 신설회사의 정관 내용 기타 합병에 필요한 사항을 정하여야 한다. 합병계약의 체결은 회사의 중요한 업무집행 행위이므로 이사회결의를 거쳐 대표이사가 한다. 합병할 회사의 일방 또는 쌍방이 합명회사 또는 합자회사인 때에도 합병 후 존속하는 회사 또는 합병으로 인하여 설립되는 회사가 주식회사인 경우에는 합병계약서를 작성하여야 한다(상법 제525조)

나. 합병계약서의 기재사항

(1) 흡수합병의 경우(상법 제523조)

1. 존속하는 회사가 합병으로 인하여 그 발행할 주식의 총수를 증가하는 때에는 그 증가할 주식의 총수, 종류와 수

2. 존속하는 회사의 증가할 자본금과 준비금의 총액

3. 존속하는 회사가 합병당시에 발행하는 신주의 총수, 종류와 수 및 합병으로 인하여 소멸하는 회사의 주주에 대한 신주의 배정에 관한 사항

4. 존속하는 회사가 합병으로 소멸하는 회사의 주주에게 제3호에도 불구하고 그 대가의 전부 또는 일부로서 금전이나 그 밖의 재산을 제공하는 경우에는 그 내용 및 배정에 관한 사항

5. 각회사에서 합병의 승인결의를 할 사원 또는 주주의 총회의 기일

6. 합병을 할 날

7. 존속하는 회사가 합병으로 인하여 정관을 변경하기로 정한 때에는 그 규정

8. 각 회사가 합병으로 이익배당을 할 때에는 그 한도액

9. 합병으로 인하여 존속하는 회사에 취임할 이사와 감사 또는 감사위원회의 위원을 정한 때에는 그 성명 및 주민등록번호

10. 소규모합병을 하는 때에는 그 뜻(상법 제527조의3)

(2) 신설합병의 경우

신설합병의 경우, 합병계약서에 기재하여야할 사항은 아래와 같은데, 그 중 2부터 6까지의 사항은 흡수합병시 합병계약서의 기재사항과 동일하다(상법 제524조)

1. 설립되는 회사의 목적, 상호, 회사가 발행할 주식의 총수, 1주의 금액, 종류주식을 발행할 때에는 그 종류, 수와 본점소재지

2. 설립되는 회사가 합병당시에 발행하는 주식의 총수와 종류, 종류별 수 및 각 회사의 주주에 대한 주식의 배정에 관한 사항
3. 설립되는 회사의 자본금과 준비금의 총액
4. 각 회사의 주주에게 지급할 금액을 정한 때에는 그 규정
5. 각 회사에서 합병의 승인결의를 할 사원총회 또는 주주총회의 기일과, 합병을 한 날
6. 합병으로 인하여 설립되는 회사의 이사와 감사 또는 감사위원회 위원을 정한 때에는 그 성명 및 주민등록번호

다. 합병계약서 등의 공시(상법 제552조의2)

이사는 제522조①의 주주총회 회일의 2주전부터 합병을 한 날 이후 6월이 경과하는 날까지 다음 각호의 서류를 본점에 비치하여야 한다.

1. 합병계약서
2. 합병으로 인하여 소멸하는 회사의 주주에게 발행하는 주식의 배정에 관하여 그 이유를 기재한 서면
3. 각 회사의 최종의 대차대조표와 손익계산서

라. 주주보호절차(합병계약의 승인)

(1) 주주총회특별결의(제522조)

1. 회사가 합병을 함에는 합병계약서를 작성하여 주주총회의 승인을 얻어야 한다.

2. 합병계약의 요령은 제363조에 정한 통지와 공고에 기재하여야 한다.

3. ①의 승인결의는 제434조의 규정에 의하여야 한다.

(2) 간이합병의 경우(소멸회사)(제527조의2)

1. 합병할 회사의 일방이 합병후 존속하는 경우에 합병으로 인하여 소멸하는 회사의 총주주의 동의가 있거나 그 회사의 발행주식총수의 100분의 90이상을 합병후 존속하는 회사가 소유하고 있는 때에는 합병으로 인하여 소멸하는 회사의 주주총회의 승인은 이를 이사회의 승인으로 갈음할 수 있다.

2. ①의 경우에 합병으로 인하여 소멸하는 회사는 합병계약서를 작성한 날부터 2주내에 주주총회의 승인을 얻지 아니하고 합병을 한다는 뜻을 공고하거나 주주에게 통지하여야 한다. 다만 총주주의 동의가 있는 때에는 그러하지 아니하다.

(3) 소규모합병의 경우(존속회사)(제527조의3)

1. 합병후 존속하는 회사가 합병으로 인하여 발행하는 신주의 총수가 그 회사의 발행주식총수의 100분의 10(개정전 100분의 5)를 초과하지 아니하는 때에는 그 존속하는 회사의 주주총회의 승인은 이를 이사회의 승인으로 갈음할 수 있다. 다만, 합병으로 인하여 소멸하는 회사의 주주에게 지급할 금액을 정한 경우에 그 금액이 존속하는 회사의 최종 대차대조표상으로 현존하는 순자산액의 100분의 5(개정전 100분의 2)를 초과하는 때에는 그러하지 아니하다.

2. ①의 경우에 존속하는 회사의 합병계약서에는 주주총회의 승인을 얻지 아니하고 합병을 한다는 뜻을 기재하여야 한다.

3. ①존속하는 회사는 합병계약서를 작성한 날부터 2주내에 소멸하는 회사의 상호 및 본점의 소재지, 합병을 할 날, 주주총회의 승인을 얻지 아니하고 합병을 한다는 뜻을 공고하거나 주주에게 통지하여야 한다.

4. 합병후 존속하는 회사의 발행주식총수의 100분의 20이상에 해당하는 주식을 소유한 주주가 ③의 규정에 의한 공고 또는 통지를 한 날부터 2주내에 회사에 대하여 서면으로 ①의 합병에 반대하는 의사를 통지한 때에는 ①본문의 규정에 의한 합병을 할 수 없다.

5. ①본문의 경우에는 제522조의3의 규정은 이를 적용하지 아니한다.

마. 채권자보호절차

회사는 제522조의 주주총회의 승인결의가 있은 날로부터 2주내에 채권자에 대하여 합병에 이의가 있으면 1월이상의 기간내에 이를 제출할 것을 공고하고 알고 있는 채권자에 대하여는 따로따로 이를 최고하여야 한다.

바. 주권제출공고

1. 회사는 채권자보호절차를 밟는 경우 동시에 주권제출공고를 하는 것이 일반적인데 이는 그 배정비율이 1대1인 경우에는 이 절차를 요하지 않는다. 다만, 배정비율이 다른 경우 소멸회사의 주식에 대한 주식병합 또는 주식분할의 절차가 필요하며 이 절차에 대하여는 자본감소에 관한 주식병합에 관한 규정이 적용된다(제440조 ~ 제444조).

2. 자본금 100억원인 갑회사가 자본금 25억원인 을회사를 "합병후 자본금 110억원, 합병비율 갑회사 주식 1주당 을회사 주식 2.5주"의 합병 조건으로 흡수합병하는 경우에는, 소멸회사에 관하여 합병비율에 따른 감자등기를 거칠 필요는 없고, 합병비

율에 따라 주식의 병합절차를 이행한 사실을 증명하는 서면을 합병등기신청서에 첨부하면 될 것이다(등기선례1-880 1982.08.02 제정).

사. 합병에 관한 서류의 사후공시(제527조의6)

이사는 제527조의5에 규정한 절차의 경과, 합병을 한 날, 합병으로 인하여 소멸하는 회사로부터 승계한 재산의 가액과 채무액 기타 합병에 관한 사항을 기재한 서면을 합병을 한 날부터 6월간 본점에 비치하여야 한다.

아. 보고총회 및 창립총회

(1) 보고총회

합병을 하는 회사의 일방이 합병후 존속하는 경우에는 그 이사는 제527조의5의 절차의 종료후, 합병으로 인한 주식의 합병이 있을 때에는 그 효력이 생긴 후, 합병에 적당하지 아니한 주식이 있을 때에는 합병후, 존속하는 회사에 있어서는 제443조의 처분을 한 후, 소규모합병의 경우에는 제527조의3③ 및 ④의 절차를 종료한 후 지체없이 주주총회를 소집하고 합병에 관한 사항을 보고하여야 한다. 이사회는 공고로써 주주총회에 대한 보고에 갈음할 수 있다(제526조).

(2) 창립총회

합병으로 인하여 회사를 설립하는 경우에는 설립위원은 제527조의5의 절차의 종료후, 합병으로 인한 주식의 병합이 있을 때에는 그 효력이 생긴 후, 병합에 적당하지 아니한 주식이 있을 때에는 제443조의 처분을 한 후 지체없이 창립총회를 소집하여야 한다. 이사회는 공고로써 주주총회에 대한 보고에 갈음할 수 있다(제527조).

3. 합병의 등기절차

가. 등기기간

흡수합병의 보고총회가 종결한 날 또는 보고에 갈음하는 공고일(흡수합병의 경우), 신설합병의 창립총회가 종결한 날 또는 보고에 갈음하는 공고일(신설합병의 경우)부터 본점 소재지에서는 2주 내, 지점소재지에서는 3주 내에 합병 후 존속하는 회사에 있어서는 변경의 등기, 합병으로 인하여 소멸하는 회사에 있어서는 해산의 등기, 합병으로 인하여 설립되는 회사에 있어서는 상법 제317조에 정하는 등기를 하여야 한다(상법 제528조①).

나. 등기신청인

존속회사의 변경등기 또는 신설회사의 설립등기는 각각 당해 회사를 대표하는 자가 신청하지만(상업등기법 제17조②), 합병으로 소멸하는 회사의 해산등기는 당해 회사를 대표하는 자가 아니라 존속회사(흡수합병의 경우) 또는 신설회사의 대표자(신설회사의 경우)가 각각 소멸회사를 대표하여 신청한다(상업등기법 제101조, 제72조②).

다. 동시신청 및 경유신청

흡수합병 또는 신설합병으로 인한 해산등기는 흡수합병의 경우에는 존속회사의 변경등기와, 신설합병의 경우에는 신설회사의 설립등기와 동시에 신청하여야 하고(상업등기법 제101조, 제72조③), 소멸회사의 해산등기의 신청은 소멸하는 회사의 본점관할 등기소의 관할구역 내에 존속회사 또는 신설회사의 본점이 없는 때에는 존속회사 또는 신설회사의 본점소재지를 관할하는 등기소를 거쳐야 한다(상업등기법 제101조, 제72조②).

라. 등기사항

(1) 존속회사의 등기사항

흡수합병시 존속하는 회사는 합병으로 소멸하는 회사의 상호 및 본점과 합병을 한 뜻을 등기하여야 한다. 이 경우 지점소재지에서 하는 합병으로 인한 등기에 있어서는 합병의 연월일도 등기하여야 한다(상업등기법 제101조, 제69조①). 회사가 합병을 하면서 합병 후 회사가 발행할 주식의 총수, 합병 후 발행주식의 총수, 종류와 그 수, 자본금의 총액을 변경한 때에는 그 변경등기도 하여야 한다. 합병시 존속하는 회사가 소멸회사로부터 전환사채 또는 신주인수권부사채를 승계한 때에는 변경등기와 동시에 그 승계하는 사채에 관한 등기도 하여야 한다(상법 제528조②).

(2) 신설회사의 등기사항

합병으로 회사를 설립할 때에는 상법 제317조②에서 정하는 설립등기사항 외에 소멸회사의 상호 및 본점과 합병을 한 뜻을 등기하여야 한다(상업등기법 제101조, 제69조①). 소멸회사로부터 전환사채 또는 신주인수권부사채를 승계한 경우에는 설립등기와 동시에 그 사채에 관한 등기도 하여야 한다(상법 제528조②).

(3) 소멸회사의 등기사항

소멸회사의 해산등기를 할 때에는 합병으로 해산한 뜻과 그 연월일을 등기하는 외에 존속회사 또는 신설회사의 상호와 본점도 함께 등기하여야 한다(상업등기법 제101조, 제65조①, 제69조②).

마. 첨부서면

(1) 존속회사 변경등기신청서의 첨부서면(상업등기법 제94조)

(가) 합병계약서

(나) 소멸회사의 주주총회 또는 이사회의 의사록이나 사원총회의 의사록 또는 총사원의 동의가 있음을 증명하는 서면

(다) 채권자보호절차를 거쳤음을 증명하는 서면

상법 제527조의5①에 따른 공고 및 최고를 한 사실과 이의를 진술한 채권자가 있는 때에는 이에 대하여 변제 또는 담보를 제공하거나 신탁을 한 사실을 증명하는 서면

(라) 주권제출공고를 하였음을 증명하는 서면

합병비율이 1:1이 아니어서 소멸회사의 주식에 대해 주식의 합병 또는 분할을 하는 경우에는 주권제출공고를 하여야 하는데, 이때에는 그 증명서면을 첨부하여야 한다.

(마) 이사회의 공고로 합병보고총회에 대한 보고를 갈음한 경우 이를 증명하는 서면

(바) 존속회사가 소규모합병을 한 경우 소규모합병을 한다는 뜻을 공고 또는 통지한 사실을 증명하는 서면

(사) 존속회사의 주주총회의사록 및 이사회의사록(상업등기법 제79조②)

(아)존속회사가 자본금감소를 한 경우 채권자보호절차를 거쳤음을 증명하는 서면 등(상업등기법 제89조 1호, 제70조 2호)

(2) 신설회사 설립등기신청서의 첨부서면(상업등기법 제95조)

위 존속회사 변경등기신청서의 첨부서면인 (가) 합병계약서, (나) 소멸회사의 주주총회 또는 이사회의 의사록이나 사원총회의 의사록 또는 총사원의 동의가 있음을 증명하는 서면, (다) 채권자보호절차를 거쳤음을 증명하는 서면, (라) 주권제출공고를 하였음을 증명하는 서면까지는 같다.

(라) 설립위원의 자격을 증명하는 서면

설립위원은 주주총회의 특별경의(주식회사), 사원총회의 특별결의(유한회사) 또는 총사원의 동의(합병 · 합바회사)에 의하여 정하므로(상법 제175조, 제434조, 제599조, 제230조), 이러한 결의 또는 동의가 있었음을 증명하는 주주총회의사록, 사원총회의사록 또는 총사원의 동의서를 첨부하여야 한다.

(마) 신설회사의 정관

정관은 설립위원이 작성한 정관을 말하는데, 상법 제292조가 준용되지 아니하므로 공증인의 인증을 받을 필요가 없다.

(바) 이사 · 대표이사와 감사 또는 감사위원회 위원의 취임승낙을 증명하는 서면

(사) 명의개서대리인을 둔 때에는 명의개서대리인과의 계약을 증명하는 서면

(아) 이사회의 공고로 합병보고총회에 대한 보고를 갈음한 경우 이를 증명하는 서면

(3) 소멸회사 해산등기신청서의 첩부서면

소멸회사 해산등기의 신청에 관하여는 신청서의 첨부서면에 관한 규정을 적용하지 아니하므로 합병절차를 거였음을 증명하는 일체의 증명서면을 첨부할 필요가 없다(상업등기법 제101조, 제72조④). 또한, 존속회사 또는 소멸회사의 대표자가 소멸회사를 대표하여 해산등기를 신청하지만 인감을 제출할 필요는 없다(상업등기법 제101조, 제72조④)

※ 등록면허세 등의 납부절차

○ 존속회사의 변경등기의 경우 자본금증가를 수반하는 때에는 증가된 자본금의 1,000분의

4에 해당하는 등록면허세와 그 등록면허세액의 100분의 20에 해당하는 지방교육세를 납부하여야 하는데(세액이 112,500원 미만인 때에는 112,500원으로 한다), 만약, 대도시 내에서 회사를 설립한 후 5년 내에 합병으로 자본금이 증가된 경우에는 3배 중과세된 등록면허세와 지방교육세를 납부하여야 한다(지방세법 제28조). 자본금 증가의 등기와 함께 발행할 주식의 총수와 그 종류 등 자본금에 관한 사항을 함께 변경한 경우 이에 관한 등록면허세는 따로 납부할 필요가 없지만(예규 제1038호), 자본금에 대한 사항 이외의 등기사항(상호, 목적, 임원 등)을 변경하는 경우 등록면허세를 추가로 납부하여야 한다. 자본금증가나 다른 등기사항 변경 없이 합병의 취지만을 등기하는 경우(무증자합병의 경우) 40,200원의 등록면허세와 8,040원의 지방교육세를 납부하면 된다(지방세법 제28조)

○ 설립등기의 경우 자본금 1,000분의 4에 해당하는 등록면허세와 그 등록면허세액의 100분의 20에 해당하는 지방교육세를 납부하여야 한다. 다만, 대도시 내에서 설립하는 경우에는 3배 중과세된 등록면허세와 지방교육세를 납부하여야 한다(지방세법 제28조). 해산등기에 대하여는 기타변경등기 등록면허세 40,200원과 지방교육세 8,040원을 납부하여야 한다(지방세법 제28조).

※ 등기신청수수료

○ 합병으로 인한 존속회사의 변경등기에 대하여는 6,000원의 등기신청수수료를 납부하여야 하는데, 자본금 증가, 상호, 목적 등의 변경등기를 함께 신청하는 경우 각각의 항목별로 6,000원(전자신청은 2,000원, 전자표준양식에 의한 신청은 4,000원)의 등기신청수수료를 납부하여야 한다(수수료규칙 제5조의3②).
○ 설립등기에 대해서는 30,000원(전자신청은 20,000원, 전자표준양식에 의한 신청은 25,000원을 납부하여야 한다(수수료규칙 제5저의3①).
○ 해산등기에 대해서는 6,000원(전자신청은 2,000원, 전자표준양식에 의한 신청은 4,000원)의 등기신청수수료를 납부하여야 한다(수수료규칙 제5조의3 2항).

※ 등기신청관련자료

○ 과밀억제권역(740면 참조)
○ 중과세대상에서 제외되는 업종(741면 참조)
○ 법인의 등록면허세액(739면 참조)
○ 등기신청수수료(738면 참조)

[사례] 합병으로 인한 주식회사 변경등기(흡수합병 시 존속회사에서의 경우)

합병으로 인한 주식회사 변경등기신청

접수	년 월 일	처리인	접 수	조 사	기 입	교 합	각종통지
	제 호						

상 호	A 주식회사	등기번호	○○○○○○
본 점	서울시 ○○구 ○○동 ○○		
등 기 의 목 적	합병으로 인한 주식회사 변경등기		
등 기 의 사 유	20○○년 ○월○일 임시주주총회에서 서울특별시 ○○구 ○○동 ○○ B 주식회사를 흡수합병하기로 결의하고, 공고와 최고절차를 밟아 ① 20○○년 ○월 ○일 합병보고총회를 종결하였으므로, ② 이사회의 결의와 공고로서 합병보고총회의 보고에 갈음하기로 하였으므로, 다음 사항의 등기를 구함		
본/지점 신청구분	1. 본점신청■ 2. 지점신청 □ 3. 본·지점 일괄신청 □		
등 기 할 사 항			
합병으로 인하여 소멸한 회사의상호및본점과 합병의 취지	서울시 ○○구 ○○동 ○○ B 주식회사를 합병		
합병후존속회사가 바행할 주식의 총수 (증가 변경의 경우)	○○○○주		
합병후 존속회사의 발행주식의 총수, 그 종류와 각종 주식의 내용과 수	보통주식 ○○○○주 우선주식 ○○○○주		
합병후의 존속회사의 자본총액	금 ○○○○○원		
합병으로인한 전환사채 또는 신주인수권부사채의 승계사항(승계한 경우)			
기 타			

신청등기소 및 등록면허세/수수료						
순번	신청등기소	구분	등록면허세 지방교육세	농어촌특별세	세액합계	등기신청수수료
			금112,500원 금 22,500원	금 원	금135,000원	금 6,000원
등기신청수수료 납부번호						

첨 부 서 면	
1. 합병계약서 통 1. 공증받은 합병승인의 주주(사원)총회의사록 통 1. 합병보고총회의 공증받은 주주총회의사록 또는 이사회의사록과 공고를 증명하는 서면 통 1. 공고 및 최고를 한 증명서 통	1. 변제영수증 또는 이의없다는 진술서 통 1. 주권제출공고증명서 통 1. 등록면허세영수필확인서 통 1. 위임장(대리인이 신청할 경우) 통 <기 타>

20○○년 ○월 ○일

신 청 인 상 호 A 주식회사

주 소 서울시 ○○구 ○○동 ○○

대표이사 성 명 ○ ○ ○ (법인) (전화 :)

주 소 서울시 ○○구 ○○동 ○○

대 리 인 성 명 법무사 ○ ○ ○ (인) (전화 :)

주 소 서울시 ○○구 ○○동 ○○

○○지방법원 ○○등기소 귀중

- 신청서 작성요령 -

1. 해당란이 부족할 때에는 별지를 이용합니다.
1. 해당 등기신청과 관계없는 사항에 대하여는 "해당없음"으로 기재하거나 삭제하고, 필요한 사항은 추가 기재합니다.

(용지규격 21㎝× 29.7㎝)

[사례] 임시주주총회의사록(합병승인)

임시주주총회의사록

1. 일 시 : 20○○년 ○월 ○일 오전 11시
1. 장 소 : 서울○○구○○동 ○○ 본점 회의실
1. 의결권과 출석사항:

발행주식의 총수	○○○주
주주의 총수	○○명
의결권 있는 발행주식의 총수	○○○주
의결권 있는 주주의 총수	○○명
출석주주의 의결권의 총수(위임 주식포함)	○○○주
출석주주의 총수(위임장 제출로 인한 대리출석 포함)	○○명

대표이사 ○○○은 정관규정에 따라 의장석에 등단하여 위와 같이 법정수에 달하는 주주가 출석하였으므로, 본 총회가 적법하게 성립되었음을 알리고 개회를 선언한 후 다음의 의안을 부의하고 심의를 구하다.

제 1호 의안 : 합병계약 승인의 건

의장은 본 회사(A)와 B 주식회사와 합병함에 있어서 양회사 대표이사간에 체결한 별첨 합병계약서의 승인을 구한 바, 원가절감 및 경쟁력강화를 위하여 전원 이의없이 만장일치로 그를 승인 가결하다.

제 2호 의안 : 정관일부변경의 건

의장은 위 합병에 수반하여 합병성립을 조건으로 정관 일부를 다음과 같이 변경하고자 한다고 말하고 그 가부를 물으니, 전원 이의없이 만장일치로 그를 승인 가결하다.

제○조(회사가 바행할 주식의 총수) 본 회사가 발행할 주식의 총수는 ○○○주로 한다.
제○저 (목적) · · · · 이하생략 · · · ·

※ 이는 소멸회사에서는 결의할 필요는 없다.

의장은 이상으로서 회의목적인 의안 전부의 심의를 종료하였으므로, 폐회한다고 선언하다(회의종료시각 11시 50분).

위 의사의 경과요령과 결과를 명확히 하기 위하여 이 의사록을 작성하고, 의장과 출석한 이사가 기명날인 또는 서명하다.

20○○년 ○월 ○일

A 주식회사

의 장 대표이사 ○ ○ ○ (법인) (개인)
사내이사 ○ ○ ○ (인)
사내이사 ○ ○ ○ (인)

○ 합병은 원칙적으로 주주총회의 승인을 요하나 간이합병과 소규모합병의 경우에는 주주총회에 갈음하여 이사회의 결의로 족하다. 다만, 이 경우에는 그 사실을 공고하거나 주주에게 통지하여야 한다(상법 제527조의2, 제527조의3)

[사례] 이사회의사록(합병보고총회에 갈음한 이사회의사록)

이사회의사록

20○○년 ○월 ○일 11시 본 회사 본점 회의실에서 다음과 같이 이사회를 개최하다.

이사총수	3 명	출석이사	3 명
감사총수	1 명	출석감사	0 명

의장인 대표이사 ○○○은 정관규정에 따라 의장석에 등단하여 위와 같이 법정수에 달하는 이사가 출석하였으므로, 본 이사회가 적법하게 성립되었음을 알리고 개회를 선언한 후 다음의 의안을 부의하고 심의를 구하다.

의 안 : 합병경과 보고 및 공고의 건

의장은 20○○년 ○월 ○일 임시주주총회에서 본회사(A)와 B 주식회사와 합병함에 있어서 양 회사 대표이사 간에 체결한 별첨 합병계약서의 승인을 얻고, 그에 따라 양 회사에서 각기 소정의 절차를 완료 하였는바, 상법 제526조 제3항에 의하여 이사회의 결의와 공고로서 합병보고총회의 보고에 갈음하고자 한다고 보고한 후 그 승인을 구한바, 전원 이의 없이 만장일치로 그를 승인 가결하다.

의장은 이상으로서 금일 의안이 전부 심의 종료하였음으로, 폐회한다고 선언하다(회의종료시각 11시 30분).

위 결의를 명확히 하기 위하여 이 의사록을 작성하고 의장 및 출석한 이사가 아래에 기명 날인하다.

20○○년 ○월 ○일

A 주식회사

의 장 대표이사 ○ ○ ○ (법인) (개인)
사내이사 ○ ○ ○ (개인)
사내이사 ○ ○ ○ (개인)

○ 간이합병의 경우에는 이사회의사록을 소멸회사가 작성하고 소규모합병의 경우에는 존속회사가 작성한다. 이때에는 그 사실을 공고하거나 주주에게 통지하여야 한다.(상법 제527조의2, 제527조의3)

[사례] 이사회의사록(존속합병의 경우)

합병계약서

A 주식회사(이하 "갑" 이라 칭한다)와 B 주식회사(이하 "을"이라 칭한다)가 합병하기 위하여 다음과 같이 계약을 체결한다.

제 1 조(합병방법)
"갑"은 "을"을 합병하여 존속하고 "을"은 해산한다.

제 2 조(자산 및 권리, 의무의 인계)
"을"은 20○○년 ○월 ○일 현재의 대차대조표와 재산목록을 기초로 하여 이 계약서에서 정한 합병기일에 그 권리의무일체를 "갑"에게 인계하고, "갑"은 이를 승계한다.

제 3 조(발행할 주식의 총수)
"갑"은 합병에 의하여 그 발행할 주식의 총수를 ○○○○주를 증가하여 ○○○○주로 한다. 위 증가하는 주식은 의결권 있는 보통주식 ○○○주로 하고, 1주당 액면금액은 ○○○○원으로 한다.

제 4 조(합병비율 및 합병신주)
"갑"은 "을"의 주주명부에 등재된 주주에게 다음과 같이 신주 발행하여 배정한다.
1. 합병신주의 종류 : "갑"의 기명식 보통주식
2. 합병신주의 액면금액 : 금 ○○○○원
3. 합병비율 : "갑"의 주식 1주를 "을"의 주식 ○○주로 하여 "갑은 합병에 따라 "갑"의 주식 ○○주를 발행하여 "을"의 주주에게 합병비율에 따라 교부한다.
4. 합병비율에 따라 합병신주를 배정 및 발행할 때 발생하는 1주 미만의 단주에 관하여는 제 6 조에 따른다.

제 5 조(자본과 준비금의 증가)
"갑"은 합병에 의하여 자본금 ○○○○원을 증가시켜 그 총액을 금 ○○○○원으로 하고 합병차액 중 소멸회사의 이익준비금을 전부 존속회사의 이익준비금으로 한다.
제 6 조(합병교부금 또는 단주처리)
"갑"은 합병기일 당일 "을"의 주주에게 그가 소유하고 있는 주식 1주에 대하여 교부금을 지급하지 않는다. 단, 단주처리에 대해서는 금원을 지급한다.

제 7 조(합병기일)
"갑", "을"의 합병기일은 20○○년 ○월 ○일로 한다. 다만 위 기일까지 합병에 관한 절차가 종료되지 아니한 때에는 "갑", "을"의 대표자간의 협의에 의하여 이 기일을 연장할 수 있다.

제 8 조(합병승인 주주총회 기일)
"갑"과 "을"은 20○○년 ○월 ○일을 기하여 주주총회를 소집하여 이 계약의 승인 및 기타 합병에 관하여 필요한 사항을 결의한다. 다만, 합병절차의 진행에 따라 필요한 경우 "갑", "을"의 협의에 의하여 이 기일을 변경할 수 있다.

제 9 조(신주의 이익배당 기산일)
"갑"은 제3조에서 발행하는 주식에 대하여 이익배당기산일로서 합병기일을 기준으로 한다.

제 10 조(선관의무)
"갑"과 "을"은 본 계약 체결 후 합병기일에 이르기까지 선량한 관리자의 주의의무로 업무를 집행하고 모든 재산은 관리 운영하여야 하며, 또 그 재산 및 권리의무에 중대한 영향을 주는 행위를 하는 경우에는 사전에 "갑"과 "을"의 협의하여 합의한 다음 이를 실행하여야 한다.

제 11 조(종업원의 인수 등)
"갑"과 "을"의 종업원을 합병기일에 있어서 "갑"의 종업원으로 인수하는 것을 원칙으로 한다. 다만 근속연수는 "을"의 계산방식에 따른 연수를 통산하기로 하고 기타 자세한 내용에 대하여는 "갑", "을"의 협의 하에 정하기로 한다.

제 12 조(임원의 선임)

합병에 의하여 별도의 임원을 선임하지 아니하고, 기존 "갑"의 임원은 원래 선임된 시기부터 그 임기를 계산한다.

제 13 조(계약의 변경 및 해제)
본 계약 체결 후 합병기일까지 사이에 천재지변, 기타 사유로 인하여 "갑"과 "을"이 협의하여 합병조건을 변경하거나 본 계약을 해약할 수 있다.

제 14 조(협조사항)
본 계약 규정 이외에 합병에 관하여 필요한 사항은 본 계약의 취지에 반하지 않는 범위내에서 "갑"."을"의 대표자간의 협의에 따라 이를 결정한다.

제 15 조(해산비용의 부담)
"을"의 해산에 관한 비용은 전부 "갑"이 부담한다.

제 16 조(계약의 효력발생)
본 계약은 상법이 정하는 바에 따라 "갑", "을"의 주주총회특별결의에 의한 또는 이에 갈음하는 이사회에서 승인을 받거나 총 주주, 총사원의 동의를 받아야 그 효력이 생긴다. 다만, 법령에서 정하는 관계관청의 승인을 얻지 못한 때에는 그 효력을 상실한다.

위 계약성립을 확실히 하기 위하여 본 계약서 2통을 작성하여 "갑", "을" 대표자가 기명날인하고 각기 1통씩 보관한다.

20○○ 년 ○ 월 ○ 일

"갑" A 주식회사 (××××××-×××××××)
서울시 ○○구 ○○동 ○○
대표이사 ○ ○ ○ (법인인감)

"을" B 주식회사 (××××××-×××××××)
서울시 ○○구 ○○동 ○○
대표이사 ○ ○ ○ (법인인감)

[사례] 채권자에 대한 합병공고

A 주식회사("갑")에서는 20○○년 ○월 ○일, B 주식회사("을")에서는 같은 달 ○○일 각 임시주주총회 결의로 "갑"은 "을"을 합병하여, 그 권리·의무 일체를 포괄적으로 승계하고 "을"은 해산하기로 결의하였으므로, 이 합병에 이의가 있는 채권자는 아래의 기간 내에 서면으로 관계회사에 이의를 제출하시기 바랍니다.

- 아 래 -

1 채권자 이의제출 관련 사항

(1) 이의제출 대상 채권자 : 공고일(20○○년 ○월 ○일) 현재 당사에 대한 채권을 보유하신 분

(2) 이의 제출 기간 : 공고일 익일부터 1개월 간

(3) 이의 제출 장소 : 서울특별시 ○○구 ○○동 ○○

2 합병에 관한 주요 사항

(1) 합 병 방 법 : A 주식회사가 B주식회사를 흡수합병 함.

(2) 합 병 기 일 : 20○○년 ○월 ○일

20○○년 ○월 ○일

A 주식회사

서울특별시 ○○구 ○○동 ○○

대표이사 ○ ○ ○ (법인)

각기 당해회사의 공고방법으로 정한 일간시문에 공고하여야 하고, 실무상 한회사의 신문에만 공고하는 경우가 있으나 이는 안 된다.

[사례] 최고서

최 고 서

A 주식회사("갑")에서는 20○○년 ○월 ○일, B 주식회사("을")에서는 같은 달 ○일 각 임시주주총회결의로 "갑"은 "을"을 합병하여 그 권리의무를 승계하고 "을"은 해산하기로 결의하였으므로, 이 합병에 이의가 있으면 20○○년 ○월 ○일까지 이의를 제출하시기 바라며 이에 최고합니다.

20○○년 ○월 ○일

A 주식회사

서울특별시 ○○구 ○○동 ○○

대표이사 ○ ○ ○ (인)

채권자 ○ ○ ○ 귀하

[사례] 변제영수증

변 제 영 수 증

1. 금 ○○○○원

(단, ○○대금채권)

위 회사와 A주식회사와의 합병에 대하여 이의를 제출했던 바, 금일 위 채권 전액을 변제하므로 이에 영수합니다.

20○○년 ○월 ○일

채권자 : ○ ○ ○ (인)

서울특별시 ○○구 ○○동 ○○

B 주식회사 대표이사 귀하

[사례] 진술서

진 술 서

본 회사는 20○○년 ○월 ○일자로 ○○신문에 합병에 관한 공고를 하고 채권자에게 개별최고를 하였으나, 20○○년 ○월 ○일까지 이의를 제출하는 채권자가 없었으므로 이에 진술합니다.

20○○년 ○월 ○일

A 주식회사

서울특별시 ○○구 ○○동 ○○

대표이사 : ○ ○ ○ (인)

[사례] 주권제출공고증명서

합병 및 주권제출공고

A 주식회사("갑")와 B 주식회사("을")은 20○○년 ○월 ○일 임시주주총회의 결의로 "갑"은 "을"을 흡수 합병하여 그 권리의무 일체를 승계하고 "갑"은 존속하며 "을"은 해산하기로 결의하였으므로, 본 합병에 대하여 이의가 있는 주주나 채권자는 본 공고 게재일로부터 1개월 이내에 관계회사에 이의나 구주권 및 그 채권액을 제출하여 주시기 바랍니다.

20○○년 ○월 ○일

"갑" A 주식회사

서울시 ○○구 ○○동 ○○

대표이사 ○ ○ ○

"을" B 주식회사

서울시 ○○구 ○○동 ○○

대표이사 ○ ○ ○

[사례] 위임장(등기소 제출용)

위 임 장

법무사 이 장 수
서울 강동구 성내동 319-33
전화 595-1235

본인은 위 사람을 대리인으로 정하고 다음의 권한을 위임합니다.

다 음

1. A 주식회사(존속하는 회사)와 B 주식회사(소멸하는 회사)의 합병등기, 해산등기 등 등기신청, 보완, 수령, 취하 등 귀원에 제출하는 행위
2. 기타 이에 부수되는 일체의 행위.
3.

20○○년 ○ 월 ○ 일

위임인 : A 주식회사
서울특별시 ○○구 ○○동 ○○
대표이사 : ○ ○ ○ (법인)

※ 이 위임장은 법무사에게 주식회사설립등기를 의뢰하는 경우 대리의 권한을 법무사에게 위임하는 서류로써 등기소에 제출하는 서류이다.

[사례] 합병으로 인한 주식회사 설립등기(신설합병 시 신설회사의 경우)

합병으로 인한 주식회사 설립등기신청

접수	년 월 일	처리인	접 수	조 사	기 입	교 합	각종통지
	제 호						

등기의목적	신설합병으로 인한 주식회사 설립	
등기의사유	서울시 ○○구 ○○동 ○○ A 주식회사와 서울시 ○○구 ○○동 ○○ B 주식회사가 합병으로 C 주식회사를 설립하기 위하여 20○○년 ○월○일 주주총회에서 각기 합병결의를 하고, 설립위원을 선임하여 정관을 작성하고 공고와 최고절차를 밟아 20○○년 ○월○일 창립총회를 종결하였으므로, 다음 사항의 등기를 구함. 허가서 도달연월이 20○○년 ○월○일	
본/지점 신청구분	1. 본점신청 ☐ 2. 지점신청 ☐ 3. 본·지점 일괄신청 ☐	
등 기 할 사 항		
상 호	C 주식회사	
본 점	서울시 ○○구 ○○동 ○○	
공고방법	서울시내에서 발행하는 일간 ○○일보에 게재한다.	
1주의금액	10,000원	
발행할 주식의 총수	10,000주	
발행주식의 총수 및 그 종류와 각종 주식의 내용과 수	보통주식 5,000주 우선주식 5,000주	
자본의총액	금 100,000,000원	
목 적	1. 주택건설업 2. 가구 제조 및 판매업 3. 알미늄제조 및 판매업	4. 자동차 생산 판매업 5. 위 각호에 부대하는 사업

이사 · 감사의 성명 및 주민등록번호	사내이사 김 갑 돌 (×××××× - ×××××××) 사외이사 이 순 돌 (×××××× - ×××××××) 기타비상무이사 홍 길 동 (×××××× - ×××××××) 감 사 박 병 돌 (×××××× - ×××××××) <감사위원회를 둔 경우> 감사위원회 위원 이사 김 갑 돌 (×××××× - ×××××××) 감사위원회 위원 이사 김 순 돌 (×××××× - ×××××××) 감사위원회 위원 이사 홍 길 동 (×××××× - ×××××××)
대표이사의 성명과 주소	대표이사 김 갑 돌 서울시 ○○구 ○○동 ○○
지 점	부산시 ○○구 ○○동 ○○(○○지점)
존립기간 또는 해산사유	회사성립일로부터 만 50년
소멸회사의 전환사채 또는 신주인수권부사채를 승계한 때에는 그 사채에 관한 사항	
소멸회사의 상호 및 본점과 합병한 뜻	B 주식회사 서울시 ○○구 ○○동 ○○ 과 신설합병
기 타	주식양도에 관한 사항 : 주식의 양도는 이사회의 승인사항을 얻어야 한다. 주시매수선택권 규정 1. 일정한 경우 주식매수선택권을 부여할 수 있다는 뜻 2. 주식매수선택권의 행사로 발행하거나 양도할 주식의 종류와 수 3. 주식매수선택권을 부여받을 자의 자격요건 4. 주식매수선택권의 행사기간 5. 일정한 경우 이사회결의로 주식매수선택권의 부여를 취소할 수 있다는 뜻 명의개서대리인의 상호 및 본점소재지 상호 한국예탁결제원 본점 서울시 ○○구 ○○동 ○○ 주주에게 배당할 이익으로 주식을 소각하는 규정

신청등기소 및 등록면허세/수수료						
순번	신청등기소	구분	등록면허세 지방교육세	농어촌특별세	세액합계	등기신청수수료
			금337,500원 금 67,500원	금 원	금405,000원	금 6,000원
합 계						
등기신청수수료 납부번호						

첨 부 서 면	
1. 정 관 통	1. 공증받은 창립총회의사록 통
1. 공증받은 소멸회사의 주주(사원) 총회의사록 통	1. 공증받은 이사회의사록 통
1. 합병계약서 통	1. 취임승낙서(인감증명서 포함) 통
1. 설립위원자격증명서 통	1. 주민등록표등본 통
1. 공고 및 최고를 한 증명서 통	1. 인감신고서 통
1. 변제영수증 또는 이의없다는 진술서 통	1. 등록면허세영수필확인서 통
1. 주권제출공고증명서 통	1. 위임장(대리인이 신청할 경우) 통
	<기 타>

20○○년 ○월 ○일

신 청 인 상 호 A 주식회사

주 소 서울시 ○○구 ○○동 ○○

대표이사 성 명 ○ ○ ○ (법인) (전화 :)

주 소 서울시 ○○구 ○○동 ○○

대 리 인 성 명 법무사 ○ ○ ○ (인) (전화 :)

주 소 서울시 ○○구 ○○동 ○○

○○지방법원 ○○등기소 귀중

- 신청서 작성요령 -

1. 해당란이 부족할 때에는 별지를 이용합니다.
1. 해당 등기신청과 관계없는 사항에 대하여는 "해당없음"으로 기재하거나 삭제하고, 필요한 사항은 추가 기재합니다.

(용지규격 21㎝× 29.7㎝)

[사례] 임시주주총회의사록(합병승인)

임시주주총회의사록

1. 일 시 : 20○○년 ○월 ○일 오전 11시
1. 장 소 : 서울시 ○○구○○동 ○○ 본점 회의실
1. 의결권과 출석사항:

발행주식의 총수	○○○주
주주의 총수	○○명
의결권 있는 발행주식의 총수	○○○주
의결권 있는 주주의 총수	○○명
출석주주의 의결권의 총수(위임 주식포함)	○○○주
출석주주의 총수(위임장 제출로 인한 대리출석 포함)	○○명

대표이사 ○○○은 정관규정에 따라 의장석에 등단하여 위와 같이 법정수에 달하는 주주가 출석하였으므로, 본 총회가 적법하게 성립되었음을 알리고 개회를 선언한 후 다음의 의안을 부의하고 심의를 구하다.

제 1호 의안 : 합병계약 승인의 건

의장은 본 회사(A)와 B 주식회사와 합병하여 새로 C 주식회사를 설립하기 위하여 양 회사 대표이사간에 20○○년 ○월 ○일 체결한 별첨 합병계약서의 승인을 구한 바, 원가절감 및 경쟁력강화를 위하여 전원 이의없이 만장일치로 그를 승인 가결하다.

제 2호 의안 : 설립위원 선임의 건

의장은 위 합병계약서 규정에 의한 설립위원을 선임하겠다고 말하고 그 선임방법을 물은 바, 무기명 비밀투표로 선출하기로 전원일치되어 즉시 투표한 결과 다음 사람이 선출되다.

설립위원 : ○ ○ ○

설립위원 : ○ ○ ○

위 피선자는 즉석에서 취임을 승낙하다.

의장은 이상으로서 회의목적인 의안 전부의 심의를 종료하였으므로, 폐회한다고 선언하다(회의종료시각 11시 50분).

위 의사의 경과요령과 결과를 명확히 하기 위하여 이 의사록을 작성하고, 의장과 출석한 이사가 기명날인 또는 서명하다.

20○○년 ○월 ○일

C 주식회사

서울시 ○○구 ○○동 ○○

의 장 대표이사 ○ ○ ○ (법인) (개인)

사내이사 ○ ○ ○ (인)

사내이사 ○ ○ ○ (인)

○ 합병은 원칙적으로 주주총회의 승인을 요하나 간이합병과 소규모합병의 경우에는 주주총회에 갈음하여 이사회의 결의로 족하다. 다만, 이 경우에는 그 사실을 공고하거나 주주에게 통지하여야 한다(상법 제527조의2, 제527조의3)

[사례] 합병계약서(존속합병의 경우)

합병계약서

A 주식회사(이하 "갑" 이라 칭한다)와 B 주식회사(이하 "을"이라 칭한다)가 합병하여 C 주식회사(이하 "신회사"라 한다)를 설립하기 위하여 다음과 같이 계약을 체결한다.

제 1 조

"갑"은 "을"을 합병하여 신회사를 설립하고 "갑"과 "을"은 해산한다.

제 2 조

합병에 의하여 설립하는 신회사의 상호, 본점, 목적, 회사가 발행할 주식의 총수, 발행주식총수와 그 종류 내용과 수, 1주의 금액은 다음과 같다.

1) 상호 C 주식회사

2) 본점 서울시 ○○구○○동 ○○

3) 목적 ○○○○○○○○○
4) 회사가 발행할 주식의 총수 ○○○○주
5) 발행주식총수, 종류, 내용과수 보통주식 ○○○주
6) 1주의 금액 금 ○○○○원

제 3 조
신회사는 합병시 보통주식 ○○주를 발행하고, 이를 합병기잉ㄹ 현재 "갑"과 "을"의 각 주주명부에 기재된 주주에게 다음 비율에 따라 항당 교부ㅜ한다.
"갑"의 주주에 대하여는 그 소유주식 ○○주에 대하여 ○○주의 비율
"을갑"의 주주에 대하여는 그 소유주식 ○○주에 대하여 ○○주의 비율

제 4 조
신회사의 자본의 총액은 금 ○○○원으로 하고 합병으로 인하여 생기는 합병차익중 금 ○○○원은 자본준비금, 나머지 금 ○○○원은 이익준비금으로 한다.

제 5 조
신회사는 "갑"의 주주에게 그 소유주식 1주에 대하여 금 ○○○원, "을"의 주주에게 그 소유주식 1주에 대하여 금 ○○○원의 교부금을 지급하기로 한다.

제 6 조
"갑"과 "을"은 20○○년 ○월 ○일을 기하여 각각 주주총회를 소집하고 본 계약의 승인과 합병에 필요한 사항에 관하여 결의한다.

제 7 조
"갑"과 "을"은 전조의 주주총회에서 각 ○명씩 설립위원을 각 주주중에서 선임한다.

제 8 조
"갑"과 "을"의 합병에 의하여 새로 설립되는 회사의 임원은 합병전 "갑"회사의 이사 ○○○, ○○○, 감사 ○○○, "을"회사의 이사 ○○○, 감사 ○○○가 각각 이사와 감사로 된다(합병으로 인하여 설립되는 회사의 이사와 감사 또는 감사위원회의 위원을 정한 때에는 그 성명 및 주민등록번호가 개정법에 의하여 추가됨).

제 9 조

"갑", "을"의 합병기일은 20○○년 ○월 ○일로 한다. 다만, 위 기일까지 합병에 관한 절차가 종료되지 아니한 때에는 "갑", "을"의 대표자간의 협의에 의하여 이 기일을 연장할 수 있다.

제 10 조

"갑", "을"은 20○○년 ○월 ○일 현재의 대차대조표와 재산목록을 기초로 하여 위 합병기일에 그 권리의무 일체를 신회사에게 인계하고 신회사는 이를 승계한다.

제 11 조

"갑"과 "을"은 합병에 관한 재반절차를 완료하고 20○○년 ○월 ○일 신회사의 창립총회를 개최한다.

제 12 조

본 계약에 정하지 아니한 사항으로서 합병에 관하여 필요한 사항이 있는 때에는 본 계약의 취지에 반하지 않는 범위내에서 "갑", "을"의 대표자간의 협의에 따라 이를 집행한다.

제 13 조

본 계약은 "갑", "을"의 주주총회에서 승인을 받아야 그 효력이 생긴다.

위 계약성립을 확실히 하기 위하여 본 계약서 2통을 작성하여 "갑", "을" 대표자가 기명날인하고 각기 1통씩 보관한다.

20○○ 년 ○ 월 ○ 일

"갑" A 주식회사 (××××××-×××××××)
서울시 ○○구 ○○동 ○○
대표이사 ○ ○ ○ (법인인감)
서울시 ○○구 ○○동 ○○
"을" B 주식회사 (××××××-×××××××)
서울시 ○○구 ○○동 ○○
대표이사 ○ ○ ○ (법인인감)
서울시 ○○구 ○○동 ○○

[사례] 합병공고 증명서

합 병 공 고

20○○년 ○월 ○일 "갑", "을"의 임시주주총회에서 양 회사가 합병하여 새로 C 주식회사를 설립하고 양 회사는 해산하기로 결의하였으므로, 이 합병에 이의가 있는 채권자는 본 공고 게재일 익일부터 1개월내에 관계회사에 이의를 제출하시기 바라며 이에 공고합니다.

20○○ 년 ○ 월 ○ 일
"갑" A 주식회사
서울시 ○○구 ○○동 ○○
"을" B 주식회사 (××××××-×××××××)
서울시 ○○구 ○○동 ○○

위와 같이 20○○년 ○월 ○일자 ○○신문에 게재하여 공고하였음.

A(또는 B)주식회사
대표이사 ○ ○ ○ (법인인감)

각기 당해회사의 공고방법으로 정한 일간시문에 공고하여야 하고, 실무상 한회사의 신문에만 공고하는 경우가 있으나 이는 안 된다. 공고기간은 상법상 회사 간의 합병의 경우에는 1개월이나, 「금융산업의 구조개선에 관한 법률」에 의한 금융기관의 합병에는 최고기간은 10일 이상으로하여 2이상의 일간신문에 공고할 수 있으며(동법 제5조②), 주식회사인 벤처기업은 합병결의가 있는 날로부터 1주일 내에 10일 이상의 가간 내에 이의를 제출할 수 있음을 공고하여야 한다(벤처법 제15조의3).

[사례] 최고증명서

최 고 서

20○○년 ○월 ○일 주주총회에서 서울시 ○○구 ○○동 ○○ B 주식회사와 합병하여 C 주식회사를 설립하고 양 회사는 해산하기로 결의하였으므로, 이 합병에 이의가 있으면 20○○년 ○월 ○일(최고기간은 1개월 이상임)까지 이의를 제출하시기 바라며 이에 최고합니다.

20○○년 ○월 ○일
A 주식회사
서울특별시 ○○구 ○○동 ○○
대표이사 ○ ○ ○ (인)
채권자 ○ ○ ○ 귀하
위와 같이 최고 하였습니다.
A 주식회사
대표이사 ○ ○ ○ (인)

[사례] 변제영수증

변 제 영 수 증

2. 금 ○○○○원
(단, ○○대금채권)
위 회사와 B 주식회사와 합병하여 C 주식회사를 설립함에 대하여 이의를 제출했던 바, 금일 위 채권 전액을 변제하므로 이에 영수합니다.
20○○년 ○월 ○일
채권자 : ○ ○ ○ (인)
서울특별시 ○○구 ○○동 ○○

A 주식회사 대표이사 귀하

[사례] 진술서

진 술 서

A 주식회사와 B 주식회사는 20○○년 ○월 ○일자로 ○○신문에 양회사가 합병하여 C 주식회사를 설립함에 대한 공고를 하고 채권자에게 개별최고를 하

였으나, 20○○년 ○월 ○일까지 이의를 제출하는 채권자가 없었음을 이에 진술합니다.

20○○년 ○월 ○일

A 주식회사
서울특별시 ○○구 ○○동 ○○
대표이사 : ○ ○ ○ (인)
B 주식회사
서울특별시 ○○구 ○○동 ○○
대표이사 : ○ ○ ○ (인)

[사례] 창립총회의사록

창립총회의사록

20○○년 ○월 ○일 오전 11시 창립사무소(서울시 ○○구○○동 ○○ 본점 회의실)에서 본 회사 창립총회를 개최하다.

1. 의결권과 출석사항:

발행주식의 총수	○○○주
주주의 총수	○○명
의결권을 행사할 수 있는 주식의 총수	○○○주
의결권을 행사할 수 있는 주주의 총수	○○명
출석주주의 의결권의 총수(위임 주식포함)	○○○주
출석주주의 총수(위임장 제출로 인한 대리출석 포함)	○○명

2. 결의내용

설립위원장 ○○○는 위와 같이 법정수에 달하는 주주 출석하여 본 총회가 적법하게 성립되었음을 알리고 의장 선임을 구한 바, 전원 이의없이 설립위원장을 의장으로 선임한 즉 동인은 즉석에서 그 취임을 승낙하고 의장석에 등단하여 개회를 선언한 후 다음의 의안을 부의하고 심의를 구하다.

제 1호 의안 : 창립사항 보고의 건

의장은 설립위원을 대표하여 창립에 관한 사항을 상세히 보고한 바, 전원 이의없이 이를 승인하다.

제 2호 의안 : 정관승인의 건

의장은 설립위원이 작성한 정관안을 낭독하고 축조 설명한 후 그 심의를 구한 바, 전원 이의없이 만장일치로 이를 승인 가결하다.

제 3호 의안 : 이사·감사 선임의 건

의장은 이사와 감사의 선임방법을 물은 바 전원일치로 무기명 비밀투표로 선출하기로 결정하여 즉시 투표한 결과, 다음 사람이 이사와 감사로 선임되다(다만, 감사의 선임에 있어서는 발행주식총수의 100분의 3을 초과한 주식을 가진 주주는 그 초과하는 주식에 관하여는 의결권을 행사하지 아니한다).

이사 : ○ ○ ○

이사 : ○ ○ ○

이사 : ○ ○ ○

감사 : ○ ○ ○

위 피선자는 즉석에서 그 취임을 승낙하다.

의장은 이상으로서 회의목적인 의안 전부의 심의를 종료하였으므로, 폐회한다고 선언하다(회의종료시각 11시 50분).

위 의사의 경과요령과 결과를 명확히 하기 위하여 이 의사록을 작성하고, 의장과 출석한 이사가 기명날인 또는 서명하다.

20○○년 ○월 ○일

C 주식회사

서울시 ○○구○○동 ○○

의 장 대표이사 ○ ○ ○ (법인) (개인)

사내이사 ○ ○ ○ (인)

사내이사 ○ ○ ○ (인)

○ 의장은 이사로 선출되지 아니한 때에도 이에 기명날인 또는 서명한다. 감사위원회 위원의 선임과 해임은 이사회 권한이나 정관으로 주주총회, 창립총회, 발기인총회의 권한으로 정한 경우에는 여기서 선임한다.

○ 자본금 총액이 10억원 미만인 회사로서 이사가 1인 또는 2인만이 있어 이사회를 구성할 수 없는 경우에, 흡수합병시의 보고총회에 갈음할 수 있는 이사회의 공고 규정은 적용되지 아니한다(상법 제383조⑤,제526조②)

[사례] 이사회의사록

이사회의사록

20○○년 ○월 ○일 11시 본 회사 본점 회의실에서 다음과 같이 이사회를 개최하다.

이사총수	3 명	출석이사	3 명
감사총수	1 명	출석감사	0 명

의장인 대표이사 ○○○은 정관규정에 따라 의장석에 등단하여 위와 같이 법정수에 달하는 이사가 출석하였으므로, 본 이사회가 적법하게 성립되었음을 알리고 개회를 선언한 후 다음의 의안을 부의하고 심의를 구하다.

제 1호 의안 : 대표이사 선임의 건

사내이사 ○○○가 의장으로 선출되다.

의장은 본 회사이 대표이사를 선임하여 줄 뜻을 말한 바, 정원 신중히 협의한 결과 만장일치로 다음 사람을 대표이사로 선출하다.

대표이사 : ○ ○ ○

피선자는 즉석에서 취임을 승낙하다.

제 2호 의안 : 감사위원회 위원 선임의 건

의장은 본 회사의 정관으로 이사회 내 위원회로 감사위원회를 두기로 하였으므로, 본 회사의 감사위원을 선임한다는 취지를 말한 바, 출석이사 전원은 신중히 검토한 결과 만장일치로 다음과 같이 감사위원 3인을 선출하다(단, 감사위원의 선임은 상법 제415조의2의 규정에 의하다).

감사위원회 위원 이사 : ○ ○ ○

감사위원회 위원 이사 : ○ ○ ○

감사위원회 위원 이사 : ○ ○ ○

의장은 이상으로서 회의목적인 의안이 전부 심의 종료하였음으로, 폐회한다고 선언하다(회의종료시각 11시 30분).

위 결의를 명확히 하기 위하여 이 의사록을 작성하고 의장 및 출석한 이사가 아래에 기명 날인하다.

20○○년 ○월 ○일

C 주식회사
서울시 ○○구○○동 ○○
의 장 대표이사 ○ ○ ○ (법인) (개인)
사내이사 ○ ○ ○ (인)
사내이사 ○ ○ ○ (인)

[사례] 취임승낙서

취 임 승 낙 서

본인은 귀 회사의 20○○년 ○월 ○일 창립총회결의에 의하여 사내이사(대표이사, 감사, 감사위원회 위원)에 선임되었으므로 그 취임을 승낙합니다.

20○○년 ○월 ○일

사내이사(대표이사, 감사, 감사위원회 위원) ○ ○ ○ (인)

C 주식회사 귀중

[사례] 위임장의 위임내용

"A 주식회사와 B 주식회사가 합병하여 본 회사를 설립하였으므로, 그 설립등기신청 및 취하, 복대리인 선임 등에 관한 일체의 행위"

[사례] 합병으로 인한 주식회사 해산등기(합병 시 소멸회사에서의 경우)

합병으로 인한 주식회사 해산등기신청

접수	년 월 일	처리인	접 수	조 사	기 입	교 합	각종통지
	제 호						

상 호	B 주식회사	등기번호	○○○○○○
본 점	서울시 ○○구 ○○동 ○○		
등 기 의 목 적	합병으로 인한 주식회사 해산등기		
등 기 의 사 유	(1) 흡수합병으로 인한 해산 20○○년 ○월○일 주주총회에서 서울시 ○○구 ○○동 ○○ A 주식회사를 흡수합병하기로 결의하고, 공고와 최고절차를 밟아 20○○년 ○월 ○일 합병절차를 종결하였으므로, 다음 사항의 등기를 구함 (2) 신설합병으로 인한 해산 20○○년 ○월○일 주주총회에서 서울시 ○○구 ○○동 ○○ A 주식회사와 합병하여 C 주식회사를 설립한 후 해산할 것을 결의하고, 공고와 최고절차를 밟아 20○○년 ○월 ○일 합병절차를 종결하였으므로, 다음 사항의 등기를 구함		
본/지점 신청구분	1. 본점신청 □ 2. 지점신청 □ 3. 본·지점 일괄신청 □		
등 기 할 사 항			
합병으로 인한 해산 연 월 일	20○○년 ○월○일		
해 산 사 유	(1) 흡수합병으로 인한 해산 서울시 ○○구 ○○동 ○○ A 주식회사와 합병하고 해산 (2) 신설합병으로 인한 해산 서울시 ○○구 ○○동 ○○ A 주식회사와 합병하여 서울시 ○○구 ○○동 ○○ C 주식회사를 설립하고 해산		
기 타			

신청등기소 및 등록면허세/수수료						
순번	신청등기소	구분	등록면허세 지방교육세	농어촌특별세	세액합계	등기신청수수료
			금 40,200원 금 8,040원	금 원	금 48,240원	금 6,000원
합 계						
등기신청수수료 납부번호						
첨 부 서 면						
1. 등록면허세영수필확인서 통 1. 위임장(대리인이 신청할 경우) 통			<기 타>			

20○○년 ○월 ○일

신 청 인 상 호 A 주식회사

주 소 서울시 ○○구 ○○동 ○○

대표이사 성 명 ○ ○ ○ (법인) (전화 :)

주 소 서울시 ○○구 ○○동 ○○

대 리 인 성 명 법무사 ○ ○ ○ (인) (전화 :)

주 소 서울시 ○○구 ○○동 ○○

○○지방법원 ○○등기소 귀중

- 신청서 작성요령 -

1. 해당란이 부족할 때에는 별지를 이용합니다.
1. 해당 등기신청과 관계없는 사항에 대하여는 "해당없음"으로 기재하거나 삭제하고, 필요한 사항은 추가 기재합니다.

(용지규격 21㎝× 29.7㎝)

4. 합병의 효력

가. 합병의 효력발생시기

합병은 존속회사 또는 신설회사가 그 본점소재지에서 변경 또는 설립등기를 함으로써 그 효력이 생긴다(상법 제530조②, 제234조)

나. 합병의 효력

합병계약서에 기재된 합병기일에 소멸회사의 재산 또는 주식관계의 서류 등은 존속회사 또는 신설회사의 설립위원에게 인도되고, 소멸회사의 주주에 대해서는 존속 또는 신설회사의 주식이 배당되어 당사회사는 실질적으로 법인격이 합체된다. 합병으로 존속 또는 신설회사의 권리의무를 포괄적으로 승계하고 존속회사 또는 신설회사를 제외한 합병의 당사회사는 소멸하는데, 청산절차를 거치지 않고 합병의 효력발생시에 당연히 소멸한다. 소멸회사의 주주는 주식인수의 의사를 특히 표시하지 않고도 합병계약에서 정하는 바에 따라 당연히 존속회사 또는 신설회사의 주주가 된다. 흡수합병의 경우에 존속하는 회사의 이사 및 감사로서 합병 전에 취임한 자는 합병계약서에 다른 정함이 있는 경우를 제외하고는 합병 후 최초로 도래하는 결산기의 정기주주총회가 종료하는 때에 퇴임한다(상법 제527조의4①).

다. 합병의 무효

합병의 효력이 발생하는 합병의 등기 후에는, 합병의 무효는 그 등기가 있는 날로부터 6개월 내에 각 회사의 주주·이사·감사·청산인·파산관재인 또는 합병을 승인하지 아니한 채권자에 한하여 소만으로 주장할 수 있다(상법 제529조). 합병을 무효로 하는 판결은 제3자에 대하여도 그 효력이 있다. 그러나 판결확정 전에 생긴 회사와 주주 및 제3자 간의 권리의무에 영향을 미치지 아니한다(상법 제530조②, 제240조, 제190조). 그 밖에도, 「독점규제 및 공정거래에 관한 법률」 제7조①의 합병제한의 위반 및 같은 법 제12조 제7호의 신고의무 위반에 대하여는 공정거래위원회의 합병무효의 소의 제기와 판결에 의해 합병이 무효로 될 수 있다(동 법 제16종②).

[합병관련 세금(취득세,등록세)]

1. 취득세

■ (지방세특례제한법)제57조의2(기업합병·분할 등에 대한 감면)

① 「법인세법」 제44조 제2항 또는 제3항에 해당하는 합병으로서 대통령령으로 정하는 합병에 따라 양수(讓受)하는 재산을 2018년 12월 31일까지 취득하는 경우에는 「지방세법」 제15조 제1항에 따라 산출한 취득세를 면제하되, 해당 재산이 「지방세법」 제15조 제1항 제3호 단서에 해당하는 경우에는 다음 각 호에서 정하는 금액을 빼고 산출한 취득세를 면제한다. 다만, 합병등기일부터 3년 이내에 「법인세법」 제44조의3 제3항 각 호의 어느 하나에 해당하는 사유가 발생하는 경우(같은 항 각 호 외의 부분 단서에 해당하는 경우는 제외한다)에는 경감된 취득세를 추징한다.

1. 「지방세법」 제13조 제1항에 따른 취득 재산에 대해서는 같은 조에 따른 중과기준세율(이하 "중과기준세율"이라 한다)의 100분의 300을 적용하여 산정한 금액

2. 「지방세법」 제13조 제5항에 따른 취득 재산에 대해서는 중과기준세율의 100분의 500을 적용하여 산정한 금액

■ (지방세특례제한법시행령)제28조의2(법인 합병의 범위 등)

① 법 제57조의2 제1항 각 호 외의 부분 본문에서 "대통령령으로 정하는 합병"이란 합병일 현재 「조세특례제한법 시행령」 제29조 제3항에 따른 소비성서비스업을 제외한 사업을 1년 이상 계속하여 영위한 법인(이하 이 항에서 "합병법인"이라 한다) 간의 합병을 말한다. 이 경우 소비성서비스업을 1년 이상 영위한 법인이 합병으로 인하여 소멸하고 합병법인이 소비성서비스업을 영위하지 아니하는 경우에는 해당 합병을 포함한다.

2. 등록세

■(지방세법시행령)제45조(대도시 법인 중과세의 범위와 적용기준)

③ 법 제28조 제2항을 적용할 때 대도시에서 설립 후 5년이 경과한 법인(이하 이 항에서 "기존법인"이라 한다)이 다른 기존법인과 합병하는 경우에는 중과세 대상으로 보지 아니하며, 기존법인이 대도시에서 설립 후 5년이 경과되지 아니한 법인과 합병하여 기존법인 외의 법인이 합병 후 존속하는 법인이 되거나 새로운 법인을 신설하는 경우에는 합병 당시 기존법인에 대한 자산비율에 해당하는 부분을 중과세 대상으로 보지 아니한다. 이 경우 자산비율은 자산을 평가하는 때에는 평가액을 기준으로 계산한 비율로 하고, 자산을 평가하지 아니하는 때에는 합병 당시의 장부가액을 기준으로 계산한 비율로 한다.

3. 합병의 대가로 소멸하는 회사의 주주에게 지급하는 주식 / 금전

■ (상법)제523조(흡수합병의 합병계약서)

합병할 회사의 일방이 합병 후 존속하는 경우에는 합병계약서에 다음의 사항을 적어야 한다.

1. ~ 2. (생략)
3. 존속하는 회사가 합병을 하면서 신주를 발행하거나 자기주식을 이전하는 경우에는 발행하는 신주 또는 이전하는 자기주식의 총수, 종류와 수 및 합병으로 인하여 소멸하는 회사의 주주에 대한 신주의 배정 또는 자기주식의 이전에 관한 사항
4. 존속하는 회사가 합병으로 소멸하는 회사의 주주에게 **제3호에도 불구하고 그 대가의 전부 또는 일부로서 금전이나 그 밖의 재산을 제공하는 경우**에는 그 내용 및 배정에 관한 사항

1. 분 할(분할합병)

가. 분할의 의의

회사의 분할이란 1개의 회사가 2개 이상의 회사로 나누어져, 분할 전 회사(피분할회사)의 권리의무가 분할 후 회사에 포괄승계되고(분할 전 회사가 소멸하는 경우에는 청산절차 없이 소멸된다), 원칙적으로 분할 전 회사의 사원이 분할 후 회사의 사원이 되는 회사법상의 법률요건을 말한다.

나. 분할의 유형

(1) 단순분할과 분할합병

합병과의 결합여부에 따라 합병과 관련을 갖지 않는 단순분할과 합병과 결합된 분할합병이 있다.

(2) 소멸분할과 존속분할

단순분할에는 다시 분할 전 회사의 소멸여부에 따라 완전분할(소멸분할)과 불완전분할(존속분할)이 있다.

(3) 흡수분할합병과 신설분할합병

분할합병이란 어느 회사가(분할 전 회사) 분할한 후에 그 분할된 부분이 다른 기존회사나 또는 다른 회사의 분할된 부분과 합쳐져(합병하여) 하나의 회사가 되는 형태이다. 이에는 다시 흡수분할합병과 신설분할합병이 있다.

(4) 인적분할과 물적분할

분할로 신설회사 또는 분할합병의 상대방회사가 분할 또는 분할합병으로 발행하는 신주는 분할되는 회사의 주주들에게 귀속시키는 경우를 '인적분할'이라고 하고, 분할되는 회사 자체에 귀속시키는 경우를 '물적분할'이라고 한다. 그러므로 소멸분할의 경우에는 물적분할이 인정될 수 없다. 상법은 인적분할을 원칙적 모습으로 규정하면서, 인전분할에 고나한 규정들을 물적분할에 준용하고 있다(상법 제530조의12).

다. 분할의 자유와 제한

(1) 상법상 주식회사는 원칙적으로 자유롭게 분할할 수 있다(상법 제530조의2 ①~③, 제530조의12).

(2) 합명회사 · 합자회사 · 유한회사 · 유한책임회사에서는 인정되지 않는다.

(3) 해산 후의 회사는 존립중의 회사를 존속하는 회사로 하여 합병하거나 새로 회사를 설립하는 경우에만 분할할 수 있다(제530조의2).

2. 분할(분할합병)의 등기

가. 분할(분할합병)의 절차

(1) 분할(분할합병)계약서의 작성

(가) 분할(분할합병)계획성의 작성 일반

단순분할의 경우 상대방이 없고 분할되는 회사의 스스로의 결정에 의하여 회사를 분할하므로, 그 분할의 내용 등을 명확히 할 필요가 있다. 이에 따라 상법은 회사의 분할시 반드시 분할계획서를 작성하도록 하고, 그 필수적 기재사항을 정하고 있다(상법 제530조의5).

분할합병은 회사의 분할적 요소 외에, 그 분할된 부분과 다른 회사와의 합병이라는 성격을 내포하고 있다. 따라서 분할합병도 합병과 마찬가지로 상대방 회사와 분할합병계약을 체결하여 분할합병조건, 존속회사 또는 신설회사의 정관의 내용 기타 분할합병에 필요한 사항 등을 정해야 한다.

(나) 분할(분합합병)계획서의 기재사항

1) 분할계획서의 기재사항(상법 제530조의5)

① 분할에 의하여 회사를 설립하는 경우에는 분할계획서에 다음 각호의 사항을 기재(분할되는 회사가 소멸하는 경우)

1. 설립되는 회사의 상호, 목적, 본점의 소재지 및 공고의 방법
2. 설립되는 회사가 발행할 주식의 총수 및 1주의 금액
3. 설립되는 회사가 분할 당시에 발행하는 주식의 총수, 종류 및 종류별 주식의 수
4. 분할되는 회사의 주주에 대한 설립되는 회사의 주식의 배정에 관한 사항 및 배정에 따른 주식의 합병 또는 분할을 하는 경우에는 그에 관한 사항
5. 분할되는 회사의 주주에게 지급할 금액을 정한 때에는 그 규정
6. 설립되는 회사의 자본과 준비금에 관한 사항
7. 설립되는 회사에 이전될 재산과 그 가액
8. 제530조의9②의 정함이 있는 경우에는 그 내용
9. 설립되는 회사의 이사와 감사를 정한 경우에는 그 성명과 주민등록번호
10. 설립되는 회사의 정관에 기재할 그 밖의 사항

② 분할후 존속하는 회사에 관하여 분할계획서에 다음 각호의 사항을 기재(분할되는 회사가 존속하는 경우)

1. 감소할 자본과 준비금의 액
2. 자본감소의 방법
3. 분할로 인하여 이전할 재산과 그 가액
4. 분할후의 발행주식의 총수
5. 회사가 발행할 주식의 총수를 감소하는 경우에는 그 감소할 주식의 총수, 종류 및 종류별 주식의 수
6. 정관변경을 가져오게 하는 그 밖의 사항

2) 분할합병계획서의 기재사항(상법 제530조의6)

① 분할합병의 상대방 회사가 존속하는 경우에는 분할합병계약서에 기재사항(흡수분할합병의 경우)

1. 분할합병의 상대방 회사가 분할합병으로 인하여 발행할 주식의 총수를 증가하는 경우에는 증가할 주식의 총수, 종류 및 종류별 주식의 수
2. 분할합병의 상대방 회사가 분할합병을 함에 있어서 발행하는 신주의 총수,

종류 및 종류별 주식의 수

3. 분할되는 회사의 주주에 대한 분할합병의 상대방 회사의 주식의 배정에 관한 사항 및 배정에 따른 주식의 병합 또는 분할을 하는 경우에는 그에 관한 사항

4. 분할되는 회사의 주주에 대하여 분할합병의 상대방 회사가 지급할 금액을 정한 때에는 그 규정

5. 분할합병의 상대방 회사의 증가할 자본의 총액과 준비금에 관한 사항

6. 분할되는 회사가 분할합병의 상대방 회사에 이전할 재산과 그 가액

7. 제530조의9②의 정함이 있는 경우에는 그 내용

8. 각 회사에서 제530조의3b②의 결의를 할 주주총회의 기일

9. 분할합병을 할 날

10. 분할합병의 상대방 회사의 이사와 감사를 정한 때에는 그 성명과 주민등록번호

11. 분할합병의 상대방 회사의 정관변경을 가져오게 하는 그 밖의 사항

② 분할합병을 하여 회사를 설립하는 경우에는 분할합병계약서에 기재사항(신설분할합병의 경우)

1. 제530조의5① 제1호·제2호·제6호 내지 제10호에 규정된 사항

2. 설립되는 회사가 분할합병을 함에 있어서 발행하는 주식의 총수, 종류 및 종류별 주식의 수

3. 각 회사의 주주에 대한 주식의 배정에 관한 사항과 배정에 따른 주식의 병합 또는 분할을 하는 경우에는 그 규정

4. 각 회사가 설립되는 회사에 이전할 재산과 그 가액

5. 각 회사의 주주에게 지급할 금액을 정한 때에는 그 규정

6. 각 회사에서 제530조의3⑥의 결의를 할 주주총회의 기일

7. 분할합병을 할 날

(2) 주주보호절차

1) 주주총회특별결의(제530조의3)

① 회사가 분할 또는 분할합병을 하는 때에는 분할계획서 또는 분할합병계약서를 작성하여 주주총회의 승인을 얻어야 한다.

② ①의 승인결의는 제434조의 규정에 의하여야 한다.

③ ②의 결의에 관하여는 제344조의3 제1항의 주주도 의결권이 있다.

④ 분할계획 또는 분할합병계약의 요령은 제363조에 정한 통지와 공고에 기재하여야 한다.

2) 전주주의 동의(제530조의3⑥)

회사의 분할 또는 분할합병으로 인하여 분할 또는 분할합병에 관련되는 각 회사의 주주의 부담이 가중되는 경우에는 제1항 및 제436조의 결의외에 그 주주 전원의 동의가 있어야 한다.

3) 합병반대주주의 주식매수청구권(제530조의11②, 제522조의3)

분할합병의 경우에만 인정되고 단순분할의 경우 인정되지 않는다.

(3) 분할(분할합병)계획서 등의 공시

1) 분할대차대조표등의 공시(제530조의7)

① 분할되는 회사의 이사는 제530조의3①의 규정에 의한 주주총회의 회일의 2주전부터 분할의 등기를 한 날 또는 분할합병을 한 날 이후 6월간 다음 각호의 서류를 본점에 비치하여야 한다.

1. 분할계획서 또는 분할합병계약서
2. 분할되는 부분의 대차대조표
3. 분할합병의 경우 분할합병의 상대방 회사의 대차대조표
4. 분할되는 회사의 주주에게 발행할 주식의 배정에 관하여 그 이유를 기재한 서면

② 제530조의6①의 분할합병의 상대방 회사의 이사는 분할합병을 승인하는 주주총회의 회일의 2주전부터 분할합병의 등기를 한 후 6월간 다음 각호의 서류를 본점에 비치하여야 한다.

1. 분할합병계약서
2. 분할되는 회사의 분할되는 부분의 대차대조표
3. 분할되는 회사의 주주에게 발행할 주식의 배정에 관하여 그 이유를 기재한 서면

③ 제522조의2②의 규정은 ① 및 ②의 서류에 관하여 이를 준용한다.

(4) 채권자보호절차(제530조의9④, 제530조의11②, 제527조의5)

① 단순분할

단순분할의 경우 원칙적으로 채권자보호절차는 필요없다. 왜냐하면 피분할회사와 분할회사가 연대하여 채무를 부담하는 것이 원칙이기 때문이다.

② (분할책임을 부담하는)단순분할, 분할합병

회사는 제522조의 주주총회의 승인결의가 있은 날로부터 2주내에 채권자에 대하여 분할합병에 이의가 있으면 1월이상의 기간내에 이를 제출할 것을 공고하고 알고 있는 채권자에 대하여는 따로따로 이를 최고하여야 한다.

③ 자본감소절차가 필요한 경우

주식회사의 분할 및 분할합병시 분할되는 것은 회사의 재산 즉 특정영업을 위하여 조직화되고 유기적 일체를 이루는 적극 및 소극재산이므로, 피분할회사가 존속하는 불완전분할의 경우 분할로 피분할회사의 재산이 감소한다고 해서 필요적으로 자본감소를 수반하는 것은 아니며, 자본감소에 관한 사항이 분할계획서 또는 분할합병계약서에 포함된 때에 한하여 자본감소절차가 필요하다(상업등기선례 1-242 2001.12.04. 제정).

3) 분할(합병)등의 사후공시

위 1).에서 설명한 분할대차대조표등을 분할의 등기를 한 날 또는 분할합병을 한 날 이후 6월간 다음 각호의 서류를 본점에 비치하여야 한다(제530조의7).

(5) 보고총회 또는 창립총회(제530조의11①, 제526조)

1) 보고총회

합병을 하는 회사의 일방이 합병후 존속하는 경우에는 그 이사는 제527조의5의 절차의 종료후, 합병으로 인한 주식의 합병이 있을 때에는 그 효력이 생긴 후, 합병에 적당하지 아니한 주식이 있을 때에는 합병후, 존속하는 회사에 있어서는 제443조의 처분을 한 후, 소규모합병의 경우에는 제527조의3③ 및 ④의 절차를 종료한 후 지체없이 주주총회를 소집하고 합병에 관한 사항을 보고하여야 한다. 이사회는 공고로써 주주총회에 대한 보고에 갈음할 수 있다(제526조).

2) 창립총회

합병으로 인하여 회사를 설립하는 경우에는 설립위원은 제527조의5의 절차의 종료후, 합병으로 인한 주식의 병합이 있을 때에는 그 효력이 생긴 후, 병합에 적당하지 아니한 주식이 있을 때에는 제443조의 처분을 한 후 지체없이 창립총회를 소집하여야 한다. 이사회는 공고로써 주주총회에 대한 보고에 갈음할 수 있다(제527조).

(6) 분할(분할합병)의 효과

1) 효력발생시기(제530조의11①, 제234조)

회사의 분할(분할합병)은 분할후 존속하는 회사 또는 분할(분할합병)으로 인하여 설립되는 회사가 그 본점소재지에서 설립등기 또는 변경등기를 함으로써 그 효력이 생긴다.

2) 분할 및 분할합병후의 회사의 연대책임(제530조의9)

① 분할 또는 분할합병으로 인하여 설립되는 회사 또는 존속하는 회사는 분할 또는 분할합병전의 회사채무에 관하여 연대하여 변제할 책임이 있다.

② 제1항의 규정에 불구하고 분할되는 회사가 제530조의3②의 규정에 의한 결의로 분할에 의하여 회사를 설립하는 경우에는 설립되는 회사가 분할되는 회사의 채무중에서 출자한 재산에 관한 채무만을 부담할 것을 정할 수 있다. 이 경우 분할되는 회사가 분할후에 존속하는 때에는 분할로 인하여 설립되는 회사가 부담하지 아니하는 채무만을 부담한다.

③ 분할합병의 경우에 분할되는 회사는 제530조의3②의 규정에 의한 결의로 분할합병에 따른 출자를 받는 존립중의 회사가 분할되는 회사의 채무중에서 출자한 재산에 관한 채무만을 부담할 것을 정할 수 있다. 이 경우에는 ② 후단의 규정을 준용한다.

3) 권리 • 의무의 승계

분할 또는 분할합병으로 인하여 설립되는 회사 또는 존속하는 회사는 분할하는 회사의 권리와 의무를 분할계획서 또는 분할합병계약서가 정하는 바에 따라서 승계한다.

4) 주주의 이전

인적분할의 경우 피분할회사의 주주는 분할에 의하여 설립 또는 존속하는 회사의 주주가 된다. 물적분할의 경우 피분할회사가 설립되는 회사의 주주가 되므로 피분할

회사의 주주의 지위에는 변동이 없다.

나. 분할(분할합병)의 등기절차

(1) 등기의 신청(상업등기법 제97조)

① 존속회사·신설회사·소멸회사의 본점소재지에서 하는 분할 또는 분할합병으로 인한 변경등기·설립등기 및 해산등기의 신청은 동시에 하여야 한다.

② 제72조①은 ①의 해산등기에 준용한다.

③ 존속회사·신설회사·소멸회사의 본점소재지를 관할하는 등기소가 일치하지 아니하는 경우 제1항의 등기의 신청은 존속회사와 신설회사만이 있는 때에는 존속회사의 관할 등기소, 소멸회사와 존속회사 또는 신설회사만이 있는 때에는 소멸회사의 관할 등기소, 분할되는 회사와 분할합병의 상대방 회사가 모두 존속하는 때에는 분할되는 회사의 관할 등기소, 존속회사·소멸회사 및 신설회사가 있는 때에는 소멸회사의 관할 등기소를 거쳐야 한다.

(2) 회사의 분할 또는 분할합병으로 인한 등기신청의 처리(상업등기법 제99조)

① 제97조③에 따른 신청서를 접수한 소멸회사의 관할 등기소에서는 ①의 경우를 제외하고는 지체 없이 분할 또는 분할합병으로 인한 변경등기 또는 설립등기의 신청서 및 그 첨부서면을 존속회사 또는 신설회사의 관할 등기소에 보내야 한다.

② 존속회사 또는 신설회사의 관할 등기소가 ③에 따라 보내온 신청서를 받아 변경등기 또는 설립등기를 한 때에는 그 뜻과 등기연월일을, 그 등기의 신청을 각하한 때에는 그 뜻을 지체 없이 소멸회사의 관할 등기소에 통지하여야 한다.

③ 상업등기법 제99조③ 및 ⑦의 신청서(분할 또는 분할합병등기 신청서)등을 우편으로 송부할 때에는 등기우편으로 한다. 그러나 신청인이 특급우편으로 송부하기 위한 추가우편요금에 상당하는 우표를 제출한 때에는 특급우편으로 한다(상업등기규칙 제98조).

(3) 첨부서면(상업등기법 제98조)

① 분할 또는 분할합병으로 인한 변경등기 또는 설립등기의 신청서에는 다음 각 호의 서류를 첨부하여야 한다.

1. 분할계획서 또는 분할합병계약서
2. 제80조제1호 및 같은 조 제8호부터 제10호까지의 서면
3. 제94조제2호부터 제6호까지 및 제95조제4호의 서면

② 분할되는 회사의 출자 외에 다른 출자에 의하여 회사를 설립하는 경우에는 설립등기의 신청서에 제1항의 서면 외에 제80조제2호부터 제7호까지 및 제11호의 서면을 첨부하여야 한다(2. 주식의 인수를 증명하는 서면 3. 주식청약서 4. 발기인이 「상법」 제291조에 규정된 사항을 정한 때에는 이를 증명하는 서면 5. 이사와 감사 또는 감사위원회 및 검사인이나 공증인의 조사보고서와 그 부속서류 또는 감정인의 감정서와 그 부속서류 6. 검사인 또는 공증인의 조사보고나 감정인의 감정결과에 관한 재판이 있은 때에는 그 재판의 등본 7. 발기인이 이사와 감사 또는 감사위원회 위원을 선임한 때에는 그에 관한 서면 11. 주금의 납입을 맡은 은행, 그 밖의 금융기관의 납입금 보관에 관한 증명서. 다만, 자본금 총액이 10억원 미만인 회사를 「상법」 제295조제1항에 따라 발기설립(發起設立)하는 경우에는 은행이나 그 밖의 금융기관의 잔고증명서로 대체할 수 있다)

③ 존속회사·신설회사·분할합병의 상대방회사의 본점소재지를 관할하는 등기소가 일치하는 경우에 변경등기 또는 설립등기의 신청서에 첨부하여야 할 서면 중 내용이 동일한 것이 있는 때에는 그 중 1개의 신청서에만 첨부하고 다른 등기의 신청서에는 제21조의 서면 외에 다른 서면은 첨부하지 아니할 수 있다.

④ 제72조제4항은 분할 또는 분할합병으로 인한 소멸회사의 해산등기에 준용한다.

■ 회사분할합병으로 인한 설립등기신청시 검사인 등의 조사보고서 첨부여부

갑회사를 분할하여 그 일부와 을회사를 합병하여 병회사를 신설하는 한편 갑회사는 존속하는 신설분할합병을 하면서, 분할된 갑회사의 일부에 해당하는 출자지분에 관하여는 존속하는 갑회사에게, 합병으로 소멸하는 을회사에 해당하는 출자지분에 관하여는 을회사의 종전 주식비율에 따라 을회사의 주주들에게, 각각 신설된 병회사의 주식을 배정·교부한 경우에, 병회사의 설립등기 신청시에 검사인이나 공증인의 조사보고서 등을 첨부할 필요는 없다(등기선례 200307-14 2003.07.25 제정).

다. 등록면허세 · 등기신청수수료 등 납부

(가) 등록면허세 및 지방교육세

분할되는 회사의 및 분할합병의 상대방 회사 또는 분할합병으로 소멸하는 회사의 분할 또는 분할합병의 등기에 대해서는 각각 1건의 기타변경등기 등록면허세 40,200원과 지방교육세 8,040원을 납부하여야 한다(지방세법 제28조①, 제151조①). 그 외에 분할되는 회사의 상호 · 목적의 변경등기, 자본금감소의 등기를 하는 때에는 각각 그에 대한 등록면허세를 추가로 납부하여야 한다. 분할 또는 분할합병으로 신설되는 회사의 설립등기에 대해서는 자본금의 1,000분의 4에 해당하는 등록면허세와 그 등록면허세액의 100분의 20에 해당하는 지방교육세를 납부한다. 다만, 대도시 내에서 설립하는 경우에는 3배 중과세된 등록면허세와 지방교육세를 납부하여야 한다(지방세법 제28조①, 제28조②, 제151조①). 설립등기에 대한 등록면허세 외에 분할의 등기 등에 대해서는 따로 등록면허세와 지방교육세를 납부하지 않는다.

(나) 등기신청수수료

분할되는 회사 및 분할합병의 상대방 회사 또는 분할합병으로 소멸하는 회사의 분할 또는 분할합병의 등기에 대해서는 각각 6,000원(전자신청은 2,000원, 전자표준양식에 의한 신청은 4,000원)의 등기신청수수료를 납부하여야 한다(수수료규칙 제5조의3②, 제5조의5④). 그 외에, 분할되는 회사 또는 분할합병의 상대방 회사의 상호 · 목적으 변경등기, 증자등기를 하는 때에는 각각 그에 대한 등기신청수수료를 추가로 납부하여야 한다. 분할합병으로 신설되는 회사의 설립등기에 대해서는30,000원(전자신청은 20,000원, 전자표준양식에 의한 신청은 25,000원을 납부하여야한다(수수료규칙 제5조의3① 제5조의5③). 이 경우 분할 또는 분할합병의 등기에 대해서는 뜨로 등기신청수수료를 납부하지 않는다.

※ 등기신청관련자료

○ 과밀억제권역(740면 참조)
○ 중과세대상에서 제외되는 업종(741면 참조)
○ 법인의 등록면허세액(739면 참조)
○ 등기신청수수료(738면 참조)

[적격분할의 조건]

■ (법인세법)제46조(분할 시 분할법인등에 대한 과세)

② 제1항을 적용할 때 다음 각 호의 요건을 갖춘 분할의 경우에는 제1항제1호의 가액을 분할법인등의 분할등기일 현재의 순자산 장부가액으로 보아 양도손익이 없는 것으로 할 수 있다. 다만, 대통령령으로 정하는 부득이한 사유가 있는 경우에는 제2호 또는 제3호의 요건을 갖추지 못한 경우에도 대통령령으로 정하는 바에 따라 양도손익이 없는 것으로 할 수 있다.

1. 분할등기일 현재 5년 이상 사업을 계속하던 내국법인이 다음 각 목의 요건을 모두 갖추어 분할하는 경우일 것(분할합병의 경우에는 소멸한 분할합병의 상대방법인 및 분할합병의 상대방법인이 분할등기일 현재 1년 이상 사업을 계속하던 내국법인일 것)

   가. 분리하여 사업이 가능한 독립된 사업부문을 분할하는 것일 것

   나. 분할하는 사업부문의 자산 및 부채가 포괄적으로 승계될 것. 다만, 공동으로 사용하던 자산, 채무자의 변경이 불가능한 부채 등 분할하기 어려운 자산과 부채 등으로서 대통령령으로 정하는 것은 제외한다.

   다. 분할법인등만의 출자에 의하여 분할하는 것일 것

2. 분할법인등의 주주가 분할신설법인등으로부터 받은 분할대가의 전액이 주식인 경우(분할합병의 경우에는 분할대가의 100분의 80 이상이 분할신설법인등의 주식인 경우 또는 분할대가의 100분의 80 이상이 분할합병의 상대방 법인의 발행주식총수 또는 출자총액을 소유하고 있는 내국법인의 주식인 경우를 말한다)로서 그 주식이 분할법인등의 주주가 소유하던 주식의 비율에 따라 배정(분할합병의 경우에는 대통령령으로 정하는 바에 따라 배정한 것을 말한다)되고 대통령령으로 정하는 분할법인등의 주주가 분할등기일이 속하는 사업연도의 종료일까지 그 주식을 보유할 것

3. 분할신설법인등이 분할등기일이 속하는 사업연도의 종료일까지 분할법인등으로부터 승계받은 사업을 계속할 것

■ (법인세법시행령)제82조의2(적격분할의 요건 등)

② 분할하는 사업부문(분할법인으로부터 승계하는 부분을 말한다. 이하 이 조와 제85조제1호에서 같다)이 다음 각 호의 어느 하나에 해당하는 사업부문인 경우에는 법 제46조제2항제1호가목에 따라 분리하여 사업이 가능한 독립된 사업부문을 분할하는 것으로 보지 아니한다.

1. 기획재정부령으로 정하는 부동산 임대업을 주업으로 하는 사업부문

2. 분할하는 사업부문이 승계한 사업용 고정자산가액(기획재정부령으로 정하는 사업

용 고정자산의 가액은 제외한다) 중 「소득세법」 제94조제1항제1호 및 제2호에 따른 자산이 100분의 80 이상인 사업부문

3. 주식등과 그와 관련된 자산·부채만으로 구성된 사업부문

■ **(법인세법)제46조의3(취득세추징) ■ (법인세법시행규칙)제41조(독립된 사업부문 및 포괄승계의 판단기준 등)**

① 영 제82조의2제2항제1호 및 영 제84조의2제14항제1호에서 "기획재정부령으로 정하는 부동산 임대업을 주업으로 하는 사업부문"이란 다음 각 호의 구분에 따른 사업부문이 승계하는 자산총액 중 부동산 임대업에 사용된 자산가액이 100분의 50 이상인 사업부문을 말한다.

■ **(법인세법)(물적분할)제47조(물적분할 시 분할법인에 대한 과세특례)**

① 분할법인이 물적분할에 의하여 분할신설법인의 주식등을 취득한 경우로서 제46조제2항 각 호의 요건(같은 항 제2호의 경우 전액이 주식등이어야 한다)을 갖춘 경우 그 주식등의 가액 중 물적분할로 인하여 발생한 자산의 양도차익에 상당하는 금액은 대통령령으로 정하는 바에 따라 분할등기일이 속하는 사업연도의 소득금액을 계산할 때 손금에 산입할 수 있다. 다만, 대통령령으로 정하는 부득이한 사유가 있는 경우에는 제46조제2항제2호 또는 제3호의 요건을 갖추지 못한 경우에도 자산의 양도차익에 상당하는 금액을 대통령령으로 정하는 바에 따라 손금에 산입할 수 있다.

■ **(법인세법)(인적분할)제46조의3(취득세추징)**

③ 제1항에 따라 분할법인등의 자산을 장부가액으로 양도받은 분할신설법인등은 3년 이내의 범위에서 대통령령으로 정하는 기간에 다음 각 호의 어느 하나에 해당하는 사유가 발생하는 경우에는 ~~~(생략)

1. 분할신설법인등이 분할법인등으로부터 승계받은 사업을 폐지하는 경우

2. 대통령령으로 정하는 분할법인등의 주주가 분할신설법인등으로부터 받은 주식을 처분하는 경우

■ **(법인세법)(물적분할)제46조의3(취득세추징)**

③ 제1항에 따라 양도차익 상당액을 손금에 산입한 분할법인은 분할등기일부터 3년의 범위에서 대통령령으로 정하는 기간 이내에 다음 각 호의 어느 하나에 해당하는 사유가 발생하는 경우에는 ~~~(생략)

1. 분할신설법인이 분할법인으로부터 승계받은 사업을 폐지하는 경우

2. 분할법인이 분할신설법인의 발행주식총수 또는 출자총액의 100분의 50 미만으로 주식등을 보유하게 되는 경우

[사례] 분할로 인한 주식회사 설립등기(회사분할로 인한 신설회사설립의 경우)

분할로 인한 주식회사 설립등기신청

접수	년 월 일	처리인	접 수	조 사	기 입	교 합	각종통지
	제 호						

등 기 의 목 적	회사분할로 인한 주식회사 설립등기
등 기 의 사 유	(1) 존속분할의 경우 서울시 ○○구 ○○동 ○○ A 주식회사의 재산(영업)의 일부를 분할하여 서울시 ○○구 ○○동 ○○ C 주식회사를 설립하되, A 주식회사는 존속하기로 하고 20○○년 ○월○일 A 주식회의 주주총회에서 분할계획서를 승인하고 또한 신설회사의 정관을 작성하고 공고와 최고절차를 밟아 20○○년 ○월 ○일 창립총회를 종결(창립총회에 갈음하여 이사회 결의로 공고로서 갈음하기로 하여 그 공고절차를 종료)하였으므로, 다음 사항의 등기를 구함 (2) 소멸분할의 경우 서울시 ○○구 ○○동 ○○ A 주식회사의 재산(영업)의 일부를 분할하여 서울시 ○○구 ○○동 ○○ C 주식회사 서울시 ○○구 ○○동 ○○ D 주식회사를 각각 설립하고, A 주식회사는 소멸하기로 하여 20○○년 ○월○일 A 주식회의 주주총회에서 분할계획서를 승인하고 또한 각 신설회사의 정관을 작성하고 공고와 최고절차를 밟아 20○○년 ○월 ○일 창립총회를 종결(창립총회에 갈음하여 이사회 결의로 공고로서 갈음하기로 하여 그 공고절차를 종료)하였으므로, C 주식회사(또는 D 주식회사)에 대하여 다음 사항의 등기를 구함
본/지점 신청구분	1. 본점신청 □ 2. 지점신청 □ 3. 본・지점 일괄신청 □
등 기 할 사 항	
상 호	C 주식회사(또는 D 주식회사)
본 점	서울시 ○○구 ○○동 ○○

공 고 방 법	서울시내에서 발행하는 일간 ○○일보에 게재한다.
1 주 의 금 액	10,000원
발행할 주식의 총 수	10,000주
발행주식의 총수와 그 종류 및 각종 주식의 내용과 수	보통주식 5,000주 우선주식 5,000주
자 본 금 총 액	금 100,000,000원
목 적	1. 주택건설업 2. 알미늄제조 및 판매업 3. 가구제조 및 판매업 4. 자동차 생산 판매업 5. 위 각호에 부대하는 사업
이사 · 감사의 성명 및 주민등록번호	사내이사 ○ ○ ○ (×××××× - ×××××××) 사외이사 ○ ○ ○ (×××××× - ×××××××) 기타비상무이사 ○ ○ ○ (×××××× - ×××××××) 감사 ○ ○ ○ (×××××× - ×××××××)
대표이사의 성명과 주소	대표이사 ○ ○ ○ 서울시 ○○구 ○○동 ○○
지 점	부산시 ○○구 ○○동 ○○(○○지점)
존립기간 또는 해산사유	회사성립일로부터 만 50년
전환사채 또는 신주인수권부사채에 관한 사항(승계한 경우)	
분할로 인하여 존속하거나 소멸한 회사의 상호 및 본점과 분할한 뜻	서울시 ○○구 ○○동 ○○ A 주식회사를 분할하여 C 주식회사(또는 D 주식회사)설립
기 타	

신청등기소 및 등록면허세/수수료						
순번	신청등기소	구분	등록면허세 지방교육세	농어촌특별세	세액합계	등기신청수수료
		분할회사	금 400,000원 금 80,000원	금 원	금480,000원	금 30,000원
		신설회사	금 40,200원 금 8,040원	금 원	금 48,240원	금 6,000원
합 계						
등기신청수수료 납부번호						

첨 부 서 면	
1. 정관 통 1. 분할계획서 통 1. 피분할회사의 분할계획서승인의 공증받은 임시주주총회의사록 통 1. 채권자보호절차를 행한 공고와 최고를 한 증명서 통 1. 변제영수증 또는 이의 없다는 진술서 (필요한 경우) 통	1. 공증받은 창립총회의사록 또는 이에 갈음한 이사회의사록과 공고를 증명하는 서면 통 1. 공증받은 이사회의사록(개최한 경우) 통 1. 취임승낙서(이사, 감사, 대표이사) 통 1. 주민등록표등본 통 1. 등록면허세영수필확인서 통 1. 위임장(대리인이 신청할 경우) 통 <기 타>

20○○년 ○월 ○일

신 청 인	상 호 A 주식회사	
	주 소 서울시 ○○구 ○○동 ○○	
대표이사	성 명 ○ ○ ○ (인)	(전화 :)
	주 소 서울시 ○○구 ○○동 ○○	
대 리 인	성 명 법무사 ○ ○ ○ (인)	(전화 :)
	주 소 서울시 ○○구 ○○동 ○○	

○○지방법원 ○○등기소 귀중

- 신청서 작성요령 -

1. 해당란이 부족할 때에는 별지를 이용합니다.
1. 해당 등기신청과 관계없는 사항에 대하여는 "해당없음"으로 기재하거나 삭제하고, 필요한 사항은 추가 기재합니다.

(용지규격 21㎝× 29.7㎝)

[사례] 임시주주총회의사록(분할승인)

임시주주총회의사록

20○○년 ○월 ○일 오전 11시 서울시 ○○구○○동 ○○ 본점 회의실에서 임시주주총회를 개최하다.

1. 의결권과 출석사항:

발행주식의 총수	○○○주
주주의 총수	○○명
의결권 있는 발행주식의 총수	○○○주
의결권 있는 주주의 총수	○○명
출석주주의 의결권의 총수(위임 주식포함)	○○○주
출석주주의 총수(위임장 제출로 인한 대리출석 포함)	○○명

2. 결의 내용

대표이사 ○○○는 정관규정에 따라 의장석에 등단하여 위와 같이 법정수에 달하는 주주가 출석하였으므로, 본 총회가 적법하게 성립되었음을 알리고 개회를 선언한 후, 다음의 의안을 부의하고 심의를 구하다.

제 1호 의안 : 분할계약 승인의 건

의장은 본 회사(A)의 재산(영업)의 일부를 분할하여 그 분할된 재산으로 새로 C 주식회사를 설립하고(또는 C 회사 및 D 회사를 설립하고) 본 회사는 존속(소멸)하기로 하는 분할안에 대하여 그 취지를 설명하고 대표이사가 작성한 별첨 분할계약서의 승인을 구한 바, 주주전원 이의없이 만장일치로 그를 승인 가결하다.(또는 의장은 본 회사의 사업중 자동차 생산 및 판매업을 불리하여 B 주식회사를 설립하는 별첨 분할계획서의 승인을 구한 바, 주주전원일치로 그를 승인하다).

제 2호 의안 : 신설회사 임원선임의 건

의장은 위 분할계약서 규정에 의하여 신설회사의 임원을 선임하겠다고 말하고 그 선임방법을 물은 바, 무기명 비밀투표로 선출하기로 전원일치되어 즉시 투표한 결과 다음 사람이 선출되다.

대표이사 : ○ ○ ○, 사내이사 : ○ ○ ○, 사외이사 : ○ ○ ○
기타비상무이사 : ○ ○ ○, 감사 : ○ ○ ○

위 피선사자들은 즉석에서 취임을 승낙하다.

의장은 이상으로서 회의목적인 의안 전부의 심의를 종료하였으므로, 폐회한다고 선언하다(회의종료시각 11시 50분).

위 의사의 경과요령과 결과를 명확히 하기 위하여 이 의사록을 작성하고, 의장과 출석한 이사가 기명날인 또는 서명하다.

20○○년 ○월 ○일

A 주식회사

서울시 ○○구 ○○동 ○○

의 장 대표이사 ○ ○ ○ (인)

사내이사 ○ ○ ○ (인)

사내이사 ○ ○ ○ (인)

[사례]분할계획서

분할계획서

본회사(A)의 재산(영업)의 일부를 분할하여 그 분할된 재산으로 C 주식회사(이하 "신설회사"라 한다)를 설립하고(또는 C 주식회사와 D 주식회사를 설립하고) 본 회사는 존속하도록 하는(또는 소멸하도록 하는) 회사분할을 하기 위하여 다음과 같이 분할계획서를 작성하여 주주총회의 승인을 받기로 한다.

제 1 조 ① 본 회사의 영업중 자동차생산 및 판매업에 관련된 사업은 이를 분할하여 B 주식회사를 설립한다.

②본 회사에서 신설분할회사로 이전되는 자동차생산 및 판매업관련 재산은 20○○년 ○월 ○일 현재의 분할대차대조표에 의하되, 다음 사항을 포함하고 이전대상 가액은 분할기일 현재 공인회계사의 공정한 평가액으로 하며, 이전되는 채권·채무액은 별첨과 같다(별첨사항은 채권자별로 구체적으로 기재할 것).

1. 자동차생산을 위한 특허권, 실용신안권, 디자인권, 상표권 등 지적재산권
2. 자동차생산사업에서 발행된 매출채권을 담보하기 위한 인전·물적담보권
3. 자동차생산업과 관련하여 판매된 제품에 대한 하자보수 및 사후관리의무

4. 자동차생산업과 관련하여 보유한 개발, 생산, 영업조직, 판매, 기업경영에 관한 영업 비밀 및 관련자료 일체

다만, 분할기일 까지 자동차생산업 부문에서 영업 및 재무활동으로 발생한 자산 및 부채의 증감사항을 분할대조표에서 가감하는 것으로 한다.

③ 신설회사의 주식은 본 회사의 주주에게 그 소유주식비율에 의하여 배정한다.

④ 상법 제440조 내지 제444조에 의한 주식병합절차에 따라 분할기일 현재 분할되는 회사의 주주들의 소유주식 1주당 ○○○주로 병합하고 단주가 발생하는 경우에는 분할되는 회사의 변경상장 또는 변경등록 초일 종가로 환산한 금액을 현금으로 지급한다.

제 2 조 분할에 의하여 설립하는 신설회사의 상호, 본점, 목적,, 회사가 발행할 주식의 총수, 발행주식총수와 그 종류, 내용과 수, 1주의 금액은 다음과 같아.

1) 상호 : C 주식회사

2) 본점 : 서울시 ○○구 ○○동 ○○

3) 목적 : ○○○○○○○○○○

4) 회사가 발행할 주식의 총수 : ○○○○주

5) 1주의 금액 : 금 ○○○○○○○원

6) 설립시 발행주식총수, 종류, 내용과 수 : 기명식 보통주식 ○○○주

7) 자본의 총액 : 금 ○○○○○○원

8) 공고방법 : 서울시내에서 발행하는 일간 ○○경제신문에 게재한다.

제 3 조 신설회사는 본 회사의 출자만으로 설립한다(또는 신설회사는 본 회사의 출자외에 금 ○○○○원 자본을 모집하여 총 자본금은 ○○○○원으로 한다).

제 4 조 신설회사는 분할시 ○○주식 ○○주를 발행하고 이를 분할기일 현재 본 회사의 주주명부에 기재된 주주에게 그 소유주식 ○○주에 대하여 ○○주의 비율에 따라 할당 교부한다.

제 5 조 신설회사의 자본의 총액은 금 ○○○○원으로 하고 본 회사의 자본준비금 ○○○○원, 이익준비금 ○○○○원은 분할로 인하여 설립하는 회사가 인수한다(세부내역은 별첨).

제 6 조 신설회사의 주식을 인수하지 아니하는 주주에게 그 소유주식 1주에 대하여 금 ○○○○원의 교부금을 지급하기로 한다.

제 7 조 본 회사는 20○○년 ○월 ○일을 기하여 분할승인 주주총회를 소집하고 본 계획의 승인과 분할에 필요한 사항에 관하여 결의한다.

제 8 조 분할로 인하여 설립하는 회사의 설립위원은 대표이사가 된다.

제 9 조 본 회사의 분할로 인하여 설립하는 회사의 분할기일은 20○○년 ○월 ○일로 한다. 다만, 위 기일까지 분할에 관한 절차가 종료되지 아니한 때에는 이사회의 결의로 이 기을을 연장할 수 있다.

제 10 조 신설회사의 임원은 다음과 같다.

대표이사 : ○ ○ ○

사내이사 : ○ ○ ○

사외이사 : ○ ○ ○

기타비상무이사 : ○ ○ ○

감사 : ○ ○ ○

제 11 조 본 회사의 20○○년 ○월 ○일 현재의 대차대조표와 재산목록을 기초로 하여 위 분할기일에 신설회사가 인수할 권리의무는 다음과 같다.

인수할 권리 : ○○사업부분의 시설 및 채권전액인 금 ○○○○원

인수할 의무 : ○○사업부분의 채무전액인 금 ○○○○원

기타 : ○○○○

합계 : 금 ○○○○원

제 12 조 본 회사의 분할전의 채무는 본 회사와 신설회사가 연대책임을 진다(또는 본 회사에서 신설회사로 이전되는 ○○사업부문에 관한 본 회사의 기존채무는 신설회사가 전부승계하고 본 회사는 책임을 지지 아니한다.)

제 13 조 본 회사는 분할에 관한 제반절차를 완료하고 20○○년 ○월 ○일 신설회사의 창립총회를 개최한다.

제 14 조 본 계획서에 정하지 아니한 사항으로서 분할에 관하여 필요한 사항이 있는 때에는 본 계획의 취지에 반하지 않는 범위내에서 이사회의 결의로 집행한다.

제 15 조 본 계획서는 주주총회에서 승인을 받아야 효력이 생긴다.

위 분할계획서 성립을 확실히 하기 위하여 대표이사가 기명날인하여 보관한다.

20○○ 년 ○ 월 ○ 일

A 주식회사 (××××××-×××××××)

서울시 ○○구 ○○동 ○○

대표이사 ○ ○ ○ (법인인감)

서울시 ○○구 ○○동 ○○

○ 이 분할계획서는 회사가 작성하는 것이므로 대표이사의 독단적으로 작성하는 것이 아니고 이사회의 승인결의에 의하여야 할 것이며, 이 계획서에는 피분할회사의 대차대조표도 첨부한다.

○ 분할계획서의 관련 조문은 피분할회사에 관한 부분과 분할신설회사에 관한 부분으로 항을 나누어 작성할 수도 있다.

[사례] 분할공고 증명서

분 할 공 고

20○○년 ○월 ○일 임시주주총회에서 본 회사(A)의 재산(영업)의 일부를 분할하여 그 분할된 재산으로 새로 C 주식회사를 설립하고(또는 C 회사와 D 회사를 설립하고) 본 회사는 존속(또는 소멸)하기로 결의하였으므로, 이 회사분할에 이의가 있는 채권자는 본 공고게재일 익일부터 1개월내에 관계회사에 이의를 제출하시기 바라며 이에 공고합니다.

20○○ 년 ○ 월 ○ 일

A 주식회사

서울시 ○○구 ○○동 ○○

위와 같이 20○○년 ○월 ○일자 ○○신문에 게재하여 공고하였음.

A 주식회사

대표이사 ○ ○ ○ (법인인감)

[사례] 변제영수증

변 제 영 수 증

1. 피분할회사 : A 주식회사
2. 채권액 : ○○○○원

위 회사(A)의 재산(영업)의 일부를 분할하여 그 분할된 재산으로 C 주식회사를 설립하고(또는 C 회사와 D 회사를 설립하고) 위 회사가 존속(또는 소멸)함에 대하여 채권자가 20○○년 ○월 ○일 이의를 제출했던 바, 금일 위 채권 전액을 변제하므로 이에 영수합니다.

20○○년 ○월 ○일

채권자 : ○ ○ ○ (인)

서울특별시 ○○구 ○○동 ○○

A 주식회사 대표이사 귀하

[사례] 진술서

진 술 서

본 사(A)는 20○○년 ○월 ○일자로 일간 ○○신문에 본 회사의 재산(영업)의 일부를 분할하여 그 분할된 재산으로 C 주식회사를 설립하고(또는 C 회사와 D 회사를 설립하고) 위 회사가 존속(또는 소멸)하기로 하는 회사분할 건에 대하여 이를 공고하고 채권자에게 개별최고를 하였으나, 20○○년 ○월 ○일까지 이의를 제출하는 채권자가 없었으므로 이에 진술합니다.

20○○년 ○월 ○일

A 주식회사

서울특별시 ○○구 ○○동 ○○

대표이사 : ○ ○ ○ (인)

[사례] 창립총회의사록

창립총회의사록

20○○년 ○월 ○일 오전 11시 창립사무소(서울시 ○○구○○동 ○○ 본점 회의실)에서 본 회사 창립총회를 개최하다.

1. 의결권과 출석사항:

발행주식의 총수	○○○주
주주의 총수	○○명
의결권을 행사할 수 있는 주식의 총수	○○○주
의결권을 행사할 수 있는 주주의 총수	○○명
출석주주의 의결권의 총수(위임 주식포함)	○○○주
출석주주의 총수(위임장 제출로 인한 대리출석 포함)	○○명

2. 결의내용

설립위원장 ○○○는 위와 같이 법정수에 달하는 주주 출석하여 본 총회가 적법하게 성립되었음을 알리고 의장 선임을 구한 바, 전원 이의없이 설립위원장을 의장으로 선임한 즉 동인은 즉석에서 그 취임을 승낙하고 의장석에 등단하여 개회를 선언한 후 다음의 의안을 부의하고 심의를 구하다.

제 1호 의안 : 창립사항 보고의 건

의장은 A 주식회사의 재산(영업)의 일부를 분할하여 그 분할된 재산으로 C 주식회사를 설립하고(또는 C 회사와 D 회사를 설립하고) 위 회사가 존속(또는 소멸)하는 바, 이에 본 분할에 의한 설립회사인 C 주식회사의 창립에 관한 사항을 상세히 보고한 바 전원 이의없이 이를 만장일치로 승인하다.

제 2호 의안 : 정관승인의 건

의장은 설립위원이 작성한 C 주식회사의 정관안을 낭독하고 축조 설명한 후 그 심의를 구한 바, 전원 이의없이 이를 만장일치로 승인하여 이를 가결 확정하다.

제 3호 의안 : 이사 · 감사 선임의 건

의장은 이사와 감사의 선임방법을 물은 바 전원일치로 무기명 비밀투표로 선출하기로 결정하여 즉시 투표한 결과, 다음 사람이 이사와 감사로 선임되다(다만, 감사의 선임에 있어서는 발행주식총수의 100분의 3을 초과한 주식을 가진 주주는 그 초과하는 주식에 관하여는 의결권을 행사하지 아니한다).

사내이사 : ○ ○ ○

사외이사 : ○ ○ ○

기타상무이사 : ○ ○ ○

감사 : ○ ○ ○

위 피선자는 즉석에서 그 취임을 승낙하다.

의장은 이상으로서 회의목적인 의안 전부의 심의를 종료하였으므로, 폐회한다고 선언하다(회의종료시각 11시 50분).

위 의사의 경과요령과 결과를 명확히 하기 위하여 이 의사록을 작성하고, 의장과 출석한 이사가 기명날인 또는 서명하다.

20○○년 ○월 ○일

C 주식회사

서울시 ○○구○○동 ○○

의 장 대표이사 ○ ○ ○ (인)

사내이사 ○ ○ ○ (인)

사내이사 ○ ○ ○ (인)

○ 의장은 이사로 선출되지 아니한 때에도 이에 기명날인 또는 서명한다.
○ 자본금 총액이 10억원 미만인 회사로서 이사가 1인 또는 2인만이 있어 이사회를 구성할 수 없는 경우에, 흡수합병시의 보고총회에 갈음할 수 있는 이사회의 공고 규정은 적용되지 아니한다(상법 제383조⑤, 제526조②)

[사례] 이사회의사록

이사회의사록

20○○년 ○월 ○일 11시 본 회사 본점 회의실에서 다음과 같이 이사회를 개최하다.

이사총수	3 명	출석이사	3 명
감사총수	1 명	출석감사	0 명

의장인 대표이사 ○○○은 정관규정에 따라 의장석에 등단하여 위와 같이 법정수에 달하는 이사가 출석하였으므로, 본 이사회가 적법하게 성립되었음을 알리고 개회를 선언한 후 다음의 의안을 부의하고 심의를 구하다.

제 1호 의안 : 대표이사 선임의 건

사내이사 ○○○가 의장으로 선출되다.

의장은 본 회사이 대표이사를 선임하여 줄 뜻을 말한 바, 정원 신중히 협의한 결과 만장일치로 다음 사람을 대표이사로 선출하다.

대표이사 : ○ ○ ○

피선자는 즉석에서 취임을 승낙하다.

제 2호 의안 : 본점설치장소 결정의 건

의장은 본 회사의 본점을 다음 장소에 설치함이 적당한 뜻을 설명하고, 그 가부를 물은 즉 이사전원일치로 이를 승인하다.

본점 : 서울시 ○○구○○동 ○○

의장은 이상으로서 회의목적인 의안이 전부 심의 종료하였음으로, 폐회한다고 선언하다(회의종료시각 11시 30분).

위 의사의 안건, 경과요령, 그 결과, 반대하는 자와 그 반대이유를 명확히 하기 위하여 이 의사록을 작성하고, 의장 및 출석한 이사가 아래에 기명 날인하다.

20○○년 ○월 ○일

C 주식회사
서울시 ○○구○○동 ○○
의 장 대표이사 ○ ○ ○ (인)
사내이사 ○ ○ ○ (인)
사내이사 ○ ○ ○ (인)

○ 이는 분할계획서나 분할승인주주총회에서 대표이사를 정한 경우에는 이 결의는 생략되고, 정관에서 주주총회에서 정하기로 된 경우에는 주주총회에서 선임한다.

[사례] 분할보고의 창립총회에 갈음한 이사회의사록

이사회의사록

20○○년 ○월 ○일 11시 본 회사 본점 회의실에서 다음과 같이 이사회를 개최하다.

이사총수	3 명	출석이사	3 명
감사총수	1 명	출석감사	0 명

의장인 대표이사 ○○○은 정관규정에 따라 의장석에 등단하여 위와 같이 법정수에 달하는 이사가 출석하였으므로, 본 이사회가 적법하게 성립되었음을 알리고 개회를 선언한 후 다음의 의안을 부의하고 심의를 구하다.

의안 : 분할경과 보고 및 공고의 건

의장인 대표이사 ○○○은 20○○년 ○월 ○일 주주총회에서 A 주식회사의 재산(영업)의 일부를 분할하여 그 분할된 재산으로 C 주식회사를 설립하고(또는 C 회사와 D 회사를 설립하고) 위 회사가 존속(또는 소멸)하는 분할계획서의 승인을 얻고, 그에 따라 상법 소정의 분할 및 설립절차를 완료하였는바, 본 회사(신설회사)의 임원은 분할계획승인총회에서(또는 분할계약서에서) 선임하였으므로, 상법 제530조의11 및 동법 제527조의 규정에 의하여 창립총회의 보고에 갈음하여 이사회의 결의와 공고로서 갈음하고자 한다고 보고한 후, 그 승인을 구한 바, 전원 이의 없이 만장일치로써 그를 승인 가결하다.

의장은 이상으로서 회의목적인 의안이 전부 심의 종료하였음으로, 폐회한다고 선언하다(회의종료시각 11시 30분).

위 의사의 안건, 경과요령, 그 결과, 반대하는 자와 그 반대이유를 명확히 하기 위하여 이 의사록을 작성하고, 의장 및 출석한 이사가 아래에 기명 날인하다.

20○○년 ○월 ○일

C 주식회사

서울시 ○○구○○동 ○○

의 장 대표이사 ○ ○ ○ (인)

사내이사 ○ ○ ○ (인)

사내이사 ○ ○ ○ (인)

[사례] 분할보고총회를 감음한 분할보고의 공고

분 할 공 고

1. A 주식회사에서는 20○○년 ○월 ○일 임시주주총회에서 본 회사(A)의 재산(영업)의 일부를 분할하여 그 분할된 재산으로 새로 C 주식회사를 설립하고(또는 C 회사와 D 회사를 설립하고) 본 회사는 존속(또는 소멸)하기로 하며 C 주식회사(또는 C 주식회사와 D 주식회사)는 A 주식회사의 채무를 연대책임지기로(채무를 승계하지 아니하기로) 하였습니다.

2. 위 결의에 의하여 상법 소정의 분할절차를 완료하고 상법 제530조의11 및 동법 제527조 제4항에 의하여 분할보고의 창립총회에 갈음하여 이사회 결의와 이 공고로서 분할보고를 대체하기로 결의하였으므로, 이에 분할완료사실을 각 주주들께 이 공로로서 보고합니다.

20○○ 년 ○ 월 ○ 일
A 주식회사
서울시 ○○구 ○○동 ○○
C 주식회사(또는 C 주식회사와 D 주식회사)
서울시 ○○구 ○○동 ○○
위와 같이 20○○년 ○월 ○일자 ○○신문에 게재하여 공고하였음.
A(또는 C, D) 주식회사
대표이사 ○ ○ ○ (법인인감)

[사례] 취임승낙서

취 임 승 낙 서

본인은 귀 회사의 20○○년 ○월 ○일 창립총회결의(분할계획서)에 의하여 사내이사(대표이사, 감사, 감사위원회 위원)에 선임되었으므로 그 취임을 승낙합니다.

20○○년 ○월 ○일

사내이사(대표이사, 감사, 감사위원회 위원) ○ ○ ○ (인)

○○ 주식회사 귀중

○ 취임승낙서에는 승낙사실을 소명하는 인감증명서를 첨부한다. 다만 이사와 감사는 주주총회에 참석하여 그 취임을 승낙하는 취지가 의사록에 기재하고 그 의사록에 서명(기명날인)한 경우에는 인감증명은 생략된다. 그러나 대표이사는 별도의 취임승낙서와 인감증명을 첨부하여야 한다. 다만, 대표이사이 경우 의사록에 취임승낙의 취지가 기재되고 그에 날이한 인영이 등기소에 신고한 인영인 경우에는 별도의 취임승낙서가 없어도 될 것을로 생각된다.

[사례] 위임장의 위임내용

"A 주식회사의 재산(영업)의 일부를 분할하여 그 분할된 재산으로 본 회사(C)를 설립하고(또는 C 회사와 D 회사를 설립하고) A 주식회사는 존속(또는 소멸)하기로 하였으므로 C 주식회사의 설립등기(및 A 주식회사의 변경등기)신청 및 취하, 복대리인 선임 등에 관한 일체의 행위"

[사례] 주식회사 변경등기신청서(피분할회사가 존속하는 경우)

분할로 인한 주식회사 변경등기신청

접수	년 월 일	처리인	접 수	조 사	기 입	교 합	각종통지
	제 호						

상 호	A 주식회사	등기번호	○○○○○○
본 점	서울시 ○○구 ○○동 ○○		
등 기 의 목 적	회사분할로 인한 변경등기		
등 기 의 사 유	(1) 분할시 자본감소를 수반하는 경우 20○○년 ○월 ○일 임시주주총회에서 본 회사(A)으 재산(영업)의 일부(자동차 생산 및 판매부분)를 분할하여 그 분할된 재산으로 서울시 ○○구 ○○동 ○○ C 주식회사를 설립하고 본 회사는 존속하되, 그 자본감자 및 목적을 변경하기로 결의하고 공고와 최고절차 등 소정의 분할절차를 밟아 ① 20○○년 ○월 ○일 분할보고총회를 종결하였으므로, ② 이사회의 결의와 공고로서 분할보고총회의 보고에 갈음하기로 하였으므로, 다음 사항의 등기를 구함 (2) 분할 후 존속회사의 자본이 감소하지 않고 목적만 변경되는 경우 20○○년 ○월 ○일 임시주주총회에서 본 회사(A)으 자본의 일부(자동차 생산 및 판매부분)를 분할하여 그 분할된 재산으로 서울시 ○○구 ○○동 ○○ C 주식회사를 설립하고 본 회사는 존속하되, 분할로 인한 신설회사의 자본감소는 없고 목적을 아래와 같이 변경하기로 결의하고 공고와 최고절차 등 소정의 분할절차를 밟아 ① 20○○년 ○월 ○일 분할보고총회를 종결하였으므로, ② 이사회의 결의와 공고로서 분할보고총회의 보고에 갈음하기로 하였으므로, 다음 사항의 등기를 구함		
본/지점 신청구분	1. 본점신청 ☐ 2. 지점신청 ☐ 3. 본 · 지점 일괄신청 ☐		
등 기 할 사 항			
분할로 인하여 설립되는 회사의 상호 및 본점과 분할한 뜻	A 주식회사를 분할하여 서울시 ○○구 ○○동 ○○ C 주식회사를 설립		
회사가 발행할 주식의 총수(감소 변경한 경우)	○○○주		
발행주식의 총수와 그 종류 및 각각의 수	보통주식 ○○○주 우선주식 ○○○주		
자 본 의 총 액	금 100,000,000원		
기 타	목적 : ○○○○○		

<table>
<tr><td colspan="7">신청등기소 및 등록면허세/수수료</td></tr>
<tr><td rowspan="2">순번</td><td rowspan="2">신청등기소</td><td rowspan="2">구분</td><td>등록면허세</td><td rowspan="2">농어촌특별세</td><td rowspan="2">세액합계</td><td rowspan="2">등기신청수수료</td></tr>
<tr><td>지방교육세</td></tr>
<tr><td rowspan="2"></td><td rowspan="2"></td><td rowspan="2"></td><td>금 400,000원</td><td rowspan="2"></td><td rowspan="2">금480,000원</td><td rowspan="2">금 30,000원</td></tr>
<tr><td>금 80,000원</td></tr>
<tr><td rowspan="2"></td><td rowspan="2"></td><td rowspan="2"></td><td>금 40,200원</td><td rowspan="2"></td><td rowspan="2">금 48,240원</td><td rowspan="2">금 6,000원</td></tr>
<tr><td>금 8,040원</td></tr>
<tr><td colspan="3" rowspan="2">합 계</td><td></td><td rowspan="2"></td><td rowspan="2"></td><td rowspan="2"></td></tr>
<tr><td></td></tr>
<tr><td colspan="2">과 세 표 준 액</td><td colspan="5">금 10,000,000 원</td></tr>
<tr><td colspan="7">첨 부 서 면</td></tr>
<tr><td colspan="4">1. 분할계획서 통
1. 분할승인의 공증받은 주주총회의사록 통
1. 공증받은 분할보고칭회의사록 또는 이사회의사록과 공고를 증명하는 서면 통
1. 채권자보호절차를 이행한 공고 및 최고를 한 증명서 통</td><td colspan="3">1. 변제영수증 또는 이의 없다는 진술서 통
1. 주권제출공고증명서 통
1. 등록면허세영수필확인서 통
1. 위임장(대리인이 신청할 경우) 통

<기 타></td></tr>
</table>

20○○ 년 월 일

신청인 상 호 A 주식회사
본 점 서울시 ○○구 ○○동 ○○
대표이사 성 명 ○ ○ ○ (인) (전화 :)
주 소 서울시 ○○구 ○○동 ○○
대리인 성 명 법무사 ○ ○ ○ (인) (전화 :)
주 소 서울시 ○○구 ○○동 ○○

서울중앙지방법원 등기국 귀중

- 신청서 작성요령 및 등기수입증지 첩부란 -

1. 해당란이 부족할 때에는 별지를 이용합니다.
1. 해당 등기신청과 관계없는 사항에 대하여는 "해당없음"으로 기재하거나 삭제하고, 필요한 사항은 추가 기재합니다.

(용지규격 21㎝× 29.7㎝)

[사례] 주식회사 해산등기신청서(회사분할시 소멸회사에서의 경우)

분할로 인한 주식회사 해산등기신청

접수	년 월 일	처리인	접 수	조 사	기 입	교 합	각종통지
	제 호						

상 호	A 주식회사	등기번호	○○○○○○
본 점	서울시 ○○구 ○○동 ○○		
등기의목적	회사분할로 인한 주식회사 해산등기		
등기의사유	본 회사(A)는 20○○년 ○월 ○일 임시주주총회에서 그 재산(영업)의 일부를 분할하여 그 분할된 재산으로 B주식회사와 C 주식회사를 각 설립하고 본 회사는 해산할 것을 결의하고, 공고와 최고의 절차를 밟아 20○○년 ○월 ○일 분할절차를 종료하였으므로, 다음 사항의 등기를 구함		
본/지점 신청구분	1. 본점신청 □ 2. 지점신청 □ 3. 본 · 지점 일괄신청 □		
등 기 할 사 항			
분할에 의한 해산 연월일	20○○년 ○월 ○일		
해 산 사 유	20○○년 ○월 ○일 분할하여 서울시 ○○구 ○○동 ○○ B 주식회사와 서울시 ○○구 ○○동 ○○ C 주식회사를 각 설립하고 해산		
기 타			

신청등기소 및 등록면허세/수수료						
순번	신청등기소	구분	등록면허세 지방교육세	농어촌특별세	세액합계	등기신청수수료
			금 40,200원 금 8,040원		금 48,240원	
합 계						

첨 부 서 면	
1. 등록면허세영수필확인서 통 1. 위임장(대리인이 신청할 경우) 통 <기 타>	

20○○ 년 월 일

신청인 상 호 A 주식회사
본 점 서울시 ○○구 ○○동 ○○
대표이사 성 명 ○ ○ ○ (인) (전화 :)
주 소 서울시 ○○구 ○○동 ○○
대리인 성 명 법무사 ○ ○ ○ (인) (전화 :)
주 소 서울시 ○○구 ○○동 ○○

○○지방법원 ○○등기소 귀중

- 신청서 작성요령 및 등기수입증지 첨부란 -

1. 해당란이 부족할 때에는 별지를 이용합니다.
1. 해당 등기신청과 관계없는 사항에 대하여는 “해당없음”으로 기재하거나 삭제하고, 필요한 사항은 추가 기재합니다.

(용지규격 21㎝× 29.7㎝)

[사례]주식회사 변경등기신청서(흡수분할합병의 분할합병상대방회사에서의 경우)

분할합병로 인한 주식회사 변경등기신청

접수	년 월 일	처리인	접 수	조 사	기 입	교 합	각종통지
	제 호						

상 호	A 주식회사	등기번호	○○○○○○
본 점	서울시 ○○구 ○○동 ○○		
등 기 의 목 적	흡수분할합병으로 인한 변경등기		
등 기 의 사 유	20○○년 ○월 ○일 임시주주총회에서 본 회사(A)으 재산(영업)의 일부(자동차 생산 및 판매부분)를 분할하여 그 분할된 재산으로 서울시 ○○구 ○○동 ○○ C 주식회사를 설립하고 본 회사는 존속하되, 그 자본감자 및 목적을 변경하기로 결의하고 공고와 최고절차 등 소정의 분할절차를 밟아 ① 20○○년 ○월 ○일 분할보고총회를 종결하였으므로, ② 이사회의 결의와 공고로서 분할보고총회의 보고에 갈음하기로 하였으므로, 다음 사항의 등기를 구함		
본/지점 신청구분	1. 본점신청 □ 2. 지점신청 □ 3. 본 · 지점 일괄신청 □		
등 기 할 사 항			
분할로 인하여 설립되는 회사의 상호 및 본점과 분할한 뜻	A 주식회사를 분할하여 서울시 ○○구 ○○동 ○○ C 주식회사를 설립		
회사가 발행할 주식의 총수(감소 변경한 경우)	○○○주		
발행주식의 총수와 그 종류 및 각각의 수	보통주식 ○○○주 우선주식 ○○○주		
자 본 의 총 액	금 100,000,000원		
기 타	목적 : ○○○○○		

<table>
<tr><td colspan="7">신청등기소 및 등록면허세/수수료</td></tr>
<tr><td rowspan="2">순번</td><td rowspan="2">신청등기소</td><td rowspan="2">구분</td><td>등록면허세</td><td rowspan="2">농어촌특별세</td><td rowspan="2">세액합계</td><td rowspan="2">등기신청수수료</td></tr>
<tr><td>지방교육세</td></tr>
<tr><td rowspan="2"></td><td rowspan="2"></td><td rowspan="2"></td><td>금 400,000원</td><td rowspan="2"></td><td rowspan="2">금480,000원</td><td rowspan="2">금 30,000원</td></tr>
<tr><td>금 80,000원</td></tr>
<tr><td rowspan="2"></td><td rowspan="2"></td><td rowspan="2"></td><td>금 40,200원</td><td rowspan="2"></td><td rowspan="2">금 48,240원</td><td rowspan="2">금 6,000원</td></tr>
<tr><td>금 8,040원</td></tr>
<tr><td colspan="3" rowspan="2">합 계</td><td></td><td rowspan="2"></td><td rowspan="2"></td><td rowspan="2"></td></tr>
<tr><td></td></tr>
<tr><td colspan="2">과 세 표 준 액</td><td colspan="5">금 10,000,000 원</td></tr>
<tr><td colspan="7">첨 부 서 면</td></tr>
<tr><td colspan="4">1. 분할계획서 통
1. 분할승인의 공증받은 주주총회의사록 통
1. 공증받은 분할보고총회의사록 또는 이사회의사록과 공고를 증명하는 서면 통
1. 채권자보호절차를 이행한 공고 및 최고를 한 증명서 통</td><td colspan="3">1. 변제영수증 또는 이의 없다는 진술서 통
1. 주권제출공고증명서 통
1. 등록면허세영수필확인서 통
1. 위임장(대리인이 신청할 경우) 통

<기 타></td></tr>
<tr><td colspan="7">20○○ 년 월 일
신청인 상 호 A 주식회사
본 점 서울시 ○○구 ○○동 ○○
대표이사 성 명 ○ ○ ○ (인) (전화 :)
주 소 서울시 ○○구 ○○동 ○○
대리인 성 명 법무사 ○ ○ ○ (인) (전화 :)
주 소 서울시 ○○구 ○○동 ○○

서울중앙지방법원 등기국 귀중</td></tr>
</table>

- 신청서 작성요령 및 등기수입증지 첨부란 -

1. 해당란이 부족할 때에는 별지를 이용합니다.
1. 해당 등기신청과 관계없는 사항에 대하여는 "해당없음"으로 기재하거나 삭제하고, 필요한 사항은 추가 기재합니다.

(용지규격 21㎝× 29.7㎝)

[사례] 주식회사 변경등기신청서(분할합병으로 인한 신설회사에서의 경우)

분할합병으로 인한 주식회사 설립등기신청

접수	년 월 일	처리인	접 수	조 사	기 입	교 합	각종통지
	제 호						

등 기 의 목 적	분할합병로 인한 주식회사 설립등기
등 기 의 사 유	(1) 분할합병으로 회사를 설립하고 분할되는 회사가 존속하고 분할합병의 상대방회사는 소멸하는 경우 서울시 ○○구 ○○동 ○○ A 주식회사 재산(영업)의 일부를 분할하여 그 분할부분과 서울시 ○○구 ○○동 ○○ B 주식회사를 분합합병하여 C 주식회사를 설립하되, A 는 존속하되 B 는 해산하기로 하는 분할합병을 하기 위하여, 20○○년 ○월 ○일 임시주주총회에서 각기 분할합병결의를 하고 정관을 작성하여 공고와 최고절차를 밟아 20○○년 ○월 ○일 창립총회를 종결하였으므로, 다음 사항의 등기를 구함 (2) A회사의 재산(영업)의 일부를 분할하여 그 분할된 부분과 B 및 C회사가 합병하여 D 회사를 신설하고 A 회사는 존속하고 B, C 회사는 소멸하는 경우 서울시 ○○구 ○○동 ○○ A 주식회사의 재산(영업)의 일부를 분할하여 그 분할부분과 서울시 ○○구 ○○동 ○○ B 주식회사 및 서울시 ○○구 ○○동 ○○ C 주식회사를 각 분할합병하여 D 주식회사를 설립하되, A는 존속하고, B, C는 해산하기로 하는 분할합병을 하기 위하여 20○○년 ○월 ○일 임시주주총회에서 각기 분할합병결의를 하고 정관을 작성하여 공고와 최고절차를 밟아 20○○년 ○월 ○일 창립총회를 종결(창립총회에 갈음하여 이사회의 결의로 공고로써 갈음하기로)하였으므로, 다음 사항의 등기를 구함
본/지점 신청구분	1. 본점신청 □ 2. 지점신청 □ 3. 본 · 지점 일괄신청 □
등 기 할 사 항	
상 호	C 주식회사(또는 D 주식회사)
본 점	서울시 ○○구 ○○동 ○○
공 고 방 법	서울시내에서 발행하는 일간 ○○일보에 게재한다.
1 주 의 금 액	10,000원
발행할 주식의 총수	10,000주
발행주식의 총수와 그 종류 및 각각이 수	보통주식 5,000주 우선주식 5,000주

자 본 의 총 액	금 100,000,000원
목 적	6. 주택건설업 7. 알미늄제조 및 판매업 8. 가구제조 및 판매업 9. 자동차 생산 판매업 10. 위 각호에 부대하는 사업
이사, 감사의 성명 및 주민등록번호	사내이사 ○ ○ ○ (×××××× - ×××××××) 사외이사 ○ ○ ○ (×××××× - ×××××××) 기타비상무이사 ○ ○ ○ (×××××× - ×××××××) 감사 ○ ○ ○ (×××××× - ×××××××)
대표이사의 성명과 주소	대표이사 ○ ○ ○ 서울시 ○○구 ○○동 ○○
지 점	부산시 ○○구 ○○동 ○○(○○지점)
존립기간 또는 해산사유	회사성립일로부터 만 50년
분할합병으로 인하여 소멸하거나 존속하는 회사의 상호 및 본점과 분할합병을 한 뜻	1) 분할합병으로 회사를 설립하되, 분할되는 회사가 존속하고 분할합병의 상대방회사는 소멸하는 경우 서울시 ○○구 ○○동 ○○ A 주식회사의 분할된 일부와 서울시 ○○구 ○○동 ○○ B 주식회사를 분할합병하여 C 주식회사 설립 2) A회사의 재산(영업)의 일부를 분할하여 그 분할된 부분과 B 및 C회사가 합병하여 D 회사를 신설하고 A 회사는 존속하고 B, C 회사는 소멸하는 경우 서울시 ○○구 ○○동 ○○ A 주식회사의 분할된 일부와 서울시 ○○구 ○○동 ○○ B 주식회사 및 서울시 ○○구 ○○동 ○○ C 주식회사를 합병하여 D 주식회사 설립
분할되는 회사의 전환사채 또는 신주인수권부사채를 승계한 때에는 그 사채에 관한 사항	
기 타	

신청등기소 및 등록면허세/수수료						
순번	신청등기소	구분	등록면허세 지방교육세	농어촌특별세	세액합계	등기신청수수료
			금 400,000원 금 80,000원		금480,000원	금 30,000원
			금 40,200원 금 8,040원		금 48,240원	금 6,000원
합 계						
과 세 표 준 액	금 10,000,000 원					

첨 부 서 면	
1. 정관 통	1. 공증받은 창립총회의사록 또는 이에 갈음한 이사회의사록과 공고를 증명하는 서면 통
1. 분할합병계획서 통	1. 공증받은 이사회의사록(개최한 경우) 통
1. 공증받은 임시주주총회의사록 통	1. 취임승낙서(이사, 감사, 대표이사) 통
1. 채권자보호절차를 행한 공고와 최고를 한 증명서 통	1. 주민등록표등본 통
1. 변제영수증 또는 이의 없다는 진술서 통	1. 등록면허세영수필확인서 통
1. 설립위원자격증명서 통	1. 위임장(대리인이 신청할 경우) 통
2. 주권제출공고증명서 통	<기 타>

20○○ 년 월 일

신청인 상 호 A 주식회사
본 점 서울시 ○○구 ○○동 ○○
대표이사 성 명 ○ ○ ○ (인) (전화 :)
주 소 서울시 ○○구 ○○동 ○○
대리인 성 명 법무사 ○ ○ ○ (인) (전화 :)
주 소 서울시 ○○구 ○○동 ○○

서울중앙지방법원 등기국 귀중

- 신청서 작성요령 및 등기수입증지 첩부란 -

1. 해당란이 부족할 때에는 별지를 이용합니다.
1. 해당 등기신청과 관계없는 사항에 대하여는 "해당없음"으로 기재하거나 삭제하고, 필요한 사항은 추가 기재합니다.

(용지규격 21㎝× 29.7㎝)

[사례]주식회사 변경등기신청서(분할합병시 피분할회사가 존속하는 경우)

분할합병로 인한 주식회사 변경등기신청

접수	년 월 일	처리인	접 수	조 사	기 입	교 합	각종통지
	제 호						

상 호	A 주식회사	등기번호	○○○○○○
본 점	서울시 ○○구 ○○동 ○○		
등기의목적	흡수분할합병으로 인한 피분할회사의 변경등기		
등기의사유	20○○년 ○월 ○일 A 주식회사으 재산(영업)의 일부(자동차 생산 및 판매부분)를 분할하여 그 분할한 부분과 B 주식회사가 분할합병하고 A 주식회사는 존속하기로 하는 분할합병계약을 각 회사의 주주총회에서 승인하여 분할합병하기로 결의하고, 공고와 최고절차를 밟아 ① 20○○년 ○월 ○일 분할합병보고총회를 종결하였으므로, ② 이사회의결의로 공고로서 분할보고총회의 보고에 갈음하기로 하였으므로, 다음 사항의 등기를 구함		
본/지점 신청구분	1. 본점신청 ☐ 2. 지점신청 ☐ 3. 본 · 지점 일괄신청 ☐		
등 기 할 사 항			
분할합병의 상대방회사의 상호및본점과분할합병을 한 뜻 또는 분할합병으로 인하여 설립한 회사의 상호 및 본점과 분할합병을 한 뜻	A 주식회사의 일부를 분할하여 서울시 ○○구 ○○동 ○○ B 주식회사에 분합합병		
분할합병후에 회사가 발행할 주식의총수(감소변경한 경우)	○○○주		
분할합병후의 발행주식의 총수, 그 종류 및 각종 주식의 내용과 수	보통주식 ○○○주 우선주식 ○○○주		
분할합병후의 자본의 총액	금 100,000,000원		
기 타	목적 : ○○○○○		

신청등기소 및 등록면허세/수수료						
순번	신청등기소	구분	등록면허세 지방교육세	농어촌특별세	세액합계	등기신청수수료
			금 400,000원 금 80,000원		금480,000원	금 30,000원
			금 40,200원 금 8,040원		금 48,240원	금 6,000원
합 계						
과 세 표 준 액	금 10,000,000 원					

첨 부 서 면

1. 분할합병계획서 통
1. 분할합병승인의 공증받은 임시주주총회의사록 통
1. 채권자보호절차를 이행한 공고 및 최고를 한 증명서 통
1. 변제영수증 또는 이의 없다는 진술서 통
1. 주권제출공고증명서 통
1. 분할합병보고총회의 공증받은 주주총회의사록 또는 이에 갈음한 이사회의사록과 공고를 증명하는 서면 통
1. 등록면허세영수필확인서 통
1. 위임장(대리인이 신청할 경우) 통

<기 타>

20○○ 년 월 일

신청인 상 호 A 주식회사
본 점 서울시 ○○구 ○○동 ○○
대표이사 성 명 ○ ○ ○ (인) (전화 :)
주 소 서울시 ○○구 ○○동 ○○
대리인 성 명 법무사 ○ ○ ○ (인) (전화 :)
주 소 서울시 ○○구 ○○동 ○○

서울중앙지방법원 등기국 귀중

- 신청서 작성요령 및 등기수입증지 첩부란 -

1. 해당란이 부족할 때에는 별지를 이용합니다.
1. 해당 등기신청과 관계없는 사항에 대하여는 "해당없음"으로 기재하거나 삭제하고, 필요한 사항은 추가 기재합니다.

(용지규격 21㎝× 29.7㎝)

[사례]분할합병으로 인한 해산등기신청서(분할합병시 소멸회사의 경우)

분할합병으로 인한 주식회사 해산등기신청

접수	년 월 일	처리인	접 수	조 사	기 입	교 합	각종통지
	제 호						

상 호	B 주식회사	등기번호	○○○○○○
본 점	서울시 ○○구 ○○동 ○○		
등 기 의 목 적	분할합병으로 인한 주식회사 해산등기		
등 기 의 사 유	(1) 피분할합병회사가 해산하는 경우 20○○년 ○월 ○일 각 주주총회에서 A 회사의 재산(영업)의 일부를 분할하여, 그 분할된 부분과 B 주식회사와 C 주식회사가 분할합병하여 D 주식회사를 설립하되, A는 존속하고 B, C는 해산하기로 결의하고 공고와 최고의 절차를 밟아 20○○년 ○월 ○일 분할합병절차를 종료하였으므로, 다음사항의 등기를 구함. (2) 피분할회사가 해산하는 경우 20○○년 ○월 ○일 각 주주총회에서 A회사의 재산(영업)의 일부를 분할하여 그 분할된 부분으로 B 주식회사를 설립하고, 나머지 부분으로 C 주식회사와 분할합병하고 A 는 소멸하여 해산하기로 결의하고 공고와 최고 및 분할합병의 소정의 절차를 밟아 20○○년 ○월 ○일 분할합병절차를 종료하였으므로, 다음 사항의 등기를 구함.		
본/지점 신청구분	1. 본점신청 □ 2. 지점신청 □ 3. 본 · 지점 일괄신청 □		
등 기 할 사 항			
분 할 에 의 한 해 산 연 월 일	20○○년 ○월 ○일		
해 산 사 유	(1) 피분할합병회사가 해산하는 경우 20○○년 ○월 ○일 부산시 ○○구 ○○동 ○○ C 주식회사와 함께 서울시 ○○구 ○○동 ○○ A 주식회사의 일부를 분할합병하여 서울시 ○○구 ○○동 ○○ D 주식회사를 설립하고 해산 (2) 피분할회사가 해산하는 경우 20○○년 ○월 ○일 분할하여 부산시 ○○구 ○○동 ○○ C 주식회사에 분할합병하고 해산		
기 타			

신청등기소 및 등록면허세/수수료						
순번	신청등기소	구분	등록면허세 지방교육세	농어촌특별세	세액합계	등기신청수수료
			금 40,200원 금 8,040원		금 48,240원	
합 계						

첨 부 서 면	
1. 분할합병계약서 통 1. 공증받은 분할합병승인 주주총회의사록 각 통 1. 주권제출공고증명서 통 1. 채권자보호절차의 이행을 증명하는 서면 통	1. 등록면허세영수필확인서 통 1. 위임장(대리인이 신청할 경우) 통 <기 타>

20○○ 년 월 일

신청인 상 호 B 주식회사
본 점 서울시 ○○구 ○○동 ○○
대표이사 성 명 ○ ○ ○ (인) (전화 :)
주 소 서울시 ○○구 ○○동 ○○
대리인 성 명 법무사 ○ ○ ○ (인) (전화 :)
주 소 서울시 ○○구 ○○동 ○○

○○지방법원 ○○등기소 귀중

- 신청서 작성요령 및 등기수입증지 첩부란 -

1. 해당란이 부족할 때에는 별지를 이용합니다.
1. 해당 등기신청과 관계없는 사항에 대하여는 "해당없음"으로 기재하거나 삭제하고, 필요한 사항은 추가 기재합니다.

(용지규격 21㎝× 29.7㎝)

제5절 해산과 청산에 관한 등기

1. 해산등기와 청산인선임등기

(1) 해산의 의의

해산이란 회사의 법인격을 소멸케 하는 법률요건을 말한다. 즉 해산은 법인격 자체를 소멸시키는 것이 아니라 법인격 소멸의 원인이 되는 법률요건이다. 회사는 해산에 의하여 영업능력을 상실하지만, 청산사무가 실질적으로 종결할 때까지 청산의 목적범위 내에서 권리능력을 가진다(제245조, 제269조, 제542조①, 제613조).

(2) 해산사유

회사의 공통적인 해산사유로는 존속기간의 만료 및 기타 정관으로 정한 사유, 합병, 파산, 해산명령 및 해산판결 등이 있다.

1) 주식회사의 해산사유

① 합명회사의 경우에는 사원이 1인으로 된 때가 해산사유이나, 주식회사의 경우에는 주주가 1인으로 되어도 해산사유가 되지 않는다(제517조 1호).

② 합명회사의 경우에는 총사원의 동의가 있어야 해산할 수 있으나, 주식회사와 유한회사의 경우에는 주주총회(사원총회)의 특별결의가 있으면 해산할 수 있다(제517조 2호, 제609조① 2호).

③ 주식회사에만 있는 특유한 해산사유로서 휴면회사의 해산의제와(제520조의2 ①), 회사의 분할 또는 분할합병이 있다(제530조의2).

2) 회사의 해산명령과 해산판결

① 회사의 해산명령

회사의 해산명령은 회사의 존재 내지 행동이 사회적 이익을 해치는 등 회사제도가 남용된 경우에 공익적 견지에서 회사의 법인격을 박탈하여 준칙주의의 폐단을 시정하기 위한 제도이다. 해산명령의 전반적인 절차는 비송사건절차법에 의하여 규율된다(비송사건절차법 제90조).

② 회사의 해산판결

회사의 해산판결이란 사원의 이익을 보호하기 위하여 회사의 존속이 사원의 이익을 해하는 경우, 해산명령의 경우와는 달리 소송사건으로서 사원의 청구에 의하여 법원이 판결로써 회사의 해산을 명하는 재판이다(제241조, 제269조, 제520조, 제613조 ①).

(3) 해산의 효과

1) 청산절차의 개시

회사가 해산하면 원칙적으로 청산절차가 개시되지만, 합병은 회사재산의 포괄승계가 있게 되며 파산은 파산절차로 이전되기 때문에 합병과 파산이 해산사유인 경우에는 청산절차가 개시되지 않는다.

2) 해산등기 및 청산인선임등기

회사가 해산된 때에는 합병과 파산의 경우 외에는 그 해산사유가 있은 날로부터 본점소재지에서는 2주간 내, 지점소재지에서는 3주간 내에 해산등기를 하여야 한다(제228조).

3) 이사와 지배인등기의 주말

회사가 해산된 경우 회사의 적극적인 영업활동을 중단하므로 이와 관련된 기관을 담당하는 이사나 지배인의 등기는 직권으로 주말된다. 다만 감사의 경우 이와 관련이 없으므로 주말되지 않는다.

2. 청 산

(1) 청산의 의의

청산이란 회사가 해산한 후 그 재산관계를 원만히 종결하고 회사의 법인격을 소멸시키는 절차를 말한다. 청산중에 있는 회사는 청산의 목적범위 내로 권리능력이 제한되므로 새로운 영업을 할 수 없으며, 청산의 목적범위 외의 행위는 무효로 한다.

(2) 청산인

청산인은 제1차적으로 자치적으로 선임되는데, 이렇게 자치적으로 선임되지 않으면 제2차적으로 해산 전의 회사의 업무집행기관이 된다. 합병이나 분할의 경우 청산절차가 존재하지 않으므로 청산인을 선임하는 절차가 존재하지 않는다. 청산인의 수에 대하여는 상법상 제한이 없으므로 1인이라도 무방하다(대법원 1989.9.12. 87다카2691).

(3) 청산절차

1) 청산사무

청산인의 사무는 ⅰ) 현존하는 사무의 종결(퇴직금 지급, 공로자에 대한 위로금 증여 등), ⅱ) 채권의 추심과 채무의 변제, ⅲ) 재산의 환가처분, ⅳ) 잔여재산의 분배이다(제254조, 제269조, 제542조①, 제613조①).

2) 청산절차의 방법

청산절차에 관하여는 인적회사는 당사자의 자치적인 방식으로 임의청산을 할 수 있지만, 인적회사가 임의청산을 밟지 아니하는 경우 및 물적회사의 경우에는 법정청산을 하여야만 한다.

3) 채권자보호절차

① 합명회사와 합자회사는 채권자에 대한 1개월 이상의 채권자의 이의기간을 둔다(제247조, 제232조, 제269조).

② 주식회사와 유한회사는 채권자에 대한 2개월 이상의 채권자의 이의기간을 둔다(제535조, 제613조①).

4) 청산인의 신고 및 회사재산조사보고의무

① 청산인의 신고(제532조)

청산인은 취임한 날로부터 2주간내에 다음의 사항을 법원에 신고하여야 한다.

1. 해산의 사유와 그 연월일
2. 청산인의 성명·주민등록번호 및 주소

② 회사재산조사보고의무(제533조)

청산인은 취임한 후 지체없이 회사의 재산상태를 조사하여 재산목록과 대차대조표를 작성하고 이를 주주총회에 제출하여 그 승인을 얻어야 하고, 승인을 얻은 후 지체없이 재산목록과 대차대조표를 법원에 제출하여야 한다.

(4) 청산종결

1) 청산의 종결과 청산종결등기

① 청산이 종결되면 청산종결등기를 함이 원칙이나(제264조, 제269조, 제542조①, 제613조①), 청산사무가 실제 종결되지 않은 경우에는 비록 청산종결등기를 하였다고 하더라도, 제회사의 법인격은 청산사무가 남아 있는 한도에서 존속하게 된다.

② 상법 제520조의2 규정에 의하여 주식회사가 해산되고 그 청산이 종결된 것으로 보는 회사라도 어떤 권리관계가 남아 있어 현실적으로 정리할 필요가 있으면 그 범위 내에서는 아직 완전히 소멸하지 아니하고, 이러한 경우 그 회사의 해산 당시의 이사는 정관에 다른 규정이 있거나 주주총회에서 따로 청산인을 선임하지 아니한 경우에 당연히 청산인이 되고, 그러한 청산인이 없는 때에는 이해관계인의 청구에 의하여 법원이 선임한 자가 청산인이 되므로, 이러한 청산인만이 청산중인 회사의 청산사무를 집행하고 대표하는 기관이 된다(대법원 1994.5.27. 94다7607).

2) 장부·서류의 보존

회사의 장부 기타 영업과 청산에 관한 중요한 서류는 본점소재지에서 청산종결의 등기를 한 후 10년간 이를 보존하여야 한다. 다만, 전표 또는 이와 유사한 서류는 5년간 이를 보존하여야 한다(제266조①, 제269조, 제541조①, 제613조①).

3) 청산의제

휴면회사가 해산의제된 날로부터 3년 이내에 회사계속결의에 의해 계속하지 않는 한 그 회사는 해산의제 이후 3년이 경과하면 청산이 종결된 것으로 본다(제520조의2 ④).

(5) 청산법인의 부동산등기신청절차에 관한 업무처리지침(등기예규 제1087호)

1) 청산법인의 의의

청산법인이란 존립기간의 만료나 기타 사유로 법인이 해산된 후 청산절차가 진행 중인 법인을 말하며, 청산종결등기가 된 경우라 하더라도 청산사무가 아직 종결되지 아니한 경우에는 청산법인에 해당한다.

2) 청산법인의 등기부가 폐쇄되지 아니한 경우

청산인이 부동산등기신청을 하기 위해서는 청산인임을 증명하는 서면으로서 청산인 등기가 되어 있는 법인 등기부등본을 등기신청서에 첨부하여야 하고, 인감증명의 제출이 필요한 경우에는 법인인감인 청산인의 인감을 첨부하여야 한다.

3) 청산법인의 등기부가 폐쇄된 경우

① 청산법인이 등기권리자인 경우

미등기 부동산에 관하여 청산법인이 소유권보존등기를 하는 등 청산법인이 등기권리자로서 부동산등기신청을 하는 경우에는 폐쇄된 청산법인의 등기부를 부활하여야 하고, 청산인임을 증명하는 서면으로는 청산인 등기가 마쳐진 청산법인의 등기부를 제출하여야 한다.

② 청산법인이 등기의무자인 경우

㉠ 폐쇄된 등기부에 청산인 등기가 되어 있는 경우

폐쇄된 법인등기부에 청산인 등기가 되어 있는 경우 청산인은 그 폐쇄된 법인등기부등본을 청산인임을 증명하는 서면으로 첨부하여 부동산등기신청을 할 수 있고, 인감증명의 제출이 필요한 경우에는 인감증명법에 의한 청산인의 개인인감을 첨부할 수 있다.

㉡ 폐쇄된 등기부에 청산인 등기가 되어 있지 아니한 경우

청산인 등기가 되어 있지 않은 상태에서 법인 등기부가 폐쇄된 경우(상법 제520조의2의 규정에 의한 휴면회사 등), 청산인이 부동산등기신청을 하기 위해서는 폐쇄된 법인등기부를 부활하여 청산인 등기를 마친 다음 그 등기부등본을 청산인임을 증명하는 서면으로 등기신청서에 첨부하여야 하고, 인감증명의 제출이 필요한 경우에는 법인인감인 청산인의 인감을 첨부하여야 한다.

3. 해산등기의 절차

해산등기는 반드시 청산인선임등기와 동시에 신청하여야 하는 것은 아니다. 이를 그와 같이 동시에 신청하여도 무방하고, 해산등기 없이 청산인선임등기를 할 수는 없다. 따라서 청산인선임등기신청보다 해산등기선청이 앞서야 하나, 동시에 신청하는 것이 실무예이다.

(1) 신청서 기재사항

다른 법률에 의한 의무사항이 있는 경우의 신청서의 기재와 신청서의 간인, 일괄신청, 수개의 동시신청, 의사록 등의 공증, 인감증명과 회사등기사항전부·일부증명서, 기타 대표자의 자격을 증명하는 서면, 문서양식에 관한 사항은 설립등기의 등기신청서와 같다.

주식회사 해산등기 신청서에는 다음 사항을 기재하여야 한다(상업등기법 제19조)

1) 회사의 상호

2) 본점

3) 등기의 목적은 "해산등기"하 기재한다.

4) 등기의 사유는 "해산" 또는 "해산결의기관, 결의일자 및 사유"를 기재할 수 있다.

5) 등기할 사항

"연월일 주주총회결의로 해산, 연월일 존립기간의 만료로 해산 또는 연월일 정관 소정의 해산사유의 발생으로 해산"과 같이 기재한다.

6) 해산에 관하여 법원 또는 행정기관 등의 허가가 필요한 사항의 등기를 신청하는 경우에는 그 허가(인가)서의 도달연월일

7) 등록세 및 지방교육세액, 등기신청수수료액

등록세 40,200원 지방교육세 8,040원, 등기신청수수료 6,000원이다. 다만, 전자문서에 의한 등기신청의 경우 2,000원(전자표준양식에 의한 경우는 4,000원)이다.

8) 첨부서면

9) 신청연월일

10) 회사의 상호, 본점과 대표청산인의 성명·주소

11) 대리인에 의하여 신청할 때에는 대리인의 성명·주소

12) 등기소의 표시

13) 지점소재지에서 신청하는 경우

신청서에 등기할 지점을 특정하여야 하므로 지점도 기재하여야 한다. 지점소재지에서 신청하는 것이 아니라 대법원규칙이 정하는 바에 따라 본점에서 일괄하여 신청할 수 있으며, 이 신청이 적법하면 본점소재지 등기소의 등기관은 지점등기소에 이를 통지하고, 이 통지서가 지점소재지 등기소에 도착하면 등기신청서를 접수한 것으로 본다(상업등기소 제62조, 제63조)

(2) 등기신청인, 등기기간

1) 신청인

회사의 합병 · 분할 · 분할합병 및 파산의 경우를 제외한 해산의 등기는 해산당시의 대표이사가 신청하고, 청산인선임등기는 대표청산인이 신청하여야 한다(상법 제521조의2, 228조, 상업등기법 제17조②)

2) 등기기간

주식회사가 해산한 때에는 합병, 분할, 분할합병과 파산의 경우를 제외하고는 본점소재지에서는 2주간, 지점소재지에서는 3주간내에 해산의 등기를 하여야 한다.

(3) 첨부서면

주식회사의 해산등기신청시의 첨부서면은 다음과 같다(상업등기법 제101조, 제65조, 제79조)

1) 주주총회의사록(총회결의로 해산한 경우)

2) 정관 소정사유의 발생으로 인하여 해산한 경우 정관

3) 대표청산인이 신청하는 경우에는 그 자격을 증명하는 서면

4) 등록세영수필확인서

5) 위임장(대리인이 신청하는 경우)

※ 등록세 및 지방교육세액, 등기신청수수료액

등록세 40,200원 지방교육세 8,040원, 등기신청수수료 6,000원이다. 다만, 전자문서에 의한 등기신청의 경우 2,000원(전자표준양식에 의한 경우는 4,000원)이다. 지방세법, 관세법, 조세특별제한법에 의하여 등록세가 감면되는 경우 농어촌특별세를 납부하여야 한다(농어촌특별세법 제4조, 제5조)

[해산간주 / 청산종결법인의 등기부부활]

1. 청산사무가 종결되지 않는 경우

회사가 청산종결등기를 하였거나 청산종결등기를 하지 않는 상태에서 청산종결간주된 경우에도 회사의 잔존사무가 남아 있는 경우(대체적으로 회사의 재산이 남아 있어 처리가 필요한 경우가 있다) 잔존사무를 처리하기 위해서는 법인등기를 부활하여야 하는데 이와 같이 잔존사무를 처리하기 위한 범위내에서 법인을 살리는 것을 법인등기부(법인등록부)의 부활이라고 한다.

2. 법인등기부의 부활절차

상법 제520조의2(휴면회사의 해산)의 규정에 의하여 직권에 의한 해산 및 청산종결등기가 경료된 주식회사의 경우, 회사계속등기를 할 수는 없으나, 잔여재산이 남아 있는 경우에는 등기용지 폐쇄일로부터 20년이 경과하지 아니하였다면, 청산사무가 종결되지 않았음을 증명하여 청산종결등기의 말소등기를 신청함으로써 폐쇄된 등기용지를 부활시키고 청산종결등기를 말소한 다음, 청산인 등기를 하는 등 청산절차를 진행할 수 있을 것이다(등기선례 200406－11, 2004.6.9. 제정).

3. 법인부활 등기부(예시)

(청산종결된 회사가 등기기록을 부활한 경우 부활된 법인의 사무는 청산사무의 처리에 불과하므로 해산전 상태로 회복하는 것이 아니라 해산상태에 머물게 된다)

등기번호 123456
등록번호 111111－2222222 해산간주
상 호 삼국지 주식회사

1. 해산간주
2007년 12월 2일 상법 제520조의2 제1항에 의한 해산

1. ~~청산종결간주~~
~~2010년 12월 3일 상법 제520조의2 제4항에 의한 청산종결~~
2010년 12월 3일 등기 동일폐쇄

1. 등기기록 부활
2018년 4월 8일 상업등기규칙 제58조의 규정에 의하여 등기기록 부활
2018년 4월 12일 등기

4. 등기기록부활후 청산종결(등기부예시)

(등기기록을 부활한 회사가 청산사무를 종료한 경우 회사는 청산종결하여 소멸된다)

등기번호 123456
등록번호 111111－2222222 청산종결
상 호 삼국지 주식회사

1. 해산간주
2007년 12월 2일 상법 제520조의2 제1항에 의한 해산

1. ~~청산종결간주~~
~~2010년 12월 3일 상법 제520조의2 제4항에 의한 청산종결~~
2010년 12월 3일 등기 동일폐쇄

1. 등기기록 부활
2018년 4월 8일 상업등기규칙 제58조의 규정에 의하여 등기기록 부활
2016년 4월 12일 등기

1. 청산종결
2018년 10월 20일 청산종결
2018년 10월 25일 등기 동일폐쇄

[사례]주식회사 해산등기신청서(주주총회결의 존립기간만료, 해산사유의 발생 등으로 해산한 때 본점소재지에서의 경우)

주식회사 해산등기신청

접수	년 월 일	처리인	접 수	조 사	기 입	교 합	각종통지
	제 호						

상 호	○○ 주식회사	등기번호	○○○○○○
본 점	서울시 ○○구 ○○동 ○○		
등기의목적	주식회사 해산등기		
등기의사유	20○○년 ○월 ○일 주주총회 결의에 의하여(또는 ① 존립기간의 만료, ② 정관에 정한 해산사유의 발생으로) 해산하였으므로, 다음 사항의 등기를 구함.		
본/지점 신청구분	1. 본점신청 ☐ 2. 지점신청 ☐ 3. 본 · 지점 일괄신청 ☐		
등 기 할 사 항			
해산 연월일	20○○년 ○월 ○일		
해 산 사 유	20○○년 ○월 ○일 주주총회 결의에 의하여(또는 ① 존립기간의 만료로 , ② 정관에 정한 해산사유의 발생으로) 해산		
기 타			

<table>
<tr><th colspan="7">신청등기소 및 등록면허세/수수료</th></tr>
<tr><td rowspan="2">순번</td><td rowspan="2">신청등기소</td><td rowspan="2">구분</td><td>등록면허세</td><td rowspan="2">농어촌특별세</td><td rowspan="2">세액합계</td><td rowspan="2">등기신청수수료</td></tr>
<tr><td>지방교육세</td></tr>
<tr><td rowspan="2"></td><td rowspan="2"></td><td rowspan="2"></td><td>금 40,200원</td><td rowspan="2"></td><td rowspan="2">금 48,240원</td><td rowspan="2">금 6,000원</td></tr>
<tr><td>금 8,040원</td></tr>
<tr><td rowspan="2"></td><td rowspan="2"></td><td rowspan="2"></td><td></td><td rowspan="2"></td><td rowspan="2"></td><td rowspan="2"></td></tr>
<tr><td></td></tr>
<tr><td colspan="3" rowspan="2">합 계</td><td></td><td rowspan="2"></td><td rowspan="2"></td><td rowspan="2"></td></tr>
<tr><td></td></tr>
</table>

첨 부 서 면

1. 공증받은 주주총회의사록(주주총회 결의로 해산한 경우) 통 1. 정관(그 이외의 사유로 해산한 경우, 존립기간만료 등) 통 1. 정관소정의 해산사유 발생을 증명하는 서면 통 1. 등기신청인 자격증명서 통	1. 등록면허세영수필확인서 통 1. 위임장(대리인이 신청할 경우) 통 <기 타>

20○○ 년 월 일

신 청 인 상 호 ○○ 주식회사
본 점 서울시 ○○구 ○○동 ○○
청 산 인 성 명 ○ ○ ○ (인) (전화 :)
주 소 서울시 ○○구 ○○동 ○○
대 리 인 성 명 법무사 ○ ○ ○ (인) (전화 :)
주 소 서울시 ○○구 ○○동 ○○

○○지방법원 ○○등기소 귀중

- 신청서 작성요령 및 등기수입증지 첨부란 -

1. 해당란이 부족할 때에는 별지를 이용합니다.
1. 해당 등기신청과 관계없는 사항에 대하여는 "해당없음"으로 기재하거나 삭제하고, 필요한 사항은 추가 기재합니다.

(용지규격 21㎝× 29.7㎝)

[사례] 임시주주총회의사록(해산 및 청산인 선임)

임시주주총회의사록

20○○년 ○월 ○일 오전 11시 서울시 ○○구○○동 ○○ 본점 회의실에서 임시주주총회를 개최하다.

1. 의결권과 출석사항:

발행주식의 총수	○○○주
주주의 총수	○○명
의결권 있는 발행주식의 총수	○○○주
의결권 있는 주주의 총수	○○명
출석주주의 의결권의 총수(위임 주식포함)	○○○주
출석주주의 총수(위임장 제출로 인한 대리출석 포함)	○○명

2. 결의 내용

대표이사 ○○○는 정관규정에 따라 의장석에 등단하여 위와 같이 법정수에 달하는 주주가 출석하였으므로, 본 총회가 적법하게 성립되었음을 알리고 개회를 선언한 후, 다음의 의안을 부의하고 심의를 구하다.

제 1호 의안 : 회사해산의 건

의장은 업계의 불황과 본 회사의 상업부진으로 이 상태가 계속되면 재기불능에 이를 것이므로, 회사채권자와 주주의 더 큰 손실을 막기 위하여 부득이 본 회사를 해산함이 타당함을 설명한 후 그 가부를 물은 바, 전원 이의없이 만장일치로 해산할 것을 가결하다.

제 2호 의안 : 청산인 선임의 건

의장은 해산에 수반하여 청산인 선임여부를 물은 바, 무기명비밀투표로 청산인 ○명을 선임하기로 전원일치 되어 즉시 투표한 결과 다음 사람이 청산인에 선출되다.

청산인 : ○ ○ ○

위 피선사자들은 즉석에서 취임을 승낙하다.

의장은 이상으로서 회의목적인 의안 전부의 심의를 종료하였으므로, 폐회한다고 선언하다(회의종료시각 11시 50분).

위 의사의 경과요령과 결과를 명확히 하기 위하여 이 의사록을 작성하고, 의장과 출석한 이사가 기명날인 또는 서명하다.

20○○년 ○월 ○일

○○ 주식회사

서울시 ○○구 ○○동 ○○

의 장 대표이사 ○ ○ ○ (인)

사내이사 ○ ○ ○ (인)

사내이사 ○ ○ ○ (인)

[사례] 위임장(등기소제출용)

위 임 장

법무사 정 동 진

서울 서초구 서초동 345-6

전화 : 123-4567

위 사람을 대리인으로 정하고 다음의 권한을 위임함.

다 음

1. 20○○년 ○월 ○일 주주총회 결의에 의하여(또는 ① 존립기간의 만료로 , ② 정관에 정한 해산사유의 발생으로) 해산하였으므로, 그 해산등기신청 및 취하, 복대리인 선임 등에 관한 일체의
2.
3.

20○○년 ○월 ○일

위임인 ○○ 주식회사

서울시 ○○구 ○○동 ○○

대표청산인 ○ ○ ○

[사례]주식회사 해산등기신청서(주주총회결의 존립기간만료, 해산사유의 발생 등으로 해산하여 본점소재지 등기 후 지점소재지에서의 경우)

주식회사 해산등기신청

접수	년 월 일	처리인	접 수	조 사	기 입	교 합	각종통지
	제 호						

상 호	○○ 주식회사	등기번호	○○○○○○
본 점	서울시 ○○구 ○○동 ○○		
지 점	○○시 ○○구 ○○동 ○○		
등기의목적	주식회사 해산등기		
등기의사유	20○○년 ○월 ○일 주주총회 결의에 의하여(또는 ① 존립기간의 만료, ② 정관에 정한 해산사유의 발생으로) 해산하였으므로, 다음 사항의 등기를 구함.		
본/지점 신청구분	1. 본점신청 □ 2. 지점신청 □ 3. 본 · 지점 일괄신청 □		
등 기 할 사 항			
해산연월일	20○○년 ○월 ○일		
해산사유	20○○년 ○월 ○일 주주총회 결의에 의하여(또는 ① 존립기간의 만료로, ② 정관에 정한 해산사유의 발생으로) 해산		
기 타			

<table>
<tr><td colspan="7">신청등기소 및 등록면허세/수수료</td></tr>
<tr><td rowspan="2">순번</td><td rowspan="2">신청등기소</td><td rowspan="2">구분</td><td>등록면허세</td><td rowspan="2">농어촌특별세</td><td rowspan="2">세액합계</td><td rowspan="2">등기신청수수료</td></tr>
<tr><td>지방교육세</td></tr>
<tr><td rowspan="2"></td><td rowspan="2"></td><td rowspan="2"></td><td>금 40,200원</td><td rowspan="2"></td><td rowspan="2">금 48,240원</td><td rowspan="2">금 6,000원</td></tr>
<tr><td>금 8,040원</td></tr>
<tr><td rowspan="2"></td><td rowspan="2"></td><td rowspan="2"></td><td></td><td rowspan="2"></td><td rowspan="2"></td><td rowspan="2"></td></tr>
<tr><td></td></tr>
<tr><td colspan="3" rowspan="2">합 계</td><td></td><td rowspan="2"></td><td rowspan="2"></td><td rowspan="2"></td></tr>
<tr><td></td></tr>
</table>

<table>
<tr><td colspan="2">첨 부 서 면</td></tr>
<tr><td>1. 등록면허세영수필확인서 통</td><td>1. 위임장(대리인이 신청할 경우) 통

<기 타></td></tr>
</table>

20○○ 년 월 일

신 청 인 상 호 ○○ 주식회사
본 점 서울시 ○○구 ○○동 ○○
청 산 인 성 명 ○ ○ ○ (인) (전화 :)
주 소 서울시 ○○구 ○○동 ○○
대 리 인 성 명 법무사 ○ ○ ○ (인) (전화 :)
주 소 서울시 ○○구 ○○동 ○○

○○지방법원 ○○등기소 귀중

- 신청서 작성요령 및 등기수입증지 첨부란 -

1. 해당란이 부족할 때에는 별지를 이용합니다.
1. 해당 등기신청과 관계없는 사항에 대하여는 "해당없음"으로 기재하거나 삭제하고, 필요한 사항은 추가 기재합니다.

(용지규격 21㎝× 29.7㎝)

4. 청산인취임등기의 절차

청산중의 회사에 대하여 영업을 전제로 하지 않는 규정은 그대로 적용되므로 주주총회, 감사 또는 감사위원회 위원은 그대로 존속하고, 검사인의 선임도 인정된다.
주식회사가 해산할 때에는 이사는 당연히 퇴임하고 이 청산인이 취임하여 청산업무를 집행하며, 청산인에 관한 등기는 해산등기를 하여야 할 수 있다.

(1) 신청서 기재사항
다른 법률에 의한 의무사항이 있는 경우의 신청서의 기재와 신청서의 간인, 일괄신청, 수개의 동시신청, 의사록 등의 공증, 인감증명과 회사등기사항전부·일부증명서, 기타 대표자의 자격을 증명하는 서면, 문서양식에 관한 사항은 설립등기의 등기신청서와 같다. 신청서에 기재할 사항은 다음과 같다.

1) 회사의 상호
2) 본 점
3) 등기의 목적
등기의 목적은 "청산인 취임등기" 또는 "청산인 선임등기"로 기재한다.
4) 등기의 사유
등기의 사유는 "연월일 이사회 법정청산인 취임", "연월일 청산인 선임" 또는 "청산인선임기관, 결의일자 및 사유 등"으로 기재할 수 있다.
법정청산인의 취임연월일은 회사의 해산연월일을, 선임청산의 선임연월일은 선임의 효력의 발생연월일을 기재하 것이나, 총회결의로 해산하면서 동 총회에서 청산인을 선임한 경우와 같이 회사의 해산연월일에 취임하게 되는 최초의 청산인은 선임청산인인 경우에도 그 선임연월일은 회사의 해산연월일을 기재할 것이다.
5) 등기할 사항
① 청산인의 성명, 주민등록번호와 주소, 취임연월일
다만, 법정청산인은 그 취임연월일을 기재할 필요가 없다. 해산연월일에 취임하는 최초의 청산인은 선임청산인인 경우에도 같다 할 것이다.
② 청산인으로서 회사를 대표할 자가 있는 때에는 그 성명과 주소
③ 공동대표에 관한 규정이 있는 때에는 그 규정

6) 청산인의 선임에 관하여 관청의 허가(인가)를 요하는 경우에는 그 허가(인가)서의 도달연월일
7) 등록세 및 지방교육세액, 등기신청수수료
8) 첨부서면
9) 신청연월일
10) 회사의 상호, 본점과 대표청산인의 성명, 주소
11) 대리인에 의하여 신청할 때에는 대리인의 성명, 주소
12) 등기소의 표시
13) 지점소재지에서 신청하는 경우
지점을 표시하여야 한다. 또 지점조새지에서의 신청서에는 지점의 등기사항에 관하여서만 기재하여야 한다.(특례법 제3조)

⑵ 등기신청인 및 등기기간

1) 이 등기는 대표청산인이 신청하여야 한다(상업등기법 제17조②). 일시청산인(일시대표청산인)과 청산인직무대행자(대표청산인직무대행자) 선임의 등기는 법원(법원사무관 등 포함)의 촉탁에 의하는 것이나(비송사건절차법 제107조, 민사집행법 제306조), 이 경우를 제외한 법원선임의 청산인의 등기(회사설립무효에 의한 신청 시, 정관에 청산인을 규정하지 아니하고 주주총회에서도 청산인을 선임하지 아니한 경우 등)도 위 기간 내에 대표청산인이 신청하여야 한다(상법 제328조②, 제193조②, 제542조①, 제252조, 제227조, 제531조②). 그러나 해산등기를 신청하기 전에는 청산인에 관한 등기를 신청할 수 없다.
2) 청산인이 선임된 때에는 선임도니 날로부터, 이사가 청산인이 된 경우에는 해산한 날로부터, 본점소재지에서는 2주간내에, 지점소재지에서는 3주간내에 등기하여야 한다.

⑶ 첨부서면
등록세영수필확인서, 대리권한을 증명하는 서면, 관청의 허가(인가)서, 정관, 총주주의 동의서, 청산인의 주민등록번호를 증명하는 서면(특례규칙 제2조②)등이 필요한 경우에는 이를 제출하는 외에 다음 서면을 첨부하여야 한다.

1) 주주총회에서 선임한 청산인
① 주주총회의사록(상업등기법 제79조②)
② 취임승낙을 증명하는 서면(상업등기법 제101조, 제66조②)
③ 대표청산인을 선임한 경우에는 그 선임에 관한 청산인회의사록 또는 주주총회의사록 및 정관과 대표청산인의 취임승낙을 증명하는 서면(상업등기법 제79조, 제81조)
2)법정청산인
정관을 첨부한다(상업등기법 제101조 제66조①). 따라서 이사가 청산인이 된 경우에는 그 자격증명서를 첨부할 필요가 없다(비송사건절차법 제65조). 그러나 종전이사로서 미성년자와 한정치산자는 청산인이 될 수 없다(비송사건절차법 제36조, 제121조).
3) 정관소정의 청산인
① 정관(상업등기법 제79조)
② 취임승낙서(상업등기법 제81조)
③ 대표청산인을 선임한 경우에는 그 선임에 관한 청산인회의사록 또는 주주총회의사록 및 정관과 대표청산인의 취임승낙서(상업등기법 제79조, 제81조)
4) 법원선임청산인
선임결정서의 등본(이 서면이 청산인의 선임, 대표청산인의 선임 및 공동대표에 관한 규정의 설정을 증명하는 것이라 할 것이다)을 첨부한다(상업등기법 제101조, 제66조②)
법원이 청산인을 선임할 경우에는 미리 취임승낙을 받고 있으므로, 취임승낙을 증명하는 서면을 첨부할 필요가 없다.
5) 취임승낙서(인감증명서 포함)
6) 대표청산인의 인감(대지)

※ 등록세 및 지방교육세액, 등기신청수수료액

등록세 40,200원 지방교육세 8,040원, 등기신청수수료 6,000원이다. 다만, 전자문서에 의한 등기신청의 경우 2,000원(전자표준양식에 의한 경우는 4,000원)이다. 지방세법, 관세법, 조세특별제한법에 의하여 등록세가 감면되는 경우 농어촌특별세를 납부하여야 한다(농어촌특별세법 제4조, 제5조)

[사례]주식회사 청산인취임등기신청서

주식회사 청산인 취임등기신청

접수	년 월 일	처리인	접 수	조 사	기 입	교 합	각종통지
	제 호						

상 호	○○ 주식회사	등기번호	○○○○○○
본 점	서울시 ○○구 ○○동 ○○		
등기의목적	청산인 취임등기		
등기의사유	(1) 본점소재지의 경우 20○○년 ○월 ○일 주주총회결의로(또는 ① 존립기간의 만료, ② 정관에 정한 해산사유의 발생으로) 회사가 해산하고 정관에 정하여진(또는 ① 20○○년 ○월 ○일 주주총회결의로 선임된, ② 이사였던) 다음 사람이 20○○년 ○월 ○일 청산인 및 대표청산인에 취임하였으므로, 다음 사항의 등기를 구함. (2) 지점소재지의 경우 20○○년 ○월 ○일 주주총회결의로(또는 ① 존립기간의 만료, ② 정관에 정한 해산사유의 발생으로) 회사가 해산하고 정관에 정하여진(또는 ① 20○○년 ○월 ○일 주주총회결의로 선임된, ② 이사였던) 다음 사람이 20○○년 ○월 ○일 청산인 및 대표청산인에 취임하였으므로, 지점소재지에서 다음 사항의 등기를 구함.		
본/지점 신청구분	1. 본점신청 □ 2. 지점신청 □ 3. 본 · 지점 일괄신청 □		
등 기 할 사 항			
청산인의 성명·주민등록번호·주소 및 취임연월일(주소는 대표청산인을 정한 경우 제외)	청산인 ○ ○ ○ (×××××× - ×××××××) 청산인 ○ ○ ○ (×××××× - ×××××××) 각 20○○년 ○월 ○일 취임		
대표청산인의 성명·주소 및 취임연월일(공동대표 포함)	청산인 ○ ○ ○ (×××××× - ×××××××) ○○시 ○○구 ○○동 ○○ 20○○년 ○월 ○일 취임		
기 타			

신청등기소 및 등록면허세/수수료

순번	신청등기소	구분	등록면허세 지방교육세	농어촌특별세	세액합계	등기신청수수료
			금 40,200원 금 8,040원		금 48,240원	금 6,000원
합 계						

첨 부 서 면

1. 정관 통	1. 등록면허세영수필확인서 통
1. 공증받은 주주총회의사록 통	1. 위임장(대리인이 신청할 경우) 통
1. 선임결정서등본 통	<기 타>
1. 취임승낙서(인감증명서포함) 통	
1. 주민등록표등(초)본 통	
1. 인감신고서 통	
1. 공증받은 청산인회의사록 통	

20○○년 ○월 ○일

신 청 인 상 호 ○○ 주식회사
본 점 서울시 ○○구 ○○동 ○○
청 산 인 성 명 ○ ○ ○ (인) (전화 :)
주 소 서울시 ○○구 ○○동 ○○
대 리 인 성 명 법무사 ○ ○ ○ (인) (전화 :)
주 소 서울시 ○○구 ○○동 ○○

○○지방법원 ○○등기소 귀중

- 신청서 작성요령 및 등기수입증지 첨부란 -

1. 해당란이 부족할 때에는 별지를 이용합니다.
1. 해당 등기신청과 관계없는 사항에 대하여는 "해당없음"으로 기재하거나 삭제하고, 필요한 사항은 추가 기재합니다.

(용지규격 21㎝× 29.7㎝)

[사례] 주주총회의사록

임시주주총회의사록

20○○년 ○월 ○일 오전 11시 본점 회의실에서 임시주주총회를 개최하다.

총 주주수	○명	총주식수	○○○주
출석주주수	○명	이의주식수	○○○주

의장 대표이사 한두찬은 정관규정에 따라 의장석에 등단하여 위와 같이 법정수에 달하는 주주가 출석하였으므로 본 총회가 적법히 성립되었음을 알리고 개회를 선언한 후 다음 의안을 부의하고 심의를 구하다.

의 안 : 청산인 선임의 건

의장은 당 회사의 해산으로 인하여 청산인을 선임할 뜻을 말하자, 무기명비밀투표로 선출키로 전원일치되어 즉시 투표한 결과 다음 사람이 선임되다.

청산인 : ○ ○ ○ (×××××× - ×××××××)
○○시 ○○구 ○○동 ○○
위 피선자는 그 즉석에서 취임에 승낙하다.

이상으로서 금일의 의안이 전부 심의 종료되었으므로 의장은 폐회를 선언하다.
(폐회종료시각 오전 11시 30분)

위 결의를 명확히 하기 위하여 이 의사록을 작성하고 의장과 출석한 이사가 아래에 기명날인하다.

20○○년 ○월 ○일

○○ 주식회사
의장 대표청산인 ○ ○ ○ (인)
사내이사 ○ ○ ○ (인) -이하생략-

※ 청산인과 대표청산인 모두를 주주총회에서 선임하는 경우에는 대표청산인 선임에 관한 사항도 결의하여야 한다.

[사례] 청산인회의사록

청산인회의사록

20○○년 ○월 ○일 11시 본 회사 본점 회의실에서 다음과 같이 청산인회를 개최하다.

청산인총수	○ 명	감사총수	○ 명
출석청산인수	○ 명	출석감사수	○ 명

의장 ○○○은 의장석에 등단하여 위와 같이 법정수에 달하는 청산인 등이 출석하였으므로, 본 청산인회가 적법하게 성립되었음을 알리고 개회를 선언한 후 다음의 의안을 부의하고 심의를 구하다.

의안 : 대표청산인 선임의 건

의장 ○○○은 본 회사 해산에 수반하여 청산인 중에서 대표청산인의 선임여부를 물은 바, 대표청산인 1명을 선임하기로 전원 일치되어 즉시 투표를 실시한 결과 다음 사람이 대표청산인에 선임되다.

대표청산인 : ○ ○ ○

위 선출된 대표청산인은 즉성에서 취임에 승낙하다.

의장은 이상으로서 회의목적인 의안이 전부 심의 종료하였음으로, 폐회한다고 선언하다(회의종료시각 11시 30분).

위 의사의 안건, 경과요령, 그 결과, 반대하는 자와 그 반대이유를 명확히 하기 위하여 이 의사록을 작성하고, 의장 및 출석한 청산인 및 감사가 아래에 기명날인 또는 서명하다.

20○○년 ○월 ○일

○○ 주식회사

○○시 ○○구○○동 ○○

의 장 대표청산인 ○ ○ ○ (인)

청산인 ○ ○ ○ (인)

청산인 ○ ○ ○ (인)

감 사 ○ ○ ○ (인)

[사례] 취임승낙서

<table>
<tr><td>

취 임 승 낙 서

본인은 20○○년 ○월 ○일 주주총회에서 청산인(또는 대표청산인)에 선임되었는바 그 취임을 승낙합니다.

20○○년 ○월 ○일
청산인(대표청산인) ○ ○ ○ (인)

○○ 주식회사 귀중

</td></tr>
</table>

※ 취임승낙서나 사임서에 날인은 원칙적으로 인감을 날인하고, 인감증명을 첨부한다.

[사례] 사임서

<table>
<tr><td>

사 임 서

본인은 귀 회사의 청산인(또는 대표청산인)인 바, 이번에 일신상의 형평에 의하여 그 직을 사임합니다.

20○○년 ○월 ○일
청산인(대표청산인) ○ ○ ○ (인)

○○ 주식회사 귀중

</td></tr>
</table>

[사례] 위임장(등기소제출용)

<table>
<tr><td>

위 임 장

법무사 정 동 진
서울 서초구 서초동 345-6
전화 : 123-4567

</td></tr>
</table>

위 사람을 대리인으로 정하고 다음의 권한을 위임함.

다 음

1. 청산인(대표청산인인 청산인) ○○○의 사임(사망, 해임) 및 청산인(대표청산인인 청산인) ○○○의 선임등기신청 및 취하, 복대리인 선임 등에 관한 일체의 행위.
2.
3.

20○○년 ○월 ○일

위임인 ○○ 주식회사
서울시 ○○구 ○○동 ○○
대표청산인 ○ ○ ○

[사례] 인감신고서

인감 · 개인(改印) 신고서

(신고하는 인감날인란) (인감제출자에 관한 사항)

상 호(명칭)		○○ 에스앤지	등기번호	
본점(주사무소)		○○시 ○○구 ○○동 ○○		
인감제출자	자격/성명	대표청산인 ○ ○ ○		
	주민등록번호	×××××× - ×××××××		
	주 소	○○시 ○○구 ○○동 ○○		

␣ 위와 같이 인감을 신고합니다.
␣ 위와 같이 개인(改印)하였음을 신고합니다.

20○○년 ○월 ○일 (개인인감 날인란)

신고인 본 인 성 명 (인)
대리인 성 명 (인)

○○지방법원 ○○등기소 귀중

주 1. 개인인감 날인란에는 「인감증명법」에 의하여 신고한 인감을 날인하고 그 인감증명서(발행일로부터 3개월 이내의 것)를 첨부하여야 합니다. 개인(改印)신고의 경우, 개인인감을 날인하는 대신에 등기소에 신고한 유효한 종전 인감을 날인하여도 됩니다.
2. 인감 · 개인신고서에는 신고하는 인감을 날인한 인감대지를 첨부하여야 합니다.
3. 지배인이 인감을 신고하는 경우에는 인감제출자의 주소란에 지배인을 둔 장소를 기재하고, 「상업등기규칙」 제36조제4항의 보증서면(영업주가 등기소에 신고한 인감 날인)을 첨부하여야 합니다.

보 증 서 면

위 신고하는 인감은 지배인 의 인감임이 틀림없음을 보증합니다.
대표이사 (법인인감)

위 임 장

성 명 : 주민등록번호(-)
주 소 :
위의 사람에게, 위 인감신고 또는 개인신고에 관한 일체의 권한을 위임함.
20○○년 ○월 ○일
인감(개인) 신고인 성 명 (인)

[사례] 인감대지(인감의 제출·관리 및 인감증명서 발급에 관한 업무처리지침 등기예규 제1306호 별지 제2호 양식)

인 감 대 지

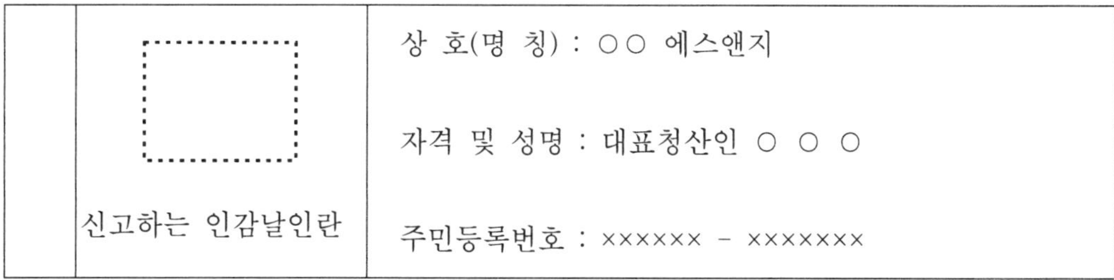

	신고하는 인감날인란	상 호(명 칭) : ○○ 에스앤지 자격 및 성명 : 대표청산인 ○ ○ ○ 주민등록번호 : ×××××× - ×××××××

○ 자격은 대표이사(이사), 이사장, 지배인, 상호사용자, 무능력자, 법정대리인 등으로 기재합니다.

5. 청산종결등기의 절차

청산종결의 등기는 등기기록의 기타사항란에 "청산종결취지와 그 연월일"을 기재하고 그 등기를 한 때에는 등기기록을 폐쇄하여야 한다(상업등기규칙 제105조, 제94조①)

(1) 등기기간

1) 청산이 종결된 때에는 대표청산인은 결산보고서의 승인이 있는 날로부터 본점소재지에서는 2주간, 저점소재지에서는 3주간 내에 청산종결의 등기를 신청하여야 한다(상법 제542조②, 제264조). 그러나 청산종결의 등기는 청산종결의 효력발생요건이 아니다.

(2) 첨부서면

청산인이 결산보고서에 관해 주주총회의 승인을 얻었다는 것을 증명하는 주주총회의사록을 첨부하영야 한다. 이때, 결산보고서는 주주총회의 승인내용이므로 당연히 주주총회의사록의 내용의 일부로 첨부되어야 한다(상업등기법 제101조 제67조②). 청산인이 채권신고의 공고와 최고를 하여야 하지만(상법 제535조), 공고와 최고를 하였음을 증명하는 서면은 상업등기법 등의 법령에서 첨부서면으로 규정하고 있지 아니하므로 청산종결의 등기신청서에 이를 첨부할 필요는 없다(상업선례 1-280).

※ 등록세 및 지방교육세액, 등기신청수수료액

등록세 40,200원 지방교육세 8,040원, 등기신청수수료 6,000원이다. 다만, 전자문서에 의한 등기신청의 경우 2,000원(전자표준양식에 의한 경우는 4,000원)이다. 지방세법, 관세법, 조세특별제한법에 의하여 등록세가 감면되는 경우 농어촌특별세를 납부하여야 한다(농어촌특별세법 제4조, 제5조)

[사례]주식회사 청산종결등기신청서

주식회사 청산종결등기신청

접수	년 월 일	처리인	접 수	조 사	기 입	교 합	각종통지
	제 호						

상 호	○○ 주식회사	등기번호	○○○○○○
본 점	서울시 ○○구 ○○동 ○○		
등 기 의 목 적	청산종결등기		
등 기 의 사 유	청산을 종결하고 20○○년 ○월 ○일 주주총회에서 결산보고서를 승인받았으므로, 다음 사항의 등기를 구함.		
본/지점 신청구분	1. 본점신청 □ 2. 지점신청 □ 3. 본 · 지점 일괄신청 □		
등 기 할 사 항			
청산종결연월일	20○○년 ○월 ○일 청산종결		
기 타			

<table>
<tr><td colspan="7">신청등기소 및 등록면허세/수수료</td></tr>
<tr><td rowspan="2">순번</td><td rowspan="2">신청등기소</td><td rowspan="2">구분</td><td>등록면허세</td><td rowspan="2">농어촌특별세</td><td rowspan="2">세액합계</td><td rowspan="2">등기신청수수료</td></tr>
<tr><td>지방교육세</td></tr>
<tr><td rowspan="2"></td><td rowspan="2"></td><td rowspan="2"></td><td>금 40,200원</td><td rowspan="2"></td><td rowspan="2">금 48,240원</td><td rowspan="2">금 6,000원</td></tr>
<tr><td>금 8,040원</td></tr>
<tr><td rowspan="2"></td><td rowspan="2"></td><td rowspan="2"></td><td></td><td rowspan="2"></td><td rowspan="2"></td><td rowspan="2"></td></tr>
<tr><td></td></tr>
<tr><td colspan="3" rowspan="2">합 계</td><td></td><td rowspan="2"></td><td rowspan="2"></td><td rowspan="2"></td></tr>
<tr><td></td></tr>
<tr><td colspan="7">첨 부 서 면</td></tr>
<tr><td colspan="4">1. 공증받은 주주총회의사록 통
1. 등록면허세영수필확인서 통
1. 위임장(대리인이 신청할 경우) 통</td><td colspan="3"><기 타></td></tr>
</table>

20○○ 년 월 일

신 청 인 상 호 ○○ 주식회사

본 점 서울시 ○○구 ○○동 ○○

청 산 인 성 명 ○ ○ ○ (인) (전화 :)

주 소 서울시 ○○구 ○○동 ○○

대 리 인 성 명 법무사 ○ ○ ○ (인) (전화 :)

주 소 서울시 ○○구 ○○동 ○○

○○지방법원 ○○등기소 귀중

- 신청서 작성요령 및 등기수입증지 첨부란 -

1. 해당란이 부족할 때에는 별지를 이용합니다.
1. 해당 등기신청과 관계없는 사항에 대하여는 "해당없음"으로 기재하거나 삭제하고, 필요한 사항은 추가 기재합니다.

(용지규격 21㎝× 29.7㎝)

[사례] 임시주주총회의사록

임시주주총회의사록

20○○년 ○월 ○일 오전 11시 본점 회의실에서 임시주주총회를 개최하다.

총 주주수	○명	총주식수	○○○주
출석주주수	○명	이의주식수	○○○주

청산인(또는 대표청산인) ○○○는 정관규정에 따라 의장석에 등단하여 위와 같이 법정수에 달하는 주주가 출석하였으므로 본 총회가 적법히 성립되었음을 알리고 개회를 선언한 후 다음 의안을 부의하고 심의를 구하다.

의 안 : 청산결산보고서 승인의 건

의장은 본 회사 청산종결에 이르기까지의 경과를 상세히 보고하고 별지 결산보고서를 낭독, 내용을 설명한 후 그의 승인을 구한 바, 전원 이의없이 만장일치로 그를 승인 가결하다.

의장은 이상으로서 금일의 의안이 전부 심의 종료되었으므로, 폐회한다고 선언하다.
(회의종료시각 오전 11시 30분)

위 의사의 경과요령과 결과를 명확히 하기 위하여 이 의사록을 작성하고 의장과 출석한 청산인이 아래에 기명날인 또는 서명하다.

20○○년 ○월 ○일
○○ 주식회사
서울시 ○○구 ○○동 ○○
의장 대표청산인 ○ ○ ○ (인)
청산인 ○ ○ ○ (인) -이하생략-

[사례] 결산보고서

결 산 보 고 서

본인, ○○주식회사 청산인은 청산사무가 20○○년 ○월 ○일로 종결됨으로써 상법 제540조 제1항에 의거하여 아래와 같이 20○○년 ○월 ○일에 열리는 임시주주총회에 ○○주식회사의 20○○년 ○월 ○일자의 결산보고서를 제출하며, 그 승인을 요청하는 바입니다.

상법 第540조 제2항에 의하여 주주총회에서의 결산보고서에 대한 승인으로서 청산인의 모든 책임이 해제됨을 알려 드립니다.

덧붙임 1. 20○○년 ○월 ○일자 대차대조표
2. 20○○년 ○월 ○일부터 20○○년 ○월 ○일까지 손익계산서
3. 주주에 대한 자본분배계획서

20○○년 ○월 ○일
청산인 ○ ○ ○ (인)

[사례] 채권신고공고

채권신고공고

본 회사는 20○○년 ○월 ○일 임시주주총회에서 해산결의 되었으므로, 본 회사에 대하여 채권이 있는 분은 20○○년 ○월 ○일까지 그 채권액을 본 회사에 신고하여 주시기 바라며, 만일 위 기일내에 신고가 없으면 청산에서 제외됩니다.

20○○년 ○월 ○일
○○ 주식회사
서울시 ○○구 ○○동 ○○
대표청산인 ○ ○ ○
서울시 ○○구 ○○동 ○○

위와 같이 20○○년 ○월 ○일자 ○○신문에 게재하여 공고하였습니다.
○○ 주식회사
대표청산인 ○ ○ ○ (인)

[사례] 위임장의 위임내용

"○○주식회사 청산종결등기신청 및 취하, 복대리인 선임 등에 관한 일체의 행위"

제6절 상호신설의 등기

1. 서 설

상인은 그 성명 기타의 명칭으로 상호를 정할 수 있으며 이를 등기함으로써 상호권을 보호받는다(상법 제18조).

회사의 경우는 회사 설립 시에 반드시 상호를 등기하여야 하고, 각각 합명회사등기기록, 합자회사등기기록, 주식회사등기기록, 유한회사등기기록에 상호를 등기하고(상법 제180조 제1호, 제271조, 제317조②, 제349조②) 상호등기기록에 따로 등기하지 아니하기 때문에(상업등기법 제37조 제1항) 상호신설의 등기는 개인상인의 등기를 말한다.

상업등기법 제30조는 “동일한 특별시 · 광역시 · 시 또는 군 내에서는 동일한 영업을 위하여 다른 사람이 등기한 것과 확연히 구별할 수 있는 상호가 아니면 등기할 수 없다.”를 “동일한 특별시 · 광역시 · 시 또는 군 내에서는 동일한 영업을 위하여 다른 사람이 등기한 것과 동일한 상호는 등기할 수 없다.”로 개정하여 동일한 상호만 아니면 상호사용이 가능하도록 하였다.

2. 등기할 수 없는 상호

가. 등기관의 판단준칙

(1) 개 설

등기관은 상호에 관한 법령과 이 예규(등기예규 제1295호)로 정한 기준에 따라, 등기부, 등기신청서와 그 첨부서면에 의하여 사회 일반인의 입장에서 신청인의 상호가 타인이 등기한 상호와 동일한 상호인지 여부를 판단하여야 하고, 신청인과 상호를 등기한 타인이 동일 또는 동종의 영업을 하는지는 영업의 종류 또는 목적을 비교하여 판단한다.

(2) 목적의 적격성판단

① 목적(본 절에서 ‘업종’을 포함한다)은 적격성이 있어야 하며, 적격성이 없는 목적은 등기할 수 없고, 등기되었어도 동일상호 여부를 판단할 때 고려하지 아니한다.

② 목적은 영리성이 있어야 하고, 강행법규나 선량한 풍속 기타 사회질서에 반하여서는 아니된다.

③ 목적은 상인이 수행하거나 하려고 하는 영업을 사회 일반인이 쉽게 인식할 수 있도록

명확하고 구체적이어야 한다.

④ 등기관은 통계청장이 작성·고시하는 「한국표준산업분류」 중 소분류 이하를 참고하여 목적의 구체성을 판단할 수 있다.

(3) 영업의 동종성 판단

① 목적의 전부 또는 주된 부분이 동일하거나 동종인 경우뿐 아니라 일부가 그러한 경우에도 원칙적으로 영업의 동종성은 인정된다.

② 두 상인의 목적 중 어느 일방의 목적이 상대방의 목적을 포함하는 경우에는 영업의 동종성이 인정된다.

③ 목적 중 '전 각 호에 부대하는(또는 관련되는) 일체의 업무'라는 부분은 영업의 동종성을 판단할 때 고려하지 않는다.

나. 등기할 수 없는 상호

등기관은 다음 각 호의 어느 하나에 해당하는 경우에는 등기신청을 각하한다.

1. 상법등기법 제30조에 의해 등기할 수 없는 상호

2. 법령으로 상호에 사용하는 것을 금지한 문자를 사용한 경우

【예시】 회사가 아니면서 상호에 회사임을 표시하는 문자를 사용한 경우(상법 제20조), 금융투자업자가 아니면서 상호에 금융투자라는 문자를 사용한 경우(자본시장과 금융투자업에 관한 법률 제38조①), 보험회사가 아니면서 상호에 보험회사임을 표시하는 문자를 사용한 경우(보험업법 제8조②) 등. 다만, '보험대리점'이라는 문자는 보험회사임을 표시하는 문자로 볼 수 없다(보험업법 제2조제1호, 제5호, 제9호 등 참조).

3. 법령으로 상호에 일정한 문자(증권, 신탁 등)를 사용할 것을 규정 하였음에도 불구하고 그러한 문자를 사용하지 아니한 경우

4. 상호에 지점, 지사, 지부, 출장소 등의 문자나 영업부문임을 표시하는 문자(영업부, 판매부 등)를 사용한 경우(상법 제21조②에 따라 지점의 상호에 본점과의 종속관계를 표시하기 위하여 사용하는 경우는 제외한다). 다만, 대리점, 특약점 등의 문자는 상호에 사용할 수 있다.

5. 상호가 국가·공공단체 또는 그 소속기관 및 공법인과 관련성이 있다고 오인될 우려가 있는 경우

【예시】 국가기관으로 오인하게 할 수 있는 문자를 상호에 사용한 경우, 지방공기업법 등 관련 법령에 따라 설립된 것이 아니면서 지방공사, 지방공단, 공사, 공단 등의 문자를

상호에 사용한 경우 등

6. 상호가 선량한 풍속 기타 사회질서에 반하는 경우

【예시】 상호에 외설스러운 문자를 사용한 경우

7. 사회적 유명 인사의 성명권을 침해할 우려가 있는 경우

8. 회사의 종류를 표시하는 부분을 제외하면 신청인의 상호가 업종을 표시하는 문자만으로 구성되어 있는 경우

3. 등기신청절차

가. 개 설

상호신설등기를 하는 경우에는 상호(1호), 영업의 종류(2호), 영업소(3호), 상호사용자의 성명, 주소와 주민등록번호(4호)를 등기하여야 하는데(상업등기법 제31조), 상인이 수개의 영업을 영위하는 경우에도 하나의 상호만을 사용할 수 있으므로 수개의 영업의 종류(상업등기법 제31조 2호)를 등기할 수 있다. 상호검색은 대법원인터넷(www.iros.go.kr)에서 할 수 있다.

나. 첨부서면

상호의 등기는 상인만이 이를 할 수 있으므로 상인임을 소명할 수 있는 자료(예컨대, 부가가치세법 5조④ 및 같은 법 시행령 7조③에 따라 영업소소재지 관할세무서장으로부터 교부받은 사업자등록증 등)를 첨부하여야 하고(등기예규 제1327호 12조 및 별지 제1호 양식), 상호사용자의 성명, 주소 및 주민등록번호를 등기하여야 하므로 이를 증명할 수 있는 서면(주민등록표등(초)본 등, 발행일로부터 3개월 이내의 것에 한한다)을 첨부하여야 하고(상업등기규칙 제59조), 대리인에 의하여 신청하는 경우에는 그 대리권을 증명하는 서면(상업등기법 제21조)을 첨부하여야 한다. 한편, 상호신설등기의 신청서에 기명날인한 자는 미리 그 인감을 등기소에 제출하여야 하므로(상업등기법 제24조① 및 ②) 인감신고서를 함께 첨부하여야 한다(상업등기규칙 제36조①).

다. 등록면허세 등

(1) 등록면허세

등록면허세로 매 1건당 78,700원(지방세법 제28조)을 납부하여야 하고, 등록면허세의 100분의 20에 해당하는 지방교육세를 납부하여야 한다.

(2) 등기신청수수료

서면제출의 경우 수수료 6,000원이다. 다만, 전자문서에 의한 등기신청의 경우 2,000원(전자표준양식에 의한 경우는 4,000원)이다. 본점소재지 관할 시·군·구청장으로부터 등록면허세납부서를(지방세법 제137조①) 발부받아 납부한 후 등록면허세 영수필확인서를 첨부하여야 한다. 수 개의 변경등기 신청을 하나의 신청서에 일괄하여 신청하는 경우는 변경사항 별(상호·목적·공고방법변경)로 각각의 등록면허세를 납부하여야 하며, 지점등기 신청과 관련된 등록면허세는 지점소재지 관할 시·군·구청장으로부터 등록면허세납부서를 발부받아 별도로 납부하여야 한다. 다만 상호·목적·공고방법에 대한 변경등기와 같이 정액으로 부과되는 등록면허세의 경우 대법원 인터넷등기소(www.iros.go.kr)에서 정액등록면허세 납부서를 작성·출력할 수 있으므로 수납기관에 납부한 후 제출하면 된다.

[사례] 상호신설등기(개인상인)

상호신설등기신청

접수	년 월 일	처리인	접 수	조 사	기 입	교 합	각종통지
	제 호						

등 기 의 목 적	상호 신설
등 기 의 사 유	상법 제18조 및 상업등기법 제31조에 의하여 상호신설등기를 하기 위하여 다음 사항의 등기를 구함
등 기 할 사 항	
상 호	케이앤피기업경영컨설팅
영 업 소	서울 강동구 길동 159-47 신흥벤처빌딩 4층
상호사용자의 성명 · 주소와 주민등록번호	김 영 수 000000-0000000 서울 강동구 천호동 357-9
영 업 의 종 류	1. 기업경영 컨설팅업 2. 위 부수되는 일체의 업무
기 타	

<table>
<tr><td colspan="7">신청등기소 및 등록면허세/수수료</td></tr>
<tr><td rowspan="2">순번</td><td rowspan="2">신청등기소</td><td rowspan="2">구분</td><td>등록면허세</td><td rowspan="2">농어촌특별세</td><td rowspan="2">세액합계</td><td rowspan="2">등기신청수수료</td></tr>
<tr><td>지방교육세</td></tr>
<tr><td rowspan="2"></td><td rowspan="2"></td><td rowspan="2"></td><td>금 78,700원</td><td rowspan="2"></td><td rowspan="2">금 94,440원</td><td rowspan="2">금 6,000원</td></tr>
<tr><td></td></tr>
<tr><td colspan="4">등기신청수수료 납부번호</td><td colspan="3"></td></tr>
<tr><td colspan="7">첨 부 서 면</td></tr>
<tr><td colspan="4">1. 상인임을 소명하는 서면(사업자등록증사본 등) 통
1. 주민등록표등(초)본 통
1. 인감신고서 통</td><td colspan="3">1. 등록면허세영수필확인서 통
1. 위임장(대리인이 신청할 경우) 통
<기 타></td></tr>
</table>

20○○년 ○ 월 ○ 일

신청인 성 명 김 영 수 (인) (전화 :)

주 소 서울 강동구 길동 159-4 신흥벤처빌딩 4층

대리인 성 명 법무사 서 영 희 (인) (전화 :)

주 소 서울 중구 을지로2가 147

○○지방법원 ○○등기소 귀중

- 신청서 작성요령 및 등기수입증지 첨부란 -

1. 해당란이 부족할 때에는 별지를 이용합니다.
1. 해당 등기신청과 관계없는 사항에 대하여는 "해당없음"으로 기재하거나 삭제하고, 필요한 사항은 추가 기재합니다.

(용지규격 21㎝× 29.7㎝)

[사례] 위임장

위 임 장

법무사 서 영 희
서울시 중구 을지로2가 147
(02) 000-0000

위 사람을 대리인으로 정하고 다음 사항의 권한을 위임함.

다 음

1.상호 등기에 관한 등기신청 및 취하하는 일체의 행위
상호 : 케이앤피기업경영컨설팅
2.
3.

20○○년 ○월 ○일

위임인 김 영 수
서울 강동구 천호동 357-9

[사례] 상호등기의 영업소이전등기(개인상인 : 동일관할 내에서의 영업소 이전, 타관할로의 이전시 구 영업소소재지에서 하는 등기신청)

영업소이전등기신청

접수	년 월 일	처리인	접 수	조 사	기 입	교 합	각종통지
	제 호						

상 호	제이와이앤케이	등기번호	○○○○○○
구 영 업 소	서울 서초구 방배동 123-4 한국빌딩 4층		
등 기 의 목 적	영업소이전등기		
등 기 의 사 유	20○○. ○. ○. 영업소를 이전하였으므로 다음 사항의 그 등기를 구함.		
등 기 할 사 항			
이전할 영업소와 이전연월일	서울시 서초구 서초동 323-4 20○○. ○. ○. 이전		
기 타			

신청등기소 및 등록면허세/수수료						
순번	신청등기소	구분	등록면허세 지방교육세	농어촌특별세	세액합계	등기신청수수료
			금 12,000원 금 2,400원		금 14,400원	금 6,000원
등기신청수수료 납부번호						

첨 부 서 면	
1. 이전을 증명하는 서면 통 1. 등록면허세영수필확인서 통 1. 위임장(대리인이 신청할 경우) 통	<기 타>

20○○년 ○ 월 ○ 일

신청인 성 명 임 수 철 (인) (전화 :)
주 소 서울 서초구 신원동 446-5

대리인 성 명 (인) (전화 :)
주 소

○○지방법원 ○○등기소 귀중

- 신청서 작성요령 및 등기수입증지 첩부란 -

1. 해당란이 부족할 때에는 별지를 이용합니다.
1. 해당 등기신청과 관계없는 사항에 대하여는 "해당없음"으로 기재하거나 삭제하고, 필요한 사항은 추가 기재합니다.

(용지규격 21㎝× 29.7㎝)

[사례] 상호등기의 영업소이전등기(개인상인: 타관이전시 신영업소소재지에서 하는 등기신청)

영업소 이전등기신청

접수	년 월 일	처리인	접 수	조 사	기 입	교 합	각종통지
	제 호						

상 호	국민할인카드사	등기번호	○○○○○○
영 업 소	서울 서초구 방배동 123-4 한국빌딩 4층		
등기의목적	영업소 이전등기		
등기의사유	20○○. ○. ○. 영업소를 이전하였으므로, 다음 사항의 등기를 구함.		

등 기 할 사 항	
상 호	국민할인카드사
영 업 소	경기도 안양시 비산동 323-4 로 20○○. ○. ○.이전
상호사용자의 성명 ·주소와 주민등록번호	임 수 철 000000-0000000 서울 서초구 신원동 446-5
영업의종류	1. 회원할인서비스 2. 판촉물 및 광고 영업 대행 3. 각호에 관련된 부대 사업
기 타	

<table>
<tr><td colspan="7">신청등기소 및 등록면허세/수수료</td></tr>
<tr><td rowspan="2">순번</td><td rowspan="2">신청등기소</td><td rowspan="2">구분</td><td>등록면허세</td><td rowspan="2">농어촌특별세</td><td rowspan="2">세액합계</td><td rowspan="2">등기신청수수료</td></tr>
<tr><td>지방교육세</td></tr>
<tr><td rowspan="2"></td><td rowspan="2"></td><td rowspan="2"></td><td>금 12,000원</td><td rowspan="2"></td><td rowspan="2">금 14,400원</td><td rowspan="2">금 6,000원</td></tr>
<tr><td>금 2,400원</td></tr>
<tr><td rowspan="2"></td><td rowspan="2"></td><td rowspan="2"></td><td></td><td rowspan="2"></td><td rowspan="2"></td><td rowspan="2"></td></tr>
<tr><td></td></tr>
<tr><td colspan="4">등기신청수수료 납부번호</td><td colspan="3"></td></tr>
<tr><td colspan="7">첨 부 서 면</td></tr>
<tr><td colspan="4">1. 이전을 증명하는 서면 통
1. 등록면허세영수필확인서 통
1. 위임장(대리인이 신청할 경우) 통</td><td colspan="3"><기 타></td></tr>
</table>

20○○년 ○ 월 ○ 일

신청인 성 명 임 수 철 (인) (전화 :)
주 소 서울 서초구 신원동 446-5

대리인 성 명 (인) (전화 :)
주 소

○○지방법원 ○○등기소 귀중

- 신청서 작성요령 및 등기수입증지 첨부란 -

1. 해당란이 부족할 때에는 별지를 이용합니다.
1. 해당 등기신청과 관계없는 사항에 대하여는 "해당없음"으로 기재하거나 삭제하고, 필요한 사항은 추가 기재합니다.

(용지규격 21㎝× 29.7㎝)

[사례] 상호에 관한 변경등기(개인상인, 상호변경)

상호에 관한 변경등기신청

접수	년 월 일	처리인	접 수	조 사	기 입	교 합	각종통지
	제 호						

상 호	삼성디지털프로	등기번호	○○○○○○
영 업 소	서울 서초구 방배동 123-4 한국빌딩 4층		
등기의목적	상호변경등기		
등기의사유	20○○년 ○월 ○일 상호를 변경하였으므로, 다음사항의 그 등기를 구함.		
등 기 할 사 항			
상호, 영업의 종류, 상호사용자의 성명·주소 등의 변경과 그 연월일	상호 : 삼성디지털프로 20○○년 ○월 ○일 변경		
기 타			

<table>
<tr><td colspan="7">신청등기소 및 등록면허세/수수료</td></tr>
<tr><td rowspan="2">순번</td><td rowspan="2">신청등기소</td><td rowspan="2">구분</td><td>등록면허세</td><td rowspan="2">농어촌특별세</td><td rowspan="2">세액합계</td><td rowspan="2">등기신청수수료</td></tr>
<tr><td>지방교육세</td></tr>
<tr><td rowspan="2"></td><td rowspan="2"></td><td rowspan="2"></td><td>금 12,000원</td><td rowspan="2"></td><td rowspan="2">금 14,400원</td><td rowspan="2">금 6,000원</td></tr>
<tr><td>금 2,400원</td></tr>
<tr><td rowspan="2"></td><td rowspan="2"></td><td rowspan="2"></td><td></td><td rowspan="2"></td><td rowspan="2"></td><td rowspan="2"></td></tr>
<tr><td></td></tr>
<tr><td colspan="4">등기신청수수료 납부번호</td><td colspan="3"></td></tr>
<tr><td colspan="7">첨 부 서 면</td></tr>
<tr><td colspan="4">1. 변경사실을 증명하는 서면(가족관계 등록사항별 증명서, 주민등록표등본, 양도증서 등) 통
1. 인감신고서(양도,상속) 통
1. 등록면허세영수필확인서 통
1. 위임장(대리인이 신청할 경우) 통</td><td colspan="3"><기 타></td></tr>
<tr><td colspan="7">20○○년 ○ 월 ○ 일

신청인 성 명 이 용 구 (인) (전화 :)
주 소 서울 서초구 신원동 446-5

대리인 성 명 (인) (전화 :)
주 소

○○지방법원 ○○등기소 귀중</td></tr>
</table>

<table>
<tr><td>- 신청서 작성요령 및 등기수입증지 첨부란 -
1. 해당란이 부족할 때에는 별지를 이용합니다.
1. 해당 등기신청과 관계없는 사항에 대하여는 "해당없음"으로 기재하거나 삭제하고, 필요한 사항은 추가 기재합니다.</td></tr>
</table>

(용지규격 21㎝× 29.7㎝)

[사례] 상호에 관한 변경등기(개인상인, 상호사용자의 주소변경)

상호에 관한 변경등기신청

접수	년 월 일	처리인	접 수	조 사	기 입	교 합	각종통지
	제 호						

상 호	한국케이투	등기번호	○○○○○○
영 업 소	서울 서초구 방배동 123-4 한국빌딩 4층		
등 기 의 목 적	상호사용자의 주소 변경등기		
등 기 의 사 유	20○○년 ○월 ○일 상호사용자의 주소가 변경되었으므로, 다음 사항의 등기를 구함.		
등 기 할 사 항			
상호, 영업의 종류, 상호사용자의 성명·주소 등의 변경과 그 연월일	상호사용자의 영업소주소 서울 강부구 수유동 123-4 20○○년 ○월 ○일 변경		
기 타			

<table>
<tr><td colspan="7">신청등기소 및 등록면허세/수수료</td></tr>
<tr><td rowspan="2">순번</td><td rowspan="2">신청등기소</td><td rowspan="2">구분</td><td>등록면허세</td><td rowspan="2">농어촌특별세</td><td rowspan="2">세액합계</td><td rowspan="2">등기신청수수료</td></tr>
<tr><td>지방교육세</td></tr>
<tr><td rowspan="2"></td><td rowspan="2"></td><td rowspan="2"></td><td>금 12,000원</td><td rowspan="2"></td><td rowspan="2">금 14,400원</td><td rowspan="2">금 6,000원</td></tr>
<tr><td>금 2,400원</td></tr>
<tr><td rowspan="2"></td><td rowspan="2"></td><td rowspan="2"></td><td></td><td rowspan="2"></td><td rowspan="2"></td><td rowspan="2"></td></tr>
<tr><td></td></tr>
<tr><td colspan="4">등기신청수수료 납부번호</td><td colspan="3"></td></tr>
<tr><td colspan="7">첨 부 서 면</td></tr>
<tr><td colspan="4">1. 변경사실을 증명하는 서면(가족관계 등록사항별 증명서, 주민등록표등본, 주민등록표등본, 토지대장등본) 통
1. 등록면허세영수필확인 통
1. 위임장(대리인이 신청할 경우) 통</td><td colspan="3"><기 타></td></tr>
<tr><td colspan="7">20○○년 ○ 월 ○ 일

신청인 성 명 이 용 구 (인) (전화 :)
주 소 서울 강북구 수유동 123-4

대리인 성 명 (인) (전화 :)
주 소

○○지방법원 ○○등기소 귀중</td></tr>
</table>

- 신청서 작성요령 및 등기수입증지 첨부란 -

1. 해당란이 부족할 때에는 별지를 이용합니다.
1. 해당 등기신청과 관계없는 사항에 대하여는 "해당없음"으로 기재하거나 삭제하고, 필요한 사항은 추가 기재합니다.

(용지규격 21㎝× 29.7㎝)

제7절 상호가등기

1. 총 설

가. 의 의

“상호의 가등기”라 함은 상호의 본등기를 할 요건이 갖추어지기 전에 장래의 상호등기의 보전을 위하여 미리 하여지는 등기를 말한다. 상호의 가등기는 설립과정에 상당한 시일이 소요되는 주식회사와 유한회사의 설립의 경우나 정관변경절차 등에 상당한 시일이 소요되는 회사의 본점이전, 회사의 상호나 목적변경의 경우에 이를 이용한다.

나. 상호가등기의 유형

(1) 회사를 설립하고자 할 때의 상호의 가등기

주식회사 또는 유한회사를 설립하고자 할 때에는 설립등기를 하기 전에 상호의 가등기를 할 수 있다. 이 경우에는 본점의 소재지를 관할할 등기소에 상호의 가등기를 신청한다(상업등기법 제38조). 이 가등기는 설립에 상당한 시일이 소요되는 주식회사와 유한회사에 대하여 인정되고 설립절차가 간단한 합명회사와 합자회사에 대하여는 인정되지 않는다.

가등기신청은 회사의 본점소재지가 원시정관에 확정되기 때문에 정관에 대한 공증인의 인증이 있은 때부터 가능하다고 본다.

(2) 상호나 목적 또는 상호와 목적을 변경하고자 할 때의 상호의 가등기

회사가 성립 후에 상호나 목적 또는 상호와 목적을 변경하고자 할 때에 상호의 가등기를 할 수 있으며(상업등기법 제39조②), 본점의 소재지를 관할하는 등기소에 상호의 가등기를 신청한다. 회사는 주식회사와 유한회사에 한하지 않고 합명회사와 합자회사를 포함한다.

가등기 신청이 허용되는 시기는 회사가 상호, 목적의 변경을 예정한 때에 할 수 있다.

(3) 본점을 이전하고자 할 때의 상호의 가등기

회사가 본점을 이전하고자 할 때에 상호의 가등기를 신청할 수 있으며(상업등기법 제40조②), 이전할 곳을 관할하는 등기소에 상호의 가등기를 신청한다. 회사는 주식회사와 유한회사 뿐만 아니라 합명회사와 합자회사를 포함한다. 가등기신청은 회사가 본점이전을 예정한 때에 할 수 있다.

2. 가등기신청절차

가. 신청

상호의 가등기는 발기인 또는 사원이 본점의 소재지를 관할하는 등기소에 신청한다(상업등기법 제38조). 상호의 가등기에 있어서는 상호, 목적, 본점이 소재할 특별시·광역시·시 또는 군, 발기인등 전원의 성명·주민등록번호 및 주소, 본등기를 할 때까지의 기간을 등기하여야 한다.

나. 예정기간

각 상호가등기의 본등기할 때까지의 기간을 등기하여야 하는데, 이를 예정기간이라고 한다. 예정기간은 회사를 설립하고자 할때의 상호의 가등기 및 본점을 이전하고자 할 때의 상호의 가등기의 경우에는 2년을, 상호나 목적 또는 상호와 목적을 변경하고자 할 때의 상호의 가등기의 경우에는 1년을 각 초과 할 수 없다(상업등기법 제38조②, 제39조②). 예정기간은 연장 할 수 있다(상업등기법 제40조①)

다. 공탁금

(1) 개 설

상호가등기제도의 악용을 방지하기 위하여 상호의 가등기 및 본등기를 할 때까지의 예정기간 연장의 등기를 신청할 때에는 일정한 금액을 공탁하도록 하고, 만약 상호의 가등기가 말소된 때에는 회사 또는 발기인 등이 공탁금을 회수할 수 있는 경우를 제외하고는 공탁금이 국르고에 귀속된다.(상업등기법 제45조). 공탁금액은 상호가등기의 종류와 예정기간의 따라 다음과 같이 정해져 있다(상업등기규칙 제77조 별표1).

위 공탁의 경우, 공탁소의 관할에 관한 규정이 없으므로 신청이의 편의에 따라 임의로 선택한 공탁소에 공탁하면 된다. 공탁은 금전으로써 하여야 하고 물품이나 유가증권으로 할 수 없으며, 지급보증위탁계약문서(보증보험증권)에 의한 공탁도 허용되지 않는다(재판예규 1231호).

(2) 공탁금의 회수 등

예정기간 내에 본등기를 한 때에는 회사 또는 발기인 등은 공탁금을 회수할 수 있다(상업등기법 제45조). 그러나 형식적으로 본등기를 하였다 하더라도 ① 회사의 설립, 본점이전, 목적변경에 관계된 상호의 가등기의 경우에 있어서 설립하고자 하는 회사의 상호 또는 현재의 상호를 변경한 때, ② 상호나 목적 또는 상호와 목적을 변경에 관계된 상호의 가등기의 경우에 있어서 본점을 다른 특별시, 광역시, 시 또는 군에 이전한 때에는 공탁금을 회수할 수 없다. 그리고 ③ 상업등기법 제42조① 제3호의 '그 밖이 상호의 가등기가 필요 없게 된 때'에 해당하여 가등기가 말소된 경우도 상업등기법 제42조① 본문에 해당하지 아니하므로 공탁금을 회수할 수 없다.

상호의 가등기가 말소 된 때에는 예정기간 내에 본등기를 하여 공탁금을 회수할 수 있는 경우를 제외하고는 공탁금은 국고에 귀속한다(상업등기법 제45조②).

※ 상업등기규칙 별표 1(상호의 가등기의 공탁금액)

공탁금액 / 상호의 가등기의 종류	상호의 가등기 신청시		예정기간 연장의 등기 신청시
	예정기간이 6월 이하인 경우	예정기간이 6월을 초과하는 경우	
상법 제22조의2 제1항의 규정에 의한 상호의 가등기(회사설립의 상호 가등기)	200만원	200만원에다가 초과되는 예정기간 6월(6월 미만의 기간은 6월로 봄)마다 100만원을 추가한 금액	연장기간 6월(6월 미만의 기간은 6월로 봄)마다 100만원을 추가한 금액
상법 제22조의2 제2항 및 제3항의 규정에 의한 상호의 가등기(상호·목적의 변경, 본점이전의 상호가등기)	150만원	150만원에다가 초과되는 예정기간 6월(6월 미만의 기간은 6워로 봄)마다 70만원을 추가한 금액	연장기간 6월(6월 미만의 기간은 6워로 봄)마다 70만원을 추가한 금액

라. 첨부서면

① 상호의 가등기의 신청서 및 예정기간 연장의 등기의 신청서에는 공탁한 공탁서의 사본을 첨부하여야 한다(상업등기법 제43조).

② 주식회사 또는 유한회사의 설립에 관계된 상호의 가등기의 신청서에는 그 신청서 또는 위임에 따른 대리인의 권한을 증명하는 서면에 날인된 인감에 관하여 인감증명법에 따라 발급된 인감증명 및 설립하려는 회사의 원시정관을 첨부하여야 한다. 원시정관은 공증인의 인증을 받아야 하는데, 개정 상법 제292조는 소규모 회사 창업의 원활화를 위하여 자본금 총액이 10억원 미만인 회사를 발기설립하는 경우 정관의 공증(인증)의무를 면제하고 발기인들의 기명날인 또는 서명만으로도 효력이 발생할 수 있도록 하였으므로 이 경우에

는 인증을 받을 필요가 없다.

③ 주식회사 또는 유한회사의 설립에 관계된 상호의 가등기신청서에는 발기인등 전원의 성명·주민등록번호 및 주소를 증명하는 서면을 첨부하여야 하고, 상업등기법 제40조②에 따른 변경등기의 신청서에는 인감증명과 정관을 첨부하되, 발기인 등의 성명·주민등록번호 및 주소의 변경등기를 신청하는 경우에는 정관의 첨부를 제외하며, 상업등기법 제40조①에 따른 예정기간 연장의 등기의 신청서와 상업등기법 제42조제1항에 따른 말소등기의 신청서에는 인감증명을 첨부하여야 한다.

④ 신청서에 기명날인할 사람은 미리 그 인감을 등기소에 제출하여야 하는바(인감을 변경한 때에도 또한 같다. 상등법24조① 및 ②), 위 규정은 주식회사 또는 유한회사의 설립에 관계된 상호의 가등기 및 본점이전에 관계된 상호의 가등기에 관한 신청에 대하여는 적용하지 아니한다(상업등기법 제43조④).

마. 등록면허세 등

(1) 등록면허세

등록면허세로 매 1건당 78,700원(지방세법 제28조)을 납부하여야 하고, 등록면허세의 100분의 20에 해당하는 지방교육세를 납부하여야 한다.

(2) 등기신청수수료

서면제출의 경우 수수료 6,000원이다. 다만, 전자문서에 의한 등기신청의 경우 2,000원(전자표준양식에 의한 경우는 4,000원)이다. 본점소재지 관할 시·군·구청장으로부터 등록면허세납부서를(지방세법 제137조①) 발부받아 납부한 후 등록면허세 영수필확인서를 첨부하여야 한다. 수 개의 변경등기 신청을 하나의 신청서에 일괄하여 신청하는 경우는 변경사항 별(상호·목적·공고방법변경)로 각각의 등록면허세를 납부하여야 하며, 지점등기 신청과 관련된 등록면허세는 지점소재지 관할 시·군·구청장으로부터 등록면허세납부서를 발부받아 별도로 납부하여야 한다. 다만 상호·목적·공고방법에 대한 변경등기와 같이 정액으로 부과되는 등록면허세의 경우 대법원 인터넷등기소(www.iros.go.kr)에서 정액등록면허세 납부서를 작성·출력할 수 있으므로 수납기관에 납부한 후 제출하면 된다.

바. 상호가등기의 효력

상호가등기는 상법 제22조의 적용 및 비송사건절차법 제164조의 적용에 있어서 상호의 등기로 본다. 따라서 상호의 가등기는 본등기와 동일한 등기배척력이 있어, 상호의 가등기를 하면 동일한 서울특별시, 광역시, 시, 군에서 동종영업의 상호로 등기하지 못한다.

[사례] 상호가등기(주식 · 유한회사 설립하려고 하는 경우)

상호가등기신청

접수	년 월 일	처리인	접 수	조 사	기 입	교 합	각종통지
	제 호						

등기의목적	회사의 설립에 관한 상호 가등기
등기의사유	20○○년 ○월 ○일 발기인 전원의 결의로 당 회사의 설립에 관한 상호의 가등기를 하기로 하였으므로, 20○○년 ○월 ○일 금이백만원을 공탁하였으므로 그 등기를 구함.
등 기 할 사 항	
설립에 의하여 사용할 상호	우리들백화점 주식회사
본점이 소재할 특별시 · 광역시 · 시 또는 군	서울시 중구 명동 123-4
목 적	백화점업, 인터넷백화점업, 물류운송업, 위에 부대되는 사업일체
본등기를 할 때까지의 예정기간	20○○년 ○월 ○일까지
발기인 (사원) 전원의 성명 · 주소 및 주민등록번호	김재형 (000000-0000000) 서울 강남구 역삼동 1456-9 윤명희 (000000-0000000) 서울 강남구 포이동 4156-7 김영식 (000000-0000000) 서울 강남구 신사동 2526-2 김미자 (000000-0000000) 서울 강남구 개포동 416-10
기 타	

신청등기소 및 등록면허세/수수료						
순번	신청등기소	구분	등록면허세 지방교육세	농어촌특별세	세액합계	등기신청수수료
			금 12,000원 금 2,400원		금 14,400원	금 6,000원
등기신청수수료 납부번호						

첨 부 서 면	
1. 정관 통	1. 등록면허세영수필확인서 통
1. 공탁서사본(원본과 동시제출-원본환부) 통	1. 위임장(대리인이 신청할 경우) 통
1. 주민등록표등(초)본 통	<기 타>
1. 발기인(사원)의 인감증명서 통	

20○○년 ○월 ○일

신 청 인 설립중인 회사 우리들백화점주식회사
발기인(사원) 성 명 김 재 형 (인) (전화 :)
윤 명 희 (인) (전화 :)
김 영 식 (인) (전화 :)
김 미 자 (인) (전화 :)
대 리 인 성 명 (인) (전화 :)
주 소

○○지방법원 ○○등기소 귀중

- 신청서 작성요령 및 등기수입증지 첩부란 -

1. 해당란이 부족할 때에는 별지를 이용합니다.
1. 해당 등기신청과 관계없는 사항에 대하여는 "해당없음"으로 기재하거나 삭제하고, 필요한 사항은 추가 기재합니다.

(용지규격 21㎝× 29.7㎝)

※ 상호의 가등기

○ 상호가등기는 회사에만 인정되고 개인상인에게는 적용되지 아니한다. 회사설립에 관한

상호가등기는 주식회사, 유한회사의 경우에만 인정되고, 그 외의 상호가등기는 모든 회사에 인정된다.

○ 주식회사 또는 유한회사를 설립하고자 할 때에는 본점의 소재지를 관할하는 등기소에 상호의 가등기를 신청할 수 있으며, 회사는 상호나 목적 또는 상호와 목적을 변경하고자 할 때에는 본점의 소재지를 관할하는 등기소에, 본점을 이전하고자 할 때에는 이전할 곳을 관할하는 등기소에 상호의 가등기를 신청할 수 있다.

1) 회사를 설립하고자 할 때의 상호의 가등기등기사항 : 상호, 목적, 본점이 소재할 특별시·광역시·시 또는 군, 발기인 또는 사원전원의 성명·주민등록번호 및 주소, 본등기를 할 때까지의 기간.
2) 상호를 변경하고자 할 때의 상호의 가등기등기사항 : 상호, 목적, 본점의 소재지, 변경후 새로 정하여질 상호, 본등기를 할 때까지의 기간.
3) 목적을 변경하고자 할 때의 상호의 가등기등기사항 : 상호, 본점의 소재지, 변경후 새로 정하여질 목적, 본등기를 할 때까지의 기간.
4) 상호와 목적을 변경하고자 할 때의 상호의 가등기등기사항 : 상호, 본점의 소재지, 변경후 새로 정하여질 상호와 목적, 본등기를 할 때까지의 기간.
5) 본점을 이전하고자 할 때의 상호의 가등기등기사항 : 상호, 목적, 본점의 소재지, 본점을 이전할 특별시·광역시·시 또는 군, 본등기를 할 때까지의 기간.

※ 예정기간

○ 예정기간은 회사를 설립하고자 할때의 상호의 가등기 및 본점을 이전하고자 할 때의 상호의 가등기의 경우에는 2년을, 상호나 목적 또는 상호와 목적을 변경하고자 할 때의 상호의 가등기의 경우에는 1년을 각 초과 할 수 없다(상등법39조②). 예정기간은 연장할 수 있다(상등법40조①)

[사례] 공탁서(제1-4호 양식)

금전 공탁서(영업보증)

<table>
<tr><td colspan="2">공 탁 번 호</td><td>년 금 제 호</td><td>년 월 일 신청</td><td>법 령 조 항</td><td>상법 제22조의2
상업등기법 제38조
상업등기규칙제77조</td></tr>
<tr><td colspan="2" rowspan="2">공 탁 금 액</td><td>한글 이백만원</td><td rowspan="2">보 관 은 행</td><td colspan="2" rowspan="2">○○ 은행 ○○ 지점</td></tr>
<tr><td>숫자 금2,000,000원</td></tr>
<tr><td rowspan="4">공
탁
자</td><td>성 명
(상호, 명칭)</td><td colspan="4">임 종 대</td></tr>
<tr><td>주민등록번호
(법인등록번호)</td><td colspan="4"></td></tr>
<tr><td>주 소
(본점, 주사무소)</td><td colspan="4"></td></tr>
<tr><td>전화번호</td><td colspan="4"></td></tr>
<tr><td colspan="2">공탁원인사실</td><td colspan="4">공탁자는 서울중앙지방법원 등기국에 아래 기재한 주식회사의 설립에 관한 상호가등기의 신청을 위하여 소정의 금액을 공탁함.
- 아 래 -
설립시에 사용할 회사의 상호 : 우리들백화점 주식회사
본점이 소재할 장소 : 서울특별시
본등기할 때까지의 예정기간 : 20○○년 ○월 ○일</td></tr>
<tr><td colspan="2">관공서의 명칭,
건명(허가번호 등)</td><td colspan="4">국</td></tr>
<tr><td colspan="2">비고(첨부서류 등)</td><td colspan="4">☐ 계좌납입신청</td></tr>
<tr><td colspan="6">위와 같이 신청합니다. 대리인 주소
전화번호
공탁자 성명 임 종 대 인(서명) 성명 인(서명)</td></tr>
<tr><td colspan="6">위 공탁을 수리합니다.
공탁금을 년 월 일까지 위 보관은행의 공탁관 계좌에 납입하시기 바랍니다.
위 납입기일까지 공탁금을 납입하지 않을 때는 이 공탁 수리결정의 효력이 상실됩니다.
년 월 일
법원 지원 공탁관 (인)</td></tr>
<tr><td colspan="6">(영수증) 위 공탁금이 납입되었음을 증명합니다.
년 월 일
공탁금 보관은행(공탁관) (인)</td></tr>
</table>

※ 1. 도장을 날인하거나 서명을 하되, 대리인이 공탁할 때에는 대리인의 주소, 성명을 기재하고 대리인의 도장을 날인(서명)하여야 합니다.
2. 공탁금 회수청구권은 소멸시효완성으로 국고에 귀속될 수 있으며, 공탁서는 재발급 되지 않으므로 잘 보관하시기 바랍니다.

[사례] 위임장

위 임 장

법무사 유 영 택

서울 강남구 일원동 951-7

전화 596-1236

위 사람을 대리인으로 정하고 아래 사항 일체를 위임함.

다 음

1. 당 회사의 설립에 관한 상호가등기 신청에 대한 일체 행위
2.
3

20○○년 ○월 ○일

위임인 우리들백화점주식회사

발기인(사원) 성 명 김 재 형 (인)

윤 명 희 (인)

김 영 식 (인)

김 미 자 (인)

※ 이 위임장은 법무사에게 상호가등기신청을 의뢰하는 경우 대리의 권한을 법무사에게 위임하는 서류로써 등기소에 제출하는 서류이다.

[사례] 상호가등기신청서(주식회사 본점이전을 위한)

상호가등기신청

<table>
<tr><td rowspan="2">접수</td><td>년 월 일</td><td rowspan="2">처리인</td><td>접 수</td><td>조 사</td><td>기 입</td><td>교 합</td><td>각종통지</td></tr>
<tr><td>제 호</td><td></td><td></td><td></td><td></td><td></td></tr>
</table>

<table>
<tr><td colspan="2">등 기 의 목 적</td><td>주식회사 본점이전을 위한 상호가등기신청</td></tr>
<tr><td colspan="2">등 기 의 사 유</td><td>20○○년 ○월 ○일 본점이전을 위한 상호의 가등기를 구함.</td></tr>
<tr><td colspan="3">등 기 할 사 항</td></tr>
<tr><td rowspan="2">변경할</td><td>상 호</td><td>주식회사 한일</td></tr>
<tr><td>본점의 소재지</td><td>서울 동대문구 용두동 568-123</td></tr>
<tr><td rowspan="2">현재의</td><td>상 호</td><td>주식회사 케이앤투</td></tr>
<tr><td>본점의 소재지</td><td>서울 강북구 수유동 123-4</td></tr>
<tr><td colspan="2">목 적
(또는 변경에 의하여 정하여 질 목적)</td><td>1. 전기공사업
2. 설비공사업
3. 포장공사업
4. 위 각호에 관련된 부대사업</td></tr>
<tr><td colspan="2">본등기를 할 때까지의 예정기간</td><td>20○○년 ○월 ○일까지</td></tr>
<tr><td colspan="2">기 타</td><td></td></tr>
</table>

신청등기소 및 등록면허세/수수료						
순번	신청등기소	구분	등록면허세 지방교육세	농어촌특별세	세액합계	등기신청수수료
			금 12,000원 금 2,400원		금 14,400원	금 6,000원
등기신청수수료 납부번호						

첨 부 서 면	
1. 공탁서사본(원본과 동시제출 -원본환부) 통 1. 등록면허세영수필확인서 통 1. 위임장(대리인이 신청할 경우) 통	<기 타>

20○○년 ○월 ○일

신 청 인 주식회사 케이앤투
서울 강북구 수유동 123-4
대표이사 성 명 (인) (전화 :)
주 소
대 리 인 성 명 (인) (전화 :)
주 소

○○지방법원 ○○등기소 귀중

- 신청서 작성요령 및 등기수입증지 첨부란 -

1. 해당란이 부족할 때에는 별지를 이용합니다.
1. 해당 등기신청과 관계없는 사항에 대하여는 "해당없음"으로 기재하거나 삭제하고, 필요한 사항은 추가 기재합니다.

(용지규격 21㎝× 29.7㎝)

※ 상호의 가등기에 관한 설명 684면 이하 참조

[사례] 공탁서(제1-4호 양식)

금전 공탁서(영업보증)

<table>
<tr><td colspan="2">공 탁 번 호</td><td>년 금 제 호</td><td>년 월 일 신청</td><td>법령조항</td><td>상법 제22조의2
상업등기법 제39조
상업등기규칙제77조</td></tr>
<tr><td colspan="2" rowspan="2">공 탁 금 액</td><td>한글 일백오십만원</td><td rowspan="2">보 관 은 행</td><td colspan="2" rowspan="2">○○은행 ○○지점</td></tr>
<tr><td>숫자 금1,500,000원</td></tr>
<tr><td rowspan="4">공
탁
자</td><td>성 명
(상호, 명칭)</td><td colspan="4">주식회사 케이앤투</td></tr>
<tr><td>주민등록번호
(법인등록번호)</td><td colspan="4">0000000-00000000</td></tr>
<tr><td>주 소
(본점, 주사무소)</td><td colspan="4">서울 강북구 수유동 123-4</td></tr>
<tr><td>전화번호</td><td colspan="4"></td></tr>
<tr><td colspan="2">공탁원인사실</td><td colspan="4">주식회사 한메일은 서울중앙지방법원 등기국에 아래 사항의 상호의 가등기신청을 위하여 소정의 금원을 공탁함
- 아 래 -
이전시에 사용할 회사의 상호 : 주식회사 한일
본점이 소재할 장소 : 서울 성동구 성수동 123-4
본등기할 때까지의 예정기간 : 20○○년 ○월 ○일</td></tr>
<tr><td colspan="2">관공서의 명칭,
건명(허가번호 등)</td><td colspan="4">국</td></tr>
<tr><td colspan="2">비고(첨부서류 등)</td><td colspan="4">☐ 계좌납입신청</td></tr>
<tr><td colspan="6">위와 같이 신청합니다. 대리인 주소
전화번호
공탁자 성명 주식회사 케이앤투 인(서명) 성명 인(서명)</td></tr>
<tr><td colspan="6">위 공탁을 수리합니다.
공탁금을 년 월 일까지 위 보관은행의 공탁관 계좌에 납입하시기 바랍니다.
위 납입기일까지 공탁금을 납입하지 않을 때는 이 공탁 수리결정의 효력이 상실됩니다.
년 월 일
법원 지원 공탁관 (인)</td></tr>
<tr><td colspan="6">(영수증) 위 공탁금이 납입되었음을 증명합니다.
년 월 일
공탁금 보관은행(공탁관) (인)</td></tr>
</table>

※ 1. 도장을 날인하거나 서명을 하되, 대리인이 공탁할 때에는 대리인의 주소, 성명을 기재하고 대리인의 도장을 날인(서명)하여야 합니다.

2. 공탁금 회수청구권은 소멸시효완성으로 국고에 귀속될 수 있으며, 공탁서는 재발급 되지 않으므로 잘 보관하시기 바랍니다.

[사례] 상호가등기에 관한 변경등기(예정기간 연장)

상호가등기 변경등기신청

<table>
<tr><td rowspan="2">접
수</td><td>년 월 일</td><td rowspan="2">처
리
인</td><td>접 수</td><td>조 사</td><td>기 입</td><td>교 합</td><td>각종통지</td></tr>
<tr><td>제 호</td><td></td><td></td><td></td><td></td><td></td></tr>
</table>

<table>
<tr><td>가등기한 상호</td><td>주식회사 유엔티아이</td><td>등기번호</td><td>○○○○○○</td></tr>
<tr><td>가등기한 본점</td><td colspan="3">서울 강동구 명일동 123-4</td></tr>
<tr><td>등기의 목적</td><td colspan="3">상호가등기의 예정기간 연장등기</td></tr>
<tr><td>등기의 사유</td><td colspan="3">20○○년 ○월 ○일 본점을 이전하기 위하여 귀 등기소에 상호의(등기번호0000호)를 하였으나, 20○○년 ○월 ○일 상호의 가등기의 예정기간을 연장하기로 하였으므로, 다음사항의 등기를 구함.</td></tr>
<tr><td colspan="4">등 기 할 사 항</td></tr>
<tr><td>본등기를 할 때까지의 예정기간 연장</td><td colspan="3">20○○년 ○월 ○일까지 연장
20○○년 ○월 ○일 변경</td></tr>
<tr><td>기 타</td><td colspan="3"></td></tr>
</table>

신청등기소 및 등록면허세/수수료						
순번	신청등기소	구분	등록면허세 지방교육세	농어촌특별세	세액합계	등기신청수수료
			금 12,000원 금 2,400원		금 14,400원	금 6,000원
등기신청수수료 납부번호						

첨 부 서 면	
1. 공탁서사본(원본과 동시제출-원본환부) 통 1. 대표자의 인감증명서 통 1. 등록면허세영수필확인서 통 1. 위임장(대리인이 신청할 경우) 통	<기 타>

20○○년 ○월 ○일

신 청 인 상 호 주식회사 유엔티아이
본 점
대표이사 성 명 (인) (전화 :)
주 소
대 리 인 성 명 (인) (전화 :)
주 소

○○지방법원 ○○등기소 귀중

- 신청서 작성요령 및 등기수입증지 첩부란 -

1. 해당란이 부족할 때에는 별지를 이용합니다.
1. 해당 등기신청과 관계없는 사항에 대하여는 "해당없음"으로 기재하거나 삭제하고, 필요한 사항은 추가 기재합니다.
1. 등기신청수수료 상당의 대법원등기수입증지를 이 난에 붙입니다.

(용지규격 21㎝× 29.7㎝)

※ 상호의 가등기에 관한 설명 593면 이하 참조

※ 상호의 가등기에 대한 변경등기 또는 말소등기의 가부 일람표[예규 제844호 별표3]

가등기의 종류	등기사항	등기사항에 변경이 생긴 경우	
		변경등기의 가부	말소등기의 가부
설립에 관한 상호의 가등기	① 상호 ② 목적 ③ 본점의 소재지 ④ 발기인 또는 사원전원의 성명·주민등록번호 및 주소 ⑤ 예정기간	× ○ × ○ ○	○ × ○ × ×
상호변경에 관한 상호의 가등기	① 상호 ② 목적 ③ 본점의 소재지 ④ 변경에 의하여 정하여질 상호 ⑤ 예정기간	○ ○ ○(×다른 관할구역으로 이전한 경우) × ○	× × ×(○다른 관할구역으로 이전한 경우) ○ ×
목적 변경에 관한 상호의 가등기	① 상호 ② 본점의 소재지 ③ 변경에 의하여 정하여질 목적 ④ 예정기간	× ○(×다른 관할구역으로 이전한 경우) × ○	○ ×(○다른 관할구역으로 이전한 경우) ○ ×
상호 및 목적의 변경에 관한 상호의 가등기	① 상호 ② 본점의 소재지 ③ 변경에 의하여 정하여질 상호 또는 목적 ④ 예정기간	○ ○(×다른 관할구역으로 이전한 경우) × ○	× ×(○다른 관할구역으로 이전한 경우) ○ ×
본점이전에 관한 상호의 가등기	① 상호 ② 목적 ③ 본점의 소재지 ④ 본점을 이전할 본점이 소재지 ⑤ 예정기간	× ○ ○(×다른 관할구역으로 이전한 경우) × ○	○ × ×(×다른 관할구역으로 이전한 경우) ○ ×

※ 주 : ○표는 변경등기가 가능한 경우 또는 말소등기를 요하는 것임
×표는 변경등기를 할 수 없는 경우 또는 말소등기를 요하지 않는 것임.

부 록 편

[사례] 상장회사 표준정관(사단법인 한국상장회사협의회에서 발췌인용)

정 관

제정 1980. 2. 5. 1988. 1.25
개정 1984. 7.13. 1988. 1.25. 1989.12. 6.
1991. 8.21. 1993. 6.22. 1996. 1.17.
1996.10.10. 1997. 2.21. 1998. 2.17.
1999. 2.23. 2000. 2.10. 2001. 3. 2.
2003. 2. 4. 2004. 1.27. 2007.12.20.
2009. 2. 4.2009. 5.18. 2010. 1.22.

제1장 총 칙

제1조(상호) 이 회사는 ○○○주식회사(또는 주식회사 ○○○)라 한다. 영문으로는 ○○○(약호 ○○○)라 표기한다.

제2조(목적) 이 회사는 다음의 사업을 영위함을 목적으로 한다.

1.

2.

.

.

6. 전 각호에 부대되는 사업

제3조(본점의 소재지 및 지점 등의 설치) ①이 회사는 본점을 ○○에 둔다.

②이 회사는 필요에 따라 이사회의 결의로 지점을 둘 수 있다.

※ 1. 본점의 소재지는 서울특별시(○○광역시) 또는 ○○도 ○○시(군) 정도로 규정하여도 무방함.

2. 상법상 지점 이외에 출장소, 사무소 및 해외현지법인 등을 이사회 결의에 의하여 두고자 할 때에는 제2항을 다음과 같이 규정할 수 있음.

예) 이 회사는 필요에 따라 이사회의 결의로 국내외에 지점, 출장소, 사무소 및 현지법인을 둘 수 있다.

일간신문에 게재하는 경우

제4조(공고방법) 이 회사의 공고는 ○○시에서 발행되는 ○○일보(신문)에 게재한다.

인터넷 홈페이지에 게재하는 경우

제4조(공고방법) 이 회사의 공고는 회사의 인터넷 홈페이지(http://www.○○○.····)에

게재한다. 다만, 전산장애 또는 그 밖의 부득이한 사유로 회사의 인터넷 홈페이지에 공고를 할 수 없을 때에는 ○○시에서 발행되는 ○○신문에 한다.(본조신설 2010.1.22)
※ 공고방법으로 회사의 인터넷 홈페이지에 의하는 경우에는 홈페이지 주소를 등기하여야 함.

제2장 주 식

제5조(발행예정주식의 총수) 이 회사가 발행할 주식의 총수는 ○○주로 한다.
제6조(일주의 금액) 이 회사가 발행하는 주식 일주의 금액은 ○○원으로 한다.
제7조(설립시에 발행하는 주식의 총수) 이 회사가 설립시에 발행하는 주식의 총수는 ○○주로 한다.

기명식 보통주식만을 발행할 경우

제8조(주식의 종류①) 이 회사가 발행할 주식은 기명식 보통주식으로 한다.

기명식 우선주식도 발행할 경우

제8조(주식의 종류②) 이 회사가 발행할 주식의 종류는 기명식 보통주식과 기명식 종류주식으로 한다.
제8조의2(우선주식의 수와 내용) ①이 회사가 발행할 우선주식은 의결권이 없는 것으로 하며, 그 발행주식의 수는 ○○주로 한다.(개정 1996.10.10)
②우선주식에 대하여는 액면금액을 기준으로 하여 년 ○○% 이상 ○○% 이내에서 발행시에 이사회가 우선배당률을 정한다.(개정 1996.10.10)
※ 각 상장회사가 정관에 정할 최저배당률은 투자자에게는 적정한 배당수익이 보장되는 선이면서, 자금코스트등 적정한 재무비용과 그간의 배당정책 그리고 자본시장의 제반지표들을 고려하여 결정하여야 할 것임.(주석변경 2000.2.10)
③보통주식의 배당률이 우선주식의 배당률을 초과할 경우에는 그 초과분에 대하여 보통주식과 동일한 비율로 참가시켜 배당한다.(개정 1996.10.10)
④우선주식에 대하여 어느 사업년도에 있어서 소정의 배당을 하지 못한 경우에는 누적된 미배당분을 다음 사업년도의 배당시에 우선하여 배당한다.(개정 1996.10.10)
⑤우선주식에 대하여 소정의 배당을 하지 아니한다는 결의가 있는 경우에는 그 결의가 있는 총회의 다음 총회부터 그 우선적 배당을 한다는 결의가 있는 총회의 종료시까지는 의결권이 있는 것으로 한다.(개정 1996.10.10)

⑥이 회사가 유상증자 또는 무상증자를 실시하는 경우 우선주식에 대한 신주의 배정은 유상증자의 경우에는 보통주식으로 무상증자의 경우에는 그와 같은 종류의 주식으로 한다.(개정 1996.10.10)
※ 유상증자 시 우선주에 대한 신주의 배정은 정관의 정함이 없는 경우에 회사는 보통주식과 같이 또는 달리 정할 수 있음(상법 제344조 제3항). 다만, 보통주식과 달리 정하는 경우에는 종류주주총회의 결의가 필요할 수 있으므로 신중을 요함.(주석신설 2009.2.4)
⑦우선주식의 존속기간은 발행일로부터 ○년으로 하고 이 기간 만료와 동시에 보통주식으로 전환된다. 그러나 위 기간중 소정의 배당을 하지 못한 경우에는 소정의 배당을 완료할 때까지 그 기간을 연장한다. 이 경우 전환으로 인하여 발행하는 주식에 대한 이익의 배당에 관하여는 제10조의4의 규정을 준용한다.(개정 1996.10.10, 1997.2.21)
※ 우선주식의 존속기간은 그 발행일로부터 최소 3년 이상 최장 10년 이내의 범위내에서 회사가 자율적으로 결정하도록 함.

제9조(주권의 종류) 이 회사가 발행할 주권의 종류는 일주권, 오주권, 일십주권, 오십주권, 일백주권, 오백주권, 일천주권, 일만주권의 8종으로 한다.

제10조(신주인수권) ①이 회사의 주주는 신주발행에 있어서 그가 소유한 주식수에 비례하여 신주의 배정을 받을 권리를 가진다.(단서삭제 1997.2.21)
②제1항의 규정에 불구하고 다음 각호의 어느 하나에 해당하는 경우에는 주주 외의 자에게 이사회 결의로 신주를 배정할 수 있다.(개정 2003.2.4, 2007.12.20)
1. 주주우선공모의 방식으로 신주를 발행하는 경우(개정 2003.2.4, 2007.12.20)
2. 발행주식총수의 100분의 ○○(또는 액면총액이 ○○원)을 초과하지 않는 범위 내에서 일반공모의 방식으로 신주를 발행하는 경우(신설 1997.2.21, 개정 2003.2.4, 2007.12.20)
3. 발행주식총수의 100분의 ○○(또는 액면총액이 ○○원)을 초과하지 않는 범위 내에서 긴급한 자금조달을 위하여 국내외 금융기관 또는 기관투자자에게 신주를 발행하는 경우(신설 2007.12.20)
4. 발행주식총수의 100분의 ○○(또는 액면총액이 ○○원)을 초과하지 않는 범위 내에서 사업상 중요한 기술도입, 연구개발, 생산・판매・자본제휴를 위하여 그 상대방에게 신주를 발행하는 경우(신설 2007.12.20)
5. 발행주식총수의 100분의 ○○(또는 액면총액이 ○○원)을 초과하지 않는 범위 내에서 주식예탁증서(DR) 발행에 따라 신주를 발행하는 경우(신설 1998.2.17, 개정 2003.2.4, 2007.12.20)

※ 본항 제3호 및 제4호의 규정은 제3자배정방식의 예를 제시한 것으로서 회사가 제3자배정방식으로 신주를 발행하고자 하는 경우에 사유를 특정하지 않고 대상을 단순히 개인, 투자자, 법인 등으로 정해서는 안되며, 본항에서와 같이 한도, 목적 및 대상을 특정하여야 함. 또한 위와 같이 정관에 대상과 한도를 규정하더라도 지나치게 높은 비율이나 큰 금액을 기재하는 경우에는 주주의 신주인수권을 침해할 소지가 있음. 따라서 한도를 규정하는 경우(주주우선공모 및 일반공모는 제외) 발행주식총수의 20%(액면총액은 발행주식총수의 20%를 금전으로 환산한 액수) 내외로 정할 것을 권고함.

아울러 정관에 적법한 근거를 두었다고 하더라도 신주 발행 당시 신주발행의 필요성, 공정성과 함께 적합성, 비례성이 확보되도록 하여야 함.(주석변경 2003.2.4, 2007.12.20)

※ 동항 각호의 어느 하나에서 정한 “발행주식총수의 100분의 ○○”는 실제 신주를 발행하는 시점의 발행주식총수를 기준으로 판단하며, 이 때 발행주식총수는 제3자배정을 통해 발행할 신주와 기 발행주식총수를 합산하여 계산하며, 각호의 어느 하나에 근거하여 이미 발행된 제3자배정 신주는 다음 발행한도 계산시 정관상 각 한도에서 차감하는 누적적 방식에 의해 계산함.(주석신설 2007.12.20)

※ 신규로 주권을 한국거래소에 상장하고자 하는 회사는 “발행주식총수의 100분의 ○○(또는 액면총액이 ○○원)을 초과하지 않는 범위 내에서 주권을 증권시장에 상장하기 위하여 신주를 모집하거나 모집을 위하여 인수인에게 인수하게 하는 경우”와 같이 주주의 신주인수권 배제근거를 신설하여야 함.(주석신설 2000.2.10, 변경 2003.2.4, 2007.12.20, 2009.2.4)

※ 상법등 법령 및 정관의 다른 규정에서 한도를 별도로 정하고 있는 사항, 예컨대 우리사조합원에 대한 우선배정, 주식매수선택권의 행사, 우리사주매수선택권의 행사, 전환사채의 전환권 행사 및 신주인수권부사채의 신주인수권 행사 등을 원인으로 신주를 제3자에게 발행하는 경우에는 본항 각호에 그 한도 및 사유를 명시하지 않아도 됨. 다만, 회사의 필요에 따라 이를 주의적으로 규정하더라도 문제가 되는 것은 아님.

(기재 예)

1. 자본시장과 금융투자업에 관한 법률 제165조의7의 규정에 의하여 우리사주조합원에게 신주를 우선배정하는 경우
2. 상법 제340조의2 및 제542조의3의 규정에 의하여 주식매수선택권의 행사로 인하여 신주를 발행하는 경우
3. …………

(주석신설 2007.12.20, 변경 2009.2.4)

③제2항 각호의 어느 하나의 방식에 의해 신주를 발행할 경우에는 발행할 주식의 종류와

수 및 발행가격 등은 이사회의 결의로 정한다.(신설 2003.2.4, 개정 2007.12.20)
※ 발행가격은 관련 법조문에 따라 이사회 결의 시 정하도록 함(자본시장과 금융투자업에 관한 법률 시행령 제176조의8, 증권의 발행 및 공시 등에 관한 규정 제5-18조).
④주주가 신주인수권을 포기 또는 상실하거나 신주배정에서 단주가 발생하는 경우에 그 처리방법은 이사회의 결의로 정한다.(신설 1997.2.21)

제10조의2 (삭제 2003.2.4)

제10조의3(주식매수선택권) ①이 회사는 임・직원(상법 시행령 제9조에서 정하는 관계회사의 임・직원을 포함한다. 이하 이조에서 같다)에게 발행주식총수의 100분의 ○의 범위내에서 주식매수선택권을 주주총회의 특별결의에 의하여 부여할 수 있다. 다만 발행주식총수의 100분의 ○의 범위내에서는 이사회의 결의로 회사의 이사를 제외한 자에 대하여 주식매수선택권을 부여할 수 있다. 이사회의 결의로 주식매수선택권을 부여한 경우 회사는 부여 후 처음으로 소집되는 주주총회의 승인을 받아야 한다. 주주총회 또는 이사회 결의에 의해 부여하는 주식매수선택권은 경영성과목표 또는 시장지수 등에 연동하는 성과연동형으로 할 수 있다.(개정 2001.3.2, 2003.2.4, 2009.2.4)
※ 제1항 본문의 상법 시행령에서 정하는 관계회사란 i) 당해 법인이 자본금의 100분의 30 이상을 출자하고 최다출자자로 있는 외국법인, ii) i)의 외국법인이 자본금의 100분의 30 이상을 출자하고 최다출자자로 있는 외국법인과 그 법인이 자본금의 100분의 30 이상을 출자하고 최다출자자로 있는 외국법인, iii) 해당 회사가 「금융지주회사법」에서 정하는 금융지주회사인 경우 그 자회사 또는 손자회사 가운데 상장회사가 아닌 법인. 다만, i) 및 ii)의 법인은 주식매수선택권을 부여하는 회사의 수출실적에 영향을 미치는 생산 또는 판매업무를 영위하거나 해당 회사의 기술혁신을 위한 연구개발활동을 수행하는 경우에 한함(상법 시행령 제9조 제1항).(개정 2009.2.4)
※ 주주총회 특별결의로 부여할 수 있는 한도는 발행주식총수의 100분의 15이며(상법 시행령 제6조의3 제3항), 이사회결의로 부여할 수 있는 한도는 최근 사업년도말 자본금을 기준으로 i) 3천억원 이상인 법인은 발행주식총수의 100분의 1, ii) 1천억원 이상 3천억원 미만인 법인은 발행주식총수의 100분의 3에 해당하는 주식수와 60만주(액면가 5천원기준) 중 적은 수에 해당하는 주식수, iii) 1천억원 미만인 법인은 발행주식총수의 100분의 3임(상법 시행령 제9조 제4항).(개정 2001.3.2, 2003.2.4, 2009.2.4)
②주식매수선택권을 부여받을 자는 회사의 설립・경영・해외영업 또는 기술혁신 등에 기여하거나 기여할 수 있는 자로 한다.(개정 2000.2.10, 2003.2.4, 2009.2.4)

③주식매수선택권의 행사로 교부할 주식(주식매수선택권의 행사가격과 시가와의 차액을 현금 또는 자기주식으로 교부하는 경우에는 그 차액의 산정기준이 되는 주식을 말한다)은 제8조의 주식 중 주식매수선택권을 부여하는 주주총회 또는 이사회 결의로 정한다.(개정 2000.2.10, 2009.2.4)
④주식매수선택권의 부여대상이 되는 임·직원의 수는 재직하는 임·직원의 100분의 ○을 초과할 수 없고, 임원 또는 직원 1인에 대하여 부여하는 주식매수선택권은 발행주식 총수의 100분의 ○을 초과할 수 없다.(개정 2000.2.10)
⑤주식매수선택권을 행사할 주식의 1주당 행사가격은 다음 각호의 가액 이상이어야 한다. 주식매수선택권을 부여한 후 그 행사가격을 조정하는 경우에도 또한 같다.
1. 새로이 주식을 발행하여 교부하는 경우에는 다음 각목의 가격 중 높은 금액
가. 주식매수선택권의 부여일을 기준으로 한 주식의 실질가액
나. 당해 주식의 권면액
2. 자기주식을 양도하는 경우에는 주식매수선택권 부여일을 기준으로 한 주식의 실질가액
(본항개정 2000.2.10, 2009.2.4)
※ 상법은 행사가격 및 그 조정에 관한 사항을 주주총회의 특별결의로 정하도록 하고 있음(제340조의3 제2항 제3호).(개정 2000.2.10, 2009.2.4)
⑥주식매수선택권은 제1항의 결의일부터 ○년이 경과한 날로부터 ○년 내에 행사할 수 있다.(개정 2001.3.2)
※ 주식매수선택권은 결의일로부터 2년 이상 재임 또는 재직하여야 이를 행사할 수 있음(상법 제542조의3 제4항).(주석변경 2004.1.27, 2009.2.4)
※ 주식매수선택권의 행사기간 만료일을 당해 임·직원의 퇴임 또는 퇴직일로 정하는 경우 당해 임·직원이 본인의 귀책사유가 아닌 사유로 퇴임 또는 퇴직한 때에는 그 날부터 3월 이상의 행사기간을 추가로 부여하여야 함(상법 시행령 제9조 제7항).(주석신설 2000.2.10, 변경 2009.2.4)
⑦주식매수선택권을 부여받은 자는 제1항의 결의일부터 2년 이상 재임 또는 재직하여야 행사할 수 있다. 다만, 주식매수선택권을 부여받은 자가 제1항의 결의일부터 2년내에 사망하거나 정년으로 인한 퇴임 또는 퇴직 기타 본인의 귀책사유가 아닌 사유로 퇴임 또는 퇴직한 경우에는 그 행사기간 동안 주식매수선택권을 행사할 수 있다.(신설 2000.2.10)
⑧주식매수선택권의 행사로 인하여 발행한 신주에 대한 이익의 배당에 관하여는 제10조의4의 규정을 준용한다.(신설 2000.2.10)

⑨다음 각호의 어느 하나에 해당하는 경우에는 이사회의 결의로 주식매수선택권의 부여를 취소할 수 있다.(개정 2000.2.10, 2009.2.4)
1. 주식매수선택권을 부여받은 임・직원이 본인의 의사에 따라 퇴임하거나 퇴직한 경우(개정 2001.3.2)
2. 주식매수선택권을 부여받은 임・직원이 고의 또는 과실로 회사에 중대한 손해를 입힌 경우(개정 2001.3.2, 2009.2.4)
3. 회사의 파산 또는 해산 등으로 주식매수선택권의 행사에 응할 수 없는 경우(신설 2001.3.2)
4. 기타 주식매수선택권 부여계약에서 정한 취소사유가 발생한 경우(개정 2000.2.10)
(본조신설 1997.2.21)

제10조의4(신주의 배당기산일) 이 회사가 유상증자, 무상증자 및 주식배당에 의하여 신주를 발행하는 경우 신주에 대한 이익의 배당에 관하여는 신주를 발행한 때가 속하는 영업년도의 직전영업년도말에 발행된 것으로 본다.(신설 1996.1.17)

명의개서대리인을 두는 경우

제11조(명의개서대리인①) ①이 회사는 주식의 명의개서대리인을 둔다.
②명의개서대리인 및 그 사무취급장소와 대행업무의 범위는 이사회의 결의로 정한다.(개정 2010.1.22)
③이 회사의 주주명부 또는 그 복본을 명의개서대리인의 사무취급장소에 비치하고 주식의 명의개서, 질권의 등록 또는 말소, 신탁재산의 표시 또는 말소, 주권의 발행, 신고의 접수, 기타 주식에 관한 사무는 명의개서대리인으로 하여금 취급케 한다.
④제3항의 사무취급에 관한 절차는 명의개서대리인의 증권의 명의개서대행 등에 관한 규정에 따른다.(개정 1996.1.17, 2009.2.4)

제12조(주주 등의 주소, 성명 및 인감 또는 서명 등 신고①) ①주주와 등록질권자는 그 성명, 주소 및 인감 또는 서명등을 제11조의 명의개서대리인에게 신고하여야 한다.(개정 1996.1.17)
②외국에 거주하는 주주와 등록질권자는 대한민국내에 통지를 받을 장소와 대리인을 정하여 신고하여야 한다.
③제1항 및 제2항의 변동이 생긴 경우에도 같다.

명의개서대리인을 두지 않는 경우

제11조(명의개서 등②) 주식의 명의개서, 질권의 등록 또는 말소, 신탁재산의 표시 또는 말소, 주권의 발행, 신고의 접수, 기타 주식에 관한 업무절차는 이사회의 결의로 정하는 주식업무취급규칙에 따른다.
제12조(주주 등의 주소, 성명 및 인감 또는 서명 등 신고②) ①주주와 등록질권자는 그 성명, 주소 및 인감 또는 서명을 이 회사에 신고하여야 한다.(개정 1996.1.17)
②외국에 거주하는 주주와 등록질권자는 대한민국내에 통지를 받을 장소와 대리인을 정하여 신고하여야 한다.
③제1항 및 제2항의 변동이 생긴 경우에도 같다.

전자주주명부를 도입할 경우

제12조의2(전자주주명부) 이 회사는 전자문서로 주주명부를 작성한다.(본조신설 2010.1.22)
※ 전자주주명부에는 상법 제352조 제1항의 기재사항 외에 전자우편주소를 기재하여야 함.

제13조(주주명부의 폐쇄 및 기준일) ①이 회사는 매년 1월 1일부터 1월 31일까지 권리에 관한 주주명부의 기재변경을 정지한다.
②이 회사는 매년 12월 31일 최종의 주주명부에 기재되어 있는 주주를 그 결산기에 관한 정기주주총회에서 권리를 행사할 주주로 한다.
③이 회사는 임시주주총회의 소집 기타 필요한 경우 이사회의 결의로 3월을 경과하지 아니하는 일정한 기간을 정하여 권리에 관한 주주명부의 기재변경을 정지하거나 이사회의 결의로 정한 날에 주주명부에 기재되어 있는 주주를 그 권리를 행사할 주주로 할 수 있으며, 이사회가 필요하다고 인정하는 경우에는 주주명부의 기재변경 정지와 기준일의 지정을 함께 할 수 있다. 회사는 이를 2주간전에 공고하여야 한다.
※ 회사가 정기주주총회 개최를 위하여 주주명부를 폐쇄하지 않고 기준일제도만을 채택하고자 할 경우에는 제13조를 다음과 같이 규정할 수 있음.
예) 제13조(기준일) ①이 회사는 매년 12월 31일 최종의 주주명부에 기재되어 있는 주주를 그 결산기에 관한 정기주주총회에서 권리를 행사할 주주로 한다.
②이 회사는 임시주주총회의 소집 기타 필요한 경우 이사회의 결의로 정한 날에 주주명부에 기재되어 있는 주주를 그 권리를 행사할 주주로 한다. 회사는 이를 2주간전에 공고하여

야 한다.

※ 회사가 정기주주총회 종료일까지 주주명부를 폐쇄하고자 할 경우에는 제13조를 다음과 같이 규정할 수 있음.

예) 제13조(주주명부의 폐쇄 및 기준일) ①이 회사는 매년 1월 1일부터 그 결산기에 관한 정기주주총회 종료일까지 권리에 관한 주주명부의 기재변경을 정지한다.

②이 회사는 매년 12월 31일 최종의 주주명부에 기재되어 있는 주주를 그 결산기에 관한 정기주주총회에서 권리를 행사할 주주로 한다.

③이 회사는 임시주주총회의 소집 기타 필요한 경우 이사회의 결의로 3월을 경과하지 아니하는 일정한 기간을 정하여 권리에 관한 주주명부의 기재변경을 정지하거나 이사회의 결의로 정한 날에 주주명부에 기재되어 있는 주주를 그 권리를 행사할 주주로 할 수 있으며, 이사회가 필요하다고 인정하는 경우에는 주주명부의 기재변경정지와 기준일의 지정을 함께 할 수 있다. 회사는 이를 2주간전에 공고하여야 한다.

제3장 사 채

제14조(전환사채의 발행) ①이 회사는 다음 각호의 어느 하나에 해당하는 경우 이사회 결의로 주주 외의 자에게 전환사채를 발행할 수 있다.

1. 사채의 액면총액이 ○○원을 초과하지 않는 범위내에서 일반공모 또는 주주우선공모의 방법으로 전환사채를 발행하는 경우
2. 사채의 액면총액이 ○○원을 초과하지 않는 범위내에서 긴급한 자금조달을 위하여 국내외 금융기관 또는 기관투자자에게 전환사채를 발행하는 경우
3. 사채의 액면총액이 ○○원을 초과하지 않는 범위내에서 사업상 중요한 기술도입, 연구개발, 생산·판매·자본제휴를 위하여 그 상대방에게 전환사채를 발행하는 경우

(본항개정 2000.2.10, 2007.12.20)

※ 본항 제2호 및 제3호의 규정은 제3자배정방식의 예를 제시한 것으로서 회사가 제3자배정방식으로 전환사채를 발행하고자 하는 경우에 사유를 특정하지 않고 대상을 단순히 개인, 투자자, 법인 등으로 정해서는 안되며, 본항에서와 같이 한도, 목적 및 대상을 특정하여야 함. 또한 위와 같이 정관에 대상과 한도를 규정하더라도 지나치게 높은 비율이나 큰 금액을 기재하는 경우에는 주주의 신주인수권을 침해할 소지가 있음. 따라서 한도를 규정하는 경우(주주우선공모 및 일반공모는 제외) 발행주식총수의 20%(액면총액은 발행주식총수의 20%를 금전으로 환산한 액수) 내외로 정할 것을 권고함.(주석신설 2000.2.10, 변경 2007.12.20)

②제1항의 전환사채에 있어서 이사회는 그 일부에 대하여만 전환권을 부여하는 조건으로

도 이를 발행할 수 있다.
③전환으로 인하여 발행하는 주식은 ○○주식으로 하고 전환가액은 주식의 액면금액 또는 그 이상의 가액으로 사채발행시 이사회가 정한다.
※ 회사가 전환사채의 전환청구로 인하여 발행할 신주의 종류를 여러 종류의 주식(우선주와 보통주)으로 하고자 할 경우에는 다음과 같이 규정할 수 있음.(주석신설 2000.2.10)
예) 전환으로 인하여 발행하는 주식은 사채의 액면총액중 ○○원은 보통주식으로, ○○원은 우선주식으로 하고, 전환가액은 주식의 액면금액 또는 그 이상의 가액으로 사채발행시 이사회가 정한다.
④전환을 청구할 수 있는 기간은 당해 사채의 발행일후 ○○월(또는 ○○일)이 경과하는 날로부터 그 상환기일의 직전일까지로 한다. 그러나 위 기간내에서 이사회의 결의로써 전환청구기간을 조정할 수 있다.
⑤전환으로 인하여 발행하는 주식에 대한 이익의 배당과 전환사채에 대한 이자의 지급에 관하여는 제10조의4의 규정을 준용한다.(개정1996.1.17)
※ 시가하락에 의한 전환가액 조정시 이사회 결의로 발행당시의 전환가액의 100분의 70 미만으로 조정할 수 있도록 하기 위해서는 아래와 같은 내용을 정관에 추가하여 규정하여야 함(증권의 발행 및 공시 등에 관한 규정 제5-23조).
1) 정관 규정만으로 가능하게 하는 경우
예) 이사회는 사채의 액면총액이 ○○억원을 초과하지 않는 범위 내에서 주주의 주식소유비율에 따라 전환사채를 발행하거나 제○항 제○호의 사유로 인하여 전환사채를 발행하는 경우에는 시가하락에 의한 조정후 전환가액의 최저한도를 ○○원으로 할 수 있다.
2) 정관에서 주주총회 특별결의에 위임하는 경우
예) 회사는 시가하락에 의한 조정후 전환가액의 최저한도를 주주총회 특별결의로 전환사채 부여시의 전환가격의 100분의 70 미만으로 정할 수 있다.
(주석신설 2003.2.4, 변경 2004.1.27, 2009.2.4)

제15조(신주인수권부사채의 발행) ①이 회사는 다음 각호의 어느 하나에 해당하는 경우 이사회 결의로 주주 외의 자에게 신주인수권부사채를 발행할 수 있다.
1. 사채의 액면총액이 ○○원을 초과하지 않는 범위내에서 일반공모 또는 주주우선공모의 방법으로 신주인수권부사채를 발행하는 경우
2. 사채의 액면총액이 ○○원을 초과하지 않는 범위내에서 긴급한 자금조달을 위하여 국내외 금융기관 또는 기관투자자에게 신주인수권부사채를 발행하는 경우
3. 사채의 액면총액이 ○○원을 초과하지 않는 범위내에서 사업상 중요한 기술도입, 연구

개발, 생산·판매·자본제휴를 위하여 그 상대방에게 신주인수권부사채를 발행하는 경우
(본항개정 2000.2.10, 2007.12.20)
※ 본항 제2호 및 제3호의 규정은 제3자배정방식의 예를 제시한 것으로서 회사가 제3자배정방식으로 신주인수권부사채를 발행하고자 하는 경우에 사유를 특정하지 않고 대상을 단순히 개인, 투자자, 법인 등으로 정해서는 안되며, 본항에서와 같이 한도, 목적 및 대상을 특정하여야 함. 또한 위와 같이 정관에 대상과 한도를 규정하더라도 지나치게 높은 비율이나 큰 금액을 기재하는 경우에는 주주의 신주인수권을 침해할 소지가 있음. 따라서 한도를 규정하는 경우(주주우선공모 및 일반공모는 제외) 발행주식총수의 20%(액면총액은 발행주식총수의 20%를 금전으로 환산한 액수) 내외로 정할 것을 권고함.(주석신설 2000.2.10, 변경 2007.12.20)
②신주인수를 청구할 수 있는 금액은 사채의 액면총액을 초과하지 않는 범위내에서 이사회가 정한다.
③신주인수권의 행사로 발행하는 주식은 ○○주식으로 하고 그 발행가액은 액면금액 또는 그 이상의 가액으로 사채발행시 이사회가 정한다.
④신주인수권을 행사할 수 있는 기간은 당해 사채발행일후 ○○월(또는 ○○일)이 경과한 날로부터 그 상환기일의 직전일까지로 한다. 그러나 위 기간내에서 이사회의 결의로써 신주인수권의 행사기간을 조정할 수 있다.
⑤신주인수권의 행사로 인하여 발행하는 주식에 대한 이익의 배당에 관하여는 제10조의4의 규정을 준용한다.(개정 1996.1.17)
※ 시가하락에 의한 신주인수권부사채의 행사가격 조정시 이사회 결의로 발행당시의 행사가액의 100분의 70 미만으로 조정할 수 있도록 하기 위해서는 아래와 같은 내용을 정관에 추가하여 규정하여야 함(증권의 발행 및 공시 등에 관한 규정 제5-24조).
1) 정관 규정만으로 가능하게 하는 경우
예) 이사회는 사채의 액면총액이 ○○억원을 초과하지 않는 범위 내에서 주주의 주식소유비율에 따라 신주인수권부사채를 발행하거나 제○항 제○호의 사유로 인하여 신주인수권부사채를 발행하는 경우에는 시가하락에 의한 조정후 신주인수권 행사가액의 최저한도를 ○○원으로 할 수 있다.
2) 정관에서 주주총회 특별결의에 위임하는 경우
예) 회사는 시가하락에 의한 조정후 신주인수권 행사가액의 최저한도를 주주총회 특별결의로 신주인수권부사채 부여시의 신주인수권 행사가격의 100분의 70 미만으로 정할 수 있다.

(주석신설 2003.2.4, 변경 2004.1.27, 2009.2.4)

제16조(사채발행에 관한 준용규정) 제11조, 제12조의 규정은 사채발행의 경우에 준용한다.(개정 1996.1.17)

제4장 주주총회

제17조(소집시기) ①이 회사의 주주총회는 정기주주총회와 임시주주총회로 한다.
②정기주주총회는 매사업년도 종료후 3월이내에, 임시주주총회는 필요에 따라 소집한다.

제18조(소집권자) ①주주총회의 소집은 법령에 다른 규정이 있는 경우를 제외하고는 이사회의 결의에 따라 대표이사(사장)이 소집한다.
②대표이사(사장)이 유고시에는 제34조 제2항의 규정을 준용한다.

제19조(소집통지 및 공고) ①주주총회를 소집함에는 그 일시, 장소 및 회의의 목적사항을 총회일 2주간전에 주주에게 서면 또는 전자문서로 통지를 발송하여야 한다.(개정 2003.2.4)
②의결권있는 발행주식총수의 100분의 1 이하의 주식을 소유한 주주에 대한 소집통지는 2주간전에 주주총회를 소집한다는 뜻과 회의 목적사항을 ○○에서 발행하는 ○○일보(신문)와 ○○신문(일보)에 2회 이상 공고하거나 금융감독원 또는 한국거래소가 운용하는 전자공시시스템에 공고함으로써 제1항의 소집통지에 갈음할 수 있다.(개정 2003.2.4, 2009.2.4)
③ (삭제 2001.3.2)
※ 이사・감사의 선임의 경우에는 이사・감사후보자의 성명, 약력, 추천인 등을 통지・공고하여야 함(상법 제542조의4 제2항).(주석신설 2001.3.2, 변경 2009.2.4)
※ 회사가 주주총회 소집의 통지 또는 공고를 하는 경우 사외이사의 활동내역과 보수에 관한 사항, 사업개요 등을 통지・공고하거나 회사 인터넷 홈페이지에 게재하고 일정 장소에 비치하여야 함(상법 제542조의4 제3항, 상법 시행령 제6조의4).(주석신설 2001.3.2, 변경 2009.2.4)
제20조(소집지) 주주총회는 본점소재지에서 개최하되 필요에 따라 이의 인접지역에서도 개최할 수 있다.
※ 지방에 본점을 둔 회사가 특정시에서 주주총회를 개최하고자 하는 경우에는 제20조에 그 장소를 다음과 같이 추가하여도 무방함.

예) 주주총회는 본점소재지 또는 이의 인접지 이외에 ○○시에서도 개최할 수 있다.

제21조(의장) ①주주총회의 의장은 대표이사(사장)으로 한다.
②대표이사(사장)이 유고시에는 제34조 제2항의 규정을 준용한다.

제22조(의장의 질서유지권) ①주주총회의 의장은 고의로 의사진행을 방해하기 위한 발언·행동을 하는 등 현저히 질서를 문란하게 하는 자에 대하여 그 발언의 정지 또는 퇴장을 명할 수 있다.(개정 2000.2.10)
②주주총회의 의장은 의사진행의 원활을 기하기 위하여 필요하다고 인정할 때에는 주주의 발언의 시간 및 회수를 제한할 수 있다.

제23조(주주의 의결권) 주주의 의결권은 1주마다 1개로 한다.

제24조(상호주에 대한 의결권 제한) 이 회사, 모회사 및 자회사 또는 자회사가 다른 회사의 발행주식총수의 10분의 1을 초과하는 주식을 가지고 있는 경우 그 다른 회사가 가지고 있는 이 회사의 주식은 의결권이 없다.

제25조(의결권의 불통일행사) ①2이상의 의결권을 가지고 있는 주주가 의결권의 불통일행사를 하고자 할 때에는 회일의 3일전에 회사에 대하여 서면으로 그 뜻과 이유를 통지하여야 한다.
②회사는 주주의 의결권의 불통일행사를 거부할 수 있다. 그러나 주주가 주식의 신탁을 인수하였거나 기타 타인을 위하여 주식을 가지고 있는 경우에는 그러하지 아니하다.

제26조(의결권의 대리행사) ①주주는 대리인으로 하여금 그 의결권을 행사하게 할 수 있다.
②제1항의 대리인은 주주총회 개시 전에 그 대리권을 증명하는 서면(위임장)을 제출하여야 한다.

제27조(주주총회의 결의방법) 주주총회의 결의는 법령에 다른 정함이 있는 경우를 제외하고는 출석한 주주의 의결권의 과반수로 하되 발행주식총수의 4분의 1 이상의 수로 하여야 한다.(개정 1996.1.17)

서면에 의한 의결권행사제도를 도입하는 경우

※ 상법 제368조의3에 따라 서면에 의한 의결권행사제도를 도입하기 위하여는 다음과 같이 제27조의2의 규정을 두어야 함.

제27조의2(서면에 의한 의결권의 행사) ①주주는 총회에 출석하지 아니하고 서면에 의하여 의결권을 행사할 수 있다.
②회사는 제1항의 경우 총회의 소집통지서에 주주의 의결권 행사에 필요한 서면과 참고자료를 첨부하여야 한다.
③서면에 의하여 의결권을 행사하고자 하는 주주는 제2항의 서면에 필요한 사항을 기재하여, 회일의 전일까지 회사에 제출하여야 한다.
(본조신설 2000.2.10)

서면에 의한 의결권행사제도를 도입하지 않는 경우

※ 서면에 의한 의결권행사제도를 도입하지 않는 경우에는 제27조의2와 같은 규정을 두지 아니함.

제28조(주주총회의 의사록) 주주총회의 의사는 그 경과의 요령과 결과를 의사록에 기재하고 의장과 출석한 이사가 기명날인 또는 서명을 하여 본점과 지점에 비치한다.(개정 1996.1.17)

제5장 이사·이사회

제29조(이사의 수) 이 회사의 이사는 3명 이상 ○명 이내로 하고, 사외이사는 이사총수의 4분의 1 이상으로 한다.(개정 2000.2.10)
※ 최근사업년도말 자산총액이 2조원 이상인 상장회사는 3인 이상으로 이사총수의 과반수가 사외이사로 선임하여야 함(상법 제542조의8 제1항).(주석신설 2000.2.10, 변경 2001.3.2, 2004.1.27, 2009.2.4)

제30조(이사의 선임) ①이사는 주주총회에서 선임한다.(개정 2000.2.10)
②이사의 선임은 출석한 주주의 의결권의 과반수로 하되 발행주식총수의 4분의 1 이상의 수로 하여야 한다.(개정 1996.1.17, 2000.2.10)

집중투표제를 채택할 경우

※ 집중투표제에 대한 배제규정을 정관에 두지 않는 경우에는 상법 제382조의2 규정에 의한 집중투표제를 적용하는 것임.

집중투표제를 채택하지 않을 경우

③2인 이상의 이사를 선임하는 경우 상법 제382조의2에서 규정하는 집중투표제는 적용하지 아니한다.(신설 1999.2.23, 개정 2000.2.10)

사외이사후보추천위원회를 설치한 경우

제30조의2(사외이사 후보의 추천) ①사외이사후보추천위원회는 상법등 관련 법규에서 정한 자격을 갖춘 자 중에서 사외이사 후보를 추천한다.(개정 2009.2.4)
②사외이사 후보의 추천 및 자격심사에 관한 세부적인 사항은 사외이사후보추천위원회에서 정한다.
(본조신설 2003.2.4)
※ 자산규모 2조원 이상인 회사는 상법 제542조의8 제5항에 의하여 사외이사후보추천위원회의 설치가 의무화되어 있으나, 그 밖의 회사에서도 자율적으로 설치・운영할 수 있음. 이에 사외이사후보추천위원회를 설치한 회사의 경우 위와 같이 사외이사 후보 추천에 관한 근거를 추가로 규정할 수 있음.(주석변경 2009.2.4)
※ "사외이사후보추천위원회"를 설치하는 경우 제39조의2(위원회)에 그 설치근거를 규정하여야 함.

제31조(이사의 임기) 이사의 임기는 3년으로 한다. 그러나 그 임기가 최종의 결산기 종료 후 당해 결산기에 관한 정기주주총회 전에 만료될 경우에는 그 총회의 종결시까지 그 임기를 연장한다.(개정 2000.2.10)
※ 이사의 임기를 항상 정기주주총회에서 종결하는 것으로 하고자 하는 경우에는 이사의 임기를 아래와 같이 규정할 수 있음.(주석신설 2009.2.4)
예) 제31조(이사의 임기) 이사의 임기는 취임후 ○년내의 최종의 결산기에 관한 정기주주총회 종결시까지로 한다.

제32조(이사의 보선) ①이사중 결원이 생긴 때에는 주주총회에서 이를 선임한다. 그러나

이 정관 제29조에서 정하는 원수를 결하지 아니하고 업무수행상 지장이 없는 경우에는 그러하지 아니한다.(개정 2001.3.2)
②사외이사가 사임·사망등의 사유로 인하여 정관 제29조에서 정하는 원수를 결한 경우에는 그 사유가 발생한 후 최초로 소집되는 주주총회에서 그 요건에 충족되도록 하여야 한다.(신설 2001.3.2)

제33조(대표이사 등의 선임) 이 회사는 이사회의 결의로 대표이사(사장) ○명, 부사장, 전무이사 및 상무이사 약간명을 선임할 수 있다.

제34조(이사의 직무) ①대표이사(사장)은 회사를 대표하고 업무를 총괄한다.
②부사장, 전무이사, 상무이사 및 이사는 사장을 보좌하고 이사회에서 정하는 바에 따라 이 회사의 업무를 분장 집행하며 대표이사(사장)의 유고시에는 위 순서로 그 직무를 대행한다.

제34조의2(집행임원) ①이 회사는 이사회의 결의로 집행임원을 둘 수 있다.
②집행임원은 대표이사(사장)을 보좌하고, 이사회에서 정하는 바에 따라 이 회사의 업무를 분장 집행한다.
③집행임원의 수, 임기, 직책, 보수 및 선임 등에 대하여는 이사회에서 정하는 바에 의한다.
※ 집행임원이라 함은 "등기된 이사가 아니면서 전무이사, 상무이사 등에 준하여 회사의 업무를 집행하는 자"를 말한다.
예) 부사장, 전무, 상무, 상무보 등
(본조신설 2003.2.4)

제34조의3(이사의 보고의무) ①이사는 3월에 1회 이상 업무의 집행상황을 이사회에 보고하여야 한다.(신설 2003.2.4)
②이사는 회사에 현저하게 손해를 미칠 염려가 있는 사실을 발견한 때에는 즉시 감사에게 이를 보고하여야 한다.(개정 2003.2.4)
※ 감사위원회를 설치한 회사는 "감사위원회에" 보고하는 것으로 규정하여야 함.(주석신설 2000.2.10)

제35조 (삭제 2000.2.10)
제36조 (삭제 2000.2.10)

제37조(이사회의 구성과 소집) ①이사회는 이사로 구성하며 이 회사 업무의 중요사항을 결의한다.
②이사회는 대표이사(사장) 또는 이사회에서 따로 정한 이사가 있을 때에는 그 이사가 회일 ○○일전에 각 이사 및 감사에게 통지하여 소집한다. 그러나 이사 및 감사 전원의 동의가 있을 때에는 소집절차를 생략할 수 있다.
※ 감사위원회를 설치한 경우에는 "감사"를 삭제하여야 함.(주석신설 2001.3.2)
③이사회의 의장은 제2항의 규정에 의한 이사회의 소집권자로 한다.(신설 2000.2.10)

제38조(이사회의 결의방법) ①이사회의 결의는 이사 과반수의 출석과 출석이사의 과반수로 한다.
②이사회는 이사의 전부 또는 일부가 직접 회의에 출석하지 아니하고 모든 이사가 동영상 및 음성을 동시에 송·수신하는 통신수단에 의하여 결의에 참가하는 것을 허용할 수 있다. 이 경우 당해 이사는 이사회에 직접 출석한 것으로 본다.(개정 2000.2.10)
③이사회의 결의에 관하여 특별한 이해관계가 있는 자는 의결권을 행사하지 못한다.
제39조(이사회의 의사록) ①이사회의 의사에 관하여는 의사록을 작성하여야 한다.
②의사록에는 의사의 안건, 경과요령, 그 결과, 반대하는 자와 그 반대이유를 기재하고 출석한 이사 및 감사가 기명날인 또는 서명하여야 한다.
(본조개정 1996.1.17, 2000.2.10)
※ 감사위원회를 설치한 경우에는 감사를 삭제하여야 함.(주석신설 2000.2.10)

제39조의2(위원회) ①이 회사는 이사회내에 다음 각호의 위원회를 둔다.
1. ○○위원회
2. ……………
3. ……………
4. ……………
※ 최근사업년도말 자산총액이 2조원 이상인 상장회사는 상법 제542조의8 제4항 및 제542조의11에 의하여 사외이사후보추천위원회와 감사위원회를 반드시 설치하여야 함. 각 위원회의 명칭은 다음과 같이 규정할 수 있음.(주석신설 2000.2.10, 변경 2009.2.4)
예) 1. 경영위원회
2. 보수위원회
3. 사외이사후보추천위원회
4. 감사위원회

※ 사외이사후보추천위원회를 설치한 경우에는 제34조의2와 같이 사외이사 후보 추천에 관한 근거규정을 둘 수 있음.(주석신설 2003.2.4)
②각 위원회의 구성, 권한, 운영 등에 관한 세부사항은 이사회의 결의로 정한다.
③위원회에 대해서는 제37조, 제38조 및 제39조의 규정을 준용한다.
(본조신설 2000.2.10)

제40조(이사의 보수와 퇴직금) ①이사의 보수는 주주총회의 결의로 이를 정한다.(개정 2000.2.10)
②이사의 퇴직금의 지급은 주주총회 결의를 거친 임원퇴직금지급규정에 의한다.(개정 2000.2.10)
제41조(상담역 및 고문) 이 회사는 이사회의 결의로 상담역 또는 고문 약간명을 둘 수 있다.

감사를 두는 경우

제6장 감 사

제41조의2(감사의 수와 선임) ①이 회사의 감사는 1명 이상 ○명 이내로 한다. 그 중 1명이상은 상근으로 하여야 한다. 단, 당회사는 자본금이 10억원 미만의 경우 감사를 두지 아니한다.
②감사는 주주총회에서 선임하며, 감사의 선임을 위한 의안은 이사의 선임을 위한 의안과는 구분하여 의결하여야 한다.(개정 2001.3.2)
③감사의 선임은 출석한 주주의 의결권의 과반수로 하되 발행주식총수의 4분의 1이상의 수로 하여야 한다. 그러나 의결권있는 발행주식총수의 100분의 3을 초과하는 수의 주식을 가진 주주는 그 초과하는 주식에 관하여 제1항의 감사의 선임에 있어서는 의결권을 행사하지 못한다. 다만, 소유주식수의 산정에 있어 최대주주와 그 특수관계인, 최대주주 또는 그 특수관계인의 계산으로 주식을 보유하는 자, 최대주주 또는 그 특수관계인에게 의결권을 위임한 자가 소유하는 의결권있는 주식의 수는 합산한다.
(본조신설 2000.2.10)

제41조의3(감사의 임기) 감사의 임기는 취임후 3년내의 최종의 결산기에 관한 정기주주총회 종결시까지로 한다.(신설 2000.2.10)

제41조의4(감사의 보선) 감사중 결원이 생긴 때에는 주주총회에서 이를 선임한다. 그러나 이 정관 제( )조에서 정하는 원수를 결하지 아니하고 업무수행상 지장이 없는 경우에는 그러하지 아니한다.(신설 2000.2.10)

제41조의5(감사의 직무) ①감사는 이 회사의 회계와 업무를 감사한다.
②감사는 이사회에 출석하여 의견을 진술할 수 있다.(신설 2001.3.2)
③감사는 회의의 목적사항과 소집의 이유를 기재한 서면을 이사회에 제출하여 임시총회의 소집을 청구할 수 있다.
④감사는 그 직무를 수행하기 위하여 필요한 때에는 자회사에 대하여 영업의 보고를 요구할 수 있다. 이 경우 자회사가 지체없이 보고를 하지 아니할 때 또는 그 보고의 내용을 확인할 필요가 있는 때에는 자회사의 업무와 재산상태를 조사할 수 있다.
(본조신설 2000.2.10)

제41조의6(감사록) 감사는 감사에 관하여 감사록을 작성하여야 하며, 감사록에는 감사의 실시요령과 그 결과를 기재하고 감사를 실시한 감사가 기명날인 또는 서명하여야 한다.
(본조신설 2000.2.10)

제41조의7(감사의 보수와 퇴직금) ①감사의 보수는 주주총회의 결의로 이를 정한다. 감사의 보수결정을 위한 의안은 이사의 보수결정을 위한 의안과는 구분하여 의결하여야 한다.
②감사의 퇴직금의 지급은 주주총회 결의를 거친 임원퇴직금지급규정에 의한다.
(본조신설 2000.2.10)

감사위원회를 두는 경우

제6장 감사위원회

제41조의2(감사위원회의 구성) ①이 회사는 감사에 갈음하여 제39조의2의 규정에 의한 감사위원회를 둔다.
②감사위원회는 3인 이상의 이사로 구성한다.
③위원의 3분의 2 이상은 사외이사이어야 하고, 사외이사 아닌 위원은 상법 제542조의10 제2항의 요건을 갖추어야 한다.(개정 2009.2.4)
④사외이사인 감사위원회 위원의 선임에는 의결권있는 발행주식총수의 100분의 3을 초과하는 수의 주식을 가진 주주는 그 초과하는 주식에 대하여는 의결권을 행사하지 못한

다.(신설 2001.3.2)
⑤사외이사가 아닌 감사위원회 위원을 선임하거나 해임할 때에는 의결권을 행사할 최대주주와 그 특수관계인, 최대주주 또는 그 특수관계인의 계산으로 주식을 보유하는 자, 최대주주 또는 그 특수관계인에게 의결권을 위임한 자가 소유하는 의결권있는 주식의 합계가 의결권있는 발행주식총수의 100분의 3을 초과하는 경우 그 주주는 그 초과하는 주식에 관하여 의결권을 행사하지 못한다.(개정 2009.2.4)
⑥감사위원회는 그 결의로 위원회를 대표할 자를 선정하여야 한다. 이 경우 위원장은 사외이사이어야 한다.(개정 2001.3.2)
(본조신설 2000.2.10)
※ 감사위원회 설치가 의무화되어 있지 않은 주권상장법인이 상법 제415조의2에 의해 감사위원회를 설치하는 경우 아래와 같이 감사위원회 설치근거 규정을 조정하여 규정할 수 있음.
예) 제41조의2(감사위원회의 구성) ①이 회사는 감사에 갈음하여 제39조의2의 규정에 의한 감사위원회를 둔다.
②감사위원회는 3인 이상의 이사로 구성하며, 위원의 3분의 2 이상은 사외이사이어야 한다.
③감사위원회 위원의 선임에 관한 이사회 결의는 이사 과반수의 출석과 출석이사의 과반수로 한다. 다만 감사위원회 위원 해임에 관한 결의는 이사 총수의 3분의 2 이상의 결의로 하여야 한다. 또한 사외이사 아닌 감사위원회 위원 선임·해임의 경우에도 같다.(개정 2009.5.18)
④감사위원회는 그 결의로 위원회를 대표할 자를 선정하여야 한다.
(주석신설 2009.2.4)

제41조의3(감사위원회의 직무) ①감사위원회는 이 회사의 회계와 업무를 감사한다.
②감사위원회는 회의의 목적사항과 소집의 이유를 기재한 서면을 이사회에 제출하여 임시총회의 소집을 청구할 수 있다.
③감사위원회는 그 직무를 수행하기 위하여 필요한 때에는 자회사에 대하여 영업의 보고를 요구할 수 있다. 이 경우 자회사가 지체없이 보고를 하지 아니할 때 또는 그 보고의 내용을 확인할 필요가 있는 때에는 자회사의 업무와 재산상태를 조사할 수 있다.
④감사위원회는 외부감사인의 선임에 있어 이를 승인한다.(개정 2001.3.2)
⑤감사위원회는 제1항 내지 제4항 외에 이사회가 위임한 사항을 처리한다.
⑥감사위원회 결의에 대하여 이사회는 재결의할 수 없다.(본항신설 2009.2.4)

(본조신설 2000.2.10)

제41조의4(감사록) 감사위원회는 감사에 관하여 감사록을 작성하여야 하며, 감사록에는 감사의 실시요령과 그 결과를 기재하고 감사를 실시한 감사위원회 위원이 기명날인 또는 서명하여야 한다.(신설 2000.2.10)

제7장 계 산

제42조(사업년도) 이 회사의 사업년도는 매년 ○○월 ○○일부터 (익년) ○○월 ○○일까지로 한다.(개정 1996.1.17)

제43조(재무제표와 영업보고서의 작성·비치 등) ①이 회사의 대표이사(사장)은 정기주주총회 회일의 6주간전에 다음의 서류와 그 부속명세서 및 영업보고서를 작성하여 감사의 감사를 받아야 하며, 다음 각호의 서류와 영업보고서를 정기총회에 제출하여야 한다.
1. 대차대조표
2. 손익계산서
3. 이익잉여금처분계산서 또는 결손금처리계산서

②감사는 정기주주총회일의 1주전까지 감사보고서를 대표이사(사장)에게 제출하여야 한다.(본항개정 1997.2.21)

※ 제1항과 제2항의 경우 감사위원회를 설치한 회사는 "감사"를 "감사위원회"로 변경하여 규정하여야 함.(주석신설 2000.2.10)

③대표이사(사장)은 제1항 각호의 서류와 그 부속명세서를 영업보고서 및 감사보고서와 함께 정기주주총회 회일의 1주간전부터 본사에 5년간, 그 등본을 지점에 3년간 비치하여야 한다.

④대표이사(사장)은 제1항 각호의 서류에 대한 주주총회의 승인을 얻은 때에는 지체없이 대차대조표와 외부감사인의 감사의견을 공고하여야 한다.

제43조의2(외부감사인의 선임) 회사는 주식회사의 외부감사에 관한 법률의 규정에 의한 감사인선임위원회의 승인을 얻어 외부감사인을 선임하며 그 사실을 선임한 사업년도 중에 소집되는 정기총회에 보고하거나 최근 주주명부폐쇄일의 주주에게 서면이나 전자문서에 의한 통지 또는 회사의 인터넷 홈페이지에 게재한다.(신설 2000.2.10, 개정 2010.1.22)

※ 감사위원회를 설치한 회사는 감사위원회가 승인한 외부감사인을 선임함.(주석신설

2000.2.10, 변경 2001.3.2)
※ 인터넷홈페이지 공고기간은 감사대상 사업년도 종료일까지임.(주석신설 2010. 1. 22)
제44조(이익금의 처분) 이 회사는 매사업년도의 처분전이익잉여금을 다음과 같이 처분한다.(본문개정 1996.10.10)
1. 이익준비금
2. 기타의 법정적립금
3. 배당금
4. 임의적립금
5. 기타의 이익잉여금처분액

제44조의2(주식의 소각) ①이 회사는 주주에게 배당할 이익의 범위내에서 이사회 결의로 주식을 소각할 수 있다.
②제1항의 규정에 의하여 주식을 소각하고자 하는 경우 이사회는 다음 각호의 사항을 결의하여야 한다.
1. 소각할 주식의 종류와 총수
2. 소각하기 위하여 취득할 주식가액의 총액
3. 주식을 취득하고자 하는 기간. 이 경우 그 기간은 이사회 결의 후 최초로 도래하는 정기주주총회일 이전이어야 한다.
③제1항의 규정에 의하여 주식을 소각할 목적으로 자기의 주식을 취득하는 경우에는 다음 각호의 기준에 의한다.
1. 자본시장과 금융투자업에 관한 법률 제165조의2 제2항 제1호 또는 제2호의 방법에 의할 것. 이 경우 자본시장과 금융투자업에 관한 법률 제165조의2 제2항 제1호의 방법에 의한 때에는 그 취득기간과 방법에 대하여 동법 시행령이 정하는 기준에 적합하여야 한다.(개정 2009.2.4)
2. 소각을 위하여 취득할 금액이 당해 사업년도말 상법 제462조제1항의 규정에 의한 이익배당을 할 수 있는 한도안에서 자본시장과 금융투자업에 관한 법률 시행령이 정하는 금액이하일 것(개정 2009.2.4)
④제1항의 규정에 의하여 주식을 소각한 때에는 그 소각의 결의후 최초로 도래하는 정기주주총회에 제2항 각호의 사항과 주식을 소각한 뜻을 보고하여야 한다.
※ 회사는 자본시장과 금융투자업에 관한 법률 제165조의3에 의하여 주식의 소각을 위한 이사회결의 이후 주식을 취득하여 이를 소각하여야 하나 구 증권거래법 시행(2001년 4월 1일) 당시 증권거래법의 규정에 의하여 취득하여 소유하고 있는 자기주식은 취득후 6월이

경과하여야 이를 소각할 수 있음(자본시장과 금융투자업에 관한 법률(제9407호) 부칙 제6조).(개정 2009.2.4)
(본조신설 2001.3.2)

제45조(이익배당) ①이익의 배당은 금전과 주식으로 할 수 있다.
②이익의 배당을 주식으로 하는 경우 회사가 수종의 주식을 발행한 때에는 주주총회의 결의로 그와 다른 종류의 주식으로도 할 수 있다.(신설 1996.1.17)
③제1항의 배당은 매결산기말 현재의 주주명부에 기재된 주주 또는 등록된 질권자에게 지급한다.

중간배당제도를 도입할 경우

제45조의2(중간배당①) ①이 회사는 ○월 ○일 0시 현재의 주주에게 상법 제462조의3에 의한 중간배당을 할 수 있다. 중간배당은 금전으로 한다.(개정 2004.1.27)
②제1항의 중간배당은 이사회의 결의로 하되, 그 결의는 제1항의 기준일 이후 45일 내에 하여야 한다.
③중간배당은 직전결산기의 대차대조표상의 순자산액에서 다음 각호의 금액을 공제한 액을 한도로 한다.(개정 2009.2.4)
1. 직전결산기의 자본의 액
2. 직전결산기까지 적립된 자본준비금과 이익준비금의 합계액
3. 직전결산기의 정기주주총회에서 이익배당하기로 정한 금액
4. 직전결산기까지 정관의 규정 또는 주주총회의 결의에 의하여 특정목적을 위해 적립한 임의준비금
5. 중간배당에 따라 당해 결산기에 적립하여야 할 이익준비금
④사업년도개시일 이후 제1항의 기준일 이전에 신주를 발행한 경우(준비금의 자본전입, 주식배당, 전환사채의 전환청구, 신주인수권부사채의 신주인수권 행사의 경우를 포함한다)에는 중간배당에 관해서는 당해 신주는 직전사업년도말에 발행된 것으로 본다.
⑤중간배당을 할 때에는 제8조의2의 우선주식에 대하여도 보통주식과 동일한 배당률을 적용한다.
(본조신설 1999.2.23)

분기배당제도를 도입할 경우

※ 중간배당제도를 이미 도입하고 있는 회사가 분기배당제도를 도입할 경우에는 기존의 중간배당조문을 아래의 내용으로 변경하여야 함.

제45조의2(분기배당②) ①이 회사는 사업년도 개시일부터 3월, 6월 및 9월 말일 현재의 주주에게 자본시장과 금융투자업에 관한 법률 제165조의12에 의한 분기배당을 할 수 있다. 분기배당은 금전으로 한다.(개정 2009.2.4)
②제1항의 분기배당은 이사회의 결의로 하되, 그 결의는 제1항의 각 기준일 이후 45일 내에 하여야 한다.
③분기배당은 직전결산기의 대차대조표상의 순자산액에서 다음 각호의 금액을 공제한 액을 한도로 한다.(개정 2009.2.4)
1. 직전결산기의 자본의 액
2. 직전결산기까지 적립된 자본준비금과 이익준비금의 합계액
3. 직전결산기의 정기주주총회에서 이익배당하기로 정한 금액
4. 직전결산기까지 정관의 규정 또는 주주총회의 결의에 의하여 특정목적을 위해 적립한 임의준비금
5. 분기배당에 따라 당해 결산기에 적립하여야 할 이익준비금
6. 당해 영업년도 중에 분기배당이 있었던 경우 그 금액의 합계액
④사업년도개시일 이후 제1항의 각 기준일 이전에 신주를 발행한 경우(준비금의 자본전입, 주식배당, 전환사채의 전환청구, 신주인수권부사채의 신주인수권 행사의 경우를 포함한다)에는 분기배당에 관해서는 당해 신주는 직전사업년도말에 발행된 것으로 본다.
⑤분기배당을 할 때에는 제8조의2의 우선주식에 대하여도 보통주식과 동일한 배당률을 적용한다.
(본조신설 2004.1.27)

중간배당 및 분기배당제도를 도입하지 않을 경우

※ 중간배당 및 분기배당은 정관에 규정한 경우에 한하여 실시할 수 있는 것이므로 중간배당제도 및 분기배당제도를 도입하지 않을 경우에는 정관에 규정할 필요가 없음.

제46조(배당금지급청구권의 소멸시효) ①배당금의 지급청구권은 5년간 이를 행사하지 아니하면 소멸시효가 완성한다.
②제1항의 시효의 완성으로 인한 배당금은 이 회사에 귀속한다.

부　　　칙(2009.2.4)

이 정관은 제○기 정기 주주총회에서 승인한 날(또는 주주총회에서 승인한 ○○○○년 ○월 ○일)부터 시행한다.

부　　　칙(2009.5.18)

이 정관은 제○기 정기 주주총회에서 승인한 날(또는 주주총회에서 승인한 ○○○○년 ○월 ○일)부터 시행한다.

부　　　칙(2010.1.22)

이 정관은 제○기 정기 주주총회에서 승인한 날(또는 주주총회에서 승인한 ○○○○년 ○월 ○일)부터 시행한다. 다만 제4조 및 제12조의2 개정내용은 2010년 5월 29일부터 시행한다.

등기신청수수료 징수에 관한 예규

<table>
<tr><th colspan="2" rowspan="2">등기의 목 적</th><th colspan="3">수 수 료</th><th rowspan="2">비 고</th></tr>
<tr><th>서면신청</th><th>전자표준
양식신청</th><th>전자신청</th></tr>
<tr><td rowspan="7">1. 합명·합자·유한책임·주식·유한회사·외국회사 및 합자조합의 등기</td><td>가. 회사 또는 합자조합의 설립등기, 외국회사의 영업소설치등기</td><td>30,000원</td><td>25,000원</td><td>20,000원</td><td></td></tr>
<tr><td>나. 본점(합자조합의 주된 영업소 및 외국회사의 영업소를 포함한다)을 다른 등기소 관할구역으로 이전하는 경우의 신소재지에서 하는 본점이전등기</td><td>30,000원</td><td>25,000원</td><td>20,000원</td><td>구소재지에서 하는 본점이전등기의 신청수수료와 본점이전과 동시에 이에 부수하여 다른 등기를 신청하는 경우의 그 등기신청에 따른 수수료는 별도로 납부하여야 함</td></tr>
<tr><td>다. 합병·분할·분할합병으로 인한
설립등기</td><td>30,000원</td><td>25,000원</td><td>20,000원</td><td>소멸회사에 관한 해산등기 또는 존속회사에 관한 변경등기의 신청수수료는 별도로 납부하여야 함</td></tr>
<tr><td>라. 조직변경으로 인한 설립등기</td><td>30,000원</td><td>25,000원</td><td>20,000원</td><td>조직변경으로 인한 해산등기의 신청수수료는 별도로 납부하여야 함</td></tr>
<tr><td>마. 상호(명칭을 포함한다), 본점, 목적, 공고방법, 존립기간, 1주의 금액, 발행할 주식의 총수 등의 변경 등기</td><td>6,000원</td><td>4,000원</td><td>2,000원</td><td>각 등기의 목적마다 신청수수료를 납부하여야 함</td></tr>
<tr><td>바. 경정 및 성명·주민등록번호·주소 등의 변경등기</td><td>6,000원</td><td>4,000원</td><td>2,000원</td><td>위와 같음. 다만, 등기관의 과오로 인한 착오 또는 유루발견 및 행정구역·지번변경, 주민등록번호정정 등을 원인으로 하는 경우에는 신청수수료 없음</td></tr>
<tr><td>사. 지점설치·이전등기, 동일등기소 관할구역내의 본점이전등기, 전환사채의 등기, 해산의 등기, 청산인에 관한 등기 등 위에서 열거한 등기 이외의 기타 등기</td><td>6,000원</td><td>4,000원</td><td>2,000원</td><td>위와 같음
멸실회복등기의 경우에는 신청수수료 없음</td></tr>
<tr><td colspan="2">2. 상호등기·상호가등기 및 그 등기의 변경, 말소등기 등 일체의 등기</td><td rowspan="3">6,000원</td><td rowspan="3">4,000원</td><td rowspan="3"></td><td rowspan="3">위와 같음</td></tr>
<tr><td colspan="2">3. 무능력자와 법정대리인등기 및 그 등기의 변경, 말소등기 등 일체의 등기</td></tr>
<tr><td colspan="2">4. 지배인등기 및 그 등기의 변경, 말소 등 일체의 등기</td></tr>
<tr><td colspan="6">※ 민법법인등기, 특수법인등기 및 외국법인등기의 신청수수료는 위 1호를 준용함.</td></tr>
<tr><td colspan="6">※ 유한책임신탁등기의 서면방문신청 수수료는 위 1호를 준용함.</td></tr>
<tr><td colspan="6">※ 합자조합 및 일부 등기목적은 현재 전자신청서비스를 제공하지 않음.</td></tr>
</table>

<<등기신청수수료액표 상세표>>

법인의 등록면허세액

(지방세법 제28조 관련)

<table>
<tr><td rowspan="10">법인의 등기</td><td colspan="2">① 상사회사 기타 영리법인의 설립 또는 합병으로 인한 존속법인</td></tr>
<tr><td>(가) 설립과 불입</td><td>불입한 주식금액이나 출자금액 또는 현금 이외의 출자가액의 1,000분의 4</td></tr>
<tr><td>(나) 자본증가 또는 출자증가</td><td>불입한 금액 또는 현금이외의 출자가액의 1,000분의 4</td></tr>
<tr><td colspan="2">② 비영리법인의 설립 또는 합병으로 인한 존속법인</td></tr>
<tr><td>(가) 설립과 불입
(나) 출자의 총액 도는 재산의 총액증가</td><td>불입한 출자총액 또는 재산가액의 1,000분의 2
불입한 출자 또는 재산가액의 1,000분의 2</td></tr>
<tr><td>③ 자산재평가적립금에 의한 자본 또는 출자의 증가, 출자 또는 자산총액의 증가(자산재평가법에 의한 자본전입을 제외함)</td><td>증가한 금액의 1,000분의 1</td></tr>
<tr><td>④ 본점 또는 주사무소의 이전</td><td>매1건당 112,500원</td></tr>
<tr><td>⑤ 지점 또는 분사무소의 설치</td><td>매1건당 40,200원</td></tr>
<tr><td>⑥ 위의 ①~⑤이외의 등기</td><td>매1건당 40,200원</td></tr>
<tr><td colspan="2">대도시지역내 법인등기 등</td><td>지방세법 제28조에 규정한 당해 세율의 3배로 함.</td></tr>
<tr><td colspan="2">상호의 설정 또는 취득</td><td>매1건당 78,700원</td></tr>
<tr><td colspan="2">지배인의 선임 또는 대리인의 소멸</td><td>매1건당 12,000원</td></tr>
<tr><td colspan="2">선박관리인의 선임 또는 대리인의 소멸</td><td>매1건당 12,000원</td></tr>
</table>

과밀억제권역

(수도권정비계획법시행령 별표1)

"과밀억제권역"이라 함은 인구 및 산업이 과도하게 집중되었거나 집중될 우려가 있어 그 이전 또는 정비가 필요한 지역을 말한다(수도권정비계획법 제6조 제1항 제1호).

"과밀억제권역"은

- 서울특별시
- 인천광역시[강화군, 옹진군, 중구 운남동 · 운북동 · 운서동 · 중산동 · 남북동 · 덕교동 · 을왕동 · 무의동, 서구대곡동 · 불노동 · 마전동 · 금곡동 · 오류동 · 왕길동 · 당하동 · 원당동, 연수구 송도매립지(인천광역시장이 송도 신시가지 조성을 위하여 1990년 11월12일 송도앞 공유수면매립 공사면허를 받은 지역을 말한다), 남동유치지역을 제외한다]
- 의정부시
- 구리시
- 남양주시(호평동 · 평내동 · 금곡동 · 일패동 · 이패동 · 삼패동 · 가운동 · 수석동 · 지금동 및 도농동에 한한다)
- 하남시
- 고양시
- 수원시
- 성남시
- 안양시
- 부천시
- 광명시
- 과천시
- 의왕시
- 군포시
- 시흥시(반월특수지역을 제외한다)

대도시내 법인 중과세의 예외

(지방세법 제13조제2항 동시행령 제26조 대도시내 법인 중과세의 예외규정)

1. 「사회기반시설에 대한 민간투자법」 제2조제2호에 따른 사회기반시설사업(같은 법 제2조제2호에 따른 부대사업을 포함한다)
2. 「한국은행법」 및 「한국수출입은행법」에 따른 은행업
3. 「해외건설촉진법」에 따라 신고된 해외건설업(해당 연도에 해외건설 실적이 있는 경우로서 해외건설에 직접 사용하는 사무실용 부동산만 해당한다) 및 「주택법」 제9조에 따라 국토해양부에 등록된 주택건설사업(주택건설용으로 취득한 후 3년 이내에 주택건설에 착공하는 부동산만 해당한다)
4. 「전기통신사업법」 제5조에 따른 전기통신사업
5. 「산업발전법」에 따라 지식경제부장관이 고시하는 첨단기술산업과 「산업집적활성화 및 공장설립에 관한 법률 시행령」 별표 1 제2호마목에 따른 첨단업종
6. 「유통산업발전법」에 따른 유통산업, 「농수산물유통 및 가격안정에 관한 법률」에 따른 농수산물도매시장·농수산물공판장·농수산물종합유통센터·유통자회사 및 「축산법」에 따른 가축시장
7. 「여객자동차 운수사업법」에 따른 여객자동차운송사업 및 「화물자동차 운수사업법」에 따른 화물자동차운송사업과 「물류시설의 개발 및 운영에 관한 법률」 제2조제3호에 따른 물류터미널사업 및 「물류정책기본법 시행령」 제3조 및 별표 1에 따른 창고업
8. 정부출자법인(국가나 지방자치단체가 납입자본금 또는 기본재산의 100분의 20 이상을 직접 출자한 법인만 해당한다)이 경영하는 사업
9. 「의료법」 제3조에 따른 의료업
10. 개인이 경영하던 제조업(「소득세법」 제19조제1항제3호에 따른 제조업을 말한다). 다만, 행정안전부령으로 정하는 바에 따라 법인으로 전환하는 기업만 해당하며, 법인전환에 따라 취득한 부동산의 가액(법 제4조에 따른 시가표준액을 말한다)이 법인 전환 전의 부동산가액을 초과하는 경우에 그 초과부분과 법인으로 전환한 날 이후에 취득한 부동산은 법 제13조제2항 각 호 외의 부분 본문을 적용한다.
11. 「산업집적활성화 및 공장설립에 관한 법률 시행령」 별표 1 제3호가목에 따른 자원재활용업종
12. 「소프트웨어산업 진흥법」 제2조제3호에 따른 소프트웨어사업 및 같은 법 제27조

에 따라 설립된 소프트웨어공제조합이 소프트웨어산업을 위하여 수행하는 사업
13. 「공연법」에 따른 공연장 등 문화예술시설운영사업
14. 「방송법」 제2조제2호·제5호·제8호·제11호 및 제13호에 따른 방송사업·중계유선방송사업·음악유선방송사업·전광판방송사업 및 전송망사업
15. 「과학관육성법」에 따른 과학관시설운영사업
16. 「중소기업진흥에 관한 법률」에 따른 협동화사업으로서 「산업집적활성화 및 공장설립에 관한 법률 시행령」 제34조제1호에 따른 도시형공장을 경영하는 사업
17. 「중소기업창업 지원법」 제10조에 따라 등록한 중소기업창업투자회사가 중소기업창업 지원을 위하여 수행하는 사업. 다만, 법인설립 후 1개월 이내에 같은 법에 따라 등록하는 경우만 해당한다.
18. 「광산피해의 방지 및 복구에 관한 법률」 제31조에 따라 설립된 한국광해관리공단이 석탄산업합리화를 위하여 수행하는 사업
19. 「소비자기본법」 제33조에 따라 설립된 한국소비자원이 소비자 보호를 위하여 수행하는 사업
20. 「건설산업기본법」 제54조에 따라 설립된 공제조합이 건설업을 위하여 수행하는 사업
21. 「엔지니어링산업 진흥법」 제34조에 따라 설립된 공제조합이 그 설립 목적을 위하여 수행하는 사업
22. 「주택법」 제76조에 따라 설립된 대한주택보증주식회사가 주택건설업을 위하여 수행하는 사업
23. 「여신전문금융업법」 제2조제12호에 따른 할부금융업
24. 「통계법」 제22조에 따라 통계청장이 고시하는 한국표준산업분류에 따른 실내경기장·운동장 및 야구장 운영업
25. 「산업발전법」(법률 제9584호 산업발전법 전부개정법률로 개정되기 전의 것을 말한다) 제14조에 따라 등록된 기업구조조정전문회사가 그 설립 목적을 위하여 수행하는 사업. 다만, 법인 설립 후 1개월 이내에 같은 법에 따라 등록하는 경우만 해당한다.
26. 「지방세특례제한법」 제21조제1항에 따른 청소년단체, 같은 법 제45조제1항에 따른 학술연구단체·장학단체·과학기술진흥단체 및 같은 법 제52조제1항에 따른 문화예술단체·체육진흥단체가 그 설립 목적을 위하여 수행하는 사업
27. 「중소기업진흥에 관한 법률」 제69조에 따라 설립된 회사가 경영하는 사업
28. 「도시 및 주거환경정비법」 제18조에 따라 설립된 조합이 시행하는 같은 법 제2조

제2호의 정비사업

29. 「방문판매 등에 관한 법률」 제35조에 따라 설립된 공제조합이 경영하는 보상금지급 책임의 보험사업 등 같은 법 제34조제1항제3호에 따른 공제사업
30. 「한국주택금융공사법」에 따라 설립된 한국주택금융공사가 같은 법 제22조에 따라 경영하는 사업
31. 「임대주택법」 제6조에 따라 등록을 한 임대사업자가 경영하는 주택임대사업. 다만, 「주택법」 제80조의2제1항에 따른 주택거래신고지역에서 매입임대주택사업을 하기 위하여 취득하는 임대주택은 법 제13조제2항 각 호 외의 부분 본문을 적용한다.
32. 「전기공사공제조합법」에 따라 설립된 전기공사공제조합이 전기공사업을 위하여 수행하는 사업
33. 「소방산업의 진흥에 관한 법률」 제23조에 따른 소방산업공제조합이 소방산업을 위하여 수행하는 사업

◇ 편저자 :신 천 수

▸ 광주송원고등학교 졸업
▸ 국민대학교법과대학 졸업
▸ 제6회법무사시험 합격
▸ (전) 한국표준협회 기업법실무강사
▸ (현) (코스닥)제이엠아이 주식회사 사외이사
▸ (현) 한국생산성본부 기업법실무강사
▸ (현) 법무사신천수사무소운영

등기실무를 위한

상업등기신청실무

2016년 04월 01일 초판 발행
2018년 11월 15일 제2판 발행
2019년 11월 29일 제3판 발행
2022년 07월 01일 제2쇄 발행

편저자 : 신 천 수
발행인 : 한 병 호
발행처 : (주)중앙법률사무교육원
등 록 : 제2004-000165호
주 소 : 서울특별시 서초구 반포대로 87
대천빌딩2층
전 화 : 02-525-1007
팩 스 : 02-525-2433
홈페이지 : www.linklaw.co.kr

저자와의
협의에
의하여
인지생략

값 35,000원
ISBN 978-89-92590-35-8 13360

※ 이 도서의 국립중앙도서관 출판시 도서목록(CIP)은 서지정보유통지원시스템(http://seoji.nl.go.kr)와 국가자료공동목록시스템(http://www.nl.go.kr/kolisnet)에서 이용하실 수 있습니다.
(CIP제어번호: CIP2019046511)

 네이버/다음 검색창 : **법률서점**